韓國 考古學 百年史

池健吉
지건길

韓國 考古學 百年史

연대기로 본 발굴의 역사 1880-1980

열화당

일러두기

· 각 연도별 발굴에서 대체로 국립 기관(국립박물관 · 문화재관리국), 대학(박물관) 순으로 적었으며,
　지역적으로는 북→남, 서→동 순으로 기술하였다.

· 사진과 그림은 원 보고서, 관련 논문 및 자료, 국립중앙박물관 소장 유리 원판 사진 등을 사용하였으며,
　출처는 책 끝의 목록에 밝혀 두었다.

· 유구와 유물의 크기는 원 보고서의 수치를 미터m 또는 센티미터cm 단위로 환산하여 표기하였다. 예컨대
　1척尺은 0.3m로, 1정町은 109m로 환산하였으며, 0.1 미만은 반올림하였다.

· 유구와 유물의 크기에서 '≒'와 '±'는 크기의 개략적인 수치를 나타낸 것이다.

· 유구의 크기 표시에서 'D'는 지름, '＝'은 깊이 또는 높이, ' + '는 표고, ' - '는 깊이 'H'는 높이, 'L'은 길이이다.

· 개별 유구의 크기(A×B＝C)에서 'A'는 길이(긴축), 'B'는 너비, 'C'는 깊이나 높이 또는 두께이다.

· 길이(긴축)의 방위 표기는 남~북은 'NS', 동~서는 'EW', 남동~북서는 'SE~NW' 등으로 표기하되,
　본문에서는 남북, 동서 등으로 적었다.

· 유구와 유물의 우리말 용어는 대체로 『한국고고학개정용어집』(한국고고미술연구소, 1984)을 따랐으나,
　'굴식돌방무덤' '고리자루긴칼' 등처럼 대부분 띄어쓰기를 생략하였다.

· 북한의 용어는 대부분 원 보고서의 용어를 그대로 표기하였다.

책머리에

우리나라에서 고고학이 근대 학문의 한 분야로서 자리매김을 시작하게 된 것이 지난 19세기 말 일본인들에 의해서였다면, 한국 고고학의 연륜도 이젠 한 세기를 훨씬 넘기게 된 셈이다. 그 즈음 이 땅에 건너온 서양의 선교사나 외교관 들에 의해서도 지표에 드러나 있는 몇몇 유적들이 그들의 관심을 불러일으키기도 했지만, 이는 학문적 접근이라기보다는 어디까지나 딜레탕트dilettante적 호기심의 발로라고 할 수 있을 것이다.

초기의 일인 학자들에 의한 고고학적 조사라는 것은 그 자체가 본질적으로 한반도를 통치하기 위한 하나의 수단으로 시작된 것임은 두말할 나위가 없다. 이는 과거 유럽의 선진 열강들이 보여 준, 주로 아시아 등 구대륙 일원에서 자행했던 식민정책의 합리화를 위한 방식과 그 궤를 같이하는 것으로서, 그들이 꿈꿔 온 이른바 대동아공영大東亞共榮 정책의 사전 포석이라고 할 수 있었다.

경술국치와 더불어 조선총독부가 설치되고 곧이어 총독부박물관을 설립하면서, 일본은 소장품 확보를 빙자하여 고도古都 등을 중심으로 한 유적 밀집 지역에 대한 발굴 조사에 박차를 가하였다. 그러나 이들 발굴이라는 것이 체계를 갖춘 고고학적 조사라기보다는 유물 확보가 주된 목적인 '보물찾기'식의 작업으로서 강행되어 나갔다.

따라서, 그들이 이뤄 나가던 발굴의 주 대상은 유물 확보가 비교적 손쉬운 삼국시대와 낙랑의 무덤, 절터나 성터와 같은 역사시대의 유적을 중심으로 조사를 수행해 나갔다. 이 밖에 극히 드물게 고인돌이나 조개무지와 같은 선사先史·원사原史 유적에 대한 조사도 이뤄졌으나, 이는 극히 부분적인 생색 맞추기에 불과한 정도였다.

이 시기에 이루어진 거의 모든 발굴은 조선총독부에 의해 수행되었고 보고서 또한 총독부 이름으로 출판되었으나, 일제강점기의 중반(1931년)에는 새로 설립된 조선고적연구회朝鮮古蹟研究會에 의해 조사가 실시되었고, 보고서도 연구회의 이름으로 출판되었다. 그나마 발굴된 유적에 대해서도 일부 성과가 좋은 유적 위주로 발굴 보고서를 냈을 뿐, 나머지는 연도별로 한데 묶거나 아예 보고서를 내지 않은 조사도 상당수에 이르렀다.

이 기간 동안에 경주와 부여, 공주 등 고도에 총독부박물관 산하의 분관分館을 개설하여 지역별로 수집, 발굴된 문화재의 수장收藏과 전시 기능을 담당토록 하였다.

광복과 함께 총독부박물관은 국립박물관으로 체제가 바뀌게 되었으나, 앞서 총독부박물관과 마찬가지 지방 삼관三館의 조직은 한동안 그대로 이어져 나갔다. 광복 이듬해에 개성시립박물관이 잠시 국립박물관 분관으로 흡수 통합되기도 했으나, 한국전쟁 이후 다시 지방 삼관 체제로 되돌아가 이후 1978년 광주박물관의 개관 때까지 오랫동안 계속되었다.

광복 후의 사회적 혼란기와 곧이어 일어난 한국전쟁의 와중에서도 국립박물관에 의한 유적 발굴은 꾸준히 이뤄져 우리 고고학의 끈질긴 생명력을 과시하였다. 이후 1950년대 중반까지 국립박물관에 의한 독점적 발굴 체제가 이어지다가, 1950년대 후반에 이르러서는 대학 박물관들이 하나둘 발굴 사업에 참여함으로써 발굴 기관의 다변화 체제가 시작되었다.

1961년에는 서울대학교 문리과대학 안에 새로 고고인류학과가 개설되었고, 이때부터 경향 각지에서 대학 박물관들의 발굴 참여가 더욱 활발히 이루어져 나갔다. 이와 함께 국립박물관의 발굴 참여는 상대적으로 그 입지가 좁아질 수밖에 없었으나, 지금까지의 본관本館 일변도의 체제에서 벗어나 경주, 부여와 같은 지방 박물관도 독자적인 발굴을 수행하게 되는 계기를 마련하였다.

1960년대 중반에는 문화재관리국 조사팀이 새로이 발족하면서 조직의 성격상 수시로 발굴 현장에 투입되었다. 또한 이때부터는 전국 각지에서 벌어지는 국토 개발과 산업화의 바람을 타고 크고 작은 구제救濟 발굴이 활발해짐에 따라 발굴 사업의 양산화가 불가피해졌다.

1970년대에 들어서는 고도古都를 중심으로 한 몇몇 주요 개별 유적들에 대한 대규모의 발굴들이 국책 사업으로 이루어지게 되었는데, 이들 발굴은 대부분 문화재관리국에 의해 수행되었다. 또한 이 시기에는 대규모의 구제 발굴이 전국 각지에서 실시되었고, 한 유적 조사에 각급 조사 기관이 공동으로 참여하는 연합 팀이 구성되는 경우가 많아졌다.

국가 경제력의 급성장과 함께 1980년대에 이르러서는 발굴의 규모도 과거의 그것과는 비교할 수 없으리만치 대형화되고, 지금까지와 같은 국공립 등 각급 연구 기관과 대학 박물관의 인력만으로는 폭주하는 조사량을 감당하기 어려운 지경에 이르게 되었다.

1990년대에 들어서는 경향 각지에서 법인체의 성격을 띤 연구원研究院들이 하나둘 생겨나더니, 시간이 흐를수록 급속한 증가를 보여 지금은 백 곳이 훨씬 넘는 많은 연구원들이 전국 각지의 발굴에 참여하고 있다. 2008년 후반기에 실시된 사대강四大江 사업 등 급작스레 불어나는 작업량을 감당하기 위한 자연적 추세라지만, 현실적으로 조사를 감당할 만한 한정된 전문 인력의 테두리 안에서 조사 기관만 속속 늘어나는 악순환이 계속되고 있는 것이다.

이러한 수급需給의 불균형은 발굴의 졸속과 부실이 뒤따르게 되었고, 결과적으로 우리 고고학의 수준 저하를 초래할 수밖에 없게 되었다. 따라서 우리 고고학의 앞날을 가늠해 나갈 발굴 활동이 각지에서 활발히 이루어지고 있는 이 시점에서 올바른 고고학 체계의 정립을 위해서라도 각급 발굴 기관과 여기에 딸린 인력들의 질적 향상에 힘써야 할 것이다.

이와 같은 새로운 고고학 풍토의 조성을 위해서는 무엇보다 지난 한 세기 동안 나라 안에서 이루어진 크고 작은 발굴의 역사를 돌이켜 보고, 이를 거울삼아 우리의 바람직한 고고학적 미래로 올바르게 지향해 나가야 할 것으로 믿는다. 이러한 학문적 바탕을 마련하기 위해 여기 연대기로 정리해 본『한국 고고학 백년사』가 우리 국학의 한 분야로서의 한국 고고학이 제대로 정립해 나갈 수 있는 계기를 마련해 주었으면 하는 바람이다.

우리 근대 고고학의 본격적인 태동 시기를 돌이켜 볼 때, 그것은 어쩔 수 없이 구한말 일본인들에 의해 주도된 식민사학의 테두리에서 벗어나기가 어렵다고 할 수 있다. 그렇다면 이 시기에 그들이 자행했던 금석학적 자료를 통한 견강부회식의 접근 방식을 그 첫 반열에 올려놓을 수밖에 없는 것이다.

바로 광개토왕비의 발견과 그에 대한 집중적 연구와 해석은 그것이 전형적인 식민정책의 합리화를 위한 수단의 첫 발걸음이라고 하더라도, 그것은 우리의 근대 고고학에서 제외시킬 수 없는 엄연한 역사적 현실임을 부정할 수는 없을 것이다. 따라서 어쩔 수 없이 우리 고고학의 시작을 광개토왕비의 조사에 두고, 이를 기점으로 한 '100년의 역사'를 연대기식으로 엮어 나가게 된 것이다.

1880년대를 시작으로 하여 1980년을 하한으로 잡은 것은, 그 이후에 갑자기 불어난 대단위 토목, 건설 사업에 따라 그에 비례해서 엄청나게 늘어난 발굴 건수를 여기에서 이 체제로서는 도저히 감당할 수 없다는 능력의 한계를 절감했기 때문이었다.

이와 같은 큰 과제의 성격상 작업량의 한계와 정보력의 제한 등 혼자만의 힘으로는 벅찰 수밖에 없는 과업이라는 것을 알면서도, 현직에서 물러난 뒤 이 힘든 작업에 뛰어들어 여러 해의 각고 끝에 용기를 갖고 감히 이 작은 책을 세상에 내놓게 되었다.

여기까지 이르게 될 수 있었던 것은 내 학문의 여정만큼이나 긴 시간 동안에 나에게 힘을 실어 주었던 많은 이들이 베풀어 준 도움의 결실이었다고 여겨진다. 이 책자를 준비하면서 옆에 쌓아 놓고 보는 자료를 접할 때마다 그것을 얻을 수 있도록 도움을 주었던 동료들의 얼굴을 다시 한번 떠올려 본다. 특히 당시의 어렵고 가난했던 사정에도 불구하고 여기에 들어가는 적지 않은 가계의 부담을 모르는 체 눈감아 주던 아내에게도 새삼 고마움을 느낀다.

내 학문적 생애의 마지막 정리가 될지도 모를 이 작업을 오랫동안 너그럽게 지켜봐 주신 열화당의 이기웅李起雄 대표께도 감사를 드린다. 내가 현직에 있을 때니까 벌써 십 년도 훨씬 전에 나에게 저작의 꿈을 실어 주었으나 이제야 비로소 그에 답한 것 같아 면구스러움을 감추기가 어렵다. 이 자리를 빌려 짧은 시간이나마 저술의 방향을 조언해 주신 백태남白泰男 님과 조윤형趙尹衡 님 등 편집 관계자 여러분들에게도 깊은 감사를 드린다.

집필 마지막 단계에 국립중앙박물관 소장 총독부박물관의 유리 원판을 챙겨준 윤종균尹鍾均 연구관, 특히 고령에도 불구하시고 몇몇 남북한 보고서에 게재된 도판 자료의 촬영에 혼신의 정열을 쏟아 주신 남기승南基承 선생님, 그리고 전광선全光宣 님께도 깊은 감사를 전하는 바이다.

시간적, 공간적으로 워낙 광범위한 주제여서 군데군데 오류와 부족함이 드러날 수밖에 없을 줄 알지만, 동학들의 아낌없는 도움말을 바라마지 않는다.

첫 교정본을 챙기던 중 창산昌山 김정기金正基 박사의 부음을 받았다. 천마총天馬塚 발굴 이후 반평생 내가 마음 깊이 섬겼던 고인의 영전에 삼가 이 책자를 바친다.

2016년 8월
지건길

Foreword

Korean archaeology is now well into its second century since archaeology began to be considered a modern academic discipline in Korea toward the end of the 19th century, due mainly to activities by the Japanese. Several historical monuments that were visible aboveground also aroused interest among Western missionaries and diplomats who arrived in Korea around that time. But it may be said their curiosity was dilletantish rather than scholarly.

Archaeological surveys by Japanese scholars during those early years of opening to the world were essentially motivated by the imperial impulse, as a means to position Korea under Japanese colonial rule. Their activities were in parallel with the methods adopted by European powers to justify their colonial policies in the Old World continents, including Asia. In other words, Japan's archaeological projects in Korea could be seen as meticulous groundwork toward realizing its ambition to build its own imperial order, under the guise of a "Greater East Asia Co-Prosperity Sphere."

Following its forcible annexation of Korea in 1910, Japan established the Government-General of Korea, which soon opened a museum under its wing. On the pretext of securing artifacts to be exhibited at the museum, the colonial government sped up excavations and surveys in areas with dense concentrations of historical monuments including the old capitals of ancient kingdoms. It pushed ahead with excavations largely as treasure hunting for artifacts, rather than systematically planned archaeological investigations.

Accordingly, investigations were conducted primarily on remains from the historic period, such as tombs and ruins of Buddhist temples, palaces and fortresses of the Three Kingdoms Period or Nangnang, where artifacts could be obtained relatively easily. Prehistoric or protohistoric remains such as dolmens and shell middens were also surveyed, but only very rarely, as token efforts to make their archaeological endeavors look organized.

Almost all excavations conducted during this period were initiated by the Japanese Government-General, with excavation reports published under its name. In 1931 in the latter half of the colonial period, however, the newly-founded Joseon Society for Study of Historic Sites led most archaeological surveys, and survey reports began to be published under its name. But such reports were published only on a limited number of remains which yielded outstanding results; reports on most other surveys were compiled together in chronological order, while most other reports were simply left unpublished.

During this period, the Museum of the Japanese Government-General of Korea opened branches in ancient royal capitals, including Gyeongju, Buyeo and Gongju, so they would store and exhibit cultural assets which were collected or retrieved through archaeological excavations conducted in their respective regions.

After Korea's liberation from Japanese rule in 1945, the Museum of the Japanese Government-General of Korea was reorganized into the National Museum of Korea, retaining its predecessor's network of regional branches. The next year the Kaesong Municipal Museum was incorporated into the National Museum of Korea as a branch museum—a short—Lived arrangement as it turned out: armed conflict broke out in 1950 between North and South Korea and their division has hardened to this day. After the Korean War, the National Museum of Korea reverted to its previous structure, operating three regional branches in addition to its headquarters in Seoul. In 1978 the Gwangju National Museum opened and became the fourth regional branch.

Amid social turmoil during the post-liberation period and the Korean War, the National Museum of Korea continued its efforts to excavate ancient remains, demonstrating the remarkable vitality of Korean archaeology. The National Museum of Korea virtually monopolized archaeological excavations conducted across the country until the mid-1950s, when university museums opened one after another and began to participate in excavation projects.

In 1961, Seoul National University established its Department of Archaeology and Anthropology in the College of Liberal Arts and Sciences. University museums across the country participated in excavations increasingly actively around this time. Consequently, the role of the National Museum of Korea could not but shrink notably, but its branches in Gyeongju and Buyeo gained opportunities to carry out excavations more independently in their own regions.

In the mid-1960s, the Cultural Properties Management Bureau of the Ministry of Culture and Information created a survey team, which was dispatched to various excavation sites. Around that time, excavations proliferated in response to the burgeoning need for rescue excavations in varying scales amid the sweeping wave of land development and industrialization.

The 1970s saw large-scale state-initiated excavations conducted on several important historic remains located in ancient royal capitals. Most of these excavations were carried out under the auspices of the Cultural Properties Management Bureau. Large-scale rescue excavations were also conducted throughout the country, in which archaeological survey institutes of different levels jointly participated by forming unified teams.

In the 1980s, as Korea's economy grew rapidly, archaeological excavations in the country also grew in scale beyond the capability of state and public research organizations and university museums. Human resources at these institutes could not meet the surging demand for surveys.

The 1990s witnessed private archaeological research institutes emerging across the country. Their number increased at a fast pace, surpassing one hundred by now. These research organizations are currently participating in excavations all over the country. This phenomenon may be unavoidable in order to meet the need for rescue excavations, which had abruptly increased due to massive public works projects including the restoration of four major rivers which began in the latter half of 2008. However, the mushrooming of archaeological survey organizations is certainly undesirable in view of the limited professional manpower equipped with sufficient knowledge and expertise.

This imbalance of supply and demand has resulted in shoddy work in excavations, degrading the nation's archaeological standards overall. In view of the numerous excavations currently underway throughout the country presaging the future of Korean archaeology, it is high time that efforts were made to improve the system of archaeological research by upgrading the capabilities of the institutes at various levels and their manpower.

To create a new climate for archaeology in Korea, there is a need to look back at the excavations of varying scales conducted in this country over the past century in the spirit of honest reflection as a basis for efforts to move toward a desirable future. It is hoped this chronological study of the history of Korean archaeology of the past 100 years would provide momentum for Korean archaeology to chart its future course as a discipline of Korean studies.

It must be admitted that Korean archaeology during its nascency can hardly be regarded as anything more than the colonial historiography initiated by the Japanese toward the end of the Joseon Dynasty. Therefore, the discussion of Korean archaeology of this period must start with a fresh look at their misguided approach to epigraphical resources.

First, it has to be acknowledged that the discovery of the Stele of Gwanggaeto the Great and subsequent research on the fifth-century Korean monument in today's Northeast China was Japan's first step to exploit Korean historical remains to justify its imperial schemes. Even so, few could deny that this specific historical moment represented the vivid and realistic circumstances surrounding the birth of modern Korean archaeology. This is the reason why I have compiled the 100-year history of Korean archaeology in the form of a chronicle with the survey of the stele of the warrior ruler of the Goguryeo Kingdom as the point of takeoff.

This chronicle begins in the 1880s and ends in the 1980s, due to the concern that the present study, with its limited frame, would not be able to keep track of the explosive rise in rescue archaeology thereafter, necessitated by numerous large-scale public works and construction projects in Korea's furious pace of development.

I am well aware that my academic ability and access to information were far too limited to carry out this study. But upon retirement I threw myself into the daunting task. This book is the result of painstaking efforts over the years.

I am indebted to numerous people who have generously offered their time and efforts to assist me through my long academic journey to reach where I am today. The hefty piles of data which I referred to while writing this book always brought to mind the faces of my colleagues who helped me obtain them. I want to take this opportunity to thank them all from the bottom of my heart.

I also would like to express my gratitude to Yi Ki-ung, president of the Youlhwadang Publishers, for patiently waiting for me to complete this lengthy project. It was well over a decade ago, while I was still working for the National Museum of Korea, that he inspired me to undertake this project. This is my humble return for his staunch support, though belated. I also want to thank Baek Tae-nam and Cho Yoon-hyung, and various other individuals who provided expert advice and suggestions along the way so that I could accomplish this meaningful project in the late years of my career as an archaeologist.

My heartfelt appreciation also goes to Yoon Jong Gyoon, curator at the National Museum of Korea, for allowing me access to glass negatives in the museum's collection, which originate from the museum of the Japanese government-general; Nam Kiseung, who worked hard, in spite of his advanced age, to take photographs of plates contained in several papers jointly written by researchers from South and North Korea; and Jun Kwang Sun for his invaluable help in data sorting and manuscript preparation.

Last but not least, I am grateful to my wife who has encouraged me by tacitly allowing me to spend money on my research in spite of the significant financial burden she had to endure through the long tough years.

This book inevitably contains errors and omissions as it covers a vast scope of subjects in terms of time and space. I would appreciate any advice from my academic colleagues.

August 2016
Ji Gon-gil

차례

한국 고고학의 전야前夜와 태동胎動

문헌에 나타난 관련 기록과 금석학金石學의 활용

우리 근현대 고고학의 역사가 이제 한 세기를 넘기게 되었지만, 고고학의 기운이 싹트기 시작한 것은 그보다 훨씬 오랜 시기까지 거슬러 올라갈 수가 있다. 우리 선인들의 옛 문물에 대한 관심을 원초적 고고考古 행위로 친다면 몇몇 고문헌에 나타난 기록을 통해 그 실상을 살필 수 있을 것이다.

우리의 문헌에 나타난 최초의 고고 문물에 관한 기록으로는 고려 고종 때의 문신 이규보李奎報(1168-1241년)의 문집인 『동국이상국집東國李相國集』[1]을 통해서 살필 수가 있다. 이 문집 「남행월일기南行月日記」에 나타난 익산 금마에서 이뤄진 고인돌에 관한 기록은 선사시대 문물에 대해 우리 선조들이 관심을 기울인 최초의 기술이었다고 봐야 할 것이다. 여기에서 고인돌을 지칭하는 '지석支石'이라는 용어가 벌써 이때부터 쓰여진 것으로 보이지만, 이것이 옛 무덤이라는 지식이 없었기 때문에 막연히 '지석자支石者'로 기록했던 것으로 보인다.

이후 조선조에 이르러서는 이륙李陸, 허목許穆, 이익李瀷, 이규경李圭景 등에 의해 주로 돌도끼[石斧]와 돌칼[石刀], 돌검[石劍], 돌활촉[石鏃] 등 우연히 발견된 선사시대의 석기류를 중심으로 이들에 대한 해석이 시도되었다.

이륙[2]은 그의 야담·잡록집인 「청파극담青坡劇談」에서 돌도끼와 돌칼을 우연히 만들어진 것이 아닌 신묘한 조탁품彫琢品으로 기술하였다. 또한 허목[3]이 그의 문집 『미수기언眉叟記言』에서 돌칼을 얻었다는 기술은 간돌검과 관련된 내용으로 짐작된다.

실학자 이익[4]의 문집인 『성호사설星湖僿說』의 '뇌부雷斧' 항에서는 돌도끼를 벼락 맞은 돌이나 유성流星으로부터의 자연물로 해석하고 있는데, 뇌부와 뇌창雷槍에 관한 기록으로는 조선왕조실록 등에도 몇몇 기록이 보이고 있다.[5]

마지막으로 이규경은 60권 60책에 이르는 백과사전류의 대작인 『오주연문장전산고五洲衍文長箋散稿』에서 돌활촉을 싸리나무〔楷木〕나 신우대에 끼워 사용한 것으로 적었다.[6]

이렇듯 우리의 옛 문헌에 나타난 유적이나 유물에 관한 기록은 그 예가 매우 드물지만, 이들 문물을 통해 당시까지 아무런 지식이 없었던 미지의 자료들에 대한 호사가적好事家的 의미 부여에 그 학사적學史的 가치가 있다고 해야 할 것이다.[7]

조선왕조 중엽까지 지배계급의 학문 세계를 풍미하던 성리학의 형이상학적 공리론空理論에 대한 반동으로 일어난 실학의 발흥과 함께 나타난 새로운 분야가 바로 금석학金石學이었다. 금석학은 옛 문헌이나 자료에서 확실한 증거를 찾아 연구하고자 명말明末 중국에서 일어나 청대淸代에 발전한 고증학의 한 분야라고 할 수 있었다.

우리의 역사에 대한 실사구시적實事求是的 관심은 금석문에 대한 관심을 촉발시켜 영·정조 때 홍양호洪良浩는 두 차례에 걸쳐 연경에 다녀오면서 그곳의 석학들과 교유하며 고증학을 보급하는 데 기여하였다. 이어서 순조-철종 때의 김정희金正喜(1786-1856)는 「진흥이비고眞興二碑攷」 등을 저술하여 북한산비北漢山碑와 황초령비黃草嶺碑 등 진흥왕 순수비를 소개하였다.[8]

특히 추사秋史 김정희는 청년 시절(1809년), 부친 김노경金魯敬이 동지부사冬至副使로서 연행燕行 때에 수행하였다가 귀국한 뒤에도 한동안 연경학계와 교류를 계속하였다. 이때 고증학과 금석학을 적극적으로 연마하는 한편, 직접 우리의 옛 비석을 현지 답사하면서 비문 연구를 통해 고증학을 발전시키는 토대를 마련하였다.

1816년 7월과 1817년 6월의 두 차례에 걸친 북한산순수비의 조사와 고증은 바로 비문 연구의 시작으로 볼 수 있을 것이다. 오랜 뒤에 함경감사로 부임한 권돈인權敦仁에 부탁하여 탁본을 얻어 어렵게 조사한 황초령비를 통해 추사의 비문 연구에 대한 끈질긴 노력의 흔적을 살필 수 있었다.[9]

제1장 여명기黎明期
1880-1900

광개토왕비 현지 조사를 통해 드러난 일본의 대륙 진출 음모와 서양인들의 접근

금석학 연구를 통한 고증학적인 접근 외에도 추사秋史가 경주에 조성된 신라 고총高塚에 대해 쏟은 관심은 20세기에 들어 일인 학자들이 우리의 신라 고분에 대한 초기 고고학적 연구의 지침이라 할 만한 과학적인 의미를 지니고 있었다.[1]

이처럼 조선조 후기에 이르러 추사 등에 의해 이루어진 우리의 역사고고학 대상에 대한 금석학적 접근은 19세기 말에 이르러 일인들에 의해 비정상적인 방법으로 전개되어 나갔다. 1880년경, 압록강 중류의 길림성 집안에서 한 농부에 의해 발견된 비석의 탁본이 북경北京의 금석학계에 소개되면서부터였다. 바로 고구려 제19대 광개토왕비[2] 사진 1, 그림 1, 2로 밝혀진 거대한 비석의 비문이었다. 석비가 세워진 곳은 태왕릉太王陵으로부터 동북쪽 300미터, 장군총將軍塚으로부터는 서남쪽 1.5킬로미터로, 이 비와 두 왕릉이 서남에서 동북 간에 거의 일직선 상에 이루어져 있었다. 이 비는 각력응회암角礫凝灰巖으로 만들어진 네모난 비석(H=6.4×1.3~2.0m, 37톤)으로, 비신의 전면에 걸쳐 44줄 1,775자의 비문이 한예서체漢隸書體로 빼곡히 새겨져 있었다. 비문의 내용은 대왕 생전의 업적을 기리고 왕릉의 안전을 기원하기 위해, 왕의 사후死後 2년(414)에 그의 아들 장수왕에 의해 세워진 것이었다.

1883년, 당시 일본 육군참모본부가 이 지역의 정세를 파악하기 위해 파견한 밀정密偵이었던 사코 가게아키酒勾景信라는 포병 중위가 탁본을 구해서 일본으로 가져가 약 오 년 동안 군부와 학계가 공동으로 비문 연구를 진행하였다. 이와 같이 일본이 비문 내용에 적극적인 관심을 보인 것은 바로 비문 가운데 나와 있는

사진 1.
집안 통구 광개토왕비.

그림 1-2.
집안 통구 광개토왕비
제1, 2면(왼쪽)과
제3, 4면의 탁본 부분.

'신묘년辛卯年' 기사 때문이었다. 이 기사가 당시 일본의 조선에 대한 침략의 야욕을 정당화시킬 수 있는 명분이 될 수 있다고 믿었던 것이었다.

이 비석의 존재에 대해서는 이미 『용비어천가龍飛御天歌』 등 몇몇 조선시대의 문헌에도 나와 있지만, 시간이 흐르면서 오랫동안 잊혀져 오다가 이때의 재발견으로 비로소 그 실체가 다시 부각되기에 이르렀다. 재발견 이후 일본에서의 공동 연구 과정에서 일부 비문 내용의 변조와 함께 비문의 마멸에 따른 오독誤讀의 가능성이 제기되기에 이르렀으며, 아직까지도 이에 대한 논의는 끊이지 않고 있다.

이와 같은 광개토왕비에 대한 조사와 연구가 비록 일본인들에 의해 비정상적인 방법으로 이루어지고, 그 목적이 학문적이라기보다 정치적인 다른 뜻이 있었다고는 하지만, 그 대상 자체의 역사적, 고고학적 가치는 결코 축소될 수 없는 것이었다. 우리 고고학에서 이 유물 자체와, 아직까지 많은 논쟁 속에서 계속되는 이에 대한 연구가 차지하는 비중은 우리 근대 고고학 자료의 효시라고 할 만큼 매우 큰 비중을 차지하고 있다고 할 수 있는 것이다. 따라서 이 광개토왕비를 한국 고고학 백년사에서 첫머리의 내용으로 내세우는 데 그 의미가 크다고 해야 할 것이다.

한편, 1800년대 말에는 유럽의 외교관이나 선교사 들에 의해 우리의 고고 자료가 서양에 소개되었는데, 특히 그들의 관심을 끌었던 것은 고인돌이었다. 이중 북방식 고인돌의 경우, 그 웅장한 규모와 위용은 그들의 고향인 서유럽의 일부 돌멘dolmen과도 흡사하여, 그들의 호기심과 관심을 끌기에 충분한 겉모습을 갖추었기 때문이었던 것으로 생각된다.

조선 주재 영국 부영사(1884-1885)를 지냈던 칼스W. R. Carles는 귀국 후 저술한 그의 저서[3]를 통해 조선의 풍속, 지리, 문화 등을 삽화와 곁들여 기술하면서 고인돌을 처음으로 소개하였다. 여기에서 그는 고인돌을 임진왜란 때 일본인들이 조선의 땅기운(地氣)을 누르기 위해 만든 것들이라는 구전口傳이 민간에 전해진다고 기술하였다.

오사카의 일본 조폐국에 근무하던 영국인 가울랜드W. Gowland는 아마추어 고고학자로서 조선을 자주 방문하면서 토기류를 수집하는 한편, 고인돌에도 관심을 갖고 이를 영국의 학술지[4]에 발표하였다. 그는 수집한 유물 가운데 오리형토기를 브리티시 박물관에 기증하기도 하였다.

영국 출신의 지리학자이자 여행가인 비숍I. Bishop 여사는 1894-1897년에 조선을 네 차례에 걸쳐 방문하면서 우리의 각종 풍물들을 서양에 소개하였다.[5] 1900년도에 들어서는 경의선 부설을 위해 한국에 와 있던 프랑스의 고고학자이자 철도 기사였던 부르다레E. Bourdaret[6]가 고인돌에 관한 단편적인 글을 발표하였다.

이처럼 초창기에 우리나라에 들어왔던 대부분의 유럽 학자들은 특히 우리의 고인돌을 유럽의 돌멘과 같은 성격의 고고학적 대상으로 보았음을 짐작할 수 있다.

제2장 맹아기萌芽期
1901-1915

지표 조사와 시굴·발굴을 통한 고고학적 식민정책의 전개

구한말, 한반도의 정세는 열강들의 이권 쟁탈에 의해 풍전등화의 위기에 직면해 있었다고 할 수 있다. 열강 중에서도 가장 이권을 많이 챙긴 것은 군대 파견을 협박하면서 강하게 나선 일본이었다.[1] 러일전쟁, 을사늑약, 경술국치 등 나라 안팎의 혼란 속에서 우리 문화유산에 대한 침탈 작업이 진행되어 그들의 정치, 외교, 경제적인 야욕과는 별도로 '고적 현황 파악'이란 미명 아래 현지 실사는 계속되었다.

20세기에 들어서 일본은 한반도에 대한 야욕의 기운을 점차 표출하기 시작하면서 우선 평양, 경주, 개성, 서울 등 고적이 많이 남아 있는 고도를 중심으로 지상에 노출된 유적과 유물에 대한 지표 조사를 수행해 나가기 시작하였다. 첫 조사는 1902년에 실시되었으나 이듬해인 1903년에는 별다른 조사가 이루어지지 않고 다음 해인 1904년에는 한반도에서의 첫 고고학 조사라고 할 수 있는 김해 회현리 유적에 대한 확인 조사가 있었다. 경술국치 직전인 1909년 9월에는 '한국 정부'의 이름으로 세키노 다다시關野貞, 야쓰이 세이이치谷井濟一, 구리야마 순이치栗山俊一 등 세 사람에 의해 처음으로 낙랑 고분에 대한 조사가 이루어졌다.

그러다가 그 이듬해인 1910년부터는 조선총독부의 계속 사업으로 범위를 점차 역사, 고고, 미술 분야에까지 확대시켜 나가면서 매년 가을과 겨울철의 서너 달에 걸쳐 전국 각지를 순회하며 수천 장의 사진, 도면을 작성해 나갔다. 그 첫 번째 성과가 1915년 3월 '조선총독부'의 이름으로 나온『조선고적도보朝鮮古蹟圖譜』1책과 2책으로, 이후 매년 한두 책씩을 발간하면서 1935년 마지막 15책으로 그 마무리를 짓게 되었다.

1902년

이해부터 본격화되기 시작한 초창기 고도 중심의 한반도 문화재 조사는 세키노
에 의해 주도되었는데, 조사 대상은 그의 전공이랄 수 있는 고건축 등 건조물[2]뿐
만 아니라 유적, 유물 전반에 관련되는 것들이었다. 일본의 식민사학자들에 의
한 우리 역사의 재구성 작업은 바로 이때부터 본격화되었다고 할 수 있으며, 그
선두에 바로 세키노가 있었던 것이다. 그가 첫걸음을 내딛은 곳은 우리 역사의
상징적 고도인 경주와 개성, 그리고 서울이 그 중심에 있었다.

우선 경주에 분포한 성터로는 월성月城과 경주읍성을, 사찰로서는 불국사佛國
寺와 분황사芬皇寺, 백률사栢栗寺의 석물과 탑파, 석불을 조사하였다. 왕릉으로는
오릉五陵과 태종무열왕릉을, 이 밖에 첨성대瞻星臺와 성덕대왕신종聖德大王神鍾을
조사하였고, 석빙고石氷庫와 경주향교, 서악서원西岳書院 등 조선시대의 문물까지
도 조사를 실시하였다. 경주 외곽의 사찰, 그리고 유물로는 양산 통도사通度寺와
동래 범어사梵魚寺, 합천 해인사海印寺, 영천 구암사九巖寺의 석물을 조사하였고,
멀리 해남 대흥사大興寺 동종까지도 조사 내용에 포함시켰다.

고려의 도읍지인 개성에서는 나성羅城과 만월대滿月臺, 남대문과 범종, 성균관
成均館, 관왕묘關王廟, 경덕궁비敬德宮碑, 정포은비鄭圃隱碑, 선죽교善竹橋, 관음사觀音
寺 및 칠층석탑 등 석물과 함께 숭양서원崧陽書院도 조사하였다.

개성 근교인 장단長湍에서는 화장사華藏寺 및 칠층석탑과 지공탑指空塔을 조사
하였고, 개풍 경천사敬天寺 십층석탑,[3] 흥경사興敬寺, 공림사지公林寺址 오층석탑,
고려 태조의 현릉顯陵을 조사하였다.

서울에서는 오대궁五大宮, 문묘文廟 및 비, 관왕묘關王廟, 동묘, 남묘, 북묘, 서울
성곽에 딸린 남대문, 동대문, 서대문, 혜화문惠化門, 창의문彰義門, 광희문光熙門,
이 밖에 성내城內의 신흥사新興寺, 청량사淸凉寺, 원각사圓覺寺 석탑 및 비, 광화문
光化門, 흥천사종興天寺鍾, 보신각종普信閣鍾, 수표교水標橋, 조선 태조 부인 신덕왕
후神德王后 강씨康氏의 정릉貞陵을 조사하였다. 서울 근교에서는 남한산성과 북한
산성, 대원군묘를 조사하였고, 멀리 부산 동래東萊의 성곽과 축성비築城碑 조사도
실시하였다.

이해에 전국 각지에서 이루어진 고적 조사가 주로 지상에 드러나 있는 문화재

에만 집착한 것 같은 인상을 불식시키기 위해서였던지 이듬해부터는 개별 유적에 대한 집중 조사로 방향을 전환하면서 매장문화재 유적에 대한 지표 조사도 아울러 착수했던 것으로 보인다.

1904년

이해에는 시바타 조에柴田常惠에 의한 지표 조사[4]를 통해 김해 회현리會峴里 조개무지[5] 유적이 확인되었다. 그 뒤로 회현리 조개무지에 대해서는 1907년에 이마니시 류今西龍가 처음으로 시굴을 했고[6] 1914년에는 도리이 류조鳥居龍藏에 의해,[7] 1915년에는 구로이타 가쓰미黑板勝美,[8] 1917년에는 다시 도리이에 의해 부분적인 발굴이 이루어졌다.[9]

이 유적에 대해서는 그 뒤로도 1920년과 1930년대 중반까지 발굴과 연구가 꾸준히 이어졌고,[10] 비록 간헐적이긴 하지만 최근까지도 조개무지와 그 주변에 대한 조사가 이루어지고 있다.[11] 하나의 유적에 대한 이렇듯 장기적이고 꾸준한 관심과 조사는 우리에게는 매우 드문 사례로서, 이 유적이 갖는 학사적 위치를 말해 주고 있다.

1905년

이해에는 압록강 건너 만주 지역의 유적에 대한 조사가 이루어졌다. 러일전쟁 직후인 그해 가을의 도리이에 의한 통구通溝의 고구려 유적 답사는 전문 학자에 의한 최초의 이 지역에 대한 조사로 기록되고 있다.[12]

6월에는 통구의 서북쪽으로 6리 정도 떨어진 소판차령小板岔嶺을 보수하던 중에 옛길의 돌더미 속에서 위魏의 유주자사幽州刺史였던 관구검毌丘儉이 고구려를 공략하여 환도성丸都城을 함락한 기념으로 세운 관구검기공비毌丘儉紀功碑(245 A.D.)를 발견하였다.[13]

1906년

이해 9월에는 이마니시에 의해서 경주 황남리 검총劍塚(100호분)[14]이 조사되었는데, 이는 우리 고고학사상 경주의 신라 고분에 대한 첫 학문적인 접근이었다고 할 수 있으나, 무덤의 중심부에는 이르지 못하고 그 일부에 대한 시굴에 그친 조사였다. 그림 3 그러나 이 조사를 통해 경주에 분포된 고총高塚의 봉토 내부는 대부분 돌덧널(石槨)이 아니라 무덤의 주체인 나무널을 보호하기 위해 덧널을 설치하고 그 위에 돌무지를 덮어씌웠다고 돌무지덧널무덤(積石木槨墳)에 대한 구조적 특성을 제시하였다. 이후 1909년과 1911년, 1915년에 세키노, 야쓰이 등에 의해 재발굴이 이루어진 것 같지만, 정확한 시기와 발굴에 관한 학술적 기록은 접할 수가 없다.

9월의 같은 시기에 이마니시에 의해 경주 황남리 남총南塚(144호분)[15]과 동천리 북산北山 고분[16]이 조사되었다. 이때 황남리 남총은 봉토 내부의 구조 조사는 못 하고 1909년에 서악리 석침총石枕塚과 동시에 제2차 조사를 계속하였는데, 이때도 돌

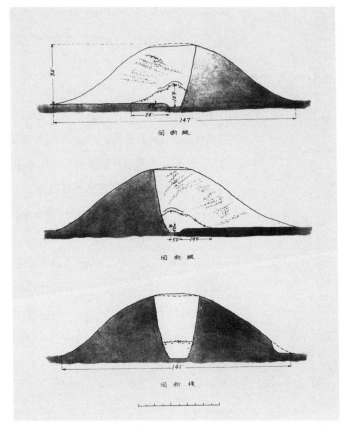

그림 3. 경주 황남동 100호 무덤(검총)의 종단면도(위, 가운데)와 횡단면도(아래).

무지를 노출시키는 과정에서 구덩이가 무너져 발굴을 중단하였다.

동천리 북산(지금의 소금강산小金剛山) 고분은 경주 지역에서 발굴된 최초의 굴식돌방무덤(橫穴式石室墳)으로, 정리 과정에서 도장무늬(印花文)가 주류를 이루는 십여 점의 토기를 수습하였다.

1907년

이해에는 프랑스의 에두아르 샤반Édouard Chavannes[17] 교수가 봄에 통구 지역의 고구려 유적을 답사하고, 그가 이때 실견한 유적과 유물에 대한 결과를 이듬해인 1908년[18]과 1909년[19]에 각각 학술지에 소개했다.

8월에는 이마니시에 의해 김해 회현리 조개무지가 처음 시굴되었는데,[20] 조사 구간은 토목현土木峴으로 불리는 언덕배기 서쪽 낭떠러지에 이루어진 조가비층

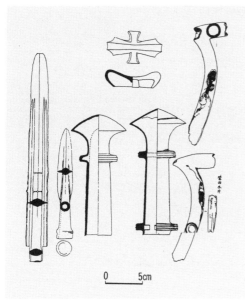

그림 4. 황주 흑교면 출토 청동기 유물.

으로서, 여기에서 다양한 토기류와 함께 뼈칼(骨刺器)과 사슴뿔로 된 골각기들이 출토되었다. 토기류로는 회백색과 적갈색의 연질토기, 쇠뿔잡이(牛角形把手)와 함께 야요이(彌生)토기도 출토됨으로써, 이 유적이 한층 더 일본 학자들의 관심을 불러 일으켰던 중요한 요인이었던 것으로 생각된다.

10월에는 시바타가 앞서 이마니시가 발굴한 곳으로부터 북편을 조사하여 뼈활촉과 적색토기, 굽다리접시 등 경질토기를 수습하였다.[21] 이후 여러 해에 걸쳐 많은 학자들이 이 유적의 발굴조사와 연구에 투입되는 계기를 마련해 준 중요한 단서를 제공해 주었다고 할 수 있다.[22]

한편 8월에는 황주 흑교면(黑橋面) 출토 청동기 일괄 유물그림 4이 발견되어 이왕가박물관에 귀속되었는데,[23] 그 뒤 1913년에는 세키노 일행에 의해 다시 현지조사가 이루어지고 이때 출토지 주변에서 토기 조각 몇 점을 수습하였다.

1909년

이해 가을에는 세키노에 의해 부여 지방의 고적조사가 이루어지고,[24] 이때 확인된 부여 능산리(陵山里) 고분군에 대한 발굴 조사에는 1915년과 1917년도의 두 차례에 걸쳐 세키노와 구로이타, 야쓰이 등이 참여하였다.[25]

세키노와 야쓰이 일행은 같은 해에 경주에서 1906년에 이어 두번째로 둥근 봉토무덤인 경주 황남리 남총의 일부를 조사하였는데, 조사 도중 구덩이가 무너져 발굴을 중단하였다. 조사 당시 봉토의 중심부가 함몰되어 있었고, 내부에 이루어진 돌무지의 표면에는 15센티미터 두께로 점토가 발려 있었다.[26]

같은 시기에 일행은 서악리에서 굴식돌방무덤 1기를 조사하였다. 경주 서악리 석침총(石枕塚)[27]으로 불리는 이 무덤의 둥근 봉토(21=7m) 둘레에서 둘레돌은 확인되지 않았다. 동벽의 중간에 널길이 설치된 돌방(4.3NS×2.4=2.4m)은 비교적 큰 깬돌로 쌓았으며 네 벽은 올라가면서 좁아지는데, 그 위 천장부에는 석장의 넓적한 화강암으로 덮었다. 벽면과 천장에는 얇게 회가 발리고, 돌방 바닥면의 모래 위에도 회가 깔려 있었다. 돌방의 가운데에 만들어진 주검받침〔屍床〕의 남쪽에는 커다란 돌베개가 놓여 있었고, 돌방 안의 좌측 벽 가까운 주검받침 위에서 도장무늬 토기의 뚜껑 등이 부장되어 있었다.

10월에는 세키노와 야쓰이, 구리야마 등이 "구舊 한국정부의 촉탁에 따라" 평양 석암리石巖里 벽돌무덤〔塼築墳〕을 발굴함으로써 낙랑 고분에 대한 최초의 조사에 착수하는 계기를 마련하였다.[28]

그러나 이 고분을 발굴했던 당시에는 그때까지 그러한 유적에 대한 발굴 경험이 없어서였던지 고구려의 무덤으로 오해했었지만, 도리이鳥居 박사의 주의 깊은 고찰에 의해 곧 한대漢代의 것임을 알 수 있게 되었다.[29] 이 고분은 앞방과 널길을 갖춘 널방 등 두 방으로 이루어졌는데, 모두 무지개〔穹窿狀〕천장을 이루고 있었다. 널방 안에서는 전한기前漢期의 내행화문內行花文 거울과 후한대後漢代의 것으로 보이는 용호문龍虎文 거울 등 두 점의 거울과 각종 무구류, 장신구, 토기류와 함께 약간의 오수전五銖錢도 출토되었다. 이 두방무덤〔二室墓〕의 바로 옆에서 또 다른 외방무덤〔單室墓〕 1기도 발굴되었다.

얼마 뒤 이마니시와 하기노 요시유키萩野由之에 의해 벽돌무덤이 발굴되어 널방 안에서 내행화문 거울과 각종 장신구, 토기류가 수습되었는데, 특히 금동제의 단추〔鈕〕 한 점에는 '王'자가 새겨져 있어 '王'씨가 문헌에 나타난 낙랑의 명족名族임을 알 수 있었다.[30]

또한 이해는 우리나라에 최초로 근대적 의미의 박물관이 등장하는 해이기도 했다. 1907년, 조선왕조의 마지막 임금인 순종이 즉위하면서 궁궐을 덕수궁에서 창덕궁으로 옮기고, 동시에 일인들의 사주에 따라 인접한 창경궁 안에 동물원, 식물원과 함께 박물관 건립 계획이 수립되었다.

두 해 남짓의 준비 과정을 거쳐 이해 11월 명정전明政殿을 개조한 제실박물관帝室博物館이 일반에게 공개되었는데, 이때의 소장품은 불상, 회화, 고려자기, 금속공예품 등 팔천육백여 점으로, 개관 당시에는 오히려 미술·역사 박물관으로서의 성격을 지녔다고 할 수 있었다.[31]

1910년

1910년은 한일합병조약이 체결된 경술국치庚戌國恥의 해로서, 본격적으로 정치,

경제, 사회의 전반에 걸쳐 한국에 대한 통치권을 행사하기 시작했지만, 문화적으로는 이미 1800년대 말부터 그들의 야욕을 드러내기 시작했다고 할 수 있다. 합병이 이루어지면서 지난해에 개관한 제실박물관帝室博物館을 이왕가박물관李王家博物館으로 격하시켰는데, 식민지 지배에 따라 독립국가 황제의 지위에서 일본 황실에 부속되는 왕가의 지위로 전락했기 때문이었다.

앞서 전년도에 처음으로 시작한 평양 석암리 일대의 낙랑 고분에 대한 조사를 이해에도 계속하여, 10월에 세키노 일행은 이 가운데 2기를 선정하여 동쪽의 두방무덤과 서쪽의 외방무덤 등 천장이 내려앉은 2기의 벽돌무덤을 발굴하였다.[32]

'합방'이란 엄청난 정치사회적인 여파 때문이었는지는 알 수 없지만, 이해 북부지방에서의 유적 조사는 전년도의 계속 사업이랄 수 있는 석암리 낙랑 고분에 대한 소규모 발굴 외에는 별다른 조사 사업이 없었던 한 해였다고 할 수 있다.

남부지방에서는 세키노에 의해 고령 지산동池山洞의 주산主山 남쪽 기슭에 분포된 고분이 발굴되었을 때 한 봉토 안에 3기의 구덩식돌덧널(竪穴式石槨)이 이루어져 있었는데, 그 안에서는 토기류와 나무널에 쓰였던 쇠못 등이 출토되었다. 이 밖에 현지 주민들에 의해 수집된 금고리와 곱은옥, 잔구슬 등 다양한 부장품들을 확인할 수 있었다.[33]

지산동 고분에 대해서는 이후 1915년(구로이타), 1917년(이마니시), 1918년(우메하라 스에지梅原末治·하마다 고사쿠濱田耕作), 1939년(아리미쓰 교이치有光敎一·사이토 다다시齋藤忠)에 걸쳐 조사가 꾸준히 이루어지고, 해방 후에는 1970년대 후반에 경북대학교와 계명대학교에 의해서 발굴이 계속되었다.[34]

1911년

이해에는 전년도의 한산했던 조사 사업을 만회라도 하듯이 현지 조사와 발굴 사업이 활발히 이루어졌다. 이때 활동의 주역은 여전히 세키노[35]로서, 야쓰이, 구리야마와 함께 이 시기를 전후해서 온 조선반도가 그들의 독무대랄 수 있을 만큼 그 활동은 광범위하고 활발하였다. 지역적으로 한반도의 북부에서 남부에 이르기까지, 시기적으로 낙랑, 삼한시대부터 조선조에 이르기까지, 또한 능묘에서부터 불교 유적, 성터에 이르기까지 다양하게 현지 조사를 전개해 나갔다.[36]

우선 9월 18일부터 시작한 한반도 중부지방에서의 조사는 서울의 석촌동石村洞 고분군과 고양의 벽제관碧蹄館, 개성의 영통사지靈通寺址와 현화사지玄化寺址에 남아 있는 각종 석물의 실태 조사였다.

중부지방에 이어 9월 말부터 시작된 북부지방의 조사에서는 용강읍 북고분군과 황산록黃山麓 고분군, 황룡성黃龍城, 어을동於乙洞 고성 등 고구려·낙랑 유적과 조선시대의 객사를 조사하였고, 곧이어 강서 우현리遇賢里 삼묘三墓에 대한 수습 발굴[37]이 이루어졌다. 하루 만에 이루어진 삼묘 조사에 이어 강동에서는 한평동漢坪洞의 황제묘皇帝墓[38]와 지례동智禮洞 고분, 이 밖에 객사와 문묘를 조사하였다. 곧이어 성천에서는 자복사지慈福寺址, 정진사精進寺, 객사, 문묘 등에 이루어진 각종 석물과 건물 등을 조사하였고, 안주에서는 안융진성安戎鎭城[39]과 광명산光明山 고려 고분을, 내동리內洞里에서는 낙랑 고분을 조사하였다.

황해도 봉산에서는 오강동烏江洞 도총都塚,[40] 당토성唐土城, 와현동臥峴洞 고분, 문묘와 향교, 객사 건물과 상탑동上塔洞 석탑 등을 조사하였다.

마지막으로 세키노 일행은 남부지방으로 내려가 10월 27일부터 경주와 대구 지방의 유적 조사로써 그해 조사를 마치는 강행군을 감행하였다. 우선 경주에서는 남산성南山城과 명활산성明活山城을 시작으로 흥덕왕릉, 헌덕왕릉, 신문왕릉, 경애왕릉, 선덕왕릉, 아달라왕릉, 신덕왕릉, 경명왕릉, 진평왕릉 등 왕릉을 답사하였고, 그 중간에 금오산金鰲山 서록의 약사석상과 석가석상, 첨성대 서북쪽의 석가석상을 조사하였다.

이어서 망덕사지望德寺址와 구황리九黃里 폐사지, 분황사芬皇寺의 석물들과 일정교日精橋, 월정교月精橋 터를 차례로 조사하였고, 마지막으로 경주 외곽의 정혜사지淨慧寺址 십삼층탑, 옥산정사玉山精舍와 서원 내의 여러 누각과 재실을 조사하였다.

남부지방에서의 마지막 일정으로 대구 동화사桐華寺 내의 목조건물과 석조물에 대한 조사를 마침으로써 그해 예정된 고적 조사의 대단원의 막을 내리게 되었다.

이렇듯 광범위한 조사가 연말이 가까운 9월 18일부터 11월 4일까지 겨우 한 달 반 남짓의 짧은 시일에 맞추다 보니, 대부분 지표 조사의 성격을 갖는 주마간산식 답사의 일정이 될 수밖에 없었던 것으로 생각된다. 당시의 열악한 교통 여건으로 볼 때 엄청난 강행군으로 보이는데, 엿새(10. 27-11. 1)가 소요된 경주를 빼고는 대개 한 지역에서 하루나 이틀이 고작이었던 바쁜 일정이었다.

1912년

이해에도 전년도에 이어 세키노 등 세 사람에 의해 전국적인 조사가 이루어졌다. 이해에는 전년도 조사가 미진했던지 우리나라에 도착하자마자 먼저 강서江西로 가서 간성리肝城里의 한 고구려 고분을 조사하였다. 이때 앞방 천장과 널방의 입구, 천장을 중점적으로 조사한 것을 보면 뒤에 '연화총蓮花塚'으로 명명한 고분이었던 것으로 생각된다.[41]

이후 황해도 봉산의 당토성唐土城[42]을 시작으로 경기도 광주 남한산록의 백제 초기 고분군을 거쳐 춘천 지방 조사를 실시하였다. 경기 동부를 포함한 강원도의 영동과 영서를 거쳐 경주와 대구를 제외한 경상북도 일원의 유적을 중심으로 현지 조사가 이뤄졌다.

10월 8-9일, 이틀에 걸친 춘천 일원의 조사에서는 맥국貊國 시대의 유적으로 전해지는 우두산牛頭山 남성南城 터를 시작으로 지금의 소양로에 있는 고려시대의 칠층석탑과 당간지주를 조사하였다. 이어서 문묘와 향교, 객사, 소양정 등에 있는 목조건물에 대한 조사를 거쳐 우두산 석불을 실사하였다. 춘천을 거쳐 가까운 청평사淸平寺로 가서는 남문(회전문) 등 목조건물과 석조 탑비를 조사한 뒤, 양구에서는 문묘와 향교, 객사, 군청 등 목조건물을, 회양淮陽[43]으로 가서는 탑거리塔巨里 삼층석탑을 조사하였다.

이어 금강산金剛山으로 올라가 먼저 장안사長安寺를 거쳐 표훈사表訓寺, 정양사正陽寺, 마하연摩訶衍, 유점사楡岾寺, 신계사神溪寺의 문루와 전각 등 목조건물과 석등, 석탑, 범종 등을 조사하였다. 고성高城에서는 문묘와 향교, 객사를 조사하였고, 건봉사乾鳳寺에서는 지금은 남아 있지 않은 많은 전각과 암자, 그리고 동종 등을 기록 조사하였다.

양양 낙산사洛山寺에서도 문루, 전각과 함께 석탑과 동종을 조사하였고, 양양으로 나와서는 객사客舍와 중당中堂을 답사하였다.

강릉에서는 신복사지神福寺址 삼층석탑과 약사보살 석상을 비롯하여 읍내에 있는 당간지주와 석불, 그리고 한송사지寒松寺址의 대리석 불상을 조사하였다. 또한 보현사지普賢寺址에서는 대웅전과 나한전, 탑비, 동종 등을 조사하였고, 오죽헌烏竹軒과 하시동下詩洞 고분, 이 밖에 객사, 문묘, 향교 등 많은 유적과 유물을 나흘간에 걸쳐 조사하였다.

다시 오대산의 월정사月精寺와 상원사上院寺로 들어가 팔각구층석탑을 비롯하여 많은 목조 전각, 석불, 경전과 함께 상원사 동종도 함께 조사하였으며, 이때 오대산사고五臺山史庫도 아울러 조사하였다. 평창으로 나와서는 읍내에 있는 몇 몇 석탑과 문묘, 향교의 목조건물도 함께 조사하였다.

원주에서는 읍내에 남아 있는 많은 석탑과 탑재, 당간지주를 조사하였고, 석 조와 철조 등 다양한 불상을 비롯하여 문묘, 향교, 객사 등 오랜 기간 이 지역에 서 이루어진 역사, 고고, 미술사적 흔적들을 살필 수가 있었다. 특히 흥법사지興 法寺址, 거돈사지居頓寺址, 법천사지法泉寺址 등 이 지역의 유서 깊은 절터에 흩어진 많은 불적들을 확인하였다.

여주의 신륵사神勒寺에서는 오층전탑 등 3기의 탑과 목조 불당 외에 부도와 석 등, 동종을 조사하였고, 세종 영릉英陵과 효종 영릉寧陵을 거쳐 읍내에 있는 2기 의 삼층석탑과 문묘, 향교, 사당 건물, 석비와 비각을 조사하였다. 고달원지高達院 址에서는 원종대사혜진탑元宗大師慧眞塔과 비碑, 부도, 탑비의 귀부 및 이수, 석불 좌대 등을 통해 통일신라에서 고려 때에 걸쳐 조성된 대찰의 모습을 살필 수 있 었다.

충북 충주에서는 탑정리塔亭里 칠층석탑(속칭 중앙탑中央塔)에 이어 개천사지 開天寺址와 월광사원랑선사탑비月光寺圓朗禪師塔碑(현 국립중앙박물관 일층 로비) 를, 제천에서는 사자빈신사지獅子頻迅寺址 석탑, 덕주사德周寺의 불전, 마애불, 동 종과 함께 읍내의 문묘, 향교, 객사, 사당, 비각 들을 조사하였다.

이어서 경북 영주의 풍기에서는 비로사毘盧寺의 적광전寂光殿과 석조의 아미타 여래, 비로사나불, 진공대사眞空大師 탑비와 당간지주, 부도 등을, 읍내에서는 문 묘와 향교를 조사하였다. 순흥에서는 소수서원紹修書院과 여기에 모셔진 문충공 화상文忠公畵像, 초암사草庵寺의 석탑, 부도, 극락전과 함께 숙수사지宿水寺址의 당 간지주를 기록 정리하였고, 사현정리四賢井里에서는 오층석탑과 당간지주, 석불 입상을 조사하였다.

태백산 부석사浮石寺에서는 무량수전無量壽殿과 조사당祖師堂, 여러 전각 등 목 조건물과 불상들, 삼층석탑, 부도와 석등, 당간지주 등을 이틀에 걸쳐 조사 기록 하였다. 그런데 풍기와 순흥, 부석사에서의 조사 일정을 보면 풍기가 11월 26일, 순흥은 11월 26-27일, 부석사도 11월 26-27일로 잡힌 것으로 보아 세키노 등 세 사람의 조사원이 함께 다닌 것이 아니고, 서로 분담해서 따로 조사를 다녔던 것으로 짐작된다.

봉화의 춘양 서동리西洞里에 동서로 배치된 2기의 삼층석탑을 거쳐 다시 각화사覺華寺로 가서 삼층석탑과 부도, 귀부, 동종을 조사하였다. 이어서 태백산사고太白山史庫의 선원각璿源閣으로 가서 남아 있는 전각들을 기록, 정리하였다.

안동 예안에서는 도산서원陶山書院과 퇴계退溪 이황李滉의 묘를 조사하였다. 안동에서는 관내의 전탑과 석탑을 거쳐 문묘와 관왕묘, 향교, 객사 등을 조사하고, 이어서 서악사西岳寺의 불당, 법룡사法龍寺의 불당과 철불, 석불, 동종을, 마지막으로 서애西厓 유성룡柳成龍의 묘를 조사하였다.

예천에서는 개심사지開心寺址 오층석탑과 동본동東本洞 삼층석탑, 석불입상을 조사하였다. 용문사龍門寺에서는 일주문을 지나 대장전大藏殿44과 극락전極樂殿, 회전문回轉門, 자운루慈雲樓 등 많은 전각들과 용문사 중수기비, 3구의 동종(1587년, 1738년, 1817년 조성)을 조사 기록하였다.

이어서 문경 내화리內化里의 화장사化庄寺 삼층석탑을 지나 함창咸昌의 문묘와 향교를 거쳐 탑동의 석탑과 석불 들을 조사하였다. 상주에서는 달천리達川里 삼층석탑과 상오리上吾里의 칠층석탑을 조사하고, 읍내의 객사와 읍성, 문묘, 향교, 비각을 거쳐 복룡리伏龍里 석불좌상을 답사하였다.

의성에서는 먼저 고운사孤雲寺에 들러 석불여래좌상과 삼층석탑 등 석조물과 극락전 등 전각과 문루에서 암자에 이르기까지 기록 정리해 나갔다. 이 밖에 산운면山雲面 탑리와 빙산사氷山寺의 오층석탑 2기를 거쳐 읍내로 나와 문묘와 향교, 객사를 조사하였다.

의흥義興(현 군위) 중리면中里面에서는 오층석탑을 거쳐 문묘, 향교, 객사 건물을 실사하였고, 화산華山 인각사麟角寺에서는 삼층석탑과 대웅전 등 목조건물을 조사 정리하였다.

영천 신녕新寧에서는 문묘, 향교, 객사와 함께 누정 건물을, 은해사銀海寺로 들어와서는 대웅전 등 전각과 누정, 동종을 조사하였다.

1913년

이해는 1902년 이래 지난 십여 년 이 땅에서 정력적으로 움직였던 세키노 일행의 독무대나 다름없는 한 해였다. 달라진 점이 있다면 지금까지는 한반도 전역에 걸쳐 지상에 나타난 유적과 유물에 대한 지표 조사의 성격을 지닌 빠른 여정의 조사였다면, 이해에는 광범위한 지표 조사와 함께 일부 매장문화재에 대한 수습 발굴도 함께 병행하였다는 것이다. 본격적인 한국 근대 고고학의 실질적인 첫 발걸음이라고 할 수 있었다.

지금까지의 세 명(세키노·야쓰이·구리야마) 일행 외에 새로 이마니시가 합류하여 9월부터 12월까지 한반도 내 유적 조사의 위촉을 받고, 먼저 평양을 중심으로 한반도 서북지방의 고구려 유적을 조사하였다. 곧이어 압록강을 건너 열하루 동안에 통구 지방의 고구려 유적 가운데 몇몇 중요 유적들을 수습 조사하였다.[45]

우선 국내성國內城, 통구성通溝城, 산성자성山城子城, 환도성丸都城의 위치 비정 등 실체를 밝히기 위한 실사에 노력하는 한편, 장군총將軍塚, 태왕릉太王陵, 천추총千秋塚 등 석총과 오괴분五塊墳, 삼실총三室塚, 산연화총散蓮華塚, 산성자 귀갑총龜甲塚 등 토총에 대해 부분적인 수습 발굴을 거쳐 이들에 대한 약보고略報告를 발표하였다.

세키노는 다시 그 후속 약보고로서 광개토왕비, 임강총臨江塚에 이어 평양 지방의 고구려 유적으로 진남포의 매산리 수렵총狩獵塚, 화상리花上里 고분, 용강의 안성동安城洞 대총大塚 및 쌍영총雙楹塚 등에 대한 약보고도 발표하였다.[46]

용강의 감신총龕神塚도 조사되었는데,[47] 초기에는 벽화의 내용에 따라 대연화총大蓮華塚으로 불리었다. 무덤은 널길의 중간 좌우 양쪽에 감실龕室이 이루어진 앞방과 그 안쪽의 널방으로 이어진 두방무덤이었다. 벽화는 앞방과 널방, 널길에 그려져 있었는데, 감실에 그려진 주인공상을 비롯하여 인물, 산악, 신선, 수레, 주작, 연꽃, 소나무, 사냥, 구름, 불꽃무늬, 주인공의 생활 장면 등 다양한 내용들이 벽면 전체에 나타나 있었다.

한편 황주 흑교리黑橋里에서는 1907년에 발견된 동검과 동모 등 청동기 일괄 유물과 오수전五銖錢 등의 출토 지점에 대한 현지 조사가 있었는데,[48] 이때 출토지 부근에서 몇 점의 토기편을 수습하였다.

이 밖에 9월에는 이마니시에 의해 용강 토성리의 어을동於乙洞 고성古城 부근에서 발견된 점제현신사비秥蟬縣神祠碑를 통해서 이곳이 낙랑군의 속현屬縣인 점제현의 현성縣城임을 알 수 있게 되었다.[49]

10월 초에는 대동군 오야리梧野里의 대동강 가에서 시행되는 발전소의 굴뚝 공사 중 밭의 지표로부터 3.3미터가량 아래에서 나무덧널이 빌건되었다.[50] 네 벽체 아래에는 자갈이 깔려 있었는데, 덧널 안은 좌우 두 개의 방으로 나뉘어 있었다. 이 중 한쪽에는 두 개의 나무널이 있었으며, 다른 쪽 공간에는 칼, 도끼, 청동잔, 단지 등 부장품이 안치되어 있었다. 발견 당시만 해도 낙랑 고분으로서는 유일한 나무덧널무덤〔木槨墓〕이었다.

11월에는 안변 상세포동上細浦洞의 고분군 가운데 부부총夫婦塚, 개배총蓋杯塚, 서총西塚 등 3기가 조사되었다. 3기 모두 벽체를 깬돌로 쌓은 비슷한 크기의 장방형 돌방무덤이었는데, 이 가운데 부부총과 개배총의 돌방 안에는 따로 널받침이 만들어지고, 부부총에서는 유해의 일부가 수습되었다. 고분의 구조는 고구려식인 데 반해 출토된 토기류는 신라 토기 양식에 가까운 것으로 보아, 고구려와 신라의 문화가 합류한 삼국시대의 무덤으로 생각되었다.[51]

이해에 이루어진 거의 전국에 걸친 지표 조사의 대상은 당시까지 법등法燈이 이어져 오고 있었던 절이나 절터에 남아 있던 석탑, 석불 등 주로 석조 문화재였으며, 이 밖에 개성 일원에 분포된 고려의 왕릉급 분묘도 상당수 포함되었다.[52]

1914년

이해는 지난해의 활발했던 지표 조사와 발굴 조사의 활동과는 대조적으로 괄목할 만한 조사로는 김해 회현리 조개무지사진 2, 그림 5에 대한 본 발굴의 시작이 유일한 학술 조사라고 할 수 있었다. 이 유적에 대해서는 앞서 1907년 이마니시에 의해 처음 시굴 조사가 이루어진 이래 오랜 공백기를 거쳐 도리이에 의해 본격적인 발굴이 실시되었다.[53] 이해에 이어 다음 1917년의 전후 두 차례에 걸쳐 이루어진 대규모의 발굴을 통해 이 유적이 한반도에서는 드물게 나타나는 조개무지임이 알려지면서 학계의 주목을 받게 되었다.

이해의 발굴에서는 언덕배기의 남반부에서 남북으로 트렌치Tr.T를 넣어 조사한 결과 간돌검, 돌도끼와 함께 토기편 다수를 수습하였다. 이 밖에 사슴뿔로 만든 손칼자루〔刀子柄〕 십여 점과 동물 이빨드리개〔牙垂飾〕 두 점 등 골각기와 함께 유리구슬 두 점이 출토되었다.

또한 이해에는 조선총독부에서 발간하는 『고적조사보고古蹟調査報告』가 처음으로 나와 이후 한반도 내에서 이루어지는 연도별 발굴 조사 보고서의 출발점이 되었다.[54]

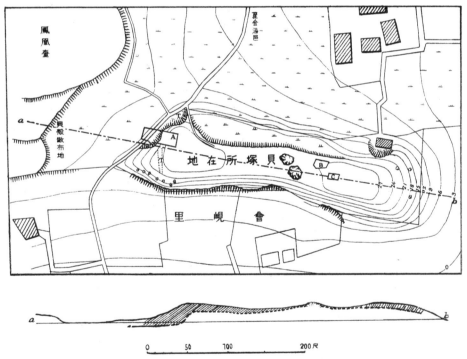

사진 2. 김해 회현리 조개무지.
그림 5. 김해 회현리 조개무지 유적 주변 지형 실측 평면도(위)와 단면도.

1915년

이해도 전년도에 이어 이번에는 구로이타에 의해 김해 회현리 조개무지의 중간 지점(Tr. K)에서 발굴이 이루어졌지만, 보고서 미발간으로 그 실상은 파악할 수가 없다.[55]

여름에는 1909년 가을에 세키노 등에 의해 확인된 부여 능산리陵山里 고분군 가운데 6기의 발굴 조사가 구로이타와 세키노, 야쓰이 등에 의해 이루어졌다. 고분군은 해발 120미터 되는 능산의 남쪽 비탈면에 이루어져 있었는데, 3기씩 열을 지어 앞뒤로 두 열을 이루고, 뒤쪽에 따로 1기가 있어 모두 7기가 한 무리를 이루고 있었다. 무덤들의 외형은 모두 밑지름 20-30미터의 둥근 무덤들인데, 봉토 자락에 1-3단으로 쌓아 올린 둘레돌[護石]이 이루어진 것도 있었다.

무덤 내부의 벽체와 천장은 대부분 한 장 또는 여러 장의 물갈이한 판돌이나 장대석을 세워 올렸으며, 모두 널길과 널받침을 갖춘 굴식돌방[橫穴式石室]무덤인데, 천장의 형태는 납작천장[平天井], 꺾임천장[平斜天井], 활천장[弓形天井] 등 다양하게 나타나고 있었다.

최근에 고분군 서편에서 발굴된 백제금동대향로百濟金銅大香爐와 '百濟昌王'명銘 석조 사리감舍利龕을 통해 다시 한번 이곳이 왕릉 구역임이 확인되었다. 조사된 고분 가운데 1호 무덤의 널방에는 벽면과 천장에 각각 사신도와 연꽃구름무늬가 그려져 있었고, 바닥에서는 널장식금구[棺飾金具]가 수습되었다. 보고자는 무덤방 안의 부장품들은 백제 멸망 당시 당군唐軍에 의해 도굴된 것으로 추정하였다.[56]

이해에 경주 동천리東川里 와총瓦塚[57]에 대한 발굴이 이루어졌다. 깬돌로 쌓은 네 벽체는 위로 올라가면서 안쪽으로 약간 기울고 그 위는 넉 장의 판돌로 덮었는데, 널방(4.0NS × 1.4 = 1.6m)의 오른쪽으로 치우쳐 널길이 나 있었다. 널방 안에는 두 차례에 걸쳐 만들어진 주검받침이 만들어졌는데, 그 위에서는 기와가 나왔고, 도장무늬 토기와 철제품 등 부장품은 널방 바닥에서 수습되었다.그림6

6월 하순에는 경주 보문리普門里 부부총夫婦塚[58]이 조사되었다. 경주시의 동쪽에 있는 명활산明活山 서쪽에 분포된 고분군 가운데 하나로, 봉토는 대략 서남에서 동북으로 긴 쌍무덤이었다. 발굴 결과 남자 무덤인 북분은 돌무지덧널무덤[積石木槨墳]이었고, 여인의 무덤인 남분의 매장 시설은 깬돌로 쌓아 올린 굴식돌방무덤인데, 무덤방의 한쪽 벽면에 붙여서 돌로 단을 쌓은 널받침[棺臺]을 마련하

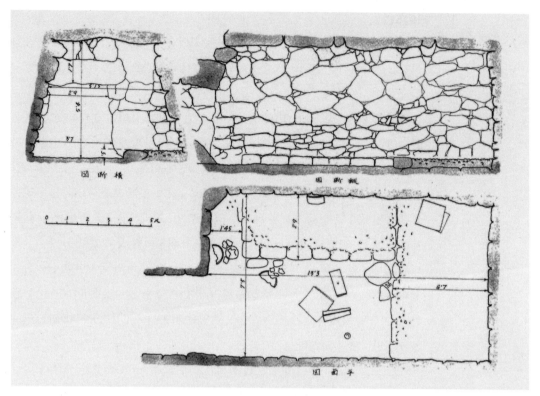

그림 6. 경주 동천동 와총의 종단면도(위 왼쪽), 횡단면도(위 오른쪽), 평면도(아래).

였다.

이 쌍무덤의 발굴에서 출토된 부장품에서 남녀의 성별 차이가 나타남에 따라, 보고자들은 이를 한 쌍 부부의 무덤으로 보고 '부부총夫婦塚'으로 명명하였다. 시기와 구조를 달리하는 두 매장 시설이 한 무덤 안에 이루어진 것은 두 유형의 과도기적 상황을 보여 준다는 데 그 의의가 크다고 할 수 있었다. 그러나 발굴 후 이에 대한 정식 보고서가 나오지 않아 두 유형의 정확한 이행 과정을 파악하는 데는 한계가 있다고 보아야 할 것이다.

여기에서 조사된 또 다른 돌덧널무덤으로 금환총金環塚과 완총埦塚이 있었다. 금환총은 구덩을 파고 깬돌을 6단 정도 쌓아 올린 구덩식돌덧널(竪穴式石槨)무덤으로, 바닥에는 잔 자갈을 깔고 널을 넣은 뒤 냇돌로 덮고 그 위를 진흙으로 바른 뒤에 봉토를 덮었다. 무덤 안에서 한 짝의 가는고리귀고리(細環耳飾)가 출토되었다.

완총은 금환총과 비슷한 구조의 돌덧널무덤으로 추정되는데, 벽석 위에 뚜껑돌이 얹혀 있었으며, 그림으로 보아 남북 길이 2.8미터, 너비는 양 마구리벽 쪽에서 0.7미터인데, 가운데는 홀쭉해져서 0.5미터가 되었다. 남벽 쪽에서 뚜껑굽단지〔蓋杯〕 두 점 등 토기류가 수습되었다.

지금까지 살펴보았듯이, 1913년까지 전국 각지에서 활발히 수행되어 오던 고적 조사가 1914년과 1915년에는 이태 연속 김해 회현리와 부여 능산리, 경주 황남리 검총劍塚과 보문리 부부총 등의 발굴을 빼고는 이렇다 할 성과가 없었다.

우선 전년도(1914년) 여름에 발발한 제일차세계대전에 일본이 개입함에 따른 국제적인 상황의 변화가 그 첫번째 원인이었던 것으로 짐작된다. 또한 1915년 말로 예정되었던 새로운 총독부박물관總督府博物館 개관을 앞두고 그 준비 작업에 많은 전문 인력이 여기에 투입되었기 때문이 아닌가 생각되지만, 자세한 상황은 알 수가 없다.

한편 이해 봄부터 처음 출간하기 시작한『조선고적도보朝鮮古蹟圖譜』는 그 뒤 이십여 년에 걸쳐 모두 15권이 나온 획기적인 발간 사업이었다.[59] 이 저작물이 비록『고적조사보고古蹟調査報告』나『고적조사특별보고古蹟調査特別報告』,『고적조사개보古蹟調査槪報』 등과 함께 일인들에 의한 문화식민정책의 일환에 따른 편찬 사업이라고는 할지라도 우리의 고대 문화에 대한 중요한 기록 유산임은 부인할 수 없을 것이다.

이해 12월의 총독부박물관 개관은 같은 해 9-10월에 경복궁 안에서 개최된 '시정施政 5년 기념 물산공진회物産共進會'에서 비롯되었다. 이때 문화 행사의 일환으로 미술관을 지어 전국 각지에서 수집한 고고학 자료와 고미술품을 전시하였는데, 공진회가 끝난 후 이를 개편하여 총독부박물관을 설립했던 것이다. 이후 소장품은 주로 고적 조사를 통해 수집된 발굴 유물과 구입 유물 등이었는데, 차츰 건물이 협소해져 경복궁에 딸린 궁궐의 부속 건물들을 전시실, 수장고와 사무실 등으로 이용하였다.[60]

제3장 일제강점기日帝强占期 1
1916-1930

총독부박물관 소장품 확보를 내세운 고분 발굴과 불적佛蹟 조사의 남발

이 기간에는 일본인들의 한국에 대한 지배 야욕이 노골화되면서 그들의 매장문
화재의 발굴과 함께 강제 합병 이후 계속된 지상 문화재에 대한 조사에도 더욱
박차를 가하게 되었다. 여기에 1915년에 개관한 조선총독부 박물관의 소장 유
물 확보라는 명분을 앞세워 그야말로 야심적인 사업 계획 아래 전국 각지에서
종횡무진 발굴 조사 사업을 펼쳐 나갔던 것이다.

전국적인 지표 조사 사업은 강제 합병 이후 대략 1917년까지 일단락되고,
1918년 이후에는 몇몇 유적에 대한 집중적인 발굴 조사 위주로 사업의 규모가
압축되는 큰 전환점이 이루어졌다. 이러한 변화는 당시 일본의 국가 재정 상황
과도 밀접한 관련이 있었던 것으로 여겨진다.

따라서, 더 이상 국비로 발굴을 계속할 수 없는 상황에 처하자 1931년에는 조
선고적연구회朝鮮古蹟硏究會를 설립하여 각계로부터 기부금을 거두어 발굴비로
충당해 나갈 수밖에 없었다. 이 연구회는 주로 낙랑 유적과 신라 유적 위주로 펼
쳐 나가기로 방침을 세우고 평양과 경주에 따로 연구소를 설치하여 그 첫번째
사업으로 1933년에 우선 낙랑 고분의 조사부터 시작하였다.[1]

이들 발굴은 순수 학술 발굴이라기보다는 유물 확보에 더 큰 의미가 주어진
것 같은 인상을 지울 수가 없는데, 그것은 전국의 수많은 유적지 가운데 평양과
경주에 이어 공주, 부여에까지 연구소를 설치한 그들의 집념을 통해 이를 살필
수가 있었다.

따라서 여기에서는 한반도 전역의 유적에 대해 총독부 주관으로 무차별적 조

사가 이루어진 1916년부터 1930년까지를 일제강점기 1기로 하고, 이후 조선고적연구회가 설립된 1931년부터 1944년의 광복기 이전까지를 일제강점기 2기로 구분하였다.

1916년에는 앞서 1914년과 1915년의 침체되어 있던 고고학적 학술 활동을 만회라도 하듯이 구체적이고 장기적인 고적 조사 계획과 그 시행안까지 특별히 마련하였다. 우선 이해부터 5개년 계획을 수립하여 향후 연차적인 사업 계획을 작성하였는데, 이는 기본적으로 각 시대에 따른 지역별 안배라고 할 수 있었다. 이를 요약하면 다음과 같다.

제1차년도인 1916년에는 한군현漢郡縣과 고구려, 제2차년도(1917년)에는 삼한, 가야, 백제, 제3차년도(1918년)에는 신라, 제4차년도(1919년)에는 예맥, 옥저, 발해, 여진 등, 마지막으로 제5차년도(1920년)는 고려시대로 나누어 해당 지역을 안배하였다. 여기에 선사시대와 조선조에 속하는 조사는 각 연도별로 안배된 지역에서 편의적으로 그 실정에 맞게 실시하는 것으로 되어 있었다.

여기에서도 다만 신속한 응급을 요하는 조사와 박물관 진열품 수집을 위해 필요한 경우 시대와 지역에 구애받지 않고 예외적으로 조사 수집할 수 있다는 조항을 따로 마련한 것을 보면, 새로 설립한 총독부 박물관에 대한 특별한 배려의 흔적을 살필 수가 있었다.[2]

1916년

이해에는 고적조사위원회가 설치되고 「고적 및 유물 보존 규칙」이 제정되어[3] 이후 이루어지는 발굴 조사에 대해서는 당국의 허가를 요하게 하였는데, 이는 도굴 등 불법적인 발굴을 제어하는 목적에서 새로운 규칙이 마련되었던 것으로 보인다.

이해에는 지금까지 수행한 전국 각지에서의 지표 조사에서 미진하거나 누락된 지역을 보완하는 한편, 유물 확보를 위하여 본격적인 발굴 조사도 활발히 수행하였다. 이해부터 시행되는 조사 사업 계획에 따라 조사 지역은 황해도, 평안남북도, 경기도, 충청북도이고, 조사 기간은 1916년 8월부터 1917년 3월까지로 되어 있었다.[4] 조사 내용은 황해도와 평안남북도에서는 주로 한군현과 고구려의 고분을, 경기도와 황해도, 평안남북도에서는 선사시대의 유적과 유물 조사에 치중하였다.

이 밖에 특별 조사 지역으로는 개성 양릉리陽陵里와 강화 내가리內可里, 나주 반남면潘南面, 금산군錦山郡 관내 고분, 그리고 경주 사천왕사지四天王寺址도 여기에 포함시켰다. 특히 개성 및 강화 고분 200여 기를 중심으로 비교적 유물 확보가 손쉬운 고분들에 대한 발굴을 통해 보고자가 솔직히 실토했듯이 '박물관 진열품 수집'에 박차를 가하고자 했던 것으로 보인다.[5]

이때의 조사 담당은 이마니시 류今西龍, 구로이타 가쓰미黑板勝美, 세키노 다다시關野貞, 도리이 류조鳥居龍藏 등 네 명이 분담하기로 하고, 그 아래 보조원과 함께 도면 작성, 사진 촬영을 위해 총독부 박물관 직원 네 명이 동행하였다.

이마니시는 한강 유역의 산성, 절터, 사찰, 고분 유적과 개성, 장단長湍의 사찰, 성터, 고려왕릉, 강화의 사찰, 능묘, 지석묘와 강화 사고史庫 등 주로 경기도 일원을 조사하였고, 이 밖에 황해도에서는 평산의 성황산성城隍山城을 현지 조사하였다. 이 과정에서 확인된 여주 상리上里와 가평 이곡리梨谷里, 강화 망산望山 등지에서는 파괴된 고분들을 수습 발굴하였다.[6]

여주 상리의 10여기에 이르는 고분군 가운데 조사된 2기의 무덤은 모두 깬돌로 쌓아 올린 동서로 긴 장방형의 돌방무덤으로, 남벽의 가운데에 T자 모양으로 널길이 달려 있었다. 1호 널방의 동과 서 양쪽에 널받침이 만들어지고, 머리맡에는 서쪽에 3개, 동쪽에 2개 등 모두 5개의 돌베개(石枕)가 놓여 있었다. 2호 널방은 도굴자들에 의해 앞쪽이 파괴되었지만 석재나 그 축조 수법은 비슷한데, 천장은 모줄임식(抹角方形)의 고구려 고분과 비슷하였다.[7]

구로이타는 황해도와 평안남북도를 답사하여 은율 운산리雲山里에서의 고인돌과 곡리曲里 고분군을, 봉산과 용강, 정주에서는 고분, 사찰, 절터, 성터를 확인하였고, 대동강 유역에서는 고구려 무덤과 한군현 유적을 조사하였다.[8]

도리이는 주로 평안남도와 황해도 일원에서 낙랑 이전에 해당되는 유사有史 이전의 유적을 답사하였다. 대부분 평양 부근 대동강 가의 사동寺洞, 고방산高坊山, 미림리美林里 등의 유물 포함층과 산포지로서, 여기에서는 돌도끼, 반달칼, 돌활촉, 돌검, 돌끌 등 간석기 등이 수습되었다.

용강 용번리龍磻里의 조개무지에서는 갖가지 동물과 새들의 뼈가 석기류와 토기편 들과 함께 나왔는데, 토기류는 표면에 그은 무늬와 점선무늬 등으로 이루어진 기하학적 무늬가 나타난 것으로 보아 서해안 지방 특유의 신석기시대 유적으로 생각되었다. 이러한 조개무지는 장연 몽금포夢金浦 일원에서도 확인되었다.

황해도 일원에서는 이 밖에도 장연의 탱석동撐石洞과 은율의 군량리軍糧里, 운산리雲山里, 사금동砂金洞, 안악의 오리동五里洞 등지에서 고인돌이 확인되었는데, 이들의 대다수는 이른바 북방식 고인돌의 유형에 속하는 것들이었다.[9]

이해에 가장 활발히 발굴 조사가 이루어진 유적은 세키노가 야쓰이 세이이치谷井濟一 등 다섯 명의 보조원을 대동하고 조사한 평양과 용강 등 대동강 유역에 분포한 낙랑과 고구려 무덤들이었다. 우선 낙랑고분으로는 평양 낙랑 구역의 정백리貞柏里와 석암리石巖里의 같은 구릉 지역에 분포한 수백 기의 무덤들 가운데 10기를 선별하여 9월 하순부터 10월 말까지의 한 달 남짓 동안에 네 명(오바 쓰네기치小場恒吉, 구리야마 순이치栗山俊一, 노모리 겐野守健, 오가와 게이기치小川敬吉)이 분담하여 조사를 마쳤다.[10]

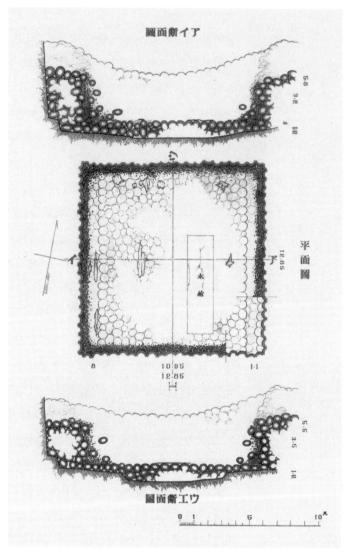

그림 7. 평양 석암리 9호 무덤의 평면도(가운데)와 단면도들.

석암리 고분군 일원에서의 발굴은 앞서 1909년과 1910년에 이어 세번째로 이루어진 발굴로서, 이번에는 정백리(1-5호 무덤)와 석암리(6-10호 무덤)에서 각 5기씩 모두 10기가 조사되었는데, 벽돌무덤 6기(1호, 4호, 5호, 7호, 8호, 10호)와 귀틀무덤[11] 4기(2호, 3호, 6호, 9호)가 확인되었다.[12]

이들 가운데 부장품이 화려한 고분은 대부분 귀틀무덤들인데, 석암리 9호 무덤은 그 대표적인 예라고 할 수 있다. 네모난 봉토(30×30 = 3m)를 갖춘 귀틀무덤으로, 무덤 구덩과 귀틀 사이의 공간을 냇돌로 채운 특이한 모습을 보여 주었다. 또한 일반적으로 어울무덤(合葬)인 다른 귀틀무덤과는 달리 이곳은 한 남자만 묻힌 홑무덤(單葬)으로, 널 안과 바깥의 부장칸에서 풍부한 유물들이 출토되었다.그림7

널 안의 피장자에게서는 입(琀), 눈(眼玉), 귀(充耳), 코(鼻塞) 등을 막은 장옥葬玉과 허리에 깔려 있던 벽옥璧玉이 수습되었고, 화려한 금제의 띠고리(帶鉤, 국보 89호)와 각종 금속제의 무기, 이기와 칠기류, 거마구車馬具, 이 밖에 몇몇 명문銘文 자료가 나왔다. 특히 '居攝三年'(8 A.D.)명銘 칠기가 이 무덤의 시대적 배경을 말해 주고 있는데, 화려한 부장품 등으로 보아 서력기원 전후 낙랑의 태수급太守級 무덤으로 짐작되었다.

11월에는 점제현秥蟬縣 치소治所가 있었던 어을동於乙洞 고성古城에서 멀지 않은 용강 갈성리葛城里 덧널무덤 2기가 확인되었는데, 조사가 이루어진 갑분甲墳으로부터 청동·철제의 무기와 이기류 및 거마구, 토기류가 수습되었다. 가까운 갈현리葛峴里에서는 파괴된 벽돌무덤의 흔적을 확인했는데, 이들은 모두 치소와 관련된 유적으로 추정되었다.13

한편, 같은 해에 평양의 외곽인 대동군 시족면柴足面의 대성산 자락에 분포하는 안학궁安鶴宮 터 주변의 천수백 기에 이르는 고구려의 봉토무덤과 돌무덤 가운데 동쪽 기슭의 노산리魯山里에서 1기의 무덤을 발굴했는데, 바로 평양 개마총鎧馬塚14이다. 네모난 봉토(24.0NS×19.5 = 3.9m) 안에 이루어진 널길이 달린 외방무덤으로, 무덤 안에는 널받침 한 쌍이 놓여 있었고 모줄임천장을 갖추고 있었다. 널방(2.8NS×2.5 = 2.7m)의 네 벽은 자연석으로 쌓아 올리고 여기에 두껍게 회를 바른 뒤 사신도를 그렸는데, 천장의 행렬도에 나타난 '冢主着鎧馬之像'의 묵서명墨書銘에 따라 '개마총'이란 이름을 얻었다.그림8

시족면 관내에서는 이 밖에도 내리內里의 남南고분군과 서북총西北塚, 토포리土浦里 대총, 호남리湖南里의 사신총과 금사총金絲塚 등이 조사되었다. 이 가운데 평양 호남리 사신총15은 일대의 고분군 중 가장 규모가 큰 무덤으로, 봉토의 자락에 돌로 기단을 쌓고 그 위에 네모난 봉토를 쌓았다. 무덤은 널방과 널길만으로 이루어진 외칸 무덤으로 널방의 벽체는 특이하게도 잘 다듬은 대리석으로 쌓아 올리고 그 틈새만 백회를 발라 마감한 뒤, 벽면 그대로의 상태에서 사신도를 그

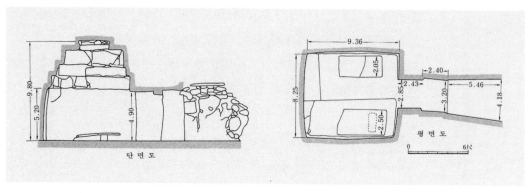

그림 8. 평양 개마총의 단면도(왼쪽)와 평면도.

렸다. 사신도 외에 다른 장식은 보이지 않고 모줄임천장 부위에도 벽화를 그리지 않았다.

용강읍의 서북쪽에 있는 황산黃山 남록 일대에는 수백 기에 이르는 고분들이 비교적 완전한 봉토를 갖추고 있었는데, 몇몇 노출된 무덤방들의 천장은 한 장의 판석으로 이루어진 납작천장[平天井]을 갖춘 것과 모줄임[抹角藻井] 천장을 갖춘 것들로 구분되었다. 황산 일대에서는 이 밖에도 삼실총三室塚, 이실총二室塚, 칠실총七室塚 등 여러방무덤들이 다양하게 확인되었다.

이상의 고분들은 대성산성이나 안학궁의 연대로 보아 대략 장수왕의 평양 천도(427 A.D.) 이후 고구려가 멸망할 때까지의 2세기 남짓 동안에 걸쳐 이루어진 것으로 추정되었다.

1917년

이해에는 전년도의 중부 이북 지역 위주의 조사와는 달리 5개년 조사 사업 계획에 따라 전년도에 마무리하지 못했던 한군현과 고구려 유적을 조사하는 한편, 주로 중부 이남의 삼한, 가야, 백제 유적 위주의 지표 조사와 발굴에 치중하여 사업을 추진해 나갔다. 3월 중순의 사흘 동안(3. 17-3. 19)에는 전년도에 수립되었던 사업 계획 가운데 이해로 이어진 강동 만달면晚達面 고분16을 조사하였다. 야쓰이에 의해 조사된 만달면 승호동勝湖洞 만달산 일대의 야산과 들판에는 200여 기에 이르는 고분이 분포되어 있었다. 이 가운데 2기만 돌무덤이고 나머지는 봉토무덤들인데, 돌무덤은 네모진 기단을 갖추었고 봉토무덤도 네모난 방대형方臺形이었다.

이곳의 돌무덤은 압록강 유역 집안현 일원의 고구려 초기 돌무지무덤의 영향으로 만들어진 것들로서 평양 천도 직후의 무덤으로 생각되었다. 이들은 모두 붕괴된 상태였지만, 여기에서도 초기의 무덤에서처럼 내부에 만들어진 돌방의 둘레를 흙으로 덮은 뒤 돌을 계단 모양으로 쌓아 올린 것이었다.

봉토무덤들은 대부분 굴식돌방〔橫穴式石室〕무덤이었는데, 천장은 거의가 모줄임식으로 한 봉토 안에 두 개의 돌방을 갖춘 것도 적지 않았다. 돌방에 쓰인 재료는 주변에서 쉽게 구할 수 있는 석회석이 대부분이었으며, 벽면에는 회칠이 되어 있었다. 이들 두 양식의 무덤이 혼재한 상황으로 보아, 돌무덤의 말기 형식과 일부 봉토무덤의 초기 형식이 한데 섞여 있는 중요한 유적으로 생각되었다.

이해는 지난해에 수립된 5개년 고적조사 사업 계획의 제2차년도로서, 당초 계획에 따라 삼한, 가야, 백제 유적의 조사를 위해서 지역은 경기도, 충청남북도, 경상남북도, 전라남북도로 한정하되, 조사 기간은 앞서 제1차년도에 이어 이해 4월부터 이듬해(1918년) 3월까지였다.[17]

제2차년도의 조사자로는 구로이타, 세키노, 이마니시, 도리이, 야쓰이 등 다섯 명 외에 측량, 제도, 촬영을 담당할 네 명의 총독부 박물관 직원과 토목국 직원, 통역 등이 동행하였다. 우선 제2차년도의 전반기에 황해도 봉산에서는 대방태수〔帶方太守〕 장씨묘張氏墓나 양동리養洞里 무덤과 같은 한군현 시대의 무덤을 조사하였으나, 대부분 목록 작성이나 약식 보고에 그치고 있다. 이 가운데 봉산 양동리 3호와 5호 무덤에 대해서는 최근 국립중앙박물관에서 '일제강점기자료조사 보고'의 두번째 보고서로 출간하였다.[18]

대방군 시기의 것으로 추정되는 이 무덤들은 지난해의 지표 조사를 통해 도굴된 상태에서 발견된 유적들로서, 이해에 조사가 이루어졌으나 목록만 실렸을 뿐 구체적인 내용에 대해서는 전혀 언급이 없었던 것을 국립중앙박물관의 위 보고서를 통해 그 내용을 살필 수 있었다.

3호 무덤은 방대형의 봉토(26.6NS×25.2 = 3.5m)를 갖춘 벽돌방무덤〔塼室墓〕으로, 장축은 남북 방향이고 남쪽 앞방〔前室, 3.8EW×3.3 = 2.5m〕과 북쪽 무덤방〔玄室, 4.1EW×3.4 = 2.6m〕으로 이루어진 여러 방 무덤인데, 앞방에는 따로 옆방〔側室, 1.7×1.7m〕 한 곳이 딸려 있었다. 무덤방의 동쪽에 만들어진 널받침과 서쪽 바닥에 2구의 널이 안치되어 있었다. 사진3, 그림9

부장 유물에 대해서는 기록이 소략하지만, 토기와 칠기, 청동제의 용기류와

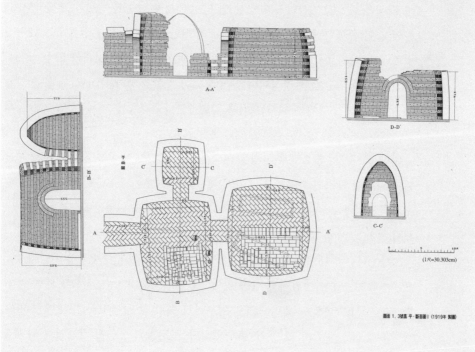

사진 3. 봉산 양동리 3호 벽돌무덤.
그림 9. 봉산 양동리 3호 벽돌무덤의 평면도(아래 가운데)와 단면도들.

은반지, 유리옥 등 장신구류, 오수전五銖錢, 화천貨泉, 대천오십大泉五十과 같은 동전, 거마구 등이 출토되었다.

5호 무덤도 3호와 같은 방대형의 봉토(35.5NS×32 = 6.6m)를 갖춘 벽돌방무덤이었다. 마찬가지로 앞방(3.8EW×3.3m)의 북벽에 약간 동쪽으로 치우쳐서 널길(羨道)이, 남벽 중앙에는 널방으로 통하는 아치형의 통로가 나 있고, 동벽으로는 옆방(2.0EW×1.8m)과 통해 있었다.

널방(4.2NS×4.0m) 안에는 서벽을 제외한 남벽과 동벽, 북벽 쪽에 잇대어 차례로 전돌을 세 겹으로 쌓아 모두 세 자리의 널받침(棺臺)이 이루어져 있었다. 부장된 유물의 출토 상태는 확실치 않으나, 부뚜막과 시루 모양의 명기明器를 비롯하여 거울(기봉경夔鳳鏡) 쪼가리 같은 청동기와 철기, 칠기 등 다양한 유물들이 수습되었다.

이들 2기의 무덤은 그 규모와 출토 유물로 보아 피장자는 서기 3세기대 대방군의 최상층 지배 계급이었을 것으로 추정되었다.

이해의 고구려시대 유적 조사는 평안남도 순천順川, 평안북도의 운산雲山과 위원渭原, 초산楚山, 압록강 유역 집안현輯安縣에서의 유적들을 중심으로 이루어졌다.

집안 고력묘자高力墓子 무덤[19]들은 고구려의 돌무지무덤들로서 고구려가 처음 건국한 환인桓仁의 동쪽 강변에 분포되어 있었다. 지대가 약간 높은 남쪽에는 기단식基壇式 돌무지가 이루어지고 낮은 북쪽으로 내려가면서 무기단식無基壇式이 밀집되어 있는 것으로 보아, 남쪽 경사면에서 시작해 북쪽의 평지로 내려간 것으로 보인다.

남쪽의 경사면에 이루어진 기단식 돌무지에는 구덩식돌덧널이 만들어지고, 중간의 돌무지에는 돌방이, 북쪽 끝에는 돌방을 갖춘 봉토 무덤이 무리를 이루고 있는 것으로 보아도 이들 무덤 양식의 시기적 배경을 알 수가 있었다. 즉 이 고력묘자촌의 연대는 기원 전후에 시작해서 서기 2-3세기경에는 거대한 무덤 떼를 이루었던 것으로 보인다.

이해의 전반기에는 앞서 북부지방과 만주 지역에 분포한 유적들을 조사하고, 후반기에는 당초의 계획대로 삼한, 가야, 백제 지역에 해당되는 중부 이남 지역에 대한 조사를 수행하였다. 우선 경기도 광주에서부터 고양, 양주를 거쳐 충청남도에서는 천안, 공주, 부여, 청양, 논산 지역, 이어서 전라북도의 익산과 전라

남도의 나주 등 모두 열 개 군郡에 분포하는 유적을 조사하였다.[20]

광주廣州에서는 풍납리風納里 토성과 남한산성 등 산성을, 석촌리石村里, 가락리可樂里, 방이리芳荑里에서는 돌무덤과 봉토무덤 등 백제시대 초기로 생각되는 고분군을 조사하였다. 이 밖에 춘궁리春宮里와 하사창리下社倉里에서는 절터가 확인되었는데, 춘궁리에는 삼층과 오층의 고려시대의 석탑 2기가 남아 있었고, 하사창리에는 고려시대의 대형 철불(높이 2.88m) 한 점이 있었는데, 이해에 이왕가박물관으로 옮겨졌다.

충청남도 공주에서는 공산성公山城과 마곡사麻谷寺, 갑사甲寺, 동학사東鶴寺에 남아 있는 목조건물과 석조물에 대한 조사와 함께 가람 배치 및 사찰에 보관되어 있는 동종, 향로, 사경寫經 등에 대한 실사가 이루어졌다.

부여에서는 부소산성扶蘇山城, 나성羅城, 청마산성青馬山城, 성흥산성聖興山城 등 산성과 함께 정림사지定林寺址와 오층석탑(평백제탑平百濟塔)을 비롯한 여러 탑과 비, 대조사大鳥寺의 석불 등이 조사되었다. 능산리 고분군에 대해서는 1915년의 첫 조사[21]에 이어 두번째로 조사가 이루어져 백제 말기 왕릉의 실체를 재확인할 수 있었다.

청양에서는 서정리西亭里 구층석탑 등을 조사하였고, 논산에서는 개태사開泰寺터에 있는 삼존석불과 석탑 및 주변에 흩어진 석물, 철제의 수반水盤 등을 조사하였다.

익산에 이르러 오금산성五金山城(익산토성益山土城)을 거쳐 미륵사彌勒寺 터 일원과 왕궁리 석탑 주변을 조사하였고, 마지막으로 마한시대의 왕릉으로 전해지는 익산 쌍릉雙陵[22]에서 대왕묘大王墓와 소왕묘小王墓를 조사하였다. 그러나 굴식돌방무덤의 구조와 양식 등에서 부여 능산리 고분과 비슷한 것으로 보아 마한시대라기보다는 백제 말기에 속하는 왕족의 무덤으로 짐작되었다. 나주로 내려와서는 반남면의 신촌리, 덕산리, 대안리 일대에서 수십 기의 무덤들을 확인하였다. 이들 봉토무덤의 외형은 원형 또는 방대형인데, 한 봉토 안에 한 개 또는 여러 개의 독널들이 한데 묻혀 있었다.[23]

연말에는 신촌리新村里 9호와 덕산리 4호에 대한 발굴에 착수하였는데, 특히 나주 신촌리 9호 무덤사진 4, 그림 10에서는 한 봉토 안에 묻힌 십여 개의 대형 이음식 독널 가운데 하나에서 금동관과 함께 신발, 긴칼, 손칼, 귀걸이와 갖가지 구슬들이 출토되었다. 여기에서 보고자는 "그 장법葬法과 부장 유물로 보아 아마도

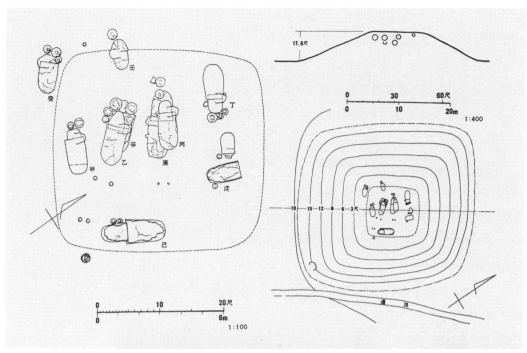

그림 10.
나주 신촌리 9호 무덤의
출토 유물 배치도(왼쪽),
단면도(오른쪽 위),
평면도(오른쪽 아래).

사진 4a · b.
나주 신촌리 9호
무덤(왼쪽)과 옹관.

왜인倭人의 무덤일 것"으로 추정하기도 했다.

연말에 이루어진 조사는 폭설 등 악천후로 열흘 남짓 만에 끝내면서 나머지 조사는 내년으로 기약하고 철수하였다. 이듬해에도 10월 하순에 다시 내려와 십여 일에 걸쳐 조사를 계속하였으나, 결국 이에 대한 발굴 보고는 단 한 쪽에도 못 미치는 약보고에 그치고 말았다.[24]

한편, 가야 지역으로 분류한 경북 선산에서는 원동院洞과 낙산동洛山洞 무덤 떼부터 조사를 시작하여 모두 아홉 군데에서 크고 작은 무덤들을 확인하였다. 이들은 주로 낙동강 가 동서 양안兩岸의 구릉 위나 자락의 평지에 무리를 이루고 있었는데, 대부분 장방형의 구덩식돌덧널(竪穴式石槨)이나 앞트기식돌방(橫口式石室)을 갖춘 무덤들로서, 그 위에 여러 장의 뚜껑돌이 얹힌 것들이 주류를 이루고 있었다. 엄청난 무덤의 분포에도 불구하고 이들의 대부분은 근년에 이르러 극도로 심한 도굴의 피해를 입어 박물관 소장품 확보에 필요한 온전한 무덤들은 극히 드물었던 것으로 보인다.

선산 지역의 많은 고분 가운데 이해에는 낙산동 28호와 105호, 107호 무덤에 대한 발굴 조사가 이루어졌으나, 105호, 107호는 이미 파괴되어 있었다.[25] 28호 무덤에서는 대형의 봉토 안에 남북으로 긴 앞트기식돌방(6.3×1.7m)이 이루어지고, 덧널 안에는 판돌로 짜 맞춘 네 개의 돌널이 있었는데, 이 가운데 남과 북 각 한 개의 돌널에 시신이 합장되어 있었다. 선산에서는 이들 고분군 외에도 군현 치지治址와 산성, 읍성과 함께 도리사桃李寺 등 사찰이나 절터 및 여러 불교 관계 유적과 유물을 조사하였다.

이 밖에 함안 말이산末伊山 고분군을 비롯해서 도항리道項里 등 관내에서 크고 작은 다섯 곳의 고분군을 조사하였다. 말이산 고분군에는 모두 백육십여 기의 무덤들이 한데 무리를 이루고 있었는데, 이 가운데 5호분과 34호분의 2기에 대한 발굴 조사가 이루어졌다.

34호 무덤의 봉토(D-40 = 10m)는 산봉우리 정상부의 대부분을 차지할 정도의 고총高塚으로서, 함안에 분포한 고분군 가운데 가장 큰 것이었다. 여기에 있는 널방(9.7NS×1.7 = 1.6m)은 깬돌을 수직으로 쌓아 올린 앞트기식으로 돌방 위에 13매의 뚜껑돌로 덮고 바닥에는 잔돌을 깔았는데, 벽체의 위쪽에 모두 다섯 개의 벽감壁龕이 이루어진 특이한 모습을 보여 주었다.

바닥에는 많은 인골과 함께 그 주변에는 갖가지 장신구와 화려한 장식이 가해진 마구와 무구류가 놓여 있었고, 북쪽에 치우쳐 차바퀴 모양과 오리 모양(鴨形) 등 여러 종류와 많은 분량의 토기가 부장되어 있었다. 이렇듯 왕릉급으로 추정될 만한 무덤의 완벽한 구조와 엄청난 부장품에도 불구하고, 보고서가 너무 소략해 학술적 조사라기보다는 유물 수습 위주의 발굴이 이루어진 것 같아 많은 아쉬움을 주는 발굴이었다고 할 수 있다.

출토 유물 가운데 녹각제鹿角製 칼장식에 대해 보고자는 여기에 나타난 직고문直弧文이 주로 일본 고분시대의 유물에서만 나타난다는 짐을 들어 임나일본부설과 결부시키려는 의도를 엿볼 수 있었다.[26] 함안 관내에서는 이 밖에 산성과 읍성 등 성터와 궁터(안라왕궁지安羅王宮址), 절터 등을 조사하였다.

창녕에서는 읍내면邑內面과 옛 영산靈山의 계성면桂城面 고분군을 비롯하여 몇몇 읍성과 산성, 절터를 답사하였고, 신라 진흥왕 척경비拓境碑를 조사하였다. 이때의 계성 고분에 대한 답사에서는 21기의 고분 분포만 확인되었으나, 해방 이후 여러 차례에 걸쳐 대규모의 고분들이 조사되었다.[27]

대가야국의 본산지인 고령에는 읍의 서편에 이루어진 주산성主山城에서 남쪽으로 뻗어 내린 지산동池山洞 일원의 능선과 그 동쪽 비탈면에 이백여 기에 이르는 크고 작은 고분군이 분포되어 있었다. 고령에서는 이 밖에 월산동月山洞, 박곡동朴谷洞 등지에서 많은 고분군들을 확인하였고, 주산성 외에도 여러 산성과 보루, 봉수, 가마터와 불적 들을 조사하였다.

성주 관내에서는 몇몇 성터와 절터가 조사되었지만, 확인된 유적의 대부분은 고분군들이었다. 이 가운데서도 가장 대표적인 유적은 성산동星山洞 고분군으로서, 성주읍 동남쪽에 있는 성산의 북쪽과 서쪽의 양 갈래로 뻗어 나간 능선의 정상부와 서쪽 골짜기의 비탈면에 대형의 고분들이 밀집 분포되어 있었다. 이곳 성산동 고분에 대해서는 이듬해에 하마타 고사쿠濱田耕作와 우메하라 스에지梅原末治에 의해 정밀 발굴이 이루어졌다.

경상도의 마지막 여정인 김천에서는 인접한 선산이나 상주, 성주에 비해 유적의 분포가 비교적 소략한 편으로, 그나마 구조를 확인할 수 있는 것은 옛 개령면開寧面 관내의 동부동東部洞 1호 무덤과 김천역 부근의 무덤 정도였다. 이들은 모두 대충 다듬은 여러 매의 판석을 벽체로 세운 돌덧널무덤들로서 두세 장의 넓적한 판돌을 뚜껑돌로 씌운 것들인데, 둘 다 비슷한 크기(4.5×1m)로 경북 서북부지방에서 일반적으로 나타나는 구조였다. 감문국甘文國의 고토故土로 알려진 이곳 개령 지역에서는 감문산성甘文山城 등 산성과 절터, 왕릉이나 궁궐지로 추정되는 몇몇 유적들이 조사되었다.[28]

이해에는 앞서 1914년에 이어 두번째로 도리이에 의해 김해 회현리 조개무지에 대한 발굴이 이루어졌다.[29] 유적의 북단에서의 발굴을 통해 조가비층 아래의 돌널무덤 안에서 유골과 각종 골각기, 다양한 석기와 토기, 철기류가 수습되었다.

일찍이 1902년부터 이루어진 일본인들의 한반도 일원에 대한 '고적 조사'는 그들의 식민지 정책을 수행해 나가기 위한 예비 작업이었다고 할 수 있었다. 그들은 세키노 같은 관변 학자를 필두로 해서 전국을 누비며 고적의 분포 조사를 벌이는 한편, 그때그때 필요한 유적에 대한 발굴 조사도 병행해 나갔다.

한반도에서의 전반적인 고적 분포의 실태를 파악하기 위한 지표 조사는 1902년을 시작으로 1911년, 1912년, 1913년, 1916년, 1917년에 집중적으로 실시되었고, 그 밖의 다른 해에는 발굴 조사에 치중하였다. 지표 조사는 전국을 대상으로 펼쳐 나갔지만, 특히 평안남북도, 황해도 등 고구려, 낙랑 유적이나 경주, 경상남북도 등 신라, 가야 유적의 밀집 지역에 대해서는 반복 조사도 이루어졌던 것으로 보인다.

이해를 마지막으로 전국을 대상으로 하는 지표 조사는 일단락되고, 이후에는 주로 발굴 조사에 치중하며 박물관 수장품 확보에 주력해 나갔다.

1918년

6월에 구로이타가 통구에 들어가 광개토왕비에 관한 의문점을 해결할 목적으로 조사를 수행하였고, 이때의 여행담을 잡지 『역사지리歷史地理』 휘보란[30]에 실었다.

한편, 이해부터 1920년까지 이루어진 평양 병기제조창兵器製造廠 부지의 기초공사 때 우연히 드러난 낙랑시대의 나무덧널무덤으로 추정되는 유구에서 청동 세발솥[鐎斗]과 함께 철제의 창과 칼, 쇠뇌[弩機] 등이 수습되었다.[31]

여름에는 하라다 요시토原田淑人와 구로이타 일행에 의해 경주 보문리 고분 발굴이 이루어지고, 곧이어 경상남북도 일원에 걸친 지표 조사가 실시되었다. 보문리 고분은 앞서 1915년 세키노 등에 의해 조사된 부부총夫婦塚과 금환총金環塚, 완총埦塚 일대에 이루어진 무덤 가운데 하나로서, 구로이타가 발굴을 시작하였으나 미처 못 다한 것을 하라다가 조사를 마무리했다.[32] 명활산明活山 서쪽 능선의 완만한 비탈면에 이루어진 무덤으로서 봉토 내부에서는 돌무지와 함몰부가 드러나고, 그 속에서 부식된 나무널(2.4×1.2m)의 흔적이 나타남으로써 돌무지덧널무덤[積石木槨墳]이라는 신라 고분의 특징적인 구조를 파악할 수 있었던 것으로 보인다. 남동침南東枕으로 보이는 널 안의 시신이 안치되었던 곳에서는 금·은·옥으로 장식된 각종 장신구가 출토되었고, 머리맡에는 토기류, 청동합 등 용기류와 철제의 무구, 마구, 농공구 들이 부장되어 있었다.

한편, 일행 가운데 일부는 보문리 고분 조사 중에 낭산狼山의 남쪽을 지나는 철도 공사로 인해 훼손될 사천왕사四天王寺와 임해전臨海殿 터의 실태를 조사하였다.

곧이어 시작된 경상남북도 일원에 대한 지표 조사를 통해 경산 조영동造永洞[33]에서는 마을에 인접한 구릉에서 십여 기의 무덤들이 확인되었는데, 상당수의 봉토는 이미 파괴되어 있었다. 여기에서 경질 또는 연질의 다양한 토기류가 수습되었는데, 신라 초기에 속하는 것으로 보이는 이른 시기의 것들도 확인되었다.

청도에서는 운문사雲門寺의 탑과 비 등 여러 불적을 비롯하여 박곡동珀谷洞, 장연동長淵洞에서 석불과 석탑, 당간지주 등 석조물을 조사하였고, 용산동龍山洞의 불령사佛靈寺에서는 벽돌탑[塼塔]의 탑재들을 확인하였다.

김천에서는 서부동에서 감문국甘文國의 장릉獐陵으로 전해지는 곳과 김천역 부근에서 고신라에 속하는 것으로 보이는 무덤들을 조사하였다. 한편, 상주 남정리南町里에서는 석탑재와 석등재를 확인하였고, 달천리達川里에서는 사벌왕릉沙伐王陵과 그 부근에서 높이 5.4미터에 이르는 장대한 삼층의 신라 석탑을 조사하였다.

경상남도에서는 양산의 통도사通度寺 경내에서 삼층석탑과 금강보탑金剛寶塔, 석등, 배례석拜禮石 등을 조사하였고, 청동 향로와 정병 등을 실견하였다. 이어서 동래 관내에서는 범어사梵魚寺 삼층석탑과 석등을 조사하였고, 금정산성金井山城을 답사하였다.

이해 가을에는 9월과 10월 두 달에 걸쳐 우메하라梅原(총독부 고적조사 사무촉탁)와 하마다濱田(고적조사위원)가 총독부 박물관 직원 임한소林漢韶[34]와 경상남북도·충청남도 지역에 대한 조사 계획을 세우고, 우선 성주·고령·창녕 지역의 고분 조사를 실시하였다.[35] 이 지역의 고분들에 대한 발굴 조사는 앞서 전년도(1917년)에 이마니시에 의한 지표 조사를 통해 확인된 무덤들[36] 가운데, 소형이지만 남아 있는 상태가 좋은 곳을 선별해서 발굴했던 것으로 보인다.

성산가야의 고토로서 지표 조사를 통해 확인된 성주의 성산동星山洞 고분군 가운데 1호, 2호, 6호 무덤[37]에 대한 발굴에 착수하였다. 고분군은 성주읍의 동남쪽에 위치한 성산으로부터 서쪽과 북쪽으로 뻗어 내린 능선의 상부와 비탈면에 분포되어 있었다.

1호 무덤은 능선의 끝자락에 이루어진 둥근 봉토무덤(D−13.5＝3.6m)으로,

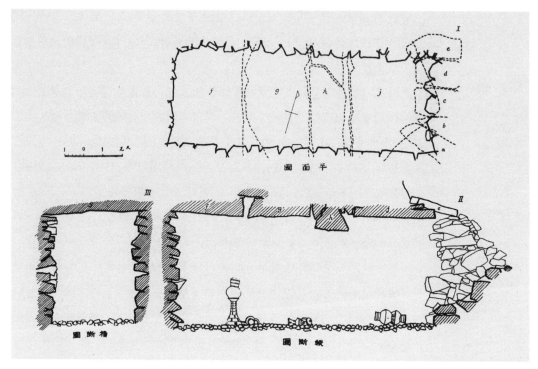

그림 11. 성주 성산동 1호 무덤의 평면도(위), 횡단면도(아래 왼쪽), 종단면도(아래 오른쪽).

봉토 속에 이루어진 네모난 돌방(3.6EW×1.4 = 1.6m)은 동벽을 입구로 한 앞트기식(横口式) 돌방무덤으로 위에는 넓적한 판돌 4매를 뚜껑돌로 얹었다. 잔돌을 깐 바닥면에는 동쪽으로 머리를 둔 유해의 주변에 주로 장신구와 무구류武具類가 놓이고, 발치와 북벽 쪽에는 다양한 토기류가 부장되어 있었다.그림 11 9월 27일 열 시에 시작하여 열두 시 반 돌방 내부 진입, 오후에 유물의 출토 상태 기록 후 유물 수습, 28일 돌방 바닥에서 금속 장식품 등 유물 다수 수습, 29일 돌방 실측 완료 등 바쁜 일정으로 보아 이 발굴이 얼마나 서둘러 이루어졌는지를 짐작할 수가 있다.

2호 무덤의 봉토(D-27 = 6m)는 바로 북쪽에 인접한 1호 무덤에 비해 훨씬 큰 봉토를 갖추었지만, 돌방(3.4NS×1.7 = 1.6m)은 비슷한 크기였다. 돌방의 둘레에는 돌무지가 덮여 있었는데, 돌방의 동편에 크고 작은 두 개의 딸린덧널이 이루어져 있었다. 이 가운데 1호 딸린덧널 안에서 이차장二次葬으로 펴묻기〔伸展葬〕한 것으로 보이는 인골이 수습되었는데, 골격 등의 성격에서 북한인에 가까운 특징이 나타난 것으로 분석되었다.[38] 이미 도굴을 당했지만 상당량의 토기와 철제 도검류刀劍類 등 다양한 무구류가 수습되었다.

6호 무덤은 같은 능선을 따라 2호 무덤의 동쪽으로 50미터가량 떨어진 곳에 있는 작은 봉토(D-9 = 3m)를 갖춘 것으로, 돌방(3.0NS×0.9 = 1.8m)은 이미 도굴당한 상태였다. 남아 있는 부장품은 빈약했지만 북벽 쪽에서 일부 철기와 토기류가 수습되었는데, 이 가운데 굽다리접시 두 점에는 조개껍질이 담겨 있었다.

같은 해 대가야의 고토인 고령 지산동池山洞 고분군[39]에서는 주산主山 남쪽 골짜기에 분포한 무덤 가운데 비슷한 크기의 비교적 작은 3기의 무덤을 발굴하였다. 봉토가 남아 있는 1호, 2호 무덤은 주산의 등성이 끝자락에 10여 미터의 간격을 두고 있는데, 봉토 지름은 대략 10미터 안팎이었다. 3호 무덤은 앞의 두 무덤과는 동떨어진 곳에 위치하며 도로 공사로 무덤의 상당 부분은 이미 파괴되어 있었지만, 전반적인 규모는 모두가 비슷했던 것으로 짐작되었다.

돌방은 모두 긴 네모꼴로서, 1호, 2호 무덤의 네 벽은 작은 깬돌을 정교하게 쌓아 올렸는데, 1호 돌방(3.5EW×0.8 = 0.6-0.9m)의 천장은 원래 넓적한 판돌 아홉 장이 가로 걸쳐져 있었던 것으로 보였다. 2호는 1호보다 길이가 긴 돌방(5.0NE~SW×0.8 = 1.3m)인데, 위로 올라가면서 좁아져 사다리꼴의 단면을 이루었으며, 천장은 1호와는 달리 좁은 판돌을 양 긴벽으로부터 내밀어 서로 걸치도록 짜 맞추고 그 틈새를 잔돌로 채웠다.

3호 무덤의 반파된 돌방(2.3EW×0.6m)은 다른 무덤과는 달리 바닥은 생토면을 깎아 별다른 시설이 없었고, 네 벽은 넓적돌을 가지런히 세우고 틈새를 깬돌로 채웠다. 남아 있는 동쪽 마구리는 판돌 하나로 막았는데, 돌방 위쪽의 상당 부분이 훼손되었다.

1호 무덤은 대부분 도굴을 당한 상태였고 2호 무덤에서는 천장돌이 내려앉아 토사가 흘러들어 유물은 그대로 보존된 것으로 생각되었다. 많은 양의 토기들이 돌방의 양 마구리 쪽으로 나뉘어 있었고, 토기 틈새에서 철구류鐵具類들이 수습되었다. 무덤 복판에서는 널판때기와 못 쪼가리도 나왔다. 파괴된 3호 무덤에서는 남아 있는 동쪽 마구리 쪽에 치우쳐서 토기 십여 점이 밀집되어 있었고, 그 서편에서는 낫과 창 같은 철기류가 출토되었다.

이들 3기의 무덤을 조사하는 데 모두 이틀(10. 14-15)밖에 걸리지 않은 것은 앞서 성주의 유적 조사에서도 보았듯이 많은 지역의 유적을 짧은 시일에 조사를 마쳐야 하는 당시의 촉박했던 일정을 말해 주고 있다.

창녕읍의 동북쪽 목마산牧馬山 자락의 낮은 언덕과 높은 대지에 분포한 창녕 송현동松峴洞·교동校洞 고분군[40]은 크게 세 개의 무리를 이루고 있었다. 특히 교동의 고지대 일대에는 '왕릉'으로 불리는 큰 무덤을 중심으로 그 둘레에 크고 작은 무덤들이 분포되어 있었다.

교동 일대에 분포한 다수의 고분이 발굴되어 당시 여기에서 출토된 유물만 마차 스무 대에 화차貨車 두 대 분량이었다고 하지만,[41] 보고서도 나오지 못한 채 대부분의 출토 유물들도 그 행방이 묘연하며 오직 21호와 31호 무덤에 대한 간단한 약보고만 대할 수 있을 뿐이다.[42]

21호 무덤은 대지의 높은 곳에 나지막한 봉토(D-10.2 = 2.4m)를 갖춘 둥근 무덤으로, 돌방(6.5NS×1.5 = 1.6m)의 네 벽은 작은 깬돌로 쌓아 올렸다. 벽면은 위로 올라가면서 차츰 좁아지는데, 그 위에는 일곱 장의 천장돌이 얹혀 있었지만, 원래는 열두 장 정도가 덮였을 것으로 추정되었다. 이미 도굴이 이루어져 부장품은 남아 있지 않았다.

31호 무덤은 밭 가운데 자리 잡은 비교적 큰 봉토(D-17 = 4m)를 갖춘 무덤으로, 북쪽은 이미 파괴되어 있었다. 돌방(5.6NW~SE×1.2~1.5 = 1.9m)의 너비는 입구 쪽인 서북쪽으로 가면서 점차 좁아지는데, 긴 벽체도 위로 올라가면서 점차 좁아져 단면이 사다리꼴을 이루며, 그 위에는 모두 여덟 장의 천장돌이 덮여 있었다.

돌방의 재질과 구조는 21호 무덤과 비슷하지만, 바닥면에서 다소 특이한 모습을 보여 주고 있었다. 돌방 중간에서 약간 동남쪽으로 치우쳐 양 끝은 큰 판석으로 쌓았는데, 그 사이는 자갈을 채워 길이 2.6미터의 구획을 만들고 높이를 18-30센티미터로 높여 주검받침〔屍床〕 시설을 이루었다. 이 받침 위에서는 유해와 함께 장신구, 철제 유물 들이 수습되었고, 안벽 쪽에서는 주로 신라계의 뚜껑 있는 굽다리접시가 대부분인 많은 토기류와 장신구, 옥류, 철제의 무구류가 출토되었다.

이상의 성주, 고령, 창녕 지방은 경주를 제외하고는 한반도 내에서 가장 밀집된 고분 분포 지역의 하나로서, 이해의 조사가 비록 졸속으로 이루어지긴 했지만 그 중요성은 충분히 인식되었던 것으로 보인다. 따라서 보고서 마지막 편에 「고분 및 유물의 연구」라는 고찰편을 마련하여 먼저 토기와 금속기를 중심으로 한 각 지역별 특징과 국내외 다른 지방과의 간단한 비교 고찰을 시도하였다. 이어서 「고분의 구조와 내용 유물」을 통해 고분 축조의 연대에 관해 고찰하였는데, 여기에서 그 시기를 4세기 말에서 6세기 초, 즉 삼국정립시대의 최성기로 보았다. 이와 같은 시기 설정은 최근 우리 학계에서 제시하는 이 지역 고분의 연대와도 별 차이 없는 것임을 알 수 있었다.[43]

이해 가을에는 지난해 연말에 조사하다 악천후로 중단한 나주 반남면 고분에 대한 조사를 다시 시작하여 덕산리 1호, 신촌리 5호, 대안리 8호와 9호에 대한 조사가 이루어졌으나, 보고서가 나오지 않아 구체적 성과는 알 수가 없다.[44]

1919년

이해의 조사 사업은 기미독립선언己未獨立宣言과 같은 사회적 불안 요소 때문이었던지 이케우치 히로시池內宏 일행에 의한 함경남도 함흥 일대의 고려시대 고성古城 터와 정평군 관내의 장성長城 조사 등 한반도 북쪽에서의 국지적인 지표조사에 국한되었다.[45]

조사 일정은 그 대상지의 위치상 해로海路로 원산元山까지 와서, 여기에서 함경북도 성진城津으로 상륙하였다가 다시 마천령摩天嶺을 넘어 남하하여 함경남도 일원의 옛 성터를 탐사하는 여정을 택했던 것으로 보인다. 이어서 단천端川, 이원利原, 북청北青, 홍원洪原을 거쳐 함흥 쪽으로 내려왔지만, 이해의 보고서에는 역사적으로 중요한 함흥咸興, 신흥新興, 정평定平 등 세 개 군郡의 고려시대 옛 성터에 대해서만 기술하였다.

우선 함흥군 관내의 백운산白雲山 산성 등 열 개 산성을 조사하여『동국여지승람東國輿地勝覽』과『함산지통기咸山誌通紀』등의 기록을 대조하여 그 위치를 비정하고, 개개의 성에 대한 현상과 실태를 기술하였다. 이어서「윤관尹瓘의 정략지에 관한 후세의 소전所傳」과「윤관의 정벌 및 그 지역에 관한 고찰」등 주로 문헌사적 관점에서 이 지역의 옛 성에 대해서 살피고, 마지막으로「윤관의 구성九城과 함흥군에 남아 있는 고성의 비정比定」으로 마무리 지었다.

이해 3월에는『고적조사보고』와는 별도로『고적조사특별보고』를 펴내기 시작하여 1930년까지 발간을 계속하였다. '특별보고'에서는 이 기간 동안에 이루어진 금관총金冠塚과 양산 부부총夫婦塚, 이 밖에 낙랑과 고구려 유적 등 본문과도판을 별쇄別刷한 비교적 비중 있는 유적들에 대한 보고를 실었다.

1920년

이해에는 전년도에 이어 계획 발굴의 규모가 대폭 축소되고, 그것도 주로 가을 철에 이르러 조사가 시작되었다.

9월에 착수된 김해 회현리 조개무지에 대한 발굴은 하마다와 우메하라에 의해 이루어졌는데,[46] 조사 결과 조가비의 퇴적층위에서는 상하의 구별이 뚜렷했으나 출토 유물에서는 별다른 차이를 보이지 않았다. 출토 유물로는 다양한 종류의 많은 토기와 가락바퀴 등이 나왔고, 각종 석기, 철기, 골각기, 자안패子安貝와 유리옥 등 장신구와 함께 탄화미炭化米와 화천貨泉 등도 수습되었다. 조개무지는 많은 종류의 조가비와 갑각류甲殼類로 이루어져 있었으며, 소, 말, 멧돼지, 사슴 등 여러 종류의 짐승 뼈들도 뒤섞여 나왔다.

특히 토기는 대부분 적갈색과 회청색의 경질토기들로서, 겉에는 문살무늬〔格子文〕나 삿무늬〔繩蓆文〕 등 주로 때린무늬〔打捺文〕들이 나타나 있는데, 이런 유형의 무늬는 선사시대와 역사시대의 과도기에 나타나는 무늬로서, 이른바 원삼국기의 특징을 잘 나타내 주고 있다. 이러한 특징을 나타내는 토기들이 당시까지만 해도 이곳 김해 지방에서 주로 나왔기 때문에 한때는 김해식金海式 토기[47]라고 지역성의 의미를 부여하기도 했으나, 지금은 거의 전국적인 출토 분포를 보이고 있다.

권말卷末에는 조개무지 층위에서 출토된 동물 뼈에 대한 감정 분석 결과를 실어 한 단계 높아진 발굴보고서의 수준을 보여 주었다.[48]

같은 해 11월에는 양산 북정동北亭洞의 구릉에서 서쪽으로 길게 뻗어 내린 능선을 따라 가지런히 이루어진 18기의 대형 고분군 가운데 아래쪽에 위치한 10호 무덤이 오가와 등에 의해 조사되어 양산 부부총夫婦塚으로 명명되었다.[49] 봉분 아래에서 드러난 매장 시설은 앞트기식의 돌방(5.4EW × 2.3 = 2.6m)인데, 입구인 서벽과 나머지 세 벽은 모두 30센티미터 크기의 돌을 거의 수직에 가깝게 쌓아 올리고, 그 위에는 일곱 장의 넓적한 뚜껑돌을 얹었다.

무덤 안쪽의 동벽으로부터 약 70센티미터의 거리를 두고 잡석을 쌓아 길이 2.8미터, 높이 75센티미터 정도의 주검받침대를 만들었는데, 여기에 금동관을 비롯한 갖가지 화려한 장신구를 갖춘 채 부부로 보이는 2구의 시신이 머리를 동쪽으로 두고 안치되어 있었다. 머리맡의 동벽과 주검받침대 사이에는 많은 토기와 무기, 마구류가 수북이 쌓여 특수한 구조의 부장 공간을 이루었다.

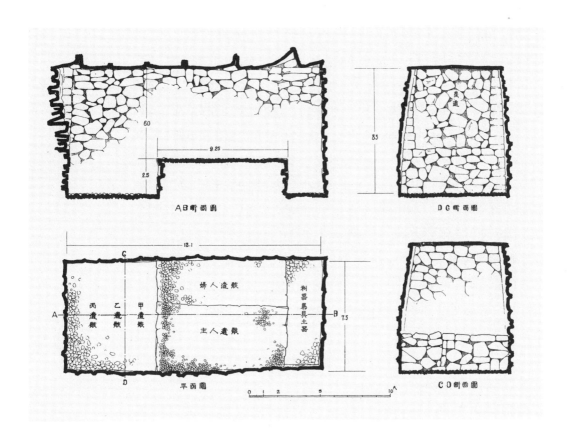

그림 12. 양산 부부총의 평면도(왼쪽 아래)와 단면도들.
사진 5. 양산 부부총 유물 배치도.

한편, 그 맞은편 주검받침대의 서쪽 공간에도 남침의 시신 3구가 있었는데, 착장한 장신구가 빈약한 것으로 보아 주인공인 부부를 위한 순장殉葬된 피장자들로 추정되었다.사진 5, 그림 12 이렇듯 보존 상태가 완전한 고분이었음에도 불구하고 조사 당초부터 열흘의 기한을 미리 정하고 조급한 발굴이 이루어져 정확한 실상이 파악되지 못했던 것으로 보인다. 이를테면, 서벽의 중간 부위를 널길의 구조로 보고 굴식돌방무덤(橫穴式石室墓)으로 추정하였으나, 최근에 이루어진 확인 발굴을 통해 앞트기식(橫口式)임이 밝혀지기도 했다.50 여기에서 출토된 금동관 등 갖가지 화려한 부장품들은 연구 참고의 명목으로 일본으로 반출되었다가 그 후 기증 형식으로 도쿄국립박물관에 보관 전시되고 있다.51

이해 9월에는 평양 선교리船橋里 유적이 철로 부설 공사 중에 우연히 발견되었다.52 당시 여기에서 출토된 '永光三年'명銘의 효문묘孝文廟 동종 등 일괄 청동 유물이 별 주목을 받지 못한 채 평양중학교 역사진열실에 전시되어 오다가 1923년에 세키노의 눈에 띄면서 그 출처가 '선교리'라는 사실을 학교장을 통해 확인할 수 있었다. 이후 이러한 내용이 몇몇 학술지에 소개되면서 그 중요성이 세상에 크게 알려지게 되었다.

현 지표하 1.2미터의 깊이에서 남북으로 길게 나란히 나타난 2구의 나무널 흔적이 나왔는데, 그 안에서 약간의 사람 뼈와 함께 동종과 거울 등 청동 유물이 수습되었다는 발견 당시 목격자의 증언을 통해 출토 상황을 추정할 수 있었던 모양이다. 동종에는 '孝文廟銅鍾容十斤 / 重四十七斤 / 永光三年六月造'라는 각자刻字가 나타나 있었는데, 영광永光 3년은 기원전 41년으로 전한前漢 원제대元帝代에 해당되는 시기이다. 따라서 이 연대는 당시까지 알려진 금문金文 가운데 가장 오랜 시기의 것일 뿐 아니라 "낙랑군에 효문묘가 있었다는 증거를 보여 주는 귀중한 유물"이라고 기술한 것을 보면, 한반도의 고대 지정학적 의미를 격하시키려는 일본인들의 저의를 살필 수 있다.

1921년

이해는 신라 고분의 발굴사에서 획기적인 계기를 이룬 한 해였다고 할 수 있다. 바로 9월 말에 이루어진 경주 금관총金冠塚 발굴 때문이었다.53 비록 미리 세워진 계획에 따라 조사된 체계적인 학술 발굴이 아닌 구제성救濟性 발굴이었다고 할 수 있지만, 여기에서 출토된 엄청난 부장 유물들은 당시까지의 동아시아 고고학계에서 보기 드문 역사적인 성과를 거둔 발굴이었다.

경주 노서리路西里 일대에 분포한 여러 고총高塚 가운데 하나로서 가옥 공사 중에 우연히 발견되었는데, 조사 당시 이미 무덤의 상당 부분이 파괴되어 있었기 때문에 보고서에 나타난 무덤의 구조와 유물의 출토 상태에는 다소 애매한 점이 많았다. 더구나 9월 27일부터 30일까지 나흘 동안의 '채굴採掘' 작업은 경주 주재 박물관 촉탁 모로가 히데오諸鹿央雄와 경주보통학교장이었던 오사카 긴타로大坂金太郎 등에 의해 급박하게 이뤄졌다.

총독부에서는 발견 보고를 받고 박물관 촉탁 오가와 등을 현지에 급파하였으나, 유물의 채굴이 끝난 이틀 뒤에야 현지에 도착하여 충분한 조사를 수행할 수가 없었던 것으로 보인다. 이때 마침 하마다와 우메하라가 양산(다방리多芳里) 조개무지 시굴 조사차 내려왔다가 언양과 울산을 거쳐 현장에 도착하여, 먼저 와 있던 세키노, 오가와, 노모리, 한국인 임한소 등과 합류하게 되었다. 일행은 경찰서에 임시 보관되어 있던 유물들을 경주고적보존회로 옮겨 조사 정리하는 한편, 현장에 나가 고분 실측 작업과 유물 출토 상황을 파악하는 데 주력하였다.

10월 21일에는 현지에서의 유물 정리와 유구의 수습 조사를 대강 마친 뒤 유물을 서울의 총독부 박물관으로 옮겨 우메하라와 하마다가 번갈아 일본으로부터 서울에 출장을 나와 머무르며, 오가와, 고이즈미 아키오小泉顯夫 등 총독부 박물관 직원들의 도움을 받아 유물 정리 작업을 계속하였다.

두 해 가까운 유물의 정리를 마친 뒤 이와 같은 고고학적 대발견물들을 경주 현지로 옮겨 보관하자는 주민들의 열렬한 반환 운동을 갖가지 우여곡절 끝에 받아들이기에 이르렀다. 이에 따라 총독부 박물관 경주분관의 설치를 계획하였고, 1923년 10월 드디어 현지 유지들의 기부금으로 이를 안전하게 보관 전시할 만한 '불연질不燃質의 견고한 건물'인 금관고金冠庫를 지어 유물의 대부분을 옮겨오기에 이르렀다.[54]

이렇듯 우연한 '발견'에 의해 단기간에 이루어진 구제성 '채굴'에 따라 정확한 실태는 파악하기 어려웠지만, 사후 정리 조사를 통해 무덤의 구조와 유물의 출토 상태를 다음과 같이 추정 복원할 수가 있었다.

무덤의 봉토가 조사 당시에는 밑자락이 훼손되어 남북 36미터, 동서 15미터에 높이는 6미터만 남아 있었는데, 원래의 크기는 둥근 밑지름 45미터에 높이는 12미터가량으로 추정되었다. 봉토 아래에는 돌무지가 이루어지고, 그 안에 나무덧널이 만들어진 전형적인 돌무지덧널무덤[積石木槨墳]이었던 것이다.

먼저 지표면에서 40센티미터 정도 파 들어가 여기에 자갈과 냇돌을 지표면 높이까지 섞어 다진 뒤 두께 9센티미터 정도의 판재板材를 깔고 이곳에 나무덧널(4.8EW×2.1m)을 설치하였다. 덧널 안에는 서편으로 치우쳐서 시신을 안치한 칠관漆棺(2.5×1.0m)을, 그 동편에 부장궤副葬櫃를 격납한 것으로 짐작되었다. 칠관 안에서는 동침한 시신의 상반신 부위에서 신라 고분에서는 최초로 수습된 금관을 비롯하여 금제의 귀걸이, 팔찌, 반지가 드러났다. 허리 쪽에서는 허리띠와 띠드리개, 발치에서는 금동 신발 등 장신구 일체가 매장 당시의 착장 상태 그대로 출토되었다. 머리맡의 부장궤 쪽을 제외한 널의 둘레에는 덩이쇠[鐵鋌]가 가지런히 깔리고, 널과의 공간에는 고리자루긴칼[環頭大刀]과 굽은자루모양[曲柄形]의 이형철기異形鐵器(寄生)가 놓여 있었다.

한편, 동쪽 머리맡의 부장궤에서는 금은제의 관장식[冠飾], 금제와 자작나무껍질로 만든 내관內冠, 은제의 허리띠와 띠드리개 등 장신구와 함께 갖가지 마구류와 무구류, 금·은·청동·철제 등 금속 용기류와 칠기, 유리잔도 함께 출토되었다. 이와 같은 덧널의 구조와 그 안에 만들어진 널과 부장궤 등의 시설은 이후 발굴된 왕릉급의 고총에서 이루어진 공통된 구조와 배치 상태였음을 알 수 있었다.

동양의 투탕카멘Tutankhamen이라는 대대적인 국내외 홍보를 위해 보고서의 권말에 영문 초록까지 곁들인 타블로이드판의 대형 보고서 컬러 도판圖版은 상·하 책까지 나왔으나 본문本文 편은 상책만 나와 끝내 아쉬움을 남겨 주었다.[55] 이 희대稀代의 고고학적 발견이 계기가 되어 총독부 학무국 안에 새로 고적조사과가 신설되고, 총독부 박물관과 고적조사위원회가 통합되는 등 '고적 조사' 사업에 새로운 기운이 조성되기에 이르렀다.[56]

이해에는 금관총 발굴 외에는 별다른 고고학적 활동은 없었지만, 다만 이보다 앞서 3월 중순경에 평양 동대원리東大院里 유적[57]에서는 항공대航空大 부지 작업 중에 지하 2미터 남짓의 지점으로부터 동검 두 점, 청동 항아리와 토기 항아리 각 한 점이 출토되었다. 또한 여기에서 18미터가량 떨어진 곳에서는 지하 1.7미터쯤에서 파손된 청동기들이 출토되었는데, 이 가운데 동검과 청동 항아리, 고깔동기[笠形銅器] 등 일부를 총독부 박물관에서 발견자로부터 기증받거나 구입하였다.

이들 출토 유구의 성격에 대해서는 이듬해에 세키노가 그가 만난 당시 목격자의 증언을 통해 두 개의 다른 나무덧널무덤으로 추정하였다.

1922년

이해에는 주로 경상남북도에 국한된 발굴 조사와 지표 조사가 이루어졌다. 우선 김해 회현리와 양산 조개무지에 대한 소규모의 발굴 외에는 경주의 몇몇 중요한 절터에 대한 지표 조사였고, 여기에 칠곡 약목면若木面 고분과 경주, 부여에서의 유물 조사가 추가되었다.[58]

김해 회현리 조개무지 발굴은 이해가 이 유적에 대한 제7차 조사로서 1907년 이마니시에 의해 처음 발견된 이래 여러 일본 고고학자들의 손을 거쳐 갈 만큼 그 중요성이 인식되어 온 유적이었다. 이해에는 이 유적의 그러한 학술적인 비중에 따라 앞으로의 보존 방안을 수립하기 위한 약식 발굴이었다고 할 수 있었다. 따라서 지금까지 이루어진 발굴 가운데 가장 철저하게 조사된 1920년도 발굴 구역인 A구역의 서남쪽에 인접하여 사방 1.2미터의 좁은 구역을 설정하여 60센티미터까지 파들어 갔다.

조가비층은 이 유적의 다른 곳과 마찬가지 조개와 굴 껍데기로 이루어져 있었는데, 여기에서 활촉, 바늘, 작살, 손칼자루 등 골각기와 함께 적색과 흑갈색 토기, 반달칼, 쇠손칼, 조가비수저 등이 출토되었다. 이번에 발굴된 점판암제의 반달칼 파편의 존재는 앞서 1914년에 수습된 간돌칼이나 1920년의 뗀돌도끼 등과 함께 이 유적의 시대적 배경을 말해 주고 있다.

양산梁山 조개무지는 원래 지난해(1921년) 봄에 신고를 받고 가을에 하마다와 우메하라가 발굴에 들어갔다가 갑작스런 경주 금관총의 발견 연락을 받고 경주로 갔었기 때문에 여기에서는 간단한 시굴로 마무리할 수밖에 없었다. 따라서 이곳은 이해에서야 비로소 시험적 발굴이 이루어져 이 유적에 대한 성격의 일단을 살필 수가 있었던 것이다.

이 조개무지는 양산읍에서 남동쪽으로 돌출한 남부동南部洞과 다방리多芳里 사이의 대지臺地 위 해발 150미터에 이루어진 구릉 위의 유적이다. 3제곱미터 남짓의 좁은 면적에 대한 발굴을 통해 적갈색 계통의 전형적인 김해식 토기를 비롯하여 골각기와 조가비 제품 등이 출토되는 것으로 보아, 대체로 김해 조개무지와 비슷한 성격의 유적으로 생각되었다.

이 유적에 대해서는 광복 후 1964년에 서울대학교[59]가, 1967년에는 국립박물관[60]에 의해서 발굴이 이루어져 보다 정확한 성격 규명이 이루어졌다.

이해 경주에서의 조사는 사천왕사지四天王寺址, 망덕사지望德寺址, 황룡사지皇龍寺址, 창림사지昌林寺址에 대한 지표 조사 성격의 약식 조사였다. 보고서에는 각 절터의 창건 연혁과 사료에 나타난 기록, 가람 배치 등 유적의 현황, 지표 조사를 통해 수습된 와전瓦塼 등 유물의 성격, 보존을 위한 견해, 당탑堂塔 등 건조물에 대한 조사 결과를 적었다.

이 밖에도 그때까지 경주와 영천을 비롯한 남한 일원과 북한에서 발견된 청동기 일괄 유물 출토 유적지와 출토 유물에 대한 뒤늦은 사후 조사가 이루어졌다.[61]

영천 어은동漁隱洞 출토 일괄 청동기는 1918년에 주민들에 의해 수습되었고, 경주 입실리入室里에서는 1920년 겨울, 경주-울산 간 철도 공사 중에 발견되었다. 영천 어은동 유적은 영천읍에서 서남쪽으로 8킬로미터 정도 떨어진 금호강琴湖江 남쪽의 구릉 비탈면에서 산사태로 인하여 토사가 무너진 자리에서 발견되었다. 지표 아래 70-80센티미터 깊이에서 많은 유물들이 무더기로 출토되었으나, 이곳에 매장 시설 같은 특별한 유구는 없었다고 하지만 출토 유물이나 발견 상태로 보아 널무덤이었을 것으로 짐작되었다.

출토된 유물의 대부분은 청동기로서, 내행화문內行花文 거울 두 점과 사유훼룡문四乳虺龍文 거울 한 점 등 한식漢式 거울 석 점과 본뜬거울[倣製鏡] 열두 점이 나왔는데, 대부분 비슷하게 생긴, 지름 5-6센티미터의 작은 모양으로 반출伴出된 한식 거울들을 본뜬 것들이었다. 한식 거울 가운데 유일하게 완형으로 나온 내행화문 거울은 지름 6.2센티미터의 소형인데, 표면에 소용돌이무늬와 마름모무늬를 번갈아 나타내고 그 사이에 '見日之光天下大明'이라는 명문銘文을 배치하였다. 보고자들은 거울 가운데 한식 거울과 본뜬 거울 각 한 점씩으로부터 시료를 채취한 후 화학적 성분 분석을 의뢰하여 그 결과를 보고서에 실었다.

이와 함께 말과 범 등 동물 모양의 띠고리[帶鉤]가 각 한 점씩 나왔고, 소형의 말 모양, 사슴머리 모양의 조각품 각 한 점과 함께 백여 점의 지름 3센티미터 미만의 단추[釦] 모양 장식 금구金具가 수습되었다. 이 밖에 청동제의 팔찌 십여 점과 바퀴 모양, 고리 모양의 금구金具와 원형 또는 방형, 타원형의 작은 장식구 들이 다량으로 함께 나왔다.

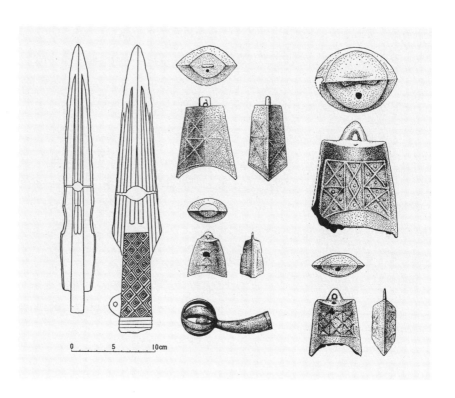

그림 13.
경주 입실리 유적
출토 유물.

　경주 입실리入室里 유적은 여기에서 수습한 유물이 앞서 어은동 유적에 비해 그 종류와 수량에서 월등할 뿐 아니라 남한에서도 가장 대표적인 청동기 출토 유적 가운데 하나로서 내세울 수 있는 곳이었다. 당초 이들 일괄 유물의 중요성을 파악하고 출토 유구에 대한 우메하라 등 세 사람의 현지 답사가 이루어진 것은 이해 5월이었지만, 실제 이 유물들이 처음 발견된 것은 그보다 이삼 년 전이었던 것으로 추정되었다. 그사이에 여러 손을 거쳐 오는 동안 많은 유물들이 밖으로 흩어지고, 실제 총독부 박물관에서 접수한 유물들은 그 일부에 불과했던 것으로 생각되었다.

　유물이 발견된 곳은 동해남부선 입실역에서 북쪽으로 100미터 지점으로, 철로 부설 공사 중에 우연히 발견되었다. 출토 지점은 동쪽의 산등성이에서 서쪽으로 이어지는 구릉의 자락 부분으로 현 지표 아래 1.2미터에서 유물이 수습되었다. 발견 당시 지표면이나 지하에서는 뚜렷한 유구의 흔적이 확인되지 않았던 것으로 보이지만, 이곳도 앞서 어은동에서와 마찬가지 널무덤 계통의 매장 유구였을 것으로 생각되었다.

　수습된 주요 유물로는 청동제의 한국식 동검〔細形銅劍〕 여섯 점, 투겁창〔鉾〕 두 점, 꺾창[戈]과 잔무늬거울[精文鏡] 각 한 점, 장대투겁방울[竿頭鈴], 닻모양방울[錨形鈴], 코뚜레모양방울[組合式雙頭鈴] 등 방울 석 점, 종방울[鐸] 일곱 점을 비롯하여 철제의 검과 도끼, 토기 각 한 점씩 나왔다.그림 13 이 밖에도 후지타 료사쿠藤田亮策 등 세 명은 이해부터 1924년에 이르기까지 남북한 전역에 걸쳐 주로 동검과 투겁창 등 청동 일괄 유물과 출토지에 대한 집중적인 조사를 실시하였다.[62]

남한에서는 전주 초포면草浦面, 아산 둔포리屯浦里, 당진 시곡리柿谷里, 상주, 김해, 수원, 전傳강원도와 전傳경주 출토품, 이왕가박물관 소장품 등을 조사하였다. 북한에서는 1907년에 발견되어 이왕가박물관으로 들어간 황주 흑교면黑橋面 출토 청동 일괄 유물을 비롯하여 평양 석암리石巖里에서 발견된 동검과 T자 무늬 거울, 동대원리東大院里 출토 유물에 대한 조사가 이루어졌다.

이해에는 이케우치에 의해 함흥 진흥리眞興里의 황초령黃草嶺에 있는 진흥왕 무자戊子 순경비巡境碑를 비롯하여 북한산과 창녕읍에 있는 진흥왕 순경비 등 몇몇 석비들이 조사되었다.[63]

1923년

이해는 달성 달서면達西面 고분군에 대한 구제성 발굴을 빼고는 이렇다 할 조사가 없었던 한 해였다. 달서면의 내당동內唐洞과 비산동飛山洞 일대에는 모두 팔십여 기의 삼국시대 고분이 분포하고 있었는데, 대구의 새 시장市場 조성에 따른 토취 작업을 위해 이 일대의 몇몇 고분들에 대한 정리 조사가 이루어졌다.[64]

고분군은 대구 분지의 구릉 끝자락에 축조된 토성(달성達城)의 주변에 분포하고 있었다. 고분군은 대개 크고 작은 다섯 개의 무리를 이루고 있으며, 봉토는 대부분 원형이었지만 표주박모양[瓢形]의 쌍무덤도 보이는데, 크기는 지름 3.6미터의 작은 것에서부터 30미터(59호) 되는 대형에 이르기까지 다양함을 보여 주었다. 달성의 남쪽에 이루어진 무덤 가운데 비교적 대형에 속하는 6기의 무덤(37호, 50호, 51호, 55호, 59호, 62호)들이 발굴 대상에 포함되었다.

이해 늦가을에서 초겨울에 이르기까지 오십여 일에 이르는 발굴 조사 결과 한 봉토 안에서는 2기 또는 그 이상의 무덤들이 나왔는데, 대부분 돌덧널[石槨]무덤들로서 축조 방식에 따라 구덩식[竪穴式]과 앞트기식[橫口式]으로 구분되었다. 구덩식은 으뜸덧널[主槨]과 딸린덧널[副槨]이 따로 이루어진 여러널[多槨式]무덤과 으뜸덧널만 있는 외널무덤[單槨式]으로 나뉘는데, 여러널무덤에서는 세장방형의 으뜸덧널과 딸린덧널이 T형으로 배치된 것들도 있었다.

출토 유물로는 금동제의 관과 관장식(冠飾), 관모, 신발, 은제의 관장식, 허리띠, 금제의 굵은고리드리개와 가는귀걸이, 이 밖에 곡옥 달린 유리목걸이와 고리자루긴칼 등이 있었다. 이렇듯 지방의 무덤으로서는 매우 화려한 부장 상태로 보아 이 지역 지배 계층의 매장 시설임을 알 수 있었다. 출토 유물들이 경주 지역의 것들과 양식적으로 매우 유사한 것은, 이들이 신라 고분의 주인공들과는 매우 가까운 친연 관계에 있었음을 나타내 주고 있었다.

이해 봄에는 평양 석암리石巖里에서 팔구 년 전에 발견된 것으로 알려진 청동제의 검과 거울 각 두 점이 개인 수집가에게 입수되었는데, 이 가운데 거울은 파손된 것들이지만, 한 점은 내행화문 거울이었고 한 점은 사방에 T자 무늬가 배치된 거울이었다.[65]

이해 가을에 세키노가 평양중학교에 들러 역사전시실에서 우연히 목격했다는 동종의 명문 내용이 뒷날 그 내용을 둘러싼 진위 조작 여부가 언론을 통해 일부 학계에 커다란 소용돌이를 몰고 왔다.[66] 바로 '孝文廟'명銘 동종銅鍾이었다. 이 동종은 앞서 1920년 9월 평양 선교리船橋里 유적에서 철로 공사 중에 다른 청동 유물과 함께 발견되었으나 별다른 주목을 받지 못하다가, 세키노에 의해 그 내용이 세상에 알려지면서 그 중요성이 인식되기에 이르렀던 것이다.[67]

한편, 이해 봄에는 경주 남산南山의 배리拜里 삼체석불 복원 건립을 위한 조사를 시작으로 남산에 분포한 몇몇 불적佛蹟에 대한 실측, 촬영, 발굴 등의 조직적인 조사가 이루어짐으로써 이해부터 남산에 대한 본격적인 학술 조사가 전개되었다.[68]

1924년

이해는 일인 학자들이 1918년 이래 치중했던 발굴 조사에서 한 획을 그을 만큼 중요한 조사가 이루어진 해였다고 할 수 있다. 바로 그들이 유물 확보 차원에서 가장 중점을 두었던 신라 고분과 낙랑 고분에 대한 본격적인 조사가 이루어졌던 것이다.

그러나 그토록 활발히 이루어진 발굴에도 불구하고 우리가 실제 보고서를 통해 접할 수 있는 보고 결과는 그 중 극히 일부에 지나지 않는다고 할 수 있다. 이에 따라 국립중앙박물관에서는 확보하고 있는 자료를 바탕으로 미발간 보고서 발간 계획을 수립하여 2000년부터 보고서를 발간해 오고 있다.

우선 이해 여름에 조사된 경주 옥포총玉圃塚(노동리 142호 무덤)은 건물 신축 중 우연히 발견되어 후지타와 고이즈미에 의해 발굴이 이루어졌다. 발굴 당시 봉토는 이미 훼손이 심해 두께 1미터 정도의 점토만 남아 있었다. 그 아래에 이루어진 돌무지(8NS = 1m) 밑에서 겉덧널(4.85EW×2.4m)과 속덧널(3.86EW×1.8m)의 내외 이중으로 짜여진 흑칠된 덧널의 흔적이 나왔다. 속덧널 안에는 마찬가지 흑칠된 널의 관재棺材 일부(150×70 = 7cm)가 남아 있었고, 그 동쪽에는 부장궤副葬櫃가 놓여 있었다.

동침한 널 안에서는 금제, 은제, 금동제의 각종 장신구가 착용 상태 그대로 출토되었고, 부장궤 안에서는 마구와 무구, 농공구류가 수습되었으며, 널과 덧널 사이의 공간에서도 몇몇 마구, 이기류와 함께 꺾쇠 같은 덧널 부재가 나왔다.[69]

이에 앞서 이해 봄 한 달 남짓에 걸쳐 조사가 이루어진 금령총과 식리총[70]은 봉황대鳳凰臺의 바로 남쪽에 각각 서쪽과 동쪽으로 가지런히 이루어진 무덤으로서, 당시까지의 신라 고분 발굴사에서 가장 체계적으로 정밀한 학술 발굴이 이루어진 매우 표본적인 발굴 성과였다고 할 수 있었다. 앞서 삼 년 전인 1921년 9월 말, 가옥 공사 중에 우연히 발견되어 매장 부위의 상당 부분이 파괴된 상태에서 금관을 비롯한 화려한 부장 유물들을 무질서하게 노출시켰던 금관총의 구제성 수습 발굴에 따른 반성의 결과라고 할 수 있었다.[71]

이해 4월에 현지 순시차 방문했던 사이토 마코토齋藤實 총독에게 모로가 등 현지의 관계자들이 이러한 사정을 설명하고 조사의 시급성을 건의하였다. 이에 따라 당시의 긴축 재정 상황에도 불구하고 총독의 지시와 금관총 발굴 당시 현장에 나와 있었던 하마다의 지도로 바로 다음 달인 5월 10일부터 2기의 무덤에 대한 발굴을 동시에 시작하여 모두 35일이 소요된(금령총: 5. 10-6. 3 / 식리총: 5. 10-6. 13) 발굴을 마칠 수 있었다.

경주시의 복판이라고 할 수 있는 노동리에 위치한 이들 두 무덤은 경주 평원에 분포하는 대부분의 고총과 같이 돌무지덧널무덤이었지만, 그 둘레에는 민가가 들어서 있어서 발굴 당시 봉토는 주민들에 의해 이미 크게 훼손되어 있었다.

금령총金鈴塚의 봉토가 조사 당시에는 반달 모양(13NS×6 = 3m)으로 남아 있었지만, 원래는 지름 17미터가량의 둥근 중소형급 고총高塚이었을 것으로 추정되었다. 자갈과 점토질의 적갈색 토양으로 섞어 쌓은 봉토 아래에 이루어진

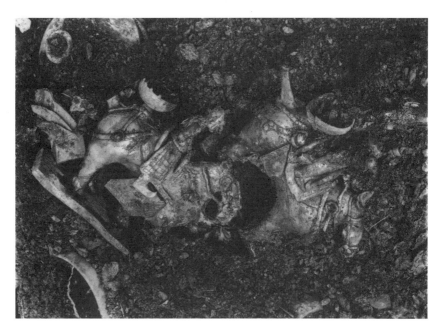

사진 6.
경주 금령총 출토 당시의
기마인물토기.

돌무지는 지름 9미터로서, 표면은 진흙으로 발려 있었다. 지표 아래 3미터 위치까지 파 들어간[72] 원래의 구덩 바닥에는 45센티미터 두께로 자갈과 냇돌을 섞어 깔고, 여기에 대형의 나무덧널(4.8EW×2.5 = 1.5m)을 설치한 것으로 생각되었다.

이 덧널 안에서는 서쪽으로 약간 치우쳐서 동침東枕의 나무널(1.5EW×0.6m) 흔적이 나타났는데, 널의 안쪽 표면을 맞새김(透彫)한 금동판으로 장식한 특이한 모습이었다. 널 안에서는 금관을 비롯하여 피장자에게 착용시켰던 갖가지 장신구와 고리자루긴칼 등이 원래의 착장 상태 그대로 나타났는데, 널의 바깥 둘레에서도 갖가지 철제 유물들이 출토되었다. 특히 널의 동편, 머리맡 쪽의 부장궤(1.8×0.8m) 안에는 금속제, 유리, 칠기 등 갖가지 용기와 마구류, 토기 등 많은 부장품들이 매납되어 있었다.

동남쪽 맨 아래쪽의 밀집된 토기들 가운데에서 출토된 한 쌍의 기마인물형토기는 피장자와 시종侍從으로 생각되는 기마상으로, 여기에 나타난 사실적인 표현을 통해 당시의 복식이나 마구의 착장 상태를 복원하는 데 중요한 자료를 제공해 주었다.사진 6

이 밖에 바닥 부근에서는 나무덧널의 상면 부재로 쓰였던 걸쇠나 빗장으로 생각되는 몇몇 철제품들이 출토되었는데, 덧널의 위쪽에 장치된 개폐구開閉口 등의 부속품들일 것으로 생각되었다.[73] 이러한 덧널에 쓰였던 철제 부품들은 천마총에서도 출토되어 신라의 고총古塚에서 공통적으로 이루어진 덧널의 구조적 실태를 보여 주었다.그림 14, 15

작은 널의 규모뿐 아니라 금관 등 몇몇 착장구의 크기로 보아 피장자는 아직 성인이 되기 이전의 왕이나 어린 왕자 등 소년, 혹은 여성의 무덤으로 추정되었는데,[74] 피장자의 띠드림장식〔腰佩〕에 매단 감장嵌裝된 금방울 때문에 '금령총金鈴塚'이란 이름을 얻게 되었다.

식리총飾履塚은 앞서 금령총 바로 동편에 인접한 무덤으로서, 마찬가지로 봉토가 심하게 훼손되어 있었지만 원래 봉토(D-30＝6m)는 금령총보다 큰 중형급 고총으로 추정되었다. 봉토 아래의 돌무지(8×9m) 표면에는 점토가 발려 있었는데, 돌무지 아래에 이루어진 덧널의 바닥은 원래의 지표 2.7m 아래에서 나타났고, 그 밑으로 구덩 바닥에 이르기까지 45센티미터의 두께로 자갈과 냇돌이 깔려 있었다.

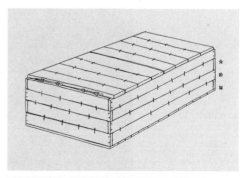
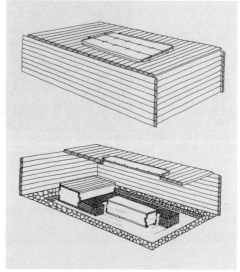

그림 14-15. 경주 금령총(위)과 천마총(아래)의 나무덧널 복원도.

덧널(5.3EW×3.3＝1.2m)의 약간 서쪽으로 치우쳐 동침으로 안치된 널(2.4×0.8m)의 내면에는 주칠朱漆과 금박金箔이 발려 있었고 널의 동편 머리맡에는 부장궤가 놓였는데, 바닥에도 목재의 흔적이 남아 있었다. 널 안의 시신부에서는 금령총에서와 같은 금속제의 관모류冠帽類는 보이지 않고, 자작나무껍질〔白樺樹皮〕로 만든 관모가 금제 또는 금동제의 귀고리와 은제 허리띠 등의 장신구와 함께 출토되었다. 특히 널의 서쪽 끝 발치에서는 50센티미터 정도 서로 떨어져 전면에 걸쳐 화려한 문양이 나타나 있는 한 켤레의 신발사진 7a·b이 출토되어 이 무덤에 '식리총飾履塚'이란 이름이 붙여지게 되었다.

동쪽의 부장궤 안에서는 금속기와 칠기, 토기 등의 용기류, 안장, 말발걸이〔鐙子〕 등 마구류, 금은장金銀裝의 쌍룡으로 장식된 고리자루긴칼〔環頭大刀〕 등 무기류와 갖가지 이기류利器類가 중첩된 상태로 출토되었다.

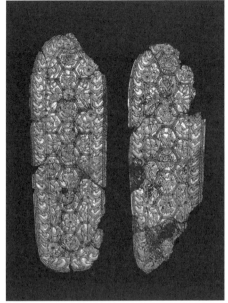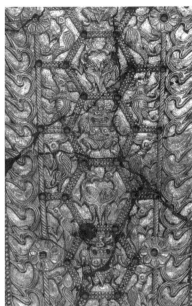

사진 7a·b.
경주 식리총 출토
신발(왼쪽)과 문양
세부(오른쪽).

같은 해 평양 석암리石巖里 고분군 일원에서는 일대에 분포하고 있는 낙랑 유적을 관광자원화하기 위한 대규모의 발굴 조사가 실시되었다. 석암리 고분군에 대해서는 일찍이 1909년에 세키노 등에 의해 첫 발굴이 시작된 이후 여러 차례에 걸쳐 조사되어 그 성격이 얼마간 밝혀져 왔지만, 이해에는 5기에 대한 발굴이 이루어졌다. 우선 조왕리助王里 1호(갑분甲墳)와 석암리의 200호(을분乙墳), 194호(병분丙墳), 20호(정분丁墳), 52호(무분戊墳)에 차례로 번호를 매겨 조사에 착수하였다.

이 가운데 석암리 194호 무덤[75]은 비교적 작은 방대형方臺形의 봉토(18 = 2.7m)를 갖춘 무덤으로, 봉토에서는 토기, 기와편과 함께 대야(銅洗), 내행화문거울, 고리자루손칼(環頭刀子) 등 장엄구로 생각되는 유물들이 출토되었다. 봉토 안에 네모난 덧널(3.6×3.6 = 1.6m)이 이루어지고, 그 동남쪽 구간에 북침한 3구의 널을 남북으로 길게 나란히 합장하였는데, 널 안은 붉게 바깥은 검게(內朱外黑) 칠해져 있었다.

널의 북쪽에서 서쪽으로 이어진 L자형의 넓은 공간에는 토기와 칠그릇, 무기, 거마구 등을 부장해 두었는데, 특히 서북쪽에서 출토된 칠그릇들에는 제작 장소, 공정工程, 장인匠人과 연호年號 등 다양한 명문銘文들이 나타나 있었다. 우선 시원始元 2년(85 B.C.), 양삭陽朔 2년(23 B.C.), 영시永始 1년(16 B.C.), 수화綏和

1년(8 B.C.), 원시元始 3년(3 A.D.), 시건국始建國 5년(13 A.D.) 등의 명문이 귀
잔(耳杯)이나 합盒, 반盤, 박博 등의 칠그릇에 쓰여져, 이들이 근 백 년의 오랜 시간
동안 전세傳世를 거칠 만큼 중요시되었음을 보여 주고 있었다.

한편, 이해 여름에는 평안남도 용강 석천산石泉山 고인돌이 처음으로 학계에
소개되었다.[76] 표고 300미터 남짓의 고지에서 남쪽으로 뻗은 구릉과 대지 위의
넓은 구역(3NS×2km)에 120여 기가 드문드문 분포되어 있었는데, 이 가운데
가장 큰 것은 석 장의 넓적한 편마암을 ㄷ자 모양으로 세우고, 그 위에 넓은 덮개
돌(6.3×4.0 = 0.7m)을 얹었다. 전형적인 북방식 고인돌로서 굄돌의 높이는 1.5
미터가량이었다.

1925년

이해(을축년乙丑年)에는 7-8월에 걸쳐 일부 지방을 제외하고 전국을 휩쓸었던
네 차례의 대홍수 때문이었던지 평양 석암리石巖里 고분 가운데 205호 무덤의 조
사를 계속하였을 뿐 그 밖에 별다른 고고학적 활동이 없었다. 출토된 나무 도장
에 나타난 주인공의 이름을 따서 왕우묘王旴墓로도 불리는 이 무덤은 지금까지
이루어진 조선총독부에 의한 발굴이 아닌 도쿄제국대학 문학부에 의해 발굴된
특수한 경우였다.[77]

방대형으로 추정되는 봉토(15×15 = 3.3m) 안에 3구의 널이 안치된 으뜸덧
널(3NS×2m)이 이루어지고, 그 옆에 1구의 옆덧널(2.6NS×1m)이 딸린 특이
한 구조를 보여 주었다. 으뜸덧널에서는 북쪽에 얇은 칸막이벽[隔壁]을 대고, 옆
덧널에서는 따로 칸막이 시설 없이 빈 공간을 부장칸으로 만들었다. 안치된 4구
의 널은 모두 비슷한 크기(2×0.5 = 0.5m)이며, 널의 표면을 약 5밀리미터 두께
로 검게 칠했다.

널 안에서는 은반지, 귀걸이, 칠漆비녀 등 주로 장신구가 출토되었는데, 특히
으뜸덧널의 가운데 널에서는 칠관漆冠과 '五官掾王旴之印' 명문이 있는 나무
도장이 나왔다. 이 밖의 유물들은 대부분 부장칸에서 수습되었는데, 으뜸덧널
쪽에서는 철검과 함께 각종 칠기류와 토기, 내행화문 거울, 짐승무늬 거울[獸帶
鏡] 등이, 옆덧널 쪽에서는 칠기, 토기와 각종 구슬들이 나왔다. 칠기 가운데에는
'建武' 21년(45 A.D.)과 28년(52 A.D.), '永平' 12년(69 A.D.) 등 기년명紀年銘
과 함께 제작 공관公官이나 공인公印 등의 명문이 나타나 있었다.

4월에는 후지시마 가이지로藤島亥治郎가 김제 금산사金山寺의 사찰 실태 조사를 시작함으로써 그에 의해서 한반도의 주요 사찰에 대한 조사가 본격적으로 이루어지는 계기가 되었다.[78]

한반도를 휩쓸고 지나간 을축년 대홍수는 수많은 문화재에 대한 피해도 불러왔지만, 한편으로는 지금까지 알려지지 않았던 많은 유적들이 그 모습을 세상에 드러낸 결과도 가져왔다. 7월 중순, 한강 하류 지방을 두 차례 휩쓸고 지나간 집중 폭우로 암사동岩寺洞 유적[79]과 풍납토성風納土城[80] 등 지하에 감춰졌던 유물과 유구 들이 드러나면서 이 지역의 선사문화와 역사시대의 흔적들을 실물로 보여주는 중요한 계기를 마련해 주었다.

1926년

이해도 전년도에 이어 고고학적 발굴 활동이 뜸했던 한 해였다. 이는 지난해 대홍수의 여파도 있었겠지만, 이 밖에 이해 6월로 예정되었던 총독부 박물관 경주 분관의 개관 준비에 따른 인력 집중과 이에 따른 업무량의 과다에 따른 것이 아니었던가 생각된다. 이 밖에도 그 해 연말에 사망한 다이쇼大正 왕의 긴 와병에 따른 일본 국내의 국정 상황도 한 원인이 될 수 있었던 것으로 짐작된다.

이해에 이루어진 중요한 발굴로서 거의 유일하다고 할 수 있는 조사로는 경주 서봉총瑞鳳塚[81](노서동 129호) 발굴을 들 수가 있다. 경주-울산 간 철로 공사에 필요한 토사를 채취하는 과정에서 유구가 드러나 고이즈미에 의해 긴급 조사가 이루어졌으나, 본보고서가 나오지 않아 그가 쓴 간단한 약보고나 다른 참고 자료들을 통해 그 결과를 추정할 수 있을 뿐이다.

발굴 당시 민가 사이에 위치하여 봉토의 훼손이 심하였기 때문에 원래의 크기는 알 수 없었으나, 남아 있는 봉토(52NS×35 = 7m)의 북쪽에 치우쳐 지름 36미터가량의 둘레돌이 돌아가고 그 안에 모줄인 네모난(抹角方形) 돌무지(17.4×10 = 4.7m)가 이루어져 있었다. 이 둘레돌과 돌무지의 남쪽 일부를 파괴하고 뒤에 만들어진 것으로 보이는 또 다른 돌무지가 드러났으나 이에 대한 조사는 이루어지지 않았다. 따라서 드러난 모습으로 보아 이 무덤은 원래 남북으로 이루어진 쌍무덤(표형분瓢形墳)인데, 이 가운데 북분만 조사되었던 것이다.[82]

봉분으로부터 8.3미터 아래에 깊이 0.6미터가량 바닥을 다져 여기에 나무덧

사진 8. 경주 서봉총 발굴 장면. 오른편 가운데가 구스타프 황태자.

널(3.6EW×2.2m)을 짜 만들고 그 안에 널을 안치하였던 것으로 보이지만, 널 크기에 대한 기록은 남아 있지 않다. 널 안에서는 순금제의 외관外冠 등 화려한 장신구들이 착장 당시의 모습으로 드러났고, 동침東枕한 피장자 머리맡의 부장 궤로 추정되는 공간에서는 '延壽元年辛卯'명銘 은제 합盒 등의 금속기, 칠기, 토기 등 많은 용기류와 철제의 무구, 마구, 농공구 등의 이기류가 수습되었다.

스웨덴 국왕 구스타프 6세 아돌프Gustaf VI Adolf가 황태자 시절에 신혼여행차 일본에 왔다가 이곳 발굴 현장에 들렀기 때문에 서전瑞典(스웨덴)의 '瑞' 자와 출토된 금관의 정수리에 달린 봉황鳳凰 장식의 '鳳' 자를 따서 '서봉총瑞鳳塚'이란 명칭이 주어졌다.사진8

한편 이해 6월에는 지금까지의 경주고적보존회가 모체가 되어 동부동에 있던 옛 객사 건물의 진열관을 그대로 이어 받아 총독부 박물관 경주분관이 문을 열게 되었다.[83] 원래 1910년에 경주의 지역 유지들을 중심으로 신라의 문화유산을 수호하기 위해 경주신라회慶州新羅會를 결성하였고, 1913년에는 경주고적보존회慶州古蹟保存會로 발족시켜 그동안 동부동에 있던 객사 건물을 전시관으로 개조하여 신라 유물들을 전시해 왔다.

1923년에는 이 년 전(1921년) 가을 금관총에서 출토된 금관 등을 전시하기 위해 경주읍민들의 성금으로 금관고金冠庫를 지었었고, 이해에는 총독부 박물관이 개설된(1915년) 지 십여 년 만에 첫 지방 분관으로서 개관을 맞게 된 것이다.

1927년

이해에는 주로 남부지방을 중심으로 한 발굴이 이루어졌다. 이해 봄에 발굴된 공주 송산리宋山里 고분군[84]은 백제왕국의 웅진熊津 시대에 조성된 무덤들로서, 앞서 1915년부터 여러 차례에 걸쳐 조사된 부여 능산리陵山里 등 사비泗沘 시대의 것들에 비해 시기적으로 앞서는 무덤들이었다.

모두 수십 기에 이르는 크고 작은 고분군 가운데 이때 조사된 무덤은 송산宋山의 남쪽 비탈면에 동서로 가지런히 이루어진 5기(1호-5호)의 봉토무덤들이었다. 당시 이들에 대해서는 본격적인 학술 조사가 이루어진 것은 아니고, 개괄적인 무덤의 구조 파악과 유물 수습에 그 목적이 있었던 것으로 보인다.

모두가 네 벽을 깬돌로 쌓아 올린 네모난 굴식돌방(橫穴式石室)무덤들로서, 벽체는 일정한 높이까지 수직으로 올라가다가 그 위로는 안쪽으로 오므라들게 쌓아 올려 무지개(穹窿狀)천장이 이루어지고, 맨 위에는 넓적한 판돌로 덮었다. 널방의 벽면에는 대부분 회칠을 하고, 바닥에는 5호 무덤만 전돌을 깔고 나머지는 자갈돌을 깔아 널받침을 이루는 등 모두가 비슷한 구조를 보여 주었다. 남쪽으로 나 있는 널길은 널방의 동벽 쪽에 치우쳐 뚫려 있는데, 조사 당시 일부는 막음돌(閉塞石)로 채워져 있었다.

대부분의 무덤이 인공적인, 혹은 자연적인 피해로 인해 구조의 상당 부분이 훼손되어 있었다. 돌방에 묻힌 중요한 부장품들도 이미 도굴되었다고는 하지만, 조사된 1호와 2호, 5호 무덤 안에서 수습된 여러 종류의 금제, 은제, 금동제의 장신구와 철제 무구류, 이기류와 함께 칠기 쪼가리나 구슬 등으로 보아 상당한 신분의 무덤들이었을 것으로 짐작되었다. 또한 무덤의 구조와 다양한 장신구 등에 나타난 부장품의 성격으로 보아 당시 백제에서 이루어진 이웃 신라나 가야 문화와의 동질성과 함께 다음 사비 시대와는 차별화되는 이질성을 함께 보여 주는 것으로 생각되었다.

함께 조사된 공주 금정錦町(금성동錦城洞) 1호 무덤은 상당 부분 파괴되어 널길의 존재 여부는 알 수 없었지만, 판돌로 짜여진 맞배 형식의 작은 널방 구조의 일부를 확인할 수 있었는데, 이는 부여 능산리에 이루어진 일부 무덤과 그 구조

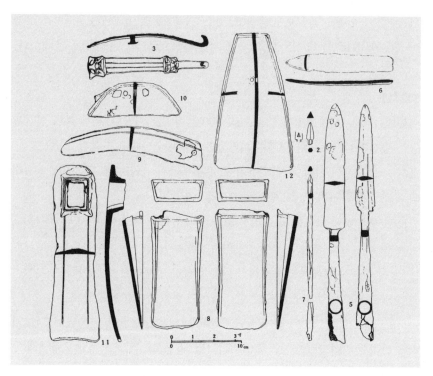

그림 16.
위원 용연동 유적
출토 유물.

에서 비슷함을 보여 주었다.

보고자는 송산리 고분 보고서의 마지막 「백제시대 고분 양식의 변천」편[85]에서 백제 초기 한성기漢城期의 분묘로 생각되는 서울 가락동, 석촌동, 중곡동과 여주 매룡리梅龍里에 분포한 무덤들을 봉분의 형태와 그 아래에 이루어진 매장 유구의 구조에 따라 몇 가지 유형으로 분류하였다. 또한 이들이 공주와 부여 지방에 분포하는 고분으로의 변천 과정과 신라, 가야 및 고구려 고분과의 상관관계를 언급하였다. 이 밖에 중국 남경南京에서 출토된 양梁나라의 벽돌과 이곳 송산리에서 조사된 벽돌무덤(博築墳), 여기에 나타난 사신도四神圖 등 벽화에 대해서도 언급하였다.

한편, 이해 봄에는 압록강의 지류인 위원강渭原江 상류의 평안북도 위원 용연동龍淵洞[86]에서 도로 공사 중 배수구 아래에서 많은 분량의 명도전明刀錢이 발견되었고, 이어서 가을에는 같은 유적에서 철기와 청동기 일괄 유물이 수습되었다. 초겨울에는 고이즈미에 의해 현지 조사가 이루어졌는데, 이들 일괄 유물은 원래 지름 3.6미터가량의 둥근 돌무지무덤에서 출토되었을 것으로 추정되었다.

출토 유물로는 완형품 오십여 점을 포함해서 팔백여 점에 이르는 명도전과 동제의 활촉, 띠고리를 포함하여 철제의 창, 도끼, 낫 등 다양한 무기와 이기利器, 농기류가 수습되었다. 이 유적은 철기와 청동 유물이 명도전과 함께 출토된 가장 확실한 유적으로, 한반도 내에서 철기 출현의 초기 자료로서뿐만 아니라 다른 명도전 출토 유적 연구의 기준이 될 만큼 그 학술적 가치가 매우 높다고 할 수 있었다.그림 16

이해 가을에는 공주 학봉리鶴峰里 가마터[87]에 대한 조사가 이루어졌다. 여기에서 구워진 그릇들은 철회鐵繪 분청사기를 비롯하여 인화印花, 귀얄, 조화彫花, 상감象嵌 분청과 흑유黑釉, 백자 등으로서 모두 열다섯 곳의 가마가 확인되었다. 이가마가 만들어진 계룡산鷄龍山은 예로부터 신라 오악五岳 중 서악西岳으로 불리던 영산靈山으로서, 동쪽의 산록 일대에는 고려 말부터 조선시대 말기에 이르기까지 다양한 도자기를 굽던 가마들이 넓게 분포해 있었다.

이곳 학봉리 가마가 가장 중심을 이루는 계룡산 일대에서는 모두 서른다섯 곳의 가마가 산록의 비탈면을 따라 조성되었는데, 가마의 구조는 지면을 파서 긴구덩이를 만들고 구덩이의 좌우 양쪽 위턱으로부터 진흙을 쌓아 올려 벽체와 둥근 천장을 만들었다. 모두가 칸막이 가마로서, 칸마다 아궁이를 겸한 출입구가 만들어졌던 것으로 보이는데, 바닥에는 모래가 깔려 있었다. 여기에서 발견된 철회분청의 묘지墓誌를 통해서 이 가마가 15세기 후반에서 16세기 전반에 걸쳐 생산이 이루어진 곳으로, 분청에서 백자로 넘어가는 과정에서 나타난 활달한 문양의 세계를 보여 주고 있었다.

공주 학봉리 가마 조사에 이어 대전 진잠면鎭岑面 가마터[88]에서는 이틀간에 걸쳐 3기를 조사하였는데, 이 가마는 앞서 학봉리와는 달리 고려청자 가마로서 순청자나 상감청자와 관련된 고려 말에서 조선 초에 해당되는 가마임을 확인할 수 있었다.

이해에 조사된 중요한 선사 유적으로 대구 대봉정大鳳町 고인돌이 있다. 낙동 강과 지류인 금호강琴湖江의 합류 지점 가까이에는 수 킬로미터에 걸쳐 고인돌들이 드문드문 분포되어 있는데, 이 가운데 대구중학교 앞의 1기가 고이즈미 아키오小泉顯夫와 사와 순이치澤俊一에 의해 발굴되었다. 2, 3, 4구區에서의 3기에 대한 발굴을 통해 이 가운데 제2구의 고인돌에서는 덮개돌[上石] 아래에 덩이돌로 쌓아 올린 돌덧널이 만들어지고 그 안에서 돌활촉이 발견되어, 고인돌의 구조와 성격을 파악하는 데 좋은 자료가 되었다. 그러나 이때의 발굴 결과는 따로

보고된 바가 없어 정확한 성과는 알 수가 없다.[89]

고이즈미와 사와에 의해 조사된 또 다른 유적으로 고흥 운대리雲垈里 고인돌[90]에 대한 수습 발굴이 있었다. 간돌검 한 자루가 발견되어 산자락 아래에 분포한 삼십여 기의 고인돌 가운데 4기가 조사되었다. 덮개돌 아래에 넓적한 깬돌로 네 벽을 세워 쌓고 바닥을 깔아 돌덧널을 만들었는데, 출토 유물은 없었고 그 옆에서 덮개돌이 없어진 1기의 돌덧널이 조사되었다.

이 돌덧널의 한쪽 마구리벽 아래 바닥에서 나온 청동검 한 점은 칼끝이 없어지고 몸통 아래쪽과 홈이 나 있는 슴베를 갖춘 몸통의 아래쪽 날 부분만 남아 있었는데, 활처럼 휜 날 모양으로 보아 요령식遼寧式 동검으로 생각되었다. 이와 같은 고인돌로부터의 청동기, 특히 요령식 동검의 출토는 근년에 이곳에서 멀지 않은 여수麗水 지역의 고인돌[91]에서 여러 점의 동검과 창이 나오기 전까지는 매우 희귀한 자료로서, 오랫동안 학사적으로 주목되어 왔었다.

이해 3월에 조사가 이루어진 유일한 북부지방의 유적으로는 노모리 등에 의해 발굴된 평안남도 강동 만달산晩達山 3호 무덤[92]이 있는데, 이는 거대한 방대형의 고구려 돌무지무덤(56 = 6.5m)이었지만, 붕괴가 심해 그 내용은 파악할 수가 없었다.

1928년

이해에는 이렇다 할 발굴 조사는 이루어지지 않았고, 주로 경주를 중심으로 한 영남과 호남 일대에 분포한 유적들의 현지 조사와 실측 조사에 국한되었다. 우선 경주에서의 조사로는 고이즈미에 의한 동천리 와총瓦塚을 비롯한 소금강산과 서악리 등지에서 통일신라기에 해당되는 도굴된 돌방무덤들에 대한 확인 조사가 있었다.[93]

이해부터 후지시마에 의해 본격적으로 실시된 남부지방의 사찰들을 중심으로 한 현지 조사는 1900년대에 들어 세키노 등에 의해 실시된 단순한 지표 조사의 차원을 넘어 매우 심층적으로 이루어졌다. 여기에서는 각 사찰에 관한 문헌 자료와 연혁 및 가람 배치를 살피고, 주요 건물에 대한 시대별 건축 양식론과 복원적 고찰을 시도하였다.[94]

이 밖에 여기에 나타난 건축사적인 관점과 조각 및 공예 부문 등 외형적, 내면적인 부문에 걸친 총체적 조사는 이후 우리의 불교고고학뿐 아니라 불교미술 연구 전반에 걸쳐 많은 자료를 제공해 주었고, 고건축 연구의 방향을 제시해 주었다고 할 수 있었다.

합천 해인사海印寺, 구례 화엄사華嚴寺와 연곡사鷰谷寺, 김제 금산사金山寺, 전주 송광사松廣寺, 창녕 관룡사觀龍寺, 영암 도갑사道岬寺, 강진 무위사無爲寺, 순천 송광사松廣寺, 장흥 보림사寶林寺, 익산 미륵사彌勒寺, 영주 부석사浮石寺 등 남부지방의 명찰들과 여기에 이루어진 석물들이 조사되었다.

경주 지역에서는 시내의 왕경 터와 황룡사皇龍寺, 분황사芬皇寺, 사천왕사四天王寺, 망덕사望德寺, 흥륜사興輪寺, 황복사皇福寺, 삼랑사三郞寺, 창림사昌林寺, 그리고 경주 외곽의 불국사佛國寺, 감산사甘山寺, 감은사感恩寺, 말방리사지未方里寺址, 천군리사지千軍里寺址 등 주로 절터 중심의 현지 조사가 이듬해까지 계속 사업으로 이루어졌다.

이해에는 제주도의 북쪽 끝인 제주 건입리健入里 산지항山地港 유적[95]에서 제방 공사를 위한 암벽 폭파 중에 동경銅鏡과 화천貨泉 등 일괄 유물이 발견되었다. 출토 유물로는 동경 두 점, 동검 검코등이[劍鐔] 한 점과 함께 화천貨泉 열한 점, 오수전五銖錢 넉 점, 대천大泉 쉰두 점, 화포貨布 한 점 등 다양한 동전이 수습되었다. 이 가운데 화천은 신新의 왕망王莽(8-23 A.D. 재위) 때 주조된 것으로, 김해 회현리 조개무지[96]에서와 함께 이 유적 연대의 상한 내지는 대륙으로부터의 금속문화 남하南下 흔적을 보여 주었다.

1929년

이해에는 전년도에 이어 후지시마에 의해 이루어진 연차적인 조사로서 경주 시내에서 확인된 절터와 다리 터[橋址] 등 주로 건물 터에 대한 현지 조사가 계속되었다.

이해에 이루어진 발굴로는 창원 성문리城門里 고인돌[97] 조사가 있었다. 보고문에는 웅남소학교의 신축 공사 중에 우연히 발견되어 유적의 성격은 알 수 없지만, 돌방무덤[石室古墳]으로부터 붉은간토기[彩丹磨硏土器]와 간돌검[磨製石劍], 돌활촉[石鏃]이 출토되었다고 기록되어 있다. 이러한 출토 유물의 성격이나 유적 일대가 낮은 언덕으로서 그 주변에는 고인돌들이 분포되어 있었다는 것으로 보아, 이 유구도 고인돌이었을 것으로 짐작되었다.

이해 봄에는 평안북도 강계 풍룡동豊龍洞 유적[98]에서 한 농부에 의해 돌널무덤이 발견되었다. 압록강 상류의 독로강禿魯江 지류에 위치한 낮은 언덕의 서쪽 경사면에서 삭토削土 작업 중에 드러난 이 돌널(2.4EW×0.45~0.6＝0.69m)은 긴 점판암 판돌을 한 장씩 세워 네 벽을 만들었다. 서쪽 마구리벽의 너비가 동쪽보다 15센티미터 정도 넓어 두관족협頭寬足狹의 확실한 모습을 보여 주었다.

바닥은 넓적한 판돌 한 장을 네 벽의 밑동에서 15센티미터 정도 추켜올려 깐 특이한 모습이었으며, 돌널 위에는 원래 뚜껑돌이 덮였던 것으로 보이지만 조사 당시에는 남아 있지 않았다. 바닥에서는 동벽으로부터 45센티미터 정도 떨어진 곳에서 크고 작은 단지 두 점이 출토되었고, 머리 방향인 서벽 쪽에서는 벽옥碧玉으로 만든 대롱옥(管玉) 스물일곱 점, 홍마노제紅瑪瑙製의 평옥平玉 일곱 점, 청동제 단추, 돌활촉, 돌구슬 각 한 점씩이 수습되었다.

보고자는 이들 유물에서 대륙적인 요소와 반도적인 요소가 함께 나타나는 것으로 보았다. 먼저 청동제 단추는 지금까지 반도의 돌널무덤에서는 전례가 없었던 중국 내몽골 오르도스Ordos(수원綏遠) 청동기에서의 한 형식으로 보았으며, 일찍이 적봉홍산후赤峰紅山後의 돌덧널무덤으로부터의 출토 예를 제시하였다. 한편 검은간토기(黑陶)인 목항아리(長頸壺)는 반도뿐 아니라 중국의 동북지방에서도 나타나는 특징적 토기 양식으로 보았다.

이 밖에 이해부터 3개년(1929-1931)에 걸쳐 조사된 유적으로 한반도의 최북단에 위치한 옹기 송평동松坪洞 조개더미[99]를 들 수가 있다. 후지타 등에 의해 조사된 이 유적에서는 표면의 부식토층 아래에서 조가비층이 나왔고 그 아래에서 다시 검은 부식토층이 확인되었는데, 이 부식토층에서 돌도끼, 돌바늘, 흑요석제 돌창 등 석기류, 각종 골각기와 짐승 뼈가 나왔다.

토기로는 빗살무늬토기가 민무늬토기와 함께 출토되었고, 4개체분의 어른 뼈, 1개체분의 어린아이 뼈가 수습되어 반도 최북단에서의 선사시대 인류의 체질인류학적 연구에 좋은 자료를 제공해 주었다. 검은 부식토층과 그 아래의 황갈색 생토층 사이에서 화덕자리와 함께 온돌로 생각되는 석렬 유구가 확인되었다.

한편, 9월 초부터 말에 이르는 동안에 우메하라와 고이즈미에 의해 경주 노서리路西里 129호 무덤 남분(데이비드총David塚)이 발굴되었다. 이 발굴은 조선고적연구회가 당시 상하이上海에 거주하던 유태계 영국인 데이비드로부터 받은 기부금으로 발굴하였기 때문에 이 무덤이 '데이비드총'이라고도 불리게 되었던 것이다.

이 무덤은 앞서 1926년에 고이즈미에 의해 발굴된 서봉총과는 바로 남쪽에 인접해 있었고 두 무덤의 둘레돌이 서로 겹쳐 있어, 쌍무덤(표형분瓢形墳)을 이루고 있음을 알 수가 있었다. 이 두 무덤의 둘레돌과 돌무지의 상태로 보아 서봉총이 먼저 만들어지고 뒤에 데이비드총이 이루어진 것으로 보였는데, 지금까지의 관례로 볼 때는 북분인 서봉총이 여인의 무덤이라면 남분인 이 데이비드총은 남자 주인공이었음을 추정할 수가 있었다. 다만 서봉총과 함께 이 데이비드총도 발굴 보고서가 간행되지 않아 발굴의 상황에 대해서는 당시의 언론 보도 자료 등을 통해 극히 일부분만 접할 수 있는 실정이다.[100]

1930년

이해에는 지난해에 시작한 웅기 송평동松坪洞 유적에 대한 조사가 계속되어, 한반도 최북단에서의 신석기시대 말엽에서 청동기시대로 이행하는 과정의 문화상을 살필 수 있었다. 특히 이 발굴을 통해 온돌 시설의 원류를 추구할 수 있는 중요한 실마리가 제공되었다고 할 수 있었다.

이곳과는 시대적 배경이 다르지만, 반도의 최남단에 해당되는 부산 동래 조개무지[101]가 동해남부선의 철로 공사 때에 발견되었다. 지금의 동래 낙민동樂民洞 언덕의 끝자락에 해당되는 곳으로 원삼국시대에 해당되는 독널로는 처음 알려진 유적인데, 독널의 층위 등 출토상태는 확실치 않지만 적갈색 연질의 독 두 개를 맞붙인 4기의 이음식〔合口式〕 독널들이었다.

1928년 이래 별다른 고고학적 성과 없이 한 해에 고작 한두 건의 발굴만 이루어진 빈약한 학술적 성과로 일관되는 관행이 이해도 계속되었다. 이해 말, 오랜만에 낙랑 고분에 대한 발굴이 있었지만, 이것도 건축 공사에 따라 우연히 발견된 구제성救濟性 발굴이었다. 조사가 이루어진 평양 오야리梧野里 고분군[102]이 위치한 곳은 평양에서 대동강의 하류 쪽으로 4킬로미터 정도 떨어진 낙랑군의 옛 치지治址로서, 토성 둘레에서는 1천 기가 훨씬 넘는 무덤들이 확인되었다. 여기에서는 연말께 회사 사택 신축 중에 모두 3기(18호, 19호, 20호)의 무덤이 조사되었고, 이듬해(1931년)에는 같은 위치에서 1기(21호)가 추가로 조사되었다. 이들은 두껍게 칠한 나무널과 덧널을 갖춘 귀틀무덤들이었지만, 세부적인 구조에서는 각기 다른 모습을 보였다.

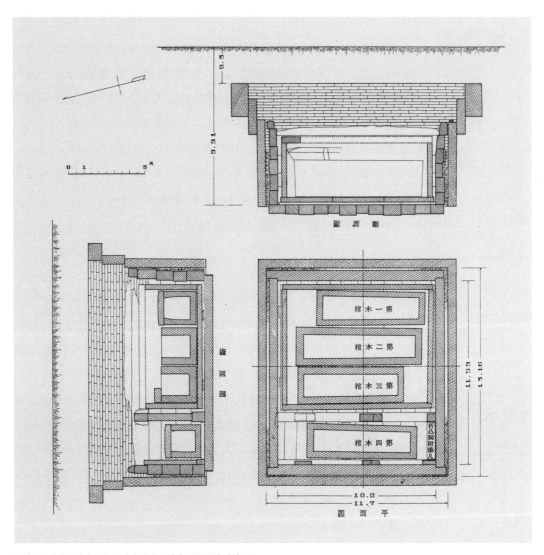

그림 17. 평양 오야리 19호 무덤의 평면도(아래 오른쪽)와 단면도들.

18호 무덤은 공사 중 발견된 첫번째 유구로서, 한 변의 길이가 3.5미터가량 되는 바른 네모꼴의 귀틀 안에 모두 3구의 널이 동서로 가지런히 안치되어 있었다. 각 널의 사이에는 덧널과 거의 같은 두께의 두꺼운 각재로 칸막이가 이루어져 있었는데, 서쪽 널(병관丙棺)이 동쪽의 두 널(갑관甲棺, 을관乙棺)보다 약간 크고 길었다. 조사 당시 부장품은 이미 도굴되었지만, 경찰서의 노력으로 유물의 대부분을 되찾을 수가 있었다.

19호 무덤은 조사 당시 봉토의 흔적이 남아 있지 않았는데, 18호와는 달리 귀틀 위를 벽돌로 덮은 구조였다. 여기에서도 동쪽 3구의 널이 장축을 남북으로 둔 채 칸막이 없이 안 덧널 속에 동쪽에서 서쪽으로 가지런히 묻혀 있었고, 안 덧널 서벽과 겉 덧널 사이에는 또 다른 1구의 널이 따로 안치되어 있었다.그림 17

20호 무덤은 한 봉토 안에 모두 3구의 나무덧널이 동쪽에서 서쪽으로 가지런히 묻힌 겹무덤이었다. 동쪽의 제1호 덧널은 언덕 위에 구덩을 파고 바닥에 진흙을 깐 뒤, 그 위에 길이 3미터, 두께 14센티미터 되는 널빤지 석 장을 깔고 그 둘레에 다시 두꺼운 널빤지를 짜 올려 덧널을 만들었다. 덧널 남벽에 붙여 널을 안치하고 북벽의 공간은 부장칸으로 삼았는데, 나머지 2호와 3호 덧널도 거의 같은 구조를 보이고 있었다.

19세기 말부터 서서히 시작되었던 한반도 북쪽 외곽의 유적에 대한 조사의 기운이 20세기에 들어서는 본격적으로 반도 전역에 대한 현지 조사와 시굴적試掘的 성격의 발굴 조사로 확대되어 나갔다. 1910년 이후에는 본격적인 지표 조사와 발굴 조사로 이어지다가, 1920년대 후반에 이르러서는 그 규모가 현저하게 축소되었다.

이는 조선총독부의 재정난이 주된 원인이었던 것으로 보이는데, 이렇듯 침체된 발굴 사업을 지원하기 위해 1930년대에 이르러서는 일본에서 기부금을 모아 조선총독부의 외곽 단체로서 조선고적연구회朝鮮古蹟研究會를 설립하기에 이르렀다.103

이 연구회는 구로이타 등의 주창으로 설립되어 정무총감을 회장으로 하는 총독부 관계자 외에 조선과 일본의 전문 연구가를 망라하여 총독부 자체의 사업과 마찬가지로 수행해 나가기로 하였다. 운영 자금은 궁내성宮內省의 희사금 및 이왕직박물관과 개인의 원조로 하고, 낙랑 유적과 경주를 중심으로 기타 지방으로까지 확산시켜 나갔으며, 1933년부터는 일본학술진흥회의 도움으로 한층 활발한 활동이 이루어지게 되었다.104

제4장 일제강점기日帝強占期 2
1931-1944

식민정책 변화에 따른 조선고적연구회의 설립과 발굴 체제의 전환

20세기에 들어서부터 본격화되기 시작한 일본의 한반도에서의 고적 조사 활동은 경술국치를 계기로 더욱 박차가 가해졌으며, 이는 한반도 전역에 걸친 지표 조사로부터 발굴 조사로 확대되어 나갔다. 그러나 1920년대 중반 이후 그 규모가 현저하게 축소되었는데, 이는 조선총독부에 닥친 재정난 때문으로 생각되며 결과적으로 1931년 8월에 관변 단체인 조선고적연구회朝鮮古蹟研究會가 설립되는 계기가 되었다고 할 수 있다.[1]

따라서 1931년부터 이루어진 발굴 조사의 대부분이 초기에는 미쓰비시三菱와 같은 재벌의 후원으로 이루어지다가 1933년 이후에는 일본학술진흥회日本學術振興會나 일본 궁내성宮內省, 또는 이왕가李王家 등 외부에서 지원되는 기금으로 운영되는 조선고적연구회에 의해 실시되었다.[2] 이러한 여건에 따라 기금을 확보하기 위해서는 기금 지원자들에게 내세울 수 있는 가시적인 성과가 필요하게 되었다.

따라서 유물 확보가 용이하고 출토 유물의 분량이 다른 유적에 비해 풍부한 경주의 신라 고분이나 평양의 낙랑 고분 발굴에 편중될 수밖에 없었다. 이후 지금까지 발굴 조사에 투입되어 왔던 총독부 예산은 주로 고건축물의 수리와 보수에 전용轉用되었던 것으로 여겨졌다.[3]

1931년

이해는 한동안 뜸했던 평양 지방의 낙랑 고분에 대한 발굴이 다시 시작되어 차

즘 활성화되기 시작하였다. 지난해 말에 이루어진 오야리梧野里의 18호, 19호, 20호에 이어 이해 7월 하순에는 오야리 21호 무덤[4]에 대한 조사가 있었는데, 이는 지난해에 준공된 회사 사택의 수도 공사 중에 우연히 발견된 유적이었지만, 이미 오래전에 도굴되어 내부가 교란되어 있었다.

이 무덤은 구릉 위에 구덩을 파고 바닥에 점토를 깐 뒤 그 위에 두께 20센티미터 남짓의 넓적한 각재角材를 남북으로 길게 깔아 바닥으로 하고, 그 사방에 같은 각재를 쌓아 올려 덧널벽을 만든 귀틀방[木室]무덤이었다. 귀틀방(3.1NS×3.0m)은 남북으로 약간 긴, 거의 정방형에 가까우며, 그 안에 남북으로 길게 3구의 널이 안치되어 있었는데, 널의 표면은 원래부터 칠해진 것으로 생각되었다.

유물들은 널과 북쪽 덧널벽 사이에 부장되었던 것으로 보이는데, 이미 도굴에 의해 반출되어 나간 상태였지만, 다행히도 '永平十四年'명銘 칠기잔[漆杯]과 사유당초문四乳唐草文 거울 등이 수습되었다. 이 밖에 은반지, 귀마개[耳璫]와 항아리 쪼가리 들도 출토되었다.

이해 8월에는 "평양과 경주를 중심으로 한 고적을 연구하여 조선 문화의 발양發揚을 위한 목적으로 탄생한다"는 명분을 내걸고 조선고적연구회朝鮮古蹟研究會가 발족하였다. 첫해 사업으로서 우선 9월 중순부터 11월 하순에 걸쳐 평양의 석암리石巖里 201호와 260호, 남정리南井里 116호(채협총彩篋塚) 등 낙랑 무덤을 조사하였고,[5] 9월 말부터 한 달 남짓 동안에는 경주 황남리 82호와 83호 등 신라 무덤을 발굴하였다.[6]

평양 지역의 낙랑 고분에 대한 현지 조사는 메이지明治 연간(1868-1911)의 말년부터 세키노 다다시關野貞, 도리이 류조鳥居龍藏, 이마니시 류今西龍 등에 의한 답사에서 비롯하였지만 학술적인 발굴로는 다이쇼大正 연간(1912-1925)인 1916년의 세키노 등에 의한 대동강 가 일대에서의 조사를 그 효시로 삼을 수 있다. 이후 1925년 하라다 요시토原田淑人 등에 의해 왕우묘王旴墓 조사가 이루어진 시기까지, 즉 메이지, 다이쇼 연간의 시기까지를 제1기로 하고, 이후 오륙 년간의 공백기를 거쳐 조선고적연구회에 의해 새로 조사가 시작된 1931년(쇼와昭和6)부터를 제2기라고 할 수 있을 것이다.

이해 9월 18일부터 우선 석암리 201호의 발굴에 착수하였고, 그 이틀 뒤에는 260호를, 이어서 10월에 들어서는 남정리南井里 116호를 조사하였다. 석암리 일대의 구릉지대에는 많은 낙랑 무덤들이 분포되어 1916년 이래 중요한 몇몇 무덤들이 여러 차례에 걸쳐 발굴되었다.

평양 석암리 201호 무덤은 1924년 가을에 발굴된 200호 무덤의 바로 가까이에 둥근 봉토(D-15 = 4~5m)를 갖추고 있었다. 무덤은 깊이 5미터가량의 구덩을 파고 한 변 4.2미터 되는 네모난 덧널방(槨室)을 만든 뒤 그 동남쪽에 치우쳐 남북으로 길게 북침으로 3구의 널을 안치하고, 그 가장자리는 따로 덧널가리개(槨障)로 둘러쌌다.사진 9 널의 표면은 모두 흑칠이 되어 있었고 덧널은 각재로 실하게 짜 올렸는데, 천장부와 덧널의 위쪽은 대부분 부식되어 없어졌지만, 아랫부분은 지하수 때문에 보존 상태가 양호했다.

덧널방에 부장된 유물의 대부분은 도굴로 인해 심하게 교란되어 있었는데, 여기저기 흩어진 칠기 가운데에는 '元始四年(4 A.D.)', '居攝三年(8 A.D.), '大利' 등의 명문銘文이 나타나 있었다. 이 밖에 박산로博山爐 등 청동기와 각종 금속제의 무구류, 마구류와 토기편 들이 수습되었다.그림 18

석암리 260호 무덤은 앞서 201호 무덤에서 동북쪽으로 240미터가량 떨어진 구릉의 서쪽 비탈에 있었는데, 봉토가 깎이고 도굴에 의해 무덤의 훼손이 심하여 201호 무덤의 조사 기간 동안에 수습 발굴하였다. 그러나 덧널방의 위치가 예상 외로 깊어서(≒5m) 덧널 바닥까지 이르는 데 상당한 시간이 소요되었다.

사진 9.
평양 석암리 201호
무덤 내부.

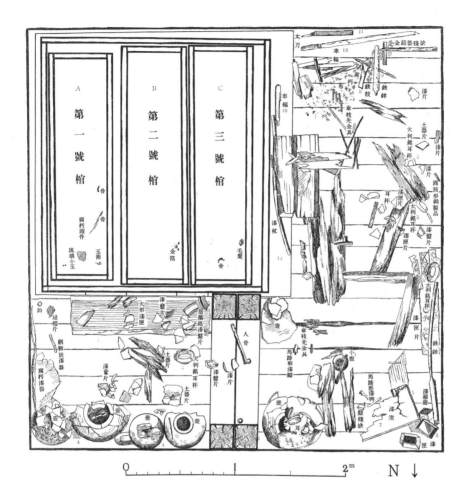

그림 18. 평양 석암리 201호 무덤 출토 유물 배치도.

동서로 약간 긴 네모난 구덩(5.9EW×5.2m)을 파고 동쪽과 서쪽에 각 한 개씩의 침목枕木을 받친 뒤 그 위에 각재 몇 개를 가지런히 깔아 사방 2.8미터의 작은 덧널을 마련하였는데, 널이나 덧널가리개의 흔적은 전혀 확인할 수 없었다. 발견된 유물로는 명문銘文이 남아 있는 칠기쟁반 두 점과 칠기 부속품인 대갈못〔鋲頭〕, 옥기玉器, 금구金具, 토기 파편 들이 수습되었다.

이들 석암리의 두 고분들은 그 구조적 성격과 출토 유물을 통해 뒤의 남정리 116호 무덤보다는 이른 전한前漢 말에서 후한後漢 초경으로 추정되었다.[7]

남정리 116호 무덤(채협총彩篋塚)은 앞서 석암리 260호 무덤의 수습 발굴을 마치고 201호가 한창 조사 중이던 10월 초에 조사가 시작되었다. 덧널의 천장

부위에서부터 나타나기 시작한 물기가 밑으로 내려가면서 용출수湧出水로 변해 덧널 안이 물에 가득 채워진 채 일부 목제 유물들이 물에 떠 있는 상태였다. 이때 현장을 방문한 사이토 마코토齋藤實 전 총독과 후지하라藤原 도지사의 지시로 도청에서 빌려온 배수 펌프로 물을 퍼내 조사를 계속할 수가 있었다.

원래 봉토가 모난 무덤(23EW×20 = 2.5~6m)으로 생토를 파고 각재角材와 널빤지로 굴식나무방(橫穴式木室)을 짜 맞춘 특이한 구조의 낙랑 무덤이었다. 무덤방(4.5NS×3.4m)과 널문(羨門) 중간에는 앞방(4.8EW×2.2m)이 만들어졌는데, 무덤방과 앞방 사이의 벽체에는 통로가 뚫려 있었다. 앞방의 서벽 면에 기마 인물을 그린 채색벽화가 희미하게 남아 있었고, 북벽의 널문에는 널빤지로 만든 두 짝의 문을 달았는데, 널문 바깥은 각재를 가득 채워 막았다.

무덤방에는 따로 안덧널(4.3NS×2.9 = 2m)을 설치하고, 그 안에는 3구의 널이 긴축을 남북으로 한 채 동쪽에서 서쪽으로 가지런히 안치되어 있었는데, 서쪽 1호 널은 주인공인 남성, 중앙과 동쪽의 크고 작은 두 널에는 각각 처첩妻妾으로 보이는 두 여인이 묻힌 것으로 생각되었다. 널 안에서는 인골과 함께 머리 장식품과 오수전五銖錢, 화천貨泉 등 동전이 수습되었고, 무덤방의 벽과 안덧널 사

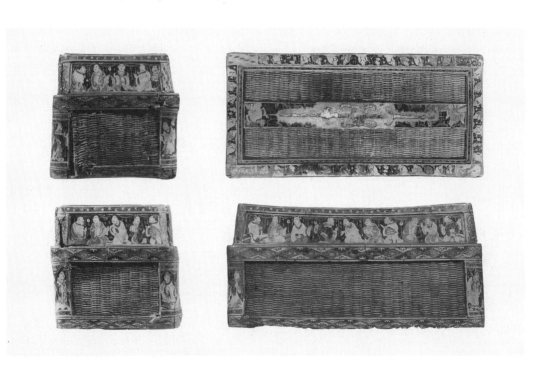

사진 10. 평양 채협총 출토 채협의 윗면(오른쪽 위)과 측면들.

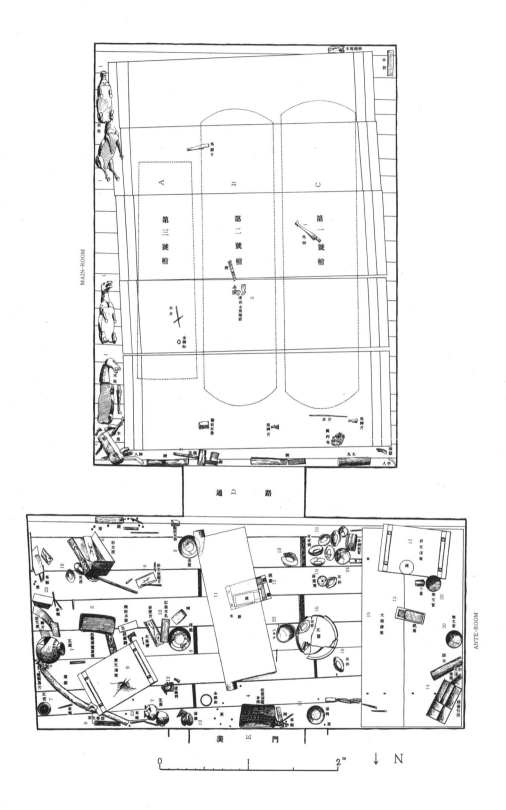

이의 공간에는 나무를 깎아 만든 조각품들이 부장되었다. 특히 동쪽 바닥에서는 다섯 마리의 목마木馬가 한 줄로 가지런히 나왔는데, 그 북쪽 끝에서는 나무 인형의 팔과 다리 부분들만 묻혀 있었고, 나머지 북쪽 공간에는 목제의 각종 공구들이 놓여 있었다.

앞방의 넓은 공간에는 각종 많은 칠기들이 널려 있었는데, 이 가운데 상당한 거리를 둔 채 떨어져서 나온, 대나무로 짜 만든 채화칠협彩畵漆篋 바구니(39×18=17cm)의 몸체와 뚜껑은 가장 대표적인 부장품으로서, 여기서 이 무덤이 '채협총彩篋塚'이라는 이름을 얻게 되었다.사진 10 바구니의 네 모서리와 안턱, 뚜껑의 윗면과 가장자리 등에 흑칠을 한 뒤 주朱, 적赤, 황黃, 녹綠, 갈褐 색깔의 안료를 사용하여 다양한 문양과 함께 고사故事에 나오는 효혜제孝惠帝, 대리황공大里黃公 등 백여 명의 인물들을 그리고, 여기에 이름을 적어 넣었다.

채협총의 이러한 무덤방과 앞방, 그 사이를 잇는 통로, 널문과 폐색목閉塞木 등의 전체적인 평면 구조는 낙랑 무덤에서 나타나는 나무덧널무덤과 벽돌무덤의 혼합된 특징을 두루 갖춘 것으로서, 지금까지 조사된 유일한 예라고 할 수 있을 것이다. 이러한 구조적 특징을 통해서 채협총의 연대는 두 묘제墓制의 성격이 함께 나타난 과도기적 특수 형식으로서, 출토된 유물의 성격 등으로 보아 대략 후한 말기를 전후한 시기의 것으로 추정되었다.그림 19

한편, 이해 9월에는 아리미쓰 쿄이치有光敎一 등에 의해 경주 황남리 82호, 83호 무덤 2기[8]에 대한 조사가 이루어졌다. 이 발굴은 조선고적연구회가 조선총독부의 허가를 받아 착수하였지만, 연구회의 경주연구소가 조사를 담당하였고 따로 연구회의 간사인 후지타 료사쿠藤田亮策와 우메하라 스에지梅原末治가 간여하였다. 이 두 무덤은 황남리 고분군의 최남단에 이루어진 무덤으로서, 동남쪽으로 이어지는 토성(남고루南古壘)에 바로 인접해 있었다.

82호 무덤은 원형의 봉토(D-20.8EW=3.6m)를 갖추었는데, 그 안에는 동서로 이어진 두 개의 돌무지가 이루어지고, 각 돌무지에는 따로 으뜸덧널과 딸린덧널이 동서로 가지런히 만들어져 있었다. 다만 동쪽 무덤의 양 덧널은 장축이 모두 동서인 데 비해 서쪽 무덤에서는 남북으로 장축이 이루어져 있었다.

동쪽 무덤은 으뜸덧널(4.4×1.7m)과 딸린덧널(1.7×1.7m)이 동서로 길게 이어져 있었는데, 그 사이에는 두께 1미터가량의 돌무지벽이 이루어져 있었다. 으뜸덧널의 동침한 매장 부위에서는 금은제의 귀고리와 허리띠, 목걸이 등 간단한

그림 19.
평양 채협총 출토
유물 배치도.

장신구가 출토되었고, 그 머리맡의 부장칸과 서쪽의 딸린덧널에서는 다양한 토기류와 함께 마구, 무구류가 수습되었다.

서쪽 무덤은 동쪽 무덤과는 0.5미터가량의 점토벽을 사이에 두고 있었는데, 으뜸덧널(3.1×1m)과 딸린덧널(3×1.4m)이 그 중간에 0.8미터 되는 돌무지벽을 사이에 두고 동서로 가지런히 배치되어 있었다. 으뜸덧널의 남침한 매장 부위에서는 금동제의 관모와 귀걸이, 허리띠 등 단출한 장신구가 나왔고, 남쪽 머리맡의 부장구와 딸린덧널에서는 각종 토기류와 무구, 마구, 농공구류가 수습되었다.

83호 무덤은 가까운 82호와는 달리 긴축을 동서로 둔 외덧널식(單槨式) 무덤으로, 돌무지 아래에 이루어진 덧널(4.3×1.2m)의 바닥은 점토로 다지고 그 위에 자갈을 깔았다. 동침東枕한 시신부의 장신구로는 유리 목걸이만 나왔고, 패도佩刀로 보이는 고리자루긴칼 한 자루가 시신부의 오른쪽에서 출토되었다. 시신의 동쪽 머리맡에 이루어진 부장칸에서는 약간의 철제 무기류와 함께 많은 토기류가 수습되었다.

1928년 이래 후지시마 가이지로藤島亥治郎에 의해 연차적으로 실시되어 온 건조물에 대한 일제 조사의 일환으로, 이해에는 주로 경주 외곽 지대의 절터에 남아 있는 육십여 기에 이르는 석탑을 집중적으로 조사하였다.[9]

1932년

이해에는 아리미쓰에 의한 지난해의 황남리 82호, 83호 무덤의 조사에 이어 경주 충효리忠孝里 고분군[10]에 대한 발굴이 있었다. 이 조사는 전년도부터 시작된 조선고적연구회의 조사 사업으로서, 올해에도 경주사무소가 그 조사를 수행하였다.

이 유적은 경주읍의 상수도 여과지濾過池 공사가 이루어지는 지역에 해당되는 곳으로서, 경주읍이 총독부에 사업 신청을 하여 연구회가 그 조사를 맡게 된 것이다. 이때의 실무는 아리미쓰가 담당하였고, 연구회의 간사였던 후지타의 지도와 우메하라의 보고서 교열 등으로 조사가 마무리되었다. 경주 분지의 서편 구릉지대에 이루어진 고분군으로서, 그 남쪽과 북쪽으로 이어진 서악리西岳里와 석장리錫杖里 일대에도 넓게 고분군이 분포되어 있었다. 경주 일원에 이루어진 대부분의 돌방무덤에서와 마찬가지 이곳의 무덤들도 거의 이미 도굴되었지만,

이 가운데 10기를 선별하여 5월 하순부터 8월 초순까지 두 달 남짓 동안 세 차례로 나누어 정리 발굴하였다.

조사된 무덤은 모두 굴식(橫穴式)의 돌방무덤들로, 봉토는 원형 또는 타원형으로 지름 15미터, 높이 3미터 내외의 규모였다. 널방은 네모난 모양이었으며, 한 변의 길이가 2-2.5미터, 높이는 2미터가량으로 대부분 비슷한 크기였으나, 가장 큰 7호 무덤의 돌방은 한 변의 길이가 3미터 되는 바른 네모꼴을 갖추고 있었다.

널방의 벽은 깬돌을 위로 올라가면서 안으로 들여쌓았으며, 맨 위의 천장에는 한두 장의 넓적한 판돌로 덮었다. 널길은 10호 무덤 외에는 모두 남향인데, 이 가운데 5호, 7호, 10호는 널방의 중간에 이루어졌으나, 나머지는 널방의 서편에 치우쳐 있었다.

10기 중 7기에는 널방과 널길에 회칠이 되어 있었으며, 1호, 3호를 제외한 8기에는 돌방 바닥에 돌베개나 발받침을 갖춘 한 개 또는 두 개의 주검받침(屍床)을 설치하였다. 널방의 입구는 널문으로 막고 바깥쪽의 널길 입구는 진흙과 잡석을 쌓은 막음돌(閉塞石)로 채웠다.

부장 유물은 대부분 도굴되었으나 띠고리(鉸具) 등의 장신구와 철제 무구류가 수습되었으며, 토기류로는 도장무늬(印花文)의 신라 토기들이 출토되어 통일기를 전후한 시기의 것임을 보여 주었다. 이러한 구조의 돌방무덤은 경주시내의 평지에서도 드물게나마 확인되고 있지만, 대부분은 경주 외곽의 구릉지대에 분포되어 주로 평지에 이루어진 돌무지덧널무덤과는 그 분포의 입지와 축조 시기에서 서로 다른 모습을 보여 주었다.

이해 10월 초부터 12월 하순까지 아리미쓰에 의해 조선고적연구회의 지원으로 앞서 충효리 고분군에 이어 황오리 16호 무덤[11]에 대한 제1차 조사가 이루어지고, 이듬해(1933년) 8월 하순부터 10월 말까지는 제2차 조사가 실시되었다.

봉토(35EW×30＝3m)는 대략 타원형으로, 조사 당시에는 낮은 쌍무덤(瓢形墳)처럼 보였다. 그러나 발굴 결과 모두 5기의 작은 흙더미가 둘레돌에 의해 서로 이어진 모습으로 나타나, 원래는 독립된 흙더미(墳丘)가 개별적으로 이루어졌던 것이 풍화에 의해 전체가 연결된 모습으로 변한 것임이 확인되었다.

각 흙더미 속에는 한 개(A분구) 또는 두 개의 덧널(B분구, C분구, E분구)이 이루어졌는데, D분구에는 모두 3개체를 위한 다섯 개의 덧널이 이루어져 있었다. 따라서 두 개 이상의 덧널이 만들어진 각 분구에서는 매장과 부장 상태에 따

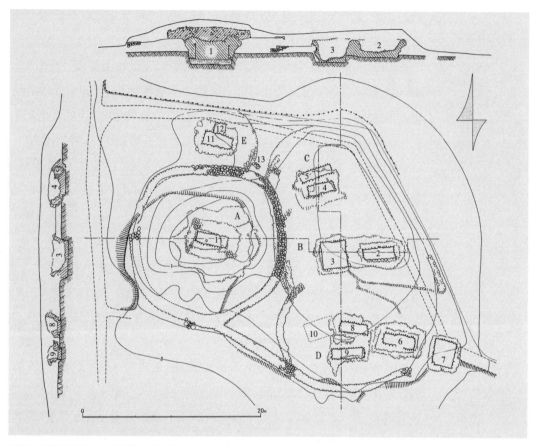

그림 20. 경주 황오리 16호 무덤 주변 지역 실측 평면도(가운데)와 단면도들.

라 으뜸덧널과 딸린덧널로 구분될 수 있었는데, B＝2호, C＝4호, D＝6호, 8
호, 9호, E＝11호가 으뜸덧널이고, 나머지는 딸린덧널로 생각되었다.

따라서, 여기에서는 7개체의 매장용으로 모두 열두 개의 덧널이 만들어졌는
데, E분구의 둘레돌 동쪽에 곁붙은 기와널[瓦棺] 한 개를 포함하면 모두 열세 개
의 덧널이 이루어졌다고 할 수 있었다. 이들 각 분구에 나타난 둘레돌의 잘림[切
合] 상태와 중첩 관계를 통해 볼 때, 분구의 축조 순서는 대략 D(6호, 7호, 8호, 9
호, 10호)→B(2호, 3호)→C(4호, 5호)→E(11호, 12호)→A(1호)와 같은 과
정을 거쳤던 것으로 추정되었다.그림20

유물의 출토 상태를 보면, 으뜸덧널의 경우 머리맡으로 생각되는 동편에 따라
부장칸이 마련되어 여기에 각종 토기류와 함께 철제의 마구, 무구, 농공구, 청동
제의 용기류가 매납되어 있었고, 몇몇 덧널에서는 채화彩畵 칠기도 수습되었다.

부장칸의 서편에 해당되는 매장 부위에서는 금동제 또는 자작나무로 만든 관모류와 굵은고리, 또는 가는고리 귀걸이, 허리띠, 팔찌, 신발과 각종 구슬 등의 장신구류가 착장 상태 그대로 출토되었다. 이와 같은 가족묘적 성격을 갖춘 이들 무덤은 그 구조와 출토 유물의 성격으로 볼 때 5세기 중엽에서 6세기 전반까지 약 한 세기 동안에 걸쳐 이루어진 것으로 생각되었다.

한편, 지난해의 평양 석암리 201호, 260호와 남정리의 채협총과 같은 낙랑 무덤에서의 화려한 성과에 이어 제2차년도인 이해에도 정백리 127호(왕광묘王光墓)와 남정리 119호 무덤 조사가 있었고, 이에 앞서 5월에는 '永和九年'명전銘塼 출토 무덤[12]에 대한 발굴이 있었다.

이 무덤은 평양역 구내에서 쓰레기장을 만드는 과정에서 발견된 벽돌무덤으로, 벽돌에 나타난 명문에 의해 무덤의 이름이 붙여졌다. 지표에서 2.8미터 깊이까지 구덩을 파고 바닥에 1.5센티미터 두께로 회반죽을 바른 뒤 삿자리 모양으로 엇갈리게 벽돌을 깔고 그 위에 다시 두께 3센티미터로 회반죽을 발랐다.

긴벽을 배부르게 쌓아 올린 장방형 널방(2.9NS×1.8m)의 벽체는 가로 3단과 세로 1단(三橫一竪) 되게 반복적으로 쌓아 올리고, 천장 가까이에 이르러서는 자른돌(切石)을 벽돌처럼 쌓은 뒤 회반죽을 발랐다. 이와 같이 쌓아 올린 벽체는 위로 올라가며 좁아져 무지개(穹窿狀) 천장을 이룬 것으로 보이는데, 위쪽은 상당부분 파괴되었지만, 원래의 높이는 3.3미터가량이었을 것으로 추정되었다.

널방 남벽의 동쪽으로 치우쳐 나 있는 널길(1.2NS×0.8 = 1.1m)은 위가 둥근 활 모양(弓形)의 천장을 이루었는데, 여기도 널방과 마찬가지 벽돌로 쌓은 뒤 위에는 자른돌을 쌓아 올렸다. 널길에서는 바깥쪽으로 물려 벽돌을 한 겹으로 쌓고, 그 바깥에는 깬돌을 채워 널길을 완전 폐쇄시켰다. 벽돌무덤이지만 전체적인 평면 구조나 위쪽을 자른 돌로 쌓고 벽면에 회반죽을 바른 것 등은 낙랑 말기의 벽돌무덤에서 고구려의 돌방무덤으로 넘어가는 과도기적 모습을 보이고 있었다.

널방 안에는 동벽과 서벽에 붙여 벽돌을 간 간단한 널받침(棺臺) 위에 2구의 널을 안치하였는데, 널 안에서는 귀걸이나 맞새김(透彫)한 금구金具 등 장신구가 수습되었고, 널 밖에는 책상(案床), 귀잔(耳杯) 등 칠기와 철제의 띠고리, 활촉 등이 부장되어 있었다. 벽돌에 나타나 있는 '永和九年三月十日遼東韓玄菟太守領佟利造'의 '永和九年'은 동진東晋의 연호로 서기 353년에 해당되고, 피장자인 '佟

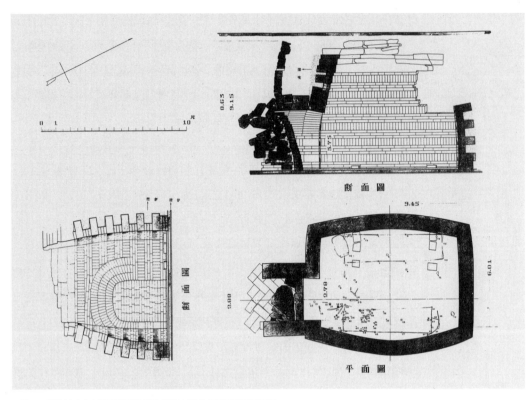

그림 21. 평양 '永和九年'명銘 벽돌무덤의 평면도(아래 오른쪽)와 단면도들.

利'는 동진으로부터 수여받은 요동태수의 이름으로 짐작되었다.그림 21

　정백리 127호 무덤(왕광묘王光墓)[13]의 조사 당시 봉토(27NS×18 = 3.3~4.5m)는 이미 상당 부분 깎여 나간 상태여서, 원래는 이보다 훨씬 컸던 것으로 생각되었다. 원 지표에서 2미터 깊이로 구덩을 판 뒤 각재를 짜 맞추어 귀틀방(3.6NS×3.2m)을 만들었는데, 각재로 걸친 천장 윗면에는 벽돌을 두 겹으로 덮었다.

　귀틀방 안에는 동남쪽으로 치우쳐 두께 9센티미터의 판재를 짜 맞추어 안덧널(2.3NS×1.7m)을 만들고, 그 안에 북침한 2구의 널을 동서로 안치하였다. 널의 크기는 2구 모두 대략 2.1NS×0.6 = 0.6m로 비슷하지만, 주인공 왕광王光이 묻힌 서쪽 널이 부인이 안치된 동쪽 널보다 약간 컸다.

　부장품들은 널 안과 안덧널 바깥의 북쪽과 서쪽의 공간에서 모두 이백여 점이 수습되었다. 서쪽 널 안에서는 북쪽에 치우쳐서 직물織物로 된 관모冠帽 쪼가리와 띠고리[鉸具], 반지 등 장신구와 함께 길이 98센티미터에 이르는 긴 철검 한 점과 나무도장 두 점이 출토되었다. 도장 한 점은 2.4×2.2＝1.5cm 크기의 직육면체로서, 넓은 양면에 피장자의 관직과 성명을 나타내는 '樂浪太守掾王光之印'과 '臣光'이 새겨지고, 다른 한 점은 이보다 약간 작은데 단면 반원 모양의 꼭지 달린 도장[鼻鈕木印]의 한 면에 '王光私印'이라고 새겨져 있었다.

동쪽 널에서는 반지, 귀걸이, 비녀 등 장신구와 유골이 수습되었는데, 분석 결과 삼사십대 여인의 인골임이 확인되었고,[14] 칠기 명문을 통해 성姓이 '번番'임을 알 수 있었다. 안덧널 바깥쪽의 부장 공간에서는 서편에 2단으로 시렁을 만들어 주로 칠기류를, 북편에는 토기류와 마구, 무기류를 매납하고, 그 사이 서북편의 좁은 공간에는 두 가지를 섞어 묻었는데, 이러한 부장은 다른 낙랑 무덤에서와 같은 방식이었다. 서편에 부장된 여든 점 남짓에 이르는 책상과 쟁반[盤], 귀잔[耳杯], 화장용구[奩] 등 다양한 칠기류에 '王氏牢', '番氏牢', '利王', '王大利', '益光' 등 왕광과 부인에 관련된 길상구吉祥句들이 적혀 있었다.

이 밖에 청동제의 거울과 항아리를 비롯하여 쇠뇌[弩機]와 일산日傘 도구, 화장용품 등 많은 실생활 자료들이 출토되어, 낙랑 초기 서기전 1세기 최성기의 모습을 보여 주었다.

9월 중순의 봉토 실측을 시작으로 모두 오십삼 일이 소요된 조사를 통해 드러난 무덤의 거의 완벽한 구조와 화려한 출토 유물에 따라 컬러 인쇄를 곁들인 호화 장정 타블로이드판으로 출판되었다.

남정리 119호 무덤[15]은 지난해에 조사된 116호(채협총彩篋塚)의 서편 220미터에 위치한 도굴된 무덤으로서, 앞서 127호 무덤(왕광묘王光墓) 조사 도중 여가를 틈타 가야모토 가메지로榧本龜次郎에 의해 9월 하순에 정리 조사되었으나, 미비점을 보완하고자 이듬해(1933년) 8월에 재조사를 실시했다.

발굴 당시 봉토는 한 변의 길이 8미터가량의 방대형으로, 덧널 바닥에서 봉토 꼭지까지의 원래 높이는 3미터가량으로 추정되었다. 봉토 아래에 이루어진 무덤방은 낙랑 무덤으로서는 당시까지 유례가 드문 돌방무덤이었지만, 도굴에 의해 돌방의 상반부가 파괴되어 있었다. 그러나 남아 있는 상태로 보아 널방(2.9NS×2.2m)과 북쪽으로 난 길이 1.2미터가량의 널길을 갖춘 굴식돌방무덤[橫穴式石室墳]임을 알 수 있었다.

무덤방의 구조와 평면 형태로 보아 낙랑·대방 시대 후반의 시기에 성행했던 벽돌무덤의 계통을 이어받은 것으로 생각되었으며, 또한 벽면에 회칠을 한 것으

로 보아서는 고구려 돌방무덤의 선
행적 양식임을 알 수 있었다. 이 무
덤에 대해서는 이해의 조사에서 미
진한 점에 대한 보완을 위해 이듬해
(1933년) 가을에 재조사가 이루어졌
다.

12월 중순에는 대동 상리上里[16]의
평양-원산 간 마람역馬嵐驛 동북 5킬
로미터, 평양으로부터는 동북쪽 20
킬로미터에서 철로 공사를 위한 토
취 작업 중에 나무덧널무덤으로 생
각되는 유구에서 일괄 유물이 우연
히 발견되었다. 대동강의 지류에 면
한 언덕 자락의 지표로부터 1미터 안
팎의 깊이에서 나타난 20센티미터
두께의 검게 부식된 목질의 유물 포
함층에서 청동기, 철기류와 함께 토
기 단지와 바리 등 많은 유물들이 수
습되었다.그림22

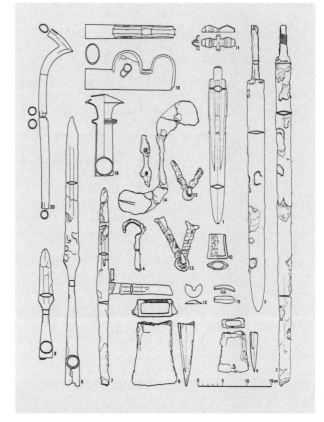

그림 22. 대동 상리 유적 출토 유물.

드러난 유구는 2EW×1.5m의 네모난 범위로서, 동편에서는 주로 재갈과 재
갈멈치, 말종방울(馬鐸) 등 마구류, 수레용품과 함께 토기류가, 서반부에는 동검
과 철제의 창, 검 등 무구류가 배치되어 있었다. 이들 출토 유물은 수습 뒤 일단
철도사무소에 보관시켰다가 이듬해 연초에 총독부 박물관으로 인계되면서 다
시 두어 차례의 현지 조사가 이루어졌다.

그 뒤로 한반도의 서북지방 일원에서 자주 수습되었지만, 자료가 남아 있는
곳으로는 이곳이 한국식 동검(細形銅劍)이 출토되는 최초의 유적 가운데 하나로
생각되고 있다. 이러한 한국식 동검을 비롯한 일련의 청동기, 철기류 등 일괄 유
물이 출토되는 반도계의 나무덧널무덤(木槨墓)은 낙랑계의 귀틀무덤(木室墓)이
본격적으로 들어오기 전인 기원전 1-2세기 초까지 성행했던 묘제로 생각된다.

1933년

이해는 조선총독부의 재정난에 따라 1931년부터 궁내성의 희사금과 이왕직박물관 및 개인의 지원으로 운영되어 온 조선고적연구회가 낙랑 유적에 대한 조사와 연구 보고서 출판을 위해 새로이 일본학술진흥회로부터 원조를 받기 시작한 첫해였다.[17]

그 첫 사업으로 대동군 대동강 가 정백리 낙랑 무덤 가운데 8기를 선별하여 귀틀무덤반(반장: 오바小場恒吉)과 벽돌무덤반(반장: 우메하라梅原末治)으로 각기 구역을 분담한 뒤, 그해 9월 초부터 11월 초까지 거의 두 달에 걸쳐 조사를 수행하였다.[18] 조사된 무덤은 귀틀무덤 5기(8호, 13호, 17호, 59호, 122호)와 벽돌무덤 3기(219호, 221호, 227호)로서, 이 가운데 귀틀무덤 4기(8호, 13호, 59호, 122호)만 처녀분이었고, 나머지는 이미 도굴된 무덤들이었다.

귀틀무덤의 발굴을 통해서 덧널과 널의 배치 상태 등 구조적 특징과 함께 다양한 백동白銅 거울, 칠기류, 토기류와 각종 보석으로 꾸며진 장신구 등으로 차려진 화려한 부장 풍습을 엿볼 수 있었다. 특히 벽돌무덤인 221호의 널길 입구에 묻힌 이음식독널[合口式甕棺] 등 흥미로운 자료 등은 이해 이루어진 낙랑 조사 사업의 큰 수확이라고 할 수 있었다.

이해에 이루어진 조선고적연구회의 괄목할 만한 보고서 출판 사업으로는 1931년 가을에 발굴된 남정리 116호 무덤(채협총彩篋塚)에 대한 조사 보고서 발간으로, 여기에 실린 다수의 원색 도판과 함께 획기적인 고고학의 성과물로 내세웠다. 또한 이해에는 채협총의 구조물을 평양부립박물관으로 이전 복원하기 위한 추가 정리 조사가 이루어졌다.

한편, 이해에 반도의 북부지방에서 이루어진 고고학적 결과로는 두만강 유역인 종성鍾城 동관진潼關鎭에서의 구석기 유적 발견을 들 수가 있다. 한반도의 최북단인 종성 동관진 연대봉煙臺峰[19]에서 이루어진 철도 공사 때에 깎여 나간 대지에서 발견된 유물로서, 한반도에서 최초로 발견된 구석기 유물이라는 데에 그 학사적 의미가 있다고 할 수 있었다.

이후 1934년에는 모리 다메조온森爲三에 의해 발굴이 이루어져 여러 종류의 포유류 화석과 고인류의 유물이 출토되었고, 이듬해에는 도쿠나가 시게야스德永重康에 의해 재발굴되었다. 고고학자가 아닌 비전문가들에 의한 발굴이었기 때문에 중기 홍적세에서 후기 홍적세에 해당되는 지질 연대만 제시되었고, 구체적

지질학적 조사 결과는 나오지 않았다.

유적의 층위는 표토층과 그 아래의 제일황토층에서부터 최하층의 자갈층에 이르기까지 모두 여섯 개 층으로 구분되었는데, 제일황토층은 2.0-3.5미터의 두께로 이루어져 있었고, 이 층의 아래 부분에서 흑요석기 두 점과 골각기 등이 출토되었다. 이 유적에 대해서는 만주 구샹툰顧鄕屯을 발굴한 나오라 노부오直良信夫가 출토 유물 분석을 통해 후기 구석기의 말기에 해당되는 유적으로 보고하였다.

다만 출토된 유물의 수량이 너무 빈약하여 정확한 편년은 어렵지만, 석기의 제작 기법에서 흑요석을 이용한 가는 돌날 기법과 작은 격지에 잔손질이 나타나 있음을 알 수가 있었다. 이러한 몇몇 특징을 통해 동북아 일대의 잔석기[細石器] 전통이 남아 있는 후기 구석기 최말기 내지는 중석기시대로의 전환기에 해당되는 것으로 이해되었다.

이해 남부지방에서의 발굴로는 경주 노서리路西里 215번지 무덤[20] 조사를 들 수가 있다. 4월 초, 밭을 갈던 주민에 의해 발견 신고된 이 무덤에 대한 조사는 당시 총독부 박물관에 근무하고 있던 아리미쓰가 1931년 9월부터 이해 초까지 조선고적연구회 조수로서 경주에 주재했던 인연으로 이를 담당하게 되었다. 이때의 발굴 조사비는 모두 조선고적연구회가 지출하였는데, 이 무덤에 대한 조사 보고서도 지난해(1932년)에 이어 이해 가을 두 차례에 걸쳐 이루어진 황오리 16호 무덤과 함께 최근에 이르러서야 뒤늦게 발간되었다.

노서리 140호 무덤(호우총壺杅塚)과는 서남쪽으로 바로 붙어 있었기 때문에, 지금까지 조사된 다른 무덤과는 달리 따로 번호가 주어지지 못했던 것으로 보인다.[21] 조사는 4월 12일부터 일 주일 동안 계속되었다. 토담 바로 밑에서 돌무지의 일부가 드러나고, 그 아래의 덧널 동편에서 토기들이 가지런히 놓인 부장칸으로 생각되는 유구가 나타났지만, 전반적으로 파괴가 심해 정확한 실태는 확인할 수 없었다. 그 서편의 매장부로 생각되는 파손된 바닥면에서 굵은고리귀걸이[太鐶耳飾]와 장식옥(금제화롱형식옥金製花籠形飾玉) 각 한 점, 굽은옥, 대롱옥 등 장신구류가 수습되었는데, 이 가운데 귀걸이와 장식옥 각 한 짝은 경찰서에 신고 보관된 것들과 같은 짝임을 알 수 있었다. 이 밖에도 매장 부위에서는 금제, 은제의 팔찌와 반지가 위아래로 겹쳐 나왔는데, 반지는 네 손가락에 끼워진 상태 그대로의 모습이었다.

돌무지의 바깥 동남쪽에는 각종 조개껍질과 생선뼈, 날짐승 뼈가 흙과 함께 섞여 가득 들어 있는 지름 1미터가량의 큰독이 묻혀 있었는데, 독의 밑바닥에는 잔과 단지 등 지름 10센티미터 미만의 작은 그릇들이 채워져 있었다.

어찌된 연유에서인지 이 고분에서 수습된 장신구류의 대부분이 이듬해인 1934년 9월에 조선고적연구회에 의해 도쿄 제실박물관에 기증됨으로써 일괄 유물들이 따로 흩어지는 사태가 벌어지게 되었다. 우선 피장자의 양 귀에 착장시켰던 귀걸이 가운데 한 짝은 도쿄로 보내지고 다른 한 짝은 경주경찰서를 거쳐 서울(총독부박물관 추정)에 남아 있게 되었다. 이 밖에 나머지 금제 목걸이와 반지, 은제 팔찌 등과 각종 옥류 등 장신구 가운데 일부도 각기 서울과 도쿄에 따로 보관되었다.

1965년 말에 비준된 한일 문화재 반환 협정에 따라 경주 노서리 215번지 무덤 출토 일괄 유물 가운데 일부가 우리에게 반환되었지만, 아무튼 일제의 무분별했던 문화재 정책이 남긴 모순을 안은 채 불구의 운명으로 남게 되었던 것이다. 이와 같은 만행에 대해서 이 무덤의 발굴 담당자였던 아리미쓰도 '언어도단言語道斷'이란 극한적 용어까지 구사하면서 강하게 반발하였다.[22]

이해 5월 초에는 아리미쓰에 의해 경주시내의 주택 건설에 따라 발견된 경주 황오리 54호 무덤[23]의 발굴이 있었다. 발굴 당시 남아 있던 흙무지(D−20 = 5m) 아래에서 갑총甲塚이 나타나고, 바로 서북쪽에서 그보다 작은 을총乙塚이 드러났다. 그 둘레에는 동서남북으로 각 3기씩 모두 12기의 작은 무덤들이 따로 이루어져 있었지만 봉토의 흔적은 없이 밭으로 경작되고 있었는데, 발굴 결과 이들의 둘레돌(護石)들이 서로 겹치거나 이어져 있음을 알 수 있었다.

갑총은 원래의 지표 아래에 구덩(6EW×3.5 = 1m)을 파고 여기에 덧널(3.8EW×1.5 = 2m)을 만들어 동침한 널을 안치한 뒤, 덧널 위에는 돌무지를 쌓았다. 돌무지(7EW×4.5m)는 덧널의 바닥에서 2.8미터의 높이에 이루어진 규모로서, 표면에는 3센티미터 정도의 두께로 진흙이 발려 있었는데, 그 둘레에는 둥근 둘레돌(20EW×18 = 1m)이 돌아가고 있었다.

널 안의 매장부에서는 금귀걸이를 비롯하여 유리목걸이, 팔고리(腕飾)와 은제의 팔찌, 허리띠, 띠드리개 등 각종 장신구가 수습되었고, 동편 머리맡에는 따로 부장칸을 마련하여 청동 초두鐎斗와 철제 무구, 마구 등을 함께 묻어 두었다.

갑총의 서북쪽에 이루어진 을총은 원래 봉토가 남아 있지 않았지만, 타원형 둘레돌(15EW×13m)이 갑총과 1미터가량 떨어져 있어 이들이 쌍무덤이었던 것으로 생각되었다. 돌무지 안에는 덧널(7EW×2m)이 이루어지고, 동침한 널의 매장부에서는 금동제의 내모(內帽)(책幘)와 금제 귀걸이, 허리띠, 목걸이 등 장신구와 고리자루긴칼이 수습되었다. 머리맡 동편에 마련된 부장칸에는 청동제 안장가리개(鞍輪) 등 마구류와 함께 솥, 창, 활촉, 미늘쇠(有刺利器) 등 다양한 철기류와 각종 토기류가 부장되어 있었다. 여름에는 지난해 연말의 한파로 인해 중지되었던 황오리 16호 무덤에 대한 제2차 조사를 재개하여 10호, 11호, 12호 덧널[24]을 발굴하였다.

이해에는 1927년도에 노모리 겐(野守健) 등에 의해 조사된 공주 송산리 고분군 가운데에서 송산리(宋山里) 6호 무덤[25]이 추가로 발견되었다. 당시 공주고보 교사로 있던 가루베 지온(輕部慈恩)의 신고로 고이즈미가 현지 실사를 했지만, 조사 당시 무덤은 이미 송두리째 도굴당한 뒤였다. 고이즈미는 뒤에 그의 회고록에서 "가루베가 도굴된 상태 그대로 신고했다고 했지만, 조사 당시 무덤 내부에는 토기 쪼가리 한 점 보이지 않은 상태였다. 우리는 그의 말을 믿을 수가 없었다"고 술회하고 있다. 심지어는 조선총독부에서조차 "연구 목적이라는 미명 아래 이뤄진 유례없는 유적의 파괴"라고 규탄하고 있다. 이후 그의 범행에 대해서는 많은 뒷얘기가 무성하지만, 전후 사정으로 볼 때 영원히 풀리지 않을 미스터리로 남을 공산이 크다고 할 수 있다.[26]

이 6호 무덤은 1927년에 조사된 다른 무덤들이 모두 깬돌로 쌓아 올린 굴식돌방무덤(橫穴式石室墳)인 데 비해, 발견 당시까지 삼국시대의 무덤으로서뿐 아니라 남한에서는 그때까지 유례가 없었던 벽돌무덤(塼築墳)이었다. 네모난 널방(NS3.7×2.2m)과 남벽 중간에서 꺾여 나간 널길[2.3×1.1(內)-0.8(外)m]의 천장은 모두 아치형으로 이루어져 있는데, 널방 바닥의 동벽 한쪽에만 벽돌로 쌓은 홑무덤의 널받침이 설치되었다. 동서(각 3개), 북(1개) 세 벽면에는 일곱 개의 등자리(燈龕)가 만들어져 있었고, 벽면에는 벽화를 그릴 부분에만 진흙을 바르고 그 위에 호분(胡粉)으로 그린 사신도가 나타나 있는데, 조사 당시에도 이미 퇴락되어 희미한 윤곽만 알아볼 수 있을 정도였다.

벽돌을 짜 맞추어 널길을 지나 앞으로 뻗은 약 20미터 길이의 배수구 등 전반적으로 최근에 발견된 무령왕릉과 비슷한 구조이지만, 벽돌에 나타난 무늬가 무령왕릉에서는 연꽃무늬인 데 비해 6호 무덤에서는 오수전(五銖錢) 등 돈무늬(錢文)

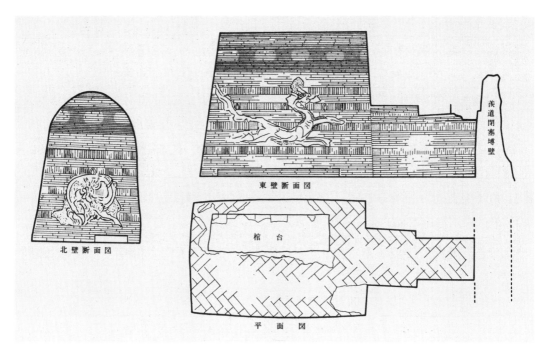

北壁斷面図

東壁斷面図

羨道閉塞塼壁

棺台

平面図

그림 23. 공주 송산리 6호 벽화무덤의 평면도(아래), 동벽 단면도(위), 북벽 단면도(왼쪽).

와 빗문살무늬〔斜格文〕가 주류를 이루었다. 이와 같이 두 무덤에서 나타난 몇몇 특징을 통해 6호 무덤이 무령왕릉에 비해 시기적으로 앞서는 것으로 생각되었다. 전반적인 구조로 볼 때 벽돌무덤 자체는 중국 남조南朝의 무덤 양식을 받아들인 것으로 보이지만 벽화는 고구려의 영향인 것으로 짐작되었다.

이해 8월에는 후지타와 고이즈미에 의해 사후 정리 조사가 이루어졌는데, 사신도 벽화가 그려진 희귀한 벽돌무덤 등 유적의 뛰어난 중요성에도 불구하고 끝내 정식 보고서가 간행되지 못하고 말았다.그림 23

11월 중순에는 송산리 29호 무덤[27]에 대한 발굴이 약 열흘에 걸쳐 후지타와 우메하라의 지도로 아리미쓰에 의해 이루어졌다. 지난 8월에 조사된 6호 벽돌무덤을 지나가는 왕릉 관람 도로를 만드는 과정에서 새로 발견된 돌방무덤에 대한 조사였다.

이 무덤은 송산리 고분군 가운데에서는 가장 남서쪽 끝에 위치하고 있었는데, 같은 방향으로 이루어진 6호 무덤으로부터는 10미터, 무령왕릉으로부터는 25미터가량 떨어져 있었다. 조사 당시 봉토는 이미 유실된 상태였고 돌방도 훼손이 심했지만, 모난 무덤방(3.4NS×2.7＝1.9m) 남벽에 동벽쪽으로 치우쳐 널길이 남쪽으로 나 있음을 확인할 수 있는 정도였다.

널방은 다듬돌 쌓기로 올렸는데, 천장은 없어졌지만 벽면이 1미터 높이까지는 수직으로 올라가다 그 위로는 안쪽으로 기울어 무지개(穹窿狀) 천장의 모습을 갖췄던 것으로 생각되었다. 벽체에는 전면에 석회를 두껍게 발랐는데, 여기에서 휘장을 두르기 위한 것으로 보이는 걸개못(懸垂釘)의 흔적을 확인하였다. 널방의 바닥에는 전돌을 삿자리 모양으로 한 겹을 깔고 바닥 위에는 각각 동벽과 서벽에 붙여서 남북으로 길게 석회로 바른 두 개의 널받침을 만들었는데, 너비는 둘다 1미터가량으로 비슷했지만 길이는 동쪽이 2.6미터로서 서쪽보다 0.9미터가량 더 길었다.

널길(1.8NS×0.9 = 1.2m)은 널방에서와 마찬가지로 벽체와 천장은 자른돌(切石)로 쌓고 석회를 발랐으며, 바닥은 삿자리처럼 전돌을 깔았는데, 널길 바깥으로 전돌을 쌓아 길이 1미터가량의 짧은 배수구를 만들었다. 부장 유물은 대부분 도굴당했지만, 출토 상태가 불분명한 금제의 꽃잎 장식을 비롯하여, 은제, 금동제, 유리제의 장신구류와 몇몇 철제품들을 수습하였다.

10월 말에는 신석기시대에 해당되는 부산 영선동瀛仙洞 조개무지가 조사되었다.[28] 이 유적은 원래 1930년에 요코야마 쇼자부로橫山將三郎에 의해 발견되었으나 이해에 아리미쓰에 의해 조사되었다. 조사 당시 남아 있던 조가비층의 두께는 20-50센티미터 정도로서, 여기에서 토기, 석기와 뼈연모, 조가비 팔찌 등이 출토되었다.

토기로는 무늬가 없는 원시 민무늬토기도 있으나 골아가리(口脣刻目)토기와 돋을무늬(隆起文)토기가 대부분이었다. 그릇 모양은 둥근 바닥이나 목 달린 토기, 깊은 바리가 많았고, 반구半球 모양의 그릇 표면에 골이 나 있는 N자 모양의 돋을띠(突帶)가 나타나 있는 귀때(注口)토기도 수습되었다. 석기로는 떼거나(打製) 반만 간(半磨製) 도끼가 나왔는데, 같이 나온 삿무늬(繩蓆文)토기로 보아 당시 일본과의 활발한 교류가 이루어졌음을 보여 주었다.

1934년

이해 초에는 고흥 소록도小鹿島 유적[29]에서 토목 공사 중에 우연히 잔무늬거울(細文鏡)과 돌활촉, 돌도끼 등 석기류 일괄 유물이 수습되었다. 납작한 삼각형의 점판암제 돌활촉 여섯 점은 붉은 단지 안에 들어 있었고 거울을 뚜껑으로 덮었던 특별한 매납 방식이었는데, 단지와 거울은 공사 당시 이미 심하게 훼손되어 있었다.

이해에도 전년도에 이어 경주와 평양 지방에서 활발한 조사가 이루어졌다. 조선고적연구회 경주연구소에서는 이해의 사업으로서 경주 남산南山의 불적佛蹟을 비롯한 신라 유적을 조사하였지만, 역시 중점 사업은 고총高塚에 대한 발굴조사였다.

따라서 주요 사업으로 봄에는 황남리 109호 무덤을, 가을에는 황오리 14호 무덤을 조사한다는 계획을 세워 우선 6월 초부터 거의 한 달에 걸쳐 경주 황남리 109호 무덤[30]에 대한 발굴에 들어갔다.

원래의 봉토가 깎여 나가 발굴 당시에는 일부 흙무지(13NS × 10 = 1.8m)만 남아 있었는데, 그 밑에서 네 개의 덧널[木槨]이 드러났다. ㄷ자 모양으로 배치된 제1, 제2, 제3 덧널은 피장자가 매장된 으뜸덧널[主槨]들이고, 제4덧널은 세 덧널에 속하는 딸린덧널[副槨]로 생각되었다. 봉토 아래의 덧널 서편 가장자리를 따라 이루어진 둘레돌은 모양새로 보아 제3, 제4 덧널의 것으로 보이는데, 원래의 지름은 16미터가량으로 추정되었다.

제1덧널은 봉토의 서쪽에 남북으로 길게 가로놓인 채 흙무지의 꼭대기에서 덧널 바닥까지는 겨우 1미터에 불과했고, 제2덧널도 거의 같은 평면상에 동서로 긴축을 두고 제1덧널과는 ㄱ자 모양으로 배치되어 있었다. 그 아래에 이루어진 제3, 제4 덧널은 제2덧널과 평행하게 동

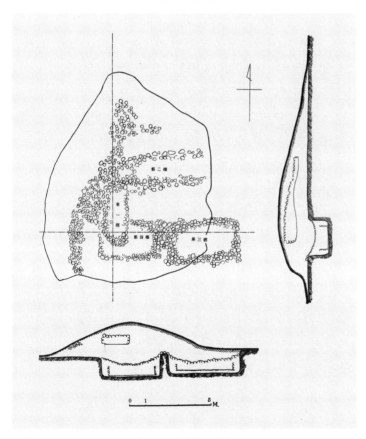

그림 24. 경주 황남리 109호 무덤의 평면도(위 왼쪽)와 단면도들.

서로 이어져 있었는데, 제3, 제4 덧널의 돌무지 상면이 제1, 제2 덧널의 바닥에 거의 근접해 있었다.그림24

아래쪽에 이루어진 이 무덤의 원래 덧널로 보이는 제3, 제4 덧널에서는 제3덧널이 으뜸덧널, 제4덧널이 딸린덧널로서, 제3덧널에서는 금제의 가는고리귀걸이[細環耳飾]와 대롱옥[管玉] 등 장신구와 함께 각종 철제 무구, 이기류와 토기 들이 출토되었다. 한편 제4덧널에서는 금고리와 유리 목걸이 등 장신구와 함께 철제의 비늘갑옷[札甲] 등 각종 무구나 마구가 22개분에 달하는 항아리들과 뒤섞여 출토되었다.

위쪽에 추가로 만들어진 제1, 제2 덧널에서, 제1덧널로부터는 자작나무껍질[白樺樹皮] 관모를 비롯하여 금동제의 가는고리귀걸이, 허리띠 등 다양한 장신구와 함께 고리자루긴칼[環頭大刀] 등 철제 무구류와 크고 작은 토기류가 나왔다. 한편 제2덧널에서는 화려했던 제1덧널과는 달리 장신구는 전혀 출토되지 않았고, 철제의 무구, 마구와 토기류만 수습되었다.

이 109호 무덤의 정확한 축조 시기에 대해서는 4세기 전반의 중엽[31]에서 5세기 초[32] 등 학자에 따라 다소 의견은 다르지만, 제3, 제4 덧널의 경우 구조와 출토 유물로 보아 신라의 돌무지덧널무덤으로서는 가장 이른 시기에 속하는 것은 분명한 것으로 보였다.

이곳 109호로부터 동북쪽으로 500미터가량 떨어진 황오리 14호 무덤[33]에 대한 조사는 이해 가을에 모두 한 달 반이 소요되었다. 고총의 밀집 지역인 황남리, 황오리 고분군의 동쪽 끝에 치우쳐 있었는데, 지금의 봉토(15 = 2.5m)는 원래보다 상당 부분 유실된 상태였다.

봉토 안에는 각기 덧널과 딸린덧널이 동서로 이어진 주·부곽식의 두 덧널무덤이 남북으로 배치되어 있었으며, 각 덧널의 가장자리를 따라 돌아가고 있는 둘레돌로 보아 원래는 쌍무덤[瓢形墳]으로 추정되었다. 남쪽 무덤 둘레돌의 북쪽 일부를 파괴하고 무덤을 축조한 상태로 보아 남쪽 무덤이 먼저 만들어진 것으로 여겨졌는데, 출토 유물의 성격을 통해서 이 무덤도 역시 남쪽에 남자, 북쪽에는 여자가 묻혀 신라 무덤에 나타나는 통식의 남남북녀南男北女의 매장 방식을 따랐던 것으로 생각되었다.

남쪽 무덤(제1덧널)에서 으뜸덧널의 구덩[墓壙](4.4×2.4 = 1.0m)은 깊이가 얕았지만, 그 위로 1미터가량 돌무지를 더 쌓아 올려 반지하식의 덧널을 만들었다. 덧널 안의 동침한 널 안에서는 금제의 굵고 가는 고리귀걸이 각 한 쌍, 유리 목걸이, 은제의 허리띠와 드림장식, 은으로 장식된 고리자루긴칼 등 비교적 화려한 장신구가 수습되었다. 널의 동쪽 머리맡에 설치된 부장칸에서는 철제의 각종 무구, 농공구와 함께 칠십여 점에 이르는 많은 토기들이 부장되어 있었는데, 그 틈새에서 은제의 관모 쪼가리도 수습되었다.

남쪽 무덤의 딸린덧널은 으뜸덧널의 발치, 즉 서쪽에 한 변 2.5미터가량의 네모난 공간으로 만들어졌는데, 주로 철제의 각종 무구와 안장, 발걸이, 재갈 등 다양한 마구와 함께 농공구류들과 이십여 점에 이르는 토기가 나왔다.

한편, 북쪽 무덤(제2덧널)에서 으뜸덧널의 구덩이(4.2×2.5m)는 남쪽의 그것과 거의 비슷한 크기였는데, 다만 바닥은 원래의 지표를 그대로 바닥으로 삼아 지상에 덧널을 구축하였다. 바닥의 널(2×0.7m) 부위에서는 금박이 묻어 있는 부식된 널빤지가 나왔는데, 그 위에는 금제 귀걸이와 목걸이, 드림장식, 손칼 등 장신구가 부장되어 있었다. 머리맡에는 덩이쇠(鐵鋌)와 낫 등 철제의 이기利器들이 가지런히 놓여 있었고, 바로 옆 부장칸에서는 철제의 무구, 농공구와 함께 마흔 점 가까운 토기류가 수습되었다. 으뜸덧널의 발치에 이루어진 딸린덧널은 한 변 3미터 안팎의 네모난 공간으로서, 여기에는 철제 무구와 함께 다양한 마구류와 농공구, 사십여 점에 이르는 토기류가 부장되어 있었다.

이해 연말에는 오랜만에 김해 회현리會峴里 조개무지 유적[34]에 대한 발굴이 시작되어 이듬해 1월까지 계속되었다. 1922년 후지타 료사쿠藤田亮策 등에 의한 A구區에서의 발굴 이후 십이 년 만이었다. 가야모토 모리토榧本杜人에 의해 실시된 이번 발굴은 1920년에 하마다濱田에 의해 조사된 C구 서쪽의 D구로서, 이 유적의 동쪽 정상부에 해당되는 곳이었다. 발굴은 이 주변에 있는 고인돌 1기와 돌널무덤 5기, 독널무덤 3기 등 매장 유적과 돌깔린(敷石) 구덩, 화덕자리가 모여 있는 집자리에 대해 이루어졌다.

고인돌은 무지석식無支石式의 할석형割石形에 속하는[35] 것이었으나, 한쪽 벽이 무너져 나갔다. 돌널무덤은 납작한 깬돌을 쌓아 만든 것으로, 이 안에서 붉은간토기 한 점과 간돌활촉 두 점이 출토되었다. 독널무덤은 모두 이음식(合口式)으로서, 여기에서는 대롱옥과 동검, 일곱 점의 새기개(銅鉈) 등이 출토되었다.

이처럼 매장 유적으로부터는 야요이식(彌生式)의 독널을 포함하여 선사 토기가 나오고, 조가비층을 포함한 집자리 등 생활 유적으로부터는 시기적으로 다소 떨어지는 원시신라 토기 등이 출토되는 상황을 파악하기 위한 목적에서 발굴이 이루어졌던 것으로 생각된다.

이해의 부산 다대포多大浦 조개무지에서는 앞서 회현리에서와는 다른 성격의 유적이 조사되었다. 일본인 오마가리 요시타로大曲美太郎에 의해 알려진 유적[36]으로서, 조개무지는 다대포 서쪽 낙동강 강구江口의 동쪽에 이루어져 있었는데, 양쪽에서 바닷물이 밀려와 중심 부분은 없어지고 서쪽면만 남아 낭떠러지를 이루고 있었다. 여기에서는 빗살무늬토기에서부터 삿자리무늬토기, 신라 토기에 이르기까지 다양하게 나타나, 시기적으로 신석기시대부터 역사시대에 이르기까지 폭넓은 모습을 보여 주었을 뿐 별다른 사항은 밝혀지지 않았다.

이해 9월 초순부터 약 두 달 동안에 걸쳐 평양 지방의 낙랑 고분에 대한 대규모의 발굴 작업이 이루어졌다. 지난해에 이어 이해에도 대동강면 관내의 고분군 가운데 그 동쪽에 해당되는 장진리의 2기와 정백리, 석암리에서 각 1기로 대상을 정하였다. 이에 따라 오바 쓰네기치小場恒吉가 담당하는 제1반은 장진리 45호와 정백리 19호를 맡고, 고이즈미 아키오小泉顯夫가 담당하는 제2반은 장진리 30호와 석암리 212호를 조사하였다.[37] 조사된 4기 가운데 장진리 45호만 벽돌무덤이었고, 나머지 3기는 모두 귀틀무덤이었다.

장진리將進里 45호 무덤의 봉토(D-28 = 4~7m)는 일대의 무덤 가운데에서는 비교적 큰 편에 속했다. 봉토 아래에는 벽돌로 쌓은 앞방, 무덤방, 딸린방 등 무지개[穹窿] 천장을 갖춘 세 개의 방이 복잡하게 이루어져 있었다. 앞방 서벽의 가운데에서 서쪽으로 이어지는 길이 9미터에 이르는 긴 널길 등은 지금까지 보기 드문 특수한 구조를 보여 주었다. 철저한 도굴로 인해 바닥면에서는 원위치를 알 수 없는 칠기, 금동품, 철기, 마구 등이 수습되었는데, 이 가운데 덩굴[唐草]무늬가 나타나 있는 화려한 금동 재갈은 전례가 드문 것이었다.

정백리貞柏里 19호 무덤은 지난해에 조사된 13호, 17호와 길게 일렬을 이루고 있었는데, 지금의 봉토(23NS×16 = 2.3~3m)는 주민들에 의해 이미 상당 부분 깎여 나간 상태였다. 그 아래에는 먼저 구덩을 깊이 파고 각재(320×30 = 20cm) 스무 개 정도를 남북으로 길게 깐 뒤 그 위에 가장자리를 따라 벽재를 쌓아 서쪽과 동쪽에 각각 널방과 딸린방을 만들었다.

널방(2.8×2.7m)의 남쪽에는 동침한 2구의 널을 안치하고, 그 북쪽의 남는 공간에는 너비 0.8미터 되는 좁은 옆방을 만들었는데, 남쪽 널에서만 비녀와 옥류,

은반지와 팔찌, 가죽신발(鞾) 등의 착장구가 나왔고, 북쪽 방과 옆방에서는 별다른 유물이 나오지 않았다.

한편, 널방의 동쪽에 이루어진 딸린방(3.1NS×2.2m)에는 원래 많은 양의 유물이 부장되었던 것으로 보이지만, 도굴과 붕괴 때의 충격으로 대부분 교란되거나 파손된 상태로 드러났다. 수습된 주요 유물로는 도제陶製의 부뚜막(竈)과 뚜껑들, '長生宜子'명銘 내행화문 거울, 오수전五銖錢 등 청동제품과 은제의 반지, 팔찌, 비녀, 가죽신 등 장신구와 함께 다양한 칠기류와 직물 들이 나왔다.

장진리 30호 무덤은 앞서 45호 무덤의 북쪽에 방대형 봉토(25NS×23＝2.5~4.5m)를 갖추고 있었다. 그 아래에서 나타난 사방 3.2미터의 네모난 귀틀의 동남쪽에 치우쳐 안덧널이 이루어지고, 여기에 남북으로 길게 2구의 널이 안치되어 있었다. 안덧널의 서쪽 공간에는 따로 큰 널이 설치되었는데, 3구의 널 안팎은 모두 붉고 검게 칠해져 있었다. 서쪽의 큰 널과 좁은 북쪽의 공간은 부장칸으로 쓰였는데, 그 안에서는 반룡문蟠龍文 청동거울과 향함(盒) 등 칠기, 붉고 검은색의 무늬가 나타나 있는 토기 등 많은 유물들이 대부분 파손된 채 수습되었다.

석암리石巖里 212호 무덤은 1916년도에 세키노에 의해 발굴된 석암리 9호 무덤으로부터 서남쪽으로 160미터가량 떨어져 있던 무덤으로서, 거의 처녀분으로 예상하고 발굴에 착수하였다. 조사 당시 남아 있던 봉토(D-30＝5m)의 꼭대기에서 구덩 바닥까지의 깊이는 4.2미터였는데, 축조 당시 암반을 뚫고 파 들어가 실제 인위적으로 성토한 두께는 1미터에 불과했다.

구덩 바닥에는 너비 20센티미터 정도의 각재 열다섯 개를 깔아 정방형에 가까운 귀틀(3.5NS×3.3m)을 짜 맞춘 뒤 그 동남쪽에 치우쳐 안덧널을 만들고, 여기에 2구의 널을 동서로 가지런히 안치하였다. 안덧널의 북쪽 공간에는 십여 점의 토기를 두 열로 가지런히 배치하고 그 사이에는 향함 등 많은 칠기를 부장하였는데, 서쪽 끝에서는 초두鐎斗 등 청동기들이 수습되었다. 안덧널의 서쪽 공간에는 여섯 개의 토기를 북쪽에 두고 검, 창, 쇠뇌, 활 등 무구류를 비롯하여 거마구車馬具와 칠기류, 거울, 비단옷 등 많은 유물들이 부장되어 있었다.

동쪽 널(2.1×0.65m) 안에서는 시신에 입혔던 비단옷과 함께 유리, 수정, 마노 등 각종 옥류와 팔찌, 반지 등 화려한 장신구가 출토되어 피장자가 여성이었을 것으로 생각되었다. 서쪽 널 안에서도 비단옷과 사모紗帽, 소옥, 청동제 띠고리와 글자 내용이 불분명한 나무도장, 반지, 손칼 등이 나왔는데, 유물의 성격으로 보아 어른 남성으로 짐작되었다.

1935년

전년도에 이어 이해에도 대동강면大同江面 일대에 분포한 몇몇 낙랑 무덤에 대한 발굴을 계속하는 한편, 새로이 낙랑 토성과 통구 일원의 고구려 유적에 대한 발굴과 현지 조사를 시작하였다. 통구 일원의 고구려 광개토왕비廣開土王碑와 장군총將軍塚 등 돌무덤[石塚]과 사신총四神塚 등 벽화가 그려진 흙무지무덤[土塚] 들에 대한 조사를 실시하여, 지금까지 어느 해보다 낙랑, 고구려 무덤을 집중적으로 조사하는 한 해가 되었다고 할 수 있었다.

이 밖에 백제시대의 유적으로 부여 군수리軍守里 절터 발굴 조사가 새롭게 시작되는 한편, 경주 충효리忠孝里 도굴 무덤에 대한 정리 조사가 이루어졌다. 또한 함경북도 종성군 동관진潼關鎭 구석기 유적을 비롯하여 울산 신암리新岩里 신석기유적과 김해 회현리 조개더미에 대한 계속 조사가 이루어지는 등 활발한 선사先史·원사原史 시대 유적의 발굴 조사도 계속되었다.

낙랑 무덤에 대한 발굴에서는 1933년 이래 벽돌무덤반(우메하라梅原)과 귀틀무덤반(오바小場)으로 나누어 분담 조사토록 했던 방침으로부터 토성반土城班을 새로이 추가하여 하라다原田가 담당하도록 하였으나, 그의 바쁜 공무公務로 인해 도쿠나가 시게야스德永重康 등이 현장을 맡게 되었다.

이해의 낙랑 유적에 대한 발굴에서는 3기의 벽돌무덤(석암리 255호, 남정리 53호, 도제리 50호)과 2기의 덧널무덤(석암리 257호, 정백리 4호) 외에 토성 터 한 곳을 추가 조사하였다. 9월 초부터 10월 말까지 약 2개월 동안에 두 개 반으로 나누어 무덤 5기를 동시에 발굴하였고, 토성은 이해 봄의 제1차 조사(4. 9- 4. 30)에 이어 이 기간 중(9. 6- 10. 18) 약 한 달 반에 걸쳐 제2차 조사가 이루어졌다.[38]

석암리 255호 무덤은 일찍이 1916년 가을 세키노에 의해 발굴되어 금제의 띠고리 등 화려한 부장품이 풍부하게 수습되었던 석암리 9호 무덤[39]에서 가까운 마을 남쪽의 구릉에 이루어진 방대형方臺形 무덤이었다. 봉토(17NS×14 = 1.5~3m)의 꼭대기로부터 1미터가량 아래에서 벽돌로 쌓아 올린 무너진 널방의 벽체와 널문의 윗부분이 드러났고, 지금 남아 있는 벽체의 아래 1.4미터에서 널방의 바닥이 드러났다.

널방(3.3NS×2.8m)은 낙랑 무덤 통식의 네모난 모양인데, 동쪽으로 약간 치우친 남쪽 벽에 널길(4.5×1m)이 나 있었고, 이 널길 입구에는 1미터 두께로 두껍게 막음벽돌[閉塞塼]을 쌓아 막았다. 널방의 동서 양쪽에는 벽돌로 쌓은 널받침이 만들어져 있었는데, 부장품은 양 널의 머리맡 북쪽 좁은 공간과 양 널받침 사이의 공간에서 수습되었지만, 부장품의 대부분은 이미 도굴되거나 교란되어 원위치를 크게 벗어나 있었다. 수습된 유물로는 화장대(칠경렴漆鏡奩)의 뚜껑, '長宜子孫'명銘 거울, 큰독과 함께 접시, 부뚜막[竈]과 같은 와질의 그릇 등이 부장되어 있었다.

석암리 257호 무덤은 앞의 255호 바로 동쪽에 있으나, 봉토는 대부분 쓸려나가고 높이 1미터 되는 흙무지만 남아 있어 30센티미터 정도 파내려 가자 무덤 구덩의 어깨 부분이 나타났다. 구덩의 바닥에는 열두 개의 각재角材를 동서로 가지런히 깐 뒤 둘레에도 각재를 쌓아 올려 네 벽을 짜 맞추어, 한 변 3.2미터의 네모난 귀틀방을 만들었다. 복판에는 남북으로 길게 통나무를 깔아 동과 서로 나눈 뒤, 양쪽에는 귀틀의 남벽에 붙여 안덧널을 만들고 그 안에 북침한 널을 안치하였다.

동쪽 널의 북쪽 머리 쪽에서는 비녀와 거울, 비단 쪼가리가 출토되고, 허리 부위에서는 은반지와 갖가지 드림장식 등이 출토된 것으로 보아 피장자는 여인이었을 것으로 추정되었다. 한편, 서쪽 널의 머리맡에서는 눌려 찌그러진 관모冠帽와 비단 쪼가리, 잔구슬이 수습되었고, 허리 쪽에서는 청동제 띠고리와 손칼, 발치에서는 찌그러진 칠 가죽신[漆鞜]이 나와 남성의 무덤임을 알 수 있었다. 이 밖에 귀틀 벽과 양 널 사이의 빈 공간에는 칠기류, 도기류, 금속제품, 옥석류, 직물류 등 다양한 유물들이 부장되어 있었다.

이 무덤은 도굴을 당하지 않은 처녀분인 데다 왕우묘王旰墓(석암리 205호)[40]와 같이 과거 보존 상태가 극히 좋았던 무덤이 바로 남쪽 가까이에 있었음에도 불구하고, 아쉽게도 부식 상태와 훼손이 너무 심해 초라한 발굴 성과에 그치고 말았다.

정백리 4호 무덤은 1916년 가을에 세키노 등이 발굴했던 제1호, 제2호, 제3호 무덤[41]과 한 무리를 이루고 있었는데, 제2호와 제3호의 중간에 끼어 있었다. 방대형의 봉토(12NS×10＝1.6m)는 비교적 왜소한 편이었으나 다른 낙랑 무덤에서와 같이 한쪽은 구릉의 자연 비탈을 이용하였기 때문에, 서쪽에서의 높이가 약 5미터에 이르는 비교적 고대高大한 느낌을 주었다. 봉토 아래에 이루어진 귀틀(3NS×2＝1m) 안에는 동남쪽으로 치우쳐 따로 안덧널이 만들어지고, 그 안에 동서로 양 널이 북침한 상태로 안치되었다. 그 북쪽과 서쪽 공간에서는 질그릇과 칠기, 장검, 청동거울, 옥제 고리, 직물 쪼가리 들이 수습되었다.

한편, 동쪽 널 안에서는 은반지, 비녀, 귀막이(耳璫) 등이 나오고, 서쪽 널 안에서는 관모, '張牢'명銘 칠접시, 띠고리, 내행화문과 '長宜子孫'명銘 거울, 비녀, 백옥제의 칼코등이(鐔) 등이 토압土壓에 짓눌려 훼손된 상태로 수습되었다. 출토 유물의 성격으로 보아 동관에는 부인을, 서관에는 주인을 안치했음을 알 수 있었다.

남정리南井里 53호 무덤은 대동강 남쪽으로 3킬로미터 정도 떨어진 오봉산五峯山에서 동남쪽으로 뻗은 높은 평지에 이루어진 벽돌무덤인데, 남아 있는 흙무지(30EW×28＝5m)는 방대형으로 낙랑 무덤으로는 매우 큰 편에 속했다. 흙무지 한복판에 만들어진 널방은 거의 남북을 긴축으로 하여 앞뒤 두 방으로 이루어지고, 앞방에서 남쪽으로는 막음벽돌(閉塞塼)로 채워진 널길이 나 있었다.

널방의 평면을 보면 앞방과 뒷방 모두 예의 다른 낙랑 무덤에서와 같이 약간 배가 부른데, 뒷방(4.2NS×4.1m)이 앞방(3.4NS×3.9m)에 비해 약간 크고, 두 방 사이에는 통로(1×0.7m)가 이어져 있었다. 앞방의 북쪽과 서쪽 양 벽에 붙여 벽돌을 가지런히 쌓아 올려 높직한 널받침을 만들었는데, 그 위에는 남쪽으로 치우쳐 박산로博山爐 뚜껑과 자라단지(扁壺) 등이 깨진 상태로 흐트러져 있었다.

널받침과 남벽 사이의 공간에는 큰 모난 접시와 침그릇(唾壺)이 있었고, 널길 가까이에서는 금동제의 네잎 장식(四葉座飾)을 붙인 향함(盦) 두 점과 박산로의 몸체가 수습되었다. 앞방의 동쪽 공간에서는 칠갑漆匣, 와질의 굽다리접시, 잔 등 주로 그릇들이 부장되어 있었다. 이 밖에 유물 정리 과정에서 오수전五銖錢, 고리자루손칼, 재갈 등 많은 유물이 수습되었는데, 특히 앞방에서 수습된 화려한 유물들은 본토의 한대漢代 유적으로부터도 매우 드물게 나오는 것들이었다.

도제리道濟里 50호 무덤은 마을의 서편에 남북으로 가지런히 이루어진 3기의 무덤 중 가운데에 있는 것으로서, 행정구역은 다르지만 앞서 남정리 53호 무덤과는 같은 곳에 위치해 있었다. 조사 당시 남아 있던 봉토(32EW×30＝4~6m)는 낙랑 무덤으로서는 아주 대형에 속하는 것이었다.

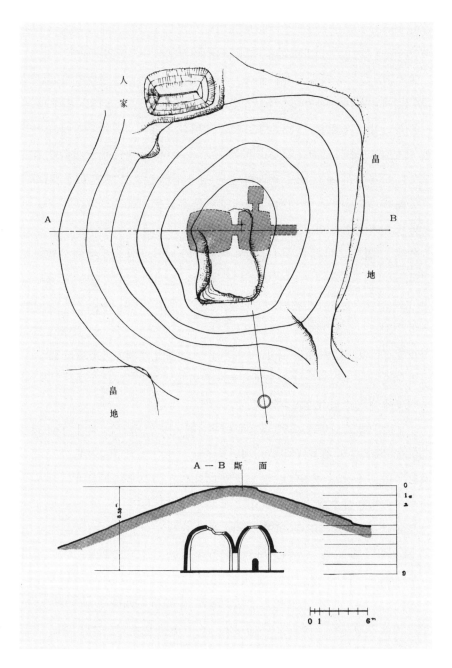

A－B 斯 面

그림 25.
평양 도제리 50호 무덤
봉분 실측 평면도(위)와
단면도.

   봉토 아래에 만들어진 벽돌무덤은 동서 긴축의 앞방(4NS×3.5m)과 뒷방
(4.6EW×4.4m)으로 이루어지고, 서향한 앞방의 남쪽으로 다른 작은 옆방
(1.7×1.7＝5m)이 만들어져, 연전에 조사된 정백리 227호(1933)나 장진리 45
호(1934)와 같은 평면 구조를 갖추고 있었다. 발굴 당시 앞방과 뒷방은 모두 천

장이 무너져 있었으나 완전한 구조로 드러난 옆방의 상태로 보아 모두가 원래는 바닥에서의 높이 5미터가량의 무지개〔穹窿狀〕천장으로 추정되었다.그림25

앞방은 도굴꾼에 의해 훼손된 채 무덤방의 전체가 교란되어 원래의 유해나 부장품의 매납 상태를 확인하기가 어려웠지만, 일부 남아 있는 상태를 통해 몇 가지를 확인할 수 있었다. 우선 널방〔主室〕인 뒷방의 동벽과 남서쪽 공간에서 확인된 칠관漆棺 가운데 남서쪽의 널(2.5NS×0.65＝0.60m) 바닥에서 서른녁 점의 오수전五銖錢과 사신경四神鏡, 작은 쇠뇌 녁 점과 함께 납으로 만든 재갈, 철제의 촛대 등이 수습되었다. 이 밖에 각 방에 흩어진 유물을 정리하여 와질의 대형 그릇받침, 칠기 향합과 침그릇, 철제 촛대받침 등 많은 유물을 수습하였다.

이해의 9월과 10월에 이루어진 앞서 대동강 가 일원의 낙랑 무덤 조사와 함께 평양 토성리土城里의 낙랑 토성 터에 대한 발굴도 동시에 실시되었다. 토성에 대한 지표 조사42는 일찍이 세키노 등에 의해 이루어져 이곳이 낙랑군 치지治址로 추정되었으나, 이후 별다른 조사가 이어지지 못했었다. 그러나 이 일대가 사유지로서 경작이 이루어지고, 고와古瓦 채취로 인해 훼손이 계속됨에 따라 발굴 조사의 필요성이 제기되어 조선고적연구회에 의해 이해 봄(1차)과 가을(2차)의 두 차례에 걸쳐 조사가 실시되었다.

대동강의 바로 남안에 접한 대지에 이루어진 성터의 규모는 대략 700EW×600m의, 동북쪽이 불룩한 네모난 평면으로서 훼손이 심했던 동북면의 성벽을 빼고는 비교적 잘 남아 있었으며, 토성 둘레의 넓은 지역에는 삼천여 기에 이르는 낙랑 무덤들이 분포하고 있었다.

토성 내 동북쪽에 치우쳐 설정한 여섯 곳의 트렌치 발굴을 통해 청동제와 철제, 뼈로 만든 활촉 등 무기류를 비롯하여 동제의 띠고리, 네발솥〔鼎〕, 와질瓦質의 시루, 항아리, 접시와 솥, 굽다리접시〔豆〕 등 용기류가 나오고, 이 밖에 각종 옥류玉類와 오수전五銖錢, 봉니封泥 등이 수습되었다. 또한 중국 내에서도 아직까지 확인되지 않은 한대漢代의 보도步道, 암거暗渠 등 건축 유구가 나왔고, 낙랑군의 속현屬縣 이름이 찍힌 봉니와 '樂浪禮官' 명문의 와당 등 낙랑 연구에 중요한 많은 자료들이 발굴되었다.

이해 가을에 이루어진 중요한 조사로는 통구의 고구려 무덤과 산성43에 대한 조사였다. 1918년 구로이타 가쓰미黑板勝美가 마지막으로 광개토왕비를 조사44한 이후 근 이십 년 만에 이루어진 이 지역의 유적에 대한 본격적인 조사였다고 할 수 있었다.

조사는 이곳에 만주국 문교부의 한 시학관視學官에 의한 새로운 벽화고분의 발견에서 비롯되었는데, 이러한 사실이 알려지면서 학계의 관심을 불러 현지 문교부 당국에 의해 조사 계획이 수립되었다. 조사는 이해 가을(1차: 9. 28-30)과 이듬해 가을(2차: 1936. 9. 30-10. 4) 등 두 차례에 걸쳐 겨우 일 주일 남짓 동안에 이루어져, 유적의 중요성에 비해 너무 졸속에 그친 아쉬운 조사였던 것으로 생각된다.

1차 조사에는 이케우치, 하마다를 비롯하여 후지타, 우메하라, 오바가 주축이 되어 광개토왕비廣開土王碑, 태왕릉太王陵, 장군총將軍塚, 무용총舞踊塚, 각저총角抵塚, 천추총千秋塚, 서대총西大塚, 삼실총三室塚, 산성자山城子 산성 등을 조사하였다. 2차 조사에는 1차 조사에 참여했던 이케우치 등 외에 미즈노 세이이치水野清一, 미카미 쓰기오三上次男 등이 합류하였는데, 이번 조사의 주된 대상은 무용총, 각저총, 삼실총 외에 사신총四神塚과 모두루총牟頭婁塚, 환문총環文塚 등 새로이 발견된 벽화무덤들이었다.

다만, 연구의 필요에 따라 사정이 허락하는 대로 다른 유적에 대한 조사도 병행키로 하였다. 따라서 1차에서 조사되었던 태왕릉, 장군총, 천추총, 서대총 등 돌무덤[石塚]뿐 아니라 산성자 산성, 통구성 등 산성과 산성에 딸린 산성자의 동쪽 무덤들에 대한 조사도 추가로 이루어졌다.[45]

집안 광개토왕비廣開土王碑는 고구려가 평양으로 옮겨가기 전 이곳 통구에서 마지막으로 재위했던 제19대 광개토왕의 생전 업적을 기리기 위해 사후 이 년 뒤인 414년에 그의 아들 장수왕이 세운 석비이다. 물갈이한 각력응회암으로 만들어진 거대한 모기둥 모양의 비석으로, 각 모서리가 방위각과는 거의 일치하는데 정면인 제1면은 동남향이었다. 이 비는 오랫동안 우리의 역사 속에서 잊혀진 채 내려오다가 19세기 후반에 이르러 현지의 중국 학자들에 의해 단순히 금석학적인 측면에서 조사가 이루어지면서 세상에 알려지게 되었고, 이윽고 일본인들도 그 존재를 파악하기에 이르렀다.

대륙 진출을 꾀하는 일본이 현지 정세를 살피고자 육군참모본부가 현지에 파견한 포병 중위 사코 가게아키酒勾景信가 1883년 이 비문의 탁본拓本(雙鉤加墨本)을 구해 일본으로 가져갔다. 이후 참모본부의 주도하에 전문 학자들이 동원되어 비문에 대한 본격적인 검토가 이루어지고, 이로부터 온 일본의 학계가 비

사진 11. 집안 통구 장군총.

문 내용에 적극적인 관심을 갖게 되었던 것이다. 비문 가운데 바로 '신묘년辛卯 年'조條에 나타난 내용 때문이었다. 이 기사가 당시 일본이 한반도의 지배를 정 당화시키기 위한 임나일본부설任那日本府說을 뒷받침하는 강력한 근거가 될 수 있다는 저의가 숨어 있었던 것이다.

발견 이후 부분적으로 마멸된 비문 내용의 해석을 둘러싸고 최근까지 한일 학 계뿐 아니라 중국학계까지 개입되기에 이르렀다. 더구나 여기에 비문 조작설까 지 제기되는 등 그에 대한 논의가 혼미를 거듭해 오는 동안에 비문에 대한 연구 는 진전되어 왔다고 할 수 있지만, 그 해석에 대한 종결의 기미는 아직까지 보이 지 않고 있다.[46]

장군총將軍塚은 광개토왕비로부터 대략 북북동쪽으로 1.5킬로미터에 위치한 돌무지무덤으로, 현존하는 이 유형의 무덤으로는 그 구조가 가장 완전히 남아 있는 것 가운데 하나이다. 무덤은 가지런히 다듬은 화강암의 장대석을 짜 맞추 어 7단의 계단형 피라미드 모양으로 쌓아 올렸는데, 각 모서리는 방위각과 일치 하였다.사진 11, 그림 26

맨 아래층 기단은 각 변 31.5미터의 정방형이며, 기단 바닥에서 무덤 꼭대기 까지의 높이는 12.4미터였다. 맨 아래의 기단석이 밖으로 밀려나지 않도록 가장 자리를 따라 높이 5미터 안팎의 거대한 둘레돌[護石]을 일정한 간격으로 각 변마

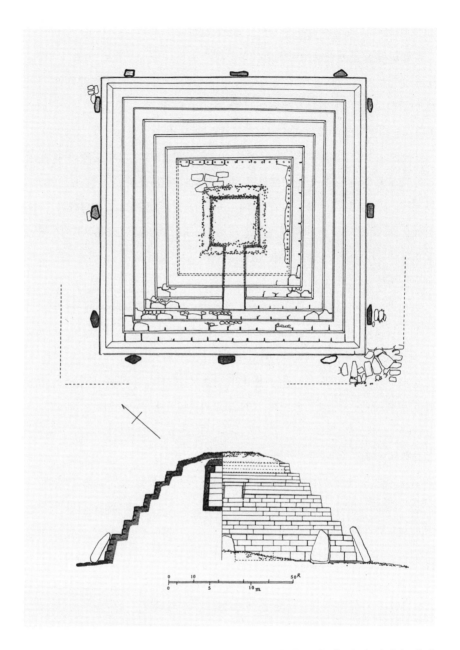

그림 26.
집안 통구 장군총의
평면도(위)와 단면 및
입면도.

다 세 개씩 세워 보강하였다. 7단의 계단식 돌무지 가운데 제3단의 윗면을 바닥
으로 하여 서남향한 널길(5.5m)을 갖춘 정방형의 널방(5.0 = 5.5m)을 만들었
는데, 각 벽면은 수직으로 올라가다가 맨 위층의 한 단을 들여쌓아 역逆계단식으
로 처리한 뒤 그 위에 거대한 판돌(4.5×3.8m)을 얹어 납작천장(平天井)으로 마
감하였다. 널방의 복판에는 3.7×1.5m의 넓적한 판돌로 만든 널받침(棺臺) 두 개

가 깨진 상태로 널길과 같은 방향으로 놓여 있었다.

태왕릉太王陵은 광개토왕비로부터 동북쪽으로 300미터 남짓 떨어진 나지막한 둔덕에 이루어진 거대한 방형의 계단식 돌무지무덤으로서, 기단의 각 변은 정확히 방위선에 일치하였다. 돌무지에서 수습된 많은 벽돌 가운데에서 나온 '願太王陵安如山固如岳'의 명문에 따라 '태왕릉太王陵'이라는 이름을 갖게 되었다.

다듬은 석재를 약간씩 안으로 들여 원래 7단 정도의 계단식으로 쌓아 올린 기단석 내부에는 깬돌과 자갈을 채웠던 것으로 보이지만, 조사 당시는 아래의 2단만 남고 그 위로는 대부분 붕괴된 상태로 남아 있었다. 돌무지의 윗단에는 잘 다듬어진 석재로 짜 맞춘 서향의 굴식돌방(橫穴式石室)(3.0NS×2.8m)이 이루어져 있는데, 천장은 동서 양 벽의 위쪽 3단을 안쪽으로 들여쌓고, 그 위에 화강암의 넓적한 뚜껑돌(4.2EW×5.4＝0.8m)을 얹었다.

돌무지의 맨 아랫자락 기단의 한 변 길이는 63.9(S)-67.2(N)m에, 높이는 지반에서 돌방의 천장석까지 16.5미터로서, 한 변 30미터 남짓의 장군총에 비해 네 배 이상의 면적을 차지하고 있는 거대한 규모였다. 지반의 기단 둘레에는 높은 둘레돌이 지금은 일부만 남아 있지만, 당초에는 각 변에 다섯 개씩 둘러 있던 것으로 보이는데, 남쪽과 서쪽 모서리에 세워진 것들은 높이 6미터에 이르고 있었다.

천추총千秋塚도 앞서 태왕릉과 비등한 대형의 계단식 돌무지무덤으로, 무덤방은 돌무지의 상부에 이루어져 있는데, 돌더미 사이에서 수습된 벽돌 가운데 나타난 '千秋萬歲永固', '保固乾坤相畢' 등의 명문으로 '천추총千秋塚'이란 명칭을 얻게 되었다. 무덤의 크기는 기단부 한 변의 길이 57미터의 정방형으로, 여기에서는 각 변이 대략 방위선과 일치하며 그 위로 6-7단의 계단식으로 단이 이루어졌던 것으로 보이지만, 지금은 3단 정도만 남아 있었다.

무덤의 모서리 가까이에는 두세 개의 둘레돌이 세워지고, 부근에서는 주춧돌과 같은 건물 터와 다량의 기와편들이 수습된 것으로 보아, 무덤과 관련된 사당祠堂 같은 시설물이 있었던 것으로 보여졌다.

서대총西大塚은 천추총으로부터 서쪽으로 1킬로미터 남짓 떨어진 고산高山(+535m) 골짜기의 높은 평지 위에 자리 잡은 방형의 돌무덤이다. 훼손이 극히 심하지만, 남아 있는 기단의 각 변은 방위선과 일치하는데, 북쪽 기단의 길이는 약 50미터이고 남은 높이는 4.2미터이다. 잘 남아 있는 부분의 상태로 보아 대략

7단으로 이루어진 계단식 돌무지무덤이었을 것으로 추정되며, 전체의 구조가 앞서 태왕릉과 비슷했던 것으로 짐작되었다.

이 밖에 돌무덤으로 산성자 산성 동쪽의 좁은 평지에 분포하는 형총兄塚, 제총弟塚과 절천정총折天井塚 등 비교적 작은 크기의 돌무덤을 조사했지만, 크기의 차이는 있을지라도 구조는 거의가 장군총에서와 같은 비슷한 모습을 보여 주었다.

통구 평야에 분포하는 고분은 앞서 서술한 몇몇 중요한 무덤과 같은 돌무덤과 흙무덤이 대략 반반을 차지하지만, 이 가운데 5기의 대형 무덤이 서쪽에서 동쪽으로 배열된 오괴분五塊墳은 그 규모와 구조 등에서 흙무덤 가운데에서도 매우 특이한 곳이라고 할 수 있었다. 오괴분의 봉토는 모두 각 변의 자락이 배부른 방대형(54 = 12m)으로서, 이 가운데 가장 큰 2호 무덤은 이미 도굴되어 윗부분이 꺼져 있었다.

이해와 그 이듬해에 이루어진 고구려 유적 조사의 주된 대상은 통구 지방에 분포하는 무덤 가운데에서도 벽화가 그려진 중요한 몇몇 흙무덤들이었다. 이번 조사의 주된 대상이었던 벽화무덤인 무용총舞踊塚의 봉토(15 = 3.4m)는 방대형으로서, 앞방(3.3NW ~ SE×1.0 = 2.1m)과 널방(3.5NW ~ SE×3.3 = 3.5m), 두 방을 잇는 통로(1.5m)와 널길(1.2×1.2 = 1.2m)이 서남향으로 이루어져 있었다. 널길 입구에는 널문의 흔적이 남아 있었으며, 널방의 바닥에는 서북 벽에 붙여 네 매의 판돌로 짜 맞춘 널받침이 설치되어 있었다.

앞방은 무지개(穹窿狀) 천장, 널방은 변형 모줄임(抹角藻井) 천장으로, 널길을 제외한 무덤방의 전면에 회를 두껍게 바르고 벽화를 그렸는데, 널방 정면에는 주인공이 두 명의 승려와 마주한 접객도를 세 명의 시동侍童과 함께 그렸다. 널방 서벽에는 사냥그림(狩獵圖), 맞은 편 동벽에는 기마도騎馬圖, 가옥도家屋圖와 남녀 다섯 사람의 무용수와 일곱 사람의 가수 등 군무상群舞像이 그려져 있었다. 이 밖에 천장에는 장막帳幕이 그려지고, 연화문蓮花文, 사신도四神圖, 일월도日月圖 등이 화려하게 나타나 있었다.

각저총角抵塚은 무용총과 나란히 산 끝자락의 언덕배기에 자리 잡고 있었다. 무용총과는 봉토의 규모와 형태뿐 아니라 앞방, 널방, 통로와 널길 등 전체 무덤방의 평면 형태와 규모, 심지어는 긴축의 방향과 천장 모양까지도 쌍둥이처럼 닮아 있었다. 널방의 안쪽 벽에는 지붕 아래 휘장을 두른 집안에 주인공이 두 여인과 마주앉은 것으로 보아 생전의 생활 모습을 묘사한 듯하고, 동벽에는 나무

아래에서 씨름하는 두 장정이 그려져 이 무덤의 이름이 되었다. 맞은편의 서벽에는 소가 끄는 수레와 안장을 갖춘 말이 그려져 있고, 그 위쪽 천장에는 화려한 불꽃 무늬와 덩굴무늬가 나타나 있었다. 무늬 사이의 공간에는 삼족오三足鳥와 두꺼비가 그려진 일월상이 나타나 있었다. 앞방의 동서 양 벽에는 한 그루씩의 큰 나무가 그려져 있었고, 통로의 서벽에는 눈을 부릅뜬 맹견 한 마리를 수묘견守墓犬처럼 나타냈다.

삼실총三室塚은 1913년에 세키노에 의해 수습 조사[47]가 이루어진 바 있었다. 일반적으로 방대형인 통구 평야의 봉토무덤에 비하여 이는 평면이 둥근 삿갓 모양의 봉토(19.5 ＝ 4.4m)를 갖추었다. 동북향으로 나 있는 긴 널길(3.9m)을 따라 들어가면 제1실(3×3m)이 나오고, 여기에서 서북쪽으로 나 있는 좁은 통로를 따라 직각으로 꺾어 들어가면 다시 제2실(2.7×2.1m)로 들어가게 된다. 다시 서남쪽으로 직진하면 마지막 제3실(2.6×2.3m)에 이르게 되어, 전체적으로 ㄷ자 모양의 평면을 이루고 있었다.

천장은 모두 모줄임식인데, 벽면에는 두껍게 회를 바르고 벽화를 그렸다. 규모가 제일 큰 제1실의 남벽에는 위아래로 나누어 주인공 부부가 남녀 시종을 거느리고 생활했던 생전의 모습과 사냥그림이 그려진 것으로 보아 이 무덤의 으뜸방으로 생각되었다. 제1실의 북벽에는 두 명의 기마騎馬 장수가 긴 창을 들고 공격하는 그림인데, 무사와 말 모두가 투구와 갑옷, 마갑馬甲 등으로 중무장한 모습이 이채로웠다.

제2실과 제3실에도 무사武士와 역사力士, 신선神仙, 사신四神, 괴수怪獸, 천마天馬, 신농씨神農氏가 그려져 있고, 천장에는 일월성신도日月星辰圖가 나타나 있는 등 전체적으로 화법과 필치가 세련되고, 무덤의 구조도 매우 짜임새 있게 조성되어 있다.그림 27

사신총四神塚은 통구 평야의 무덤 가운데에서도 웅대한 규모로 꼽히는 오괴분의 북쪽 가까이 있는 돌방무덤으로, 이해 가을 주민들에 의해 발견된 직후 조사가 이루어졌다. 방대형의 봉토(27 ＝ 7.5~7.8m) 아래에 만들어진 무덤방은 봉토에서 약간 남쪽으로 치우쳐 있었다.

무덤방은 남쪽으로 열린 널길이 달린 외방무덤(單室墓)으로, 무덤방과 널길의 바닥은 현 지표와 거의 같은 높이에 이루어졌다. 널방(3.6×1.5m)의 벽체는 석회암계의 큰 석재를 3단으로 쌓았으며, 천장은 가공한 화강암을 모줄임식으로

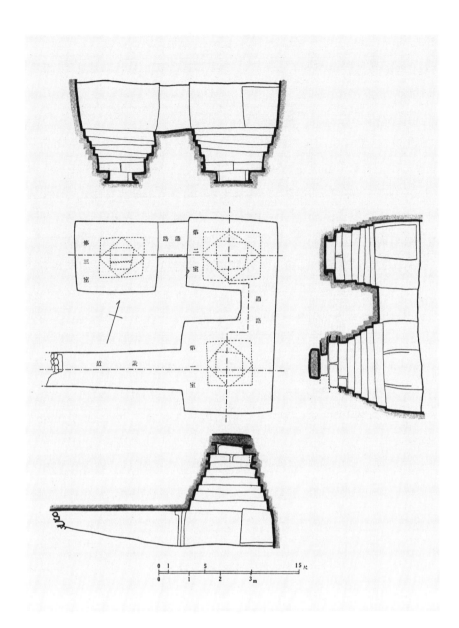

그림 27.
집안 통구 삼실총의
평면도(가운데)와
단면도들.

올렸다. 벽체의 헐렁한 틈새만 회로 채웠으며, 나머지 벽면에는 회를 칠하지 않고 자연면 그대로에 벽화를 그렸다. 이러한 방법은 평안남도 강서 삼묘리의 대묘와 중묘, 호남리湖南里의 사신총, 부여 능산리 등[48] 특히 반도 내의 사신도가 나타난 벽화무덤에서 같은 모습을 보여 주었다.

널방의 네 벽에는 각 방위에 따라 사신도가 그려지고, 네 모서리에는 기둥 대신 괴수가 두 팔로 굄돌을 받쳐 든 모습을 나타냈다. 천장의 뚜껑돌에는 용을 그리고, 네 모서리에는 연꽃무늬를, 세모 굄돌에는 해, 달, 구름, 산악, 나무, 신선, 비천, 인물, 덩굴무늬(忍冬唐草文)를 그리는 등 벽면과 천장 전면을 다양한 그림과 도안으로 채웠다. 널길의 동서 양 벽에도 수묘장守墓將으로 보이는 인물을 그렸다.

모두루총牟頭婁塚은 만포진滿浦鎭을 마주 보는 압록강의 서안西岸에 만들어진 돌방무덤이다. 모죽인 방대형의 봉토(22＝4m) 한가운데의 서남에서 동북 간에 널길(1.3×1.1＝1.1m), 앞방(2.9×2.1＝2.8m), 통로(1.7×1.1＝1.0m), 널방(3.0×3.0＝2.9m)이 차례로 이루어진 전형적인 두방무덤이다. 널방의 동서 양벽에 붙여 크기가 같은(2.3×0.8＝0.2m) 널받침을 하나씩 설치하였다.

벽체는 다듬은 돌을 쌓아 올렸는데, 널방은 2단의 모줄임천장을 이루고 앞방은 무지개 천장으로 벽면에는 전면에 고운 백회를 발랐지만, 벽화는 그리지 않았다. 앞방에서 널방으로 들어가는 통로 입구의 위 벽면에 가로와 세로로 괘선을 긋고, 그 안에 제수題首 두 줄과 매줄 열 자에 일흔아홉 줄로 이루어진 전체 팔백여 자에 이르는 해서체楷書體의 묵서명 묘지墓誌가 쓰여 있었다. 판독 가능한 글자 수가 적어 묵서명에 나타난 묘주墓主의 내용에 대해서는 논란이 계속되고 있으나, 발견 당시 추정했던 모두루牟頭婁의 무덤으로 압축되어 가고 있는 추세이다.[49]

환문총環文塚은 압록강이 내려다보이는 산자락에 위치한 방대형의 봉토(18NS×15＝3m)를 갖춘 무덤으로, 모서리가 대략 방위각에 일치하고 있다. 봉토의 꼭대기 바로 밑에 이루어진 외널방(3NE~SW×3.3＝4.0m)도 봉토와 같이 모서리가 대략 방위각에 일치했는데, 서남향의 널길(3.0×1.0＝1.5m)은 널방 바닥보다 약간 낮아졌다가 입구 쪽에 이르며 점차 높아졌다. 널방의 복판에는 네 벽면으로부터 40-50센티미터 정도 떨어져 높이 30센티미터의 넓은 널받침을 설치해 두었으며, 천장은 위로 올라가면서 점차 좁아지는 무지개 천장이었다. 회를 두껍게 바른 널방과 널길의 벽면에는 거의 전면에 벽화가 그려져 있었지만, 박락이 심해 전모는 알 수가 없어도 널길의 양 벽에 그려진 괴수, 널방의 기둥 장식과 특징적인 고리무늬(環文), 천장의 사신도가 벽화의 주류를 이루고 있었다. 특히 네 벽면에 적당한 간격으로 그려진 이십여 개에 이르는 단순하면서도 아름다운 색채로 나타낸 동심원의 고리무늬로 이 무덤의 이름을 얻게 되었다.

이번 조사에서는 지금까지의 광개토왕비 등 고구려 무덤 외에 통구성通溝城과 산성자山城子 산성도 포함되었다.

통구성通溝城은 제2차년도(1936년) 가을에 이케우치池內宏와 미즈노水野淸一에 의해 조사가 이루어졌다. 이 성은 압록강과 계아강鷄兒江(통구하通溝河)의 사이에 거의 방형으로 이루어진 평지성으로, 전체 둘레 약 2.6킬로미터, 각 변 대략 660미터로 동남쪽으로 흐르는 압록강의 흐름을 따라 동서로 경사를 보이고 있었다. 북벽을 제외한 동쪽과 서쪽, 남쪽 삼면에 문터가 남아 있었으나, 원래는 북문도 있었다가 뒤에 폐쇄된 흔적이 남아 있었다. 조사 당시 성벽은 대체로 견고하게 남아 있었지만, 초축初築 이후 여러 차례에 걸쳐 중수가 이루어지고 그때마다 축조방식도 달라졌던 것임을 알 수 있었다.

산성자山城子 산성은 통구성으로부터 북북서로 3킬로미터 남짓 떨어진 환도산丸都山의 험한 지세를 이용하여 조성되었기 때문에 환도산성丸都山城으로도 불리는데, 산성 내부는 경사가 비교적 완만하고 널찍한 지형이 조성되어 있었다. 산성은 화강암 석재를 일정한 크기로 깨뜨려서 쌓아 올렸는데, 산성 전체는 대략 네모난 모양으로 모서리가 방위각과 일치하였으며, 산성의 전체 길이는 약 7킬로미터이고 각 변의 길이는 1.0(N)-2.4(W)킬로미터 정도였다.

성문 자리는 동벽과 북벽에 각 두 개, 남벽에 한 개 등 모두 다섯 곳이 확인되었으며, 산성 안에서는 궁궐터로 보이는 한 곳을 포함해서 건물 터 세 곳, 연못터 한 곳과 삼십여 기의 무덤이 확인되었다. 제1차년도과 제2차년도의 두 차례에 걸쳐 미카미三上次男가 추가로 합류해 조사가 이루어졌다. 이곳 통구성과 환도성, 국내성의 성격과 그 정확한 위치 등에 대해서는 학계에서 아직도 뚜렷한 학설이 정립되지 못한 형편이다.[50]

이해에는 백제시대의 불교 유적에 대한 그 첫번째 조사 대상으로 부여 군수리軍守里 유적[51]이 선정되었는데, 조사는 가을에 시작하여 이듬해(1936년) 가을에 제2차 조사가 계속되었다. 부여읍 남쪽의 연못(궁남지宮南池)과 금강 변의 중간에 이루어진 건물 터로서, 여기에서 드러난 대규모의 유구와 다량의 와당 등 출토 유물에 따라 한때 궁전터로 추정되기도 했으나, 탑 자리가 드러나고 불상이 출토되어 절터로 확인되었다. 발굴 결과 중문-탑-금당-강당의 건물 터가 남북으로 이루어진 전형적인 1탑1금당식一塔一金堂式으로, 이와 같은 가람 배치는 당시 부여 지방의 일반적인 양식으로 여겨졌다.그림28

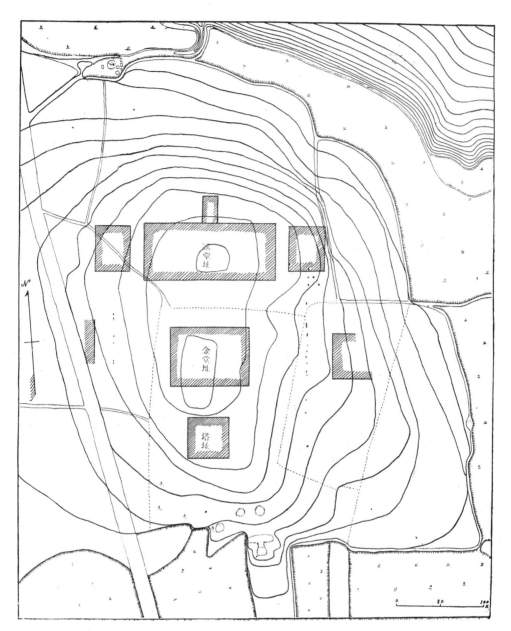

그림 28. 부여 군수리 절터 주변 지형 실측 평면도.

　발굴을 통해서 출토된 주요 유물로는 높이 13.5센티미터의 작은 납석제蠟石製
여래좌상과 높이 11.3센티미터의 금동제 보살입상 외에 금동제와 와질瓦質의 광
배 파편이 나왔다. 한쪽 면에 인동무늬와 연꽃무늬가 나타나 있고, 가운데가 빈
상자 모양의 무늬벽돌도 수습되었다.

그림 29. 경주 충효리 도굴 고분의 용무늬 돌기둥 탁본.

이와 같은 가람 배치가 보고자들에게 일본 아스카(飛鳥)시대의 사원과 밀접한 관련이 있을 뿐 아니라 불상이나 와전瓦塼의 수법에서도 호류지(法隆寺) 등의 유물과 유사한 모습을 보여, 일본 불교 문화의 전래에 대한 문헌적 사실을 구체적으로 보여 주는 자료로 이해되었다.

이른 봄에는 사이토 다다시齋藤忠에 의해 울산 신암리新岩里 유적[52]에서 신석기 시대 유물이 조사되었다. 민가에서 수습된 토기들은 암갈색을 띤 비교적 두꺼운 파편들로서 곧은 아가리를 갖춘 것들이 많았다. 표면에 평행집선平行集線의 새김무늬(刻線文)와 돋을무늬(隆起文) 등 이웃 동삼동東三洞에서도 출토되는 빗살무늬 계열의 토기편들이었다.

5월 초의 사흘 동안에는 경주 충효리忠孝里 고분[53]에 대한 정리 조사가 이루어졌다. 둥근 봉토(D-13 = 3m)를 갖춘 무덤으로서, 그 밑에 널길(1.6×1.0 = 1.2m)이 남벽의 가운데로 나 있는 돌방(2.5NS×2.1 = 2.3m)이 만들어져 있었다. 네 벽은 화강암의 깬돌을 위로 올라가며 안쪽으로 들여쌓고 그 위에 넓적한 판돌을 얹어 무지개천장을 이루었다. 무덤방 바닥에는 흑갈색 진흙을 깔고, 중간에서 남쪽으로 치우쳐 동서로 길게 돌덩이를 쌓아 너비 1.2미터의 주검받침을 만들고, 그 위에는 회를 발랐다.

부장된 유물은 대부분 도굴의 피해를 입어 조사 당시에는 쇠못과 수키와 몇 점만 수습되었을 뿐이지만, 널문 양쪽에 세워둔 길이 1.2미터의 모난 돌기둥 가운데 서쪽 기둥에는 신라 무덤에서는 보기 드물게 섬세한 문양의 용龍이 새겨져 있었다.그림 29

이해 6월에는 1915년 첫 발간된 『조선고적도보朝鮮古蹟圖譜』가 15책을 마지막으로 대단원의 마무리를 짓게 되었다. 1909년 세키노 등에 의해 처음 조사 사업이 시작된 이래 1915년에 제1책이 발간된 지 꼭 이십 년 만이었다.

책이 완간된 지 한 달 만인 7월 29일, 구한말 이래 일본의 식민정책 수립을 위해 한반도의 고적 조사 수행을 주도했던 일본 식민사학자의 원조랄 수 있는 세키노 다다시關野貞 박사가 예정되었던 통구 지방의 조사를 앞두고 갑자기 타계하였다.[54] 그는 동경제국대학에서 고대건축사를 전공하였고, 1902년 이래 일본 식민사학자들을 이끌고 한반도 일원의 현지 조사를 진두 지휘하였다. 그의 많은 저작 가운데 15책으로 이루어진 『조선고적도보』(1915-1935년)와 『낙랑군시대의 유적樂浪郡時代의遺蹟』(1927년) 등은 그의 필생의 역작으로서,[55] 그 경위야 어떻든 우리의 고고학과 미술사 연구를 위해서는 기념비적 작품이라고 할 수 있는 것들이었다.

1936년

이해부터는 조선고적연구회 발족(1931년) 이후 주력해 왔던 경주와 평양 지역에서의 신라와 낙랑 유적 일변도의 조사 테두리에서 벗어나 새로운 시도를 펼쳐 나갔다. 전년도에 이어 앞으로는 고구려 유적과 함께 백제의 고도 부여 유적에 대한 조사까지 범위를 확대해 가기로 새로운 방침을 세웠던 것으로 보인다.

이른 봄 경주 황오리 고분에 대한 구제救濟 발굴이 있었고, 가을에 들어서는 두 차례의 대구 대봉정 고인돌 발굴을 거쳐 비슷한 시기에 지난해에 이어 부여 군수리 절터에 대한 제2차 발굴이 이루어졌다. 지난해부터 전후 두 차례에 걸쳐 이루어진 군수리 절터의 발굴 결과는 이해의 보고서에 '개요槪要'라는 단서를 달아 열 쪽 분량의 약보고 형식으로 한꺼번에 실렸을 뿐,[56] 그 후 정식 보고서는 끝내 나오지 못했다.

한편, 이른 가을부터는 평양 부근의 대동군 관내에서 50여 일에 걸친 대대적인 고구려 고분 발굴이 이루어지고, 조금 늦은 9월 말에는 따로 집안 통구 일원의 고구려 유적에 대한 제2차년도 조사(9. 30-10. 4)가 있었다. 통구에서의 두 차례에 걸친 조사 결과에 대해서는 전년도(1935. 9. 28-30)에 이어 모두 여드레가 소요된 두 차례의 조사 결과를 지난해에 한데 묶어 기술한 바 있다. 이렇듯 짧은 기간의 조사 작업만으로 상·하 두 권의 대작을 펴내는 당시의 조사 역량이 놀랍기도 하지만, 한편으로는 실적 위주로 이루어진 듯 한 그들의 조사 행태에 적지 않은 아쉬움을 감출 수가 없다.

이해에 이루어진 경주에서의 첫번째 조사는 경주-울산 간 철도 공사에 따라 이른 봄에 실시된 황오리 98-3번지 무덤[57] 발굴이었다. 경주의 신역新驛 부근에 있던 이 무덤은 평탄한 밭 가운데에 있던 독립 고분으로서, 봉토는 훼손되어 조사 당시에는 남북으로 긴 타원형(18NS×9 = 1~2.2m)을 이루고 있었다. 봉토 바로 아래에서는 긴축을 대략 동서로 둔 돌무지덧널무덤 2기가 원 지표를 파 들어가 남북으로 이루어져 있었는데, 돌무지가 그 위를 덮은 채 드러났다.

남곽은 지하에 구덩(6.2EW×4 = 1.4m)을 파고 바닥에 자갈을 깐 뒤 덧널(3.5EW×1.4m)을 설치하고, 그 둘레와 구덩벽 사이는 진흙을 섞은 큼직한 냇돌로 채웠다. 덧널 안에는 동침東枕한 널을 안치하고 그 동편에 따로 부장칸을 마련하였다. 널 안에서는 시신에 착장시켰던 귀걸이, 목걸이, 은제 허리띠와 고리자루긴칼 등 장신구와 무구류가 출토되었고, 머리맡의 부장칸에서는 크고 작은 토기를 비롯하여 각종 용기류와 농공구류가 수습되었다.

북곽도 마찬가지로 남곽과 거의 같은 크기의 구덩(6.3EW×4.0 = 1.4m)을 파고, 여기에 덧널(3.7EW×1.0m)을 설치하였다. 그 안에 동침으로 안치된 널(2.4EW×1.0m) 안에서는 금동관을 비롯하여 귀걸이, 목걸이, 반지, 팔찌 등 각종 장신구와 고리자루긴칼이 출토되었고, 머리맡의 부장칸에서는 각종 토기와 함께 무구류와 안장 등 마구들이 수습되었다. 둘레돌은 나타나지 않았지만, 두 곽이 나란히 배치된 것으로 보아 앞서 황오리 14호 무덤[58] 등에서와 같은 쌍무덤(瓢形墳)으로 추정되었다. 출토 유물의 성격을 통해 여기서도 대부분의 경주 쌍무덤에서와 같이 남곽은 남자, 북곽은 여자 무덤으로 보이며, 축조 상태로 보아 남곽이 북곽보다 먼저 만들어진 것으로 생각되었다.

대구 대봉정大鳳町 고인돌 조사는 지난 1927년 고이즈미 등에 의해 대구중학교 앞과 2, 3, 4구區에서 처음으로 조사가 이루어졌지만, 이에 대한 보고서가 나오지 않아 정확한 실태는 알 수가 없었다. 따라서 이해 9월 중순에 같은 지역에서 전화중계소의 건설에 따라 이루어진 조사에서는 고인돌의 덮개돌[上石] 다섯 개를 옮기고 그 일대에 대한 조사를 통해 모두 10기의 돌널을 확인하였다.[59]

돌널로부터는 석 점의 간돌검과 열 점이 넘는 많은 돌화촉을 수습하는 한편, 발굴을 통해 몇 가지 새로운 사실을 알게 되었다. 우선 한 덮개돌 아래의 둘레에는 몇 개의 돌널이 배치되어 있었는데, 이 돌널들은 판석형과 할석형으로 이루어지고,[60] 돌널 안에는 돌검과 돌화촉이 함께, 또는 돌화촉만 부장되었음을 확인할 수 있었다.

그러나 일찍이 이곳에 있던 덮개돌의 일부가 외부로 이동되어 덮개돌과 돌널과의 관계가 분명치 않아, 이를 밝히기 위해 중학교 앞의 고인돌 3기에 대한 발굴을 실시하고 이를 제4구區로 구분하게 되었다.[61]

맨 북쪽의 I호 고인돌 덮개돌(1.75NE~SW×1.0＝0.85m) 아래에는 진흙층 위에 덩이돌[塊石]과 냇돌을 불규칙하게 깔아 거의 네모난 돌무지(6NS×5＝0.3~0.4m)를 이루었는데, 여기에 모두 4기의 돌널이 배치되어 있었다. 1호 돌널(1.7EW×0.45＝0.3m)은 덮개돌 바로 북쪽에서 나오고, 덮개돌 남쪽으로는 서쪽부터 차례로 2호(1.5NS×0.5＝0.4m), 4호(2.0NS×0.5＝0.75m), 3호(1.7NS×0.4＝0.35m) 돌널들이 대략 1.5미터의 간격을 두고 남북으로 길게 이루어져 있었다.[62] 이들 4기의 돌널 가운데 1호, 2호, 3호는 네 벽을 점판암으로 짜 맞춘 판석형이었고, 4호만 냇돌로 쌓아 올린 할석형이었다.

I호 고인돌의 덮개돌(2.8NS×1.7＝0.7~0.9m) 아래에는 불규칙한 크기의 덩이돌을 깔아 길쭉한 돌무지(7NS×3m)를 이루었는데, 덮개돌 바로 밑에는 보다 큼직한 덩이돌을 받침돌로 괴었다. 덮개돌 아래에는 넓적한 돌을 눕혀 쌓아 긴벽을 만들고, 큰 돌 한 개를 마구리돌로 세운 돌널(2NS×0.5＝0.45m)을 만들었으며, 지표 아래 0.95미터에 이루어진 돌널 바닥에는 넓적한 돌을 깔았다.

III호 고인돌의 덮개돌(5.6NE~SW×3.3＝0.8m)은 이곳 대구 부근에서는 가장 크고 넓적한 것으로, 1927년에 고이즈미가 조사할 때는 덮개돌을 그대로 놓아둔 채 옆구리에서 가운데로 파들어 갔었다.[63] 그러나 이번에는 많은 비용을 들여 나흘 동안에 걸쳐 기중기로 덮개돌을 들어 옮긴 뒤 전면 조사를 실시하여 그 전모를 파악할 수 있었다. 덮개돌 아래에는 1미터 크기의 큼직한 받침돌 네 개가 약 3미터 간격으로 사방에서 받치고 있어 흡사 바둑판 모양을 갖추고 있었으며, 그 둘레에는 넓게 덩이돌이 깔려 있었다. 여기에 이루어진 2기의 돌널은 모두 덮개돌의 바깥쪽에 만들어졌던 것으로, 1호 돌널(1.0EW×0.25＝0.35m)과 2호 돌널(≒1.0NS×0.3＝0.3m)은 소형들로서 2호의 북쪽 부분은 경작에 의해 파괴되어 정확한 크기는 알 수가 없었다.

약 열흘 동안에 걸쳐 이루어진 발굴 결과에 따라 새로운 사실을 확인할 수 있었다. 후지타藤田는 보고서를 마무리하면서 대봉정 고인돌의 몇 가지 특징을 제시하였다. 우선 매장 주체인 돌널을 보강한 돌무지[積石]의 존재, 덮개돌을 떠받치고 있는 굄돌[支石]의 존재 유무, 여러 돌널이 한 개의 덮개돌 아래에 이루어지는 여러널식[多槨式]의 존재 문제를 거론하였다. 또한 돌널의 구조에 따른 판석형, 할석형, 혼축형의 분류, 이 밖에 '금석병용기金石倂用期'라는 고인돌문화의 시대적 배경이 제시되기도 하였다.[64]

지난해에 이어 통구 지방의 고구려 유적에 대한 제2차 조사가 계속되었는데, 여기에는 이케우치, 우메하라 외에 하마다, 미카미, 미즈노 등이 공동 참여하였다.[65] 이 밖에 평양 부근의 대동군 관내에 분포한 고구려 고분에 대한 조사도 아울러 이루어졌다.

조선고적연구회가 발족한 이후 1933년부터 3개년에 걸쳐 주로 낙랑 유적의 발굴과 보고서 발간 및 경주에서의 발굴에 주력하였다. 그러나 이해부터는 삼개년 계획으로 고구려와 백제의 유적 조사에 힘을 기울이기로 하고, 아울러 지금까지의 고분 조사 위주의 체제로부터 불교 유적까지 그 범위를 넓혀 나가기로 하였다.

이와 같은 방침에 따라 첫 조사 대상지로는 벽화고분의 분포지로 알려진 평양 근교의 대동군 임원면林原面과 시족면柴足面을 선정하였다. 9월 10일부터 시작된 작업을 통해 모두 21기를 발굴하였는데, 이 가운데 벽화고분 2기와, 1기의 특수한 구조의 고분을 확인하는 성과를 거둔 뒤 50여 일 만에 발굴을 마쳤다.[66]

우선 시족면 일대의 무덤들에 대해서는 일찍부터 세키노 등으로부터 주목을 받아온 곳으로,[67] 이해의 조사에서는 토포리土浦里에서 7기를 비롯하여 남경리南京里와 호남리湖南里, 내리內里에서, 임원면에서는 상오리上五里와 고산리高山里에서 조사가 이루어졌다.[68] 이들 21기 가운데 절반 이상은 천장돌이 내려앉거나 별다른 특징이 없어 그냥 지나쳤기 때문에, 실제 조사를 거친 것은 9기에 불과하였다.

토포리 1호 무덤(대총大塚)은 이곳을 중심으로 너른 평지에 남북으로 길게 분포한 20여 기의 고분군 중앙에 위치한 가장 큰 무덤이었다. 봉토(21~22 = 5m)는 정수리가 평탄한 방대형으로 각 변은 방위선과 거의 일치하였다. 봉토의 중심으로부터 약간 남쪽으로 치우친 곳에서 드러난 무덤방은 남북으로 평행 배치된 동쪽과 서쪽 두 방을 갖춘 특이한 구조로서, 널방과 널길의 구조도 다른 고구려의 굴식돌방무덤과는 다른 모습을 보여 주었다.

봉토로부터 2.6미터가량 아래에서 드러난 널방은 널길이 남쪽으로 나 있는 긴 장방형으로 두 방의 구조나 크기가 거의 같은데(2.61×0.94 = 1.06m, 2.62×0.94 = 1.09m), 모두 널길이 널방에 비해 오히려 긴(2.72×1.19 =

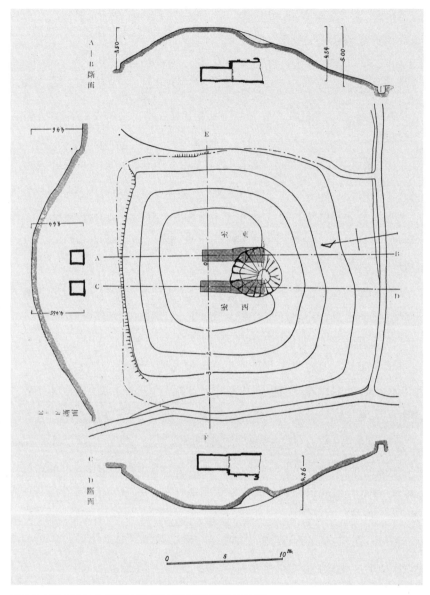

그림 30. 평양 토포리 1호 무덤의 봉분 실측 평면도(가운데)와 단면도들.

1.60m, 2.77×1.15 = 1.60m) 특이한 모습이었다. 널방은 두 방 모두 안쪽의 북
벽과 동서 양 측벽이 두께 4-5센티미터의 얇은 판돌 한 장으로 이루어지고, 천
장도 두께 8센티미터의 한 장 돌로 덮여 있었다. 그림 30, 31 두 방 모두 널방과 널길
사이에 널문이 있고, 널길에는 거의 전면에 걸쳐 절반 높이까지 3-4단으로 쌓은
채움돌(充塡石)로 채워져 있었다. 널길의 양 벽은 깬돌을 쌓아 올리고 표면은 곱

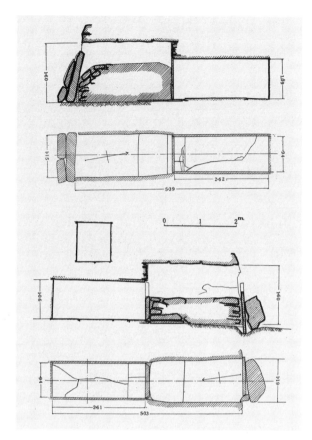

그림 31. 평양 토포리 1호 무덤 서실(위)과 동실의 단면도와 평면도.

게 회칠을 하였으며, 천장에는 석 장의 큰 판돌로 덮고 널길 입구를 거대한 막음돌(塞石)로 세워 막았다.

이와 같은 특이한 구조의 돌방무덤은 고구려 내에서도 극히 예외적인 유형이고, 오히려 백제 왕릉으로 전해지는 부여 능산리 고분과 그 구조상으로 매우 유사한 모습을 보여 주었다.

또한 능산리 고분에 나타나 있는 연꽃 그림과 사신도 등 벽화를 통해서도 고구려와 백제의 고분문화에 나타난 문화 교류의 실상을 보여 주는 귀중한 자료로 생각되었다.[69] 일찍이 도굴된 무덤이어서 서쪽 널길의 막음돌과 봉토 속에서 쇠못 십여 점만 수습되었다.

나머지 무덤 가운데 함께 조사가 이루어진 토포리 2호, 3호, 6호와 호남리 1호 무덤은 모두 둥근 봉토에 남향으로 기다란 널길이 달리고, 전형적인 고구려 양식의 모줄임식 천장을 갖춘 굴식돌방무덤들이었다. 널길이 동벽과 일직선으로 나 있는 토포리 3호분을 빼고는 나머지 모두 남벽의 중간에 널길이 만들어진 외방무덤들이었다.

내리(內里) 1호 무덤은 나지막한 구릉에 남북으로 이루어진 30여 기의 고분군에서 조사 대상으로 선정된 3기 가운데 1기로서, 봉토(24NS×20 = 4.5m)는 모죽인 방대형이었다. 봉토의 정수리로부터 약 4미터 아래의 원 지표 위에 만들어진 네모난 널방(2.9 = 3.3m)은 천장이 모줄임식으로 올라가고, 너비 1.3미터, 높이 1.9미터의 널길은 남벽의 중앙에서 약간 동쪽으로 치우쳐 있었다.

무덤방의 벽면에는 회를 바른 뒤 그 위에 사신도를 그렸지만, 훼손이 심하여 청룡과 현무의 일부만 확인되었다. 희미한 벽면의 그림에 비해 천장 그림은 비교적 선명하게 남아 덩굴(인동당초忍冬唐草) 그림과 산악, 구름, 달, 연꽃, 동심원

그림 등이, 다소 치졸하지만 자연스런 필치로 그려져 있었다.[70] 특히 북벽 천장 받침에 그려진 연꽃 그림은 부여 능산리 동하총東下塚 천장그림의 그것과 너무 닮아 다시 한번 그 계보를 생각하게 해 주었다.

임원면 관내의 무덤 가운데 가장 두드러진 곳은 고산리高山里 1호 무덤이다. 대성산에서 이어진 구릉 일대에는 봉토무덤 30여 기와 돌무지무덤 3기가 한데 분포되어 있었는데, 봉토무덤 가운데 6기에서 벽화가 확인되었다. 이 가운데 1호, 2호, 3호에 대한 조사에 착수하였으나, 2호, 3호는 돌무덤으로 외형에 대한 조사만으로 마치고 올해에는 1호 무덤만을 조사하였다.

1호 무덤은 조사 당시 이미 천장부가 완전 훼손된 상태로 드러났다. 방대형 봉토(20＝3.5m) 아래의 무덤방은 원 지표 위에 네모난 널방(3.3NS×3.1＝1.5m)과 널방의 남벽 중간에서 약간 동쪽으로 치우쳐서 남향한 널길(2.8NS×1.3＝1.5m)이 이루어진 외방무덤이었다. 다만 널방과 널길의 경계부 45센티미터 정도가 너비 1미터로 약간 좁아지는데, 여기에 돌문 두 짝이 세워지고 널길 입구 쪽을 막음돌로 채웠다.

벽면에 회를 바르고 널방에는 고식으로 표현한 사신도를 그렸으나, 전반적으로 퇴색이 심해 청룡, 백호, 현무의 일부만 그 흔적이 남아 있었는데, 청룡도와 백호도가 그려진 동벽과 서벽에는 각각 '○ 神光難○○○ 進力', '白神○○ 遠洛吉 ○'라는 묵서가 남아 있었다. 남벽의 널길 입구 좌우 양 벽에는 무인武人을 그렸으며, 이 밖에 벽면 전체에 건축 의장과 불꽃무늬 등 각종 도상圖像을 나타낸 벽화로 채웠으나, 박락剝落이 심해 정확한 내용을 알기가 힘들 정도였다. 벽화의 내용으로 보아 생활 풍속도에서 사신도四神圖로의 전환 과정을 보여 주는 것으로서, 5세기 후반에서 6세기 전반 사이에 만들어진 무덤으로 생각되었다.

1937년

이해의 일본 궁내성의 하사금과 일본학술진흥회의 기금을 바탕으로 한 조선고적연구회의 사업으로는 전년도의 방침에 따라 고구려 유적 가운데 고분 조사 외에 절터 등 불교 유적과 건물 터 발굴에도 관심을 두기로 하였다. 이 밖에 백제 고분 조사와 경주 남산의 신라 불적佛蹟에 대한 철저한 조사 계획을 수립하여 보고서 및 그에 필요한 도판 작업의 준비에 착수하였다. 이른 봄부터 부여 지방에 내려와 능산리 동 고분군 발굴에 이어 규암면 절터에 대한 발굴을 실시하여 전년도까지 2차년에 걸쳐 실시한 군수리에 이어 백제 불교 유적에 대한 발굴을 계속 사업으로 이어 갔다.

한편으로는 거의 같은 시기에 평양 근교의 낙랑 고분인 오야리 25호 무덤과 원오리의 고구려 절터, 대동강면 토성리의 낙랑 토성에 대한 3차 발굴을 실시하였다. 여름에 들어서는 경주로 가서 성동리의 전랑지와 낭산의 십이지 출토지에 대한 조사가 이루어졌고, 앞서 봄에는 전년도에 이어 경주 동남산 일원의 석불에 대한 조사가 계속되었다

한편, 평양 일원에서는 한여름에 평양 만수대의 건물 터와 나성 토루 등 고구려 유적에 대한 발굴이 이루어졌다. 가을에는 다시 대동강 유역의 고구려 고분 조사를 위해 대동군 임원면의 고산리 고분 7기와 대보면 안정리와 서기리 고분 5기에 대한 조사가 있었다. 이어서 강동군의 만달산 고분 등 이해 하반기에는 평양 인근의 고구려 유적에 대한 집중 조사가 이루어졌다.

백제의 마지막 도읍이었던 부여의 능산리 고분군은 나성에 근접한 산자락 평지 위에 이루어진 고분군으로서, 일찍이 1909년 가을에 세키노에 의해 처음 소개된 이래 1915년[71]과 1917년[72]에 각 5기씩의 고분이 조사된 바 있었다. 그러나 그 후에는 오랫동안 이 지역에 대한 조사가 뜸했다가 고구려와 함께 백제 유적에 대한 조사에 역점을 기울인다는 조선고적연구회의 새로운 방침에 따라 근 이십 년 만에 동東고분군에 대한 조사가 이루어졌다. 이 부여 능산리 동고분군[73]은 1915년 세키노 등에 의해 조사된 벽화고분(동하총東下塚) 등이 있는 이른바 왕릉 지구로부터 동쪽으로 1.2킬로미터 정도 떨어진 선상扇狀 지대에 이루어져 있었다. 모두 5기(1-5호 무덤)의 조사된 무덤 가운데 1호는 동쪽에, 그 서쪽으로 50-60미터 떨어져 2호, 5호, 3호, 4호가 각기 20미터가량의 간격을 두고 대략 남에서 북으로 배열되어 있었다.

지금 남아 있는 봉토의 대부분은 오랜 세월 동안 씻겨 내려 겨우 흔적만 남아 있었지만, 조사를 통해 지름이 대략 20미터 안팎이었음을 확인할 수 있었다. 그 아래에 이루어진 무덤방은 모두 굴식돌방으로서 남북으로 긴 장방형의 널방 남쪽으로 널길이 달린 공통된 구조를 보이고 있었다. 널방의 크기는 길이 2.5-3.0미터, 너비 1.1-1.7미터에 높이는 1.4-2.0미터이고, 천장의 형태는 모두가 꺾임천장(平斜天井)이었다.

널방의 벽체는 장방형으로 곱게 다듬은 크고 작은 화강암을 2-5단으로 수직

되게 쌓아 올린 뒤 천장부에 이르러 비스듬히 안쪽으로 꺾어 한 단을 얹고 천장에는 넓적한 큰 판석을 올렸다. 널방의 바닥에는 판석이나 자갈 또는 잡석을 깔았는데, 4호 무덤의 경우는 그 밑바닥 암반에 벽체의 가장자리를 따라 길쭉한 '中'자 모양으로 파서 배수구를 마련하였다.

널길은 길이 0.5-2.3미터로 각각이었으나 너비는 0.8-1.0미터로 모두가 비슷하였는데, 널길의 벽체도 널방과 마찬가지로 화강암 판석으로 쌓아 올렸으며, 널길 입구는 널문으로 닫고 그 바깥에는 막음돌로 채워진 곳도 있었다.

이러한 꺾임천장의 무덤 구조는 '왕릉' 지구의 중상총中上塚과 서하총西下塚74에서와 같은 구조로서, 이들 두 고분의 주인공들 사이에는 긴밀한 관계가 있었던 것임을 짐작할 수 있었다.

모든 무덤이 도굴에 의해 부장품은 거의 남아 있지 않았으나, 3호 무덤에서 관모용冠帽用 장식구슬과 영락, 각종 옥류, 금방울 등 장신구와 함께 널빤지와 밑동쇠[座金具] 등 널장식이 수습되었다. 이 밖에 봉토 작업 중에 완전한 형태의 뚜껑을 갖춘 토기 합이 출토되었다. 특히 널빤지로 쓰인 고야진高野槇(금송金松의 일종)이 자라는 곳은 한반도가 아닌 일본의 시고쿠四國와 쥬고쿠中國의 산지山地로서, 보고자는 당시 일본과 백제 사이에 이루어진 문물의 교류 관계를 살필 수 있는 자료의 하나로 제시하였다.

곧이어 4월 하순에는 부여 규암면 외리外里 유적75에서 지난 3월 초 한 농부에 의해 발견된 무늬전돌[文樣塼] 출토 유구에 대한 조사가 악천후 속에서 아리미쓰와 요네다 미요지米田美代治에 의해 조선고적연구회의 이해 사업으로 이루어졌다. 솔숲에서 나무뿌리를 캐다가 옛 절터로 추정되는 곳에서 드러난 정방형의 무늬전돌 삼십여 매가 약 9미터에 걸쳐 남북 한 줄로 깔려 나왔는데, 그 동편에서는 암·수 기와를 진흙으로 이겨 쌓은 기와더미 유구가 나왔다.

무늬전돌은 산경문山景文 등 여덟 종의 다양한 무늬를 얕은 돋새김[陽刻]으로 나타내 틀에 떠서 구운 것으로, 민무늬 전돌 파편을 합해 모두 백오십여 점이 출토되었는데, 이 가운데 완전한 형태를 갖춘 것은 마흔두 점이었다. 완형의 전돌은 한 변 29센티미터의 정방형으로 두께는 약 4센티미터였는데, 네 모서리에는 홈이 패여 있어 각 전돌을 서로 연결하여 끼워 맞출 수 있게 만들었다. 이 밖에도 여기에서는 각종 연꽃무늬 와당과 망새[鴟尾], 토기류와 철기 등 백제 말기로 짐작되는 유물들이 수습되어, 일대가 이 시기에 해당되는 절터였음을 추정할 수 있었다.

한편, 비슷한 시기에 조사된 대동군 평양 오야리梧野里 25호 무덤[76]은 회사 건물 신축에 따른 토취 작업 중에 발견된 낙랑의 벽돌무덤으로서, 평양부립박물관이 접수한 주민의 신고에 따라 조선고적연구회의 사업으로 고이즈미 등이 현장에 나가 조사하였다.

표토로부터 1미터가량 내려간 곳에서 이미 파괴된 널방(2.9NS×2.45 = 0.95m)의 벽체가 나타났고, 그 서편에 붙어 옆방(2.6NS×1.4 = 0.5m)의 벽체가 거의 같은 높이로 드러났는데, 옆방의 바닥면은 널방보다 0.4미터가량 높았다. 옆방의 서벽은 남아 있지 않았고 그 동벽과 널방의 서벽 사이에는 약간 북쪽으로 치우쳐서 너비 0.65미터, 높이 0.5미터의 비좁은 통로가 나 있었다. 그림32

널방의 바닥은 두 겹의 벽돌을 삿자리 모양으로 깔고 네 벽은 3횡1수三橫一竪의 방식으로 수직벽을 쌓아 올렸으나, 옆방의 바닥은 남북으로 길게 한 겹으로만 깔고 벽체도 수평으로 쌓아 올렸다. 두 방의 천장부는 파손된 흔적이 없이 가지런히 남아 있는 것으로 보아서는 그 위에 목재를 가로질러 나무 천장을 얹은 특이한 구조로 생각되었다. 옆방에는 밖으로 통하는 널문이 따로 없는 것으로 보아 우선 바닥이 높은 옆방에 널을 수직으로 내린 뒤 좁은 통로를 통해 널을 널방에 안치하는, 이른바 구덩식竪穴式이거나 앞트기식橫口式 벽돌무덤의 구조적 특징이었던 것으로 믿어진다.

널방 안에는 듬성듬성 깐 벽돌을 널받침으로 모두 3구의 널이 남벽 쪽에 붙여 남북으로 길게 안치되었는데, 널방 북벽과 널 사이의 공간에는 크고 작은 항아리 넉 점이 불규칙하게 놓여 있었다. 모든 널 자리에서 머리맡으로 북쪽에 치우쳐 은반지가 수습되었으며, 서쪽 널에서만 유리제 귀마개耳璫, 마노, 각종 유리옥 등 장신구와 내행화문內行花文 거울이 나왔다. 옆방의 한가운데에는 '王氏作…' 명문이 있는 반룡문蟠龍文 거울이 있었고, 통로 쪽에서는 귀마개가, 서벽의 남쪽에 치우쳐서는 반지가 수습되었다. 이와 같은 거울 등의 성격을 통해 이 무덤은 후한대後漢代에 속하는 비교적 낮은 귀족 신분의 가족 무덤이었을 것으로 추정되었다.

5월 중순에 조사가 이루어진 평안남도 평원 원오리元五里 절터[77]는 과거 불교가 번성했던 곳으로 알려진 만덕산萬德山을 둘러싸고 있는 많은 절터 가운데 하나였다. 평양의 고물상에 나도는 두 종류의 특이한 모습의 고구려 소조불塑造佛

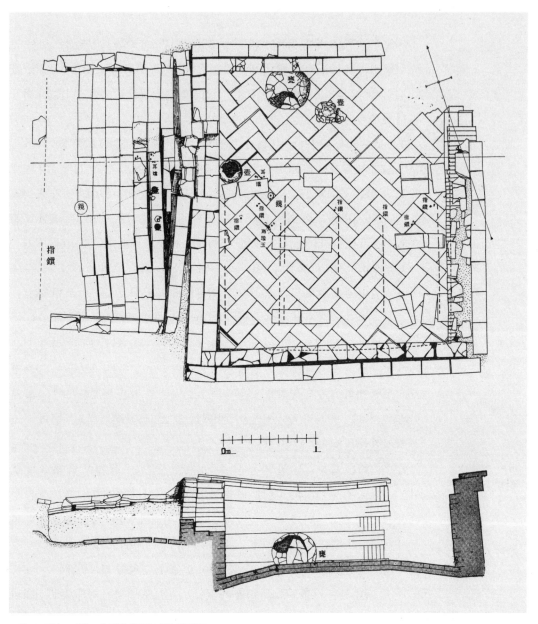

그림 32. 평양 오야리 25호 무덤의 평면도(위)와 단면도.

(이불泥佛)을 총독부 박물관이 구입하여 그 출처를 추적한 결과 이곳이 출토지로 지목되어 현지 조사가 이루어지게 되었다. 실제 답사한 후 심한 도굴에도 불구하고 유구의 상당 부분이 아직 보존되어 있을 것으로 믿고 평양박물관의 협조를 얻어 조선고적연구회의 이해 사업으로 조사에 들어갔다. 그러나 발굴을 통해

당초의 기대와는 달리 이 절터는 고구려 때 창건 이후 후세에 심한 파괴를 입어 원래의 가람 배치 등 전모는 알 수 없을 만큼 황폐되어 있었다.

발굴 결과 고려시대에 들어 재건된 건물 터와 그 앞의 석탑이 대략 창건 당시의 자리에 이루어졌음을 알 수 있었다. 또한 이 절터에 대한 발굴의 단서가 된 소조불들은 절터의 동북쪽이 중심 출토지로서 밝혀졌는데, 이들 소조불들은 여래좌상과 보살입상의 두 종류로서, 각기 하나의 틀에서 다량으로 만들어 가마에서 구워 내 표면을 안료로 채색한 것들이었다.

출토된 이백여 점의 여래좌상은 대부분 몸과 머리가 분리된 채 파손되었는데, 원래의 크기는 19.5센티미터로 추정되었으며, 육조불六朝佛의 특징을 갖추고 있었다. 보살입상 백여 점의 크기는 여래좌상들보다 약간 작은 17.5센티미터로서, 밑동에 뚫린 구멍을 촉 같은 것에 박아 세웠던 것으로 보이는데, 대승불교에서 나타나는 천불상千佛像과 같은 대량 제작의 흔적이 아닌가 생각되었다.

발굴을 통해 수습된 와당은 상당수의 완형품을 포함하여 백사십여 점에 이르는데, 고구려 와당무늬의 특징인 연꽃무늬가 대다수를 차지하였다. 이 밖에 많은 양의 평기와, 전돌, 망새〔鴟尾〕와 함께 굽다리접시 쪼가리와 철기류가 나왔고, 고려시대의 유구에서는 와당 등 많은 기와류와 청동제의 합盒과 보시기 등이 출토되었다.

이해 6월 한 달 동안에 실시된 대동 토성리土城里 낙랑토성 터[78]에 대한 조사는 앞서 1935년에도 조사가 이루어져 이미 그에 대한 약보고서[79]도 나왔지만, 이것만으로는 성터의 전모나 성격을 밝힐 수가 없어 이해에 그에 대한 조사를 계속하게 되었다.

1934-1935년에 조사한 트렌치(A, B, B'-B", C, D, E'-E") 가운데 D트렌치를 중심으로 그 북쪽과 서쪽, 동쪽에 각각 트렌치 F, G, H와 구역 G를 추가로 설정하여 발굴 작업을 계속하였다. 트렌치 G에서는 벽돌로 쌓아 올린 지름 1.35미터, 깊이 10미터 이상 되는 우물터가 나왔는데, 그 안에서는 봉니封泥와 돌솥〔石鼎〕의 다리, 대천오십大泉五十, 화천貨泉, 청동과 뼈활촉, '千秋萬歲'명銘 와당 등 갖가지 한대漢代의 유물이 출토되어 이곳에 당시의 건축물이 있었음을 보여 주었다.

여기에서는 또 지반 위에 직접 무덤에 쓰이는 벽돌로 네 벽을 쌓은 유구(4.2EW×3.2＝1m)가 나왔는데, 남벽의 동서 양 귀퉁이 쪽에 벽돌을 안쪽으로 경사지게 쌓은 너비 25센티미터 정도의 좁은 도랑이 나 있었다. 여기에서도 와당, 오수전, 칠기 쪼가리와 함께 많은 토기편과 짐승 뼈가 나왔지만, 이 유구의 성격을 밝힐 만한 유물은 없었고, 다만 남쪽으로 나 있는 경사진 도랑으로 보아 혹시 저수貯水 시설이 아닌가 생각되었다.

이 밖에도 지금까지 여기에서 이루어진 세 차례에 걸친 조사를 통해 확인된 포도鋪道와 도랑, 기단석, 주춧돌 등의 건물 유구와 문자 와당, 봉니, 돌절구 등을 통해 이곳에 관아官衙 터가 있었음을 짐작할 수가 있었다. 토성 터 발굴을 통해 보다 새롭고 흥미로운 사실을 알 수 있게 되었지만, 이렇듯 넓고 복잡한 유적에 대한 철저한 조사를 위해서는 보다 더 많은 시간이 필요할 것으로 생각되었다.

6월 중반부터 사십여 일 동안에 이루어진 경주 성동리 전랑지와 낭산의 십이지상 출토 유적[80] 조사는 경주 남산의 석불 조사와 함께 경주에 있는 통일신라시대에 속하는 유구 조사의 일환으로 실시되었다.

경주 전랑지殿廊址 유적은 신라 왕경 지구 안에 있던 유구로서, 여기에 이루어진 토단土壇 등으로 인해 폐사지로 추정되어 오다가 북천北川의 호안 공사에 따라 유구의 일부가 드러나 발굴이 실시되었다. 발굴을 통해 전당殿堂 터와 장랑長廊 터가 각 여섯 곳, 문터 세 곳, 담장터 세 곳, 이 밖에 기와로 짜 맞춘 배수구 두 곳과 우물터가 확인되었으며, 유물로는 많은 분량의 기와와 납석제 용기, 뼈단지 등이 출토되었다.

이 밖에 건물 터에서 나온 장대석이나 둥글게 잘 다듬은 주춧돌과 같은 석재와 건물의 배치 형식, 또한 화려한 문양을 갖춘 와당과 전돌 등 다양한 출토 유물 등으로 보아 통일신라시대의 관아나 상류 계층의 주택 유적으로 추정되었지만, 정확한 성격은 알 수가 없었다.

십이지十二支가 출토된 경주 낭산狼山 유적은 경주 시내의 동남쪽에 있는 표고 100미터가량의 나지막한 낭산 기슭에 위치한 분구 모양의 유적으로, 일대에는 사천왕사지나 선덕여왕릉 등 많은 유적들이 분포되어 있었다. 이해 봄, 이곳 토지 소유자에 의해 분구의 일부가 깎이면서 여기에서 십이지상(오상午像) 등 유물들이 발견되어, 당시 전랑지 조사차 경주에 내려와 있던 사이토에 의해 조사가 이루어졌다.

조사가 이루어진 유적은 서남쪽으로 남산과 마주하고 있는 둥근 분구 (22.5NS×21＝4.5m)로서, 그 위에는 장대석을 3단으로 쌓은 밑변 5.7미터의 방형 석단이 이루어져 있었다. 여기에서는 십이지상과 연꽃무늬가 새겨진 화강암 판석 등 많은 가공석재들이 나왔다. 그 북쪽으로 15미터가량 떨어져서는 장대석과 잡석이 흙으로 뒤섞인 나지막한 또 하나의 토단土壇(21EW×15m)이 이루어져 있었다. 이 유적의 입지 등 여러 가지 성격으로 비추어 볼 때, 이 유구가 절터라기보다는 화장火葬터와 같은 특수한 장소로서의 가능성이 큰 것으로 추정되었다.

앞서 두 유적과 함께 같은 통일신라시대에 속하는 유적인 경주 동남산東南山 석불[81]에 대한 조사를 지난해(1936년)부터 이해 봄까지 실시하였다. 경주 남산에 대한 조사는 1900년대에 들어서 세키노에 의해 시작되었고, 이후 이마니시, 도리이 등이 현지 조사를 실시하였으나, 이에 대한 본격적인 조사계획이 수립된 것은 1920년대에 이르러서였다.[82]

이번 조사는 대략 긴 타원형을 이루며 남북으로 뻗은 남산의 동쪽 골짜기에 분포하고 있는 석불 가운데 불곡佛谷, 탑곡塔谷, 보리사菩提寺, 칠불암七佛庵, 신선암神仙庵 등 주요 불상에 대한 현지 조사였다. 이들 불상들은 석굴암이나 백률사栢栗寺 사면석불과 함께 신라 불교조각의 최성기랄 수 있는 경덕왕(재위 742-764년) 전후의 작품들로 생각되었다.

한편, 8월 초부터 중순까지는 평양 만수대萬壽臺 건물 터[83]와 나성羅城 토루土壘에 대한 발굴이 있었다. 만수대는 금수산錦繡山의 남쪽으로 이어지는 높은 평지로서, 그 서북쪽에 고구려 때에 축조된 평양 나성의 토루가 이루어져 있었다. 최근 이 부근에서 간혹 고구려부터 고려시대에 이르는 유적과 유물이 출토되던 차에 이곳의 평안남도 청사 신축 공사장에서 건물 터가 드러나면서 조선고적연구회 평양연구소가 조사에 착수하게 되었다.

신축 부지 공사를 위해 정상으로부터 10미터가량 아래에서 정지 작업이 이루어지면서, 토루로 내려가는 비탈의 중턱에서 화재의 흔적이 남아 있는 건물 터가 우연히 드러났다. 건물 터는 양질의 화강암을 짜 맞추어 나성의 토루를 따라 길게 이루어졌으나, 양 끝은 이미 훼손되고 조사 당시에는 38NE~SW×4m만 남아 있었다. 나타난 둘레의 유구 성격으로 보아 이 건물 터는 독립된 건물 터라기보다는 다른 건물에 딸린 회랑回廊 터로 생각되었다.

발굴을 통해 고려시대에 해당되는 기와나 도자기가 다량으로 수습되었으나, 여기에는 상당량의 고구려 기와가 섞여 있었고, 특히 건물 터의 바닥면에서도

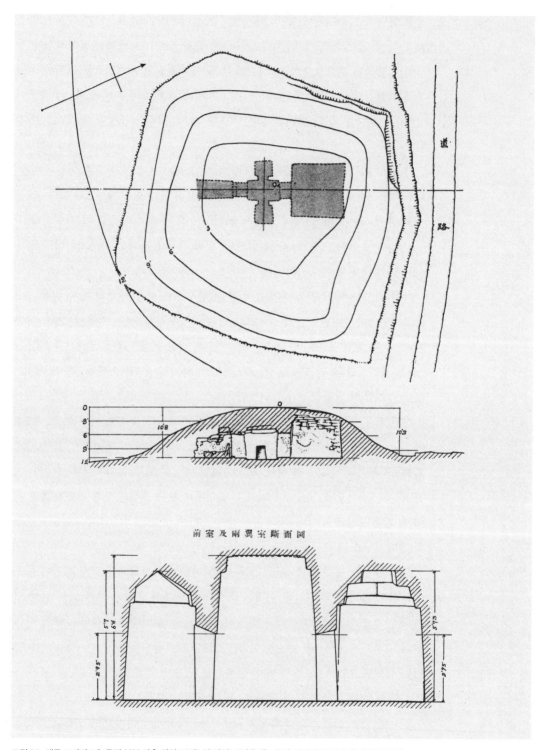

前室及兩翼室斷面圖

그림 33. 대동 고산리 7호 무덤 봉분 실측 평면도(위) 및 단면도(가운데), 무덤 앞방과 양 옆방의 단면도(아래).

유물이 수습되었다. 더구나 건물 터에 남아 있는 둥근 주춧돌 등을 통해 고구려 때 창건된 나성과는 특수한 관계를 갖는 건물 터로서, 고구려 멸망 이후 황폐된 상태로 방치되어 있다가 그 후 고려시대에 이르러 중수되었던 것으로 생각되었다.

이해 가을에 들어 발굴이 이루어진 대동군 임원면의 고산리高山里와 대보면의 안정리安靜里, 서기리西綺里의 고구려 고분[84]에 대해서는 이미 도굴의 흔적을 확인하였기에, 유물의 수습보다는 구조의 파악에 역점을 둔 발굴이었다.

대동 고산리 고분군은 대성산 서남쪽 기슭과 구릉에 자리 잡은 유적으로, 여기에는 돌무지무덤[石塚] 3기와, 30여 기에 이르는 봉토무덤[土塚]이 분포되어 있었다. 전년도에 3기(1호-3호)에 대한 조사에 착수하였으나 1호 무덤만 조사를 마무리하고,[85] 이해는 벽화고분으로 짐작되는 봉토무덤 4기 등 7기(3-9호)를 조사하였다.

이 가운데 7호 무덤은 위가 편편한 방대형의 봉토(18.3NS×17.4 = 3.6m)로 덮인 돌방무덤으로, 네모난 널방(3.6EW×3.5 = 2.5m)의 남쪽으로 뚫린 짧은 통로(1.1EW×0.9 = 1.5m)를 지나 앞방(2.2NS×1.3 = 1.9m)으로 이어졌다. 앞방의 좌우 양쪽으로는 비슷한 크기의 옆방(1.2NS×1.1 = 1.7m)이 이루어졌는데, 널방, 앞방, 옆방의 천장은 모두 모줄임식이었다. 앞방 남쪽으로는 밖으로 약간 벌어지는 널길(2.4NS×1.05 = 1.6m)이 나 있었는데, 이 널길과 네 방을 잇는 통로의 천장들은 모두 편편한 납작천장[平天井]을 이루고 있었다.그림 33 특이한 무덤의 구조에도 불구하고 벽면에는 아무런 채색의 흔적은 남아 있지 않았고, 발굴 과정에서 철제 활촉과 금동제 영락, 금구金具 및 토기 파편을 수습하였다.

9호 무덤은 당초 기대와는 달리 이번 조사에서 발견된 유일한 벽화 고분이었다.[86] 방대형에 가까운 봉토(25.5 = 4.5m)는 많이 훼손되었지만, 조사 당시의 크기는 비교적 대형으로서 그 아래 만들어진 무덤방의 평면은 앞서 7호 무덤과 비슷하였다. 널방(3.5NS×3.4m)의 평면은 거의 방형인데 천장부는 전체적으로 헐려 나가 원래의 높이는 알 수가 없었다.

널방의 남벽 중앙에 통로(2.8NS×1.1m)가 이루어지고, 중간에 좌우 옆방[翼室, 1.3×1.1m]으로 통하는 좁은 입구가 나 있는데, 양 옆방은 다시 남쪽으로 꺾여 있었다. 널방과 옆방의 벽화는 회벽 위에 그렸는데, 대부분이 떨어져 나가 전모를 알아보기는 힘들었지만 사신도와 함께 벽면의 모서리에 기둥이나 들보 등 가옥의 구조물로 장식되어 있어, 앞서 지난해에 조사된 고산리 1호 무덤과 비슷한 모습임을 알 수 있었다.

조사된 나머지 무덤 가운데 3호 무덤은 소규모의 돌무지무덤이었고, 4호, 5호, 6호, 8호 무덤은 널길이 달린 굴식돌방무덤으로, 이 가운데 8호 무덤의 널방 바닥에는 한 쌍의 널받침(棺臺)이 만들어져 있었다.

대동군 대보면大寶面 고분군에 포함된 안정리와 서기리 고분은 모두 8기에 불과하지만, 그 규모만으로는 한반도 내의 고구려 고분 가운데 가장 웅대한 크기에 속하는 것들이었다. 멀지 않은 곳에 강서 삼묘가 있어 벽화고분의 가능성도 기대했으나, 벽화뿐 아니라 그동안 이루어진 도굴에 의해 수습된 유물도 거의 전무했다.

이들 8기의 봉토는 대부분 방대형으로, 이번 조사에서는 2호, 3호, 4호, 5호, 7호 무덤에 대한 내부 조사를 실시하였다. 이 가운데 2호 무덤의 봉토(31.5NS×27.9 = 7.2m)는 7호 무덤(33.0NS×27.0 = 7.5m)과 함께 가장 큰 방대형의 봉토를 갖추었고, 이에 비해 인접한 3호 무덤의 봉토(15NS×12 = 1.5m)는 너무 작아 흡사 2호 무덤의 딸린무덤(陪塚) 같은 모습이었다.

봉토 아래 이루어진 무덤방들은 모두 남향한 외방을 갖춘 굴식돌방무덤들로서 모줄임천장이 이루어졌는데, 널방 안에는 동서 양 벽에 붙여서 판돌로 짜여진 한 쌍의 널받침이 만들어져 있었다. 널문도 한쌍의 판돌로 막았는데 널문 밖으로 이어진 널길 바깥에는 막음돌로 채워진 것들도 있었다. 특히 7호 무덤은 봉토 아래에 두 개의 돌방이 동서로 나란히 이루어져 있었는데, 동쪽 돌방에는 한 쌍의 널받침이 놓이고 서쪽에는 넓적한 판돌 한 개만 놓여 있었다.

앞서 고산리와 대보면 일대의 고분에 대한 조사가 마무리될 즈음인 10월 하순부터 약 열흘 동안에 걸쳐 만달산록晚達山麓의 고구려 고분과 함께 만수대 건물지와 나성 토루에 대한 조사가 이루어졌다.[87] 평안남도 강동 승호리勝湖里 만달산록 고분에 대해서는 일찍이 1917년 다니이에 의해 3기(1-3호)가 조사되었고,[88] 그 후 1927년에는 이번 조사를 주도한 노모리 등이 1기(3호)를 조사한 바 있었다.[89]

이해의 조사는 이 지역에서 이루어지는 시멘트 공장의 확장에 따른 구제 발굴로서, 조선고적연구회의 주관으로 14기의 고분을 불과 12일 만에 조사를 마치는 속성 발굴이었다.[90] 이들 고분은 과거에 조사된 방대형의 1-3호 무덤에 비해 매우 왜소한 것들인데, 대부분 자연의 지형을 이용한 둥근 봉토를 갖추고 있었다. 봉분의 대략 중앙에 이루어진 돌방의 널문은 주로 남향으로 널방의 동벽과 일직선으로 나 있어, 전체적으로 ㄱ자 모양의 평면을 이루고 있었으며 8호의 동쪽 방만 서벽 쪽으로 치우쳐 있었다.

이러한 널방의 구조에 따라 널받침은 대개 방 서편에 서벽이나 남벽, 북벽에 붙여 바닥보다 1단 높게, 혹은 넓적한 돌들을 세 겹 네 겹으로 쌓고 위에는 회칠한 것들이 많았다. 봉분 아래에는 대개 한 개의 돌방이 만들어졌지만, 5호, 7호, 8호에서는 각기 동서로 한 쌍의 돌방이 이루어졌는데, 도굴 등 인위적인 파손에 의해 천장부의 원래 모습은 알 수가 없었고, 다만 완존한 2호 무덤만 모줄임천장의 모습을 갖추고 있었다. 다른 고구려 고분에서와 마찬가지 유물은 이미 도굴되어 거의 남지 않고 유해의 일부만 남아 있었지만, 이들도 대부분 흐트러진 채 원위치를 벗어나 있었다. 다만 7호 무덤의 서쪽 방 널받침에는 남침으로 눕혀 펴묻은 2구의 유해가 원위치에 안치되어 있었는데, 키가 큰 동쪽 유해는 무릎을 굽힌 자세였다.

이미 도굴되었지만, 몇몇 무덤 안에서 고구려 고분에서는 출토 예가 매우 드문 금제 귀걸이와 동제 팔찌 등을 발견하여 이들이 신라나 백제 등 남방 계열의 장신구와 유사한 모습을 보여, 고구려 고분문화 연구에 중요한 자료를 제공해 주었다.

1938년

이해는 그동안 일본 궁내성의 하사금과 학술진흥회의 조성금을 기금으로 한 조선고적연구회의 제2차 3개년계획의 마지막 해가 되는데, 전년도의 방침에 따라 이해에도 삼국시대의 유적들이 조사의 주된 대상이 되었다.

우선 이해 봄에는 총독부의 보물 지정과 관련되어 경주 천군리千軍里 절터의 조사가 3월부터 한 달 반에 걸쳐 이루어지고, 이어서 4월 하순부터는 부여 동남리東南里 절터에 대한 발굴과, 곧이어 가탑리佳塔里 절터에 대한 시굴 작업이 이루어졌다. 가을에는 지난해부터 시작된 고구려 불적 조사의 일환으로 평양 청암리 토성 안에 있는 절터를 발굴하였다. 이어서 11월 중순부터는 대구 지역으로 가서 신지동 고분과 달성 해안면 고분을 조사하는 한편, 대봉정 고인돌에 대한 제2

차 조사를 실시하였다.

경주 천군리千軍里 절터[91]는 통일신라에 창건된 것으로 보이는 유적으로, 발굴 당시 지표에는 2기의 석탑이 무너진 상태로 주춧돌 등과 함께 여기저기에 흩어져 있었는데, 정확한 절의 이름은 알려져 있지 않았다. 발굴 결과 중문과 금당, 강당 등 건물 터가 남아 있었음을 확인하였는데, 금당 자리에서는 일부 지대석과 기초의 규모가 확인되었지만, 강당 터에서는 주춧돌이 남아 있지 않아 적심석積心石을 통해 건물의 규모를 짐작할 수밖에 없었다.

발굴 결과 금당은 앞면과 옆면 모두 다섯 칸이었고, 강당은 앞면 여덟 칸, 옆면 세 칸, 중문은 앞면 세 칸에 옆면 두 칸임을 알 수 있었다. 이와 같은 규모의 가람 배치를 통해 전체의 규모는 중문에서 강당까지 잇는 회랑터의 유구로 보아 대략 남북 78미터, 동서 60미터로 추정되었다.

한편, 금당 앞에 동서로 배치된 2기의 석탑은 화강석으로 조성된 전형적인 신라시대의 삼층탑으로서 발굴과 함께 수리 복원하였는데, 두 탑 모두의 삼층 옥신屋身 상부 중앙에서 사리구멍이 확인되었다. 발굴에 앞서 전년도(1937년)에는 조선고적보물보존위원회가 이 석탑을 복원 건립하는 조건으로 미리 '보물寶物' 지정을 가결하였고, 이해에 절터도 '고적古蹟'으로 지정되었다.

이곳 천군리 절터 발굴을 주관했던 요네다는 고건축학자답게 발굴 결과에 따른 가람 배치의 실측과 함께 정확한 석탑의 복원 계획을 수립하여 복원도를 작성하는 한편, 용척用尺 문제까지도 다루는 세심함을 보여 주었다. 발굴을 통해 각종 화려하고 다양한 와전류 등을 수습하는 한편, 여기에서 나온 각종 자료를 바탕으로 석탑 복원을 완료하였다.

4월 하순부터 조사가 시작된 부여 동남리東南里 절터는 앞서 두 해(1935년, 1936년)에 걸쳐 조사된 군수리軍守里 절터나 정림사定林寺址와 함께 부여 도성의 중심지에 이루어진 주요 사찰로서, 가탑리 절터에 대한 시굴과 함께 발굴 조사가 이루어졌다.[92] 부여에서의 신궁神宮 조성 사업과 함께 최근의 신도神都 경영 계획에 따라 이 지역의 백제 유적에 대한 대단위 조사를 실시하게 되었다.

부여 동남리 절터는 중문과 금당, 강당이 남북으로 배치되었고, 회랑은 중문에서 강당에 이르기까지 이들 건물 터의 동서 양쪽으로 이어져 있었다. 이 절터에는 원래부터 탑이 세워지지 않았던 대신, 강당의 동쪽과 서쪽 회랑 모서리에서 각각 종루鐘樓와 경장經藏으로 보이는 건물 터가 확인되었다. 또한 중문과 금당, 금당과 강당의 건물 간격이 거의 같은 것으로 보아 처음부터 불탑 건립의 계획이 없었던 것으로 생각되었다.

발굴 조사를 통해 많은 분량의 와당과 함께 납석제蠟石製와 금동제의 불상 파편들이 출토되었는데, 불상들은 각각 일본 호류지法隆寺 몽전夢殿의 구세관음救世觀音이나 부여 군수리 출토 금동 관음상과 비슷한 양식을 보여 주었다.

부여 가탑리 절터에 대한 시굴 조사는 청년수련소의 신축 부지로 선정됨에 따라 앞서 동남리 절터 발굴에 이어 실시되었다. 조사를 통해 건물 터(12.6EW×8.4m) 한 곳을 확인하였는데, 건물 터 둘레에는 3미터의 너비로 깬돌을 깔았으며, 그 중간에 남북을 가로지르는 석렬을 깔아 건물 터를 동과 서로 양분하였다. 가장자리의 석렬에서 연꽃무늬 와당을 비롯하여 상자모양벽돌(中空箱形塼)과 망새 파편들이 수습되었다. 주변의 민가에는 여기에서 옮겨간 것으로 보이는 둥글거나 모난 주춧돌이 흩어져 있었고, 백제시대의 것으로 보이는 석등재와 통일신라의 부도와 금동불 파편 등이 수습되었다.

이해 가을에는 전년도에 이은 고구려의 불적 조사로서 평양 청암리 절터93에 대한 발굴을 실시하였다. 이 일대는 장수왕 15년(427)에 국내성으로부터 평양으로 천도하면서 이루어진 평양성으로 추정되는 곳이었다. 절터가 있던 곳은 일찍부터 주민들에 의해 경작지로 개간되면서 지표의 전면에 걸쳐 다양한 고구려의 와당들이 출토되었다.

민가 곳곳에서는 주춧돌 등 각종 석재도 흩어져 나와 이곳이 평양성 당시의 왕궁 터로 추정됨에 따라, 조선고적연구회 평양연구소의 이해 사업으로 착수하여 고이즈미와 요네다에 의해 체계적인 발굴이 이루어지게 된 것이다. 유적의 범위가 넓어 우선 조사 구역을 팔각전당八角殿堂 터를 중심으로 발굴을 계속하여 고구려 최초의 사원 터임을 확인하게 되었고, 이 유적이 『삼국사기』나 『동국여지승람』 등 여러 문헌에 나타난 금강사金剛寺 터로 추정되기도 하였다.

전반적인 건물의 배치가 중심축을 기준으로 하여 대칭되게 이루어졌는데, 남북으로 중문, 탑, 금당이 차례로 배치되었고, 탑의 좌우로도 다시 동서 금당이 자리 잡아 일탑삼금당一塔三金堂의 가람 배치임을 알 수 있었다.그림 34 북금당 뒤에서는 강당 터가 나왔는데, 이러한 특이한 가람 배치 방식은 평양 인근의 상오리上五里 절터나 정릉사定陵寺 터에서도 나타나 당시 고구려 시대의 불교 사원에서 이루어진 독특한 양식으로 생각되었다.

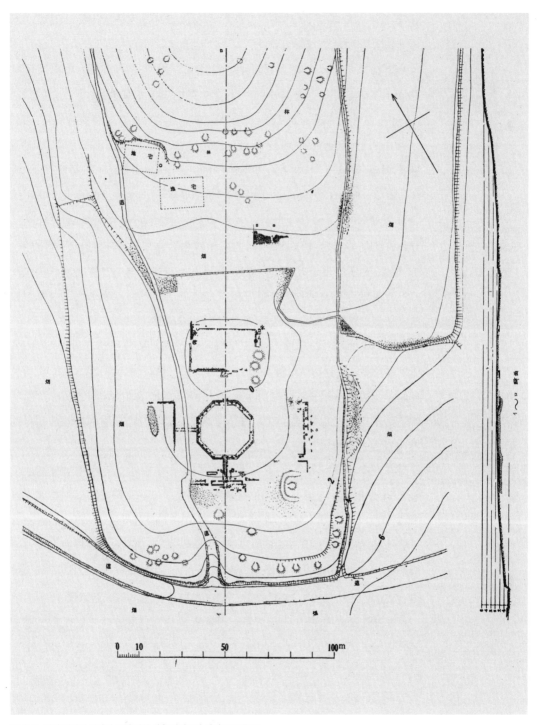

그림 34. 평양 청암리 폐사지 주변 지형 실측 평면도와 단면도(오른쪽).

특이한 팔각전당은 목탑이었던 것으로 보이는데, 기단에서의 한 변 길이는 10.2-10.4미터로서, 기단은 자연암반을 팔각으로 깎고 그 둘레에 다듬은 돌을 돌려 쌓았다. 기단 밖으로는 지붕으로부터의 낙숫물이 흐르도록 너비 0.7미터의 배수구가 이루어지고, 탑의 사방으로는 냇돌을 깐 보도가 나왔다. 중문 터 양쪽에서는 회랑으로 보이는 건물 터가 확인되었다. 출토 유물로는 다양한 와전류와 함께 금동제의 각종 불구와 공예품, 철기류가 수습되었다.

늦가을에는 대구 신지동新池洞과 달성 해안면解顔面 고분94에 대한 조사와 함께 거의 같은 시기에 대구 대봉동 고인돌에 대한 두번째 조사를 실시하였다.

대구 신지동 고분군은 대구 분지 안의 남쪽 구릉 지대였던 지금의 대명동大明洞으로, 여기에 약 40기의 고분군이 북에서 남으로 이루어져 있었는데, 이 지역에 대한 도시 개발에 앞서 모두 5기(북구北丘 2호, 7호, 8호, 남구南丘 1호, 2호)에 대한 조사를 실시하였다. 나지막한 구릉의 남쪽과 북쪽에 걸쳐 고분이 분포되어 있었지만, 대부분 주변의 경작에 의해 봉토가 쓸려 나가고 도굴이 이루어져, 조사는 구조 파악과 남아 있는 일부 유물을 수습하는 데 그쳤다.

무덤은 모두 깬돌이나 냇돌로 쌓아 대개 남북으로 장축을 둔 길이 3.35-4미터, 너비 0.8-1.65미터, 높이 0.7-1.5미터의 구덩식돌덧널무덤(竪穴式石槨墳)들로서, 바닥에는 자갈을 깔고 천장에는 3-5매의 넓적한 큰 뚜껑돌로 덮은 것들이었다. 모두 외널식 무덤이었는데, 2호 무덤에서는 으뜸덧널과 나란히 딸린덧널이 이루어지고, 돌방 북쪽 5미터가량 떨어진 곳에는 직각 방향으로 또 하나의 딸린 덧널이 마련되어 있었다. 또한 이 무덤에서는 이곳의 다른 무덤과는 달리 덧널 위에 경주 지방에서의 돌무지덧널무덤과 같이 냇돌을 덮고 봉토를 씌운 특이한 구조를 보이고 있었다. 이미 도굴된 무덤들의 바닥에서 금제의 가는고리귀걸이와 은제의 고리자루긴칼, 부속 금구 등 무구류, 마구류와 함께 토기 파편들이 수습되었다.

한편 대구에서 북동쪽으로 떨어진 달성 해안면 고분군은 지금의 대구광역시 동구東區 불로동不老洞과 입석동立石洞에 포함되어 70-80기가 분포되어 있는데, 편의상 불로동 고분군으로 불리고 있다. 이 지역은 원래 신라의 영역이었던 해안현解顔縣 소재지로 추정되는 곳인데, 봉토의 지름 20미터가 넘는 대형의 무덤들이 도굴된 상태로 내부의 구조가 여기저기에 드러나 있었다.

따라서 경주 지역 고분과의 비교를 위해 총독부 박물관 경주분관의 오사카 긴

타로大坂金太郎와 경성제대의 스에마쓰 야쓰카즈末松保和 교수가 함께 현지 답사 후, 여기에서 가장 대형의 봉토를 갖춘 1호와, 소형이지만 처녀분으로 보이는 2호를 선정하여 조사가 이루어지게 되었다.

1호 무덤은 서쪽에 근접한 다른 무덤과 함께 흡사 동서로 길쭉한 쌍무덤처럼 생긴 대형의 봉토(62EW×28 = 7m)를 갖추었다. 봉토의 동쪽으로 약간 치우친 곳에서 드러난 좁고 높은 돌방(8.05×1.2 = 2.2m)의 네 벽면은 깬돌을 높게 쌓아 올렸는데, 바닥 중간에서 40센티미터 두께로 천장에 이르기까지 쌓아 올려 경계 벽으로 삼아 두 방으로 나눈 특이한 구조를 보여 주었다. 무덤방 천장부에는 동서로 길게 다섯 장의 큰 뚜껑돌을 가로질러 얹었다.그림 35 동쪽의 앞방에서는 경계벽 쪽에서 두개골의 파편만 나왔고, 대형의 항아리와 고배 등 신라 토기 파편과 운주雲珠 등 부장품들은 모두 뒷방에서만 출토되었다.

2호 무덤은 1호 무덤의 대략 동쪽으로 50미터가량 떨어져 있었으며, 봉토(21 = 4m)의 외형으로 보아서는 도굴의 흔적이 보이지 않아 조사하게 되었는데,

그림 35. 달성 해안면 1호 무덤의 평면도(아래)와 단면도들.

봉토는 대부분 잘게 깨뜨린 깬돌로 덮어 돌무지무덤과 같은 모습이었다. 돌방 (5.5×1.2＝1.9m)은 앞서 1호 무덤보다는 작은 규모였지만, 축조 방식이나 전체적인 규모와 성격 등은 서로가 비슷하였고, 천장부에는 1.5×0.8미터 크기의 넓적한 판돌 6매가 덮여 있었다. 돌방도 1호 무덤과 같이 두 방으로 나뉘었는데, 먼저 파 들어간 뒷방은 다행히 도굴되지 않아 대형 항아리 등 토기류 오십여 점이 원래의 모습대로 정연하게 배열된 채 장관을 이루고 있었다.

한편, 앞방은 이미 도굴되어 벽체와 뚜껑돌이 무너진 채 토사가 채워져 있었는데, 바닥에서는 서쪽에 치우쳐서 항아리와 고배 등 신라 토기와 쇠도끼[鐵斧] 등 철기류가 수습되었다.

이해의 마지막 사업으로는 대구 대봉정大鳳町 고인돌[95]의 1구區와 5구에 대한 조사가 이루어졌다. 대봉정 고인돌에 대해서는 일찍이 1927년 고이즈미에 의해서 조사가 시작된 이래 1936년에는 후지타와 가야모토에 의해 발굴이 이루어진 바 있었고,[96] 이해에는 후지타가 조사를 주도하였다. 이 조사는 대구여고 교장

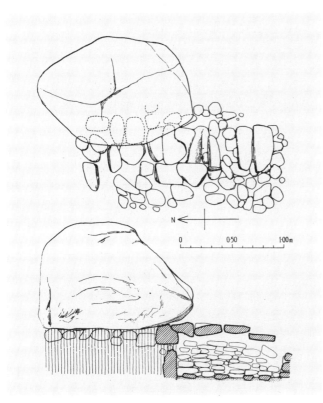

그림 36. 대구 대봉정 5구 1호 고인돌의 평면도(위)와 단면도.

시라가 주키치白神壽吉가 현지 로타리 클럽 등 대구 유지들의 자금 지원을 받아 앞서 신지동 고분과 함께 조사에 착수하게 되었다. 이때의 현지 조사 여비는 일본학술진흥회의 보조금에서 지급되었고, 인부들의 노임과 거석의 운반 경비 등은 대구 유지들의 기부금으로 충당하였다.

조사 대상은 1구區의 1호, 2호 고인돌과 5구의 1호 고인돌로서, 이 가운데 1구는 채토採土 작업 등으로 주변이 훼손되어 있었고, 돌널 1기와 함께 둘레에 깔린 냇돌 등으로 보아 또 다른 고인돌의 존재 가능성도 있어 보였다. 1구 1호 고인돌의 덮개돌

(2.65NS×1.5＝1.5m)은 혈암頁岩 계통의 바윗덩이인데, 그 아래에는 냇돌을 한두 겹으로 불규칙하게 덮은 돌무지 유구가 이루어졌지만, 따로 굄돌이나 별다른 무덤 시설은 나타나지 않았다.

1호 고인돌의 바로 서북쪽으로 4.6미터가량 떨어져서 나타난 돌널 (2.0NS×0.45＝0.5m)은 바닥에 석 장의 판돌을 깔고 남북의 양 마구리 쪽에도 판돌을 세웠으나 동서 양 긴벽은 냇돌로 쌓았다. 위에는 판돌을 덮어 돌널 모양의 돌방을 만들었으나, 뚜껑돌은 남쪽의 두 장만 남고 돌널 안은 흙으로 채워져 있었는데, 돌널 둘레에 냇돌들이 쌓인 것으로 보아 고인돌에 딸린 구조물임을 알 수 있었다.

1구區 2호 고인돌은 1호로부터 남쪽 18미터가량 떨어져 넓적한 덮개돌 (3.75NS×2.35＝0.4~0.5m)이 굄돌 없이 직접 지표면에 놓였는데, 바로 아래에 덮개돌의 장축과 나란히 정남북 방향으로 돌널(2.0NS×0.5＝0.5~0.6m)이 이루어져 있었다. 돌널의 바닥에는 펀펀한 돌 여섯 장을 깔고, 동서 긴벽은 냇돌을, 남북의 마구리벽과 뚜껑돌로는 판돌을 세우거나 덮었는데, 돌널 둘레에는 사방 5미터에 걸쳐 냇돌을 쌓아 돌무지를 이루었다. 돌널 안에서는 점판암으로 만든 돌검 한 점, 돌활촉 석 점, 붉은간토기 한 점과 민무늬토기의 파편들이 출토되었다.

5구區 1호 고인돌은 택지 안에 각기 3-6미터 정도 떨어져 남북으로 가지런히 드러나 있는 3기의 덮개돌 가운데 발굴이 가능한 유일한 고인돌이었다. 가장 북쪽에 있던 이 바윗덩이로 된 덮개돌(3.1NS×2.0＝2.0m) 아래에서는 서남쪽으로 치우쳐서 4NS×2미터 범위에 걸쳐 크고 작은 돌로 쌓은 깐돌 시설이 나타났다. 그 아래에 이루어진 돌널(2.0NS×0.5~0.6＝0.7~0.8m)은 네 벽 모두를 냇돌로 쌓았는데, 바닥에는 넉 장의 납작돌과 자갈을 깔았고, 뚜껑돌로는 넓적한 다섯 장의 판돌을 펼쳐 덮은 뒤 그 위를 잔돌로 덮었다.그림 36 돌널 안에서는 돌활촉 한 점과 민무늬토기 파편이 수습되었다.

보고자 후지타는 이 보고문의 맺음글에서, 대봉정 고인돌의 분포 상황을 바탕으로 일반적인 고인돌, 나아가서는 고분들에 이르기까지 그 입지적 특성, 즉 방향성에 대해 기술하였다. 이들 무덤 분포의 방향뿐만 아니라 여기에 이루어진 매장 시설의 장축 방향은 방위 개념보다는 오히려 자연의 지세와 밀접한 관련성을 보인다는 것이었다. 일반적으로 무덤의 입지와 방향은 그것들이 이루어진 주변의 지세, 즉 산맥의 방향이나 강 흐름의 방향에 따라 이루어진다는 일종의 자연숭배사상의 배경을 들었다.[97]

이해 여름(7. 25)에는 일본 고고학계의 원로이자 교토제대京都帝大 총장을 지낸 하마다 고사쿠濱田耕作(1881-1938)가 타계하였다.[98] 그는 도쿄대학에서 미술사를 전공하였고 졸업 후 교토대학에 고고학 강좌를 개설하였으며(1913년), 곧이어 일본의 대학에서는 최초로 정규 고고학과考古學科를 설치하였다. 삼 년 전 여름(1935. 7. 29)에 타계한 세키노 다다시關野貞와 함께 그들의 젊은 시절부터 한반도의 고대 문화를 섭렵했던 일본의 제일세대 고고학자들이 하나둘 영욕의 무대로부터 멀어져 갔다.

1939년

이해에는 지난해까지 조선고적연구회에 의해 체계적이고 연차적으로 수행되어 오던 발굴 사업이 축소되거나 중단되었고, 발굴 보고서 발간 사업도 지난해까지 이루어진 조사 사업으로써 마감된 것으로 보였다. 따라서 이해에 이루어진 대부분의 유적 발굴 조사는 진즉에 시작된 조사의 계속 사업 위주로 이루어져, 이후 광복에 이르기까지 별다른 신규 사업은 시작되지 않은 채 현상 유지 내지는 기존 계속 사업의 마무리 정리에 그쳤다고 할 수 있었다.

그나마 중요한 사업으로는 우선 이해 봄에 나주 반남면潘南面 고분군에 대한 조사가 이루어지고, 이어서 계속된 고령 주산 39호(현 지산동 47호) 고분 조사가 이해의 가장 괄목할 만한 성과였다고 할 수 있었다.

나주 반남면 고분군[99] 관내의 신촌리新村里, 덕산리德山里, 대안리大安里, 홍덕리興德里, 석천리石川里 일원에는 크고 작은 30여 기의 고분이 분포되어 있었다. 이 가운데 신촌리 9호와 덕산리 4호에 대해서는 1917년 말부터 이듬해에 걸친 조사에서 금동관과 신발 등 화려한 유물이 출토[100]된 바 있었다. 그럼에도 불구하고 그 이후에 별다른 조사가 이루어지지 않다가 이십여 년이란 오랜 공백기를 거쳐 이제야 이 유적에 대한 조사가 다시 이루어졌다.

이해 5월의 후반 약 열흘 동안에 신촌리 6호, 7호, 덕산리 2호, 3호, 5호와 홍덕리 석실무덤 등 5기의 독무덤과 1기의 돌방무덤 등 모두 6기에 대한 발굴을 실시하였으나, 그 사이 공백기를 틈타 태반이 도굴되어 전과 같이 풍부하고 흥미로운 부장품은 나오지 않았다.[101]

신촌리 고분군은 표고 10미터의 낮은 구릉지대의 끝자락에 이루어져 있었는데, 이 가운데 6호 무덤의 봉토(40NS×22 = 6m)는 북쪽이 대략 둥글고 남쪽이 모난, 이른바 전방후원형前方後圓形의 모습을 갖추고 있었다. 후원부에 해당되는 봉토의 북쪽을 상당한 깊이까지 파내려 갔으나 아무런 유구의 흔적은 나타나지 않았고, 남쪽의 전방부에 대한 확대 발굴을 통해서만 6구의 독널을 확인하였다.

파괴된 4구의 독널(갑甲, 병丙, 정丁, 기己)과 2구의 완전한 독널(을乙, 무戊) 등 모두 6구 가운데 정관丁棺만 외독[單甕]무덤이었고, 나머지는 모두 이음식[合口式] 독무덤들이었다. 출토 유물로는 을관乙棺으로부터 나온 길이 70센티미터 남짓의 긴칼과 손칼 각 한 점, 무관戊棺으로부터는 청동고리와 쇠활촉, 십여 점의 유리구슬이 수습되었고, 나머지는 대부분 토기였다.

신촌리 7호 무덤의 봉토는 한 변 20미터 남짓의 방대형으로 평탄하게 깎여 나간 꼭대기에서 동서로 긴 이음식 독널의 도굴 구덩 세 곳이 나타났으나, 독널은 밑둥만 남은 채 깨져 있거나 쪼가리만 수습되었다. 둘레에서는 작은 단지류가 출토되었고, 구덩이 서쪽으로 치우쳐 또 다른 독널 1구가 나왔다.

덕산리 고분군에는 표고 10-25미터의 나지막한 구릉에 10여 기가 분포하였는데, 행정구역상으로는 다르지만 신촌리 고분군과는 같은 구릉 위에 이루어져 있었다. 이 가운데 덕산리 2호 무덤의 봉토(28.7NE~SW×16.8~12.6 = 3.6~2.2m)는 남서쪽 끝이 모가 나고 북동쪽은 둥글어 흡사 전방후원분의 모습을 갖춘 것으로 보였다. 후원부의 중앙에 나 있는 깊은 구덩으로 보아 이음식의 독널이 묻힌 것으로 보이지만, 발굴을 통해서는 봉토에 섞여 들어간 돌활촉 한 점뿐 별다른 유물은 출토되지 않았다.

덕산리 3호 무덤의 봉토(D-23~24 = 9m)는 지금까지의 다른 반남면의 고분과는 달리 원형의 봉분을 갖춘 무덤이었다. 봉토 자락 둘레에 도랑(湟)이 돌아가고 있었는데, 이와 같은 도랑의 존재는 1918년에 조사된 대안리 9호 무덤에서도 확인된 바 있다. 보고자는 이 도랑을 봉분을 쌓기 위한 채토採土의 목적으로 이루어진 것으로 보았다.

봉토의 꼭대기에서는 거의 같은 레벨에서 남북으로 길게 동쪽에서 서쪽으로 가지런히 묻힌 3구의 독널을 수습하였는데, 이 가운데 출토 상태가 비교적 양호한 독널 갑甲에서는 작은 독이 남향한 채 바닥면이 표토 아래 2.25미터 깊이에서 드러났다. 독널 갑甲의 둘레에 네 개, 을乙의 남쪽에서 한 개의 단지가 부장되어

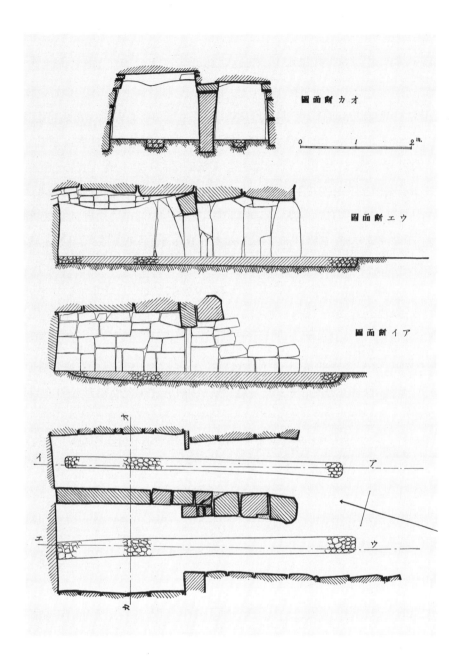

그림 37.
나주 반남면
흥덕리 돌방무덤의
평면도(아래)와
단면도들.

있었으며, 병丙의 독 안에서는 활촉, 손칼, 못, 꺾쇠 등의 철제 유물과 함께 은제
와 유리구슬, 각종 옥류 등의 장신구류가 수습되었다.

　덕산리 5호 무덤의 봉토(D-23 = 8m)도 앞서 3호 무덤과 비슷한 크기의 원분
圓墳으로서, 겉으로는 멀쩡했지만 봉토의 꼭대기에는 일곱 개의 크고 작은 도굴
구덩이 나 있었는데, 구덩의 크기로 보아 대부분 이음독들이 묻혔던 것으로 생

각되었다.

경찰관 주재소의 시설물을 설치하다가 우연히 발견한 나주 홍덕리興德里 돌방무덤은 원래 지름 14미터가량의 나지막한 흙무지가 남아 있던 곳에서 드러났다. 남쪽으로 널길이 열린 네모난 돌방(2.7EW×2.4＝1.0m)과 널길(3.5NS×2.2＝0.9m)의 중간에 넓적한 거석으로 된 칸막이벽을 세우고, 널길에도 모난 덩이돌로 막아 돌방과 널길을 동과 서로 양분하였다. 각 방에는 가운데에 널길 밖으로 통하는 배수구가 설치되었는데, 도랑 안은 거친 사암砂巖 파편으로 채워져 있었다.그림 37 출토 유물의 대부분은 동실東室에서 수습된 것들로, 백제식의 특징을 갖춘 흑회색 목항아리, 철제의 밑동쇠[座金具]와 못이 나왔고, 은제의 관식금구冠飾金具도 출토되었다.

초여름에 조사된 고령 지산동池山洞 고분은 1910년 세키노 다다시에 의한 현지 조사[102]를 시작으로 1918년에 처음으로 발굴 조사가 이루어진[103] 이래 십여 차례에 걸쳐 조사가 이루어진 중요한 유적이다.

이해에는 6월 하순부터 7월에 걸쳐 아리미쓰 등에 의해 모두 4기에 대한 발굴이 이루어졌으나, 그 중 고령 주산 39호 무덤에 대한 보고[104]만 접할 수가 있다. 조사가 한창 진행되던 7월 초, 아리미쓰가 중국 운강雲崗 석굴 조사차 현장을 떠나면서 발굴 중이던 으뜸돌방을 급히 되묻었다. 뒤이어 사이토가 남아 발굴을 계속하였지만, 현장을 물려받은 그도 그 다음 해에 도쿄로 떠나면서 보고서 작성을 더 이상 계속할 수 없게 되었다. 얼마 후 제이차세계대전이 일어나고, 종전 후에는 당초 발굴자였던 아리미쓰도 일본으로 귀국하면서 보고서 작성은 기약 없는 과제로 남고 말았던 것이다.

이처럼 세월이 흐르면서 유구와 유물의 실측도와 조사 일지, 기록 등 관련 자료의 대부분이 남아 있지 않은 상황에서 육십여 년의 세월을 흘러 보낸 뒤에야 몇 장의 사진과 탁본, 실측도를 바탕으로 흐릿한 기억을 더듬어 겨우 간략한 약보고略報告를 펴내게 되었다.

지름 49미터의 둥근 봉토 꼭대기에서 8.4미터 아래에 이루어진 으뜸돌방[主石室](9.8EW×1.8m)은 네 벽을 깬돌로 쌓아 올린 구덩식이었고 바닥에는 잔자갈을 깔았는데, 천장돌은 부러진 채 내려앉아 있었다. 작은 돌방[小石室]들도 모두 구덩식으로 깬돌을 쌓은 것과 판돌로 만든 두 종류로 구분되었는데, 천장에는 모두 큰 판돌을 덮었지만 정확한 규모는 알 수가 없었다. 으뜸돌방으로부터는 금제의 가는고리귀걸이, 은제의 관모冠帽 장식과 팔찌, 목걸이 등의 장신구와 함께 청동제의 발걸이와 안장 등 마구류가 출토되었다. 무구류로는 고리자루긴칼과 활고자(弭), 철촉을 담은 화살통(胡籙) 등이 수습되었다. 이 밖에 많은 토기류의 사진들이 남아 있지만 정확한 출토 위치를 알 수가 없었고, 발굴을 마무리했던 사이토의 "유물의 출토 상태는 이동의 흔적이 뚜렷했다"[105]는 기록으로 보아 오래전에 이미 도굴이 이루어진 것으로 생각되었다.

한편, 이해 4월 1일에는 총독부 박물관 부여분관扶餘分館이 새로 문을 열었다.[106] 1929년 9월에 부여의 지역 유지들을 중심으로 재단법인 부여고적보존회가 설립되었고, 이 단체를 중심으로 백제의 유물들을 수집하여 부소산扶蘇山 남쪽 자락에 남아 있던 조선시대의 객사 건물이었던 백제관百濟館을 전시실로 고쳐 부여분관으로 개관하였던 것이다.

1940년

이해에는 지난 이십여 년 동안 조선총독부에 의해 심혈을 기울여 진행되어 온 경주 남산에 분포한 불교 유적에 대한 조사가 마무리되어, 그 결과물인 『경주남산의 불적慶州南山の佛蹟』[107]이란 타블로이드판 책자가 발간되었다. 이 조사에는 오바 쓰네기치小場恒吉의 주도하에 후지타, 고이즈미, 아리미쓰, 오사카, 사이토 등 당대를 대표하는 식민사학자들이 대거 참여하였으며, 한국인으로서는 최순봉崔順鳳과 최남주崔南柱 등이 동원되었던 총독부의 역점 사업이 드디어 마무리되기에 이르렀다.

지난해의 부여분관 개관에 이어 이해 4월에는 총독부 박물관 공주분관公州分館이 개관하였다.[108] 1933년에 공주의 유지들에 의해 만들어진 사적현창회史蹟顯彰會에서는 1938년에 총독부의 지원과 민간 기부금을 기반으로 시내의 공원(앵산공원櫻山公園) 안에 옛 충청도 감영監營 건물을 이건 복원하였다. 선화당宣化堂이라 불리는 이 건물에 그동안 현창회가 수집해 온 유물을 전시하여 관리 운영을 맡아오다가 이해에 공주분관으로 개관하게 된 것이다.

7월에는 함경북도 회령의 봉의鳳儀 연대봉煙臺峰과 종성 지경동地境洞에서 후지타 등에 의해 조사가 이루어졌다.[109] 이 가운데 연대봉 유적 조사는 두만강 지류 동쪽 구릉의 비탈면에 계단식으로 만들어진 4기의 무덤에 대해 실시되었다. 이들 무덤에서는 특별한 구조물 없이 흙구덩에 눕혀 펴묻은 유해들이 수습되었는데, 이 가운데 3기는 홑무덤(單葬墓)이었고, 1기는 어울무덤(合葬墓)이었다. 모두 5구의 머리 방향은 1구만 서침西枕이었고, 나머지는 동침이었다. 이들 구덩무덤으로부터는 도끼, 바퀴날도끼, 활촉, 끌, 가락바퀴와 베개 등 석기류가 출토되었고, 장신구로는 천하석天河石과 벽옥碧玉으로 만든 대롱옥(管玉) 등 다양한 부장품들이 수습되었다.

구릉 마루의 지표로부터 50-60센티미터 아래에서 나온 화덕자리에서는 민무늬토기가 나왔고, 부근에서는 번개무늬(雷文)토기 등 빗살무늬 계열의 토기가 뗀석기나 잔석기(細石器)와 함께 출토되어 성격이 다른 두 계통의 주민이 거주했음을 보여 주었다.

종성 지경동 유적은 구릉 위에 집자리와 무덤이 한데 이루어진 복합 유적으로서, 여기에서는 조개무지도 함께 확인되었다. 집자리는 대략 지름 3-4미터의 원형으로 지표 아래 1.5미터의 깊이에 큰 독이 놓여 있었다. 그 둘레에는 재와 숯, 진흙이 여러 층을 이루며 바닥이 붉게 타 있는 것으로 보아 난방 시설이 이루어졌음을 알 수 있었다. 조개무지에서는 조가비 외에도 짐승 뼈가 섞여 나왔고, 북옥(白玉)의 완성품과 미완성품 들이 한데 섞여 나오는 것으로 보아 공방 시설이 이루어졌음을 알 수가 있었다.

여기에서는 흑요석제의 뗀돌활촉과 점판암제의 간돌활촉, 간돌도끼 등 다양한 석기와 함께 바늘과 북옥 등 뼈연모가 나오고, 크고 작은 다양한 토기류도 수습되었다. 일부 뗀석기도 나왔지만, 출토된 토기의 양상으로 보아 앞서 연대봉 유적에서와는 달리 민무늬토기계의 주민들만 거주했던 것으로 보인다.

대구 대봉정大鳳町 고인돌은 1927년 이후 여러 차례에 걸쳐 조사가 이루어져 온 유적으로, 이해에는 대구사범학교 앞 고인돌[110]에 대한 발굴이 있었다. 이 유적은 도로 공사 중에 발견된 것으로, 이미 파괴된 채 주변에는 덮개돌과 많은 냇돌들이 흩어져 있었다. 덮개돌(3.0NS×1.2 = 1.3m)을 들어내고 하부 구조를 조사하였으나 바로 밑에서는 돌무지(6.0NS×2.0m)만 나올 뿐 굄돌이나 돌방 등은 남아 있지 않았고, 돌무지 틈새에서 붉은간토기와 적갈색의 민무늬토기편들이 흩어져 나왔다. 덮개돌의 남쪽에 치우쳐서 돌무지 아래에는 구덩을 판 뒤 긴 벽은 넓적한 냇돌로 쌓고, 마구리벽은 한 장 돌로 막은 돌널(1.5NS×0.3~0.4 = 0.3~0.4m)이 이루어져 있었다. 다섯 장의 판돌로 깐 돌널 바닥 위에는 버들잎 모양(柳葉形)의 돌활촉 넉 점이 부장되어 있었다.

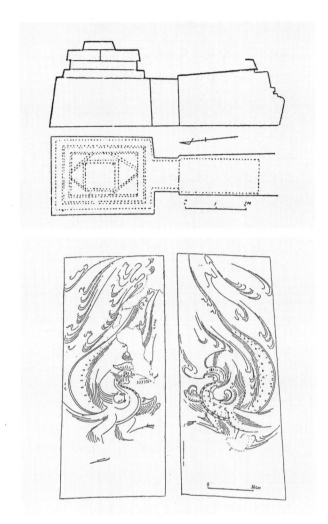

그림 38. 중화 진파리 1호 무덤의 단면도(위)와 평면도.
그림 39. 중화 진파리 1호 무덤 남벽 주작도.

이해의 조사로써 그동안 간헐적이 긴 하지만 십사 년 동안(1927-1940년)의 대여섯 차례에 걸친 이곳 대봉정 고인돌의 마무리 작업이 이루어지게 되었다. 그동안에 실시된 16기에 대한 고인돌 발굴을 통해 이곳 대구 지역뿐 아니라 남부지방에 분포한 이른바 남방식 고인돌의 고고학적 성격을 상당 부분 밝혀 낼 수 있었던 계기를 마련한 중요한 발굴이었다.

1940년대에 들어서 갑자기 위축된 고고학적 활동은 당시 일본의 대외적인 정치 상황과도 무관치 않을 것이다. 일제는 전쟁 준비에 여념이 없어 사실상 유적 조사에서는 손을 놓은 채 그때까지 계속되어 온 낙랑 고분 등 몇 안 되는 계속 사업에만 근근이 매달렸던 것으로 보인다.

1941년

이해에 조사된 유적으로는 평안남도 중화 진파리眞坡里 고분군[111]이 유일하다고 할 수 있었다. 이 유적이 위치한 곳은 평양으로부터 동북쪽으로 60킬로미터 정도 떨어진 곳으로서, 일대에는 동명왕릉東明王陵 등 십여 기의 무덤들이 무리지어 있었는데, 이해 5월에 1호와 4호 등 벽화고분이 발견되어 조사가 이루어졌다.

진파리 1호 무덤은 비교적 큰 방대형의 봉토(25 = 8m) 안에 긴 네모난 널방이 이루어진 외방무덤(3.3NS×2.5 = 2.54m)으로, 벽면에는 두껍게 회칠이 되고 표면에 선명한 벽화가 그려져 있었다. 벽화의 주제는 사신도였지만, 여기에 구름무늬, 덩굴무늬〔忍冬唐草文〕와 함께 나무를 매우 사실적으로 묘사하고 있었다. 모줄임천장의 표면에도 전면에 걸쳐 구름무늬와 덩굴무늬, 연꽃, 해와 달, 불꽃, 세발까마귀(三足烏), 토끼와 두꺼비(玉兎蟾蜍) 등 다양하고 화려한 색채의 그림들이 잘 나타나 있었다.그림 38, 39 남벽의 중앙에서 남쪽으로 뚫린 널길(3.5NS×1.5＝3.5m)의 널방 입구에 돌문의 흔적만 남아 있었다.

4호 무덤도 앞서 1호 무덤과 동일한 구조와 비슷한 크기로서 널방(3.0NS× 2.5＝2.4m)과 남쪽으로 뚫린 널길(3.2NS×1.2m)이 나 있는데, 널길 중간에는 막음시설이 이루어져 있었다. 널방 안의 벽화는 마찬가지로 사신도가 주를 이루지만, 벽면 아래쪽에 그려진 사신들은 1호 무덤에 비해 박락剝落이 심해 현무와 청룡만 알아볼 수 있었다. 그러나 위쪽에 남아 있는 용을 탄 신선이나 서조瑞鳥를 타고 있는 선녀 그림을 통해, 경쾌하면서도 사실적인 묘사 기법을 살필 수 있었다.

천장 표면의 벽화는 전반적으로 보존 상태가 좋아 연속된 덩굴무늬에 나타난 화려한 색채 등 강서 세 무덤(三墓)의 그것과 유사함을 보이고 있다. 이 밖에 연속된 지그재그나 구름무늬와 함께 특히 동심원무늬의 가운데에 찍힌 연꽃 모양의 금박 등은 원래 이 벽화의 화려함을 말해 주고 있었다. 널방의 북벽과 서벽에 묵서명의 흔적이 나타나 있는데, 북벽에 남아 있는 '咸通十🔲年庚寅三月'이라는 명문을 통해 이 무덤이 고구려가 멸망한 지 이백여 년이 흐른 870년경[112]에 어떤 사유에서였던지 무덤방이 다시 열렸던 것임을 알 수 있었다.

1942년

이해에도 정식으로 발굴이 이루어진 곳은 6월과 7월 거의 두 달 동안 조사가 계속된 평양 석암리石巖里 219호 무덤[113]이 유일하다고 할 수 있다. '왕근묘王根墓'로도 불리는 이 무덤은 방대형의 봉토(24＝6m)에 도굴의 흔적은 남아 있었으나, 무덤 속까지는 미치지 못했던 것으로 보였다.

매장 주체는 한 변 4미터가량 되는 귀틀무덤으로, 네 벽은 각재로 짜 맞추고 그 바깥 둘레에는 얇고 넓적한 판돌을 세워 벽체를 보강한 특이한 모습을 보였다. 덧널 안에는 동서 양 벽 쪽으로 치우쳐 각 1구의 겹널을 안치하였는데, 각각 여자와 남자가 묻힌 것으로 추정되었다. 주인공의 무덤으로 보이는 서관의 북쪽과 서쪽에서는 철검 등 무구류와 거마구, 띠장식(帶金具)과 함께 반지와 머리꽂이 등 장신구가 수습되었고, 특히 '王根信印'이라 새겨진 도장이 출토되어 이 무덤이 '왕근묘'로 불리게 되었다. 한편 동관에서는 머리털과 함께 목걸이에 끼워진 구슬류, 은반지 등 장신구류와 구리로 만든 도장이 나와 주인공 왕근王根의 부인으로 생각되었다.

이해에는 후지사와 가츠오藤澤一夫에 의해 부여 정림사定林寺 터[114]에 대한 간단한 조사가 있었는데, 원래부터 경내에는 오층석탑과 석불좌상이 남북으로 배치되어 있었다. 정식 보고서는 나오지 않았으나, 이때 이곳의 가람 배치가 남쪽에서부터 중문, 석탑, 금당, 강당의 순서로 일렬 배치되고 둘레에 회랑이 돌아가는 단탑식單塔式의 절터였음을 확인할 수 있었다. 창건 당시의 절 이름은 알 수가 없지만, 이때 발굴된 고려시대의 기와 쪼가리 가운데 '大平八年戊辰定林寺大藏唐草'라는 명문이 있어 '정림사'라 부르게 되었다. 그 후 충남대학교 박물관에 의해 1979년 10월부터 백이십 일 동안에 절터에 대한 전면 발굴이, 1980년부터 1984년에 이르기까지는 세 차례에 걸쳐 연지蓮池에 대한 발굴이 이루어졌다.

이해 3월에는 조선총독부에서 『조선보물고적조사자료朝鮮寶物古蹟調査資料』[115]라는 육백여 쪽에 이르는 책자를 펴냈다. 이 책은 1916-1917년경 총독부의 식산국殖產局 산림과에서 전국의 임야 중에 있는 고적 유물을 조사하여 작성한 「고적대장古蹟臺帳」을 참고로 하여 많은 시일과 비용을 들여 편찬하였는데, 보다 효율적인 식민 통치 자료로 활용하기 위한 간행 작업이었던 것으로 보인다.

1943년

이해 10월에는 지난해에 발굴했던 평양 석암리石巖里 219호로부터 남쪽으로 30미터가량 떨어진 218호 무덤[116]에 대한 조사가 있었다. 이 무덤은 바닥과 벽체 전면을 벽돌로 쌓아 올린 벽돌무덤이었지만, 천장은 남아 있지 않았다.

외방무덤(單室墓)인 널방 바닥에는 동벽과 직각되게 두 줄로 벽돌을 깐 널받침을 만들었는데, 그 둘레에서도 널의 흔적이 나타난 것으로 보아 추가 매장이 이루어진 것으로 여겨졌다. 천장에는 먼저 나무덮개를 씌운 다음 그 위에 벽돌을 덮은 것으로 보이는데, 벽돌무덤 천장에 나무로 덮개를 씌운 예는 앞서 석암리 120호 무덤[117]과 오야리 25호 무덤[118]에서도 나타난 바 있다. 다만 널문은 활천장인데, 이를 가로지르는 긴 돌을 걸쳐 놓았다. 출토 유물로는 용과 호랑이 무늬가 나타나 있는 거울과 토기류, 칼자루 등 금속구와 유리 구슬 등이 수습되었다. 당시의 혼란스러웠던 주변 상황에 따라 보고서는 아리미쓰 교이치有光敎一와 후지

이 가즈오藤井和夫의 집념으로 최근에야 발간되었다.

1944년

이해에는 평양 낙랑연구소에 의해 평양 토성리土城里 낙랑 토성[119]에 대한 조사가 이루어졌다. 일찍이 1910년대에 들어 도리이와 세키노 등에 의해 일대에 분포한 낙랑 고분과 함께 낙랑군 치지治址로 생각되는 토성에 대해서도 관심을 가졌으나 별다른 조사를 못하다가, 조선고적연구회에 의해 1935년(1차, 2차)과 1937년에 이어 이해에 조사가 이루어졌다. 사실상 일제에 의한 한반도에서의 마지막 유적 발굴이라고 할 수 있는 이해의 조사에서는 토성의 남쪽에서 전돌이 깔린 유적을 발견했다고 하지만, 보고서를 접할 수 없어 정확한 내용은 알 수 없었다.

지금까지 모두 네 차례에 이르는 평양 낙랑 토성(350×400m) 조사를 통해 토성 안에서 관청, 살림집, 병영터가 드러났으며, 벽돌로 쌓아 올린 세 곳의 우물자리가 확인되었다. 유적에서는 청동 활촉, 고리자루긴칼, 마름쇠 등의 무기류와 함께 순금 목걸이, 청동 가락지, 유리, 뼈와 돌로 만든 구슬 등 장신구류와 청동제의 방울, 거울과 맷돌, 시루 등이 나왔고, 도기 가마와 같은 생활 유적도 드러났다. 이 밖에 여러 종류의 무늬가 나타나 있는 기와와 벽돌 등 건축 부재도 수습되었다.

토성의 주변에서는 나무덧널무덤[木槨墓]과 귀틀무덤[木室墓], 벽돌무덤 등 모두 2천여 기에 이르는 무덤떼도 확인되었다. 이들 토성과 무덤들의 연대는 대략 기원전 2세기부터 기원 3세기로 보고, 반도 서북지방에서의 묘제 변천 과정을 '움무덤→나무덧널무덤→귀틀무덤→벽돌무덤'으로 발전해 간 것으로 추정하였다.

완연한 패전의 기운 속에서 근근이 이루어진 낙랑 유적에 대한 조사를 끝으로 일본제국주의의 육십여 년에 걸친 야만적 문화재 수탈 행위도 그 종언을 고하고 말았다. '고고학적' 조사라는 미명하에 행해진 발굴 상황을 자세히 살펴보면, 그것은 학술적 발굴이라기보다는 '유물 채취'를 위한 남굴濫掘 수준이었다.

부장 유물이 가득한 대형의 완전한 처녀분을 조사하는 데에도 불과 하루 이틀 만에 끝내기 일쑤였고, 그것도 모자라 조사 보고서도 내지 않고 지나친 유적의 수가 부지기수였다. 그 수탈 기간이 육십오 년(1880-1945년)으로, 여기에서 다루어진 백년사 가운데 거의 3분의 2를 차지하는 긴 시간이었다.

제5장 격동기激動期
1945 - 1960

광복기와 전쟁기에 이루어진 한국 고고학의 활동과 성장을 위한 기반 구축

앞서 1940년대에 이르러서는 중일전쟁의 여파와 곧이어 벌어진 태평양전쟁의 발발에 따라 한반도에서의 발굴 사업도 어쩔 수 없이 소강상태에 빠져들 수밖에 없게 되었다. 이러한 침체된 상황은 종전에 이르기까지 계속되어, 사실상 그 명맥만 유지하는 형편이었다.

광복과 더불어 한반도는 남북 분단의 소용돌이에 휘말리면서 한동안 정치사회적인 혼란이 가속화되어 어쩔 수 없이 문화적 활동도 깊은 수렁에 빠져들 수밖에 없었다. 그럼에도 불구하고 일제로부터의 광복에 따라 남한에서는 총독부박물관의 체제를 이어받은 국립박물관의 개관과 함께 혼란스러울 수밖에 없는 격동기의 박물관 업무를 단시일 내에 신속하게 정리하여 수습해 나갈 수가 있었다.

이러한 격동의 상황에서도 종전 후 서울에 남아 있던 일본인 연구원의 도움과 지도를 받아 가며 경주의 호우총壺杅塚 발굴을 감행하면서 한국 고고학의 명맥을 이어 가는 한편, 우리 손에 의한 고고학의 기틀을 마련하기 위한 계기를 마련하였다. 이렇듯 어려운 여건 속에서도 발굴은 거의 해마다 이루어져 1950년의 한국전쟁에 이르기까지 계속되었다.

심지어는 아직 전쟁의 포연이 채 가시기도 전인 1952년부터 발굴을 재개하여 1960년에 이르기까지 끊임없이 한 해에 두세 건의 발굴을 수행해 나갔다. 이렇듯 우리의 사회 전반에 걸친 혼란 속에서도 꾸준히 이루어진 배경에는 무엇보다 김재원金載元[1]이란 젊은 국립박물관장의 용기 있는 열정이 큰 몫을 했던 것으로 여겨진다. 이때까지만 해도 발굴은 대부분 국립박물관에 의해 이루어지고, 몇몇 대학 박물관에서는 시굴 성격의 초보적 조사만 담당하였던 것이 우리 고고학의 현실이었다.

한편, 광복 후 북한에서의 고고학도 어쩔 수 없이 정체 상태를 벗어나지 못했지만, 유물사관唯物史觀에 입각한 사회주의적인 여건 조성과 함께 여기에서도 도유호都宥浩²라는 걸출한 고고학자의 개척자적 활동에 힘입어 곧바로 고고학이 자리를 잡아가게 되었다. 광복 직후에는 사회적인 혼란의 와중에서 체계적인 고고학적 활동은 불가능한 시기였지만, 1949년 봄과 가을에는 안악安岳 고분과 나진 초도草島, 한국전쟁 직전인 1950년 봄의 온천溫泉 궁산리弓山里 유적 조사를 시작으로 본격적인 발굴에 접어드는 듯했다. 그러나 한국전쟁의 발발로 다음 조사는 휴전협정 기간 중인 1953년 봄에야 비로소 순천順川 요동성총遼東城塚에서부터 시작되었다. 이듬해인 1954년부터 동북지방을 포함한 북한의 각지에서 본격적인 발굴이 빈번히 이루어져, 적어도 1960년대 초까지는 남한에 비해 월등한 고고학적 활동을 펼쳐 나갔다.

이와 같이 잦은 발굴 조사에 따라 그 고고학적 성과에 대한 보고문이나 학술논문의 간행도 점차 활발히 이루어졌다. 이 기간 중에 고고학과 고대사와 관련된 많은 단행본뿐 아니라 발굴 보고문과 학술 논문이 실린 『문화유물』(1949-1950년)을 비롯하여 1950년대 중반 이후에는 『력사과학』(1955-1989년), 『유적발굴보고』(1956-1985년), 『문화유산』(1957-1962년), 『고고학자료집』(1958-1983년) 등의 학술 잡지나 전집물이 거의 해마다 한 권씩 창간되었다.

1945년

광복과 더불어 그동안 조선총독부와 조선고적연구회에 의해 주도되어 왔던 발굴 조사는 더 이상 계속되지 못하고, 모든 고고학적 활동은 정지될 수밖에 없었다. 그동안 주로 조선총독부와 총독부 박물관, 경성대학 등에 소속되어 있던 이 분야의 일본인 고고학자들은 광복과 더불어 대부분 일본으로 돌아가고, 아리미쓰有光教一, 가야모토榧本龜次郎(榧本杜人와 同人異名), 사와澤俊一 등 일부만 총독부 박물관에 남아 박물관 업무의 뒷마무리와 인계인수에 참여하게 되었다.³

이해 12월 3일에는 경복궁의 옛 총독부 박물관을 그대로 이어받은 국립박물관 개관이 있었고, 이에 앞서 김재원이 초대 관장으로 취임하였는데,⁴ 개관 당시에는 총독부 박물관의 일본인 직원 가운데 유일하게 아리미쓰만 우리나라에 잔류하고 있었다. 이때 경주, 부여, 공주 등 총독부 박물관 산하의 박물관도 국립박물관 지방 분관分館으로 편입되었다.

1946년

이해 5월에는 국립박물관에 의해 광복 이후 최초랄 수 있는 경주 노서동에 있는 호우총壺杅塚과 은령총銀鈴塚[5] 발굴이 있었다. 벌써 19세기 말부터 자행되어 온 일본인들에 의한 초보적 지표 조사부터 따지자면 육십여 년 만에 우리 손에 의해 이루어진 최초의 역사적 발굴인 셈이었다.

당시까지만 해도 국립박물관의 우리 직원 가운데에는 발굴 현장 경험을 갖춘 사람이 거의 없는 상황 속에서, 개관 반년 만에 감행된 모험적 발굴이었다고 할 수 있었다. 다만 그때까지 총독부 박물관의 업무 인계를 위해 아직 귀국하지 못하고 남아 있던 아리미쓰가 다년간의 발굴 경험을 갖추고 있었기 때문에, 오직 그의 역량만 믿고 착수한 발굴이나 다름없었다.

또한 당시와 같은 혼란스러웠던 여건 속에서 이러한 학술적 발굴이 가능할 수 있었던 것은 미군정美軍政 당국의 이해와 지원도 얼마간 도움을 주었던 것으로 여겨진다. 미군이 운전한 야전용 트럭에다 발굴에 필요한 장비를 싣고 사흘 만에 경주에 도착하여, 기차 편으로 하루 먼저 도착해 있던 김재원 관장과 아리미쓰 등 조사단 일행과 합류할 수 있었다.

경주 호우총(노서동 140호 무덤)은 노서동 고분군의 최남단에 은령총과는 대략 남북으로 이어져 있었으며, 금관총, 금령총, 봉황대 등과도 멀지 않은 거리에 위치해 있었다. 두 무덤의 봉토는 높이 2미터가량만 남은 채 대부분 깎여 나가고 그 위에는 두 채의 초가집이 들어서 있었는데, 발굴에서 드러난 둘레돌[護石]로 보아 두 무덤은 원래 쌍무덤[瓢形墳]이었을 것으로 짐작되었다.그림40

호우총의 봉토는 많은 부분이 깎여 나가 원래의 모습은 짐작할 수가 없었지만, 남서쪽에 남아 있는 둘레돌을 통해 지름 16미터에 높이 4미터가량의 둥근 무덤으로 추정되었다. 동서로 길게 깊이 2미터가량 파 들어간 구덩(7.3EW×4.5m)의 바닥에는 냇돌과 잔자갈을 깐 뒤 붉게 단丹을 칠한 나무덧널(4.2EW×1.4＝1.2m)을 만들고, 그 안에 안치된 널(2.4×1.0m)의 안쪽에도 흑칠한 위에 단을 덧칠하였다. 덧널과 구덩 사이는 냇돌로 채워지고 그 위는 돌무

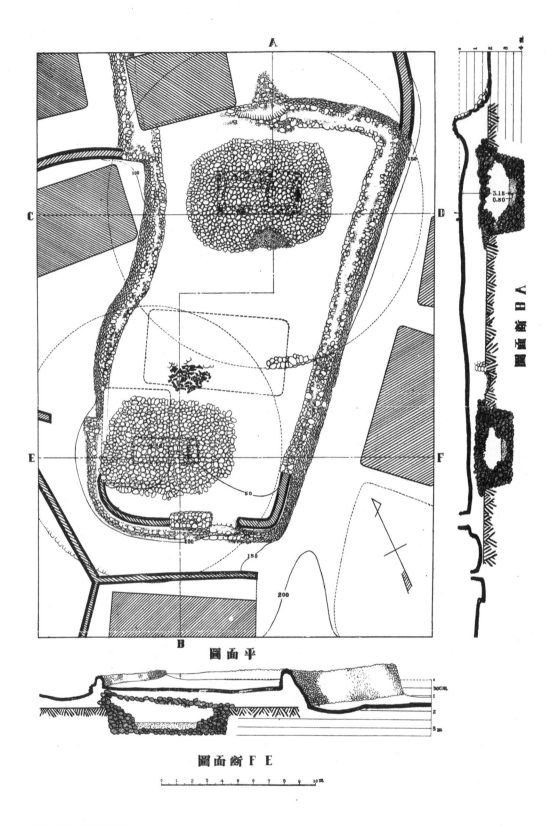

圖面平

圖面斷 F E

사진 12a · b. 경주 호우총 출토 호우(왼쪽)와 바닥면.

지(9EW×6.4m)를 이루었는데, 윗부분은 봉토와 함께 헐려 나가 원래의 높이는 알 수가 없었다.

널 안에서는 동침東枕한 피장자에게 착장시켰던 금동관을 비롯하여 귀걸이, 목걸이, 허리띠와 드림장식, 팔찌, 반지 등 장신구와 장검이 나왔고, 특히 머리맡에서는 청동제의 호우壺杆 한 점이 수습되었다. 널 안에서 나온 유일한 그릇인 호우는 무덤에서 출토된 많은 부장품 가운데 피장자와 가장 밀접한 관계를 갖는 귀중품이었다.

그릇 바닥에 나타나 있는 '乙卯年國岡上廣開土地好太王壺杆十'이라는 돋새김〔陽刻〕한 명문銘文은 이 무덤을 '호우총壺杆塚'으로 명명할 만큼 그것이 갖는 고고품으로서의 역사적 의미는 매우 크다고 할 수 있었다. 사진 12a·b

널 동편의 머리맡 부장궤副葬櫃 안에서는 철제와 청동제의 각종 용기류와 마구류, 칠기류 외에 크고 작은 토기들이 수습되었다. 널 바깥 서북쪽에서는 금동 신발과 칠로 만든 가면〔漆面〕이 서로 가까이에서 수습되었고, 널의 둘레에서는 각종 철기류가 출토되었다. 특히 칠제 가면은 호우와 함께 가장 중요한 출토품 가운데 하나로서 나무로 만든 가면의 바탕에 칠을 덧씌운 것인데, 유리로 박은 눈알 둘레를 황금 고리로 돌린 희귀한 유물이었다.

보고자는 이를 중국의 『주례周禮』에 나타나는 벽사적辟邪的 의미를 지니는 방상씨方相氏 가면으로 보았는데, 칠면의 취약한 재질에 따라 그 뒤 시간이 지나면서 완전히 부서져 형태를 잃어버리고 말았다.

경주 은령총(노서동 139호 무덤)은 구덩 속에 널을 안치하고 덧널을 설치한

그림 40.
경주 은령총과
호우총의 주변 지형
실측 평면도(가운데)와
단면도들.

뒤 그 위에 돌무지를 덮은 것으로, 앞서 호우총과 비슷한 구조와 규모를 갖춘 무덤이었다. 널 안과 부장궤로부터의 부장 유물도 전체적으로 비슷한 성격을 보였지만, 토기의 형식으로 보아 호우총보다 다소 이른 6세기 초경의 것으로 생각되었다. 장검 등 무구武具는 출토되지 않고, 가락바퀴 등의 출토로 보아 여성의 무덤으로 추정되었다.

해방 이후에도 일본으로 귀국하지 못하고 서울에 머물렀던 아리미쓰는 이 발굴을 마지막으로 5월 말에 일본으로 돌아갔다.[6] 그는 귀국 후에도 한국 고고학에 관한 연구를 꾸준히 계속하였고, 노년에는 일제강점기 중 그가 담당했던 발굴 보고서 발간에 심혈을 기울여 뒤늦게나마 몇몇 보고서가 간행되었다.[7]

이해 4월에는 개성부립박물관開城府立博物館을 국립박물관 개성분관으로 흡수통합하고, 진홍섭秦弘燮을 새 분관장으로 임명하였다.[8]

1947년

이해 5월에는 국립박물관에 의해 개성 부근의 장단군 진서면津西面에서 고려시대 중기 귀족의 무덤으로 보이는 개성 법당방法堂坊 고려 벽화고분[9]에 대한 발굴이 있었다. 굴식돌방무덤으로 긴 네모난 돌방의 벽면에는 회반죽을 바르고, 네 벽에는 문관文官 복식을 갖춘 십이지신상十二支神像과 사신도四神圖, 별자리그림〔星辰圖〕 등이 먹으로 윤곽을 나타낸 채색화로 그려져 있었다. 광복 직후의 사회적 혼란기에 월북자라는 오해까지 받아 가며 수행한 삼팔선 분단 경계 지구에서의 발굴은 어려운 여건 속에서도 이루어진 국립박물관의 의욕적 조사 활동의 일면을 살필 수 있었던 또 하나의 사례로 꼽을 수 있을 것이다.[10]

이해 연초에는 『조선고문화종감朝鮮古文化綜鑑』[11]이란 이름으로 일제 종말기의 중진 학자인 우메하라梅原末治와 후지타藤田亮策에 의해 제1권이 발간되기에 이르렀다. 이후 제2권(1948년), 제3권(1959년)과 제4권(1966년)이 차례로 출간되어, 일인들에 의해 마지막으로 정리된 우리의 고문화에 대한 조사 보고서로서 그 의미는 매우 큰 것이었다.

그 내용도 제1권에서는 남북한 전역에 걸친 한반도의 선사시대와 낙랑의 유적과 유물을, 제2권과 제3권에서는 낙랑, 제4권에서는 고구려의 유적, 유물을 소개함으로써, 남북 분단의 상황에 놓인 우리들에게는 매우 귀중한 자료라고 할 수 있다. 이해에 출간된 제1권의 「서문序文」은 전쟁 막바지인 1944년 11월 3

일 자로 작성된 것으로 보아, 그때 이미 발간 준비를 마쳤다가 종전으로 미뤄져 이해에 비로소 출간된 것으로 여겨진다.

제1권의 서문에서 밝혔다시피, 원래 종전 이전에 착수하여 모두 12권을 발간할 계획으로 시작된 야심찬 사업이었으나, 필자들의 사정과 주변의 여건에 따라 중단되지 않을 수 없었던 아쉬운 계획으로 생각된다. 일제 초창기인 1915년에 세키노關野貞에 의해 시작되어 모두 이십여 년에 걸쳐 완성된『조선고적도보朝鮮古蹟圖譜 1-15』(1915-1935)의 뒤를 잇는 사업으로 착수하였으며, 여기에 게재된 내용도 주로 1935년부터 종전 때까지 발견된 유적과 유물 들이 주축을 이루고 있다.[12]

1948년

이해에 남한에서는 총선거와 함께 대한민국 정부가 수립되고, 복잡한 국내 사정에 따라 고고학적 활동은 정체 상태에 빠질 수밖에 없었다. 이 기간 중 남한의 국립박물관에서는 별다른 발굴 조사는 하지 못하고, 연구 발표와 소규모의 강연회나 특별 전시 등 박물관 교육과 연구 기능 조성에 주력하였다.

북한도 조선민주주의인민공화국 수립 등 복잡한 국내 사정에 따라 남한과 같이 고고학적 발굴 조사는 하지 못하였다.

1949년

남한에서는 이해에도 별다른 고고학적 발굴 활동은 수행하지 못한 채 정체 상태에 빠져 있었다.

한편, 북한에서는 도유호都宥浩의 주도로 안악 고분에 이어 나진 초도草島 유적 발굴을 계속하였다. 우선 이해 봄에는 안악 대추리와 오국리 일원에서 안악 1호와 2호, 3호 무덤 등 3기를 조사하였다. 도로 보수를 위한 채석 공사에 따라 발견된 1호분을 시작으로 2호와 3호 무덤이 차례로 조사되어 무덤 안에서는 화려한 벽화들이 확인되었으나, 시급한 봉토 복원 작업 등의 이유로 조사는 불과 사나흘로 마무리 지을 수밖에 없었다.

발굴에는 문화유물조사 보존위원회(이하 '보존위원회')와 중앙(평양), 청진,

신의주의 역사박물관 조사원들이 참가하였으나, 얼마 후의 한국전쟁으로 당시의 조사 자료들은 대부분 훼손되고 말았다. 전쟁이 끝나고도 한참 뒤에 과학원 고고학 및 민속학 연구소(이하 '고고학연구소')에 의해 그동안 흩어진 자료가 모아져, 우선 안악 제3호 무덤에 대한 보고서가 황욱(중앙역사박물관장) 등에 의해 1957년 4월 초에 마무리되었다.

안악安岳 제1호, 제2호 무덤[13]에 대해서는 그동안에 없어진 자료를 확보하기 위해 한참 뒤에 고고학연구소에 의해 이루어진 재조사(1957. 5. 7-15)를 거쳐 이를 근거로 보고서가 나오게 되었다.

남북으로 400미터가량 떨어진 제1호와 제2호 무덤은 모두 방대형의 봉토에 덮인 외방무덤들로서, 돌방 남벽에는 약간씩 동쪽으로 쏠린 널길이 달려 있었다. 정방형에 가까운 널방의 네 벽체는 넓적한 판돌이나 깬돌을 수직으로 쌓고, 천장은 2-3단으로 좁혀 올린 기다란 장대석의 평행고임 위에 2-3단의 모줄임천장이 이루어진 전형적인 고구려식 무덤이었다. 널방의 네 벽면과 천장에는 두껍게 회를 바른 뒤, 벽면에는 기둥과 두공枓栱 등을 그려 넣은 목조 가옥과 인물, 사

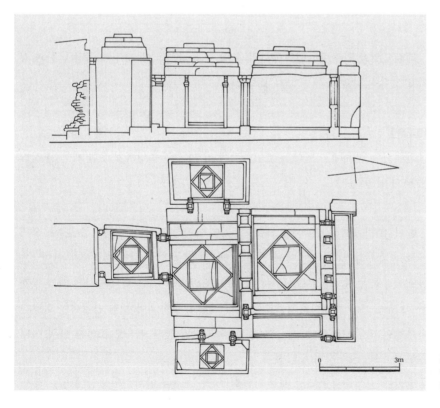

그림 41.
안악 3호 무덤(동수묘)의
단면도(위)와 평면도.

낭그림, 행렬도, 비천도 등을 그렸고, 천장은 초화문, 불꽃과 구름, 동물무늬, 해와 달그림 등으로 장식되어 있었다.

안악 제3호 고분[14]은 앞서 제1호와 제2호 무덤에서 남쪽으로 6킬로미터 정도 떨어진 곳에 이들보다 훨씬 큰 네모난 봉토(33NS×30＝6m)를 갖춘 반지하식 돌방무덤이었다. 남북으로 길게 이루어진 무덤방의 남쪽으로 널길이 달리고 그 안으로 널길방〔羨室〕, 앞방, 널방이 차례로 이어졌는데, 앞방의 좌우에는 옆방이 딸려 있었다. 앞방에서 사방으로 이어진 방들은 좁은 통로를 통해 서로 연결되었는데, 이들 각 방은 현무암이나 석회암의 판돌을 수직으로 쌓아 올린 다음, 천장은 2-4단으로 올린 평행고임 위에 모두 2단으로 올린 모줄임천장으로 마감하였다.그림41

널방의 각 벽면과 모서리에는 기둥이나 석재를 세워 무덤 속을 마치 살림집처럼 유택幽宅으로 꾸몄고, 널방의 북쪽과 동쪽에는 ㄱ자 모양으로 회랑이 돌아가는데, 회랑 입구에도 두 개의 네모난 돌기둥을 세웠다.

무덤방의 거의 전면에 그려진 벽화는 널방에 그려진 주인공 내외의 초상도를 중심으로 살림방과 부엌, 외양간, 방앗간, 정원 등 왕이나 고관으로 보이는 주인공의 생전 주택을 재현하고 있는 것으로 짐작되었는데, 널방의 천장에는 연꽃을, 회랑에는 대행렬도를 그렸다. 널길방에는 병사들의 행렬도를, 앞방에는 놀이그림과 음악, 무용 장면을, 천장에는 일월성수도日月星宿圖를 그렸고, 동서 양

사진 13.
안악 3호 무덤 벽화.

옆방에는 부엌, 우물, 방앗간, 외양간과 주인공 내외의 초상을 그렸다.사진 13

벽화 내용의 대부분이 다른 벽화에서와는 달리 주인공 내외의 생전 모습을 재현한 것들로서, 당시 상류사회의 일상생활을 살필 수 있는 귀중한 자료였다. 특히 앞방의 서벽 왼쪽 벽면에 나타나 있는 '永和十三年'(357년)이나 '多壽' 등 모두 일곱 줄 68자의 묵서명墨書銘[15]이 이 무덤의 연대나 무덤 주인공의 성격 추정과 함께 학술적 중요성을 더해 주었다.

이해 초가을부터 한 달 반 남짓 동안에 이루어진 나진 초도草島 유적[16]의 발굴은 도유호의 지도로 국립청진역사박물관에 의해 실시된 광복 후 북한 최초의 원시유적 조사라고 할 수 있었다. 이 유적은 나진만 앞바다의 대초도 북쪽 해안의 완만한 경사지에 넓게 이루어진 유물포함층(850NE~SW×50m)으로, 동서 200미터의 간격을 두고 제Ⅰ·Ⅱ 발굴지를 설정하여 파들어 갔다.

각 240제곱미터 안팎의 좁은 범위에서 대략 1.3미터 깊이로 파내려가 조가비층과 진흙층을 확인하였고, 여기에서 화덕자리가 있는 여러 채의 집자리를 확인하였는데, 바닥은 진흙을 깔고 다진 것들이었다. 유물은 주로 조가비층에서 출토되었는데, 각종 간석기와 민무늬계 토기, 청동기, 쇠붙이와 함께 골각기류와 사람 뼈, 동물 뼈가 나오고, 드물게는 빗살무늬토기도 수습되었다. 사람 뼈는 남녀 성인과 어린이를 포함하여 모두 14개체분이 나왔다.

따라서, 이곳 유물포함층은 신석기시대 말기에서 청동기시대 초기에 해당되는 유적이며, 출토된 쇠붙이 등 일부 유물은 후대에 섞여 들어간 것들로 짐작되었다.

1950년

이해 6월의 한국전쟁 발발과 함께 서울은 북괴에 의해 순식간에 함락되었고, 워낙 짧은 시간에 당한 일이어서 국립박물관으로서도 미처 손쓸 만한 여유가 없었다. 석 달 뒤의 9·28 수복으로 정국은 잠시 한숨을 내쉬는 듯했지만, 이때 이루어진 경복궁 폭격에 따라 만춘전萬春殿이나 근정전勤政殿 회랑 등 몇몇 전각에 보관되어 있던 매장문화재 수천 점의 유물들이 망실되는 등 큰 피해를 입었다.

얼마 뒤 또다시 1·4후퇴의 소용돌이에 휩싸이게 되었으나, 이때는 미리 그 낌새가 감지되면서 국립박물관에서는 1950년 12월 초에 고위층의 재가를 얻어 덕수궁미술관의 중요 소장품과 함께 몇 차례에 걸쳐 극비리에 부산으로의 소개

疏開 작전을 감행하였다.[17]

한편, 북한에서는 국지적인 발굴이 계속되었다. 이해 봄에 조사된 평안남도 온천溫泉 궁산弓山 유적[18]은 지난해(1949년) 봄 지표 조사에서 처음 알려진 곳으로, 한국전쟁 발발 직전(4. 13-5. 30)에 보존위원회와 중앙역사박물관에서 공동으로 발굴하다가 전쟁으로 중단하게 되었다. 갑작스런 전쟁으로 인하여 발굴 기록과 출토품의 많은 부분이 없어졌지만, 남은 자료만으로 한참 뒤인 1957년 연말에 도유호都宥浩와 황기덕黃基德에 의해 보고서가 출간되었다.

이 유적은 궁산 마을 해안선으로부터 2킬로미터 정도 떨어진 조그만 구릉 (+20m) 경사면에 이루어진 조개더미로서, 여기에 여섯 개의 구덩pit을 파들어 가서 다섯 채의 집터와 세 개의 자연 구덩이를 조사하였다. 집터 안에서는 화덕 자리와 기둥구멍 등의 시설물들이 나오고, 구덩으로부터 빗살무늬토기 쪼가리 들과 함께 석기, 골각기, 토제품, 장식품 등이 출토되었으며, 조가비층에서는 많 은 사슴뿔, 짐승 뼈와 함께 새와 물고기 뼈 등 자연 유물도 수습되었다.

토기에 나타난 문양 등 출토 유물의 성격으로 보아 신석기시대 전기 후반에서 중기에 이르는 유적으로 짐작되었다.

1951년

지난해에 이어 이해도 한반도가 전화의 포연 속에 휩싸여 발굴이란 엄두도 낼 수 없었던 때였고, 다만 지난해의 9·28 수복 이후 꾸준히 거론되어 오던 국립박 물관의 주요 소장품에 대한 부산으로의 소산疏散 계획이 구체화되었다. 이 계획 에 따라 지난해 연말부터 시작된, 주로 철도 화차에 의한 소산 작업이 이해 들어 본격적으로 수행되면서, 전후 네 차례에 걸쳐 모두 18,883점이 420상자에 포장 되어 무사히 소산을 마칠 수 있었다.[19]

다만, 정전회담으로 전쟁이 소강상태에 빠져 있던 1951-1952년에 걸쳐 가평 마장리馬場里 유적[20]에서는 작전 중이던 미군 맥코드MacCord 소령에 의해 원삼국 기에 해당되는 집자리와 유물들이 발견 수습되었다. 북한강으로 흘러드는 가평 천의 북안北岸에서 참호 굴착 작업 중 지표로부터 0.9미터 아래에서 몇 군데의 집자리 바닥이 나오고, 여기에 토기 파편과 숯이 집중적으로 쌓여 있었다.

맥코드는 이 가운데 한 곳을 긴급 발굴하여, 모서리가 둥근 네모난 집자리

(5×6.4m)를 들어내고 집자리 한 구석에서 냇돌을 돌려 만든 둥근 화덕자리(爐址)를 확인하였다. 화덕자리 부근에서는 토제의 바람관(風管)과 쇠찌꺼기, 쇠쪼가리 등 야철과 관련된 유물들을 수습하였다.

이 밖에 중도식中島式 토기 등 후기민무늬토기나 김해식金海式 등의 토기류와 도끼, 활촉, 반달칼. 가락바퀴 등 다양한 석기류도 수습하였다. 이들 유물과 함께 채집한 숯 쪼가리 일부를 미시간 대학에 보내 C-14 측정을 의뢰하는 한편, 나머지 유물은 워싱턴의 국립자연사박물관에 보내 보관토록 하였다.

여기에서의 C-14 측정은 우리의 고고학 자료에 대해 이루어진 최초의 방사성 탄소연대 측정으로서, 그 결과 1700±250 B.P.의 절대연대 값을 얻을 수 있었다. 이 자료들에 대해서는 그 후 다시 우리 학자들에 의해 유적의 현지 조사[21]와 유물 실태 조사[22]가 이루어졌다.

이해 10월에는 불국사佛國寺 역전의 경주 구정리九政里 유적[23]에서 도로 공사 중에 우연히 발견된 나무널무덤으로 짐작되는 유구로부터 세형동검, 꺾창, 창, 활촉, 쌍방울, 말방울 등 청동 유물과 함께 고리자루칼, 가래, 도끼, 낫 등 철기류와 돌도끼도 수습되었다.

보고자는 이들을 석금과도기石金過渡期, 즉 금석병용기金石併用期의 유물로 보았고, 실연대는 통설에 따라 전한前漢 말에서 후한後漢에 이르는 것으로 추정하였다. 이들 일괄 유물은 발견 후 국립박물관에 이관되었다.

한편, 북한에서는 이해에 별다른 발굴 사업이 없었던 것으로 보이며, 그들도 참혹한 전화戰禍의 후유증으로부터 벗어나지 못했던 것으로 짐작되었다.

1952년

이해 봄, 국립박물관이 실시한 경주 금척리金尺里 고분[24] 조사는 한국전쟁의 소강상태 가운데 이루어진 발굴로서, 경주-영천 국도의 좌우에 분포한 30여 기의 고분 중 2기에 대한 조사였다. 지금까지 경주에서의 고분 발굴은 주로 시내에 분포한 것들이었지만, 경주박물관으로부터 훼손 보고를 받고 조사가 이루어진 이곳은 경주 외곽에서 실시된 최초의 고분 발굴이라고 할 수 있었다.

고분은 대부분 도굴되거나 경작 또는 도로 공사 등으로 원형을 잃었고, 조사 대상인 2기도 봉토의 반 이상이 파괴된 상태로 남아 있었지만, 일단 정리 차원에서 발굴이 이루어졌다. 중앙의 함몰부에서 약간의 유물이 수습되었고, 약 한 주일이 소요된 매장부의 발굴을 통해서 이 고분들이 경주 통식의 돌무지덧널무덤이고, 그 절대연대도 비슷한 것으로 생각되었다. 출토 유물로는 금제 귀걸이 한 쌍을 비롯하여 곱은옥, 호박옥 등 장신구와 철기류가 나왔는데, 말발걸이(鐙子)와 칼 등으로 보아 피장자는 남성으로 추정되었다.

이때의 조사에 대해서는 약보고만 나오고 정식 보고서는 출간되지 않았으나, 그 후 1976년과 1981년의 조사를 통해 모두 이십여 기의 고분을 추가로 확인하였다.[25]

한편, 북한에서는 이해에 이르기까지 별다른 발굴 사업이 없었던 것으로 보인다.

1953년

이해 늦봄에는 한국전쟁을 전후한 몇 해 동안의 고고학 침체기를 벗어나 비로소 본격적인 첫 계획 발굴이 이루어졌다. 바로 국립박물관에 의해 실시된 경주 노서리 마총馬塚·쌍상총雙床塚과 138호 무덤[26]에 대한 발굴이었다. 이들 3기의 무덤은 노서리 고분군의 맨 남쪽 끝에 세 무덤이 대략 서북에서 동남 간에 거의 일직선 되게 배치되어 있었고, 바로 동남쪽으로는 호우총과 은령총이 이어져 있었다.

쌍상총(노서리 137호분)은 노서리 고분군 가운데 가장 남쪽에 위치해 있었으며, 호우총과는 138호 무덤을 사이에 두고 대략 동서로 이어져 있었다. 남아 있는 봉토(D-17 = 5m)는 원래의 절반 이상이 깎여 나간 상태였으며, 자락에 나타난 둘레돌의 모서리가 거의 직각을 이룸으로서 방형方形 무덤일 가능성이 제시되기도 하였다.

봉토 안에 깬돌로 쌓아 올린 네모난 높은 무덤방(3.3EW×3.0 = 4.0m)은 길이보다 너비가 약간 긴 방형이었는데, 네 벽이 바닥에서 2미터까지는 거의 수직으로 올라가다가 그 위쪽은 안으로 기울게 쌓아 올리고, 맨 위에는 넓적한 뚜껑돌을 얹었다. 널방 바닥에는 정교한 가공을 거친 주검받침대(屍床)(2.3EW×2.0 = 0.3m)를 만들고, 그 남북 양쪽에 다시 두 차례에 걸쳐 따로 만들어진 한 쌍의 주검받침대가 이루어져 있었다.

남벽 중앙에는 빗장과 귀면鬼面 문고리가 달린 두 짝으로 이루어진 널문이 닫혀 있었고, 그 바깥으로 널길(4.0NS×1.35 = 1.5m)이 나 있는데, 바깥쪽에는 냇돌로 쌓아 올린 막음돌이 채워져 있었다. 무덤방은 물론 널길의 바닥, 벽면, 천장과 주검받침에 이르기까지 전면에 걸쳐 두껍게 회를 발랐다. 널방 안에서는 도장무늬(印花文)토기 등 여섯 점의 토기가 수습되었다.

마총馬塚(노서리 133호분)은 1920년대에 우메하라가 도굴된 이 무덤에서 말뼈와 말안장 쪼가리를 수습하여 붙여진 이름이다. 한국전쟁 중에는 방공호로 이용될 만큼 일찍부터 훼손이 심해서 봉토(3~4 = 5m)도 극히 일부만 남은 상태였다. 봉토 바로 아래에 이루어진 널방(3.2EW×3.0 = 3.7m)은 쌍상총과 거의 같은 구조와 규모로서, 벽체는 바닥에서부터 수직으로 올라가다가 1.3미터 높이에서부터 안쪽으로 오므라들었는데, 벽체의 전면에 두껍게 회가 발려 있었다. 지금은 남아 있지 않으나 널방 바닥에 원래는 주검받침대가 있었을 것으로 짐작되었다.

널방의 남벽 거의 중간에 입구(1.2NS×1.1 = 1.2m)가 나 있고, 널길은 여기에서 좌우로 각 20센티미터씩 넓어졌는데, 깬돌로 채워진 막음돌이 이루어져 있다. 널방으로 들어가는 입구에 돌문은 없고, 남아 있는 두께 5센티미터 정도의 썩은 나무 흔적으로 보아 나무로 짜 맞춘 널문이 설치되었던 것으로 생각되었다. 돌무지덧널무덤이 대다수를 차지하는 경주시내에 쌍상총과 함께 이루어진 매우 드문 돌방무덤으로서, 두 묘제墓制 간에 이루어진 이행 과정을 보여 주는 중요한 자료로 여겨졌다.

노서리路西里 138호 고분은 원래 둥근 봉토(D-20m)를 갖추었던 것으로 보이지만, 조사 당시에는 둘레에 민가들이 들어선 채 크게 훼손되어 네모난 모습을 보이고 있었다. 돌방을 갖춘 앞의 두 무덤과는 달리 봉토 아래에서는 타원형의 돌무지(6EW×4m)가 이루어지고, 그 아래에서 나무덧널(3.8EW×1.5 = 1.2~1.5m)의 흔적이 나왔다. 덧널 안에는 따로 널을 쓰지 않고 동침한 시신을 그대로 묻은 것으로 추정되는데, 시신과 함께 금제 귀고리 두 쌍, 금제와 은제의 반지와 팔찌, 은제 허리띠와 드림장식, 그 밖에 각종 옥류 등 장신구와 무구 및 덩이쇠(鐵鋌)가 수습되었다. 머리맡의 부장칸에서는 금속기, 칠기, 토기 등 용기류와 각종 마구류가 나왔다.

이해 8월에는 그동안 부산으로 소산시켰던 국립박물관의 소장품들이 경복궁

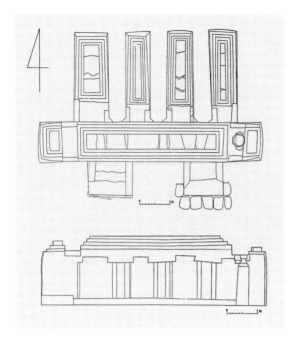

그림 42. 순천順川 요동성총의 평면도(위)와 단면도.

으로 돌아왔으나, 전시 정부의 방침으로 이 듬해인 1954년 1월에는 다시 국립민족박 물관國立民族博物館이 있던 남산 분관으로 옮기지 않을 수 없었다. 5월에는 남산분관 에서 임시 개관하였으나 11월에 또다시 덕 수궁으로 이전하여 1955년 6월 석조전石造 殿에서 새로운 개관을 맞게 되었다.

이러한 전후의 복잡한 국립박물관 사정 에 따라 발굴 활동은 현실적으로 불가능하 였으며, 그러한 고고학적 조사의 소강상태 는 거의 사 년 가까이 계속되었다.

이해에 북한에서는 앞서 한국전쟁 직전 에 이루어진 궁산리 유적을 마지막으로, 한 국전쟁의 포연으로 아직 발굴은 미처 생각 할 수도 없는 상황에서 갑자기 조사가 이루어진 유적이 바로 순천順川 요동성총 遼東城塚[27]이었다. 이 무덤이 처음 발견된 것은 일제강점기인 1934년이었으나 별 다른 조사 없이 그대로 방치해 오다가, 아직 전쟁이 끝나지 않은 이해 3월 주민 들이 방공호로 이용하기 위한 목적으로 보존위원회가 무덤을 조사 정리하였다. 이때에는 우선 벽화를 스케치하고 다시 원상대로 복원한 후 보존 대책을 마련하 여 차후에 정식 모사 작업을 계획하였으나, 시간이 흐르면서 벽화는 심하게 퇴 색되고 결국 모사도는 작성하지 못하고 말았던 것이다.

이 무덤은 남향으로 이루어진 반지하 구조의 무덤으로, 지금까지 알려진 고구 려 고분의 일반적인 양식과는 다른 특수한 구조를 갖추고 있었다. 동서로 길게 이루어진 앞방의 남벽 좌우에 두 개의 짧은 널길이 달리고, 북벽으로는 널 하나 가 들어갈 만한 네 개의 좁은 널방이 남북으로 길게 이루어져 있었다. 앞방의 동 서 양 끝에는 따로 천장을 갖춘 별도의 방이 마련되어 마치 옆방 같은 구조를 보 이고 있었다.그림 42

이러한 특수한 구조의 무덤은 오히려 요동의 무덤들과 비슷한 구조를 보이고, 특히 앞방 남벽에 그려진 성곽도의 '遼東城'이라는 명문과 함께 요동 지방과의 관련성이 짐작되기도 하였다. 벽면에는 회를 입히고 벽화를 그렸지만 퇴락이 심하여 전체 내용은 알 수가 없었고, 다만 서쪽 옆방에는 사신도가, 동쪽에는 방앗간 그림이, 천장에는 구름무늬가 희미하게 남아 있었다. 널방에서는 인물상의 흔적이 보였고, 모서리에는 기둥과 두공이 남아 있어 다른 고구려 무덤에서와 같이 널방을 목조의 유택 공간으로 상징화시킨 것으로 보였다.

1954년

남한에서는 전쟁 뒤의 어려웠던 상황 속에서 이루어진 지난해의 과다한 발굴 작업에다 가을에는 국립박물관 본관을 경복궁에서 남산 분관으로 옮기는 과중한 업무 탓이었던지 아무런 고고학적 성과가 이루어지지 않은 한 해였다.

한편, 북한에서는 지난해의 휴전회담(1953. 7)과 함께 전운이 잠잠해지면서 전후 복구의 혼란 속에서도 본격적인 고고학적 발굴에 새로운 박차를 가하여 북한 전역에서 활발한 활동을 펼쳐 나갔다. 우선 이해 봄에 제일 먼저 이루어진 발굴은 고고학연구소와 보존위원회가 공동으로 실시한 은율 운성리 널무덤[28]에 대한 제1차 조사였다. 마을의 구릉 일대에는 백여 기에 이르는 크고 작은 무덤들이 분포하고 있었는데 일제강점기인 1916년에 이 가운데 가장 큰 무덤 2기를 조사[29]하여 이들이 한식漢式의 벽돌무덤임을 확인한 바 있었다.

이번 조사에서는 도로 수리 작업 때에 한 구덩에서 남북으로 가지런히 배치된 2구의 널무덤으로부터 청동제의 검과 창, 거마구, 일산구日傘具, 종방울, 말종방울, 고리, 오수전五銖錢과 함께 철제의 도끼, 방울알(鐸舌)과 토기 단지가 수습되었다. 동침한 머리맡에 부장칸이 마련된 채 매장부 서쪽의 절반 이상이 훼손된 상태로 남아 있던 두 무덤은 각기 남녀의 어울무덤으로서 무기와 차축두車軸頭가 나온 북쪽 널이 남자의 무덤으로 짐작되었다.

이 널무덤은 주변에서 확인된 다른 한식漢式 무덤과는 달리 세형동검 등 출토 유물과 얇은 나무널만으로 된 구조적 성격으로 보아, 우리나라의 초기 금속문화 연구를 위한 중요한 자료로 생각되었다. 이곳 운성리 유적에 대해서는 이후 일곱 차례에 걸쳐 널무덤, 덧널무덤, 귀틀무덤, 독무덤, 기와널무덤 등 모두 23기의 무덤이 조사되어 이 유적의 중요성이 부각되었다.

늦봄에 조사된 은산 남옥리 고분[30](현 평안남도 순천)은 대동강 상류의 골짜기에 이루어진 고구려 무덤들로서, 10여 기 가운데 봉토 무덤 3기가 과학원에 의해 조사되었다. 무덤의 봉토는 한 변 20미터 안팎의 동서로 약간 긴 높이 3미터가량의 방대형으로, 봉토 아래 0.5미터에서 깬돌로 쌓아 올린 네 벽이 나타났으나, 제1호 돌덧널(1.8EW×0.7~0.8 = 0.55m)과 제2호 돌방(3.0NS×1.8 = 1.0~1.2m)은 모두 도굴로 뚜껑돌이 이미 없어진 상태였다.

제2호 돌방은 남벽 중간쯤에 널문이 있으나 널길은 남아 있지 않았고, 동벽 바닥의 남쪽 끝에 길이, 너비, 높이 각 35센티미터 정도의 감실이 이루어져 있었다. 돌방 바닥에서 '長宜子孫' 명문이 있는 내행화문 청동거울 한 점과 이빨, 뼈 구슬(骨玉), 칠 쪼가리가 수습되었다. 제3호 무덤은 완전 파괴된 상태였으나, 봉토 안에서 이파리 모양의 금동판 석 점이 나왔다

초여름에 시작된 황주 순천리 상동 유적[31]은 1킬로미터의 범위에 청동기시대에서 고구려에 이르기까지 오랜 시기에 걸쳐 이루어진 유적이었으나, 공사에 따른 구제 발굴이었던 관계로 자세한 학술 발굴이 어려웠던 조사였다. 조사된 유적은 돌널무덤에서부터 덧널무덤, 벽돌무덤, 고구려 돌덧널무덤에 이르기까지 시기적으로뿐 아니라 구조적으로 매우 다양한 유형의 무덤들이 분포되어 있었다.

돌널무덤으로부터는 인골과 함께 돌활촉과 민무늬토기편이 수습되었고, 덧널무덤에서는 다양한 종류의 거마구와 동종, 동경 등 각종 청동제품과 함께 철기류로는 장검, 갈래창(戟), 도끼, 갈모, 두귀단지, 문고리, 널못 등이 출토되었다. 벽돌무덤과 돌덧널무덤들로부터는 도굴이 심하여 별다른 유물이 출토되지 않았다.

비슷한 시기에 조사된 평양 역전 2실 무덤[32]은 하수도 공사 중에 발견되어 과학원과 보존위원회에 의해 약 두 주간에 걸쳐 발굴이 이루어졌다. 봉토는 이미 깎여 나가 돌방은 지하에 묻힌 채 절반만 남아 있었는데, 바닥에는 벽돌을 깔고 벽체는 깬돌로 쌓아 올린 구조였다. 남향으로 자리 잡은 무덤은 남쪽에서부터 널길, 앞방, 통로, 뒷방으로 이어지는 2실 무덤으로, 앞방의 동서 양 옆벽에는 서로 어긋난 위치에 감실이 만들어져 있었다.

앞방과 감실에 일부 남아 있는 벽화의 흔적으로 보아 벽면에 회칠을 하고, 여기에 인물도와 풍속도를 그리고, 부엌과 방앗간 등 무덤 주인공의 실내 생활을 묘사한 것으로 보였다. 벽화의 내용이 앞서 안악 제3호 무덤과 비슷한 소재와 화

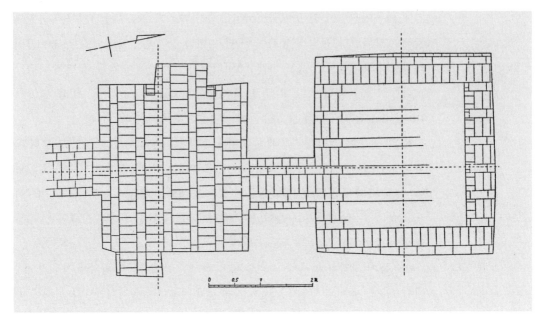

그림 43. 평양 역전 2실 무덤의 평면도.

법이며, 부분적이긴 하지만 평양 '永和九年'명銘 벽돌무덤[33]과 비슷한 구조인 것으로 보아, 이 무덤의 연대는 4세기 중·후반 경으로 추정되었다.그림 43

　한여름에 학술 조사가 실시된 은파 대청리 1호 고분[34]은 대청리 장골에 분포하고 있는 수십 기의 봉토무덤과 돌무덤 가운데 하나로서, 정방형에 가까운 방대형(25×26 = 3m)의 순수 봉토무덤이었다. 봉토 아래에는 점판암으로 쌓아올린 외방무덤(2.5NS×1.7m)이 만들어졌는데, 벽체 표면에는 2센티미터 두께로 회를 바르고 무지개천장 위에는 넓적한 뚜껑돌 한 장을 덮었다. 남벽에는 동벽면에 바짝 붙여 널길을 내 전체적으로 ㄱ자 모양의 평면을 이루었다.

　회령 오동 원시유적[35]은 두만강 중류의 우안右岸 수만 평의 평야 지대에 선사시대부터 역사시대에 이르는 오랜 유물 포함층이 넓게 형성되어 있다. 이 유적이 처음으로 알려진 것은 일제강점기 초기였지만, 그 중요성에 비추어 광복 이후에도 줄곧 유적의 범위와 포함층의 상태를 관찰하며 발굴을 준비해 왔었다.

　1949년에 나진 초도의 발굴을 마친 뒤 1950년 봄에는 해안 지역과의 비교 연구를 위하여 두만강 유역의 유적 조사를 실시하고, 이해 가을 예정으로 발굴 준비에 착수하였다. 그러나 한국전쟁으로 이 계획은 무산되고 정전 뒤에야 비로소 발굴 착수가 가능하게 되었다. 발굴은 이해 9월에 시작하여 많은 집자리들이 중첩해서 나오고 범위가 넓어졌으나, 이른 추위가 몰려와 10월 말 가까이에 작업을 마무리하고 이듬해 발굴로 미룰 수밖에 없었다.

1955년

이해에는 남한에서의 모든 발굴 사업을 주도해 나가던 국립박물관의 환도還都에 따른 새 건물로의 이전 개관[36] 등 혼란스런 상황에서 계획적인 발굴은 미처 엄두를 낼 수 없었다.

다만 이해 11월에 경주박물관에 의해 실시된 경주 황오리皇吾里 32-1호 고분[37]의 발굴이 국립박물관의 공백을 그나마 잠시 메워 주었다고 할 수 있었다. 황오리의 팔우정八友亭 로터리에서 서쪽으로 통하는 새 대구가도大邱街道를 개설하는 도로 공사 도중에 우연히 새로 발견된 무덤이었기 때문에, 바로 남쪽의 도로 가장자리에 있는 32호 무덤에 딸린 번호가 붙여진 것으로 보인다.

봉토는 발견 당시에 이미 흔적도 없이 깎여 나갔으나, 지표 아래에서 바로 돌무지가 드러나면서 그 하부 구조를 짐작할 수가 있었다. 경주의 다른 무덤들처럼 구덩이 바닥에 냇돌과 자갈을 깔고 널을 안치한 후 그 위에 덧널(4EW×2m)을 짜 맞추고 둥근 돌무지(D-17m)와 봉토를 씌운 것으로 생각되었다. 나무 쪼가리가 붙은 못으로 보아 널(2.0EW×0.8m)의 존재를 추정할 수 있었으며, 장신구 등 출토 유물을 통해 피장자는 동침한 키 160센티미터 정도의 여성이었을 것으로 추정되었다. 시신이 안치된 널 안에서는 금동관과 함께 금제의 귀거리, 팔찌, 금·은제의 반지 등 장신구가 출토되었고, 둘레에서는 다양한 금속기와 토기 등 용기류와 창이나 칼 등 무구류, 운주雲珠와 띠고리[鉸具] 같은 간단한 마구류가 수습되었다.

북한에서는 지난해에 이루어진 회령 오동 유적에 대한 제1차 발굴에 이어 제2차 발굴이 계속되어, 광복 이후 북한에서의 첫 연차 발굴로서 많은 유적과 유물이 수습되는 성공적인 발굴 사업이었다고 할 수 있었다. 이해에 조사된 유적들은 회령 오동 유적 외에는 모두가 평안남북도와 황해도 등 서해안에 가까운 지역에 이루어진 곳들로서 조사 유적의 편중 현상이 두드러지게 나타났다.

이해의 첫 발굴로서 봄에 조사가 이루어진 곳은 평양 금탄리 유적[38]으로서, 이곳은 지난해 가을에 고고학연구소(당시에는 물질문화사연구소)에 의해 대동강 유역의 답사를 통해 발견되었다. 유적이 위치한 곳은 대동강과 합류되는 지점으로부터 멀지 않은 남강 상류 쪽의 하안단구로서, 200EW×100m의 범위에서 문화층이 확인되었다. 이 가운데 102EW×8m의 범위를 설정하여 과학원과 보존위원회를 비롯하여 중앙(평양), 신의주, 묘향산, 사리원, 개성, 원산, 함흥, 청진 등 각지의 역사박물관 조사원들뿐 아니라 김일성종합대학 조선사 강좌 학생들까지 발굴에 대거 참여시켰다.

지표 아래 1.5미터에서 나온 가장 이른 시기의 Ⅶ호 집자리를 포함하여 신석기 집자리 다섯 채, 청동기 집자리 네 채와 벽돌무덤 1기를 조사하였다. 신석기 문화층은 두 기期로 구분되었는데, 출토 유물의 성격으로 보아 제1문화층(Ⅶ호)은 신석기 중기, 제2문화층(Ⅴ호, Ⅸ호, Ⅹ호, Ⅺ호)은 신석기시대 후기로 확인되었으며, 여기에서는 적지 않은 민무늬토기도 섞여 나왔다.

청동기시대 문화층에서 나온 네 채(Ⅰ호, Ⅱ호, Ⅲ호, Ⅷ호)로부터의 출토 유물 가운데에는 팽이토기를 비롯한 일반 석기류와 함께 청동제 끌(Ⅷ호)이 나와 팽이토기 집자리가 청동기시대에 속한다는 중요한 근거를 제시해 주었다. Ⅴ호 집자리 옆에서 나온 벽돌무덤은 천장과 벽체의 일부가 무너져 있었는데, 무덤 안에서 단지, 시루 등 토기류와 쇠못이 수습되었다.

곧이어 조사가 시작된 강계 공귀리 유적[39]은 지난해의 채토 공사 중에 이곳에서 몇몇 석기류가 발견되어 과학원 물질문화사연구소에서 조사를 실시하였다. 독로강禿魯江 유역에 하안河岸 단층을 이루는 이 유적으로부터 집자리 여섯 채와 2기의 돌널무덤이 발굴되었다. 집자리는 한 변 6-9미터 되는 네모난 형태로서 층위에 따라 아래 문화층(2호, 3호, 6호)과 위 문화층(1호, 4호, 5호)으로 나누어졌

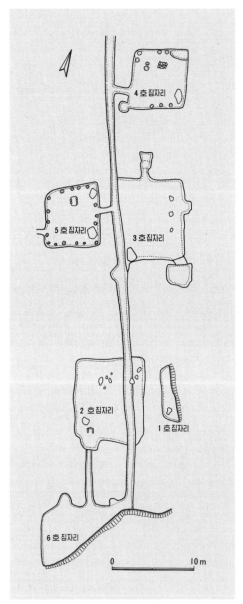

그림 44. 강계 공귀리 유적 집자리 배치도.

는데, 아래 문화층에서는 6호, 2호, 3호가 남북으로 5-10미터의 간격으로 이루어졌고, 6호와 2호 사이는 교통호 같은 구덩이로 이어져 있다. 3호의 바로 서편에 위 문화층에 속하는 5호가, 그 북쪽에 4호도 교통호로 연결된 채 7미터의 거리로 떨어져 있었고, 서벽의 극히 일부만 남은 1호는 서쪽으로 2호와 바짝 붙어 있었다.그림44

집자리로부터는 많은 석기류와 토기가 나왔는데, 특히 토기에서는 서북지방의 팽이그릇과 동북지방 청동기시대 토기의 특징이 함께 나타나 양 지역 간에 이루어진 문화적 교류의 실상을 살필 수가 있었다. 토기류의 성격으로 보아 청동기시대 초기인 서기전 7-5세기로 보았다. 집자리 발굴 중에 나온 돌널무덤40은 네 벽이 모두 한 장의 점판암으로 짜 맞춘 두관족협頭寬足狹의 으뜸널(1.25EW×0.75E~0.40m) 북벽에 붙여 옆널(0.8×0.3m)이 만들어진 특이한 모습을 보여 주었다.

늦봄에 조사된 황주 천주리 널무덤41 유적은 광복 이전부터 이곳에서 여러 차례에 걸쳐 유물이 수습되었다는 곳이었지만, 이번에는 유물 접수와 함께 바로 사후 조사가 이루어졌다. 유물이 수습된 유구의 밑바닥에는 하얀 회 같은 유기물이 깔리고 별다른 구조물들은 없었다는 것으로 보아, 유구는 널무덤이었던 것으로 짐작되었다. 출토된 유물로는 세형동검과 차축두車軸頭 등 다양한 청동제의 거마구와 함께 철기 단지와 도끼가 나왔고, 꼰무늬[絡繩文]가 나타나 있는 토기 단지도 출토되었다.

초여름에 조사된 평양 낙랑리 85호 무덤42은 낙랑군의 치소治所 터였던 대동강 남안의 토성리에 분포한 2천여 기에 이르는 낙랑 무덤 가운데 하나로서 고고학연구소에 의해 발굴되었다. 봉분(D-10 = 1m) 아래에 이루어진 구덩이 안에 각재로 짜 맞춘 덧널(3.0NS×2.8m)을 만들었으며, 덧널 안에는 남북 중심선에서 약간 서쪽으로 치우쳐 칸막이벽을 설치하였다. 이 칸막이에 의해서 덧널이 동서로 양분되었는데, 동쪽 공간에는 덧널 남벽에 붙여 두 개의 널을 남북으로 길게 안치하였다.

북쪽의 빈 공간에는 토기와 칠기류를 부장하였으며, 널 안에서는 각종 패물 등 피장자의 장신구들이 수습되었다. 칸막이의 서쪽 공간은 남북으로 양분된 이 무덤의 부장칸으로서 칠한 칼집에 든 철검과 각종 무늬와 명문이 나타나 있는 거울[漢鏡], 다양한 글씨와 그림이 나타나 있는 칠기류 등 이 일대에서 지금까지

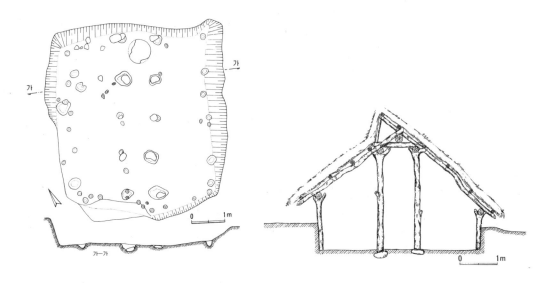

그림 45. 회령 오동 5호 집자리의 평면도(왼쪽)와 복원 단면도.

보기 드문 화려한 유물들이 수습되었다.

늦여름부터는 지난해의 회령 오동 유적[43] 제1차 조사에 이어 제2차 조사를 계속하였다. 두 차례에 걸쳐 두 달 남짓 동안의 400제곱미터 범위에 대한 발굴을 통해 여덟 채의 집자리와 오천여 점에 이르는 많은 양의 유물을 수습하였다. 발굴 결과 여덟 채의 집자리 가운데 완전한 형체를 갖춘 것은 네 채뿐이고 나머지는 상당 부분 파괴된 것들이었지만, 외형상 모두 방형 또는 장방형을 이루고 있었다.

이들 유적은 모두 세 개의 청동기시대 문화층과 맨 위에 이루어진 한 개의 철기시대 문화층으로 구분됨을 알 수 있었다. 제1문화층(1호, 2호)과 제2문화층(4호, 8호)의 집자리에서는 바닥에 진흙이 깔리거나 다져져 있었는데사진 14, 일부 판재를 깔았던 흔적도 나왔으며 모두 화덕자리를 갖추고 있었다. 제3문화층(5호)의 집자리에는 바닥에 네 줄로 기둥구멍이 나 있었고, 가운데 두 줄에는 주춧돌이 놓여 한 단계 발전된 모습을 보여 주었는데, 그 위에서 철기시대의 문화층(6호)도 확인되었다.그림 45

이 유적으로부터는 많은 양의 다종다양한 유물이 출토되었지만, 출토된 층위와 소속이 불명확하여 개략적인 시기 구분은 석기와 토기 등 유물 자체의 특징과 성격에 따르는 수밖에 없었다. 석기류로는 흑요석과 석영, 현무암제의 뗀석기부터 농공구와 무구, 사냥도구에 이르기까지 간석기가 나오고, 토기류로는 일

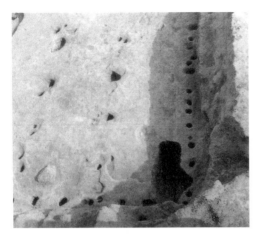

사진 14. 회령 오동 8호 집자리의 기둥구멍.

반 민무늬토기와 함께 붉은간토기와 검은간토기 등 청동기시대의 거의 전 기간에 걸치는 넓은 시기 폭을 보여 주었다.

평안남도 강남 원암리 유적[44]은 대동강 가로부터 남쪽으로 500미터가량 떨어진 구릉 위에 이루어진 두 채의 집자리로서, '인민학교' 신축 공사 중에 발견되어 조사가 이루어졌다. 1호 집자리(6.3~6.6EW×5.3＝0.4m)는 장방형으로 바닥은 얇게 점토를 다져 불로 구웠는데, 기둥구멍은 없었으나 벽면을 따라 불탄 기둥들이 남아 있었다. 여기에서는 팽이토기와 함께 몇몇 간석기가 나왔는데, 이 가운데 석검은 2단자루식으로 칼날에 피홈〔血溝〕이 나 있는, 당시로서는 독특한 형식의 집자리 출토 유물이었다. 2호 집자리도 1호와 비슷한 크기로 보였지만 훼손이 심하여 깊이는 알 수 없었고 기둥구멍 등은 확인되지 않았다.

늦가을에 조사된 용강 대안리 1호 무덤[45]은 삼면이 넓은 평야로 둘러싸인 언덕 위에 이루어진 벽화무덤으로, 보존위원회가 고고학연구소에 의뢰하여 미술사연구실이 공동으로 참여하여 두 주간에 걸쳐 발굴과 벽화 모사작업을 동시에 진행하였다. 원래 방대형이었을 것으로 추정되지만, 그동안의 훼손이 심하여 현재는 타원형으로 남아 있는 봉토(22.5NS×19.5＝3.5m)의 꼭대기에서 불과 0.5미터 아래에서 돌방의 덮개가 나왔다. 돌방은 앞방과 널방이 남북으로 이루어진 두방무덤으로, 두 방의 사이가 통로로 이어지고 앞방의 남쪽에는 널길이 이루어져 있었다.그림[46] 천장의 짜임 형식이 특이하여 앞방에는 좌우에 각 한 개씩 보를 가로질러 전체를 세 구區로 나누었는데, 가운데는 무지개〔穹窿狀〕천장이었고 동서 양쪽은 모줄임〔抹角藻井〕천장이었다. 한편, 널방의 천장은 네 벽 모서리 위에 삼각형 굄돌을 얹어 팔각형으로 만들고, 그 위를 안쪽으로 오므라들게 8-9단으로 쌓아 올린 뒤 위에는 넓적한 뚜껑돌 한 장을 덮었다.

널방과 앞방의 벽면과 천장에는 두껍게 회를 바른 뒤 거의 전면에 걸쳐 벽화를 그렸다. 널방의 벽면에는 건물 등 생활풍속도와 사신도, 역사力士, 별자리와 직녀도織女圖를 그렸고, 천장부에는 굄돌에 이무기와 보륜寶輪무늬가, 천장에는

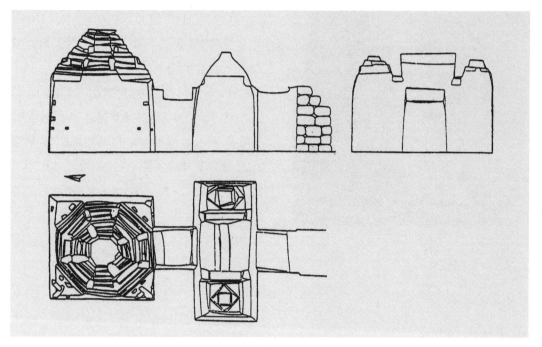

그림 46. 용강 대안리 1호 무덤의 평면도(아래)와 단면도들.

붉게 별자리가 나타나 있었다. 앞방에는 사냥그림과 수레, 기마인물도, 대행렬도, 기마악사樂士를 그렸고, 통로에는 수문장이 그려져 있었다.

벽화의 내용으로 보아 생활풍속도에서 사신도로 이행해 가는 과도기의 벽화무덤으로, 대개 5세기 후반에 해당하는 것으로 짐작되었다.

1956년

이해에도 지난해 남산박물관에서 덕수궁박물관으로의 이전 개관에 따른 과다한 업무와, 여기에 이듬해 연말부터 이루어질 미국에서의 해외 전시[46] 준비에 따라 발굴 작업은 현실적으로 도저히 불가능한 상황이었다. 따라서 이해에 이루어진 남한에서의 발굴은 창원 성문리城門里 고인돌 발굴이, 당일치기 발굴이긴 하지만 유일한 고고학적 활동이라고 할 수 있었다.

연초에 이루어진 창원 성문리 고인돌[47] 조사는 비록 정식으로 이루어진 체계적인 학술 발굴 조사는 아니라고 할지라도 우리의 고고학사에서 몇 가지 중요한 의미를 갖는 조사였다. 우선 광복 후 남한에서 이루어진 첫번째 선사유적에 대한 조사라는 점이었다. 광복 이후 당시까지 남한에서 이루어진 조사의 대다수가 주로 경주의 신라 고분에 편중된 발굴이었다고 할 수 있었다. 뿐만 아니라 이들은 모두가 국립박물관에 의해서만 조사가 이루어지다가, 처음으로 민간인에 의해 실시된 약식 조사이기도 했다.

진해만에 연하여 이루어진 좁은 평야지대의 중학교 운동장에 있는 팔바위(八岩)로 불리는 고인돌 무리 가운데 1기가 조사자에 의해 우연한 기회에 조급한 현지 조사가 이루어졌다. 덮개돌(上石)(2.85×1.9 = 0.8m)은 위아래가 편편한 혈암계의 바윗돌로서, 동쪽으로 1미터가량 떨어진 지하 75센티미터의 깊이에서 뚜껑돌에 덮인 돌널(1.75EW×0.42 = 0.45m)이 드러났다. 돌널은 두께 3센티미터 정도의 넓적한 점판암 6매를 짜 맞춘 것으로, 바닥돌 위에 4매의 판돌을 수직으로 세우고 그 위에 한 장으로 된 넓은 뚜껑돌(蓋石)을 덮었다. 이 뚜껑돌 위에는 판돌을 캐내고 남은 판돌 쪼가리들을 다시 여러 조각으로 맞춰 두 겹으로 덮었다. 출토 유물로는 돌널 바닥에서 인부들에 의해 수습된 점판암제의 간돌검(37.5cm) 한 점과 돌널의 둘레에서 수습된 붉은간토기의 파편들이 있었다.

이해 북한에서의 발굴은 지난해에 이어 연중 꾸준히 진행되어, 지역적으로 시대적으로 적당히 안배된 상태에서 조사가 이루어져 나갔다.

우선 봄에 조사된 대동 화성리花城里 쌍곽분48은 고구려 유적이 밀집된 대성산 자락에 이루어진 고분들 가운데 하나로서, 이미 오래전에 도굴당했던 것을 '인민학교' 교정 정리 사업에 따라 작업이 이루어졌다. 조사된 고분은 일대에 분포한 파괴가 심한 십여 기의 기단식 돌무덤 가운데 하나로서, 같은 봉토 안에 두 개의 돌방이 나란히 이루어진 고구려 무덤으로는 특이한 구조를 갖추고 있었다.

원래 방대형이었을 것으로 추정되는 봉토(20EW×17 = 3m)는 훼손이 심해 둥그스름한 모습으로 남아 있었는데, 동서로 배치된 두 개의 돌방은 모두 널길이 남벽에 이루어져 있었다. 서쪽 방의 널길은 동벽에 잇대어서, 동쪽 방은 서벽에 잇대어져 각기 ㄱ자형과 ㄴ자형의 평면을 이루고 있었다. 벽체는 납작하게 다듬은 깬돌을 눕혀 쌓아 올리고, 벽면에는 2센티미터 두께로 회를 발랐지만 벽화의 흔적은 보이지 않았다. 돌방 안에서 관장식과 널못, 쇠고리가 출토되었고, 동서 두 방에서는 각 2구씩의 인골편들이 수습되었다.

곧이어 조사된 청진 농포동 원시유적49은 일제강점기에 요코야마橫山에 의해 조사된 유판패총油坂貝塚으로 알려진 신석기시대의 유적으로, 이해 봄에 청진역사박물관에 의해 다시 발굴이 이루어졌다. 유적은 동해에 면한 청진평야 서쪽 끝에서 동으로 뻗은 언덕배기(+30m)의 남북 비탈면에 넓게 분포되어 있었는데, 각 층위로부터 특색 있는 유물들이 출토되었다.

이해의 발굴을 통해서 A층, B층, C층은 위에서 흘러내린 퇴적층이고 D층만이 유일한 조가비층임이 확인되었는데, D층으로부터는 각종 토기류를 비롯하여 흑요석기와 석기류, 뼈도구 등 인공 유물과 함께 짐승 뼈 등 자연 유물이 다량 수습되었다. 특히 흙이나 돌로 만들어진 인물, 동물, 조류鳥類 등 조형물들이 많이 출토되어, 이들이 풍요나 다산을 기원하는 호신부護身符로서의 기능을 갖춘 것들로 짐작되었다.

여름에 조사된 은파 갈현리 움무덤[50]은 공사 중에 파괴된 상태로 드러난 유구로서, 많은 양의 청동기와 철기 유물이 수습되어 사리원역사박물관에 의해 정리 조사가 이루어졌다. 석비레를 1미터가량 파내고 만들어진 한 변 2.5미터의 모난 구덩의 부식토층에서 나온 유물들은 일단 박물관에 보관해 두었다가 이듬해(1957년) 봄에 다시 현장 조사를 실시하였다. 재조사를 통해 확인된 구덩(2.6EW×2.5 = 1.1m)의 벽면은 아래로 내려가면서 점차 좁아지며 중간에서 단이 이루어졌는데, 밑바닥에서는 청동기가, 그보다 40센티미터 정도 위에서는 철기류가 수습되었던 것으로 짐작되었다. 청동기로는 세형동검과 칼자루끝장식[劍把頭飾], 투겁창, 쇠뇌 부속구 등 무구류와 여러 수레도구가 나오고, 철검, 투겁창, 도끼와 마구 등 철기류가 나왔다. 이 밖에 화분형토기와 유리구슬도 함께 수습되었다.

한여름에는 개성 공민왕 현릉玄陵[51]의 수리 공사에 따른 봉토 구조와 널방 내부에 대한 조사가 보존위원회에 의해 이루어지고, 이어서 벽화 모사 작업을 실시하였다. 개성을 중심으로 주변 6-8킬로미터에는 고려의 역대 왕릉들이 밀집되어 있는데, 현릉은 그 서쪽 끝에 노국공주魯國公主가 묻힌 정릉正陵과 나란히 동서로 길게 이루어진 묘역(40EW×24m) 안에 모셔져 있었다. 거의 같은 크기의 두 무덤에는 의관을 갖추고 홀笏을 든 십이지十二支가 새겨진 화려한 12각角의 돌 기단(D-13.7 = 1.0m)을 병풍처럼 두르고, 그 위로 봉토(H-4.7m)와 난간석이 돌아갔다.

무덤의 북쪽과 동쪽, 서쪽의 삼면에는 돌담장(H-3m)이 돌아가고, 무덤 아래 남쪽으로는 층단을 이루며, 상석床石, 돌짐승, 망주석, 장명등, 문인석과 무인석이 차례로 배치되어 장엄하고 완비된 왕릉 조성을 이루었다.

발굴 결과, 현릉의 봉토(H-4.7m) 아래에 이루어진 네모난 널방(3.0×3.0 = 2.3m)의 바닥 복판에는 널받침(2.7NS×1.1m)이 놓이고, 널방의 남벽에는 정남향으로 상석 밑까지 뻗은 긴 널길(9.1×2.0 = 1.8m)이 달려 있었다. 널방의 남벽을 제외한 동과 서, 북의 세 벽면에는 벽화가 그려져 있었는데, 벽면에도 의관을 갖추고 홀을 든 십이지가 그려지고, 편편한 석 장의 뚜껑돌로 덮은 천장에는 북두칠성과 삼태성三台星, 해 등 별자리가 조잡하지만 선명한 색채로 남아 있었다. 일제강점기에 이루어진 것으로 보이는 도굴로 널받침에 남아 있던 널빤지와 널못, 사람 뼈는 심하게 훼손되어 있었고, 문턱 밖에서는 개원통보開元通寶와 함평원보咸平元寶 등 당대唐代와 송대宋代의 엽전 80여 점이 수습되었다.

이어서 초가을에는 사리원 상매리 돌널무덤[52]에 대한 조사가 사리원역사박물관에 의해 이루어짐으로써, 앞서 초여름의 은파 갈현리 움무덤 조사에 이어 비슷한 시기에 연이어 두 곳의 원시 무덤을 조사하는 성과를 거두었다. 유적은 사리원역으로부터 북쪽으로 1킬로미터 정도 떨어진 곳으로 부근에서는 모두 4기의 돌널무덤이 확인되었으나 그 중 1기만 조사되었다.

조사된 돌널무덤은 두께 3-4센티미터의 넓적한 점판암을 이용하여 무덤칸을 만들어 전체적으로 길쭉한 소형의 모난 돌널(1.4NW~SE×0.4 = 0.6cm)을 짜 맞추고, 그 위에 넓적한 뚜껑돌(1.5×0.6m)로 덮었다. 무덤 바닥에도 넓적한 판돌을 돌널의 벽 밑동보다 7센티미터 정도 치켜 올려 들림 바닥 형식으로 깔았다. 돌널 안에서는 청동제와 석제의 활촉과 소라껍질로 만든 장신구 등이 출토되었다.

이렇듯 남한에서의 초라한 고고학적 성과와는 달리 북한에서는 지난해에 이어 이해에도 선사시대에서 역사시대 유적에 이르기까지 활발한 발굴을 펼쳐 나갔다. 또한 이해 연말에는 북한에서 처음으로 『유적발굴보고』[53]라는 중요한 단위 유적에 대한 발굴 보고서를 단행본으로 출판하기 시작하였다.

1957년

이해는 전후戰後 지금까지 침체 상태에 빠져 있던 우리 고고학계에 오랜만에 새로운 기운이 감돌기 시작한 해였다고 할 수 있다. 이해 연말부터 이루어질 미국에서의 해외 전시에 대한 준비 작업이 마무리되면서, 국립박물관에서는 울릉도에서의 고분 발굴에 착수하여 세 곳의 고분군 발굴을 진행해 나갔다. 이 밖에 부천 시도矢島 조개무지에 대한 시굴 작업을 실시하여 본 발굴에 대비한 자료를 수집하였고, 양평 단석리丹石里에서의 신라 고분에 대한 소규모 약식 발굴도 실시하였다.

이해 국립박물관의 주요 사업으로 실시한 울릉도 고분[54]에 대해 보고자가 처음으로 주의를 기울인 것은 1947년이었다. 1952년에는 재조사차 이곳에 다시 와서 썩은 다리를 건너다가 계곡으로 추락하여 두개골에 금이 가는 중상을 입고 되돌아 갈 수밖에 없었던 불상사도 있었다.[55]

초여름부터 시작한 조사는 무덤이 집중적으로 나타나 있는 북면과 서면을 중심으로 무덤의 분포 상태를 파악하고 드러난 무덤의 구조를 기록으로 남기는 데 주력하였다. 이때 확인할 수 있었던 무덤으로는 북면에서는 현포동玄圃洞에서 38기, 천부동天府洞 3기, 죽암竹岩마을에서의 4기였으며, 서면에서는 남서동南西洞 37기, 남양동南陽洞과 대하동臺霞洞에서 각 2기, 남면에서는 사동沙洞의 1기 등 모두 87기였다. 대부분 파괴되거나 이미 도굴된 것들 보아 원래 섬 안에는 백여 기의 고분이 이루어졌을 것으로 추정되었다. 이들 무덤은 대부분 경사지에 돌로 축대를 쌓아 여기에 길쭉한 돌방을 만들고, 봉토 대신 돌더미[封石]로 쌓은 돌무덤들이었다. 돌방의 길이는 보통 5m 정도였지만 후기에 들어서는 합장을 위해 9-10m로 길어지고 있었다.

육 년 뒤인 1963년에는 6월과 9월의 두 차례에 걸쳐 다시 이곳에 와 지난 조사에서 미진했던 보완 작업을 계속하던 중 천부동 2호 무덤과 같은 처녀분을 발굴하는 예기치 못한 성과를 올리기도 했었다.

국립박물관에 의해 실시된 또 다른 조사로는 이해 5월 부천 시도矢島 조개무지[56] 유적에 대한 간단한 시굴이 있었는데, 여기에서 얻어진 자료가 1970년도에 이루어진 본 발굴 조사의 바탕이 되었다. 이곳 시도 유적에 대해서는 일찍이 1916년 도리이에 의해 그 존재가 알려진 곳이지만,[57] 그 뒤 오랫동안 별다른 주목을 받지 못하다가 이때 비로소 시굴이 이루어지게 된 것이다.

이해는 미미하나마 대학 박물관이 발굴에 처음으로 참여하는 해로서, 경희대학교 박물관이 김기웅金基雄의 주도로 서울 암사동岩寺洞 유적[58]을 발굴하였다. 일대에 대한 정지 작업 중에 발견되어 응급적 발굴을 통해 많은 양의 석기, 토기와 함께 집자리가 조사되어 우리 학자에 의한 첫번째 신석기시대 유적 조사의 의미를 갖는 발굴이었다고 할 수 있었다. 6월 초에는 양평 단석리 유적[59]에서 신라 고분 2기가 조사되었다. 낮은 언덕 자락에 자리 잡은 국민학교의 교사 신축 공사 중에 자락의 깎인 면에서 5-6기의 돌덧널무덤이 발견되었으나, 조사 당시에는 대부분 훼손되고 2기만 반파된 상태로 남아 있었다.

정확한 덧널의 크기는 알 수 없었지만, 부분적으로 남아 있는 상태로 보아 대략 1.9NS×1.5＝1.3m의 규모로 추정되었다. 바닥에는 별다른 시설 없이 네 벽은 깬돌을 무질서하게 쌓아 올렸는데, 남북 양 마구리벽은 수직으로, 긴벽은 위로 올라가며 오므라든 모습을 보였으며, 덧널 위에는 넓적한 판돌을 덮었다.

이들 무덤에서 출토된 것들로 보이는 토기 열다섯 점은 학교 소장품으로 보관되고 있었는데, 굽다리접시 다섯 점을 비롯하여 사발과 병, 단지류가 포함되어 있었다. 이들 작은 돌덧널무덤은 당시 이 지역 상류 집단의 무덤으로 생각되며, 토기 가운데 일부는 백제 토기의 영향을 받은 신라 토기의 지방 양식으로 보이는데, 그 시기는 7세기 초반경으로 짐작되었다.

한편 북한에서는 이해 이른 봄의 봉산 지탑리 유적을 시작으로 몇몇 주요 유적에 대한 발굴이 이루어졌고, 곧이어 한국전쟁 이전인 1949년 봄에 시작하였다가 전쟁으로 중단되었던 안악 1호와 2호 무덤에 대한 발굴을 오랜만에 다시 계속하였다. 이어서 늦봄에는 황주 선봉리 1호 무덤을 조사하였고, 여름에는 평양 태성리 고분과 시중군 노남리에 대한 연차 발굴의 첫 해 조사를 시작하였다.

또한 지난해의『유적발굴보고』창간에 이어 이해에는 새로이『문화유산』이 같은 과학원 고고학 및 민속학 연구소에 의해 창간되었다.『유적발굴보고』가 주로 고고학과 관련된 중요한 단위 유적에 대한 발굴 보고서인 데 반해,『문화유산』은 고고학뿐 아니라 민속학, 미술사, 음악사와 관련된 소규모의 '속보성' 발굴 약보고 성격의 잡지라고 할 수 있었다.

봉산 지탑리智塔里 유적[60]은 재령강의 지류 가에 위치한, 신석기시대부터 초기 철기시대에 이르는 선사 유적으로, 이해 봄 고고학연구소에 의해 두 개 지구에서 발굴이 이루어졌다. 제I지구는 대방군의 토성 안에서 조사된 유적으로, 표토층으로부터 아래로 고대 문화층과 청동기시대 문화층, 신석기 문화층이 차례로 나왔는데, 신석기층에서는 움집터 한 채(1호: 7×7＝0.4~0.5m)가 조사되었다.사진 15 제II지구는 제I지구로부터 남동쪽으로 750미터가량 떨어진 곳인데, 여

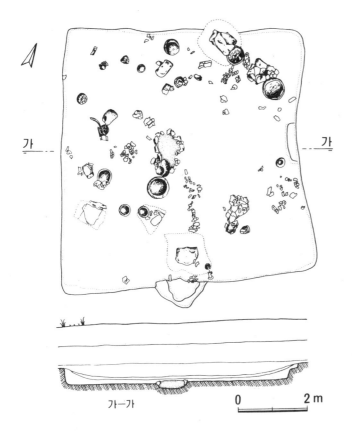

사진 15. 봉산 지탑리 1호 집자리.

그림 47. 봉산 지탑리 1호 집자리의
평면도(위)와 단면도.

기에서도 제I지구에서와 같이 신석기 움집터 두 채(2, 3호: 3~4 = 0.4~0.5m)와 청동기시대 움집터 한 채(4호: 5.6NS×4.0 = ?m)가 확인되었다. 신석기시대의 집자리는 두 곳 모두 네모꼴의 형태를 갖춘 것들로, 진흙으로 다져진 바닥의 한가운데에 화덕자리가 만들어지고 토기를 묻은 저장 구덩이도 확인되었다.그림47

여기에서 출토된 토기류는 대개 둥글거나 뾰족한 바닥을 갖춘 토기들이 대부분이지만, 드물게는 납작 바닥도 있었다. 그릇 표면에는 생선뼈무늬와 빗금무늬, 물결무늬, 타래무늬 등 주로 점과 선으로 이루어진 다양한 무늬가 나타나 있었는데, 토기의 양상으로 보아 제I지구가 시기적으로 보다 앞선 것으로 생각되었다. 석기류로는 활촉, 도끼, 갈돌, 숫돌, 그물추와 끌, 자귀, 돌낫, 보습 등이 다양하게 나왔는데, 특히 2호 집자리에서는 피나 조와 같은 낟알도 출토되어 이 시기에 이루어진 원시적 농경의 가능성을 보여 주었다.

청동기시대에 속하는 4호 집자리는 신석기 집자리와는 달리 긴 네모꼴로서 훼손이 심했지만, 여기에서도 바닥에 찰흙을 씌우고 구워 다졌다. 집자리 안에서는 팽이토기와 함께 돌검, 활촉, 도끼, 톱니날도끼 등 다양한 간석기가 출토되었다. 제I지구에서도 집자리는 없었지만, 신석기층 바로 위의 문화층으로부터 돌검, 활촉, 반달칼, 갈돌 등 간석기와 팽이토기와 같은 청동기시대 유물들이 수습되었다.

지탑리 유적의 중요성은 위아래로 이루어진 청동기시대와 신석기시대의 문화층이 출토 유물에서 뚜렷한 차이를 보이며 구분된다는 점이었다. 또한 앞서 조사된(1950년) 온천 궁산리 유적과 함께 한반도 서북지방의 신석기문화를 대표할 뿐만 아니라 농경문화의 근거를 제시해 주는 중요한 유적으로 평가되었다.

곧이어 실시된 안악 1·2호 무덤[61]에 대한 제2차 발굴은 앞서 1949년 봄에 이루어진 제1차 조사 후에 한국전쟁으로 인해 훼손되거나 분실된 자료를 보완하기 위한 재발굴의 성격을 띠는 작업이었다. 따라서 본 발굴 보고서에 실린 사진, 그림 들은 제1차 조사 때에 남은 일부 기록을 참조하였지만, 그 대부분은 제2차 조사 때에 작성된 것들을 기초로 하였다.

얼마 뒤 조사된 황주 선봉리 1호 무덤[62]은 비탈진 밭 가운데 20미터의 간격을 두고 동서로 이루어진 무덤 가운데 1기로서 동쪽에 위치한 것이다. 방대형(14.5NS×11.5 = 2.5m)의 봉토 꼭대기로부터 1.7미터 아래에서 드러난 널무덤의 구덩이(4.1×1.5m)는 동벽과 남벽, 북벽 면에서 두 개의 단을 이루며 아래로 내려가면서 점차 좁아졌다.

구덩이와 널의 틈새는 진흙으로 다져졌는데, 널의 둘레를 따라 출토된 10점의 금동제 장식못(飾釘)이 널의 범위(2.4×0.8m)를 보여 주는 중요한 단서가 되었다. 널의 복판에서 나온 유리와 마노瑪瑙로 만들어진 서른여섯 점의 각종 구슬로 된 목걸이 장식 등은 피장자가 북침으로 안치되었음을 보여 주었다. 이 밖에 청동제의 말종방울(馬鐸) 한 점과 동한대東漢代의 오수전五銖錢 아홉 점이 나와 이 무덤의 시기적 배경의 일단을 알려 주었고, 토기류로는 민무늬토기와 꼰무늬토기 쪼가리가 나왔다.

이해 초여름부터 시작된 강서 태성리 유적63(현 남포시)은 평양에서 서남쪽으로 30킬로미터 남짓 떨어진 낮은 구릉 지대에 이루어진 넓은 유적으로, 관개공사가 진행되면서 여기에 분포되어 있던 선사시대에서 역사시대에 이르기까지 중요한 유적들을 조사하였다. 발굴된 유적은 고인돌과 돌널무덤 각 2기, 움무덤 12기, 독널무덤과 돌방무덤 각 5기, 덧널무덤과 벽돌무덤 각 1기 등 모두 28기의 무덤 유적과 청동기시대 집자리 한 채가 조사되었다.

고인돌은 여기에 분포한 십여 기 가운데 2기가 조사되었는데, 모두 남방식으로 27호의 경우 덮개돌(3.2×2.3＝0.3m) 아래에 사다리꼴의 돌무지(2.3~3.4NS×2.0~2.2＝1.2~1.8m) 시설이 나왔으나, 그 아래에서 아무런 유구도 확인되지 않았다. 돌널무덤 2기는 화강암 판돌을 짜 맞춘 것(1.6×0.5~0.6m)들로, 여기에서도 별다른 유물은 출토되지 않았다. 움무덤은 대부분 길이와 너비의 비례가 2:1로서 모두 남북으로 긴축이 이루어졌는데, 잘 남아 있는 봉분은 방대형을 갖추고 있었고, 홑무덤과 어울무덤이 섞여 있었다. 머리 쪽이 약간 넓은 널 안에서는 동검과 함께 가락지, 띠고리와 같은 장신구가 나왔고, 널 밖에 따로 마련된 부장칸에는 화분형 토기류와 청동기, 철기, 약간의 옥제품 들이 부장되어 있었다. 청동기로는 세형동검과 투겁창, 다양한 거마구가 출토되었고, 철기로는 장검과 단검, 낫, 도끼, 끌 등의 이기류가 부장되어 있었다. 독널무덤은 모두 이음식(合口式)인데 화분형토기를 이용한 것도 있어, 앞서 같은 유형의 토기가 나온 움무덤과 비슷한 시기의 것들로 짐작되었다.

덧널무덤은 태성리 유적 가운데 가장 큰 방대형의 봉토(36EW×28＝4.5m)를 갖춘 무덤으로, 그 아래 4미터에서 구덩이의 어깨 윤곽이 나왔다. 다시 그보다 5미터 깊이에서 두께 0.5미터가량의 부식된 목재가 깔린 덧널 내부

(4.6EW×3.5m)의 바닥을 확인할 수 있었는데, 구덩벽은 북벽을 제외한 세 벽면이 계단을 이루고 있었다. 무덤의 내부는 파괴가 심하여 별다른 유물이 남아 있지 않았고, 봉토를 제거하는 과정에서 칠관漆棺 파편과 유리로 만든 대롱옥, 가락바퀴, 수막새기와 파편 등이 수습되었다.

벽돌무덤은 방대형의 봉토 아래에서 남향한 짧은 널길이 달린 네모난 널방(1.9NS×1.5m)이 천장이 파괴된 상태로 드러났고, 바닥의 서반부에는 두 겹으로 벽돌을 높이 쌓고 그 위에 두 개의 칠관을 안치한 널받침이 이루어져 있었다. 널방 안에서는 동경, 와당, 토기류, 철제품의 쪼가리가 수습되었는데, 앞의 덧널무덤과 함께 대동강 유역에 이루어진 한대漢代의 무덤들로 짐작되었다.

돌방무덤 5기 가운데 2기(1호, 2호)는 벽화고분이었고, 나머지 3기는 여기에서 400미터가량 떨어져 있었다. 1호 무덤은 좌우 옆방이 딸린 앞방에 남향으로 뻗은 긴 널길이 이어지고, 그 북쪽으로 뒷방이 이루어져 있었다. 벽면에는 회칠을 한 후 서쪽 옆방에는 묘주墓主 인물도人物圖, 널길에는 기마인물행렬도騎馬人物行列圖가 그려지고, 앞방에서는 '大泉五十' 동전이 나왔다. 2호 무덤은 널방과 널길만으로 이루어진 외방무덤으로, 널방의 앞쪽 좌우에 감실이 달려 있었다. 벽면 전체를 회로 바르고 생활 풍속도를 기본으로 한 가옥도와 여인 초상화 등의 벽화가 그려져 있었다.

1호 집자리[64]는 석비레층을 파내고 만든 장방형(7.1×6.1 = 0.5m)으로, 바닥에는 잔돌을 깔고 그 위에 진흙을 깔아 다졌는데, 벽선을 따라 작은 기둥구멍이 촘촘히 돌아갔다. 바닥의 복판에는 표주박 모양의 화덕자리가 있고, 바로 옆에서는 지름 40센티미터 되는 큰 기둥구멍이 확인되었다. 바닥 전면에 불탄 목재가 깔려 있었고 그 위에는 불탄 진흙이 덮였는데, 바닥면

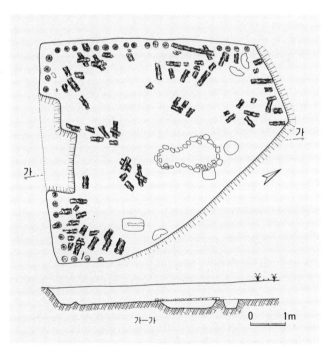

그림 48. 강서 태성리 1호 집자리의 평면도(위)와 단면도.

0   1m

에서 도끼와 대팻날도끼, 활촉, 반달칼 등 석기류가 출토되었다.그림48

또한 이해에 초기 고구려의 역사를 연구하기 위해서는 압록강 중류 일원에 이루어진 기원 1세기를 전후한 유적을 조사해야 한다는 명분 아래, 압록강 지류인 독로강변에 있는 평안북도 시중 노남리 유적⁶⁵을 1962년에 이르기까지 몇 차례에 걸쳐 조사를 진행하였다. 유적으로는 독로강 북안北岸의 간평 유적과 남안의 남파동 유적이 있는데, 남파동에는 고구려 무덤과 그 아래로 다시 두 개의 문화층이 이루어져 있었다. 이 가운데 아래 문화층은 집자리 한 채와 함께 토기와 석기류가 나오는 청동기문화층(제1문화층)이었고, 위 문화층은 ㄱ자 모양의 구들이 갖춰진 집자리와 철기류가 나오는 철기시대 문화층(제2문화층)이었다.

제1문화층에서는 꼭지 손잡이가 달리고 아가리의 가장자리에 두 줄을 돌린 깊은바리 등 납작바닥 토기류가 나오고, 석기로는 사다리꼴 반달칼, 네모도끼, 끌, 활촉 등이 수습되었다. 제2문화층에서는 도끼, 활촉, 낚시, 송곳, 꺾쇠, 띠고리 등의 철기류와, 청동 제품으로는 활촉과 팔찌, 명도전明刀錢이나 오수전五銖錢 같은 화폐가 출토되었다.

이 밖에 노남리 일원에는 남파동을 비롯하여 간평, 내평 등 세 개의 무덤떼가 이루어져 있었는데, 가장 많은 무덤이 조성된 남파동에는 돌무지무덤과 돌방무덤이 한데 섞여 분포되어 있었다. 이들은 다시 지역에 따라 세 개의 무리를 이루고 있었는데, 각 무리는 무덤의 구조에 따라 대체로 분포의 특성이 나타나고 있었다.

돌무지무덤은 기단식基壇式과 무기단식으로 나누어졌고, 돌방무덤은 외칸무덤과 여러칸무덤으로 구분되었다. 외칸무덤인 30호 무덤의 경우, 비교적 작은 규모의 무덤칸(2.0EW×1.65 = 1.6m) 서벽 중간에 무덤칸보다 75센티미터 정도 바닥을 높인 널길이 이어져 있었다. 네 벽은 위로 오르면서 차츰 좁아들게 쌓아, 천장에는 석 장의 큰 판돌을 얹었다. 바닥에는 동침한 2구의 시신이 안치되었는데, 체격이 큰 남쪽이 남성으로 보였다.

이들 각 무덤의 구조에 따른 축조의 순서를 보면, 대체로 무기단식에서 기단식 돌무지무덤으로, 다시 기단식 돌무지무덤에서 돌방무덤으로 변해 간 것으로 짐작되었다. 내평 무덤떼에는 모두 냇돌로 쌓아 올린 돌무지무덤뿐으로, 강가의 가장 뒤에 자리 잡은 1호 무덤의 경우 대체로 방형의 모습이 남아 있었고, 두 덧널 바닥에 자갈이 깔려 있었다. 간평 무덤떼는 대부분 형체를 알 수 없을 만큼 파괴되어 있었는데, 돌방무덤이 돌무지무덤의 뒤에 자리 잡고 있었고 발굴된 돌방무덤 가운데에는 외칸이나 두칸무덤도 있었다.

1958년

이해는 국립박물관이 처음 개최하는 미국에서의 해외 전시(1957. 12. 14-1959. 6. 7)[66] 때문에 발굴 조사의 수행이 어려웠던 한 해였다. 우리가 그동안 겪어온 광복과 한국전쟁 등 격동기의 혼란에 따른 외국에서의 이미지 개선을 위한 첫번째 문화재 전시였다. 일 년 반에 걸쳐 워싱턴을 비롯하여 미국의 여덟 개 도시를 순회하는 대규모의 해외 전시 행사로서, 전시 유물이 귀국하는 1959년 상반기까지는 온 박물관이 거기에 몰두할 수밖에 없는 상황이었다.

이해에 이루어진 유일한 발굴로서 부산대학교 박물관에 의해 수행된 김해 예안리禮安里 조개무지[67]를 들 수가 있다. 이 유적은 낙동강 연안의 나지막한 언덕의 고분군 아래에 이루어진 조개무지로서, 부산대학교 정중환鄭仲煥 교수와 경남공업고등학교 박경원朴敬源 교장이 네 개 지점을 시굴하여 돌덧널무덤과 인골 등을 발견하면서 이루어진 발굴이었다.

이 조개무지는 주변에서 조사된 돌덧널무덤들과 함께 원삼국시대의 유적으로 취급되기도 했었다.[68] 그러나 그 후 1976-1980년도에 걸쳐 이루어진 일대의 조사를 통해, 여기에서는 신석기시대의 빗살무늬토기와 삼국시대의 토기편까지 출토되는 등 조개무지의 시대적 층위관계가 복잡한 양상을 띠고 있음을 확인할 수 있었다. 주위에서는 나무덧널무덤에서부터 다양한 양식의 돌덧널무덤과 돌방무덤, 독널무덤 등 모두 200여 기에 이르는 삼국시대에 속하는 무덤들이 층위를 달리하며 나와 그 연대적 서열을 보여 주었다.

이와 같이 남한에서의 발굴 활동이 침체해 있는 동안 북한에서는 선사시대부터 역사시대 유적에 이르기까지 활발한 발굴 활동을 전개해 나갔다. 이해에는 선사유적 가운데에서도 특히 청동기와 같은 초기 금속문화에 많은 관심을 기울였으며, 더러는 연차적 계속 발굴도 수행해 나가면서 고고학 활동에 심혈을 기울여 나갔다.

이러한 북한에서의 초기 금속문화에 대한 학술적인 관심과 때를 같이하여, 우연인지는 몰라도 중국 요령성遼寧省의 몇몇 유적으로부터 한반도 청동문화의 원류를 살필 수 있는 중요한 유적이 거의 비슷한 시기에 발견되었다.

이렇듯 활발하게 계속해 나가는 발굴 조사와 함께 그 고고학적 학술 성과를 정리해 나가는 데도 끊임없는 관심을 쏟아, 1956년의 『유적발굴보고』 창간에 이어 이듬해(1957년)에는 『문화유산』을 펴냈다. 이어서 올해에는 또 소규모의 개별 유적에 대한 발굴 보고를 위한 『고고학자료집』을 창간하며 계속해서 발굴 보고서와 약보고 형식의 단행본과 잡지를 펴내는 열의를 보였다.

이와 같은 북한에서의 꾸준한 발간 사업은 대부분의 발굴 사업을 주관해 왔던 보존위원회와 고고학연구소의 일관된 행정과 학술적 체제의 확립에서 가능했던 것으로 여겨진다. 따라서 아직까지 특별한 행정적 지원도 없이 일본인들의 발굴 방식을 그대로 답습해 나갔던 남한과는 달리 사회주의 체제에서 유물사관에 입각한 그들 나름대로의 고고학적 행보를 수행해 나갔던 것으로 보인다.

이해 봄에 이루어진 첫 발굴은 봉산 신흥동 집자리[69]로서, 이해 춘기와 하기의 어지돈 지구 관개공사에 따른 주민들에 의한 채토 과정에서 유구가 발견되어, 여름과 가을 두 차례에 걸쳐 사리원을 중심으로 봉산, 은파, 황주 일대의 유적에 대한 조사가 이루어졌다. 유적 일대는 채토 작업에 따라 긴지름 200미터의 타원형 구덩을 이루었는데, 여름 조사에서는 깎인 면의 재층 사이에서 드러난 바닥이 굳게 다져진 집자리로부터 출토된 팽이토기와 함께 활촉, 도끼, 반달칼 등 석기류를 수습하는 선에서 작업을 마쳤다.

고고학연구소에서 가을에 조사한 본 발굴에서는 청동기시대에 해당되는 모두 일곱 채의 집자리를 확인하였는데, 깊이 25-50센티미터의 긴네모꼴이었으나 대부분은 훼손이 심하였고, 2호, 3호 두 채만 완전한 형태를 갖추고 있었다. 일곱 채 가운데 두 채는 지상 가옥에 가까웠으며, 나머지는 모두 반움집의 구조였다. 2호 집자리 (12.0NS×4.0m)는 대형인 데다 깊이가 얕아서 지상 가옥으로 짐작되었는데, 가운데에 칸막이벽을 막아 방을 두 칸으로 나누었음을 알 수 있었다

이곳 집자리의 바닥에는 진흙을 깐 뒤 불로 달궈 단단한 상태로 남아 있었는데, 어떤 것들

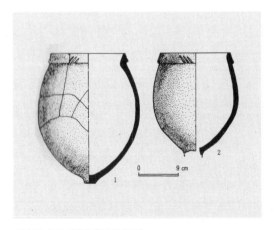

그림 49. 봉산 신흥동 출토 팽이그릇.

은 바닥뿐 아니라 벽면에도 진흙을 발라 굽거나 판자를 벽에 대어 보강하기도 하였다. 바닥에는 특별한 시설 없이 맨바닥에 불을 지핀 흔적이 있었는데, 이 가운데에는 가장자리를 진흙 띠로 두른 화덕자리도 나왔다. 출토된 팽이토기들의 겹아가리에는 연속되는 빗금무늬가 있는 항아리와 독이 있었고, 독 바닥에 구멍을 뚫어 시루로 사용한 것들도 있었다.그림 49 석기로는 돌검과 활촉, 반달칼, 도끼, 바퀴날도끼, 가락바퀴가 나오고, 청동단추 한 점도 수습되었다.

시중 심귀리 유적[70]은 독로강변의 넓은 평지에 분포한 이백여 기에 이르는 고구려 돌무지무덤과 구릉의 선사시대 포함층으로 이루어져 있었다. 이 유적은 지난해(1957년)에 주민들에 의해 발견되었다가 이번에 고고학연구소에 의해 돌무지무덤 수십 기와 초기철기시대 및 청동기시대 유적이 조사되었으나, 발굴 보고는 네 채의 청동기시대 집자리에 대해서만 발표되었다.

깊이 50-70센티미터의 긴 네모난 움집 바닥은 진흙으로 다지고, 여기에 기둥을 받치기 위한 주춧돌을 두 줄로 배열하고 바닥 북쪽에는 돌로 테를 돌린 화덕자리가 만들어졌다. 출토 유물로는 겹아가리토기 등 다양한 토기류와 긴 네모난 반달칼, 활촉, 도끼, 바퀴날도끼, 낫, 끌, 그물추 등 많은 석기류가 수습되었다. 이곳 심귀리 유적에 대해서는 그 후 1983년에도 추가로 조사가 이루어졌다.

늦봄에 조사가 이루어진 황주 청룡리 정촌 유적[71]은 지난해 가을 어지돈 지구의 수로 공사 중에 청동 일괄 유물이 발견되어, 사리원역사박물관에서 이를 수습 조사하였다. 조사 당시 유구는 이미 흔적도 남아 있지 않았지만, 목격담에 따라 지표 아래 50센티미터쯤에서 부식된 길쭉한 목편들이 2.5×1.0m의 범위로 남북으로 7-8미터가량 떨어진 두 곳에서 거의 비슷한 상태로 나타난 것으로 짐작되었다.

따라서 유구는 덧널무덤으로 추정되었는데, 남쪽에서는 오수전五銖錢 석 점과 붉은 구슬, 뼈 조각 등이 나오고, 북쪽에서는 세형동검 한 점과 칼자루끝장식, 금동고리, 차축두, 구리통, 양산대끝(蓋弓帽) 등 청동 유물과 함께 철제의 차축두, 토기편이 수습되었다.

6월 초에 조사된 정주 석산리 당터산 유적[72]은 가까운 정주 제6중학교로부터 발견 신고를 받고 신의주역사박물관이 두 차례에 걸쳐 현지 조사를 실시하였다. 유적은 당터산의 동남쪽과 서북쪽 비탈면에 굴조개 껍질이 섞인 표토층이 이루어져 있었는데, 조사 당시 이미 표토층의 상당 부분은 깎여 나가고 그 아래의 유

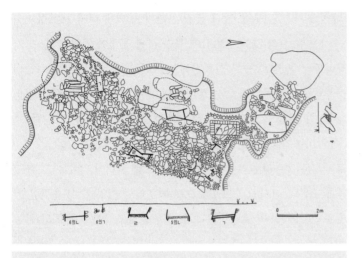

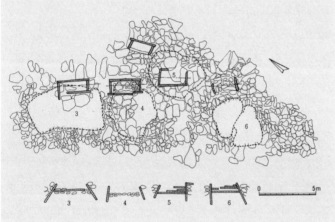

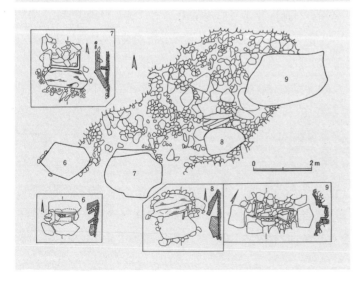

그림 50-52.
황주 심촌리 천진동(위), 긴동(가운데),
극성동(아래) 고인돌의 주변 지형 실측
평면도와 세부 단면도들.

사진 16. 황주 심촌리
천진동 고인돌.

물 포함층이 드러나 있는 상태였다. 지표 아래 20센티미터에서 숯과 재가 진흙과 함께 섞인 층이 나왔고, 그 아래의 부식토층에서 유물들이 출토되었다. 유물로는 활촉, 반달칼, 도끼 등 석기류와 벽옥으로 만든 대롱옥이 나오고, 토기류로는 팽이토기들이 대부분이었다.

이해 가을과 이듬해(1959년) 봄의 두 차례에 걸쳐 황주 심촌리 유적[73]에서 청동기시대의 집터와 고인돌 유적이 발굴되었다. 이곳 정방산 서북쪽의 언덕 골짜기와 벌판에는 여러 기 또는 수십 기 등 이백여 기의 고인돌이 여기저기 무리를 지어 있었고, 심촌중학교 동편에서 세 채, 천진동에서 한 채의 집자리도 확인되었다. 집자리(5.8∼6.2×3.6∼3.8 = 0.1m)[74]는 모두 얕은 깊이에 비슷한 크기의 긴 네모꼴로서, 바닥은 진흙을 다져 구웠으나 따로 화덕 시설은 나타나지 않았다. 여기에서는 팽이토기와 함께 돌검, 활촉, 도끼, 대팻날, 턱자귀, 반달칼, 끌, 숫돌, 가락바퀴, 돌돈〔石貨〕 등 팽이토기 유적에서 공통적으로 나오는 다양한 석기들이 출토되었다.

이곳 심촌리 유적에 분포하는 고인돌 가운데 중학교 옆의 2기를 비롯하여 천진동사진 16, 그림 50, 긴동그림 51, 극성동그림 52, 신대동 등지에서 모두 29기를 선별하여 발굴하였는데, 정방산正方山 서쪽 산마루에서는 채석장 두 곳도 확인되었다. 고인돌의 돌널 안팎에서는 팽이그릇을 비롯하여 슴베달린〔有莖式〕 돌검, 턱자귀, 반달칼, 활촉, 가락바퀴, 돌돈 등 석기류와 대롱옥이 나왔다.

여기에서 조사된 고인돌 가운데에는 몇몇 북방식 고인돌(탁자식)도 있었지만, 그 대다수는 남방식 고인돌(변형식)에 속하는 것들이었다. 이들은 대부분 여러 개의 덮개돌 아래에 넓은 돌무지가 이루어지고, 같은 돌무지 안에 여러 돌널들이 한데 모여 있는 특이한 형식을 보여 주었다. 이곳에서 분포의 주류를 이루는 남방식을 이후 '심(침)촌형' 고인돌로 불렀고, 그 뒤 조사된 연탄 오덕리[75]에서의 북방식인 '오덕형'과 구분하는 형식 분류의 기준이 되었다. 또한 이곳 심촌리 유적에서는 같은 시기에 조성된 것으로 짐작되는 집자리와 고인돌이 한데 무리를 이루어, 당시 고인돌사회의 생활 유적과 매장 유적을 함께 보여 주는 매우 획기적인 학술 자료를 제공해 주었다.

이해 가을부터 시작된 농촌 수리화를 위한 관개공사에 따라 10-11월에 강서 태성리 유적[76]에 대한 대규모의 정리 조사가 이루어졌다. 당초 저수지 구역 안에 분포한 고구려 고분을 중심으로 조사를 진행할 계획이었으나, 같은 구역에 포함된 석천산 기슭에 분포한 고인돌 등도 함께 조사되었다.

용강 석천산 고인돌[77]은 후산리 추동의 기슭에 수백 기에 이르는 남방식과 북방식이 한데 섞여 있는 유적으로서, 이번에 조사된 삼십여 기는 3-4기씩 무리를 지어 강 흐름을 따라 남북으로 길게 분포되어 있었다. 이 밖에 고인돌떼 서쪽에 동서로 이루어진 고구려 무덤들 사이에도 2기의 고인돌이 섞여 있었고, 가까운 곳에서 채석장 자리도 확인되었다. 조사된 고인돌 가운데 북방식의 대부분은 이미 무너지고 3기만이 제대로 남아 있어, 이 가운데 10호(1.3NS×0.7~0.8 = 1.4m)와 12호(1.7NS×1.2 = 1.5m)의 2기가 조사되었다. 돌방 내부에는 바깥 지표의 높이까지 막돌과 흙으로 채워져 있었는데, 10호의 돌방 둘레에는 돌무지가 이루어져 있었다. 한편 12호에서는 굄돌을 튼튼히 세우기 위해 땅바닥에 기초 홈을 파고 돌방 내부 바닥에는 얇은 판돌 열 장 정도를 까는 등 특이한 모습을 보여 주었다.

이와 같은 특수한 시설들은 무거운 덮개돌(10호: 3.5NS×2.3 = 0.5m, 12호: 4.0NS×2.8 = 0.4m)이 얇은 판돌로 이루어진 받침돌에 얹혀 구조적으로 무너지기 쉬운 북방식 고인돌의 특성을 고려하여, 자연적 붕괴로부터 보호하기 위한 보강 방책으로 생각되었다. 10호 고인돌의 돌방 안에서는 대패날형 석기 한 점과 돌활촉 열 점이 나오고, 12호에서는 돌활촉 넉 점이 출토되었다.

이곳 태성리 저수지 일대의 관개공사에 포함된 고구려 고분군[78]은 강서 보림리(대동 21기, 소동 19기)와 용강 후산리(추동 15기, 내동 8기) 일원에 이루어진 무덤들이다. 강서 보림리 고분 가운데 대동 고분군은 단독으로, 또는 몇 기씩 무리를 이루는 장방형의 작은 돌방무덤들로 널길이 남벽의 동쪽에 치우쳐 있는 고임식천장을 갖추었다. 바닥에는 널받침이 놓인 것도 있으며, 깬돌로 쌓아 올린 벽체에는 백회가 발리고 사신도四神圖가 그려진(11호) 것도 있었다. 소동 고분군은 두 개 고분군으로 이루어진 소형의 돌방무덤들로, 여러 덧널무덤과 쌍무덤도 확인되었다. 무덤은 대부분 남향으로 나 있는 방형들로 널길은 동과 서 한쪽으로 치우쳐 있었고, 천장은 평행 또는 삼각형의 고임식들이었다. 대동 고분군에서는 금제 귀고리, 청동이나 금동제 고리, 은반지 등 장신구와 철제의 이기류와 토기 단지가 나오고, 소동 고분에서는 널못, 가위 등 철제품이 출토되었다.

한편, 용강 후산리 고분은 조사 당시 대부분 훼손되어 있었는데, 두 고분군 중 추동 고분군의 봉토는 흙과 돌을 섞어 쌓은 것(1호, 3호), 잡석의 돌무지로 이루어진 것(4호), 봉토에 덮인 쌍무덤(6호·7호, 8호·9호), 한 봉토에 두 개의 덧널이 만들어진 여러덧널식(5호) 등 다양한데 무덤의 방향은 거의가 서향이었다.

널방은 대부분 장방형이었고, 널길은 널방 한쪽에 치우쳐 있었는데, 입구를 큰돌로 막았다. 바닥의 출토 유물로는 1호 무덤에서는 금제 단추와 구슬, 은판 등이 나왔고, 8호 무덤에서는 금제 귀걸이가, 9호 무덤에서는 금제 대갈못과 은팔찌 한 쌍이 출토되었다. 1호 무덤 앞으로는 남방식 2기와 북방식 고인돌 1기가 한 줄로 열 지어 있었다.

내동 고분군에는 삼십여 기가 구릉 경사면에 무리지어 있었는데, 조사된 8기 가운데 봉토가 남아 있는 것은 6기였고, 이 가운데 7호 무덤은 쌍덧널을 갖추고 있었다. 천장은 주로 고임식이고, 널길은 추동 고분에서와 같이 한쪽으로 치우쳐 있었는데, 널길 입구는 판돌이나 막돌로 막았다. 널방 안에서는 대부분 널못이 나왔고, 토기(2호)와 청동반지(4호)도 수습되었다.

태성 저수지 건설 공사에 따라 조사가 이루어진 강서 약수리 벽화무덤[79](현 남포시)은 긴축이 서쪽으로 조금 기운 남향의 두방무덤이었다. 두 방 모두 한 변 3미터 안팎의 네모난 평면을 갖추었는데, 널길과 두 방을 연결한 통로가 약간 동쪽으로 치우쳐 있었다. 앞방에는 좌우에 감실이 달리고, 두 방의 천장은 모두 모줄임으로 올라가다 맨 위에 판돌이 얹혔다. 벽체는 다듬지 않은 막돌을 쌓아 올리고, 벽면에 두껍게 회를 바른 뒤 벽화를 그렸다. 벽화의 주제는 주인공 부부와 사냥그림, 행렬도를 그린 생활 풍속과 네 벽의 사신도로서, 발굴 당시에도 채색이 매우 선명하게 남아 있었던 것으로 보인다. 각 벽면의 가운데에 기둥과 두공, 도리를 그려 돌방 전체를 가옥처럼 꾸미고, 천장에는 일월성신도日月星辰圖를 묘사하였다. 뒷방에는 한 쌍의 널받침을 설치하였고 앞방에는 제단이 놓였는데, 금제의 귀고리와 반지, 하트형 장신구와 은반지, 관못 등이 출토되었다.

이해 초겨울에 중앙역사박물관에 의해 조사된 평양 부조예군묘[80]는 정백동 마을에서 땅을 파다가 발견되었다. 유적이 발견된 곳은 대동강 지류인 무진천戊辰川 가의 구릉 비탈면으로, 일대에는 널무덤, 덧널무덤, 벽돌무덤 등 많은 옛무덤들이 분포되고 있었다. 조사 당시 무덤의 봉토는 이미 없어지고 매장 유구도 대부분 파괴되었으나, 널 한 구가 놓일 만한 각재 흔적의 출토 상태로 보아 덧널무덤이었을 것으로 짐작되었는데, 출토 유물은 바닥의 북쪽과 복판에서 나왔다. 부장칸으로 보이는 바닥의 북쪽 부분에서는 화분모양단지, 수레 부속구, 마구와 함께 도끼, 갑옷과 갑옷 비늘 등 철제 유물이 나오고, 복판에서는 세형동검과 창끝, 쇠뇌, 단검과 칼 등의 철제 유물과 '夫租薉君'의 명문銘文이 새겨진 은제 도장이 출토되었다.

이 유적과 유물의 조사는 우리 고대사에서의 예맥과 고조선 문제 및 그와 관련된 동검문화의 실체를 설명하는 데 매우 중요한 자료가 되었다.[81]

이해부터 1961년까지 대여섯 차례에 걸쳐 계속된 사업으로 평양 대성산성 유적[82]에 대한 발굴이 고고학연구소에 의해 실시되었으며, 1963년 여름에는 산성 안에서 세 군데의 연못 자리[83]를 추가로 조사하였다.

대성산성은 평양 중심지에서 동북쪽으로 7킬로미터 정도 떨어진 곳으로 평양 일대에서 가장 험준한 을지봉(+274m)에 조성되었는데, 특히 동쪽과 서쪽, 남쪽에서 급격한 경사를 보이고 있었다. 발굴 결과 내성(7,076m)과 외성을 포함한 성의 총길이 9,284미터를 확인하였으며, 여기에서 옹성, 못, 장대, 문 터, 각루, 치성과 식량 창고, 무기고 등이 조사되었다. 대성산 중턱에서 산기슭 아래의 구릉지대에 이르는 비탈면에는 천이백여 기에 이르는 무덤들이 있는데, 특히 안학궁安鶴宮 둘레에서 밀집된 분포를 보이고 있었다. 일제강점기 때부터 계속된 무질서한 발굴로 파손이 심하게 이루어졌는데, 조사 결과 돌널무덤, 돌무지무덤과 함께 많은 돌방무덤이 확인되었다. 돌방무덤은 널방의 수에 따라 외방무덤, 두방무덤, 앞방 좌우에 옆방이 딸린 여러방무덤 등으로 구분되었다. 널방에서는

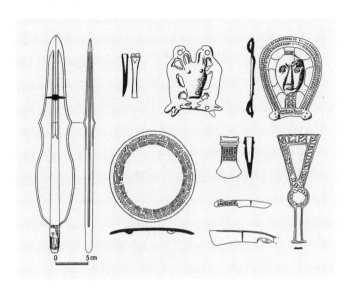
그림 53. 요령성 조양 십이대영자 유적 출토 청동유물.

항아리와 같은 토기류, 고리나 활촉 등 철기류, 팔찌, 귀고리, 허리띠, 영락 등 금동제의 장신구류가 출토되었고, 일부 벽화무덤도 확인되었다.

한편 중국의 동북지방에서는 거의 비슷한 시기에 요령성遼寧省의 조양朝陽 십이대영자十二臺營子와 심양沈陽 정가와자鄭家窪子에서 한반도의 초기 청동기문화와 관련된 중요한 두 곳의 유적이 발견 조사되었다.

조양 십이대영자 유적[84]은 이 해 봄 수로 공사 중에 5-10미터의 거리를 두고 서로 다른 형식의 무덤 3기가 발견되었으나, 급히 출동한 동북박물관 연구원들에 의해 1기(1호)만 조사가 이루어지고, 나머지 2기는 이미 인부들에 의해 훼손된 뒤여서 약식 발굴만 거쳤다.

1호 무덤방(1.8EW×1.0＝1.2m)은 막돌과 자갈로 네 벽을 쌓았는데, 서쪽의 마구리벽에는 안쪽에 다시 판돌 한 장을 세워 이중으로 된 서벽을 출입구로 사용한, 이른바 앞트기식(橫口式)의 돌방무덤이었다. 무덤 안에는 부부로 보이는 남녀 한 쌍이 돗자리가 깔린 목판 위에 서침西枕으로 안치되어 있었다. 무덤 안에 부장된 유물의 대부분은 청동기로서 요령식 동검 두 점, 세 개의 꼭지가 달린 잔무늬거울 두 점과 함께 T자형 청동구, 도끼, 활촉, 손칼, 송곳, 끌, 낚싯바늘이 나오고, 이 밖에 가락바퀴 등 토기 두 점과 그물추 등 석기 넉 점이 함께 출토되었다.그림 53

2호 무덤(2.3EW×1.0＝0.7m)은 1호와는 달리 판돌로 네 벽과 바닥, 뚜껑을 짜 맞춘 전형적인 돌상자무덤으로서, 여기에도 두 사람이 묻혔지만 1호와는 달리 동침東枕으로 안치되었다. 부장품으로는 1호와 같은 형식의 요령식 동검 두 점과 잔무늬거울이 나오고, 다른 부장품들도 대개 비슷했으나 다만 거울의 꼭지가 네 개나 달려 있었다.

3호 무덤은 출토 당시의 정황으로 보아 돌을 쓰지 않은 널무덤으로 추정되었다. 여기에서 나온 거울은 뒷면 전체가 가는 선으로 이루어진 바탕 무늬에 Z자형의 지그재그 무늬가 나타나 있고, 위쪽에 치우쳐 세 개의 꼭지가 한 줄로 배치되어 있는 특수한 것이었다. 김원용 교수는 이 거울의 무늬를 거친무늬거울〔粗文鏡〕이나 잔무늬거울〔細文鏡〕 등 한국식 거울에 나타나는 기하학적 문양의 원류로 보았다.[85]

비슷한 시기에 조사된 심양 정가와자 유적[86]에서도 제1지점에서 단검을 포함한 스물일곱 건의 청동 일괄 유물이 출토되었지만, 이해의 결과 보고에 대해서는 접할 수가 없다. 다만 1962년에 발견된 제2지점의 청동단검과 함께 1965년에 이루어진 제3지점에서의 대규모 유적 발굴의 전초적 성과라고 할 수 있었다.

1959년

이해에 창원 웅천熊川의 자마산子馬山에서는 연초에 고분 발굴이 있었고, 9월에는 같은 곳에서 조개무지가 발굴되었다. 7월 하순에는 제주도 일원에서의 고인돌 조사가 이루어지고, 이해 중반에는 미국 전시가 끝나면서 늦가을에는 국립박물관도 감은사지感恩寺址 발굴을 수행할 수 있게 되었다.

또한 이해에는 우리 학자에 의해 최초로 집필된 한국 고고학에 관한 개설이라고 할 수 있는 글이 국립박물관장인 김재원金載元에 의해 집필되었다.[87] 여기에서는 한반도의 사전시대史前時代(선사시대)를 유적과 유물을 중심으로 신석기시대와 금석병용기로 구분하되, 인접한 주구점周口店 북경인류北京人類의 존재를 들어 한반도에서의 구석기문화의 존재 가능성을 암시하였다.

웅천만熊川灣의 북쪽에서 남쪽으로 뻗어 내린 비탈면(+240m)에는 창원 자마산 고분군[88]이 이루어져 있었고, 맞은편인 북쪽 비탈면 기슭의 솔밭에도 많은 구덩식 돌덧널무덤들이 무리지어 있었다. 소나무 사이에는 봉토의 흔적은 없이 군데군데 밀집된 무덤의 덮개돌이 드러난 채 토기 파편들이 흩어져 있었는데, 이 가운데 6기에 대한 계측計測 조사를 실시하였다. 돌덧널의 크기는 대략 길이 2.4-2.7미터에 너비 0.7-0.8미터 정도였으나 깊이는 알 수가 없었고, 긴축은 등고선을 따라 대략 서남향으로 이루어져 있었는데, 이 가운데 내부 조사를 위해 1기를 선별 발굴하였다. 지표로부터 24센티미터 아래에서 아홉 장의 넓적한 뚜껑돌이 드러난 돌덧널(2.7×0.84＝0.58m)의 흙바닥에 서남쪽으로 머리를 둔 시신과 함께 머리와 발치에서 깨진 토기 여섯 점과 칼집 한 점이 수습되었다.

이해 가을 고려대학교 아세아문제연구소에 의해 조사된 자마산의 남쪽 자락에 이루어진 창원 웅천 조개무지[89]는 앞서 자마산 고분의 산등성이 너머 남쪽 비탈면(+216m)에 잘 보존된 채 부식토층, 점토층, 조가비층 등 토층이 차례로 이루어졌는데, 여기에서 돌덧널무덤과 집자리도 함께 조사되었다. 출토된 토기류는 적갈색 연질토기, 회청색 경질토기가 대부분으로, 기형은 쇠뿔잡이[牛角形把手]시루, 목항아리 등이 많고 석기로는 숫돌, 홈자귀가 수습되었다. 이 밖에 각종 다양한 골각기와 철기 등이 수습되어, 대체적으로 김해 회현리 조개무지와 비슷한 성격의 유물상을 보여 주었다.

이해 여름에는 서울대학교를 비롯한 종합학술조사반의 제주도濟州島 고인돌[90] 조사가 있었다. 제주시 오라리吾羅里와 용담리龍潭里에서의 각 3기와 외도리外道里 1기 등 모두 7기의 고인돌에 대한 조사를 통해서 제주도 고인돌의 입지적 성격과 구조적 특성을 개략적으로 파악할 수가 있었다.

고인돌의 분포는 대개 지형상으로 완만한 평지에 이루어졌는데, 반도에서와 같이 한 군데에 수십 기가 무리를 이루는 경우는 없고, 한 군데에 10기 미만이 드문드문 떨어져 있는 경우가 대부분이었다. 현지의 지질 여건상 현무암으로 이루어진 이들 고인돌은 그 구조에서도 일반적인 반도에서의 고인돌과는 다른 모습을 보여 주었다.

이들은 넓적한 덮개돌 아래의 가장자리를 따라 여러 매의 받침돌이 병풍처럼 지상에 둘러 세워지기 때문에, 마치 북방식 고인돌에서와 같은 넓은 공간이 이루어져 제주형濟州形의 독특한 형식을 보여 주었다.[91] 이러한 구조에 따라 보고자는 이들을 "남북방 절충식"이라든가 "고인돌에서 굴식돌방무덤으로 넘어가는 과도기적 형식", 또는 "일본 규슈九州 지방 고인돌과의 관련성"을 제시하였다. 그 후 여러 학자들에 의해 제주도 고인돌에 대한 심층적 연구가 계속되고 있지만, 이번 조사가 제주도라는 특수한 지역에서 이루어진 최초의 고인돌 조사라는 점에서 학사적으로도 매우 중요한 학술 보고라고 할 수 있었다.

그동안 일 년 반의 미국 해외 전시 때문에 국립박물관에서의 발굴과 같은 외적인 행사는 거의 정체 상태에서 머무를 수밖에 없었다가 이해 가을에야 경주 감은사지感恩寺址[92] 발굴이 실시되었다. 발굴 결과 이 절은 신라 통일 직후인 신문왕(681년) 때에 창건된 이후 두 차례에 걸쳐 중건되었으며, 조선시대 전기까지 이어져 온 것임을 확인할 수 있었다.

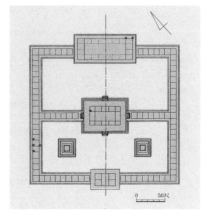

사진 17. 경주 감은사지 발굴 장면.
그림 54. 경주 감은사 창건 가람 배치도.

창건 당시의 가람 배치는 남쪽에서부터 중문, 쌍탑, 금당과 강당이 차례로 배치되고, 중문과 강당을 잇는 정방형에 가까운 회랑이 돌아가며 금당과 양 회랑 사이가 익랑翼廊으로 이어져 있음을 알 수가 있었다.그림54 건물 터 가운데에서도 특이한 구조를 보이는 금당(5×3칸)은 가지런히 쌓아 올린 이중의 기단 위에 세워졌는데, 기단의 사방 중간에 돌계단이 이루어져 있었다. 금당의 아래에는 모난 장대석으로 짜 맞춘 특이한 지하 공간이 이루어져 동해의 용왕이 된 문무왕이 드나들었다는『삼국유사』등 옛 기록에 부합되고 있음을 알 수 있었다.

금당의 앞마당에 동서로 배치된 양 석탑은 삼중의 기단 위에 서 있는 삼층석탑으로, 그 건립 연대가 확실하여 통일신라 초기의 석탑 연구에 중요한 자료가 되고 있다. 출토 유물로는 많은 기와류와 토기류, 자기류, 이 밖에 '至正十一年'(1351년)의 각자刻字가 있는 청동제 반자半子와 금동여래입상 두 점 등이 수습되었다. 뒤에 이루어진 두 차례에 걸친 동서 양탑의 해체 복원 때에는 탑신부의 사리구멍으로부터 특이하고 화려한 조각으로 새겨진 사리 외함外函과 함께 그 안에 들어 있던 사리그릇과 사리병 등이 나왔다. 감은사지에 대해서는 그 후 1979-1980년의 제2차 발굴93을 거쳐 전체적인 윤곽과 범위가 더욱 확실히 밝혀

지게 되었다.사진 17

한편, 북한에서는 지난해보다 훨씬 많은 발굴을 벌이며, 더러는 새로운 연차 사업에 착수하거나 지난해에 이은 연차 사업을 계속해 나갔다. 특히 이해 봄에는 각지에서 이루어진 활발한 토목공사에 따라 여러 선사, 역사 유적에 대한 매우 빈번한 발굴이 이루어졌다. 또한 지금까지 주로 선사, 원사 또는 고구려 고분에만 국한되어 오던 발굴의 테두리에서 벗어나 이해에는 고려시대 초기의 절터와 청자가마 발굴 등 역사고고학의 새로운 분야에 이르기까지 그 폭을 넓혀 나갔다.

의주 미송리美松里 동굴 유적[94]의 발굴은 마을의 동서로 뻗은 구릉(+77.7m)의 석회암 동굴에서 진흙을 채취하던 중 동굴 안에서 신석기시대에서 청동기시대에 속하는 많은 유물과 함께 인골과 동물 뼈가 수습됨으로써 이루어졌다. 이 동굴 유적은 한국전쟁 직후(1954년)에 발견되어 신의주역사박물관에 통보되었으나, 이때는 현장만 확인하고 이해 봄 고고학연구소에 의해 정식으로 발굴되었다.

동굴 안 퇴적층의 표토층(-1.0~1.3m)에서는 근세의 그릇 쪼가리와 동물 뼈들이 흩어져 있었고, 그 아래에 이루어진 선사시대 문화층은 중간에 이루어진 간층間層(15-20cm)을 사이에 두고 서로 다른 아래, 위 두 문화층으로 구분되었다. 아래 문화층은 신석기시대 문화층으로 여기에서는 생선뼈무늬와 꼬불무늬 등 빗살무늬 계열의 토기를 비롯한 뼈 쪼가리와 약간의 석기들이 나왔지만 그 분량은 매우 적었다. 한편, 위 문화층에서는 표주박의 위아래를 잘라 놓은 것 같은 특징적인 모양의 민무늬 계열의 토기가 나왔는데, 이들은 압록강이나 독로강, 송화강 일대의 청동기시대 말기의 유적들과 친연 관계에 있음을 보여 주었다. 이러한 토기의 유형은 이후 개천 묵방리墨房里 고인돌[95] 등 서북지방과 길림吉林 시투안샨즈西團山子[96] 등에서도 나와 미송리형 토기로 부르게 되었다. 이 밖에 위 문화층에서는 보시기형의 작은 토기류가 나오고, 청동제의 투겁도끼와 끌, 활촉, 가락바퀴 등 석기류와 함께 뼈바늘, 뼈송곳과 대롱옥 등이 수습되었다. 이들 유물과 함께 위 문화층에서는 10여체분의 인골이 나오고 동굴의 안팎에서는 조류, 포유류 등 동물 뼈 등 자연 유물도 출토되었다.

곧이어 조사가 이루어진 용연 석교리石橋里 원시유적[97]은 지난해 수로 공사 과정에서 확인된 곳으로 청동기시대의 집자리 네 채와 다섯 기의 고인돌을 정리 조사하였다. 집자리는 네모난(4.5~5.2NS×3.0~3.5m) 20제곱미터 미만의 작은 규모로서, 바닥은 진흙을 다져 구웠는데 화덕자리나 기둥구멍은 나오지 않았고, 당시의 지표로부터 곧바로 바닥이 드러난 것으로 보아 지상 가옥이었던 것으로 짐작되었다. 출토된 토기류는 팽이그릇이 주류를 이루었으며, 돌검과 도끼, 대팻날, 끌, 반달칼 등의 석기류가 나왔다. 석교리 일대에는 20-30기의 고인돌이 있었는데, 이 가운데에는 북방식도 보이지만 그 대부분은 적석식[98]의 남방식으로 유물은 단 한 점도 나오지 않았다. 이들 고인돌이 집자리와 바로 인접한 것으로 보아 앞서 황주 심촌리에서처럼 같은 시기에 조성되었던 유적으로 짐작되었는데, 이 밖에 용연군 일대의 다른 고인돌도 대부분 남방식들로 이루어져 있었다.

비슷한 시기에 우연히 발견되어 조사가 이루어진 재령 부덕리富德里 덧널무덤[99]도 양수장 건설공사 중 드러난 유적으로, 지하 2미터 깊이에서 바닥(2.0SW×1.0m)이 나왔다. 바닥의 복판에서 끝이 서남향한 철검과 세형동검, 투겁창이 나오고, 북쪽 모서리에서는 도끼, 끌, 고리 등 철기류가, 남쪽 모서리에서는 대롱모양 동기와 일산日傘 꼭지가 나왔다. 창의 투겁 한쪽 끝에 다섯 자로 이루어진 희미한 명문의 흔적이 있었지만 내용은 알 수가 없었다. 앞서 조사가 이루어진 강서 태성리를 비롯하여 은율 운성리, 안악 복사리 등 같은 황해도 남부지방의 다른 움무덤과도 구조와 출토 유물에서 비슷한 양상을 보여 주고 있었다.

이해 봄에 정리 조사된 안악 복사리伏獅里 벽화고분[100]은 망암동 마을 뒤 언덕의 남사면에 있었으나, 조사 당시에 지표에는 아무런 흔적도 남아 있지 않았다. 때마침 마을 양수장 건설을 위해 여기에 얕게 묻혀 있던 막돌을 들어내는 과정에서 이곳이 무덤이었음을 알게 되었다. 무덤방은 반지하식으로 널방(3.55NS×3.60＝3.2m)에서 약간 동쪽으로 치우쳐서 남쪽으로 널길(2.4NS×1.1＝1.5m)이 열리고, 널길의 좌우로 감실(75~85×50~55＝60~75cm)이 달린 외방무덤이었다. 널방은 무지개천장이며, 널방의 서남 모서리에는 네모난 긴 제단이 설치되어 있었다.

감실을 제외한 널방과 널길의 훼손이 심한 벽체 표면에는 회가 발리고 여기에 그려진 벽화도 많이 떨어져 나갔으나, 그 주제는 대부분 피장자 생전의 생활 장면임을 알 수 있었다. 널방과 널길의 모서리와 벽면 상단에는 기둥과 도리를 실제 목조 가옥처럼 그려 넣었다. 널방의 북벽에는 주인공 부부를 그리고, 이것을 중심으로 다른 벽면에는 인물도와 행렬도가 그려지고, 윗부분에는 연꽃무늬를 그려 넣었다. 천장에도 건물의 도리가 그려지고, 그 사이에는 구름무늬, 새와 천인상天人像, 연꽃 등을 그렸는데, 특히 일월성신도日月星辰圖가 매우 촘촘하고 질서정연하게 나타나 있었다.

앞서 복사리 벽화무덤을 조사하는 과정에서 일대에 분포한 안악 복사리 망암동 유적[101]의 널무덤과 독무덤 등의 존재를 확인하여 이들을 정리 조사하였는데, 조사된 유적은 널무덤 6기, 독무덤 8기를 비롯하여 원시 집자리 두 채와 벽돌무덤 1기 등이었다. 널무덤과 독무덤은 서로 섞여서 조밀하게 분포되어 있었는데, 특히 독무덤은 대부분 100미터 이내에 있으며 널무덤과의 거리는 불과 2-4미터여서, 널무덤의 딸린무덤(陪塚)들로 짐작되었다. 독무덤은 모두 80-103센티미터의 둥근 항아리들로 이루어진 이음식(合口式)으로서 널무덤과 같은 서남향으로 묻혔는데, 겉면에는 돗자리무늬가 나타나 있었다. 그 크기로 보아 소아용이거나 이차 매장용이었을 것으로 짐작되었다.

독무덤에서는 유물이 나오지 않았고, 경작 등으로 얄아진 깊이 50센티미터 안팎의 널무덤 바닥에서는 화분형 토기와 단지 등 토기류와 함께 긴칼, 투겁창, 도끼, 끌, 단검 등 철제 유물들이 수습되었다. 이처럼 널무덤과 독무덤이 섞여 나오는 것은 앞서 강서 태성리 유적(1957년) 등지에서도 그 비슷한 예를 볼 수가 있었다. 조사된 집자리와 벽돌무덤에 대해서는 별다른 보고 내용이 실리지 않았다.

4월 초에 조사가 이루어진 평양 미림리 쉴바위 유적[102]은 대동강 남안南岸의 하안단구에 이루어진 유적으로, 강 맞은편의 청호리 신석기 유적을 비롯하여 일대에는 많은 선사 유적들이 분포되어 있었다. 저목장貯木場 건설 중에 발견되어 고고학연구소가 중앙역사박물관과 함께 조사하여 집자리와 돌상자무덤 등 원시 유적과 한대漢代의 유적도 발견되었으나 원시 유적만 보고되어 있다.

집자리는 한 변 8미터가 넘는 크기로서 기둥구멍은 없었으며, 여기에서는 돌검과 자귀, 반달칼, 바퀴날과 톱니날 도끼 등 석기류와 함께 송곳, 활촉, 바늘 등 뼈연모와 말기에 해당되는 팽이그릇 등이 출토되었다. 5미터가량 떨어져서 깨진 돌상자무덤이 나왔으나, 여기에서는 유물이 출토되지 않았다.

이해 초여름에는 모처럼 북한에서는 광복 후 첫 절터 발굴로서 개성 불일사
佛日寺 터[103]를 조사하였다. 선적리 보봉산寶鳳山 남쪽 골짜기의 널찍한 대지 위에
조성되었던 절터로서, 일대에 대한 저수지 건설 계획에 따라 발굴이 이루어졌
다. 절터(230EW×175m)는 중앙 구간을 기준으로 동서의 세 구간으로 나뉘었
는데, 이 가운데 중앙 구간의 남북 중심축 위에는 남쪽으로부터 문터, 탑 자리,
금당터와 강당터가 이어지고, 문터 남쪽으로는 당간지주가 세워져 있었다. 개성
의 고려박물관으로 옮겨간 오층석탑 터의 동서 양쪽에는 집터가 있었고, 서문
터에 들어서면 남북으로 긴 회랑 터가 강당 터까지 이어졌다.

한편, 서편 구간의 건물 배치는 중앙 구간보다 훨씬 간소하고 규모가 작은데,
건물 터는 문 터와 사면으로 돌아가는 회랑 터로 둘러싸여 있었다. 동편 구간은
중간에 동서로 이어지는 돌담장에 의해 남과 북 두 구획으로 나누어지는데, 남
쪽 구획에서는 아무런 유구도 나오지 않았다. 북쪽 구획에서는 한 채의 건물 터
와 여기에 딸린 몇 개의 부속 건물 터가 나오고, 우물 터와 큰 물받이통〔石槽〕 한
개도 함께 남아 있었다.

비슷한 시기에 학생들이 학교 주변의 정리 과정에서 발견한 평양 만경대萬景臺
움무덤[104]을 조사하였는데, 유적은 대동강 가의 만경대 북쪽 끝의 남쪽 경사면에
위치해 있었다. 석비레층을 수직으로 파내려가 만든 모난 구덩이(3.14NS×1.1
=0.5~1.3m)의 바닥은 표토의 1.2-1.3미터 깊이에서 드러났다. 구덩이의 북쪽
에서 삿무늬〔繩蓆文〕가 나타나 있는 회색과 붉은색의 토기류와 두 귀〔兩耳〕 달린
철제 단지가 나오고, 청동거울은 구덩이의 동쪽 복판에서 수습되었다.

곧이어 황해남도 일원의 관개수로 공사 현장을 답사하는 과정에서 평천 봉암
리鳳巖里와 옹진 은동리隱洞里 자기 가마터[105]를 발견하여 약 두 달에 걸쳐 발굴을
실시하여 앞서 개성 불일사 터와 함께 중세 고고학 분야에도 새로운 관심을 갖
고 접근하게 되었다.

평천 봉암리 가마터(44EW×0.95m)는 저수지 남단의 구릉(+150m) 경사면
을 따라 벽돌을 쌓아 올려 활천장을 이루는 터널 모양의 오름 가마로서, 옆벽에
는 60-70센티미터 간격으로 열일곱 개의 출입구가 나 있었다. 구릉 아래의 경사
면에 이루어진 퇴적층(80NS×50m)과 가마 안에서는 무늬가 나타나 있지 않은
다양한 종류의 순청자와 원통형, 또는 화분형의 갑발 쪼가리나 받침들이 나왔
다.

봉암리 가마가 지상에 쌓아 올린 고려 중엽의 벽돌 가마인 데 비해 은동리 가마터는 지표 아래로 1.5미터가량 깊이 파고 진흙으로 벽과 천장을 만들었으며, 시기적으로도 상감청자가 활발히 만들어졌던 고려 말기의 가마로 추정되었다. 또한 은동리에서는 옆 벽에 나 있는 출입구의 수도 적어 보다 높은 열을 낼 수 있는 소성 기술의 발달에 따른 결과로 볼 수 있었다.

이해 가을에 조사가 이루어진 함경남도 북청 강상리 유적[106]은 신석기시대에 해당되는 유물 산포지로서, 호반의 모래더미 일대에서 토기 쪼가리들을 지표 채집하는 한편 몇 개 지점에 대한 시굴을 실시하였고, 그 뒤 1970년대 중반에 본 발굴이 이루어졌다. 문화층은 모래층의 30센티미터 밑에서 검은 모래층이 나왔고, 다시 그 아래로 황색 모래층이 계속되었는데, 문화층 자체가 모래더미로 이루어져 당시의 집자리는 확인이 어려웠다.

같은 시기에 조사된 자성 송암리松巖里 돌무지무덤[107]은 운봉雲峰 수력발전소 저수지의 수몰 지구에 대한 구제 발굴 계획에 따라 고고학연구소에 의해 발굴이 이루어졌고, 이 밖에 몇몇 인접한 다른 무덤들은 이듬해에 조사되었다. 송암리 유적은 압록강의 지류인 자성천慈城川으로 흘러드는 유개천의 하류에 대부분 냇돌로 쌓아 올린 돌무지무덤들로 여기에 분포한 수십 기의 무덤 가운데 비교적 상태가 좋고 규모가 큰 이십여 기의 무덤을 선별하여 발굴을 실시하였다. 그러나 실제 보고문이 작성된 무덤은 4기(1호-4호)에 불과하고, 나머지는 돌무지의 외형과 무덤 내부의 간단한 제원만 제시되었다. 파괴가 심했지만 남아 있는 돌무지 가운데 형체를 알아볼 수 있는 것들은 맨 아래에 기단을 돌리고, 그 위로는 1-4단으로 계단식 돌무지를 쌓아 올린 것들이었다.

21기의 무덤 가운데 가장 큰 제4호 돌무지는 네 변 각 10미터의 정방형으로, 다른 무덤들이 대부분 강돌로 이루어진 돌무지인 데 비해 이 무덤에서는 깬돌과 산자갈로 덮여 있었다. 돌덧널(2.8×1.0m)은 대부분의 다른 돌덧널과 같이 긴 축이 동남향으로 이루어져 있었다. 가장 작은 17호 무덤의 돌무지(4.0×3.6＝0.65m)는 강돌로 덮고, 돌덧널(1.5SW×0.9＝0.2m)의 바닥은 지상 0.4m 위에 이루어져 있었다. 훼손이 심하여 출토 유물도 매우 빈약하였는데, 제1호 무덤으로부터 꺾쇠 열여덟 점이 수습되어 시신이 널에 묻혀 매장된 것임을 알 수 있었다. 제2호 무덤에서는 손칼과 고리자루긴칼 등 철기류가 출토되었고, 제3호 무덤에서는 갈색 도기 두 점이 나왔다. 이 밖에 제13호 무덤으로부터 나온 적은 양의 토기와 뼈 쪼가리가 출토 유물의 전부였다.

송암리 무덤들은 고구려 초기에 해당되는 기단을 갖춘 계단식의 돌무지무덤들로, 기단이 없는 돌무지무덤보다는 시기적으로 뒤진 것들이지만, 냇돌을 쌓은 점에서는 산돌 등 깬돌로 덮인 돌무지에 비해서는 시기적으로 앞선 것들로 생각되었다.

'범의 구석'으로도 불리는 무산 호곡동虎谷洞 선사유적[108]은 이해부터 1961년에 이르기까지 삼 년 동안에 모두 다섯 차례에 걸쳐 조사가 이루어졌다. 두만강 상류에서 지류와 합류하는 지점으로 3단의 언덕이 이루어졌는데, 유적은 마지막 언덕 비탈에서 두만강 가에 이르고 있었다. 여기에서는 모두 네 개 지점(I~IV구)에서 신석기시대부터 철기시대에 이르는 시기가 다른 여섯 개의 문화층으로부터 사십여 채의 집자리가 조사되었는데, 제1기는 신석기시대, 제2-4기는 청동기시대, 제5-6기는 철기시대의 문화층임이 확인되었다.

제1기인 신석기시대 문화층에서는 열 채의 집자리가 조사되었는데, 대부분 긴축이 동서로 이루어진 비교적 깊고 네모난(3.5~4.7 = 0.5~1.0m) 모양으로서, 집자리 안에서는 기둥구멍과 화덕자리가 나왔다. 출토된 토기로는 번개무늬, 생선뼈무늬, 물결무늬가 나타나 있거나 구멍과 빗금무늬가 그어진 겹아가리 토기와 민무늬계의 토기도 나왔는데, 납작바닥을 갖춘 보시기와 바리, 단지, 굽그릇 등이 대부분이었다. 천여 점에 이르는 많은 흑요석 격지와 마제, 또는 타제의 활촉, 곰배팽이와 갈판, 갈돌, 그물추 등 석기류와 송곳, 바늘, 활촉과 같은 뼈제품도 수습되었다.

청동기시대에 해당되는 제2-4기 문화층에서는 모두 열여섯 채의 집자리가 나왔는데, 집자리의 긴축은 대개 남북 방향이었고, 그 크기는 제15호(8.5NS×5.5 = 1.7m)와 같은 대형을 빼고는 20제곱미터 안팎의 깊고 네모난(4.0~6.0 = 0.5~1.5m) 모양의 것들이 대부분이었다. 바닥에는 모두 화덕자리가 남아 있었고, 제3기, 제4기 집자리의 경우 기둥을 세웠던 주춧돌이 남아 있었다. 제4기 유적인 9호 집자리에서는 북벽에 출입구로 짐작되는 계단이 확인되었다. 출토 유물로는 2-4기층으로부터 도끼와 활촉, 갈돌, 반달칼 등의 다양한 석기류가 공통적으로 나왔으나, 흑요석은 제2기층과 제3기층에서만 나왔다. 토기는 각 층별로 그 성격이 달라 제2기층에서는 붉은간토기가 나왔고, 제3기층에서는 갈색간토기가, 제4기층에서는 검은간토기가 나와 층별로 시기적 변화

양상을 보여 주었다.

철기시대에 해당되는 제5-6기층에 만들어진 모두 열여섯 채의 집자리에서도 화덕과 기둥자리가 나왔는데, 이 유적에 이루어진 최대의 집자리인 제6기층의 제17호에서는 진흙으로 다진 바닥(12.7NS×7.7m)에 남북으로 네 개씩 두 줄의 주춧돌을 놓았다. 여기에서는 바닥의 복판에 큰 화덕이 있었고, 그 주변에 여섯 개의 작은 화덕자리가 둘러 있었다. 출토 유물로는 검은간토기와 겹아가리토기, 쇠뿔잡이 토기와 굽다리접시, 시루 등 다양한 토기류와 숫돌, 간석기가 나오고, 도끼와 낫 같은 초기 단계의 철기류가 청동제의 팔찌, 반지와 함께 수습되었다. 이들 집자리 유적의 발굴에 앞서 Ⅳ구의 제5, 제6 시굴 지점에서 판석형과 할석형의 돌널무덤 각 1기씩을 확인하였다.

1960년

이해에는 앞으로 당분간 한국의 고고학考古學과 미술사학美術史學을 이끌어 갈 쌍두마차랄 수 있는 두 개의 학술 잡지가 동시에 출간된 뜻깊은 한 해였다. 그동안 불모지나 다름없었던 이 땅에 두 분야의 학문이 이제 막 걸음마 단계에서 벗어날 무렵 바로 『고고미술考古美術』과 『미술자료美術資料』라는 두 학술 잡지가 거의 동시에 창간을 보게 된 것이다. 우연일지도 모르지만, 두 잡지 모두 이해 8월에 첫 판이 나왔으나 외형적으로 분명 서로 다른 뿌리로부터의 태생이었다고 할 수 있었다.

『고고미술』은 지금의 한국미술사학회의 전신이랄 수 있는 고고미술동인회의 발족과 함께 펴낸 잡지였다. 창립 회원(김원용, 전형필, 진홍섭, 최순우, 황수영)들은 대부분 국립박물관에 소속된 인사들이 중심을 이루었으나, 이들은 자연인 신분의 순수 학자들로서 이 모임에 참여하게 되었던 것이다. 창간 당시에는 열악한 재정 여건상 잡지를 활판인쇄에 부칠 형편이 못 되어 월간 일백 부 한정의 등사판으로 시작할 수밖에 없었다. 철필로 쓴 본문에 딸린 도판 사진들은 필자들이 찍은 낱장의 사진들을 한 장씩 풀로 붙여 나가는 번거로운 손작업일 수밖에 없었으나,[109] 새로운 자료 소개 중심의 집필 방침에 따라 많은 동학들의 호응을 받으며 성장할 수 있었다.

한편, 『미술자료』는 『고고미술』과는 달리 국가기관인 국립박물관에서 발간되는 잡지였으나, 관외 인사들에게도 문호가 개방되어 있었다. 또한 "우리나라의 고고학과 미술 분야가 주 대상이지만 시공을 초월한 '하나의 세계'를 지향한 다는 발행 지침과 함께 고미술 분야뿐 아니라 현대미술까지도 포함한다"는 창 간 의도를 밝히고 있었다.[110] 『고고미술』과는 달리 잡지의 성격도 자료집으로서 뿐 아니라 짧은 논문 양식의 원고도 게재되었다. 한 해에 두 차례씩 나오는 이 잡 지는 처음부터 활판인쇄로 부쳐져, 어려운 당시의 여건에서도 고급스런 아트지 를 쓰는 등 심혈을 기울여 발간에 임하였다. 권말에는 「잡보雜報」와 「고고미술뉴 스」난을 따로 두어 국립박물관과 고고미술사학계의 활동과 동정을 소개하는 등 국립박물관 발행 잡지로서의 기능을 충실히 수행해 나갔다.

이해 가을에는 경북대학교에 의한 칠곡 약목若木 고분 발굴이 있었고, 국립박 물관에서는 영암 내동리內洞里 독널무덤과 의성 탑리塔里 고분을 발굴하였다.

칠곡 약목 고분[111]에 대한 경북대학교 박물관의 발굴은 대학 박물관으로서는 최초로 이룬 본격적인 고분 발굴이라고 할 수 있었다. 낙동강 중류 동편의 약 목면 복성동福星洞 일대에 분포한 세 곳의 무덤떼 가운데 제1군에 속하는 1기 를 발굴하였다. 원형의 봉토(D-21 = 5m) 둘레에는 둘레돌(D-15m)이 돌아 가고, 봉토의 가운데에서 약간 북쪽으로 치우쳐 큰 판돌로 짜 맞춘 돌덧널무덤 (5.8EW×1.3 = 1.4m)이 이루어져 있었다. 돌덧널을 덮은 다섯 장의 뚜껑돌 틈 새를 깬돌과 냇돌로 메운 뒤 봉토를 덮었다.

시신이 안치된 돌덧널 바닥에는 냇돌과 자갈을 섞어 깔았는데, 북판에는 긴칼 과 활촉 등 철기류가 놓이고, 서편에서는 큰독이, 동편에서는 통형과 바리 모양 의 그릇받침 등 토기류가 수습되었다. 남쪽의 긴벽 가장자리를 따라서는 굽다리 접시가 두 줄로 가지런히 놓여 있었다. 둘레돌 바깥에는 냇돌을 쌓아 만든 또 다 른 작은 돌덧널무덤이 있었는데, 이것은 딸린무덤〔陪塚〕 또는 순장殉葬 무덤으로 추정되었다.

이해 가을 국립박물관에서는 영암과 의성 등 두 곳에서 연거푸 고분 발굴을 실시하였다. 영암 내동리 독무덤[112]은 영국의 왕립아시아학회 한국지부의 후원 으로 발굴이 이루어져, 앞서 1957년에 아세아재단으로부터 지원을 받은 『울릉 도鬱陵島』 발굴 보고서의 부록으로 그 결과를 함께 펴낼 수 있었다. 영산강 하류 의 남안南岸 지역인 나주 반남면과 영암 시종면 일원에는 삼국시대의 독무덤이 집중 분포되어 있었다. 이들 무덤에 대해서는 일찍부터 일인 학자들의 주목을 받아 1917년에 야쓰이谷井 등에 의해 반남면의 덕산리 4호와 신촌리 9호 무덤이

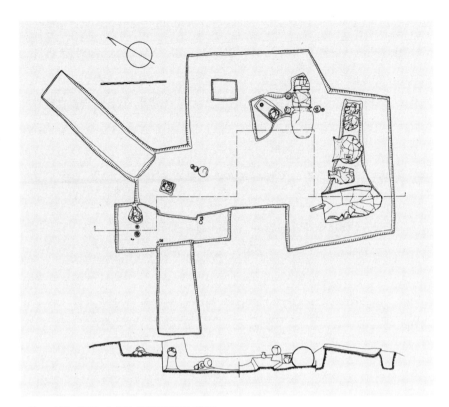

그림 55. 영암 내동리 7호 무덤의 평면도(위)와 단면도.

발굴되어, 금동제의 관모와 신발 등 장신구와 다양한 무구류 등 많은 부장품들이 수습된 바 있었다.[113] 이곳에 대한 조사가 다시 이루어진 것은 이십여 년 뒤인 1939년으로[114] 이때는 이미 일대 고분의 절반 이상이 도굴되어 이전과 같은 풍부하고 흥미로운 부장품들은 나오지 않았다.

이해 국립박물관의 발굴은 영암군 시종면 내동리 뒷산에서 확인된 모두 7기의 고분 가운데 가장 크고 낮은 곳에 위치한 7호 무덤에 대한 발굴로서, 광복 이후 우리 손에 의해 이루어진 최초의 독무덤 발굴이라고 할 수 있었다. 방대형 봉토(13.4NS×9.4 = 1~3m)의 위쪽에 도굴 구덩이 파헤쳐져 있었고, 여기에 독널의 일부가 드러나 있었다.

발굴 결과 6구의 독널과 1기의 움무덤을 조사하였는데, 이 가운데에서 세 개의 독을 이어 붙인 삼옹식三甕式 1구(5호널)도 확인되었다.그림 55 출토 유물로는 모두 열일곱 개분의 작은 토기 단지류와 약간의 구슬이 전부였다.

이해 연말에 시작된 의성 탑리 고분[115] 발굴은 이듬해 초까지 계속된 겨울 발굴이었다. 이 발굴도 앞서 지금까지 이루어진 국립박물관의 다른 학술 발굴에서와 마찬가지로 이번에는 하버드 옌칭 연구소Harvard-Yenching Institute의 연구 보조비로 충당하였다.

사실상 당시와 같이 우리나라가 경제적으로 어려웠던 시기에, 국립박물관이 국가기관이라고는 하지만 적지 않은 비용이 소요되는 발굴 사업에 국가 예산으로의 편성은 사실상 불가능했던 것이 당시 우리의 실정이었다. 따라서 박물관의 고유 업무랄 수 있는 학술 조사를 위해서는 어쩔 수 없이 외부 기관, 주로 외국에 근거를 두고 있는 학술 재단의 도움이 절실했을 것이고, 그러한 어려움을 김재원 관장 등이 앞장서서 풀어 나갈 수 있었던 것으로 믿어진다.

탑리가 위치한 의성군 금성면 일원은 원래 신라에 복속된 삼한의 소국이었던 소문국召文國의 고토로서, 이웃 대리大里와 학미리鶴尾里 등 일대에는 봉토가 확인된 고분만도 이백여 기에 이르고 있었다. 이들 고분들은 금성면 소재지의 동쪽에 있는 금성산金城山의 서편으로 뻗은 나지막한 구릉 위에 이루어져 있었는데, 조사된 고분은 탑리의 서쪽 정상부에 자리하고 있는 가장 큰 무덤이었다.

타원형의 봉토(26NS×20＝4.6m) 안에는 먼저 지름 16미터의 둘레돌〔護石〕 안에 긴축이 T자 모양으로 엇갈린 두 구덩식돌방〔竪穴石室〕(I호: 3.5NS×1.7＝1.8m, II호: 3.9EW×1.9＝1.9m)을 만들고, 같은 봉토 안에 다시 작은 세 개의 돌방을 그 둘레에 추가장追加葬한 것이었다. 이들 다섯 개의 돌방들은 주로 경주 지방에서 나오는 일반적인 구덩식 돌방무덤과는 달리, 먼저 지상에 나무덧널을 설치하고 그 둘레에 돌을 쌓아 덧널을 고정시킨 다음 분구를 씌운 변형된 모습을 보여 주었다.

덧널의 바닥에는 자갈을 깔았는데, 구덩식 돌방 위에는 일반적인 뚜껑돌 대신 나무뚜껑을 덮어씌운 것도 이 무덤이 보여 준 특이한 모습이었다. 출토 유물로는 I호에서 나온 깃털〔羽毛〕 모양의 솟은장식〔立飾〕이 달린 전례가 없는 금동관을 비롯하여, 금동제의 관장식, 신발, 은제 허리띠〔銙帶〕와 드림장식〔腰佩〕, 금제의 귀고리와 드리개〔垂飾〕 등 화려한 장신구와 다양한 철제의 무구, 마구, 이기류가 수습되었다.

이해에 북한에서는 연초의 웅기 굴포리 서포항 유적을 시작으로, 봄에는 개천 묵방리에서, 가을에는 김책 덕인리에서 지난해에 이어 고인돌 발굴에 박차를 가

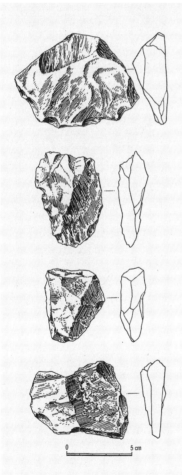

사진 18, 그림 56.
웅기 굴포리 서포항 출토 석기류.

했다. 봄에는 지난해(1959년) 가을의 자성 송암리 돌무지무덤 발굴에 이어 운봉 수력발전소[116]의 건설에 따라 같은 자성군 관내의 조아리, 법동리, 서해리, 연풍리에서 고구려 무덤 발굴을 계속하였고, 가을에는 중강 토성리와 장성리에서 집자리 등 몇몇 선사 유적을 발굴하였다.

이와 같은 대규모 산업 시설의 조성에 따른 토목공사는 자연적으로 구제 발굴을 수반하게 되었고, 이러한 상황은 비슷한 시기에 이루어진 남한의 팔당, 소양댐 건설(1966-1973년)에 따른 구제 발굴[117]과도 비교되었다. 특히 북한고고학의 원조랄 수 있는 도유호에 의해 『조선원시고고학』[118]이 이해 가을에 집필 완료되었는데, 이 책은 당시까지의 발굴 조사를 통해 얻은 지식을 바탕으로 우리나라의 원시고고학을 처음으로 체계화한 저작물이었다.

따라서 바로 이해 연초부터 조사가 이루어져 그 존재가 인식된 굴포리 서포항 등지에서의 구석기문화가 확인되기 전이어서, 이 저술에서는 첫머리에서부터 신석기시대와 청동기시대만을 다루었다. 책머리의 '시대 구분'에서도 그는 "연장을 만드는 기술 여하에 따라 석기시대를 구석기시대와 신석기시대로 나누어야 한다"는 전제를 내세웠다. 그러면서도 "우리나라에서 구석기 유물을 발견한 일은 아직 없다"고 하면서 "당분간은 조선고고학에서 구석기를 논할 수 없게 되었다"고 결론지었다. 그러나 곧이어 그는 구석기시대의 것을 우리는 발견하게 될 것이라고 희망을 내비쳤다.

바로 이 책이 나온 이해 초에 웅기 굴포리 서포항 유적[119]에 대한 발굴이 시작되었다. 유적이 위치한 곳은 두만강 하구에서 내륙 쪽으로 30킬로미터 정도 떨어진 구릉의 기슭으로 1947년에 처음 알려졌지만, 이해부터 비로소 발굴이 이루어져 이후 1964년까지 다섯 차례에 걸쳐 발굴이 진행되었다. 발굴을 통해 아래에서부터 구석기문화 두 개 층, 신석기문화 다섯 개 층, 청동기문화 두 개 층 등 시기를 달리하는 모두 아홉 개의 문화층이 확인되었다.

제3차년도(1962년)에 조사된 두 개의 구석기 문화층에서 한 채의 움막과 여기에 흩어진 뗀석기 포함층 발굴을 통해 한반도에서는 처음으로 구석기시대와 관련된 구체적인 자료를 얻을 수 있었는데, 이것이 이 유적에서의 최대의 수확이라고 할 수 있었다. 따라서 조사자들은 굴포리 서포항에서 나온 이 초유의 구석기문화를 굴포문화(coulporia기 또는 coulporien)라고 명명하였다.그림 56

신석기문화층에서는 조개더미 위에 이루어진 제1기층으로부터 제5기층에 이르기까지 모두 스물한 채의 집자리가 확인되었다. 여기에서는 층위별로 특색을 갖춘 다양한 무늬와 형태의 석기류사진 18를 비롯하여 많은 석기류와 뼈·뿔연모, 드물게는 조가비 제품 등이 나왔다. 집자리의 형태는 제1기의 대형 모죽인(抹角) 장방형에서 제2기에는 원형으로, 제3기부터는 다시 방형으로 바뀌고, 차츰 출토되는 민무늬토기의 비중도 늘어나면서 청동기문화로 이어지는 것을 확인할 수 있었다.그림 57

두 개의 청동기시대층에서는 아홉 채의 방형 움집터와 조가비층을 파고 만든 움무덤 2기가 조사되었는데, 여기에는 남녀 두 사람의 유골들이 잘 남아 있었다. 1호 움무덤(2.0EW×0.7 ＝0.2m)에서는 키 150센티미터 정도의 서침西枕한 여인 피장자의 인골이 남아 있었고, 여기에 장착시켰던 조개 목걸이와 뼈바늘, 바늘통, 흑요석 창끝과 편암으로 만든 활촉 등이 출토되었다. 2호 움무덤(2.5NS×1.2＝0.5~0.6m) 안에는 키 160센티미터 정도의 다리가 X자 모양으로 겹친 북침北枕한 남자 시신이 안치되었는데, 무덤의 훼손이 심해서 원래의 부

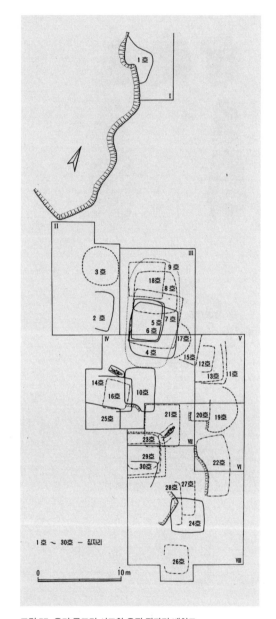

그림 57. 웅기 굴포리 서포항 유적 집자리 배치도.

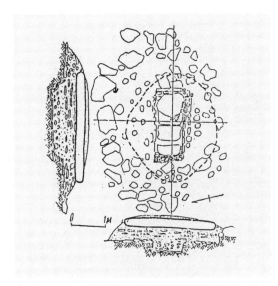

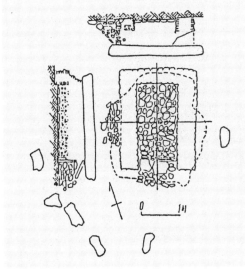

그림 58. 개천 묵방리 20호 고인돌(지하식)의 평면도(가운데)와
단면도들.

그림 59. 개천 묵방리 4호 고인돌(지상식)의 평면도(가운데)와
단면도들.

장품은 보이지 않았고, 뒤에 흘러들어간 흑요석이나 그릇 쪼가리 등이 무덤 바닥에서 흩어져 나왔다.

조사자는 서포항 유적의 구석기 제1기를 구석기시대 중기(10만 년 전), 제2기를 후기(3-4만 년 전), 신석기 제1기를 기원전 5천년기 말에서 4천년기 초, 제2기를 기원전 4천년기 후반, 제3기를 기원전 3천년기 전반, 제4, 제5기를 기원전 3천년기 후반에서 기원전 2천년기 초로 보았으며, 청동기시대는 서기전 2천년기 후반기로 비정하였다. 이 서포항 유적에서의 구석기시대 유물 발견 사실은 얼마 뒤 김원용金元龍 교수에 의해서 남한에도 소개되면서 한반도 구석기 연구에 새로운 관심을 불러일으키게 되었다.[120]

봄에는 탄광 지대에 새로 부설되는 철도 공사에 따라 개천 묵방리墨房里 고인돌[121]이 고고학연구소에 의해 발굴 정리되었다. 묵방리 일대에는 돌무지무덤과 산성, 가마터, 야철터 등과 함께 많은 고인돌이 분포되어 있었는데, 이 중 이십여 기의 남방식(변형) 고인돌이 발굴되었다.

이들 가운데에는 넓적한 판돌로 짜 맞춘 무덤 칸들이 지상에 이루어진 것들도 있어, 남방식이라고는 하지만 특수한 구조를 보여 주고 있었다. 전반적으로 훼손이 심했지만, 구조가 확실한 것들은 대개 얇은 타원형의 덮개돌 아래에 판돌이나 냇돌을 섞어 쌓은 돌널이 만들어지고 그 둘레에는 돌무지가 이루어졌다. 돌널이 지하(I류)와 지상(II류)에 이루어진 것들은 각기 그 긴 축의 방향도 달라서 전자가 동서 방향인 데 비해 후자는 남북으로 이루어져 차이를 보여 주었다.그림 58, 59

제II류 가운데에는 네 벽 중 세 벽체는 얇은 판돌이나 냇돌을 눕혀 쌓았지만, 한쪽 마구리벽은 판돌 한두 장을 세워 막은 것들도 있었다. 무덤칸의 바닥은 벽체를 쌓은 것과 같은 작은 판돌을 한두 벌 깐 것도 있었고, 넓적한 판돌을 깐 것도 있었다.사진 19 바닥에서 나온 출토 유물로는 사람 뼈와 반달칼, 활촉 등 석기류가 나왔고, 특히 고인돌에서는 처음 보는 갈색의 간토기가 나왔다. 이와 비슷한 모양의 토기는 앞서 의주 미송리 동굴 유적[122]이나 길림 시투안샨즈西團山子[123]의 돌상자무덤에서도 나온 적이 있어, 지역 간에 이루어진 고인돌 문화의 성격을 살피는 데도 중요한 요인이 될 것으로 짐작되었다.

그러나 이곳 묵방리 고인돌에서 나온 토기는 미송리형 토기와 형태는 유사하지만 아가리가 좀 더 넓고 길며 몸통 어깨 부위에 줄무늬가 나타나 있어, 이를 미송리형 토기가 변화하여 이루어진 것으로 보고 따로 묵방리형 토기로 구분하기도 하였다.

가을에 조사가 이루어진 김책 덕인리德仁里 고인돌 유적[124]은 함경북도에서 최초로 확인된 고인돌로서, 이때까지 알려진 한반도 최북단에 위치한 고인돌이라고 할 수 있었다. 고인돌은 마을 복판의 논 가운데에 있던 것으로 지난해의 현지 조사에 의해 확인된 4기 가운데 보존 상태가 보다 나은 2기가 청진박물관에 의해 발굴되었다.

1호 고인돌은 남북의 긴벽만 넘어진 채 남아 있었고 양 마구리벽은 이미 없어졌는데, 바닥은 생땅 위에 조약돌을 깔고 그 위에는 막돌과 흙을 덮어 무덤 바닥을 만들었다. 막돌과 조약돌 층 사이에서 사람 뼈와 구멍토기[孔列土器]가 나왔다. 2호 고인돌도 1호와 구조, 형식이 비슷하였는데 여기에서는 사람 뼈와 돌도끼가 나왔다.

평안북도 자성군 관내의 운봉 수력발전소 건설 공사에 따라 수몰 지구에 포함된 유적 유물의 구제 발굴을 위해 지난해(1959년) 가을의 송암리 돌무지(돌각담)무덤 조사에 이어, 올해에는 자성군 조아리, 서해리, 법동리 고구려 무덤[125]과 중강군 토성리, 장성리의 원시 집자리 유적들을 발굴하게 되었다.

이들은 압록강 상류의 동쪽 유역인 자강도의 중강읍과 자성읍의 사이에 이루어진 유적들로서, 한 지역에서 두세 기가 조사된 자성군 관내의 고구려 무덤들은 주로 돌무지무덤들이었으나, 일부 돌방무덤들도 조사되었다. 돌무지나 봉토의 외형은 대부분 방형이나 장방형들로서 냇돌과 산자갈로 덮인 것들인데, 더러 자락에 기단基壇을 갖춘 것들도 있었다. 무덤의 바닥에는 주로 냇돌이 깔린 것들이 많았는데, 바닥이 원 지표보다 높이 이루어진 것들이 있었고, 긴축은 대개 동남향에서 서북향이 많았다.

조사된 네 곳의 고분 가운데 상태가 양호한 자성 법동리法洞里 하구비 유적에서의 돌무지무덤 1기와 돌방무덤 3기에 대한 조사를 통해 비교적 상세한 정보를 얻을 수 있었다. 돌무지무덤은 돌더미[封石]의 자락에 원래 큰 냇돌로 두른 기단이 이루어졌던 것으로 짐작되었다. 돌무지 위쪽에는 동서로 긴축이 이루어진 2기의 돌덧널이 대략 남북으로 가지런히 배치되었는데, 약간 규모가 큰 남곽 동남 모서리에는 남북으로 길게 부장칸 같은 작은 공간이 마련되어 있었다. 부장품으로 북곽에서는 철제의 말재갈과 석제의 가락바퀴, 갈색간토기와 사람 뼈 쪼가리가 수습되었다. 한편 남곽에서는 말재갈과 함께 말굴레, 쇠고리, 삿갓 모양의 청동 제품 등 다양한 마구류가 나오고, 대롱옥과 붉은 구슬, 은가락지, 청동팔찌 등 장신구류도 출토되었다.

한편, 돌방무덤은 앞서 돌무지무덤과는 달리 긴축을 남북으로 두고 널길이 남쪽으로 나 있는 3기가 대략 동서로 가지런히 배치되어 있었다. 1호 무덤의 서쪽으로 7미터가량 떨어져 2호가 있었지만, 2호와 3호는 2미터밖에 떨어져 있지 않은 것으로 보아 2호와 3호 두 무덤은 쌍무덤이었을 것으로 짐작되었다. 상태가 비교적 양호한 2호 무덤의 널방(2.6NS×1.7) 남쪽으로 널길(L-1.2m)이 나 있었는데, 막돌을 깔아 놓은 널방의 바닥이 널길보다 높아져 널받침의 기능을 겸하였던 것으로 보았다. 유골의 출토 상태로 보아 북침한 어울무덤〔合葬墓〕으로 보였고, 머리맡에는 크고 작은 네 개의 토기 단지가 부장되어 있었다. 다른 1호, 3호 무덤에서도 토기류와 함께 투겁창이나 칼 등 무구류, 청동팔찌와 같은 장신구 등 고구려 무덤으로서는 비교적 풍부한 유물들이 부장되어 있었다.

자성 법동리法洞里 신풍동新豊洞 유적에는 두 군데에 각 15기씩 모두 30여 기의 돌무지무덤떼가 약 400미터의 거리를 두고 떨어져 있었는데, 각 무덤떼에서 4기씩이 조사되었다. 제1무덤떼에는 2기(2호, 3호)의 쌍무덤과 2기(1호, 4호)의 홑무덤이 있었는데, 비교적 상태가 좋은 2호 무덤에서만 기단이 확인되었고, 나머지에서는 훼손이 심하여 바닥에 잔자갈이 깔린 것만 확인되었다. 제2무덤떼에서는 막돌과 깬돌을 쌓아 올린 돌무지 자락에 대부분 기단이 이루어져 있었는데, 돌무지 안에 여러 개의 덧널이 만들어진 것(6호, 7호)들이 있었다. 이처럼 법동리 하구비와 신풍동 두 지역에 이루어진 돌무지무덤떼들은 고구려의 초기 무덤들이었고, 여기에 일부 후기에 속하는 돌방무덤들이 섞여 있음을 알 수 있었다.

가을에 이루어진 중강 토성리와 장성리 유적 발굴은 앞서 자성군 관내의 몇몇 유적과 함께 이곳 운봉 저수지의 조성을 위해 실시된 대규모 구제 발굴이었다. 다만 같은 압록강 상류역에 이루어진 유적이지만, 자성군 관내의 유적들이 주로 고구려 초기의 돌무지무덤들인 데 반해 보다 상류에 있는 이곳 중강군의 유적들은 고구려 무덤들도 있었으나[126] 대부분 신석기시대에서 철기시대에 이르는 유적들이었다.

중강 토성리 유적[127]은 이해 가을과 이듬해(1961년) 봄의 두 차례에 걸쳐 조사되었는데, 이해에는 토성중학교 운동장 안에서 발굴이 이루어졌다. 모두 네 개 구區를 발굴하여 제1구에서 1호 집자리가, 제2구에서는 2호, 3호, 4호 등 모두 네 채의 집자리가 확인되었다. 이곳 집자리에서 나온 유물에 대한 성격을 통해 그 층위 관계를 볼 때, 크게 세 개 층으로 구분됨을 알 수 있었다. 즉 토층의 아래에서부터 빗살무늬토기를 내는 신석기시대층, 공귀리형의 그릇이 나오는 청동기시대층, 맨 위에서 노남리형의 토기가 출토되는 철기시대 문화층이 차례로 이어지고 있었다.

이 가운데 신석기시대에 해당되는 제1문화층의 2호 집자리(6.8NS×5.0＝

0.25m)는 장방형의 움집으로 바닥 복판에 냇돌로 두른 타원형의 화덕자리 (0.6NS×0.5m)가 있었고, 그 둘레에는 다섯 개의 길쭉한 돌들이 놓여 있었다. 집자리의 동남쪽과 서남쪽 모서리에서는 복원 가능한 빗살무늬토기가 한 점씩 나왔는데, 이러한 집자리 모서리에서의 토기 출토 상태는 강계 공귀리[128]나 시중 심귀리[129]와 같은 몇몇 원시 집자리의 발굴을 통해서도 확인된 바 있었다. 이와 같은 납작밑 깊은바리 형태의 빗살무늬 계열 토기와 함께 점선 무늬 등 누름무늬가 나타난 토기들도 같이 나왔다. 석기로는 도끼와 활촉, 밧돌(그물추), 괭이, 흑요석기와 격지가 나오고, 토제 가락바퀴도 출토되었다.

제2문화층에 해당되는 청동기시대층에서는 1호(7.0×7.0 = 0.2m)와 4호 (9.0EW×6.5 = 0.2m) 집자리가 확인되었는데, 모두 얕은 반움집으로서 바닥 복판에는 화덕자리가 남아 있었고, 바닥에는 기둥구멍 대신 넓적한 돌을 깔아 주춧돌로 삼았던 것으로 짐작되었다. 출토 유물로는 돌검을 비롯하여 도끼, 활촉, 반달칼, 흑요석기편 등 석기류와 공귀리형과 유사한 토기류도 수습되었다.

철기시대에 속하는 제3문화층에서 나온 3호 집자리(7.5NS×5.5m)는 지상 가옥으로 짐작되었는데, 다져진 바닥 위에는 주춧돌로 쓰였던 넓적한 판돌 두 개가 남아 있었다. 출토 유물로는 갈색간토기 등 노남리형 토기와 철기류가 나왔는데, 같은 노남리형 토기가 나오는 4호 집자리와 비슷한 시기에 살던 같은 계통의 주민들이 남긴 유적으로 생각되었다.

중강 장성리長城里 유적[130]은 앞서 토성리에서 북쪽으로 8킬로미터 정도 떨어진 곳으로, 몇 해 전 홍수에 의해 강안이 무너지면서 유구가 발견되어 이번 기회에 조사가 이루어졌다. 토성리 유적과 마찬가지로 신석기시대에서 철기시대에 걸친 유물들이 나오는데, 이들이 뚜렷한 층위의 구분이 없이 뒤섞여 나오는 것으로 보아 홍수에 의해 상류로부터 흘러내려 온 유물들이 퇴적된 것으로 짐작되었다.

따라서 본격적인 발굴 대상으로 삼을 수는 없었지만, 여기에서 수습된 신석기시대, 청동기시대, 철기시대에 속하는 토기, 석기류 등 출토 유물이 매우 다양하여, 나름대로 이 지역의 원시문화 연구를 위한 자료로서 활용 가치는 충분할 것으로 생각되었다. 특히 이 유적의 입지적 성격을 반영하듯 몇몇 유물에서 북부 지방의 동북, 서북 양 지역의 특성이 함께 나타나는 양상을 보여 주고 있었다.

오랜 일제의 수난으로부터의 광복과 함께 고고학도 우리 손에 의해 이제 막 새로운 시대에 접어드는 듯했으나 곧이어 발발한 한국전쟁으로 한반도의 고고학은 또다시 깊은 수렁에 빠져들고 말았다. 이렇듯 혼란스런 나라 사정에도 불구하고 광복과 더불어 개관한 국립박물관은 주로 경주의 신라 고분을 중심으로 전쟁 전후에 걸쳐 발굴 활동을 펼쳐 나가면서 한국 고고학의 기틀을 다져가기 시작하였다.

이 시기에는 국립박물관이 거의 유일한 국가의 발굴 기관으로 활동을 펼쳐나갔지만, 1950년대 후반에 이르러서는 몇몇 대학 박물관들이 발굴에 참여하였고 일부 향토학자들도 여기에 가세하면서 우리 고고학이 차츰 뿌리를 내려가기 시작하였다. 또한 고분과 절터 등 신라 유적 중심의 발굴 체제에서 벗어나 이 기간의 마지막 단계에는 울릉도와 제주도 등지에 이르기까지 남한 전 지역의 고인돌이나 집자리, 조개무지 등 선사고고학의 영역까지 범위를 넓혀 나갔다.

한편 북한에서도 광복 직후에는 별다른 활동이 없었다가 1949년에는 안악 고분과 나진 초도 유적을 발굴하였으며, 전쟁 직전인 1950년 5월 말까지도 온천 궁산리 유적 발굴을 감행하였다. 전후 한동안 별다른 발굴이 이루어지지 않다가 1954년에는 회령 오동과 은율 운성리 등 선사 유적과 함께 고구려 고분에 이르기까지 한 해 동안에 모두 여섯 건에 이르는 선사시대와 역사시대 유적을 활기차게 발굴해 나갔다. 특히 오동 유적과 운성리 유적에 대해서는 이해의 조사를 시작으로 하여 연차적 발굴을 이루어 나갔는데, 운성리 유적에 대해서는 간헐적이긴 하지만 이후 7차에 걸친 장기 발굴을 계속해 나갔다.

이후 해마다 발굴 건수가 차츰 늘어나 1960년까지는 한 해에 10여 건 안팎의 조사를 계속해 나가 한 해에 기껏 네다섯 건에 그쳤던 남한에 비해 훨씬 활발한 발굴을 수행해 나갔다.

또한 남한에서는 발굴 대상이 주로 고분 등 역사시대의 유적에 치중했던 데 비해, 북한에서는 선사시대의 유적 조사에 더 큰 비중을 두고 조사 사업을 수행해 나가면서, 보다 과학적인 고고학에의 접근을 시도해 간 것으로 짐작된다.[131]

제6장 성장기|成長期
1961-1970

사회적 변혁에 따른 새로운 고고학 풍토의 조성과 학문적 성장

1945년의 8·15 광복과 곧 이은 대한민국 정부 수립, 그리고 한국전쟁과 사회적
혼돈 속에서 드디어 4·19 혁명이라는 변혁의 계기를 맞게 되었다. 그러나 이 변
혁은 오히려 혼돈을 낳게 되었고, 곧이어 또 다른 5·16 군사정변이라는 변혁을
겪게 되고 말았다.

연이어 불어닥친 두 차례의 커다란 정국의 변화가 국민들에게는 새로운 각성
의 기회가 되었고, 이에 편승한 군사정권의 산업화 정책은 별다른 저항 없이 일
사천리로 추진되어 나갔다. 이 산업화 정책은 사회 각 분야에서 무분별한 개발
을 불러일으키며 별다른 보존 대책도 강구하지 않은 채 문화적 반달리즘vandalism
의 소용돌이로 몰고 갈 수밖에 없었다.

그러한 산업화의 바람과 함께 이 기간 동안에 이루어진 사전 지표 조사나 이
에 따른 구제성 발굴은 지극히 피상적인 수준에 그쳤고, 그토록 광범위했던 개
발의 규모에 비해 이를 위한 조사 범위는 극히 한정적으로만 이루어졌다. 그동
안 이루어져 온 정치사회적 변혁에도 불구하고 광복 이후 국립박물관이 주축이
되어 이끌어 온 고고학계는 새로운 학술적 전기轉機 마련을 갈구하게 되었다. 이
에 따라 차츰 대학이나 부설 박물관, 연구소뿐 아니라 다른 관련 국가기관에서
도 학술 활동을 위한 탐구적 기운이 싹트기 시작했다.

1961년에는 서울대학교 문리과대학 안에 고고인류학과考古人類學科를 개설하
여 국립박물관의 수석학예관으로 있던 김원용金元龍을 대우교수로 영입해 들였
다. 이때 입학 정원은 열 명으로, 아직은 전임교수나 강사도 없이 모든 강좌를 외

래 강사에 의존할 수밖에 없는 실정이었다.

또한 같은 해에는 광복 이전부터 운용되어 오던 이왕직구황실재산사무총국李王職舊皇室財産事務總局을 개편하여 새로이 문화재관리국이 개설되었고, 1965년부터는 그 산하에 조사연구실을 운용하면서 각종 발굴 사업에 참여시켰다. 1969년에는 이를 확대 개편하여 문화재연구실을 설립하고, 국립박물관 고고과장 김정기金正基를 실장으로 영입하여 오늘의 국립문화재연구소의 기틀을 마련하였다.

1960년대에 들어서면서 해가 갈수록 발굴의 빈도나 규모도 점차 확대되고, 우리 고고학의 수준도 점차 성숙의 단계에 접어들게 되었다. 이 기간 중에 이루어진 가장 괄목할 만한 학술 조사로는 국립박물관에 의해 연차적 사업으로 착수한 전국의 고인돌〔支石墓〕에 대한 학술 발굴(1962-1967년)[1]을 꼽을 수 있을 것이다. 그때까지 국립박물관에서 실시했던 발굴의 대부분은 경주를 중심으로 한 신라 고분이나 절터로서, 이 고인돌 조사는 박물관이 처음으로 실시한 것이나 다름없는 선사 유적이라는 데에도 그 의미가 컸다. 따라서 이 발굴 조사는 이후 1960년대에 이루어진 여러 선사시대의 유적에 대한 조사 사업에 기본 방향을 제시해 주는 중요한 지표가 되었다고도 할 수 있었다.

육 년 남짓 동안에 걸친 고인돌에 대한 연차적인 조사가 일단락되면서 이후 조사 대상 유적의 성격이나 시대의 폭도 더욱 넓혀 나갔다. 우선 고인돌과 같은 시대에 속하는 대전 괴정동槐亭洞의 청동기 일괄 유물 출토 유구(1967년)와 서산 휴암리休岩里(1968-1970년) 등 청동기시대에 속하는 유적에 대한 현지 조사를 실시하였다.

국립박물관에서는 또한 부천 시도矢島 유적에 대한 시굴(1957년)이 이루어진 지 십여 년 만에 조개무지에 대한 연차 발굴에 힘을 쏟기로 하고, 양산 다방리多芳里(1967년), 부산 낙민동樂民洞(1967년, 1968년, 1970년)과 동삼동東三洞(1969-1971년), 부천 시도矢島(1970년), 고성固城 성내동城內洞과 동외동東外洞(1969-1970년) 유적 등지에서 동시다발적으로 조사를 수행해 나갔다.

1960년대에 들어서 집중적으로 이루어진 이와 같은 선사시대 유적에 대한 연차적인 조사 외에 역사시대의 유적, 특히 가마터 발굴에도 심혈을 기울였다. 광주光州 충효동忠孝洞 유적 발굴(1963년)을 시작으로 강진 사당리沙堂里 유적(1964-1970년)에 대한 연차적인 조사가 중점적으로 이루어졌다. 이 밖에 광주

廣州 도마리道馬里(1964-1965년), 공주 계룡산鷄龍山(1964년), 인천 경서동景西洞 (1965-1966년), 부안 유천리柳川里(1966년) 유적 등 전국 각지의 크고 작은 가 마터들이 연이어 조사되었다.[2]

1950년대 말부터 소규모의 발굴에 참여하기 시작했던 대학 박물관의 발굴 활 동이 1960년대에 들어서는 더욱 활발해지고, 여기에 1960년대 중반에는 문화 재관리국의 조사연구실까지 발굴에 가세하게 되었다. 그러면서 지금까지 국립 박물관 일변도의 조사 활동에서 벗어나 다변화된 발굴 체제가 갖춰지기 시작했 다.

특히 1960년대 말에 문화재관리국 조사연구실을 확대 개편하여 발족한 문화 재연구실은 이후 급속한 성장을 거듭하며 국가가 수행하는 대규모 국책 발굴 사 업을 담당하는 조사 연구의 중추 기관으로 그 기능이 한층 강화되어 나갔다.

한편, 북한에서는 한국전쟁이 끝난 1950년대 중반 이후의 한창 왕성했던 발 굴 기운이 가시고, 1960년대 후반에 들어서는 단위 유적에 대한 신규 발굴은 최 대한 억제하면서 고고학적으로 중요한 몇몇 연차적인 발굴 사업에만 치중했던 것으로 보인다. 또한 고구려 등 역사시대의 유적 발굴보다는 원시유적(선사·원 사시대 유적) 조사에 치중하는 한편, 한반도 고대 문화의 원류 찾기에 노력을 기 울였던 것으로 생각된다.

이렇듯 1960년대 후반에 들어 침체되기 시작한 북한에서의 발굴 사업은 무엇 보다 국가 경제의 상황이 악화되었기 때문이었던 것으로 여겨지며, 이러한 사정 은 1970년대에 들어 더욱 심각한 지경에 이르러 발굴 건수도 매년 두세 건에 그 치게 되었다.

그러면서도 1950년대에 이루어진 활발한 고고학적 성과와 함께 이에 대한 발 굴 보고가 실린 학술 잡지인『문화유물』(1949-1950년)을 시작으로,『력사과 학』(1955-1989년),『유적발굴보고』(1956-1985년),『문화유산』(1957-1962 년),『고고학자료집』(1958-1983년)』은 계속 발간되었고, 1960년대에 들어서 는『고고민속』(1963-1967년)과『고고민속논문집』(1969-1988년)이 새로이 창간되었다.

1961년

이해에는 서울대학교와 고려대학교에 의해서 주로 선사시대 유적에 대한 학술 발굴이 이루어졌다. 국립박물관에서는 울산에서의 신라 고분군에 대한 구제救濟 발굴에 참여한 것이 그 전부로서, 1950년대 말의 미국 전시에 이어 이해 봄부터 이듬해 봄까지 이루어진 유럽에서의 해외 전시(1961. 3 - 1962. 5)에 따라 발굴 작업은 일단 소강상태가 계속되었다.

연초에 서울대학교 김원용 교수에 의해 실시된 담양 문학리文學里 고인돌[3] 조사는 주민들에 의해 이미 도굴 훼손된 뒤의 정리 조사였는데, 여기에서 돌활촉, 돌검 파편과 함께 회흑색의 김해식 토기 쪼가리가 수습되었다. 고인돌의 덮개돌(3.0NS × 1.7 = 0.3m)은 한쪽만 받침돌로 고여진 상태였고 다른 한 쪽은 지표의 경사면에 기대어 있었는데, 지하의 매장 유구는 파괴되어 원상을 파악하기가 어려웠다.

보고자는 김해식 토기의 출토를 근거로 이 고인돌이 시대적으로 삼국시대 고분기와 연결될 것이라는 강한 추측을 제시함으로써 우리 고고학의 성장기 초에 제시된 학사적으로 매우 흥미로운 자료로서 인정되었다.

봄에 이루어진 양주 수석리水石里 집자리 유적[4]에 대한 조사는 이제 막 신설된 서울대학교 고고인류학과 학생들의 첫 현장 실습과도 같은 발굴 작업이었다. 1960년에 주한 미군 병사가 국립박물관에 현지 채집 유물을 신고함으로써 알려진 초기 철기시대의 유적으로 여기에서 모두 여섯 채의 집자리를 확인하였다.

집자리는 야산의 비탈면을 L자형으로 깎아 내 만든 것들로, 정확한 규모는 알 수 없으나 한 변의 길이 2.5-3.3미터에 깊이 0.3-0.7미터 되는 말각방형들로서 화덕 시설은 따로 확인되지 않았다. 출토 유물로는 외날도끼, 돌창, 갈돌 등 간석기와 냇돌로 만든 뗀돌도끼(打製石斧)가 많고, 토기로는 쇠뿔잡이가 달린 민무늬토기와 덧띠토기, 검은간토기가 나와, 이 유적의 연대를 C-14 결과(2300 B.P)와 함께 대략 기원전 5-3세기로 보았다.

6월 하순에는 고려대학교 박물관에 의한 광주廣州 명일리明逸里 집자리[5] 유적 발굴이 있었다. 나지막한 언덕에 이루어진 둥근 집자리(D≒6m)로서, 바닥에는 숯이 깔리고 벽면을 따라 기둥구멍이 나타났다. 집자리 안에서는 민무늬 계열의 토기 쪼가리가 수습되었지만, 원래의 모양을 알 수 없을 만큼 잘게 부스러져 있었고, 석기류로는 이단자루식(二段柄式)의 간돌검과 돌활촉이 출토되었다.

이해 여름에는 고려대학교 아세아문제연구소에 의해서 창원 웅천熊川 조개무지[6]에 대한 발굴이 이루어졌는데, 앞서 명일리 유적과 조사 기관은 다르지만 모두 김정학金廷鶴 교수에 의해 주도된 발굴이었다. 이번 조사는 앞서 1959년에 이어 이루어진 제2차 조사였고, 다시 1964년에 실시된 제3차 조사로써 마무리를 짓게 되었다.

늦가을에는 울산 삼광리三光里 유적7에서 국립박물관의 이름으로 백오십여 기에 이르는 원삼국기와 이른 삼국기의 신라 고분에 대한 조사가 이루어졌는데, 이 중 삼분의 이 이상은 이미 도굴된 상태였다. 이들 무덤은 화장산花藏山(+361m)에서 남쪽으로 이어지는 구릉의 끝자락 부분에 이루어져 있었는데, 이 가운데 100기가량은 돌덧널무덤이었고, 나머지는 나무덧널무덤이었던 것으로 짐작된다. 출토 유물로는 삼국시대의 굽다리접시와 사발, 목항아리, 단지 등 토기류와 미늘쇠[有刺利器], 도끼 등 철기류가 나오고, 원삼국기의 와질토기도 수습되었다. 이 발굴의 실질적인 담당자는 당시 경희대학교 박물관에 소속되고 있었던, 탈북자로 알려진 채병서蔡秉瑞였는데, 발굴 직후 지금까지 행방불명으로 아직도 정식 보고서가 나오지 못하고 있다.

이해 북한에서는 앞서 1958년부터 시작된 대성산 고분과 대성산성, 이듬해인 1959년에 착수된 무산 범의 구석 등 두 개 유적에 대한 마지막 정리 작업에 치중했던 듯하고, 신규 발굴 사업으로는 평양의 와산동臥山洞 유적과 용산리龍山里 고분 조사에 국한했던 것으로 보인다.

봄에 조사한 평양 와산동 유적8에서는 구릉지대에서의 한 공공건물 신축을 위한 기초공사 중에 반달칼 등 석기류와 숯 등이 나와 조사에 착수하여, 팽이그릇이 나오는 여섯 채의 집자리와 고구려 고분으로 추정되는 1기를 확인하였다. 집자리들은 대개 9NS×5m 안팎의 비교적 대형으로, 깊이는 60센티미터 정도 되는 것도 있었고, 움을 파지 않고 원 지표 그대로인 것도 있었다. 굴착 공사 과정에서 훼손이 심하여 집자리 중 상태가 좋은 한 채만을 골라 발굴하였으며, 다른 집자리에서는 출토된 유물만을 수습하였다.

조사된 집자리(6.9NS×4.7m)는 현 지표로부터 40센티미터 정도 밑에서 드러난 숯층 아래에서 점토를 깔아 편편하게 고른 집자리의 바닥이 나왔는데, 이 바닥에서 화덕자리와 기둥구멍이 확인되었고, 팽이그릇과 반달칼, 돌도끼, 활촉 등 석기류가 수습되었다. 특히 팽이그릇 가운데에는 전형적인 그릇 한 점과 목단지 두 점 등 변형 그릇이 출토되었는데, 이와 같은 목단지는 지금까지 지탑리

智塔里, 석교리石橋里, 금탄리金灘里, 심촌리沈村里 등 몇몇 유적에서도 나왔던 특이한 유형이었다.

평양 용산리 고분[9]은 이해 여름 농기계 공장 인부들에 의해 발견되어 중앙역사박물관 직원들이 현지에 나가 정리 조사한 유적이었다. 조사 전 인부들에 의해 세형동검과 몇몇 수레갖춤, 철제의 갈래창[戟] 등 출토 유물은 이미 수거된 뒤였고, 조사원들은 남아 있는 부식토층에서 널의 윤곽(2.3NS×0.55m)만을 확인하였다. 널 밑에 부식토가 남아 있지 않고 한식漢式 고분에서 나타나는 덧널의 흔적도 없는 것으로 보아, 널무덤 마지막 단계에서 덧널무덤으로 옮겨 가는 과도기의 무덤 형식으로 짐작되었다.

1962년

이해 초에는 국립박물관과 경주분관에 의해서 경주 황오리 4호와 5호 고분[10]에 대한 발굴이 이루어졌다. 시내 중심가의 불국로와 대구로가 나누어지는 도로 개설 공사에 따라 팔우정八友亭 로터리에 있던 이 두 고분을 정리 발굴하였다.

4호 무덤은 원래의 모습에서 상당 부분 깎여 나간 봉토(7EW×6＝1.5m)의 0.7미터가량 밑에서 드러난 돌무지(7.5EW×6m)의 중심에 함몰부(4EW×2m)가 이루어져 있었다. 그 아래에 만들어진 나무덧널(3.8×1.15m)의 동쪽에 부장칸이 마련되어 있었고, 그 서쪽에는 동침한 시신이 안치되었던 것으로 짐작되었다. 매장 공간에서는 금제 귀걸이, 유리 목걸이와 함께 은제의 팔찌, 반지, 허리띠와 드림장식 등이 착장着裝 상태로 수습되었고, 긴칼과 신발 파편도 나왔다. 또한 부장칸에서는 각종 금속기, 토기 등 용기류와 철제의 무구, 마구, 농공구 등이 다양하게 출토되었다.

보고서에 실린 〈목곽바닥 복원도〉는 신라 무덤 구조의 복원적 고찰을 위한 매우 중요한 실증적 자료로 제시되고 있다.그림60

5호 무덤의 봉토(19NS×13＝1.3m)는 민가 사이에서 훼손된 채 앞서 4호분과는 30미터가량 떨어져 있었으나 도로 공사에 따라 두 기가 동시에 정리 조사되었다. 봉토 아래 돌무지(6.5EW×4.5m)와 함몰부(3EW×1.6m) 등은 앞서 4호 무덤과 비슷한 모습인데, 이곳 함몰부 외곽의 냇돌과 덧널 바닥의 자갈돌에는 일정한 간격으로 주칠朱漆되어 있었다. 여기에서도 덧널(4.1EW×1.8m) 안에 부장칸과 매장부가 동서로 이루어지는 등 4호분과는 전체적으로 외널식의

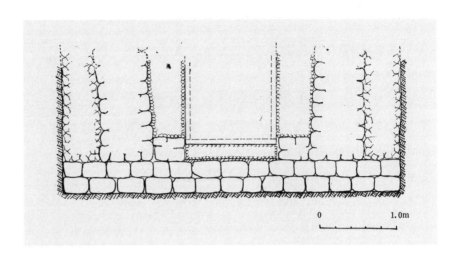

그림 60.
경주 황오리 4호 무덤
덧널바닥 복원도.

특징을 그대로 지니고 있었다.

이해 봄에는 국립박물관이 획기적으로 수립한 연차적 고인돌 조사 사업 계획의 첫 발굴 현장인 제천 황석리黃石里 고인돌 유적[1](1차: 3. 9-21, 2차: 7. 6-13)에서 개토제開土祭를 올렸다. 이곳은 남한강 상류의 낮은 충적평야에 이루어진 유적으로, 1.3킬로미터 거리에 모두 46기의 고인돌이 강 흐름과 나란히 동서로 배치되어 있었다.

여기에서는 두 차례에 걸쳐 18기의 남방식 고인돌을 조사하여, 이 가운데 13호 고인돌로부터는 거의 완전한 상태의 인골을 수습하였다. 덮개돌(1.3W×0.8＝0.2m) 아래에 이루어진 돌널(1.8EW×0.6＝0.3m)은 판돌을 세워 만들었는데, 뚜껑은 따로 없었고 바닥면에만 판돌을 깔았다. 묻힌 인골은 신장 약 174센티미터에 이르는 장신의 남성으로서, 인골의 C-14 연대 측정 결과 2360±370 B.P.가 나와 이 고인돌의 축조 연대를 추정케 하는 자료를 제공해 주었다.

가을에 발굴한 창녕 유리幽里 고인돌 유적에는 원래 십여 기가 분포되어 있었으나, 거대한 덮개돌(2.15EW×1.68＝1.0m)을 갖춘 1기만 남고 나머지는 모두 덮개돌이 없어진 상태였다. 십여 기 가운데 5기를 조사하였는데, A호와 B호 2기는 매우 특이한 하부 구조를 보여 주었다.

일대는 혈암頁岩으로 이루어진 판상板狀의 암반층으로 무덤 구덩을 파내면서 얻은 판돌을 다시 벽돌처럼 차곡차곡 쌓아 올려 돌널을 만들고, 돌널과 구덩벽 사이의 공간에도 같은 판돌 쪼가리들로 채워서 보강시켰다. 무덤칸(A호: 0.9EW×0.35＝0.3m, B호: 0.67EW×0.27＝0.27m) 위에는 판돌로 된 뚜껑돌을 한 겹 또는 두 겹으로 덮고, 그 위에 다시 판돌 쪼가리와 돌덩이들을 돌무지처럼 쌓은 뒤 덮개돌을 얹었던 것으로 보인다. 출토 유물은 없었다.

이에 앞서 5월에는 김해 무계리茂溪里 유적[12]에서 한 주민에 의해 고인돌의 하부 구조로 보이는 냇돌로 쌓은 작은 돌덧널(1.6EW×1.0 = 0.6m)이 발견되었다. 여기에서는 돌검 한 점, 돌활촉 여덟 점, 대롱옥 석 점과 함께 청동 활촉 석 점, 붉은간토기 쪼가리가 수습되었는데 한참 뒤인 9월에서야 보고자의 현장 조사가 이루어졌다.

이 조사는 국립박물관의 연차적인 고인돌 조사와는 무관한 긴급 조사였지만, 고인돌로부터는 극히 예외적인 부장품들이 출토되어 학계로부터 많은 관심을 불러 일으켰다. 청동활촉 외에 극도로 의기화儀器化된 장대한 자루가 달린 일단자루식〔一段柄式〕의 간돌검도 종래 보지 못했던 형태를 갖춘 것이었다.그림61 돌덧널 위에는 판돌 3매를 뚜껑돌〔蓋石〕로 덮었고, 덧널 둘레에는 5미터 사방의 돌무지 같은 묘역 시설이 이루어지는 등 구조에서도 매우 특이한 모습을 보여 주었다. 의기화된 석기류의 출토 사실 등으로 보아 청동기시대의 후기에 속하는 유적으로 생각되었다.

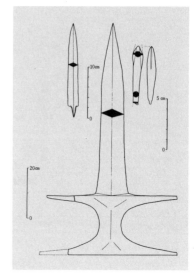

그림 61. 김해 무계리 유적 출토 유물.

이해 여름에는 칠곡 황상동黃桑洞 고분군[13]에 대한 조사가 경북대학교 박물관에 의해 실시되었다. 고분군 서쪽으로 2킬로미터 정도 떨어진 곳에 낙동강이 흐르고 있는데, 고분군은 남쪽으로 뻗은 능선을 따라 이루어져 있었다. 주로 능선 위에 분포한 지름 20미터가 넘는 대형 고분을 포함한 백여 기 가운데 3기를 조사하였다.

1호 무덤의 봉토(23EW×20 = 3.5~7m) 아래에 이루어진 구덩식돌덧널(5.8NS×1.1 = 1.8m)의 양쪽 긴벽은 깬돌을 쌓고, 마구리벽은 여러 매의 판돌을 쌓거나 세워서 만들었다. 바닥의 가운데에는 굄돌로 받친 여러 매로 된 주검받침이 마련되어 있었고, 천장부에는 장방형 판돌 7매가 덮여 있었다. 출토 유물로는 금동제의 관장식〔冠飾〕, 귀걸이, 신발과 철제의 투겁창, 손칼 등 이기류, 마구류와 함께 각종 토기류가 나왔다.

2호 무덤은 이곳 고분군 가운데 가장 큰 봉토(32×27 = 5.7m)를 갖추었으며,

그 아래에는 1호와 비슷한 크기의 구덩식돌덧널(5.6×1.0 = 1.8m)이 이루어지고, 바닥에는 전면에 큰 깬돌을 깔았던 것으로 짐작되었다. 출토 유물로는 덧널 안에서 철제의 긴칼과 심하게 파손된 토기류가 수습되었다.

3호 무덤은 1호, 2호 무덤과는 달리 작고 둥근 봉토(D≒5~6m = 1m)를 갖춘 무덤이었다. 봉토 아래 1.2미터에서 깬돌을 깐 바닥(2.6NS×1.0m)만 나왔을 뿐 돌방의 벽체나 덮개돌 등 다른 구조물은 전혀 나타나지 않았으나 쇠못 한 점이 나온 것으로 보아 나무널을 사용했던 것으로 짐작되었다. 바닥의 남쪽 끝 맨 바닥에는 철제의 긴칼, 도끼, 활촉과 토기를 놓아 두고 그 둘레를 깬돌로 둘렀다. 돌바닥 위에서는 청동 고리 한 개만 나왔을 뿐 다른 부장품이 전혀 나오지 않은 것으로 보아 장법상葬法上 고분기 후대의 것으로 추정되었다.

지난해의 부진했던 북한에서의 발굴 사업이 올해 들어서는 다소 활기를 되찾는 상황으로 전개되어 나갔다. 이른 봄의 신천 명사리明沙里 유적 발굴을 시작으로 평양 입석리立石里 유적과 이어서 은율 운성리雲城里 유적에 대한 제2차 조사가 이루어졌다. 곧이어 선천 원봉리圓峯里 유적 조사가 시작되었고, 뒤 이어 가을에는 영변 세죽리細竹里에서의 제1차 조사에 착수하였다. 이해의 조사 유적은 대부분 청동기시대에서 원삼국시대에 걸치는 유적으로, 이때에 북한 고고학에서 이루어진 학문적 경향의 실상을 어림할 수가 있었다.

신천 명사리 유적[14]은 저수지 조성 공사 중에 발견된 움무덤과 독널무덤 각 1기로서, 움무덤은 발견 당시 이미 훼손된 상태여서 조사는 독널에 대해서만 이루어졌다. 독널은 화분형 토기(D-20 = 29cm)와 물동이형 단지(D-22 = 30cm)를 아가리끼리 서로 맞대어 놓은 이음식(合口式)으로, 물동이형 단지의 몸통 중간 양쪽에 뭉툭한 쇠뿔 모양의 손잡이가 달려 있었는데, 독널의 크기로 보아 아동용이었던 것으로 짐작되었다. 움무덤에서도 독널의 단지와 비슷한 토기가 나왔는데, 이들은 독널과 같은 시기의 것으로서 보고자는 고조선과 관련된 것으로 추정하였다.

평양 입석리 집자리 유적[15]은 대동강의 지류인 남강 상류에서 퇴비 저장 구덩이 조성 중에 발견되었는데, 한 구덩이의 단면으로부터 시기를 달리하는 위아래 두 개의 문화층이 드러났다. 위 문화층에서는 변형 팽이그릇이 나왔고, 아래 문화층에서는 빗살무늬토기가 나왔으나, 발굴은 위 문화층에서 남북으로 나온 1

호와 2호 집자리에 대해서만 진행하였다.

지표로부터 45센티미터 아래에서 윤곽이 드러난 1호 집자리(5.5NW ~ SE×4.0 = 0.4m)에서는 다져진 바닥의 벽 가장자리를 따라 촘촘히 세워진 불에 탄 기둥들이 나왔으나 기둥구멍이나 주춧돌은 남아 있지 않았다. 바닥의 남쪽으로 치우친 곳에서는 별다른 시설 없이 불에 달궈진 화덕자리가 나왔다.

1호보다 큰 2호 집자리(10.5NS×5.2 = 0.45m)의 점토로 다져진 바닥은 현 지표로부터 80센티미터 아래에서 나왔는데, 여기에서도 기둥은 맨바닥 위에 세워진 것으로 짐작되었다. 바닥에서는 모두 세 개의 화덕자리가 여기에서도 별다른 시설 없이 불에 달궈진 상태로 나왔다.

두 곳의 집자리에서 나온 출토 유물 가운데 토기류는 긴 목을 갖춘 변형 팽이그릇들이었고, 석기로는 반달칼, 바퀴날도끼, 가락바퀴, 돌돈, 괭이 등이 나왔는데, 특히 끌과 도끼, 대팻날, 자귀 같은 석기류는 날 부분만 갈아 만들어 석기로서의 퇴화 과정을 보여 주었다. 이 밖에도 돼지 뼈 등 다양한 짐승 뼈와 사슴뿔, 조개껍질이 나왔다.

여기에서 보고자는 정교하게 만들어진 돌검, 활촉, 작살 등 석기류가 청동기를 모방한 것으로 보았고, 다른 유물들과 함께 청동기시대의 최말기 유적으로 추정하였다.

이해 봄에 이루어진 은율 운성리 유적 제2차 조사[16]는 1954년의 제1차 발굴에 이어 근 8년 만에 실시된 조사였다. 이번 조사에서는 토성과 움무덤 4기, 귀틀무덤 3기, 독무덤 1기가 조사되었는데, 보고문에서는 제3차(1963. 5), 제4차(1963. 7) 발굴 결과가 함께 실려 각 차 발굴에 대한 내용을 따로 구분하지 않고 제2차 발굴부터 제4차 발굴까지를 한데 모아 요약하였다.

제3차 발굴에서는 독무덤 5기와 기와무덤 2기를, 제4차 발굴에서는 움무덤 1기를 발굴함으로써 제2차 발굴부터 제4차 발굴 기간 동안에 토성 외에 움무덤 5기, 귀틀무덤 3기, 독널무덤 6기, 기와무덤 2기를 조사하였다. 조사는 제1차부터 제4차까지 사회과학원 고고학연구소에서 담당하였다.

제2차 조사부터 제4차 조사까지 발굴된 16기의 무덤 가운데 독무덤과 기와무덤 외에 나머지 8기의 무덤들은 움무덤(土壙墓)과 귀틀무덤(木室墓)으로 나누어지는데, 움무덤은 다시 널무덤(木棺墓)과 덧널무덤(木槨墳)으로 구분하였다.

널무덤은 움을 파고 널과 부장품을 안치한 뒤 봉분을 덮었는데, 모두 홑무덤

(2호, 3호, 4호, 9호)들이었고, 덧널무덤은 움 속에 나무로 덧널을 만들고 그 안에 시신을 안치한 2기의 으뜸덧널과 부장품을 넣은 딸린덧널로 이루어진 어울무덤(5호)이었다. 귀틀무덤(6호, 7호, 8호)은 어울무덤인 덧널무덤이 발전한 것으로, 나무로 귀틀방을 만든 뒤 칸막이벽을 사이에 두고 널과 부장칸을 따로 분리해 두었다.

널무덤과 덧널무덤에서는 화분형토기나 회색토기 단지와 함께 세형동검을 비롯하여 철제의 칼(刀·劍)과 투겁창 등 무구류와 도끼, 낫, 끌 등 이기류가 나오고, 말재갈과 수레갖춤 등도 출토되었다. 귀틀무덤에서는 철제 단지와 세발토기 등이 나올 뿐 무구류나 이기류는 보이지 않아 오히려 규모가 작은 널무덤이나 덧널무덤보다 부장품에서 빈약함을 보였다.

보고자는 출토 유물을 통해 이들 무덤 양식의 전개 과정을 '널무덤→덧널무덤→귀틀무덤'으로 도식화하고, 그 형성 시기를 기원전 2세기 후반에서 기원후 1세기로 보았다.

독무덤은 화분형토기나 꼰무늬(絡繩文)토기를 아가리끼리 맞춘, 길이 1미터 안팎 되는 소형의 이음식으로서, 전체 6기 중 2기만 제대로 남아 있었다. 기와무덤은 기와와 벽돌을 원통형으로 만들거나 움 바닥에 기와를 깐 것으로서 움 안에서는 화분형토기가 수습되었다.

제2차 조사에서 실시된 토성(100EW×60m) 발굴에서는 토성 안의 집자리와 성 밖의 물도랑(垓字) 자리가 확인되었고, 여기에서 화분형 단지 등 다양한 토기류와 칼, 활촉, 낫, 보습 등 철제 무기와 이기류가 수습되었다. 출토된 유물들을 통해서 그 남쪽으로 400미터가량 떨어져 조성된 고분들과 공간적 시간적으로 밀접한 관계에 있음을 알 수 있었다. 이와 같은 운성리 토성과 인접한 무덤들의 공존 현상은 비슷한 시기에 이루어진 낙랑 유적에서 나타나는 실태와 유사하여 당시의 시대적 상황을 보여 주는 것으로 생각되었다.

곧이어 이루어진 평안북도 지방의 공사 현장에 대한 현지 답사를 통해 선천 원봉리 및 정주 석산리 원시유적[17]을 조사하였다. 선천 원봉리 유적에서는 서해안의 구릉 자락에 이루어진 유물 포함층(40×35m)으로부터 다양한 토기 쪼가리와 석기류들을 수습하였다. 토기류는 대부분 갈색과 회색의 겹아가리가 포함된 팽이그릇 계통으로 보이지만, 완형을 알 수 없는 쪼가리들이었다. 석기들은 도끼, 반달칼, 활촉, 단검, 가락바퀴들이지만, 대부분 지표 조사를 통해 수습한 파손품들로, 유적의 정확한 성격은 알 수 없지만 청동기시대의 본격적인 단계에 이른 것들로 보였다. 정주 석산리石山里 유적[18]은 지난 1958년에 이미 조사가 이루어졌기 때문에, 이번 보고문에서는 팽이그릇을 비롯한 새로 수집한 토기류에 대해서만 소개되었다.

청천강 중류의 충적층에 이루어진 영변 세죽리 유적[19]은 원래 지난해(1961년)의 홍수 때에 유물층이 드러나면서 올 가을과 이듬해(1963년) 늦봄의 두 차례에 걸쳐 고고학연구소에 의해 대규모의 조사가 이루어졌다. 이해의 제1차 조사에서는 광범위한(1.0EW×0.2~0.3km) 발굴을 통해 여기에서 세 개 지구를 설정하여 2천 제곱미터를 발굴하였고, 1963년의 제2차 발굴에서는 한 개 지점에서 400제곱미터 정도를 발굴하였다.

제2차 발굴에서 조사된 제4구의 서벽 단면에서 드러난 층위를 보면, 표토층에서부터 일곱 개의 포함층이 이루어졌는데, 맨 아래에서는 흰색 모래로 이루어진 깊이 2미터의 생토층이 나오고, 그 아래로는 강자갈층이 계속되었다. 표토층 바로 밑의 검은 부식토층(-30cm,초기철기문화) 아래로는 사질점토층(-40cm, 청동기문화)과 사질토층으로 이루어진 세 개의 간층(-70cm)이 차례로 나타나고, 맨 아래에서 사질점토층(-30cm,신석기문화), 그 아래로 흰색 모래의 생토층과 강자갈층이 계속되었다.

두 차례의 발굴을 거쳐 이들 세 시기의 문화층에서는 모두 27기의 집자리가 나왔는데, 이 움집터들은 그 형식과 시기에 따라 대개 다섯 개 유형으로 구분되었다.

제I유형(7호)은 바닥을 점토로 다진 장방형의 움집으로서, 바닥 복판에서 냇돌로 테를 두른 화덕자리가 나왔다. 움집 안에서 빗살무늬토기와 갈판, 갈돌, 발화석 등이 출토되었다.

제II·III·IV유형(II: 10호·27호·28호, III: 6호·11호-17호·24호-26호, IV: 3호-5호·9호·15호·20호-23호)은 방형 또는 장방형의 움집들로 점토로 다진 바닥에서 냇돌로 테를 두른 화덕이 나왔고, 움집의 긴축 방향으로 3-4열로 기둥구멍이 확인된 곳도 있었다. 여기에서 출토된 석기류는 도끼, 반달칼, 자귀, 활촉, 작살, 칼, 끌, 그물추, 가락바퀴 등 다양하였지만, 유형별로 뚜렷한 양식상의 차이를 파악하기 어려웠다. 토기류에서도 이 세 유형에서 겹아가리토기와 깊은바리토기는 공통적으로 나왔으나, 각 유형별로 각기 특성을 보여 주고 있었다. 즉,

제Ⅱ유형에서는 짧은 목단지와 갈색간토기가 나왔고, 제Ⅲ유형에서는 검은간토기와 미송리형 토기가, 제Ⅳ유형에서는 묵방리형 토기와 굽다리접시모양〔豆形〕토기가 출토되었다.

제Ⅴ유형(1호·6호·19호)은 장방형 또는 원형의 집자리들로서, 1호에서는 진흙으로 다져진 바닥의 동벽에 ㄱ자 터널 모양의 난방시설이 확인되었다. 세 움집 안에서는 모두 노끈무늬〔繩文〕토기가 나왔고, 이 밖에 도끼, 끌, 손칼 등 철기류와 청동제 칼자루끝장식〔劍把頭飾〕이 출토되었으며, 움집 밖에서는 명도전明刀錢, 포전布錢 등의 중국 화폐가 수습되었다. 세죽리 유적은 아래로부터 제1, 2, 3문화층으로 나누어지는데, 제1문화층(Ⅰ유형)은 빗살무늬토기가 나오는 신석기시대층, 제2문화층(Ⅱ·Ⅲ·Ⅳ유형)은 미송리, 묵방리형 토기가 나오는 청동기시대층, 제3문화층(Ⅴ유형)은 김해식 토기가 나오는 초기철기시대층으로 구분될 수 있었다.

이처럼 각 유형의 집자리에서 나타나는 토기는 시기적 변천 과정을 보여 주었는데, 특히 마지막 초기 철기시대층[20]에서는 중국계 철기문화의 수용과 고조선이 고대국가로 전개되어 가는 과정을 보여 주는 우리의 원사고고학 연구를 위해 매우 중요한 자료를 제공해 주었다.

1963년

이해에 남한에서는 지금까지의 어느 해보다 많은 발굴이 이루어졌다. 이제까지 국지적局地的으로만 조사되어 온 발굴 양상에서 벗어나 거의 전국적인 범위에 걸쳐 발굴이 실시되었다. 우선 지난해부터 국립박물관에 의해 시작된 전국의 고인돌 조사가 올해에는 영일, 아산, 강화도까지 확산되었고, 인천시립박물관에서도 영종도의 고인돌 조사를 실시하였다. 국립박물관에서는 이 밖에 1957년도에 이어 울릉도 고분 조사를 계속하였고, 광주 충효동 가마터 조사를 시작으로 이후 전국적으로 이루어진 연차적 가마터 발굴조사의 첫 계기로 삼았다.

또한 이해에는 전국 경향 각지의 대학 박물관이 발굴에 대거 참여하여, 서울대학교에서는 광주光州 신창동新昌洞 독널무덤, 부산 동삼동東三洞 조개무지와 함께 고령 고아동古衙洞 벽화고분을, 고려대학교에서는 서울 가락동可樂洞의 집자리를 조사하였다. 이 밖에 이화여자대학교에서는 안동 조탑동造塔洞 고분을, 경북대학교와 관동대학교에서는 각각 대구 불로동不老洞 고분과 강릉 포남동浦南洞

집자리 조사를 실시함으로써 대학 박물관의 발굴 참여에 새로운 전기가 마련되었다.

이해 초봄에 국립박물관이 실시한 영일 기계면杞溪面 고인돌 조사에 대해서는 간단한 자료 소개[21]뿐 따로 발굴 결과를 접할 수 없었고, 이때 참여했던 필자에 의한 유물 습득 보고만 대할 수가 있었다.[22] 곧이어 아산 신운리新雲里 고인돌 1 기에 대한 조사가 이루어진 것으로 보이지만,[23] 지하 유구나 유물이 발견되지 않아 본 보고서에서는 그 결과를 접할 수가 없었다. 가을에는 강화 하점면河岾面 고인돌 일원에서도 북방식 및 남방식 3기를 발굴하여 돌활촉, 돌도끼와 붉은간토기 등을 수습하였다.[24] 이해의 이와 같은 세 곳의 고인돌 발굴에서는 그 상당한 성과에도 불구하고 본 보고서에는 단 한 곳도 실리지 못하고 모두 '자료'나 '뉴스'로밖에는 접할 수 없는 형편이었다.

인천 영종도 운남리雲南里 고인돌[25]은 인천시립박물관에 의해 실시된 첫 발굴로서, 이 유적은 지난해에 처음 발견되었을 때에는 덮개돌(160×130 = 13~16cm)만 드러난 상태였다. 발굴 결과 고인돌의 굄돌로 보이는 두 개의 양 긴벽(L-93~112cm)이 나타났고, 마구리돌로 추정되는 판돌도 주변에서 발견되었다. 고인돌은 전형적인 북방식으로서, 주변에서 검출한 숯을 이용한 C-14 연대측정을 통해 720±100 B.P.와 880±110 B.P.의 결과가 나와, 이 고인돌이 적어도 고려시대에 들어 재사용[26]된 것임을 추정할 수 있었다.

국립박물관에 의해 이루어진 울릉도 고분[27] 조사는 첫 발굴이 이루어진 1957년 이후 육 년 만인 올해 6월과 9월의 두 차례에 걸쳐 제2차 조사가 실시되었다.사진 20 이번 조사에서는 지난 제1차 조사에서 미흡했던 부분에 대한 보완 작업을 계속할 계획이었으나, 우연찮게 천부동 2호 무덤과 같은 처녀분을 발견하는 예기치 못한 성과를 올리기도 했다.

울릉도 천부동天府洞 2호 무덤의 경우, 바닷가 산등성이의 약간 도드라진 곳에 동서로 길게 이루어진 돌더미(封石)(13EW×3 = 3m)를 갖추고 있었다.

사진 20. 울릉도 남서동 11호 무덤 돌방 내부.

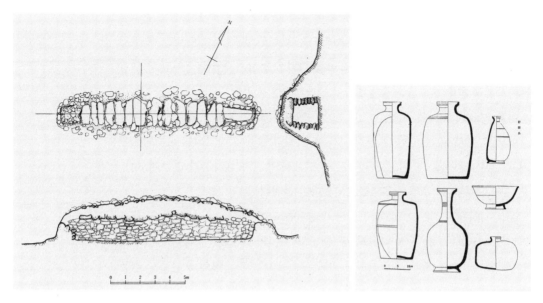

그림 62. 울릉도 천부동 2호 무덤의 평면도(위 왼쪽)와 단면도들.
그림 63. 울릉도 천부동 2호 무덤 출토 토기류.

그 아래에는 40센티미터의 깊이로 구덩을 파고 돌을 깔아 바닥을 이룬 긴 앞트기식돌방(9.8EW×1.4 = 1.4m)의 입구가 동쪽으로 나 있었는데, 여기에는 돌과 흙을 섞어 막아 두었다. 돌방 안에는 서쪽 구석 깊숙이 동침東枕으로 널에 안치된 시신이 있었고, 간단한 막음벽(隔壁)을 사이에 두고 뒤쪽에 안치된 또 하나의 널에는 서침西枕한 시신이 모셔진 어울무덤이었다.그림 62 부장된 유물로는 도장무늬의 긴목병과 네모난 항아리, 장군과 같은 독특하고 다양한 종류의 토기들과 청동 팔찌, 돌로 만든 가락바퀴 등이 나왔다. 이 가운데 토기류는 천부동 1호나 3호 무덤에서와 같이 신라 말에서 고려 초에 해당되는 것들로 보였다.그림 63

『울릉도鬱陵島』 발굴 보고서는 1947년부터 이해에 이르기까지 격동기의 와중에서 모두 다섯 차례에 이르는 현지 조사를 거쳐 이룬 당대의 학술적 성과라고 할 수 있었다. 1957년에는 아세아재단으로부터 연구 보조비를 받아 본 발굴이 이루어질 수 있었고, 이해에 실시한 보완 조사를 거쳐 연말에는 하드백에 영문 요약까지 곁들인 호화 보고서가 나왔다.

초여름에는 국립박물관에 의해 광주光州 충효동忠孝洞 가마터[28]에서 앞서 5월에 실시한 예비 조사에 이어 3호 가마에 대한 발굴 조사가 이루어졌다. 광복 이후 우리 손에 의해 이루어진 최초의 가마터 발굴이었다. 가마터 안에서는 네 개의 가마바닥(窯床)이 있었던 것만 확인했을 뿐 전체적인 구조는 파악하지 못했으나, 거대한 퇴적층의 발굴을 통해 분청사기와 관련된 많은 정보를 얻을 수가 있었다. 여기에서는 주로 조선조 초기에서 중기의 분청사기가 구워졌지만, 시대가 내려오면서 차츰 백자도 제작되었음이 아울러 파악되었다.

이해 가을에 조사된 천안 두정리斗井里 움집터[29]는 주민에 의한 배수구 작업 중에 지표 아래 60센티미터쯤에서 간돌검 등 일괄 유물이 신고되어 국립박물관에서 현지 조사하였다. 신고된 유물은 이 밖에도 돌칼과 홈자귀가 있는데, 이들은 대략 1.5×1.2m의 범위에서 출토되었다고 하였다.

출토 지점을 중심으로 몇 개의 탐색 트렌치를 넣어 모가 둥근 네모난 작은 움집터(2.45EW×1.8m＝5~20cm)를 확인하였는데, 그 안에서 작은 간돌칼과 민무늬토기 쪼가리들이 수습되었고 바닥 구석에서는 상당량의 숯가루도 검출되었다.

서울대학교 박물관에서 실시한 광주光州 신창동新昌洞 독무덤[30] 유적에 대한 발굴은 이제 갓 삼학년이 된 고고인류학과 제1회 입학생들과 함께 시작한 본격적인 첫 야외 실습이나 다름없는 매우 뜻깊은 발굴이라고 할 수 있었다. 변두리의 나지막한 야산에 이루어진 집단 묘역으로 28NS×4m의 좁은 발굴 구역에서 모두 53기에 이르는 많은 독널이 드러났다. 이들 독널은 현 지표로부터 대략 20-30센티미터 아래의 얕은 적갈색의 점토층에서 나왔는데, 크기는 매우 다양했으나 길이 30-50센티미터 되는 소형의 것들이 대부분이었다.

독널은 거의가 두 개의 독을 아가리끼리 이어 맞춘 이음식〔合口式〕인데, 외독식〔單甕式〕과 세독식〔三甕式〕도 각 한 구씩 나왔다. 독널은 밝은 적·황·갈색 계통의 점질粘質 바탕흙에 굵은 모래가 섞여 들어가 거칠게 보이며 낮은 온도로 매우 무르게 구워진 것들이었다. 독널의 작은 크기로 보아 화장火葬이나 뼈묻기〔洗骨葬〕 같은 두벌묻기〔二次葬〕의 가능성도 생각할 수 있지만, 두 개 또는 세 개의 독으로 길이를 조정하는 것으로 보아서는 어린애들을 위한 집단 매장이 이루어졌던 것으로도 짐작되었다. 독널의 방향은 대부분 동서로 묻혔는데, 큰 독이 놓인 위치로 보아서는 대개 동침東枕이었을 것으로 추정되었다. 부장품으로는 작은 쇠 쪼가리와 납작한 자갈〔扁平礫〕 각 한 점뿐이었고, 독널의 둘레에서 작은 토기 몇 개와 함께 돌도끼, 돌활촉, 숫돌, 청동제 칼자루끝장식 각 한 점씩과 쇠 쪼가리가 출토되었다.

부산 동삼동 조개무지 유적[31]은 일찍부터 일인 학자들에 의해 그 존재가 알려진 곳이다.[32] 이해 연말에는 미국인 대학원생 모어A. Mohr와 샘플L. L. Sample 부부가 작은 시굴을 했고, 여기에 고고인류학과 학생 두 명(임효재任孝宰, 정영화鄭永和)이 동행하여 작업을 도왔다. 발굴 결과 최하층의 연대를 2995 B.C.로 보고 각 층위를 토기의 양식에 따라 모두 다섯 개의 문화기로 나누었는데, 그들이 제시한 측정 연대는 우리나라 신석기시대 초기 유적 가운데에서 최초로 측정한 절대 연대로서 중요한 의미를 갖는다.[33] 그 후 1969-1971년에는 모두 세 차례에 걸쳐 국립박물관과 서울대학교 박물관이 공동으로 발굴을 실시하였다.[34]

이해 가을에는 고령 고아동 벽화고분[35]이 도굴된 상태에서 발견되어 서울대학교 고고인류학과에 의해 조사가 이루어졌다. 고령읍 주산主山에서 뻗어 내린 언덕 자락의 십여 기에 이르는 무덤 가운데 하나로서, 조사 당시 봉토(25EW×20 = 2.5~7m)의 북쪽과 널방의 서벽 위쪽에서 도굴 구멍을 확인하였다.

널방(玄室)(3.7NS×2.8m)의 남벽에는 동벽 선과 나란히 이어진 널길(羨道)(3.2NS×1.2 = 1.2m)이 나 있어 전체적으로 ㄱ자형의 돌방이 이루어져 있었다. 널방과 널길은 모두 깬돌을 쌓아 올렸는데, 널방의 남과 북 양 벽은 거의 수직으로 올렸지만, 동과 서 양 벽은 위쪽으로 올라가면서 안쪽으로 기울게 쌓고, 천장부에는 4매의 넓적한 돌을 얹었다. 널길도 마찬가지 깬돌로 양쪽 벽체를 쌓았지만, 천장에는 열한 개의 길쭉한 돌을 얹었다.

널방의 바닥 복판에는 남북으로 길게 크기가 다른 한 쌍의 널받침(棺臺)이 만들어졌는데, 크기로 보아 남녀를 각기 서쪽과 동쪽에 북침北枕으로 안치한 어울무덤이었다.그림 64 널방과 널길의 벽체와 천장에는 회를 바르고 벽화를 그렸으나, 벽면의 벽화는 대부분 떨어져 나가고 천장부에만 비교적 화려한 채색으로 그려진 연꽃무늬가 부분적으로 남아 있었다.

이해 6월에는 고려대학교 박물관에 의해 청동기시대에 속하는 서울 가락동 집자리[36]가 발굴되었다. 한강변의 나지막한 언덕에서 조사된 장방형의 집자리(10.0EW×7.0 = 0.1~0.5m)는 반지하식으로, 집자리 안에서 기둥구멍은 확인되지 않았다. 출토 유물로는 낫, 활촉, 송곳, 가락바퀴, 숫돌 등 석제품도 나왔지만, 화분형토기나 단지, 접시 같은 토기류가 대부분이었다. 특히 토기들은 소위 팽이형토기의 특징을 갖추었지만, 바닥이 비교적 좁고 곧은 목(直立口緣)을 갖추어 전형적인 팽이형토기보다는 늦은 시기의 변형 토기임을 알 수 있었다.

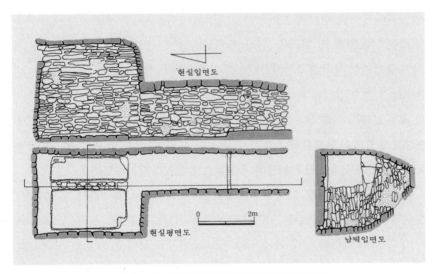

그림 64. 고령 고아동 벽화무덤 현실 입면도(위) 및 평면도(아래), 남벽 입면도(오른쪽).

비슷한 유형의 토기가 서울 역삼동과 여주 흔암리 등지에서도 나와 중부지방 가락식 토기의 양상을 파악할 수 있게 되었는데, 여기에서 검출된 자료를 바탕으로 조사자는 가락동 유적을 한반도 중기 무문토기문화의 표지적標識的인 유적으로 보았다.

가을에는 이화여자대학교 박물관에서 안동 조탑동 고분[37]을 조사하였다. 비봉산飛鳳山에서 동쪽으로 뻗어 내리는 이곳 탑마을 뒷산의 중턱 여기저기에 분포하는 수십 기의 대형 봉토무덤 가운데 하나를 선정 발굴하였다. 평면 타원형을 이루는 봉토(21EW×10m) 안에는 5미터 남짓의 거리를 두고 동과 서 양쪽으로 바닥의 높이가 서로 다른 두 개의 대형 돌덧널이 긴축을 남북으로 이루어져 있었다. 동과 서 양 덧널의 벽은 깬돌을 가지런히 올려 동과 서 긴벽은 안쪽으로 기울도록 쌓았으며, 북벽은 수직으로 올렸다. 이에 비해 남벽은 이 돌덧널의 입구로서 매장이 끝난 뒤에 밖에서 쌓아 막은 앞트기식의 구조를 보여 주었다.

돌덧널의 바닥 안쪽에는 주검받침을 설치하였는데, 동쪽에는 6구를, 서쪽에는 5구를 안치한 것으로 보아 한 가족무덤으로 생각되었다. 덧널 위에는 10매가량의 넓적한 뚜껑돌을 씌운 뒤 그 위를 다시 깬돌로 덮었다. 동쪽 돌덧널의 서북 모서리 가까이에는 평면이 둥근 딸린덧널이 붙어 있었고, 서쪽 덧널의 서편으로는 또 하나의 봉토 흔적이 남아 있었는데, 여기에서는 작은 돌덧널과 독널이 조사되었다. 돌덧널들은 이미 도굴된 상태였지만, 금제 귀걸이 등 꾸미개와 철제의 이기류利器類가 나왔고, 딸린덧널과 작은 돌덧널에서는 각종 항아리와 굽다리접시 등 주로 토기류가 수습되었다. 이들 토기류에서는 신라계와 가야계의 양면성을 살필 수 있었는데, 보고자는 그 축조 시기를 대략 5세기 말에서 6세기 초로 비정하였다.

이해 연말에는 경북대학교 박물관에 의해 대구 불로동 고분[38] 발굴이 시작되어 이듬해 연초까지 계속되었다. 이 고분군이 광복 이전에는 행정구역상으로 달성군 해안면解顏面의 불로동과 입석동立石洞에 속해 있었기 때문에 1938년 일본인들의 조사에서는 해안면 고분[39]으로 보고되었다.

이때에는 해안 1호와 2호가 조사되었지만, 경북대학교 박물관에 의해 조사된 고분은 갑호와 을호로 명명되었다. 두 고분 모두 봉토가 거의 다 유실되었고, 그 아래에서 구덩식 돌덧널무덤(갑: 4.5EW×0.7 = 1.0m, 을: 4.8NE~SW×0.95 = 0.85m)이 조사되었다. 2기 모두 벽은 깬돌로 쌓아 올리고, 그 위에는 덩이돌이나 부정형의 판돌을 얹었다. 일부 도굴되긴 했지만 별다른 시설이 이루어지지 않은 맨바닥의 양 마구리 쪽에서는 삼십여 점에 이르는 많은 토기와 은장식 말띠드리개(杏葉)와 철제 재갈 등 마구류, 그리고 쇠활촉 등이 수습되었다. 출토 유물로 보아 이 고분들은 5-6세기에 축조된 것으로 짐작되었다.

강릉 포남동 집자리[40]는 이곳 관동대학교에 재직 중이던 리빙스턴David Livingston이라는 외국인 학감의 제보에 의해 필자가 현지 조사를 통해 확인한 청동기 시대의 유적이다. 집자리는 강릉시 외곽의 남대천南大川 남쪽 산기슭의 지표로부터 40센티미터쯤 아래에서 드러난 장방형(7.3EW×5.0m)으로 비교적 대형에 속하는 것이었다. 집자리의 한가운데에서 지름 1미터가량의 화덕자리가 드러났고 벽면을 따라 기둥구멍이 촘촘히 나 있었다고는 하지만, 발견자가 전문가가 아니었던 만큼 유구의 상황에 대해서는 불확실한 점이 많았다.

두 차례에 걸친 발견자의 수거 작업(1963-1964년)을 통해 간돌검을 비롯하여 도끼, 활촉, 반달칼, 가락바퀴, 공이, 낫, 칼, 숫돌, 갈돌, 원판圓板 등 다양한 석기류와 벽옥제碧玉製의 장신구, 청동 활촉, 쇠붙이, 숯 쪼가리들을 수습하였다.

이해 늦봄, 북한에서는 지난해에 이어 영변 세죽리 유적 제2차 조사[41]가 이루어지고, 거의 같은 시기에 은율 운성리 유적 제3차, 제4차 조사[42]가 연이어 계속되었다. 여름에는 1958년에 시작된 대성산 고분과 대성산성에 대한 조사 사업의 일환으로 대성산 연못 자리 발굴이 이루어지는 등 계속 사업 또는 연차 사업에 비중을 두었다. 신규 사업으로는 중국 동북지방의 유적 발굴을 위해 조선·중국 공동 고고학 사업에 착수하였는데, 이 발굴도 1965년까지 네 단계에 걸친 계속 사업이었다.

이해 초여름에 이루어진 평양 대성산성 연못 자리[43] 발굴을 통해 산성 안에 조성된 백 수십 기의 연못에 대한 실태를 파악할 수가 있었다. 이와 같이 많은 연못은 안학궁安鶴宮을 지키던 산성 내의 병력들에게 식수와 용수를 공급하기 위한 목적도 있지만, 원래 산성 안의 수량이 풍부했던 때문으로 보인다.

이 기간 동안에 모두 세 개의 연못을 발굴하였고, 나머지 몇 개의 연못에 대해서는 외형 조사만 실시하였다. 세 개의 연못은 대략 방형(1호: 37EW×34m, 2호: 18×18m, 3호: 30×30m)인데, 일부는 자연 지형에 따라 둥글거나 타원형으로도 만들었다. 물을 막는 낮은 쪽의 둑 형태는 이곳 산성 벽체의 축조 방식과도 비슷하였다.

1963년 8월 하순에 조선·중국 공동 고고학 발굴대에 의해 시작된 중국 동북지방 유적 발굴[44] 사업은 1965년 7월 19일까지 모두 네 차례에 걸쳐 단계별로 이루어졌다. 각 단계별로 조선과 중국의 조사단이 각 열일곱 명씩(제4차만 열한 명씩) 같은 수의 인원으로 구성하여 두 개조로 나누어 지역별로 답사, 시굴 및 참관參觀 사업을 진행하였다.

제1단계(1963. 8. 23-10. 23)에는 세 개 성省, 한 개 자치구, 스물세 개 시와 현의 72개 유적을 답사하여 이 가운데 열 곳을 시굴하였고, 일곱 곳의 지방 박물관과 문물기관을 참관하였다.

제1조에서는 내몽골 자치구와 요령성에서 집자리 스물세 채, 성터 아홉 곳, 고인돌 3기, 청동단검 출토지와 옛무덤떼 열두 곳 등 사십칠 개소를, 제2조에서는 요령성과 길림성에서 청동기시대 유적 두 개, 성터 열두 곳, 고구려 무덤떼 열한 곳 등 스물다섯 곳을 답사하였다. 제1조는 이 가운데 내몽골 영성현寧城縣 남산근南山根을 발굴하는 한편, 윤가촌尹家村과 장군산將軍山을 시굴하였고, 제2조는 돈화현 육정산六頂山과 흑룡강성 상경용천부上京龍泉府 등 발해 유적들의 시굴 조사를 실시하였다.

내몽골 영성현 남산근 유적에 대해서는 1958년과 1961년에 이미 집자리와 무덤 등에 대한 조사가 이루어진 바 있으며, 이해에는 2기(101호, 102호)의 크고 작은 무덤을 조사하였다. 이들 두 무덤들은 모두 장방형으로, 구덩이를 판 뒤 냇돌과 자갈로 네 벽을 쌓고 위와 바닥에는 판돌을 덮거나 깐 구조였다. 무덤으로부터는 청동제의 그릇, 무기류, 이기류, 마구류, 수레갖춤, 장신구와 함께 금제 장식품, 돌도끼, 뼈활촉과 점뼈〔卜骨〕, 그림 새겨진 뼈판〔刻文骨板〕 등 다양하고 많은 양의 부장품이 출토되었다.

1964년

이해는 1962년에 시작된 국립박물관의 전국의 고인돌 조사는 별다른 진전을 보지 못하였고, 강진 사당리沙堂里 가마터 유적과 함께 연세대학교에 의해 공주 석장리石壯里 구석기 유적과 같은 연차적 발굴 사업이 새로 시작되는 해였다.

공주 석장리 유적[45]은 지난해 부산 동삼동 유적을 시굴한 바 있는 모어A. Mohr 와 샘플L. L. Sample 부부가 연세대학교에 객원교수로 와 있으면서 석장리 유적의 발견 사실을 손보기孫寶基 교수에게 알려 오고 조사를 제의해 옴에 따라 정식 발굴이 이루어지게 되었다.

이번 첫해의 발굴을 통해 여섯 개의 점토층과 세 개의 돌층〔石層〕을 확인하였는데, 상층부에서 규장암계의 잔석기〔細石器〕가 나오고, 아래 층으로 내려가면서 차츰 석영계의 대형 석기가 출토되었다. 이 유물층으로부터는 토기가 단 한 점도 나오지 않아 보고자는 이를 신석기문화에 앞서는 무토기無土器 문화로 보고 남한에서의 중석기와 구석기문화의 존재를 예견하였다.

석장리 유적에 대한 발굴은 이후 1974년까지 모두 열 차례에 걸쳐 거의 매년 이루어졌고, 1990년과 1992년에는 유적전시관 건립을 위해 건물 터에 대한 11-12차 발굴을 실시하였다. 1-6차 발굴은 2지구를 중심으로 이루어지고, 7-12차 발굴은 여기에

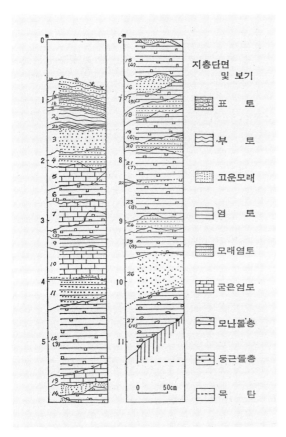

그림 65. 공주 석장리 유적 지층 단면도.

서 하류 쪽으로 200미터가량 내려간 1지구에서 실시되었다.

11-12차 발굴에서 기반암基盤岩까지 내려가 확인된 층위를 보면, 아래로부터 기반암-강바닥-퇴적층-강변퇴적층-홍수퇴적층-비탈퇴적층으로 구분됨을 알 수 있었다. 이 가운데 비탈 퇴적층은 해발 13-14.3미터에 단단한 점토층을 이루었는데, 이곳에 토양쐐기층이 나타나고 있었다. 여기에서 검출된 숯을 시료로 한 C-14 측정에서 20830 B.P.의 절대연대를 얻었다.

2지구 1구덩이에서는 기반암층까지 발굴되어 모두 27개 층이 나타났고, 이 중에서 12개 문화층을 확인하였는데그림 65, 각 층위에서의 석기 구성과 제작 기법의 다른 특징을 파악할 수 있었다. 유적 발굴에 대한 결과에 대해서는 그때그때 중간 보고가 있었고, 1993년에는 종합 보고서가 나왔다.[46]

이와 같은 연차적인 계속 사업은 우선 역사적 인식이 투철해야 되고 학술적인 목표 의식이 뚜렷해야 하기도 했지만, 무엇보다도 재정적인 뒷받침을 필요로 했다. 따라서 국립박물관 같은 국가기관이 아니면 여러 면에서 어려울 수밖에 없었으나 손보기 교수의 열정적 의욕의 결과로 장기적 연차 사업이 가능할 수 있었다.

또 다른 연차 사업으로 국립박물관이 시작한 유적 발굴은 강진 사당리 가마터[47]에서였다. 이후 이곳에서는 십삼 년 동안에 여덟 차례에 걸쳐 발굴이 이루어져 모두 150여 개소에 이르는 유적 분포도가 작성되기도 했다. 이해 가을에 실시된 첫번째 조사를 통해서는 고려 중엽경으로 추정되는 청자 가마로부터 주로 순청자를 비롯하여 상감청자, 연리문練理文, 천목天目, 순백자, 백자 퇴화문堆花文 자기류가 나왔다. 이 밖에 우리에게 매우 생소한 막새, 적새, 평기와 등 청자기와가 한꺼번에 수습되었다. 암막새(20.2×4.3 = 0.9cm)는 표면에 당초무늬 트림을 도들무늬(陽刻文)로 가득 채웠으며, 수막새(D8.2 = 0.8cm)에는 모란무늬를 마찬가지로 도들무늬로 나타낸 것들이었다.

국립박물관에서는 강진 사당리에 이어 이해 연말에 다시 광주廣州 도마리道馬里 가마터 발굴[48]을 실시하였다. 그러나 이 발굴은 도중에 자금난과 한파 때문에 작업을 일단 중단하고, 이듬해 봄에야 일단락 지을 수가 있었다.

이 밖에 국립박물관에서는 경주분관과 함께 신라 고분 두 군데를 발굴하였다. 초봄에 이루어진 조사는 경주 황남리皇南里 파괴 고분[49]에 대한 발굴로서, 이 무덤은 145호 무덤(황남리 남총)의 북동쪽에 붙어 있어 황남리 145-1호 무덤으로도 불리었다. 발굴 당시 일대는 경작지로 변해서 봉토는 남아 있지 않았지만, 채토하는 과정에서 돌무지 유구가 드러나고, 여기에서 돌무지덧널 4기와 구덩 식돌덧널 2기가 조사되었다. 무덤 북서쪽의 돌무지덧널 4기(1-4호)는 대략 북 서와 동남 간에 긴축을 둔 채 같은 간격으로 가지런히 배치되어 있었고, 그 남동 쪽에 인접한 돌덧널 2기(5호, 6호)는 각각 동서, 남북 간에 긴축을 둔 채 약간 떨 어져 있었다.

이들 6기의 덧널 사이에 이루어진 서열이나 종속 관계에 대해서는 확실하지 않지만, 그 위치로 보아서는 돌무지덧널들이 친연 관계의 으뜸덧널이고, 그 동 남쪽에 어긋나게 배치된 돌덧널들이 딸린덧널[副槨]이 아닌가 생각되었다. 출토 유물로는 장신구류와 함께 무구, 마구, 농공구와 다양한 토기류가 수습되었는 데, 특히 돌무지덧널 가운데에서는 2호 덧널에서만 금제 귀걸이, 은제 허리띠와 드림장식, 고리자루긴칼 등 화려한 장신구가 출토되어 이 무덤의 주인공이 아닌 가 생각되었다. 5호와 6호에서도 각각 가는고리귀걸이 한 쌍씩이 수습되었다.

국립박물관에서는 이해 늦가을에 경주 서악리西岳里 고분50 1기를 발굴하였 다. 경주시내로부터 서남쪽으로 2킬로미터 남짓 떨어진 선도산仙桃山 기슭에는 크고 작은 많은 고분군들이 모여 있었고, 이 가운데 서악서원西岳書院 가까이에 있던 굴식돌방무덤 1기가 마을 주민들의 채토 작업에 의해 파괴될 위기에 있어 경주분 관과 함께 조사를 실시하였다.

조사 당시 봉토(15EW = 3m)는 원래 의 사분의 일 정도가 훼손된 상태로서, 봉 토의 자락에는 경사가 심한 동남에서 서 쪽 사면의 아래쪽에만 둥근 둘레돌[護石] (D-5 = 0.7m)이 돌아가고 있었다. 30-60 센티미터의 깬돌을 쌓아 올린 정방형에 가까운 널방(2.7NS×2.65 = 2.3m)의 네 벽은 1미터가량 수직으로 올라가다가 천 장(1.25NS×1.0m)에 이르면서 안쪽으로 기울게 쌓고, 그 위에 2매의 천장돌을 얹

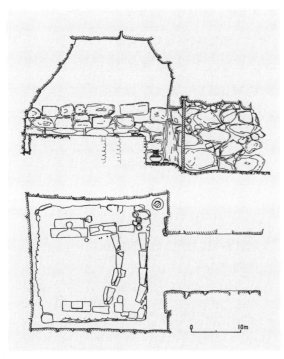

그림 66. 경주 서악리 돌방무덤의 단면도(위)와 평면도.

었다. 벽체의 표면에는 회칠을 했으며, 남벽의 중앙에 2매의 얇은 판돌로 된 널문[羨門](1.05 = 1.03m)을 내고, 여기에서 널길[羨道](1.6×1.05 = 1.25m)이 이어졌다.

널방과 널길의 바닥에는 모두 자갈을 깔았는데, 널길의 바닥이 널방보다 10센티미터 정도 낮았다. 널방 바닥에는 세 차례에 걸쳐 확장해 나간 주검받침[屍床](2.2EW×2.1 = 0.5m)이 이루어졌는데, 자갈이 깔린 바닥에 동침東枕한 돌베개와 발받침, 어깨받침이 놓여 있었다.그림 66 주검받침에서는 금제 귀고리, 청동제의 자라모양단지[扁壺形小壺]와 족집게[鑷], 쇠손칼을 수습하였고, 둘레에는 크고 작은 도장무늬[印花文]토기류가 부장되어 있었다.

국립박물관에서는 이해 봄과 1966년 봄의 두 차례에 걸쳐 부여 금강사지金剛寺址[51] 발굴을 실시하였다. 제1차 조사에서는 절터의 중심부 발굴을 위주로 하여 목탑 터와 금당 터에 대한 전면 발굴을 통해 이들 유적이 개수改修된 사실과 화재의 흔적을 파악할 수 있었다. 강당 터는 기단이 거의 깎여 나가 잔존 상태가 좋지 못했기 때문에 부분적인 발굴을 통해 그 위치와 개략적인 규모 파악에 그치는 한편, 회랑 터와 승방 터를 확인하였다.

한편 백마강白馬江 가의 현북리縣北里에서는 이해 가을에 동국대학교 박물관에 의해서 부여 임강사지臨江寺址[52]에 대한 소규모의 발굴이 있었다. 서남향한 배산임수의 비교적 협소한 공간에 건물 터의 주춧돌이 남아 있는 곳을 중심으로 조사를 실시하여 정면 다섯 칸, 측면 네 칸의 법당 터를 확인하였다. 발굴을 통해 이 지역에서는 극히 드문 백제시대 주춧돌의 배열 상태를 확인할 수 있었고, 소조불塑造佛을 수습하는 성과가 있었다.

이해 봄에는 경북대학교 박물관에 의해 고령 고아2동古衙二洞 무덤[53] 발굴이 이루어졌다. 지난해에 조사된 벽화고분의 동북쪽에 인접한 이 무덤은 발굴 당시 이미 봉토의 상당 부분이 훼손된 폐고분이었지만, 마찬가지로 굴식돌방무덤이었다. 다만 벽화고분과는 달리 모난 널방(4.8EW×3.5m)의 긴축이 동서로 나 있었고, 널길(4.3EW×1.1m)도 널방의 동벽 중앙에 뚫려 있었다.

돌방의 벽체는 모난 깬돌을 상당 부분까지 수직으로 쌓아 올리고 그 위로는 안쪽으로 들여쌓으나, 위가 무너져 그 이상의 상황은 알 수가 없었다. 널방 바닥에 이루어진 자갈을 채운 배수구(17 = 27cm) 시설이 널길을 지나 봉토 가장자리 둘레돌까지 길게 이어지고 있었다.

이해 여름에는 1959년도, 1961년도에 이어 고려대학교에서 실시한 창원 웅천熊川 조개무지[54] 유적에 대한 마지막 제3차 발굴이 있었으나 아직까지 정식 보고서는 나오지 않았다. 세 차례에 걸친 발굴을 통해 모두 4만여 점에 이르는 유물을 수습하였는데, 그 대부분은 토기류였다. 이 밖에 손칼자루[刀子柄], 뼈활촉, 울고도리[鳴鏑], 점뼈와 같은 뼈나 뿔연장과 손칼, 낚시바늘, 도끼, 낫, 창, 활촉, 덩이쇠[鐵鋌]와 같은 철기류가 나와, 김해 회현리 조개무지와 비슷한 성격을 보이고 있었다.

조개무지에서 검출된 숯에 의한 C-14 분석을 통해 1910±150 B.P.라는 절대연대를 얻어 대략 서기 1-2세기 전후의 원삼국기原三國期로 볼 수 있었다. 그러나여기에는 고분기에 속하는 약간 늦은 시기의 유물도 섞여 들어가 전반적으로 가야 전기의 특징적 양상을 보여 주는 유적으로 생각되었다.

이해 봄 김해 농소리農所里 조개무지[55]에서는 주민들이 석회비료를 만들기 위해 조가비를 캐내는 작업을 하던 중 유적이 발견되어 가을에 들어 부산대학교 박물관에 의해 조사가 이루어졌다. 조개무지는 김해시에서 서남쪽으로 5킬로미터 정도 떨어진 삼매산三昧山의 나지막한 구릉(+70m)의 동남쪽 비탈면과 그 자락의 경작지까지 이루어져 있었다.

발굴은 세 구역으로 구분하여 각 한 개씩의 구덩을 설정하여 파들어 갔으나, 이 가운데 A구역에서는 순수 조가비층만으로 이루어져 있어 B, C구역을 중심으로 파 들어갔다. 이 두 구역은 그 층위가 비교적 온전한 상태로 비슷한 퇴적이 이루어져 위로부터 대략 표토층-순조가비층-조가비 섞인 검은 부식토층-조가비 섞인 붉은 점토층으로, 각 층의 두께는 50센티미터 안팎으로 나타났다. 이 가운데 인공 유물이 나오는 곳은 아래의 두 개 층이었는데, 두 층위 간의 유물에서 시기적인 차이는 나타나지 않았다. 출토 유물은 토기와 석기, 그리고 뼈연장들로서, 이 가운데 토기류를 통해 이 유적의 특징을 파악할 수가 있었다. 토기는 대부분 뾰족 바닥과 둥근 바닥의 빗살무늬 계열로서, 바리나 사발 모양의 그릇들이었다. 바탕 흙은 거의 점토가 주류를 이루며, 여기에 가는 장석長石과 석영石英가루나 조가비가루[貝粉]가 섞여 들어가 있었다.

이 유적에 대한 종합적인 조사가 이루어지지 못하여 출토 유물의 종류나 수량도 한정되어 그 문화상을 정확히 파악하기는 어렵지만, 신석기시대 후기의 어느 한 시기로 추정되었다.

농소리 유적과는 시기적으로 다른 조개무지 유적이 서울대학교 박물관에 의해 시행되었다. 양산 다방리多芳里 조개무지는 1921년에 처음 일본인 학자들에 의해 발견된 유적[56]으로, 이해에 서울대학교에서 다시 발굴하였다.[57] 이 유적은 조개무지임에도 불구하고 바닷가가 아닌 내륙에 위치하며, 낙동강으로부터도 5-6킬로미터 정도 떨어진 산기슭에 자리 잡고 있었다. 따라서 이곳에 이루어진 막대한 양의 조가비층으로 보아 당시에는 해수면이 여기까지 올라온 것이 아닌가 추정되기도 했다.

구릉 정상부(+150m)의 평탄한 대지 위에 설정한 남북 횡단 트렌치의 남단부에서 화덕자리로 생각되는 불탄층(燒土層)을 사이에 두고 두 개의 숯층이 나왔으며, 이 숯층에 의해 세 개의 조가비 섞인 문화층이 이루어졌다. 여기에서 검출된 숯에 의한 C-14 측정으로 1·2층과 3층에서 각각 200A.D.와 100A.D.에 가까운 연대가 나왔다. 출토 유물로는 적갈색 계열의 유문, 무문의 이른바 김해식 토기와 회도灰陶, 흑도黑陶가 나오고, 굽다리접시와 같은 신라계 토기도 출토되었다. 이 밖에 활촉, 바늘, 송곳, 손칼자루 등 골각기나 석기류와 개 뼈 등 자연 유물도 수습되었다.

이해 가을 서울대학교에 의해 실시된 풍납토성風納土城 안에 이루어진 서울 풍납리風納里 유물 포함층[58]에 대한 발굴은 이제 갓 신설된 고고인류학과 삼학년 학생(62학번)들을 위한 실습 발굴이나 다름없었다. 한강 유역의 바로 동편에 위치한 풍납토성은 남북으로 길게 이루어진 타원형에 가까운 순수한 평지 토성으로 바로 성안에서 발굴 작업이 실시되었다. 조사를 통해 기원 전후부터 5세기에 이르는 초기·전기 백제시대에 해당하는 풍납리식 무문토기 등의 유물들이 출토되는 두 개 층으로 이루어진 생활면이 확인되었다. 보고자는 하남위례성河南慰禮城 시대에 형성된 반관반민적 성격의 읍성邑城으로 추정하였다.

그 후 별다른 보존 대책도 수립되지 못한 채 토성 안에 민간 주택이 난립하는 등 방치되어 오다가 1990년대 후반에 이르러 일반 아파트 공사에 따라 많은 유물과 유구가 드러나면서, 국립문화재연구소와 몇몇 대학 조사단들이 여기에 투입되어 대규모 발굴이 이루어졌다. 발굴을 통해 많은 대규모의 집자리와 토기가마, 수혈유구들과 함께 방대한 분량의 토기를 비롯하여 기와와 철기류가 수습되었다. 이에 따라 건축에 관한 규제가 강화되는 등 국가적인 행정 조치가 내려지기도 했지만, 거주민들과의 사이에 이루어진 어려운 사회경제적인 갈등에 따라 오랫동안 보존 정책이 계속 난항을 겪고 있는 실정이다.

이해 가을에는 서울대학교 고고인류학과 학생들에 의한 강릉 영진리領津里 · 가둔지加屯地 유적[59]에서의 빗살무늬토기 발견이 보고되었다.

이에 앞서 이화여자대학교 박물관에서는 안동 중가구동中佳丘洞 고분[60]을 조사하였다. 이는 지난해의 안동 조탑동造塔洞 고분 발굴에 이어 이화여자대학교 박물관이 실시한 안동 지구의 두번째 조사로서 이후 경상북도 지역에 대한 유적 발굴을 매년 혹은 격년으로 꾸준히 계속해 나갔다.[61] 와룡산臥龍山(+460m)에서 남쪽으로 이어지는 구릉의 끝자락에 분포한 수백 기의 파괴 고분 가운데 비교적 큰 타원형의 봉토(20NW~SE×15m)를 갖춘 한 기를 조사하였는데, 여기에는 앞트기식돌방과 돌덧널 각 1기가 이루어져 있었다.

네 벽을 깬돌로 쌓아 올린 돌방(5.0NW~SE×2.0 = 1.6m)은 서북쪽 마구리가 동남 벽에 비해 넓은 사다리꼴로서, 양 긴벽은 위로 올라가며 점차 오므라들었다. 수직으로 쌓아 올린 동남벽에 비해 서북쪽은 안 벽면이 불규칙하게 쌓인 것으로 보아 앞트기식 입구로 여겨졌는데, 다섯 명분의 유골이 수습되어 입구를 통해 여러 차례 추가장이 이루어졌음을 알 수 있었다. 서북쪽 마구리 바로 가까이에서 나온 작은 돌덧널(0.8NE~SW×0.3 = 0.15m)은 돌방과는 서로 직교直交하였는데, 그 위치나 크기로 보아 매장 유구보다는 제사 유적으로 생각되었다. 돌방으로부터는 금동제의 귀걸이 세 쌍과 도끼, 손칼, 덩이쇠〔鐵鋌〕 등 철기류, 신라계의 토기 들이 출토되었고, 돌덧널에서는 항아리와 바리 등 크고 작은 두 점의 토기가 수습되었다.

연차적 사업의 일환으로 국립박물관에 의해 실시된 파주 옥석리玉石里 고인돌[62]과 경주 상신3리上辛三里 고인돌[63] 유적에서의 발굴이 있었던 것으로 보이지만, 이해의 결과에 대해서는 별다른 보고가 없어 정확한 상황을 알 수가 없었다.

한편, 북한에서는 이해에 1960년부터 다섯 차례에 걸쳐 발굴이 이루어진 웅기 굴포리屈浦里 서포항西浦港 유적[64] 조사를 끝냄으로써 한반도 최초의 구석기 유적에 대한 역사적인 유적 조사에 마무리를 짓게 되었다. 이에 대한 후속 사업이었던지 이해 봄과 가을에는 각각 송림 석탄리石灘里 유적과 용천 신암리新巖里 유적에 대한 새로운 연차 사업의 첫해 발굴에 착수하였다. 이 밖에 봄부터 가을에는 지난해에 이어 조선 · 중국 공동 고고학 발굴대에 의한 중국 동북지방 유적

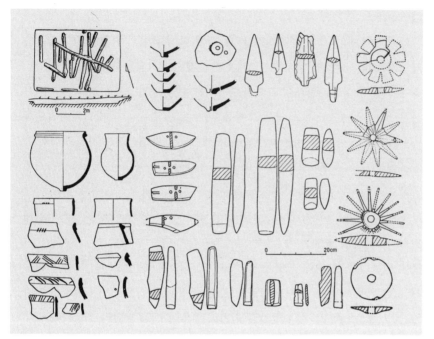

의 제2, 제3 단계의 조사가 이루어졌다.

황해도 송림 석탄리 유적[65]은 고고학연구소와 사리원역사박물관에 의해 이해 봄부터 1973년까지 모두 네 차례에 걸쳐 조사가 실시된 대규모의 청동기시대 유적이었다. 십 년에 걸친 발굴을 통해 10만제곱미터의 범위에서 확인된 백여 채의 집자리 가운데 서른두 채의 집자리와 두 기의 돌상자무덤과 함께 신석기시대 집자리 한 채와 고구려 무덤 한 기도 조사되었다.

이해의 첫 발굴에서는 열두 채의 집자리(1~12호)와 두 기의 돌상자무덤(1호, 2호)을 발굴하였는데, 집자리들은 주로 팽이그릇을 쓰던 주민들에 의해 만들어진 네모난 것들로 상당수가 다져진 진흙 바닥을 불로 구운 것들인데, 벽쪽에 치우쳐 화덕자리가 마련되어 있었다. 화덕자리가 남아 있는 것들은 전체의 반수 정도로 대부분 바닥면을 그대로 썼지만, 더러는 바닥을 파내고 화덕을 만든 곳도 있었다.

집자리는 불탄 곳들이 많았는데, 바닥에는 화재로 타다 남은 넘어진 기둥이나 서까래가 널려 있는 것들도 있었다. 가장 넓은 12호 집자리(12.3NS×6.5m)처럼 80제곱미터에 이르는 큰 것도 있지만, 14-36제곱미터의 것들이 대부분이었고, 움의 깊이는 10-40센티미터가량이었다. 집자리에서 출토된 유물들은 70개체분에 가까운 다양한 팽이그릇과, 도끼, 턱자귀, 끌, 대패날. 달도끼, 별도끼, 반달칼, 단검, 활촉, 가락바퀴, 숫돌, 돌돈, 갈판 등 석기류들이었다.그림 67

2기의 돌상자무덤은 9호 집자리로부터 35미터가량 떨어져 있었는데, 경작으로 이미 심하게 파손되어 1호 돌널의 밑동만 겨우 남아 있었다. 이 1호 돌널(1.1EW×0.45m)은 청회색 편암片巖의 판돌을 네 벽에 세워 맞추고 바닥에도 2매의 넓적한 판돌과 잔돌을 깔아 맞추었다.

용천 신암리 유적[66]은 용천군 소재지에서 동북쪽으로 4킬로미터 정도 떨어진 곳으로, 마을을 둘러싼 언덕의 서쪽(청등말래), 남쪽(공동묘지)과 북쪽(모래산) 등 여러 곳에서 유적이 확인되었다. 이들 유적에 대해서는 이해 가을(1차)에 이어 1965년(2차, 3차)과 1966년도(4차)에도 이어져 모두 네 차례에 걸친 조사가 이루어졌는데, 이해의 조사에서는 청등말래와 모래산에서 500제곱미터의 범위를 정리하였다.

청등말래 유적에서는 위로부터 표토층(30cm), 검은 모래층(30-50cm)과 황색모래의 생토층으로 이루어졌는데, 검은 모래층에서는 신석기시대에서 청동기시대의 과도기에 해당되는 시기의 파괴된 장방형 집자리 한 채가 드러났다.

모래산 유적은 표토층(20cm) 밑에서 고구려 유물이 출토되는 황갈색사질토층(20cm)과 청동기시대에 해당되는 검은 모래층(20-25cm)으로 이루어졌는데, 청동기시대층은 화분형토기가 출토되는 초기철기시대의 구덩이로 인해 일부 교란되어 있었다. 검은 모래층에서는 미송리형 토기가 출토되는 다섯 채의 집터와 시설물 한 곳이 조사되었다. 모래산 유적의 교란층에서는 청등말래의 것과 같은 무늬그릇[有文土器] 쪼가리가 나왔기 때문에, 미송리형 그릇 층 이전에 그러한 무늬그릇 층이 있었을 것으로 추측되었다. 따라서 그 시간적 선후 관계로 보아 신암리 유적에 대해서는 편의상 청등말래층을 제1문화층, 미송리형 그릇 층을 제2문화층, 변형 화분형그릇 층을 제3문화층으로 부르고, 고구려층은 그대로 부르기로 하는 등 모두 네 개의 문화층으로 구분하였다.

제1문화층에서는 빗살무늬를 비롯한 무늬그릇들도 드물게나마 보이지만, 덧무늬를 비롯한 청동기시대 초기의 각종 무늬가 배합된 토기류와 석기들이 많은 비중을 차지하고 있었다. 제2문화층으로부터의 표주박형 단지를 비롯한 토기류와 석기 등의 출토 양상이 미송리 웃문화층과 같은데, 이들은 흔히 비파형동검과 같이 나오고 있었다. 제3문화층의 변형 화분형토기는 고조선 후기의 전형적

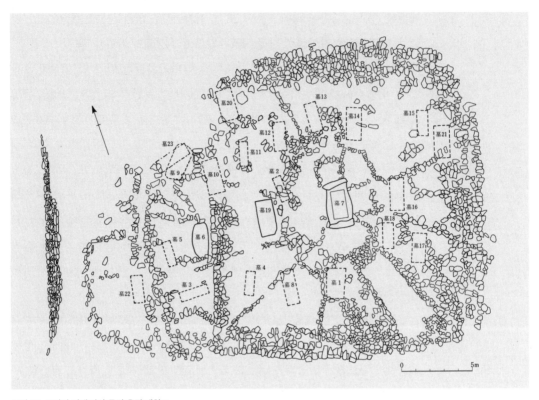

그림 68. 요령성 여대 강상 무덤 유적 배치도.

인 화분형토기보다는 더 늦은 시기의 것이고, 고구려층보다는 앞선 시기의 것들
이라고 하였지만, 이는 네 차례에 걸친 조사 첫 해의 전제에 불과한 결과라고 할
수 있었다.

　지난해부터 조선·중국 공동 고고학 발굴대에 의해 시작된 중국 동북지방 유
적 발굴[67] 제2단계 조사(1964. 5. 10-7. 23)에서는 1조가 요령성 여대시旅大市의
강상崗上, 누상樓上, 쌍타자雙砣子 및 금현金縣 와룡천臥龍川 유적을 발굴하였고, 2
조는 길림성 돈화敦化 육정산六頂山의 발해 무덤들을 발굴하였다. 제2단계에 이
어서 계속된 제3단계(1964. 8. 20-10. 20) 조사에서 1조는 제2단계에 마치지
못한 강상, 쌍타자 유적 발굴을 계속하였고, 새로이 여대시의 윤가촌尹家村 및 장
군산將軍山 유적 발굴을 시작하였으며, 2조는 제2단계에 이어 흑룡강성 상경용
천부上京龍泉府 유적 발굴을 완료하였다.

　강상과 누상 유적[68]은 약 450미터 떨어져 이루어진 청동기시대의 여러
널식〔多槨式〕 무덤으로, 여대 강상 무덤 유적은 돌담을 쌓아 장방형의 묘역

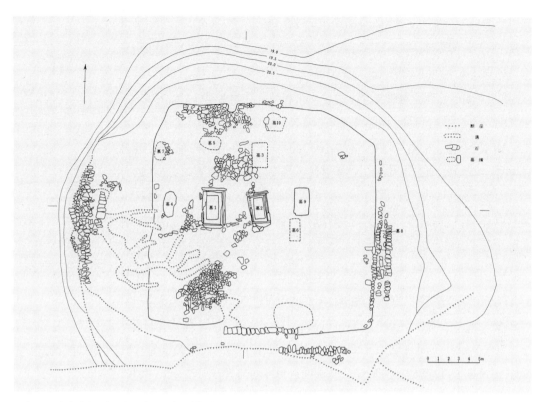

그림 69. 요령성 여대 누상 무덤 유적 주변 지형 실측 평면도.

(28EW×20m)을 만들고, 이것을 세 구역으로 나누어 여기에 판돌이나 자갈 또
는 구덩으로 이루어진 23기의 다양한 무덤을 만들었다. 무덤의 대부분은 화장
이 이루어진 채 어른과 어린애가 뒤섞인 144구 이상의 인골이 나왔다.그림 68 무
덤 안에서는 비파형동검을 비롯한 청동유물과 함께 대롱구슬 등 장신구, 활촉과
거푸집 등 석기류와 갈색 계통의 토기류 등 다양한 유물들이 수습되었다.

　여대 누상 무덤 유적은 1958년에도 3기의 돌덧널무덤이 나온 곳으로, 이해
의 조사에서는 돌로 담을 쌓은 묘역(34EW×24m) 안에 모두 10기의 무덤을 만
들고, 그 위를 흙과 자갈로 덮은 여러사람무덤[多人葬墓]이었다. 묘역의 가운데에
부부로 보이는 두 합장묘를 동서로 묻고, 둘레에 작은 무덤들을 배치한 화장 무
덤이었다.그림 69

　여기에서도 비파형단검을 비롯하여 도끼와 명도전明刀錢 등 청동제품과 철제
의 낫 등 농구류가 출토되었다. 강상, 누상 유적으로부터 나온 비파형단검 등 유
물의 형식으로 보아 그 연대는 대략 기원전 8-6세기쯤으로 추정되었다.

여대 쌍타자 유적[69]은 청동기시대에 이루어진 이 지역의 대표적인 생활 유적으로, 열일곱 채의 집자리와 열 개의 움 시설이 조사되었는데, 층위에 따라 이들 유적은 대개 3기期의 문화층으로 구분되었다.

제1기 문화층에서는 화덕자리와 출입구가 이루어진 반움집(14호, 15호, 16호, 18호, 19호)들이 나왔고, 제2기 문화층에서는 다섯 개의 구덩(5호, 6호, 7호, 8호, 10호)이 확인되었다. 제3기 문화층에서는 열네 채의 집자리와 다섯 개의 구덩 유구가 나왔는데, 집자리의 평면 형태는 방형(1호-5호, 7호, 8호, 10호)이거나 말각방형 또는 불규칙한 모양(6호, 9호, 11호-13호, 17호)이었다. 출토 유물로 보아 제1기와 제2기는 초기 청동기 단계, 제3기는 본격적인 청동기시대에 진입한 단계로 이해되었다.

금현 와룡천 유적은 와룡천촌의 천변에 이루어진 타원형의 돌무지무덤(22NS×14m)인데, 1호 무덤을 중심으로 모두 5기의 무덤 구덩이가 확인되었으나 대부분 심하게 훼손되어 있었다. 1-3호 무덤 구덩이에서는 화장의 흔적과 함께 청동단검이 한 점씩 출토되었으며, 칼자루, 활촉, 가락바퀴와 숫돌 등도 나왔다. 비교적 상태가 양호한 4호 무덤의 북벽은 이미 파괴된 상태였지만, 여기에서도 화장의 흔적과 함께 북침北枕한 사람의 척추뼈가 확인되었고 스물석 점의 대롱옥도 출토되었다. 바로 옆의 5호 무덤에서는 청동제의 단검과 검자루, 도끼, 마구 부속품, 단추와 석제의 검자루맞추개 등 비교적 풍부한 부장품들이 출토되었다. 이 밖에 봉토로부터는 단지, 보시기, 굽접시 등 토기류와 함께 도끼 거푸집, 활촉, 가락바퀴 등 석제품도 나왔다.

지난해(1963년)의 제1단계에서 2조에 의해 시굴을 마친 길림성 돈화 육정산 고분에 대해서는 올해의 제2단계에서 정식 발굴이 이루어졌다. 여섯 개의 크고 작은 봉우리로 이루어진 육정산 주봉(+603m)의 남쪽 기슭에 위치한 이 무덤떼는 발해국(698-926) 초기의 왕족과 귀족 들의 무덤으로 알려진 곳이다. 일대에는 정혜공주貞惠公主 무덤을 비롯하여 돌방무덤과 돌널무덤 80여 기가 제1무덤떼에 30여 기, 제2무덤 떼에 50여 기로 각각 나뉘어 분포되어 있었다. 이 가운데 제1무덤떼에서 5기, 제2무덤떼에서는 15기 등 모두 20기가 발굴되었다.

두 구역으로 나뉘어 분포된 이들 무덤떼들은 현무암으로 쌓아 올린 방형 또는 장방형의 돌방무덤들로서 대부분 남쪽으로 널길이 이루어져 있었는데, 중요한 무덤들의 봉토 위에서는 암수 평기와와 막새 들이 발견되었다. 무덤의 바닥들은 보통 생땅 위에 모래 섞인 황토를 깔았고 더러는 잔돌을 깔기도 하였는데, 천장에는 판돌을 덮었던 것으로 보이지만 대부분 남아 있지 않았다.

발굴된 20기 가운데 정혜공주 무덤을 포함하여 모두 13기가 보고되었는데, 출토된 유물로는 갖가지 형태의 단지와 접시, 자배기, 보시기와 바리 등 다양한 도기류가 나왔다. 청동제품으로는 팔찌와 가락지, 귀걸이, 띠고리, 띠끝(端金具), 띠돈(帶金具), 단추, 방울, 놋 쪼가리, 금동 못 등이 다양하게 나왔다. 철제품으로도 활촉, 머리꽂이, 띠끝, 띠돈, 못, 쇠 쪼가리가 나오고, 은제품으로는 가락지, 귀걸이 등이 출토되었다. 이 밖에 마노瑪瑙 구슬과 남색 옥구슬 등의 장신구들도 나왔다.

앞서 제1단계와 제2단계에 이어 이해 하반기인 제3단계에 이루어진 발굴로는 윤가촌과 강상, 쌍타자, 상경 용천부 유적을 들 수가 있다. 여대 윤가촌 유적에 대해서는 앞서 제1단계 1조에 의해 시굴이 이루어졌고, 이번 제3단계에 1조에 의해 본 발굴이 이루어졌다. 발굴 결과 이 유적은 아래층 문화와 위층 문화로 나누어지고, 이 가운데 아래층 문화는 다시 아래층 1기 문화와 아래층 2기 문화로 구분될 수 있었다. 최하층인 아래층 1기에 속하는 유구로는 세 기의 무덤과 여덟 개의 구덩이가 나왔다. 무덤 유적은 모두 화장한 움무덤(1.6×0.3~0.7m)들로 사람 뼈만 나오고 부장품은 출토되지 않았다. 구덩이(D-1.4~2.2 = 0.5~0.8m)는 원형 또는 타원형으로, 그 안에서는 보시기나 굽접시, 바리, 시루 같은 토기류와, 활촉, 반달칼, 낫, 가락바퀴 같은 석기류가 출토되었다. 아래층 2기의 유구로는 돌덧널무덤과 상태가 불확실한 독무덤과 움이 있었다. 돌덧널무덤은 구덩이를 파고 널을 안치한 뒤 구덩과 널 사이를 판돌로 채우고 위에도 판돌을 덮은 것인데, 널 안에서 청동단검과 곤봉대가리, 질그릇 여섯 점이 출토되었다.

위층 문화에 속하는 유구로는 대형의 덧널무덤 5기와 독무덤 4기, 두 개의 움이 나왔다. 대형 덧널무덤은 2기와 3기가 각각 한 구덩이에 이루어졌는데, 바닥에는 잔자갈을 깐 것과 부드러운 진흙을 깐 것들이 있었다. 독무덤은 항아리 두세 개를 이어 맞춘 것들로서 어린이용으로 짐작되었는데, 쇠 쪼가리 외에 별다른 유물은 출토되지 않았다. 출토 유물의 성격으로 보아 토기류가 대부분인 위층 문화의 연대 상한은 기원전 3-2세기, 아래층 2기는 기원전 5-4세기, 아래층 1기는 기원전 5세기 이전으로 추정하였다.

이해 가을에 발굴된 노철산老鐵山 서북쪽에 있는 여대 장군산 고분(12EW×5.5~11 = 1.0m) 안에는 모두 아홉 개의 무덤구덩이가, 방향은 일정하지 않았지만, 비교적 가지런히 이루어져 있었다. 무덤 구덩이에는 깬돌을 쌓아 작은 무덤방을 만들고 그 위에는 막돌로 덮은 것이었다. 출토 유물로는 잔, 단지, 접시, 굽접시, 세발그릇, 그릇 뚜껑과 검은간토기 등 다양한 토기류와 함께 돌작살과 옥제 고리도 나왔다.

제1단계와 제2단계의 2조에 의해 이루어진 흑룡강성 상경용천부 유적 조사는 이해의 제3단계에도 실시되었다. 상경용천부에서는 답사와 시굴을 통해서 외성의 범위와 성문의 위치, 궁성, 황성의 형태 및 궁전, 관청, 사찰 등 건축물의 분포 상황을 파악할 수 있었다. 외성은 동서로 긴 장방형으로 북쪽으로 튀어 나와 凸자형을 이루며 성벽 밖에는 띄엄띄엄 해자垓字(3 = 1m)가 남아 있었는데, 총 길이는 16,296미터에 이르고 있었다. 외성에는 열한 개의 성문이 있었고, 네 귀퉁이에는 각루角樓의 흔적이 남아 있었다. 궁성은 용천부의 북쪽 중앙에 있었는데, 성벽(720NS×620 = 3~4m)의 둘레는 2,680미터이고, 동쪽과 서쪽, 북쪽에는 궁성의 부속 시설이 있었으며, 바깥으로는 약 4킬로미터에 이르는 외벽이 이루어졌다.

궁성 남쪽에 도로 하나를 사이에 두고 이루어진 황성의 둘레는 약 3킬로미터로서, 그 안에는 세 개 구역으로 나뉘어 관청 건물들이 자리 잡고 있었다. 외성의 안에는 열한 개의 도로가 종횡으로 연결되어 전체가 바둑판 모양으로 여든한 개의 방坊이 이루어져 있었는데, 네 개의 방이 한 단위로 田자 모양을 이루고 있었다. 여기에는 일반 주택뿐 아니라 저잣거리도 보였는데, 성 안팎에서 십여 개에 이르는 절터도 확인되었다. 일부 절터에서는 발해시대의 석등과 석불도 남아 있었고 성안에서는 사리함도 출토되었다.

1965년

국립박물관에 의해 1962년부터 시작된 전국 고인돌 발굴 조사를 위한 연차적 사업이 별다른 진전을 보지 못하다가 이해에 들어 다시 본격적으로 조사가 이루어졌다.

봄에는 파주 옥석리玉石里와 교하리交河里의 유적 조사가 차례로 이루어지고, 이어서 곡성 공북리拱北里의 고인돌 조사를 실시하였다. 가을에 들어서는 순천順

天 광천리廣川里와 논산 신기리新基里 고인돌을 발굴하였고, 한반도 최대의 고인돌 밀집 지역의 하나인 고창 매산리梅山里와 상갑리上甲里 일원에서의 조사를 마무리하였다.

국립박물관에서는 이 밖에 도자기 가마터의 계속 사업으로 광주廣州 도마리와 강진 사당리에서의 조사를 진행하였다. 또한 인천시립박물관과 함께 인천 경서동의 녹청자 가마 발굴도 수행하면서, 고고학뿐만 아니라 미술사 관계 유적의 발굴에서도 박차를 가해 나갔다.

한편, 경향京鄕의 몇몇 대학 박물관에서도 각기 나름대로 활발한 발굴 작업을 계속하였다. 이해 봄에는 서울대학교 고고인류학과 첫 졸업반생들이 참여한 경주 망성리望星里의 신라 토기 가마에 대한 발굴이 신라오악조사단新羅五岳調査團의 사업으로 실시되었다. 이어서 가을에는 양산 다방리 조개무지, 연말에는 김원용 교수에 의해 경주 분황사芬皇寺 석불 출토지에 대한 조사가 이루어졌다. 연세대학교 박물관에 의한 공주 석장리 구석기 유적 발굴은 이해가 그 제2차년도 발굴이었다. 의성 대리大里에서는 경희대학교 박물관에 의해 신라 고분이 발굴되었고, 경주에서도 황오리皇吾里 일원의 몇몇 고분들이 서울대학교, 이화여자대학교, 경북대학교 박물관 등에 의해서 발굴되었다. 한편 이화여자대학교 박물관에서는 안동 장기리場基里의 전傳 옥산사玉山寺와 개목사開目寺의 전탑塼塔 터를 동시에 조사하였다.

연말에는 김원용 교수가 1953년에 유인물油印物로 펴낸 지명표를 보완하여 『한국사전유적유물지명표韓國史前遺蹟遺物地名表』를 펴냄으로써 우리나라의 선사시대와 관련된 최초의 유적유물 목록이 작성되기도 하였다.[70]

국립박물관이 봄에 조사한 파주 옥석리 유적[71]에는 한강과 임진강의 합류 지점인 문산汶山에서 남쪽으로 6킬로미터 지점의 구릉(+80m) 위에 수십 기의 고인돌이 분포하는데, 이 가운데 6기의 고인돌을 조사하는 과정에서 한 채의 집자리도 발견되었다. 고인돌은 모두가 북방식으로서 비교적 작은 규모의 것들인데, 유적의 주변에서는 빗살무늬토기 등 토기 파편들이 수습되어 고인돌이 원래의 신석기시대 유적 위에 이루어졌음을 보여 주었다.

이 가운데 가장 큰 B-1호 고인돌은 능선 위의 제일 높은 곳에 있었는데, 넓적한 덮개돌(3.3EW×1.9 = 0.4m) 아래에 이루어진 돌널(1.4EW×0.6 = 1.0m) 안에서 대팻날 돌도끼[扁平單刃石斧] 한 점이 출토되었다. 이 고인돌의 바로 아래에서 민무늬토기가 출토되는, 보다 이른 시기의 긴 네모난 집자리(15.7EW×3.7 = 0.3~0.6m) 한 채가 드러났다.

바닥을 편편하게 고르고 수직으로 깎아 들어간 벽면을 따라 한 줄로 나 있는 기둥구멍들이 길게 확인되었는데, 이와 같은 큰 규모로 보아 일반 살림 집자리라기보다는 집회소集會所와 같은 특수한 성격의 구조물로 추정되었다. 집자리 바닥면에서는 화재로 인한 것으로 보이는 20센티미터 정도의 두꺼운 잿더미층이 깔려 있었는데, 바닥의 동편에 치우쳐서 타원형의 화덕자리가 나왔다.

집자리 출토 유물로는 구멍무늬(孔列文)토기와 함께 간돌검, 돌활촉, 별도끼, 대팻날도끼, 가락바퀴, 갈돌, 숫돌 등 다양한 석기류가 수습되었다. 이 가운데 간돌검은 날에 피홈(血溝)이 나 있었고, 자루에 두 줄의 도들띠(突帶)가 나 있는 이른 시기의 것인 데다가 C-14의 결과가 2590±105 B.P.로 나와, 집자리와 함께 고인돌의 시기적 배경을 짐작케 해 주었다.[72]

파주 교하리 유적은 앞서 옥석리 유적으로부터 남쪽으로 약 8킬로미터 떨어진 곳으로 장명산長命山에서 동남쪽으로 이어지는 구릉(+80m)을 중심으로 구조가 불확실한 고인돌 십여 기가 한데 분포되어 있었다. 이 가운데 4기가 조사되었는데, 3기는 아무런 하부 구조 없이 덮개돌만 남아 있었고, 나머지 1기에서는 굄돌이 넘어진 덮개돌 아래에서 반달돌칼 한 점이 출토되었다.

여기에서도 두 채의 집자리가 나왔는데, I호는 낭떠러지에서 집자리 단면이 나타났고, II호는 고인돌 아래에서 드러났다. I호 집자리(9.5NW~SE×3.2 = 0.7m)는 길고 좁은 모양(細長方形)으로 앞서 옥석리 집자리와 비슷한 모습이었지만, 여기에서는 집자리 가운데에도 기둥구멍 네 개가 나 있어 옥석리와는 다른 구조였음을 보여 주었다. 화덕자리도 두 개가 설치되었고, 바닥면에는 따로 배수구 시설도 마련되어 있었다. 퇴적토 속에서 구멍무늬 토기편들과 대팻날도끼 두 점이 출토되었다.

II호 집자리는 I호에 비해 너비(4.4m)가 넓었는데, 현재 남은 길이(7.8NSm)로 보아 10미터는 넘지 않았을 것으로 보여졌다. 벽면을 따라 기둥구멍이 나 있었지만, 가운데에는 남벽에서 2미터가량 떨어진 화덕자리와 얕은 구덩은 있었으나 기둥을 세울 만한 구멍은 없었다. 출토 유물로는 집자리 동남쪽 귀퉁이에서 돌활촉 여덟 점이 발견되었고, 화덕자리가 있던 남쪽 바닥의 둘레에서는 백여 편의 민무늬토기 쪼가리와 함께 빗살무늬토기 파편도 수습되었다.

파주 지역에서의 조사를 마치고, 6월 중순께는 곡성 공북리 고인돌 유적에 대한 발굴 조사를 실시하였다. 이 지역에는 보성강寶城江 유역의 반달 모양 충적沖積 대지에 35기의 고인돌이 대략 네 개의 무리를 이루며 모여 있었는데, 덮개돌은 넓적하거나 바위덩이(岩塊)들이었으나 받침돌(支石)이 있는 것은 하나도 확인되지 않았다.

긴축은 대부분 동북에서 서남향으로, 이 가운데 5기를 조사하였는데, 그 중 가장 큰 덮개돌(2.7×2.7 = 1m)을 갖춘 고인돌도 그 아래에 따로 받침돌을 고이지 않았다. 지하에 이루어진 무덤칸 가운데 구조가 남아 있는 것들은 네 벽과 바닥을 납작한 냇돌로 쌓은 돌덧널형(石槨形)이 대부분으로, 그 주변에 모난 돌을 깔아 묘역을 설치한 것도 있었다. 무덤칸의 안팎에서는 토제의 칼자루끝장식(劍把頭飾)과 함께 돌검, 돌화촉, 돌도끼와 민무늬토기편 들이 수습되었다.

이해 가을에는 여기에서 그리 멀지 않은 보성강 하류의 충적 대지상에 이루어진 순천順天 광천리 고인돌 발굴이 있었다. 강의 흐름 방향과 나란히 배치된 6기의 고인돌 가운데 2기가 조사되었는데 1기는 이미 파괴된 상태였고 A호 1기만 그 구조가 남아 있었다. 덮개돌(2.15EW×1.5 = 0.85m) 아래에는 받침돌이나 돌무지 시설 없이 냇돌로 쌓은 돌덧널(1.8EW×0.4 = 0.4m)만 만들고, 그 위에 길쭉한 냇돌로 된 뚜껑돌 4매를 가지런히 얹었다. 무덤칸 둘레에서 약간의 구멍무늬토기와 민무늬토기 파편들이 수습되었다.

곧이어 계속된 논산 신기리 고인돌 발굴은 장선천변長仙川邊 일대에 북방식과 남방식이 섞인 채 비교적 온전히 보존되어 있는 이십여 기 가운데 북방식 2기를 선별하여 이루어졌다. 이들 2기는 남북으로 4.5미터의 거리를 두고 나란히 배치되었는데, 모두 남북으로 긴 덮개돌(A호: 3.1×1.6 = 0.5m, B호: 2.3×2.1 = 0.5m)을 갖추고 있었다. 그 아래에 돌방이 이루어져 있었는데, A호(1.2×0.5m)는 마구리벽 1매가 없어진 채로, B호는 네 벽 모두가 밖으로 넘어진 상태였지만, 비교적 잘 남아 있었다.

국립박물관에 의해 1962년부터 연차적으로 이루어지기 시작한 전국 고인돌 조사 사업의 이해 마지막 발굴은 고창 상갑리上甲里 고인돌에서 마무리되었다. 고창은 이웃한 부안扶安과 함께 한반도 내에서 가장 특징적인 고인돌 분포를 보이는 지역의 하나로 손꼽을 수 있는 곳이다. 특히 이곳 상갑리를 중심으로 매산리, 죽림리로 이어지는 매산梅山의 남쪽 자락 일원에는 2.5킬로미터의 거리에 육

백여 기에 이르는 고인돌이 분포되어 그 밀집상을 보여 주었다.[73]

고인돌은 산 중턱에서 마을에 이르기까지 넓게 무리를 이루는데, 덮개돌과 그 아래에서 확인된 무덤칸의 긴축은 대부분 동서로 나 있어 매산의 방향과 나란함을 보여 주었다. 이러한 방향성은 다른 지역의 경우에서도 마찬가지로 대개 산맥

사진 21. 고창 도산리 고인돌.

이나 강의 흐름과 일치하는 고인돌의 입지적 특성을 나타내 주었다.[74]

여기에 분포된 고인돌의 대부분은 외형상 남방식에 속하는 것들이지만, 이 가운데는 3-4기의 북방식 고인돌도 섞여 있어서 학술적인 중요성을 더해 주고 있다.사진 21 남방식 가운데에는 드물게나마 초대형의 덮개돌도 보이는데, 어떤 것들은 100톤이 넘는 것도 있었다.[75]

이해 국립박물관에 의해 3기가 조사되었는데, 모두 덮개돌 아래에 판돌이나 깬돌로 짜 맞춘 무덤칸이 이루어진 것들로, A호는 무적석식無積石式이었고 B호와 C호는 지석식支石式인데, 무덤칸 둘레가 돌무지 시설로 보강된 적석식積石式이었다.[76] 고인돌에서 출토된 유물은 없었지만, 가까운 구릉에서 간돌검의 자루와 붉은간토기 쪼가리가 수습되어 이 지역 고인돌의 시기적 배경을 보여 주었다. A호의 바로 북쪽에 붙여 삼국시대의 토기가 부장된 무덤칸이 만들어져 고인돌이 후대에 재사용된 드문 예를 보여 주었다.

한편, 이해 봄에는 국립박물관의 가마터 발굴 작업의 일환으로 작년 말에 착수했다가 여러 악조건 때문에 중단되었던 광주廣州 도마리 가마터[77]에 대한 발굴을 계속하였다. 이 가마터에서는 예비 조사를 통해 우수한 청화백자편들이 수집되었으나, 막상 발굴을 통해서는 많은 백자편의 양에 비해 일품들은 매우 드물게 출토되었다. 다만 청화의 발색을 시험하는 간색看色편과 조선청자나 초기의 조선상감청자와 같은 고려청자에 못지않은 우수하고 귀중한 자료들을 수습하는 성과를 거둘 수가 있었다.

이렇듯 고품질의 출토 유물을 통해 보고자는 이 가마터가 조선 초기에서 가장 중요한 중앙 관요의 하나로서 조선 청화의 시원지가 바로 이곳이었을 것으로 짐작하였다. 또한 당시에 분포하던 전국 수백 개소의 자기소磁器所나 도기소陶器所를 실질적으로 선도해 가는 하나의 '규범 가마'의 위치에 있었을 것으로도 추정하였다.

가을에는 지난해에 이어 강진 사당리 가마터에 대한 제2차 발굴[78]을 실시하였다. 조사 결과 퇴적층의 전모가 드러나면서 청자 모란무늬 수막새 기와의 완형품이 출토되었다. 이 밖에 적새기와와 수키와의 완형품 및 전체 길이를 알 수 있는 암막새 등 고려청자 기와 연구에 귀중한 자료를 얻게 되었다.

한편, 이해 연말에는 국립박물관과 인천시립박물관이 공동으로 조사한 인천 경서동景西洞 가마터[79]에 대한 발굴이 이루어졌다. 가마터는 서남향한 나지막한 구릉의 비탈면을 이용해 지표를 약간 파고 들어간 반지하식의 오름가마(登窯)였다. 가마 내부는 별다른 칸막이 시설 없이 바닥($7.3 \times 1.05 \sim 1.2m$)은 매우 좁고 긴 모양으로 세 차례에 걸쳐 개축한 것으로 여겨지는데, 계단식 바닥이 아닌 편편한 경사를 이룬 것으로 보아 도짐이(陶枕)로 고여 수평을 유지했던 것으로 생각되었다. 이 가마로부터 만들어진 도자기는 짙은 녹청색 계열의 조질粗質 청자들인데, 그 시기적 성격에 대해서는 다소 엇갈리는 이견들이 제시되고 있다.

이해 봄, 서울대학교 고고인류학과의 첫 졸업반 학생들이 참여한 경주 망성리 가마터[80] 조사는 당시까지 매우 드물게 확인된 신라 토기 가마터에 대한 발굴로서 신라오악조사단 사업으로 실시되었다. 가마는 신라 토기 파편들이 흩어져 있는 밀밭에서 확인되었는데, 드러난 가마($10EW \times 1.7 = 1.0m$)는 아궁이를 동쪽에 둔 채 동서로 10도 가량의 경사를 이루고 있는 터널식 오름가마였음을 알 수 있었다.

벽체는 삼중으로 석렬을 쌓고 여기에 진흙을 씌웠으며, 원래의 벽체 안에 또 다시 진흙을 씌우고 그 안쪽에 석렬을 쌓아 이차적인 보수가 이루어졌음을 짐작할 수가 있었다. 채집된 토기는 아직 도장무늬가 나타나기 전의 삼국시대 후기의 새김무늬(刻線文)나 민무늬의 짧은 굽다리접시(短脚高杯)가 대부분이었으나, 무른 질의 붉은 토기도 적지 않았다.

가을에 서울대학교 박물관에 의해 발굴된 양산 다방리 조개무지[81]는 일찍이 일제강점기 때인 1921년에 발견된 곳[82]으로 1967년에 국립박물관에 의해 그 일부가 조사되었다.[83] 이 유적은 낙동강으로부터 5-6킬로미터 정도 떨어진 내륙에 반도처럼 돌출한 구릉(+150m) 위의 너비 20-30미터의 동서로 긴 평탄지의 남북 경사면에 퇴적층이 이루어져 있었다. 이해의 조사에서는 남북으로 설정한 트렌치 발굴을 통해서 화덕자리가 있는 불탄 흙층[燒土層]을 사이에 두고 두 개의 숯층[木炭層]이 확인되었다.

여기에서 김해식 토기로 불리는 회청색의 경질토기나 적갈색의 연질토기와 신라식 토기가 출토되었고, 활촉, 송곳, 손칼자루[刀子柄] 등 골각기와 함께 약간의 석기류와 자연유물 들이 수습되었다. 세 개 층으로 이루어진 조가비 섞인[混貝] 문화층으로부터 검출한 C-14 시료를 통해 1층과 2층으로부터는 1750±120 B.P., 3층으로부터는 1840±110 B.P.의 결과를 얻어, 이 조개무지가 대략 서기 100-200년경에 이루어진 유적임을 알 수 있었다.

서울대학교 박물관에서 실시한 경주 분황사[芬皇寺] 석불 출토지[84] 조사는 분황사의 뒷담 북편으로 30미터가량 떨어진 우물 속에 매몰되어 있던 불상들에 대한 수습 조사였다. 여기에는 목이 떨어져 나간 좌불 13구를 비롯하여 보살입상 1구, 부처머리 5점과 광배 1점 등이 묻혀 있었다. 우물은 원래 분황사의 강당터로 추정되었는데, 조선조에 들어 왕조의 척불[斥佛] 정책에 따라 경내에 있던 불상들이 이곳에 매몰되었던 것으로 여겨졌다.

이해 봄에는 연세대학교 박물관에 의해서 공주 석장리 구석기 유적[85]에 대한 제2차년도 발굴 작업이 계속되었다. 여름에는 경희대학교 사학과에서 의성 대리 고분[86]을 발굴하였다. 낮은 언덕의 남쪽 비탈에 이루어진 둥근 봉토(21NS×20 = 2.5~4m)의 중앙에 돌무지(5EW×1.8 = 0.8m)가, 북쪽 가장자리에 치우쳐서는 남쪽이 긴 사다리꼴의 구덩(2.4~3.2×1.3m)은 있었지만 구덩 안에는 아무런 구조물의 흔적이 남아 있지 않았다. 돌무지 가운데에 이루어진 함몰부(3.6EW×1.5m) 안에서는 덧널 없는 나무널의 흔적만 남아 있었는데, 여기에서는 금제 귀걸이와 함께 은제의 허리띠 장식, 띠고리[鉸具] 등 장신구가 출토되었다. 이 밖에 고리자루칼이나 창, 활촉 등 각종 철제의 무기류가 나오고, 다양한 토기류와 대퇴골 등 사람뼈와 함께 북쪽의 구덩 안에서는 유리구슬과 토기류도 나왔다.

한편, 경주 황오리 고분군 일원에서는 이해부터 시작된 문화재관리국의 경주지구 매장문화재 정리조사계획에 따라 서울대학교 박물관(1호 남곽), 이화여자대학교 박물관(33호), 경북대학교 박물관(1호 북곽, 32호, 34호)에 의해 발굴 조사가 실시되었는데,[87] 32호는 이미 파괴되어 있었다. 경주 황오리 1호 무덤[88]은 봉토(H = 3.5m)가 퇴락은 되었으나 아직 둥근 모습이 남아 있었는데, 원래의 크기는 D-30 = 10m 정도이었을 것으로 추정되었다. 여기에는 남쪽에서 북쪽으로 두 개의 덧널이 이루어져 있었는데, 남곽은 서울대학교에서, 북곽은 경북대학교에서 발굴하였다.

먼저 만들어진 남곽에서는 현 지표 아래 1.5미터에 넓은 구덩이(7EW×3 = 1.5m)를 파고 동쪽과 서쪽에 각각 으뜸덧널(2.5EW×1.4 = 1.7m)과 딸린덧널(2.7NS×2.1m)을 설치하였는데, 으뜸덧널의 머리맡에는 따로 부장칸(1.5×1.5m)을 마련하였다. 으뜸덧널의 무덤칸에서는 금제의 귀걸이와 목걸이, 은제의 머리꽂이, 반지, 띠고리와 함께 쇠손칼과 토기류가 나왔고, 딸린덧널에서는 재갈, 안장 등 마구류와 토기 들이 출토되었다.

북곽은 남곽의 돌무지에서 북쪽으로 6미터가량 떨어져 남곽과 같은 축을 이루고 있는 돌무지 안에서 확인되었다. 으뜸덧널은 대부분 훼손된 상태였고 딸린덧널도 북쪽이 유실되었지만, 여기에서는 청동제 마구류와 토기류가 수습되었다. 이곳은 북남남녀北男南女의 부부 무덤으로 추정되었다.

경주 황오리 33호 무덤[89]은 고분군에서 가장 북쪽에 위치한 것 가운데 하나였다. 조사 당시 봉토는 이미 훼손되어 원래의 모습은 알 수 없었지만, 그 밑에는 동서 양쪽으로 별개의 돌무지가 이루어졌는데, 돌무지의 표면에는 30센티미터 두께로 점토가 씌워 있었다. 이들 동곽과 서곽은 긴축이 서로 직교直交된 상태였는데, 각기 으뜸덧널과 딸린덧널을 따로 갖추고 있었다. 먼저 만들어진 것으로 보이는 동곽 으뜸덧널(3.0EW×1.2m)의 서쪽 3.5미터에 따로 돌무지 시설을 갖춘 딸린덧널이 이루어졌는데, 으뜸덧널 안에도 머리맡으로 생각되는 동쪽에 따로 부장칸(1.3EW×1.1m)이 설치되어 있었다.

동곽의 으뜸덧널 매장 칸에서는 자작나무 관모와 금제 귀걸이, 은제 허리띠와 드림장식, 유리 목걸이 등 장신구와 고리자루긴칼이 출토되었다. 뒤에 만들어진 서곽의 으뜸덧널(2.6NS×1.0m)은 동곽으로부터 6미터가량 떨어져 있었으며, 바닥은 동곽보다 60센티미터 정도 높은데, 남침한 머리맡 남쪽에 따로 부장칸이 마련되어 있었다.

딸린덧널은 으뜸덧널로부터 동쪽으로 1미터가량 떨어져 동곽의 딸린덧널 남쪽에 붙여, 으뜸덧널과는 긴축이 직교하는 별개의 돌무지 속에 마련되어 있었다. 으뜸덧널에서는 금제와 금동제의 귀걸이, 금동제 팔찌, 곱은옥(曲玉)과 곱은옥 달린 목걸이, 쇠솥 등이 수습되었다. 출토 유물 등으로 보아 5세기 후반경의 시기를 달리한 동남서녀東男西女의 부부 무덤으로 생각되었다.

경주 황오리 34호 무덤[90]의 방대형方臺形으로 남아 있는 봉토(30NS×13＝1m)는 이미 상당 부분 깎여 나간 상태였지만, 그 아래에서 돌무지덧널무덤 3기가 확인되었다. 돌무지의 규모는 알 수 없지만, 부분적으로 남아 있는 상태로 보아 표면을 점토로 씌운 흔적이 남아 있었다.

동곽(3.0EW×1.2m)과 서곽(2.6NS×1.0m)은 6미터의 거리를 두고 긴축이 직교한 상태로 이루어져 있었는데, 북곽은 1미터의 거리에 별도의 구덩을 파고 만들어진 딸린덧널로 생각되었다. 돌무지 북단에서 2단으로 쌓은 둘레돌의 일부가 드러나고, 가장자리에서 토기를 따로 묻은 구덩이 확인되었다. 돌무지 사이에서 出자 모양의 솟은장식이 달린 금동관이 나왔고, 이 밖에 다양한 귀걸이와 곱은옥 등의 장신구와 함께 청동합이나 안장 등 마구류도 나왔지만, 출토 상태가 분명치 않았다. 동곽이 남자, 서곽은 여자 무덤으로 생각되었는데, 출토 유물과 돌무지를 덮은 점토의 색깔로 보아 시기가 달리 매장된 부부 무덤으로 추정되었다.

이해 늦가을에는 이화여자대학교 박물관의 안동지구 유적조사계획에 따라 옥산사와 개목사에서 전탑塼塔 자리[91]를 조사하였다. 안동 장기리場基里 옥산사에는 전탑의 기단 일부가 남아 있었고, 주변에 전돌이 흩어져 있었다. 발굴에서는 청동제 불상 파편의 일부와 연화문 수막새, 토기편 등이 출토되었다. 기단부에서는 적심 외에는 아무런 시설이 없었으며, 주변에서 기단의 면석만 확인되었는데, 이를 복원한 결과 기단의 규모는 사방 2.5미터의 정방형이었음을 알 수 있었다. 안동 대장리臺庄里의 개목사 전탑 터는 사찰의 서남쪽 150미터에 남북으로 뻗은 능선의 남단 가까이에 남아 있던 유구인데, 기단 한 변이 2미터가량인 작은 탑으로 추정되었다.

북한에서는 지난해에 이은 송림 석탄리와 용천 신암리 발굴을 계속하는 한편, 중국 동북지방 유적에 대한 마지막 제4단계 작업을 이어 나갔다. 제4단계 작업은 이해 늦봄 요령성의 심양 정가와자鄭家窪子에 대한 조사였는데, 여기에서는 이해 여름에도 심양고궁박물관에 의한 제3지점의 조사를 통해 엄청난 고고학적 성과가 얻어졌다. 이 밖에도 지난해와는 달리 이해에는 여러 유적에서 이루어진 소규모의 신규 발굴 사업도 열심히 펼쳐 연중 꾸준히 조사를 계속해 나갔다.

이해 봄 송림 석탄리 유적에 대한 제2차년도 조사[92]에서는 여덟 채의 집자리 (13-20호)와 고구려 무덤 1기를 발굴하였다. 집자리들은 대부분 불에 타서 움의 바닥에는 숯덩이가 깔리거나 재층이 이루어져 있었다. 집자리의 크기는 15-40제곱미터의 장방형으로서, 움의 깊이는 10-50센티미터 정도였다. 집자리의 바닥은 점토로 다진 뒤 구운 것들이 많은데, 화덕은 대개 맨 바닥 위에 이루어졌지만 바닥을 파내고 설치한 곳도 있었다. 대부분이 불탄 집자리들로 움 복판에는 큰 기둥 두어 개가 세워지고, 벽 가장자리를 따라 여러 개의 작은 기둥자리의 흔적들이 확인되었다. 제2차년도 조사에서 출토된 유물로는 팽이그릇을 포함한 다양한 토기류와 도끼, 턱자귀, 반달칼, 단검, 활촉, 별도끼사진 22, 작살, 가락바퀴, 갈돌, 숫돌 등 많은 석기류가 나왔다.

사진 22. 송림 석탄리 유적 출토 별도끼.

15호 집자리 밑에서 나온 16호 집자리(3EW×1m)에서는 신석기시대의 무늬그릇〔有文土器〕들이 출토되었는데, 모두 4-5개체 가운데 1개체분은 거의 완형으로 복원되었다. 고구려 무덤 1기는 13호 집자리를 정리하는 과정에서 드러난 길쭉하고 야트막한 돌방무덤(215EW×60~74＝60cm)이었다. 냇돌로 쌓아 올린 장방형의 돌방 서북쪽 귀퉁이에 가로, 세로 20센티미터 되는 형식적인 짧은 널길이 나 있었고, 찰흙으로 다진 무덤 바닥에는 널받침을 놓기 위한 납작돌 다섯 개가 남아 있었다. 무덤 안에서는 단지류와 널못, 널고리, 널장식못 등이 나왔다.

지난해에 이어 이해 봄과 가을에는 두 차례에 걸쳐 용천 신암리 유적 제2차와 제3차 발굴[93]을 계속해 나갔다. 5월(제2차)에는 모래산 유적의 나머지 부분(제2지점)을, 10월(제3차)에는 청동말래의 서남쪽 축사 앞에서 새 유적을 조사하였다. 따라서 신암리 유적에서는 모두 세 개 지점을 발굴하여, 제1지점은 청동말래(1964년), 제2지점은 모래산, 축사 앞의 유적이 제3지점이 되었다. 5월에 판 모래산 유적(제2지점)에서는 두 채의 집자리(IV호, V호)와 한 개의 시설물(VI호)이 나왔는데, 그 층위의 상태에 따라 청동말래 유형이 나오는 VI호 시설물이 제일 먼저 이루어진 제1문화층임을 짐작할 수 있었다. 그 다음이 미송리유적 위 문화층 유형의 유물이 나오는 제2문화층의 Ⅳ호와 Ⅴ호 집자리이고, 마지막이 고구려층임을 알 수 있었다.

제1문화층인 Ⅵ호 시설물(D-3.3~4.3 = 0.5m) 바닥의 검은 진흙층에서는 많은 무늬그릇 쪼가리와 복원 가능한 민무늬토기 단지 두 점이 나오고, 그물추와 토제 가락바퀴도 수습되었다. 제2문화층인 Ⅳ호와 Ⅴ호 집자리에서는 많은 토기 쪼가리가 나왔으나 복원이 가능한 것은 Ⅳ호에서 나온 두 점으로, 이 가운데 한 점은 물동이형 손잡이가 한쪽에만 붙어 있었다.

두 집자리에서는 겹아가리 쪼가리가 많이 나왔는데, 빗금[斜線]을 그은 것들이 많았으나 빗금을 긋지 않은 것과 엇갈리게 그은 것들도 있었다. Ⅳ호 집자리에서는 미송리형 단지와 아가리가 벌어진 쪼가리들도 나왔다. 석기로는 도끼, 달도끼, 활촉, 반달칼, 대팻날, 끌, 송곳 등과 옥돌을 갈아 만든 초기 형태의 곱은옥도 나왔다. 고구려층에서는 별다른 시설물은 없었지만, 여러 구덩이로부터 큰독 한 개를 포함하여 많은 종류의 토기류와 활촉, 도끼, 손칼, 못, 말재갈 파편 등 쇠붙이가 출토되었다.

이해 봄부터 초여름까지에는 조선·중국 공동 고고 발굴대에 의한 중국 동북 지방 유적 발굴의 마지막 제4단계 작업이 마무리되었는데, 이때 조사된 곳은 요령성 심양의 조공가肇工街와 정가와자鄭家窪子 유적[94]이었다. 늦봄에 조사가 이루어진 심양 조공가 유적에서는 열여섯 개의 구획에 대한 간단한 시굴을 거쳐 층위 관계를 확인하고 다양한 유물을 수습할 수가 있었다. 이 가운데 제16구획의 북벽에서는 근세의 물건들이 섞여 나오는 15-25센티미터 두께의 표토층과 그 아래로 55-76센티미터의 유물 포함층으로 구분되었는데, 여기에서는 무늬그릇을 포함하여 다양한 토기 쪼가리가 나왔다. 토기류로는 목단지와 자배기, 단지, 시루, 세발솥 등 민무늬그릇, 붉은간그릇, 빗살무늬 그릇과 가락바퀴, 그물추 들이 출토되었다.

심양 정가와자 유적은 조공가로부터 남쪽으로 1.5킬로미터 정도 떨어진 곳으로, 이곳의 지층은 제9구획의 서벽에서 세 개 층으로 구분될 수 있었다. 맨 아래층인 제3층에서는 단지, 굽접시, 접시, 잔, 시루 등 다양한 토기류와 그물추 등 토제품, 검자루맞추개[劍把頭飾], 곤봉대가리, 낫, 반달칼 등 석기류가 나왔다. 제2층에서는 제3층에서와 같은 토기와 석기류가 나왔으나, 이 밖에 도자기 쪼가리와 활촉, 거푸집 등 석기류와 청동제의 활촉, 단추, 철제의 못, 문짝 부속구, 벽돌과 기와, 오수전五銖錢이나 개원통보開元通寶와 같이 훨씬 다양한 유물들이 수습되었다. 이곳에서는 널무덤 2기와 1기의 독무덤이 드러났는데, 1호 널무덤(2.3EW×0.75＝0.1m)은 구덩이에 의해 잘려 나가고, 구덩의 동남쪽 바닥 모서리와 서북쪽에서 단지류가 출토되었다. 2호 널무덤(1.9NW~SE×0.4~0.85＝0.25m)에서는 옆으로 굽혀묻은〔側臥屈葬〕유골이 서북침西北枕으로 묻혀 있었다. 허리 부근에서 동검 한 점이, 다리뼈 밑에서는 목단지가, 머리 쪽에서는 토제가락바퀴가 나왔다. 3호 독무덤은 지하 0.65-0.9미터에 묻힌 비슷한 크기의 단지(지름≒24, 높이≒29, 두께≒0.7cm) 세 개를 남북으로 이어붙인 3옹식 무덤들로, 그릇 표면에는 굵고 가는 노끈무늬〔繩蓆文〕가 돋쳐 있는 것들로 전체의 길이는 80센티미터 정도였다.

　이상 정가와자 무덤들의 층위 관계로 보아 널무덤이 독무덤보다 이른 시기의 것들로서, 제3층에서 나온 토기류는 앞서 윤가촌 유적의 아래층 제2기와 같은 시기로 짐작되었다. 정가와자 제3지점에서는 앞의 조선·중국 공동 사업과는 별도로 심양고궁박물관에 의해 대규모의 청동기 무덤유적에 대한 조사가 이루어졌다.[95] 이에 앞서 1958년 봄에는 제1지점으로부터 단검 등 청동기 일괄유물 스물일곱 점이 발견되었고, 1962년에는 1지점에서 500미터 서쪽으로 떨어진 제2지점에서도 단검 한 자루가 발견된 바 있었다.

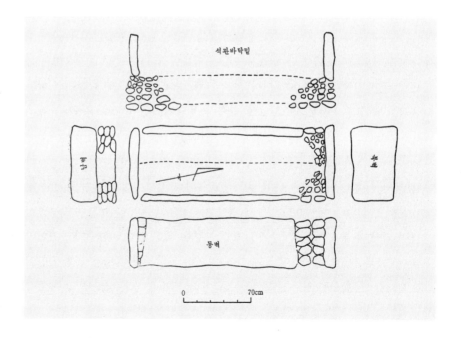

그림 70.
서흥 천곡리
돌상자무덤의
평면도(가운데)와
단면도들.

이해 여름의 조사는 소택지가 많은 저지대의 제3지점에서 14기의 무덤에 대해 이루어졌는데, 보고된 것은 대형의 덧널무덤인 남구의 제6512호와 북구의 제659호 널무덤이었다. 제6512호 무덤은 황토 땅에 네모난 구덩(5.0EW×3.0＝1.4m)을 파고, 여기에 덧널(3.2×1.6m)과 널(2.0×0.7m)을 안치했는데, 널과 덧널 사이에 부장품이 놓이고 덧널과 구덩 벽 사이는 흙으로 채워졌다. 침향인 널 서쪽의 부장궤 안에는 비파형동검 두 점을 비롯하여 Z자형 무늬와 가는 무늬로 채워진 거울과 비녀 등 청동유물과 뼈로 만든 비녀가 있었고, 널의 다른 벽쪽에서는 활주머니와 화살통, 활촉, 토기 단지, 말머리 장식 등이 나왔다.

널 안에서는 노년의 남성 인골이 나오고, 머리맡과 발치에 이르기까지 뚜껑모양〔蓋形〕동기 여섯 점이 헝겊에 싸인 채 같은 간격으로 시신 위에 얹혀 있었다. 머리와 가슴 부위에서는 천하석제의 구슬과 대롱옥 등 장신구가, 널 바깥에서는 동검과 함께 가죽주머니 속에 들어 있는 칼, 도끼, 송곳, 끌 등이 나왔는데, 원래는 널 위에 얹힌 것들로 짐작되었다.

이 밖에 가죽 장화에 붙였던 단추〔銅泡〕 등과 나팔 모양 동기를 비롯한 각종 마구류 등 다양하고 많은 청동기류의 발견은 우리나라 청동기문화의 원류를 살필 수 있는 "청동기시대의 연구상 너무나 중요하고 귀중한 자료"로서 획기적인 성과로 평가되었다.[96]

이해의 자잘한 새로운 발굴로 봄에 이루어진 강원도 문천文川 남창리南昌里 유적[97]은 과수원 조성을 위한 정지 과정에서 청동단검(28cm)과 꺾창(25cm)이 발견되어, 원산역사박물관에 의해 현지 조사가 이루어졌다. 유적은 남창강변의 서편 언덕 끝자락 지표 아래 60센티미터에서 나왔는데, 유물 출토 지점에서 별다른 흔적이 남아 있지 않은 것으로 보아 순수 움무덤이었던 것으로 짐작되었다.

비슷한 시기에 조사된 황해도 서흥瑞興 천곡리泉谷里 돌상자무덤[98]은 예성강 지류변에 있는, 서쪽으로 뻗은 작은 산자락 끝에서 집터를 조성하다가 발견되었다. 봉토의 흔적과 뚜껑돌은 이미 없어졌고, 1미터 깊이에서 바닥이 드러난 돌상자무덤(2.1NS×0.64＝0.5m)은 네 벽을 혈암頁岩 계통의 판돌로 짜 맞추었지만, 긴벽의 한쪽 끝을 냇돌로 쌓아 모자란 부분을 채운 혼축식混築式[99] 무덤이었다.그림 70 돌과 흙, 모래를 섞어 굳게 다진 바닥의 동남쪽에 치우쳐서 초기 양식으로 보이는 소형의 좁은 놋단검(22.7cm)이 철제의 十자형 검자루 맞추개 각한 점씩과 삼각형의 돌활촉 일곱 점분과 함께 출토되었다.

늦봄에는 함흥박물관에 의해 함경남도 북청北靑 중리中里 유적[100]에서 이루어진 청동기시대 후기에 속하는 집자리 조사에서 모두 세 채가 확인되었다. 층위 관계는 비교적 단순하여 경작층인 표토층(20-25cm)과, 그 아래로는 검은 사질 토가 유물 포함층(20-30cm)을 이루고 있었다. 집자리는 지표 아래 50센티미터 정도의 유물 포함층 바닥면에 이루어졌으나, 대부분의 유구가 이미 훼손되어 그 규모는 확실치 않지만 대개 방형이나 장방형이었다. 구덩이의 깊이는 20-30센티미터로 비교적 얕았으며, 바닥 면은 진흙 다짐을 한 뒤 불로 달궜다. 출토 유물로는 꼭지 손잡이가 달리고 납작바닥을 갖춘 구멍무늬토기와 함께 아가리와 몸통에 평행선과 빗금을 그은 것들도 나왔다. 석기로는 도끼와 돌검, 활촉, 홈자귀, 반달칼, 대팻날, 가락바퀴, 숫돌, 흑요석이나 석영 등으로 만든 석기류가 나오고 뼈송곳도 수습되었다.

황해도 인산麟山 주암리舟岩里 유적[101]은 집자리와 돌상자무덤, 고인돌이 한데 어우러진 청동기시대의 복합 유적 같은 곳이었다. 조선역사박물관에서는 예성강 지류 기슭인 이 일대에서 돌활촉이 많이 나왔다는 통보를 받고 이해 가을 현지 조사를 실시하였다. 조사된 집자리(11NS×6＝0.8m)는 장방형 움집터로서, 진흙으로 다진 바닥의 한 복판에 화덕자리가 있었고, 네 모서리와 동벽의 벽선을 따라 대략 1미터 간격으로 기둥 구멍이 나왔다. 집자리로부터는 팽이형토기와 목단지 등 토기류와 함께 달도끼, 별도끼, 검자루, 활촉, 가락바퀴, 송곳, 반달칼, 칼, 끌, 대팻날, 턱자귀, 도끼, 숫돌, 돌돈 등이 다양하게 나왔다.

돌상자무덤은 두 개의 구덩이가 동서로 길게 가지런히 이루어졌는데, 이 가운데 서쪽 구덩의 돌널(110NS×70＝54上~44下cm)은 두 개의 돌널이 위 아래로 겹쳐진 특이한 구조를 보여 주었다. 즉 위층 돌널의 바닥돌이 아래층 돌널의 뚜껑돌로 얹힌 구조를 보여 주었다. 부장품으로는 윗널의 서쪽과 복판에서 돌도끼가, 남벽의 동서 양 모서리에서는 여러 종류의 활촉 삼십여 점이 무더기로 나왔다. 고인돌은 변형(남방식)의 구조를 갖춘 것으로서, 덮개돌(2.8EW×1.8＝0.35m) 아래에 냇돌을 쌓아 덧널을 만들고, 그 위에는 판돌로 된 뚜껑돌(1.85×0.7m)을 덮었는데 유물은 없었다.

1966년

이해는 국립박물관의 계속 사업으로 새로이 강화 삼거리三巨里와 춘천 천전리泉

田里, 창원 곡안리谷安里 등 세 군데에서 고인돌 조사가 이루어졌다. 이 밖에 연차적인 불적佛蹟 조사로서 부여 금강사金剛寺 터에 대한 조사가 계속되었고, 인천 경서동景西洞의 녹청자 가마터에 대한 제2차년도 조사를 실시하였다. 이어서 부안 유천리柳川里 가마터에 대한 긴급 수습 조사와 강진 사당리沙堂里 유적에서의 제3차년도 조사가 이루어지는 등 도자 가마터에 대한 발굴이 활발히 이루어졌다.

문화재관리국에서는 새로 발족한 조사연구실이 주축이 되어 익산 미륵사彌勒寺 터에 대한 긴급 발굴을 실시하였고, 이어서 지난해부터 실시한 경주지역 매장문화재 정리조사계획에 따라 황남리皇南里 151호분에 대한 조사를 실시하였다.

이해 봄 연세대학교 박물관에서는 공주 석장리石壯里 구석기 유적에 대한 제3차년도 발굴을 계속하였고, 여름에는 경북대학교 박물관의 봉화 북지리北枝里 반가사유석상 출토지에 대한 발굴이 실시되었다. 이어서 부산대학교 박물관에서는 부산 다대포多大浦 조개무지를, 숭실대학교 박물관에서는 서울 역삼동驛三洞 집자리 발굴을 차례로 실시하였다. 가을에는 공주사대 박물관에서 공주 시목동柿木洞 고분을 조사하였고, 서울대학교 박물관은 울산 신암리新岩里 선사유적을 발굴하는 등 전국의 각 대학 박물관에 의한 발굴이 활발히 이루어졌다.

이와 같은 여러 대학 박물관의 참여와 함께 새로이 문화재관리국의 조사연구실 팀이 발굴에 가세함으로써 지금까지 대부분 국립박물관 중심의 발굴 체제에서 벗어나 보다 다변화된 발굴기관의 참여가 이루어지게 되었다.

국립박물관이 1962년부터 시작한 전국 고인돌 유적에 대한 연차적인 조사[102]로서 이해 봄에 강화 삼거리 고인돌 유적을 발굴하였다. 평지에 이루어진 구릉의 비탈에 남방식과 북방식이 한데 섞여 십여 기가 훼손된 상태로 남아 있었는데, 이 가운데 5기의 북방식만 선별하여 조사하였다. 이들은 대부분 작은 크기의 것들로서, 2기(A호·B호)의 긴축은 서북향에서 동남향이고, 나머지 3기(C호·D호·E호)는 동북에서 서남향인데, 덮개돌은 2기(A호·E호)에만 남아 있었다. 조사된 5기 가운데 상태가 비교적 좋은 A호 고인돌도 마구리돌 한 개는 이미 없어진 상태였다.

A호의 덮개돌(2.5×1.8 = 0.25~0.55m) 아래에 이루어진 작은 돌방(1.3×0.5 = 0.6m)의 바닥에는 많은 자갈이 채워져 있었는데, 그 틈새에서 돌활촉 두 점이 출토되었다. 다른 고인돌도 비슷한 구조의 작은 것들로, 무덤칸의 안팎에서

간돌검을 비롯해서 돌활촉, 가락바퀴와 달도끼〔環狀石斧〕 등 석기류와 함께 민무
늬토기들이 출토되었는데, 빗살무늬토기편도 상당량이 수습되었다. 고인돌 주
변의 구릉면에서 긴 집자리가 드러났는데, 상당 부분 파괴된 채 일부만 남아 있
었다. 여기에서 이 지역에서는 매우 드문 팽이형토기 쪼가리가 수습되었다.

여름에 발굴된 춘천 천전리 유적은 일찍이 일본인 학자들에 의해 현지 조사[103]
가 이루어진 곳으로, 소양강 유역의 퇴적대지에 남방식, 북방식 고인돌과 돌무
지무덤〔積石塚〕들이 강 흐름을 따라 동서로 나란히 분포되어 있었다. 이듬해 봄
에 이르기까지 남방식과 북방식 각 2기와 돌무지무덤 3기에 대한 발굴이 이루
어졌다. 북방식에 속하는 1호는 타원형의 덮개돌(2.6EW×2.2＝0.45m) 아래
에 작은 돌방(1.2EW×0.6m)이 만들어져 있으나 유물은 출토되지 않았다. 2호
는 덮개돌 없이 좁은 돌방(75×70m)만 남은 채 그 둘레에 냇돌이 덮여 마치 돌
무지무덤의 모양을 갖추고 있었다. 여기에서 수습된 굽다리접시 등의 출토 유물
로 보아 신라통일기에 이르러 재사용되었던 것으로 여겨졌다.

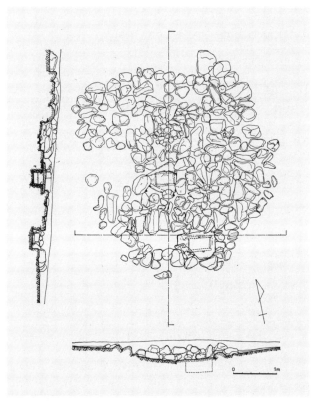

그림 71. 춘천 천전리 A호 고인돌의 배치도(가운데)와 단면도들.

돌무지무덤들은 거의 네모난 묘
역을 이루고 있었는데, 그 안에 약간
의 거리를 두고 판돌이나 냇돌로 쌓
은 1-3개의 돌널들이 이루어져 있었
다. 그러나 이 돌무지무덤들은 그 안
에 이루어진 돌널의 구조나 돌무지
의 축조 상태로 보아 별개의 무덤 형
식으로 보기는 어려운 것들이었다.
오히려 고인돌 가운데 덮개돌이 없
어지고 보강 시설로서의 돌무지만
남은, 이른바 적석식에 속하는 것들
로 보아야 할 것들이었다.[104, 그림71]

창원 곡안리 고인돌의 주변에는
200미터의 거리에 6기의 고인돌이
있었고, 그 중 3기가 논 복판에 5미
터가량의 간격을 두고 동서로 배열
되어 있었는데, 이 가운데 맨 동쪽의

것이 조사되었다. 편평한 덮개돌(1.5×1.25=0.3m)이 지금은 경작토 위에 그대로 얹혀 있었지만, 여기에 20센티미터 정도 부식토가 깔려 있는 것으로 보아 원래는 아래에 받침돌이 있었던 것으로 생각되었다.

덮개돌 아래의 돌널(2.1EW×0.4=0.5m)은 네 벽을 20-30센티미터 크기의 깬돌로 짜 맞춘 할석형割石形으로, 그 위에 긴 판돌 여러 매를 가지런히 걸쳐 덮었는데, 그 사이사이의 틈새를 진흙으로 메우고 다시 굵은 돌덩이를 덮어 돌무지 시설을 이루었다. 북쪽의 마구리벽 쪽에서 붉은간토기 한 점이 출토되었다.

이른 봄에는 재작년(1964년)에 이어 부여 금강사 터[105]에 대한 제2차년도 조사를 실시하여 중문 터와 함께 제1차 조사 때에 가람 중심부에서 미진했던 부분을 보완 조사했다. 제1차, 제2차 발굴을 통해 전형적인 1탑1금당식의 가람 배치로 중문, 목탑, 금당, 강당 및 승방이 동서 축을 이루며 동향으로 배치되는데, 강당과 중문의 좌우 측면이 회랑으로 이어지고 강당 후면으로는 승방과 이어지는 행랑行廊 터가 있음을 확인할 수 있었다. 이러한 동서 축의 가람 배치는 지금까지 조사된 남북 긴축으로 이루어진 백제시대의 다른 가람과는 다른 것으로서, 이는 주변의 지형과 관련된 것이거나, 아니면 가람 배치가 결코 남북으로 획일적일 수만은 없다는 사실을 보여 주는 사례로 여겨졌다.

금강사의 정확한 건립 연대는 알 수 없지만, 가람 배치와 출토 유물을 통해 백제시대의 창건으로 보았다. 이 절터에 관한 문헌 기록은 보이지 않으나 여기에서 출토된 암키와 파편에 나타난 '金剛寺'명銘에 따라 이 절을 '금강사'로 부르게 되었다. 발굴 결과 이 절은 통일신라와 고려에 이르기까지 세 차례에 걸쳐 중수重修되었음을 확인할 수 있었고, 중수 때마다 약간의 건물 이동은 있었지만 전체적인 가람 배치에 큰 변동은 없었던 것으로 짐작되었다.

국립박물관에서는 전년도에 이어 이해 봄에 인천시립박물관과 함께 인천 경서동 가마터[106]에 대한 제2차년도 조사를 실시했는데, 이해에 세 차례의 발굴이 이루어져 결과적으로 모두 네 차례에 걸친 발굴이 이루어진 셈이었다. 발굴을 통해 최초의 축조로 생각되는 제1가마바닥[窯床]은 생땅 위에 모래바닥을 깔고 가는 진흙으로 다진 뒤 그 위에 넓고 얇은 판돌을 깔아 두께 27센티미터 안팎의 제2바닥을 만들었음을 알 수 있었다. 제3바닥은 가마 입구에서 제2바닥보다 20센티미터 정도 높은 곳에 길게 가로질러 남아 있었다.

남아 있는 가마 벽과 바닥의 상태로 보아 가마는 약 22도 경사로 이루어진 홑

가마(單室窯)였음을 알 수 있었는데, 바닥 자체를 계단식의 수평으로 만들지 않고 경사진 바닥에 도짐이(陶枕)로 수평을 조절하는 방식을 택했던 것으로 생각되었다.

여름에는 일제강점기 이후 최근까지도 도굴과 개간 등으로 황폐화 되어가고 있는 부안 유천리 가마터[107]에 대한 구제 발굴을 실시하였다. 사적(69호)으로 지정되어 있음에도 불구하고 지하 깊숙한 곳까지 도굴되어 원상이 보존된 곳이 거의 없을 정도였다. 그러나 도굴된 자리를 정리해 나가면서 시기적 차이를 보이는 성기盛期의 청자 및 백자와 관련된 자료를 수집할 수 있었다.

가을에 이루어진 강진 사당리 가마터에 대한 제3차 발굴[108]을 통해 수습된 출토 자료 가운데 청자 연꽃무늬 와당 및 귀면과 망새(鴟尾)의 쪼가리로 생각되는 여러 개의 청자 파편이 주의를 끌었다. 이 밖에 청자상감 간지명干支銘 파편 등 청자와 관련된 많은 자료를 얻게 되었는데, 올해의 발굴 구간에서는 비교적 정연한 건물 터의 축석 부위가 드러난 것으로 보아 작업장의 일부였던 것으로 생각되었다. 발굴 도중 보고자가 한 주민으로부터 가마에서 채집한 청자 벽돌의 파편을 입수하여 이에 대한 논고를 따로 발표하였다.[109]

이제 막 새로 발족한 문화재관리국의 조사연구실에서는 익산 미륵사지彌勒寺址에 대한 긴급 발굴[110]을 실시하였다. 이는 계획된 학술 발굴이 아닌 축보築洑 공사에 따른 구제성 발굴이었다. 발굴을 통해서 주춧돌과 동서 방향 일직선으로 깔린 장대석 등이 나왔지만, 발굴 범위가 절터의 극히 일부에 국한되어 그 성격을 밝히는 데는 한계가 있었다. 고려시대의 연꽃무늬 와당을 비롯한 많은 기와류와 함께 청자, 철제와 청동제의 불상 파편 들이 수습되었다.

작년부터 문화재관리국에 의해 시작된 경주지구 매장문화재 정리조사계획에 따라 이해에는 경주 황남리 151호분(151-1호)[111]에 대한 발굴을 실시하였다. 지난해의 조사는 세 개 대학 박물관에 의해 실시되었지만, 이해의 조사는 경주박물관에 의해서만 이루어졌다. 이해 봄 이곳 주민들에 의한 봉토에서의 채토 작업 중 돌방이 드러나고 토기가 반출되는 모습이 경주박물관 직원에 의해 목격되어 당국에 신고되면서 조사가 이루어지게 되었다.

주변에 들어선 민가들에 의해 봉토가 이미 훼손된 상태에서 그 위에서는 경작이 이루어지고 있었다. 발굴 당시 봉분은 동서로 길게(D = 40m) 남아 있었는데, 그 아래에서 앞트기식(橫口式) 돌방(151호)과 돌무지덧널(積石木槨)(151-1

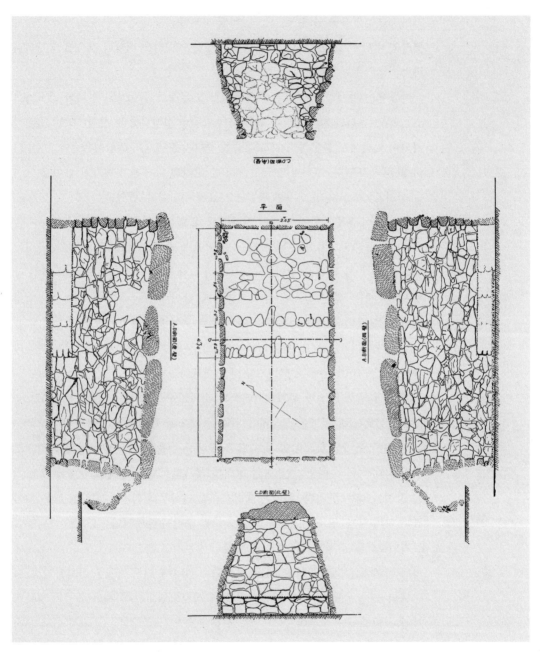

그림 72. 경주 황남리 151호 무덤 평면도(가운데)와 단면도들.

호)이 함께 나왔지만, 원래 한 개의 원형무덤이었는지 별개의 쌍무덤[瓢形墳]인
지는 알 수 없었다. 먼저 만들어진 것으로 보이는 돌무지덧널은 바로 옆에 건물
이 들어서 이미 훼손된 상태여서 전모는 알 수 없었지만, 지금 남아 있는 돌무지

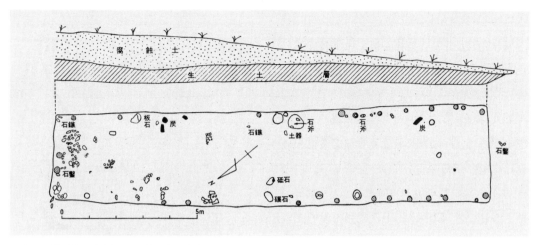

그림 73. 서울 역삼동 집자리 유적 평면도(아래)와 단면도.

(5.8NS×4.9m)의 함몰부 아래에 덧널(3.8NS×2.2＝-1m)이 이루어져 있었다. 널의 존재는 불확실하지만, 덧널의 남쪽 가장자리에서 귀걸이 한 쌍이 나와 남침이었음을 알 수 있었다. 피장자의 좌측에 토기와 마구류가 부장되어 있었다.

　뒤에 만들어진 돌방은 돌무지덧널과는 6.8미터가량 떨어진 곳에 긴축이 엇갈리게 만들어졌는데, 경주 시내에서 확인된 최초의 앞트기식이라고 할 수 있었다. 깬돌로 쌓아 올린 돌방(4.3NE~SW×2m)의 입구는 서남쪽이었을 것으로 보이는데, 맞은편 동북쪽의 짧은 벽은 수직으로, 양 긴벽은 위로 올라가면서 좁아지며 돌방 위에는 넓적한 천장돌 5매를 얹었다. 입구 맞은편의 안쪽 벽에서부터 차례차례 너비 방향으로 모두 네 차례에 걸쳐 널받침을 설치하고, 그 위에는 약 10센티미터 두께로 자갈을 깔았다.그림 72 널받침 위에서 굵은고리와 가는고리 귀걸이 각 한 쌍씩과 은제 허리띠, 금구金具 등 장신구류와 함께 마구류, 쇠도끼와 덩이쇠(鐵鋌) 등이 수습되었다. 출토 유물을 통해 두 무덤의 선후 관계를 살필 수가 있었지만, 그 차이는 그리 크지 않아 두 유형의 무덤 사이에서 나타난 과도기적인 양상을 파악할 수 있는 자료로서의 가치가 큰 것으로 생각되었다.

　이해 여름 부산대학교 박물관에서는 부산 다대포 조개무지[112]에 대한 조사를 실시하였다. 이 유적은 일찍이 일본인 학자에 의해 발견된 곳으로[113] 낙동강 하구에 이루어진 작은 규모의 유적인데, 발굴 이후 그 자리에 주택이 들어서면서 유적은 대부분 없어지고 말았다. 발굴을 통해 확인된 층위는 모두 네 개 층으로, 제1층은 표토층, 제2층은 조가비가 섞인 부식토층, 제3층은 검은색 부식토층,

제4층은 자갈층인데, 퇴적 상태에 따라 제1층과 제3층만 나타난 부분도 있었다. 네 개 층 가운데 유물 포함층은 제2층과 제3층으로, 제2층에서는 삿무늬[繩蓆文] 등이 나타나 있는 붉은 연질토기, 회청색 경질토기 등 이른바 김해식 토기와 사슴뿔로 만든 손칼자루 등 원삼국기의 유물들이 수습되었다.[114] 한편 제3층에서는 돋을무늬, 빗살무늬, 붉은간토기와 흑요석 편 등 신석기시대에 속하는 유물들이 나와, 유적의 규모는 작지만 두 개의 층위에서 뚜렷한 시기적 차이가 나타나는 문화상이 드러나 고고학적으로 매우 중요한 유적으로 평가되었다.

늦여름 숭실대학교 박물관에서는 서울 역삼동 집자리[115]를 발굴하였다. 한강 중류에서 남쪽으로 4킬로미터 정도 떨어진 구릉 능선 위(+90m)에 이루어진 청동기시대에 속하는 긴 장방형[細長方形]의 움집자리(16.0EW×3.0＝0.6~0.7m)였다.그림73

움 벽면을 따라 1-2미터의 간격으로 불에 탄 기둥 자리가 남아 있었으나 화덕자리는 확인되

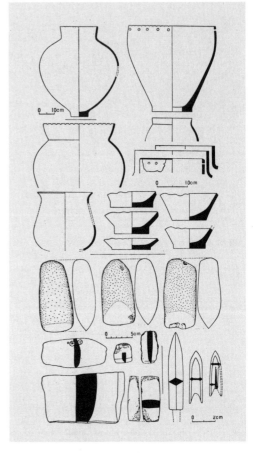

그림 74. 서울 역삼동 집자리 유적 출토 유물.

지 않았다. 다른 세 벽체와는 달리 남쪽의 벽면은 분명하지 않으면서 기둥자리도 없이 완만한 경사를 이루고 있는 것으로 보아 이 집자리의 출입구로 생각되었다. 출토 유물로는 깊은바리, 짧은목단지, 붉은간토기와 함께 많은 아가리와 바닥 파편 등 민무늬 계열의 토기들이 수습되었다. 깊은바리 가운데에는 아가리에 구멍무늬[孔列文]가 있고 골아가리[口脣刻目]가 나타나 있는 것들이 있어, 청동기시대 중에서도 비교적 이른 시기의 유적임을 알 수 있었다. 이와 함께 양날도끼, 대팻날돌도끼[扁平單刃石斧], 반달돌칼, 돌활촉, 갈판, 숫돌 등 다양한 석기류도 출토되었다.그림74

이해 가을에는 공주사대 박물관에서도 새로이 발굴 대열에 합류하였다. 금강 북안北岸의 공주 시목동 고분[116]은 공주사대 신축 부지 조성 공사 중에 우연히 발

견된 백제 토기가 계기가 되어 2기의 돌방무덤을 조사하게 되었다. 이들 고분은 마을 북편을 둘러싸면서 남쪽으로 뻗은 구릉에 자리 잡은 것들인데, 맞배 천장을 갖춘 무덤들로 잘 다듬은 넓적한 화강암 판돌을 단면이 오각형을 이루도록 짜 맞추었다.

비슷한 크기의 두 고분 가운데 1호 무덤의 널방(2.7NS × 1.3 = 1.5m)에서는 북벽과 동벽, 서벽을 각 1, 2, 3매로, 남벽은 돌방의 입구로서 여기에 설치된 널길에서는 동서 양 긴벽은 각 1매의 판돌을 세우고, 그 위에도 한 개의 뚜껑돌을 얹었다. 무덤방의 서쪽 구석에서 널에 쓰였던 널못 한 점이 수습되었다. 1호 무덤의 바로 남쪽 경사면에 이루어진 2호는 파괴가 심했지만 구조는 2기가 모두 비슷한 것들로 생각되었다.

연말에는 서울대학교 박물관에 의해 동래 신암리 유적[117]의 시굴 조사가 있었다. 이 유적은 1935년 사이토 다다시齋藤忠에 의해 그 존재가 알려진 곳[118]으로서, 이번 조사는 바닷가로부터 200미터가량 떨어진 야산 자락의 도로변에 이루어진 경작지 단면에서 이루어졌다. 시굴 채집 조사를 통해 많은 덧무늬토기와 함께 칠십여 점의 뗀석기 일괄 유물을 수습하였다. 얼마 뒤인 1974년 여름에는 이 유적에 대한 본 발굴 조사가 국립중앙박물관에 의해 이루어져 두 차례에 걸쳐 발굴 보고서가 나왔다.[119]

이해에 북한에서는 용천 신암리 유적 제4차 조사와 은율 운성리 유적에 대한 제5차 조사 등 연차 사업이 계속되었고, 새로운 계속 사업으로 상원祥原 검은모루 유적에 대한 조사가 시작되었다. 이와 함께 이해 봄에는 연안 장곡리長谷里 돌상자무덤 발굴이 이루어졌다.

봄에 실시된 평안북도 용천 신암리 유적[120]에 대한 제4차 조사는 지난해까지 고고학연구소에 의한 조사와는 달리 신의주역사박물관이 담당하였다. 발굴 지점은 지난해의 3지점 4호 구덩의 서쪽 길 건너편 도랑을 따라 또 다른 구덩(8NS × 2m)을 파내려 갔다.

여기에서 나타난 층위 관계는 위에서부터 (1) 표토층인 모래층(70-95cm), (2) 검은 부식토층(25-45cm), (3) 검은 부식토+소토층(20-30cm), (4) 검은 부식토층(15-20cm)에 이어 생토층이 나왔다. 유물은 복원 가능한 다섯 점을 포함한 질그릇 십여 점과 활촉, 도끼, 반달칼, 달도끼, 숫돌 등 석기류와 함께 청동칼과 청동 단추가 출토되었는데, 특히 (3), (4)층에서는 같은 유형의 것들이 나왔다. 출토 유물 가운데 청동기들은 우리나라 청동 유물 가운데에서도 가장 이른 시기의 것들로서, 한반도의 초기 청동기문화의 갖춤새 연구에 매우 중요한 자료를 제공해 주었다.

은율 운성리 유적[121]에 대해서는 1955년에 처음 조사가 시작된 이후, 1962년 (제2차), 1963년(제3차, 제4차)에 이어 이해 늦가을에는 제5차 조사를 실시하였다. 제1차에서 제4차 조사까지는 고고학연구소에 의해 이루어졌고, 이해의 조사는 해주역사박물관에 의해 수행되었다.[122] 운성리의 두 마을 사이에 동서로 가로놓인 나지막한 구릉의 경사면에 움무덤과 독무덤 등 백여 기의 고분이 분포되어 있는데, 이 가운데 움무덤 3기가 조사되었다. 3기(제1-3호)의 무덤은 각기 동서로 40-170미터 떨어진 것들로, 봉토(D-13~15m)는 경사지에 조성되어 대부분 쓸려 나가고, 남은 높이는 0.5-1.5미터에 불과하였다.

제1호 무덤은 구덩(3.8EW×2.4 = 2.1m)의 바닥에 이르러 턱(25 = 20cm)이 이루어졌는데, 바닥에서는 동서 양쪽에 두 개의 널이 안치되었던 어울무덤의 흔적이 나타났다. 바닥에 깔린 검붉은 진흙층의 북쪽 끝에서 회색 항아리와 화장그릇[盒], 화분형단지가 나오고, 동쪽 널 자리에서도 단지와 장신구, 끌과 같은 쇠붙이 이기류가 수습되었다. 제2호 무덤도 제1호와 같은 방식으로 구덩 (2.6NS×1.1~1.3 = 0.6m)이 만들어졌는데, 그 안에서 1호보다 규모가 작고 한 사람만 묻었던 홑무덤(2.2NS×0.5~0.7 = 0.2m)의 흔적이 나타났다. 구덩의 북쪽 끝에서 그릇 두 점이 나오고 주검의 목과 양팔 쪽에서 백삼십여 개의 구슬이 나와 여자의 무덤으로 짐작되었다.

제3호 무덤은 동서로 배치된 비슷한 크기의 두 구덩(≒3.2NS×1.4 = 1.8m) 속에 이루어진 어울무덤으로, 그 사이에는 작은 둑(30 = 15cm)이 남아 있었고, 구덩 벽의 바닥 가장자리를 따라 1호 무덤에서와 같은 턱(30 = 20cm)이 돌아가고 있었다. 또한 동쪽 구덩의 북쪽에는 무덤칸과 별도로 부장칸(1.4×0.7m)이 마련되어 있었는데, 그 안에는 단지 두 개가 놓이고 널의 한복판에서는 30센티미터의 사이를 두고 양쪽에서 오십여 개의 구슬이 나왔다.

한편, 서쪽 구덩이 북쪽에도 단지 두 개가 놓이고, 주검의 오른편에는 끌, 도끼, 낫, 창끝과 손칼 등의 철기류가 차례로 놓여 있었다. 이 밖에 널의 한 복판에는 고리자루칼이 놓이고 목 부위에서는 구슬들이 나왔다.

사진 23. 평양 상원 검은모루 유적.

이해에 새로운 연차 사업으로 시작된 평양 상원 검은모루 유적[123]은 십여 년 전 상원강祥原江의 제방 공사를 위한 채석 작업 중에 석회암 언덕 남쪽 비탈면의 동굴사진 23에서 석기류와 함께 짐승 뼈 화석들이 발견되었다. 조사는 이해 봄부터 고고학자 외에도 고동물학과 인류학 전문가 등이 망라되어 1970년에 이르기까지 연구 작업이 계속되었다. 발굴은 드러난 상태에 따라 편의상 네 개 구획으로 나누어 파들어 갔는데, 이 가운데 퇴적 상태가 비교적 잘 남아 있는 제3구획에서는 바닥에서부터 4개 층(I~IV)은 15-50cm 두께로 모래와 자갈이 섞여 나오는 층이었고, 맨 위의 V층은 종유석층이었다.

제IV층에서는 인공의 흔적이 뚜렷한 뗀석기들이 나오고, I층, III층, IV층에서는 "그들이 잡아먹고 버린" 각종 포유류의 화석화된 많은 뼈들이 수습되었다. 이 가운데에는 주구점周口店 제1지점이나 13지점의 아래 층에서 출토된 것들과 비슷한 것들이 나오는 것으로 보아, 이들이 홍적세 중기 초에 해당되는 것들로 짐작되었다. 여기에서 출토된 포유동물은 7목 17과 23속 29종이었는데, 작은 포유동물 열두 종 가운데 일곱 종이, 큰 포유동물 열일곱 종 가운데 열 종이 절멸종으로서 전체의 59퍼센트를 차지하였다.

이들 동물군 가운데에는 일부 한랭성寒冷性도 있었지만, 대부분은 물소나 원숭이, 코끼리 등 아열대성 또는 열대성의 동물 뼈가 출토되는 것으로 보아, 이 지역의 당시 기후가 지금보다 덥고 습기가 많으며 상원강의 수량도 훨씬 많았던 것으로 생각되었다. 석기는 대부분 규질석회암과 석영제로서 주먹도끼, 뾰족끝 석기와 격지들인데, 제작 수법은 떼려내기나 내리쳐깨기 수법 등으로 만들어진 것으로 보였다.그림 75 화석화된 동물상이나 석기의 제작 수법 등으로 보아 이 유적의 연대는 구석기시대 전기 초, 대략 사십만 내지 오십만 년 전으로 추정되었다.

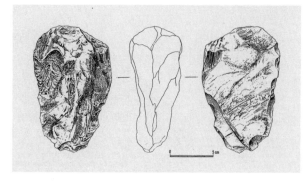

그림 75. 평양 상원 검은모루 유적 출토 주먹도끼.

연안 장곡리 돌상자무덤[124]은 남쪽으로 뻗은 낮은 언덕에서 이해 봄에 감나무를 파 옮기다가 발견되어 해주역사박물관에 의해 조사가 이루어졌다. 모래 섞인 점토로 이루어진 표토층의 지표 아래 50센티미터에서 드러난 돌널(128NS×45~55＝55~58cm)은 네 벽과 바닥, 뚜껑을 모두 한 장씩의 판돌로 상자처럼 짜 맞춘 전형적인 돌상자무덤이었다. 돌널의 벽체 바깥에는 14센티미터 정도 간격을 두고 막돌과 진흙을 섞어 쌓고, 돌널 벽체와의 사이는 진흙으로 채웠다. 돌널 뚜껑 위에는 다시 4매의 넓적한 돌을 가지런히 놓고 그 위를 흙으로 덮었다. 돌널 안에서는 서벽 쪽에서 슴베 달린(有莖式) 돌단검(24cm) 한 자루가, 동벽 쪽에서는 슴베 달린 돌활촉 열 점이 출토되었다.

1967년

이해에는 국립박물관이 시행해 온 전국의 고인돌 조사 가운데 춘천 천전리泉田里와 강진 지석리支石里, 영암 장산리長山里 고인돌 조사가 완료됨으로써 1962년 이래 전국적으로 실시했던 연차적 조사 사업이 육 년 만에 대단원의 막을 내리게 되었다. 이에 대한 후속 학술 사업으로 부산 낙민동樂民洞과 양산 다방리多芳里 등 조개무지 두 곳과 함께 이듬해에는 서산 휴암리休巖里 등 새로운 선사유적에 대한 연차적인 조사를 시작하였다. 또한 초가을에는 주민에 의해서 신고 접수된 대전 괴정동槐亭洞 청동기 일괄 유물 출토지에 대한 사후 정리 조사를 실시하였다.

문화재관리국에서는 조사연구실 주관으로 창녕 계성리桂城里 계남桂南 고분과 함께 경주 황성동隍城洞과 용강동龍江洞에서 신라 고분에 대한 조사가 이루어졌고, 서울대학교 박물관에서는 신안의 대흑산도大黑山島 조개무지에 이어 공주 마암리馬岩里 동굴유적을 조사하였다.

이 밖에 몇몇 대학 박물관에서도 활발한 발굴 작업을 계속하였고, 새로운 고고학 관계 학술 단체가 결성되고 학술 잡지들이 창간되면서 고고학 활동에 새 기운이 조성되어 나갔다. 연세대학교 박물관에서는 공주 석장리 구석기 유적에 대한 제4차 발굴을 실시하였고, 경희대학교 박물관에서는 서울 면목동面牧洞 구석기 유적과 함께 암사동岩寺洞 선사주거지와 영암 내동리內洞里 독널무덤 등 활발한 발굴 조사를 계속해 나갔다. 한편, 단국대학교 박물관에서는 사천 구평리舊坪里 조개무지 발굴을 실시하였고, 이화여자대학교 박물관에서는 경주 황오리皇吾里 18호 무덤을 발굴하였다. 경북대학교 박물관에서도 황오리 37호 무덤의 북분과 남분을 조사하였고, 연말에는 대구 상매동上梅洞 고인돌을 발굴하였다.

이렇듯 활발한 발굴 활동의 전개에 따라 고고학과 관련된 학술 잡지가 창간되었고, 관련 학술 단체가 새로이 결성되면서 보다 성숙된 고고학 발전을 위한 기틀이 조성되어 나갔다. 연초에는 서울대학교 고고인류학과에서 과회지科會誌로서『한국고고韓國考古』제1집을 창간하였고, 이해 9월에는 제2집을 발간하였다. 당초 "국내의 모든 고고학도들이 모여 학문으로서의 고고학을 정립하고 새로운 학풍을 일으키고자 한 것이 그 목적"이었으나 그 후 주변의 여러 여건에 따라 거의 십 년 만에 제3집이 나오게 되었다.[125] 또한 이해 가을에는 국립박물관에서 국내 최초로 고고학 관계 학회 모임인 한국고고학회(회장 김재원)가 창립되었고, 이듬해에는 학회지『고고학考古學』[126]이 창간되었다.

국립박물관에 의해 실시된 춘천 천전리 고인돌[127] 발굴은 전년도에 이은 그 제2차년도 조사였다. 두 해에 걸쳐 이루어진 발굴을 통해 남방식과 북방식 각 2기와 돌무지무덤으로 알려진 적석식積石式에 속하는 남방식 3기를 조사하였다.

전라남도 지방에서는 같은 기간에 강진과 영암의 두 군데에서 고인돌 발굴이 이루어졌다. 강진 지석리 고인돌은 일대에 분포한 십여 기의 고인돌 가운데 매장부가 드러난 1기를 조사하였다. 덮개돌은 상당 부분이 훼손된 상태였으나, 그 아래의 돌널은 두꺼운 판돌로 짜여진 판석형板石形에 속하는 남방식 고인돌이었다. 이렇듯 두꺼운 판돌 때문에 일찍이 후지타藤田亮策는 이를 북방식 고인돌로 보았으나,[128] 무덤칸의 크기가 작고 남아 있는 한쪽 긴벽의 판돌이 1매가 아닌 2매로 이루어진 점 등으로 보아 남방식으로의 분류가 타당할 것으로 생각되었다.[129] 영암 장산리 고인돌에서는 산자락 아래의 구릉 위에 남북 두 열로 분포된 50여 기 가운데 1기가 조사되었다. 덮개돌(3.6×1.6 = 0.8m) 아래에 6매의 두꺼운 판돌을 짜 맞추어 모난 무덤칸(1.6×0.7 = 0.8m)이 땅 위에 만들어져, 앞서 강진 지석리 고인돌에서와 같이 겉으로는 북방식과 같은 모습을 갖추었다. 그러나 여기에서도 긴벽이 2매로 이루어지고, 마구리벽이 긴벽 끝의 바깥에 세워져 호남 서남해안 지방에서 더러 보이는 남방식의 한 유형으로 생각되었다.

국립박물관에서 이해에 조사한 또 다른 선사유적으로는 동래와 양산 등 동남해안에 분포한 두 곳의 조개더미를 들 수가 있다. 부산 낙민동 조개더미 유적[130]은 동래역 부근의 구릉지대와 주변의 저습지에 이루어진 곳으로, 1930년 동해남부선 철로 공사 중 네 개의 독널이 발견되어 알려진 유적이다.[131] 국립박물관에서는 남해안 지방 원삼국 문화의 실상을 밝히기 위한 조사 사업으로, 이해 늦봄을 시작으로 1968년(2차·3차)과 1970년의 모두 네 차례에 걸쳐 발굴을 실시하였다.

이해의 조사에서는 구릉의 말단부를 조사하여 조개무지의 가장자리 일부와 야철지冶鐵址로 보이는 철 생산 유구를 발견하였으나, 그 결과는 제3차 조사에서 마무리하였다. 여기에서는 표토층과 그 아래의 네 개 층(I-IV)을 조사하였는데, 제III층에서 확인된 철 생산 유구는 간단한 반지하식의 화덕자리(75×25 = 18cm)로서 조개무지의 가장자리에 해당되는 곳이었다.

양산 다방리 조개무지[132]는 반도처럼 돌출한 높은 구릉(+150m) 위의 평탄한 대지에 이루어진 유적으로, 이곳도 1921년에 처음 발견되어 이듬해에 본 발굴이 이루어졌었다.[133] 앞서 1964년에 서울대학교 박물관에 의해 조사가 이루어졌지만, 유적의 중요성에 따라 이해 가을 국립박물관에 의해 다시 재발굴을 실시하였다. 1-2m 두께로 이루어진 조가비의 퇴적층은 특히 북쪽 비탈면에서의 층위는 2미터가 넘었는데, 퇴적층은 위로부터 표토층, 혼패토층混貝土層, 흑색토층, 갈색점토층의 네 개 층으로 이루어졌다. 조가비층으로부터 다양한 연질, 경질의 토기류와 함께 골각기와 철기 등도 소량이 출토되었다.

유구의 가장자리를 돌아가는 단면 V자 모양의 도랑[濠](2.8~3.5上×0.5~0.8下 = 1.3m)은 바닥을 평탄하게 고른 상태로서 너비 12미터가량의 병목 모양을 이루었는데, 도랑 안 8×5m의 네모난 범위 안에 망루望樓와 같은 고상高床 가옥을 세운 듯한 기둥구멍 열이 나타났다.

여기에서는 경질 또는 연질의 토기와 함께 토제 그물추(漁網錘)와 골각기가 출토되었다. 유적의 남쪽에 치우쳐 장방형의 구덩이(3.5×1.8＝0.5m)가 나왔으나 기둥구멍이나 화덕자리는 없었고, 바닥은 숯가루와 재로 검게 덮여 있었다. 여기에서도 회색 경질토기와 골각기가 수습되었다.

이에 앞서 8월 말에는 지난 7월 초에 주민에 의해 발견되어 국립박물관에 신고 접수된 대전 괴정동 유적[134]에 대한 현장 조사가 이루어졌다. 여기에서 출토된 일괄 유물은 열 점의 청동유물과 함께 두 점의 토기와 석제 장식품 및 돌활촉들로서, 출토된 유구는 지하 2.7미터가 넘는 깊이에서 바닥이 드러난 장방형의 원시돌덧널무덤(2.2NS×0.5＝1.0m)임을 확인하였다.

바닥에는 따로 돌을 깔지 않고 덮개돌도 없이 무덤칸의 내부는 무너진 돌덩이들로 채워졌으며, 조사 때에 바닥에서 얇은 나무 쪼가리가 나왔다는 것으로 보아, 나무널이 있었을 가능성이 암시되었다. 무덤칸 위의 넓은 구덩(3.3NS×2.8m) 위쪽에서도 많은 분량의 돌덩이를 거둬 냈다는 발견자의 이야기로 보아 구덩 안은 돌무지로 채워졌던 것으로 생각된다.

무덤칸 북쪽 끝에 검은간토기와 덧띠토기 등 두 점의 토기가 놓여 있었고, 그 남쪽에서 석 점의 검파모양(劍把形) 동기와 종방울(銅鐸) 두 점, 방패모양(防牌形) 동기 한 점, 청동거울 두 점과 뚜껑모양(蓋形) 동기 한 점이 세워진 상태로 출토되었다고 했다. 그림76

맞은편의 남쪽 마구리벽에서 약 0.3미터 떨어져 천하석제天河石製의 꾸밈구슬(飾玉) 한 점과 잔구슬(小玉)들이 돌활촉 석 점과 함께 차례로 수습되었고, 무덤칸 중

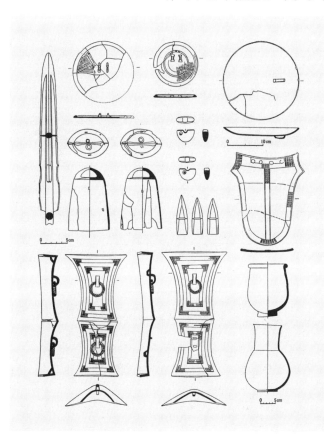

그림 76. 대전 괴정동 유적 출토 청동기 유물.

간의 서벽쪽에 치우쳐 동검 한 점이 출토되었다. 광복 이후 한국식 동검〔細形銅劍〕등 청동 유물이 출토된 무덤으로는 가장 많은 일괄 유물이 출토된 유적으로, 그 학술적 의미는 대단히 크다고 할 수 있었다.

가을에는 문화재관리국에 의해 창녕 계성리 계남 고분군에서 북5호 무덤[135]에 대한 조사가 이루어졌다. 이곳은 흔히 비화가야非火伽倻의 옛터로 추정되는 가야 소국의 중심 고분군으로 알려지고 있는 곳이다. 이 지역의 고분군에 대해서는 일찍이 일본인 학자들에 의해 조사[136]된 바 있는데, 이때 봉분이 뚜렷이 남아 있는 고분들에 대해서만 번호를 매겼던 것으로 보인다.

이듬해부터 최근까지 영남대학교(1968년·1969년)와 한성여대(1976년), 동아대학교(1976년·1992년), 부산대학교(1994년·1998년) 등 여러 조사 기관이 일대의 고분군에 대한 조사를 실시하여 비교적 그 성격이 상세히 알려지게 되었다. 이 고분들은 비교적 대형에 속하는 앞트기식돌방무덤〔橫口式石室墳〕과 구덩식돌덧널무덤〔竪穴式石槨墳〕이 주류를 이루며, 이 중에는 여러덧널〔多槨式〕무덤과 독무덤〔甕棺墓〕도 공존하는 비교적 다양한 무덤 형식을 보여 주었다.

연말에는 공장 건설로 파괴된 경주 황성동 고분[137]에 대한 수습 조사가 문화재관리국에 의해 실시되었다. 봉토(14NS×12.5 = 2.8m) 아래에 이루어진 굴식돌방(2.5NS×2.3 = 2m)은 깬돌을 오므려 쌓아 올렸으나, 천장부는 유실되었고 벽면에는 회칠이 되어 있었다. 돌방의 서벽에 붙여 남쪽으로 뚫린 널길(2.1×0.8 = 1.5m)이 이루어졌는데, 이 널길에 잇대어 또 다른 무덤길(2.6×1.4m)이 만들어져 있었다. 돌방 바닥에는 동벽에 붙여 깬돌로 쌓은 주검받침(2.2 = 0.4m)이 만들어졌지만, 이미 교란된 상태로서 여기에는 세 명의 시신이 안치된 것으로 짐작되었다. 교란된 주검받침과 바닥에서 금동제의 관금구冠金具 쪼가리 등 장신구류와 족집게, 못 등이 나오고, 응회암제의 발받침〔足座〕과 함께 주검의 이빨과 뼈 쪼가리도 수습되었다.

이에 앞서 가을에는 서울대학교 조사단에 의해 신안 대흑산도 조개무지[138]에 대한 발굴이 있었다. 서울대학교 동아문화연구소가 주축이 되어 지난해부터 실시한 남해안의 도서 지방에 대한 고고학 지표 조사를 통해 발견하여 이해에 약식 발굴이 실시되었다.

유적의 층위는 위로부터 1층(갈색 사질층), 2층(모래 섞인 자갈층), 3층(갈색 모래층)으로 이루어져 있는데, 이 가운데 조가비층은 2층의 아래 부분에서 렌즈

모양으로 나타났고, 신석기 유물은 2층과 3층에서 출토되었다. 토기류는 모래 질 바탕흙에 뾰족밑을 갖춘 겹아가리 토기가 주류를 이루는데, 아가리에는 빗금 무늬와 집선무늬, 누름무늬 계통의 무늬도 나타났다. 석기로는 대부분 뗀석기로 서 도끼류가 가장 많지만, 일부 간석기와 반만 간 석기들도 나오는데, 이 밖에 찌 르개와 숫돌, 찍개와 유백색 흑요석제의 격지도 나왔다.

봄에는 연세대학교 박물관에 의해 공주 석장리 유적[139] 대한 제4차 발굴이 있 었다. 이어서 서울대학교에서는 공주 마암리 동굴유적[140]을 조사하였다. 동굴은 금강 남안의 계룡산 북쪽 산줄기 비탈면에 이루어진 유적으로, 시굴을 거쳐 석 영반암제石英斑岩製의 석기류가 발견되었다. 동굴(+200m)의 입구(9×1m)에는 동쪽으로 넓은 공간(7×12 = 3m)이 이루어져 있었는데, 여기에 30-50센티미 터 깊이의 퇴적층이 바닥을 이루고 있었다. 시굴을 거쳐 발견된 석기는 긁개, 찌 르개, 찍개와 격지 등으로서, 같은 금강 맞은편에 이루어진 석장리의 위 문화층 과 같은 후기 구석기 문화와의 관련 가능성이 제시되었다.

이해 여름에는 고려대학교, 숭전대학교, 경희대학교, 전남대학교로 구성된 대 학연합발굴조사단에 의한 서울 암사동 선사주거지[141]의 조사가 있었다. 이는 암 사동 유적에 대한 최초의 대규모 발굴이었으나 보고서가 나오지 않아 그 내용에 대해서는 전혀 알 수가 없다. 다만 이 발굴을 통해 유적이 대부분 파괴되지 않은 채 남아 있었음이 밝혀져, 그 후 여러 차례에 걸쳐 발굴이 이루어졌다.

초가을에는 영암 내동리 독널무덤[142]이 경희대학교 박물관에 의해 조사되었 는데, 이곳 시종면始終面은 인접한 나주 반남면潘南面 일대와 함께 독널무덤이라 는 특수한 묘제墓制가 집중적으로 분포하는 곳이었다. 이 지역의 독널무덤에 대 해서는 일찍이 1917년에 일인 학자들에 의해 간단한 조사[143]가 이루어진 이래 최근[144]까지 여러 차례의 발굴이 이루어질 만큼 주목을 받아온 유적이다.

이해의 경희대학교 발굴에서는 1-6호 무덤을 조사하였다. 봉토는 지름 10-18 미터의 원형(1호·2호·4호), 타원형(3호·6호) 또는 방대형(5호)으로, 3호와 5 호에는 4구의 독널이 합장되어 있었다. 독널은 대부분 파손되어 원래의 모습은 알 수 없었지만, 이음식(1호, 5호)과 외독식(2호)이 섞여 나왔다. 독널의 안팎에 는 주로 크고 작은 항아리나 단지류 같은 토기들이 부장되어 있었다. 이 가운데 가장 상태가 좋은 5호 무덤의 경우, 방대형의 봉토(18NS×16m) 안에서 4구의 이음식 독널이 나왔는데, 큰 독에 작은 독의 아가리를 끼워 넣고 그 틈새를 점토로 메웠다.

가장 큰 1호 독널은 전체 길이 280센티미터에, 큰 독은 186센티미터, 작은 독은 132센티미터였는데, 그 안에서는 두개골을 포함한 한 개체분의 인골과 함께 항아리, 손칼 각 한 점씩이 수습되었다. 2호 독널은 큰독과 작은 독의 길이가 각각 121센티미터, 107센티미터였으며, 3호와 4호는 파손되어 원래의 모습은 알 수가 없었다.

이해에 경희대학교 박물관에서는 서울 면목동 구석기 유적[145]도 조사하였다. 정식 발굴은 아니었지만, 지표 채집 및 부분 시굴에 의해 수습된 자갈돌석기〔礫石器〕 전통을 가진 뗀석기들에 대해 형태학적 관점에서 분류와 분석을 시도하였다. 형태학적으로 보아 이곳에서의 찍개와 찌르개, 긁개가 공주 석장리 유적 제6문화층의 석기들과 같은 형식으로 보았다. 또한 북한의 굴포리屈浦里 전기 문화층과 함께 아시아 찍개문화의 전통을 이어받은 것으로 보고, 그 연대를 대략 30,000 B.P., 즉 후기 구석기문화로 추정하였다.

여름에 단국대학교 박물관에서는 사천 구평리 조개무지[146]를 발굴하였다. 유적지 주변은 해발 35미터 이하의 나지막한 구릉지대로서, 도로 공사 중에 조개무지가 드러나 조사가 이루어졌다. 유적은 네 개 층으로 나누어지는데, 위의 1층과 2층은 조가비가 섞여 들어간 혼패층混貝層, 3층은 순수 조가비층이었고, 맨 아래층인 4층은 암갈색의 차진 점토층으로 비非문화층이었다. 토기류는 1층에서 가장 많이 나오고, 2층과 3층에서는 양이 적어지지만 이들 사이에 형식상 별다른 차이가 보이지 않아 조개무지의 형성 기간은 그리 길지 않았던 것으로 짐작되었다.

여기에서는 굴껍질이 주류를 이루는 다양한 조가비와 동물뼈 등 자연 유물과 함께 석기류와 토기류가 나오는데, 비교적 늦은 시기의 겹아가리에 뾰족바닥을 갖춘 토기가 많은 양을 차지하고 있었다. 무늬는 생선뼈무늬나 빗문살무늬〔斜格文〕와 함께 짧고 희미한 빗금무늬〔斜線文〕만 적게 나타나는 것도 있으며, 특히 구멍 뚫린 토기가 다량으로 출토되었다. 많은 양의 토기류에 비해 석기와 뼈연모는 극히 적은 양만 출토되었다. 토기는 겹아가리에서 홑아가리로 바뀌어 가는 과정을 보이는 등 주변 문화와의 비교를 통해 신석기시대 말기의 양상이 나타나는 기원전 1000년경에 해당되는 유적으로 추정되었다.

이와 비슷한 시기에 경주 황오리에서는 1965년부터 연차적으로 시행해 온 고분 정리 사업에 따라 이화여자대학교와 경북대학교 박물관에 의해 각기 별개의 고분에 대한 발굴이 동시에 이루어졌다.[147]

이화여자대학교에서 조사한 경주 황오리 18호 무덤은 발굴 전 이미 봉토의 상당 부분이 유실되었고, 남쪽의 돌무지 일부마저 훼손된 채 크게 손상되어 있었다. 봉토 안에서는 동서로 긴축을 둔 2기의 돌무지가 약 0.5미터의 고저 차이를 보이며 남북으로 이루어지고, 그 중간에 서쪽으로 치우쳐서 토기 십여 점이 묻힌 조그만 딸린덧널이 만들어져 있었다. 남과 북의 양 돌무지 둘레에 둥근 둘레돌이 돌아가는데, 그 접합 부위의 연결 상태를 통해 축조의 선후 관계를 파악할 수가 있었다. 덧널 안의 동침한 유해에 착장시킨 장신구는 금제 귀걸이와 은제 허리띠 등 빈약한 편이었고 머리맡에는 토기류가 부장되어 있었다.

경북대학교가 발굴한 경주 황오리 37호 무덤은 쪽샘지구에 해당되는 곳으로서, 봉토(20NS×12 = 3m)의 남쪽[南墳]이 절단된 채 민가가 들어서 있었고, 남아 있는 봉토 북쪽[北墳]의 3미터가량 아래에서 돌무지가 정연하게 드러났다. 돌무지 안의 동침東枕한 유해부에서는 금제의 관장식[冠飾]과 굵은고리 귀고리, 각종 크고 작은 구슬로 이어진 목걸이 등 장신구가 나오고, 서쪽의 발치에는 ㄷ자형으로 덩이쇠[鐵鋌]가 놓여 있었다. 머리맡의 부장칸에서는 토기류와 함께 쇠솥[鐵釜]과 청동 자루솥[鐎斗]이 나왔다.

북한에서는 지난해에 이어 상원 검은모루 유적에 대한 조사가 계속되었고, 봄에는 새로이 배천白川 대아리大雅里 돌상자무덤이 조사되었다. 비슷한 시기에 북창北倉 대평리大坪里에서는 청동기시대의 집자리와 무덤 유적이 조사되었고, 뒤이어 여름과 가을에는 각각 철기시대 문화층과 청동기시대의 무덤들을 조사하였다. 여름에는 평양 용추동龍秋洞에서 움무덤을 조사하여 칼집에 들어 있는 좁은 놋단검류의 유물들을 수습하였다.

황해도 배천 대아리 돌상자무덤[148]은 과수원 갈이를 하다가 돌널의 뚜껑돌이 보습에 걸려 해주역사박물관에 의해 조사 정리되었다. 석비례층 구덩에 넓적한 판돌(164EW×60 = 4cm)을 깔고, 그 위에 판돌을 세워 평면 장방형의 돌널(160EW×60cm)을 짜 맞춘 뒤, 마찬가지 한 장의 판돌을 뚜껑돌로 덮었다. 돌널의 바닥에는 흑회색의 흙이 1센티미터 두께로 깔리고 그 속에서 유물들이 드러났다. 수습된 유물로는 비파형단검 한 점(27cm)과 청동 활촉 한 점이 돌널 안의 서북쪽에 놓이고, 대롱구슬 한 점과 돌 활촉 열 점은 동북벽의 모서리 쪽에 두세 점씩 흩어져 있었다.

황해도 북창 대평리 유적[149]에 대해서는 이해 봄과 여름, 가을 등 세 차례에 걸쳐 고고학연구소에 의해 1지점과 2지점으로 나누어 청동기시대와 철기시대의 유적 조사가 이루어졌다. 봄에 실시된 청동기시대의 집자리와 무덤 유적은 건설 공사에 따라 유구가 드러났는데, 주로 삼각주를 이루는 대평리 마을의 동쪽에 분포하여 이곳을 제1지점으로 부르기로 했다. 제1지점에서는 청동기시대 집자리 16채와 돌상자무덤 6기, 고인돌 2기를 조사하였다. 집자리들은 대부분 훼손이 심하였고 완전한 것은 드물었는데, 이들은 주로 방형으로 각 집자리에서는 그 시기적 선후에 따라 한 개 또는 두 개의 화덕자리가 이루어졌음이 확인되었다. 제1지점의 집자리와 부근의 출토 유물로는 다양한 형태의 돌단검 이십여 점을 포함하여 창, 가지창, 작살, 활촉, 반달칼, 돌칼, 도끼, 끌, 낫, 턱자귀 등 많은 석기류와 팽이그릇, 미송리형 토기 등 다양한 토기류도 수습되었다.

유적의 동쪽에 집중 분포되어 있던 돌상자무덤 가운데 6기가 정리되었는데, 이들의 짜임새는 두 개의 큰 판돌을 맞세우고, 그 사이에 다시 작은 판돌 두 장을 마구리에 맞세워 장방형의 돌널을 짜 맞춘 것들이었다. 바닥에는 대부분 판돌을 깔았지만(2호, 4호, 6호, 7호), 그 위에 다시 자갈을 간 것(8호)도 있고 판돌 없이 자갈만 간 것(1호)도 있었다. 돌상자의 크기는 제4호 무덤(185EW × 65 = 80cm)처럼 주검을 펴 묻을 만큼 긴 것도 있지만, 대체로 굽혀 묻어야 어른을 묻을 수 있는 크기였다. 돌상자무덤으로부터의 출토 유물은 돌단검과 돌활촉, 곱은옥(曲玉)과 대추구슬 등 각종 구슬, 미송리형 토기를 비롯한 토기 쪼가리들이었다.

여기에서 조사된 2기의 고인돌은 모두 변형(남방식) 고인돌로서, 제3호는 제1지점의 동쪽 돌상자무덤 사이에 있었고 5호는 제1지점과 2지점 사이에 있었다. 상태가 비교적 좋은 제5호 고인돌의 덮개돌(1.8 × 1.8m)은 조사 당시 절단된 상태였으나, 원래는 지표보다 높이 솟아 있었던 것으로 보였다. 덮개돌 아래에는 돌상자무덤처럼 장방형 판돌 두 장을 맞세우고, 그 사이에 작은 판돌을 끼워 넣어 무덤칸(110EW × 60 = 70cm)을 만들고, 바닥에는 냇돌을 채운 뒤 자갈을 깔았다. 돌상자 둘레에는 냇돌을 깔아 일정한 묘역 시설을 이루었다.그림 77 아래턱뼈(下顎骨)의 일부가 동벽 가까이에 남아 있는 것으로 보아 동침東枕이었을 것

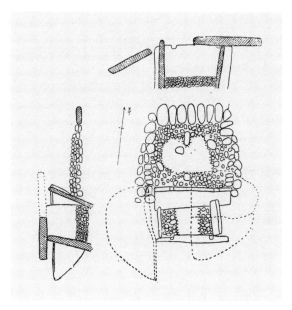
그림 77. 북창 대평리 5호 고인돌의 평면도(오른쪽 아래)와 단면도들.

으로 보이며, 턱 밑에서 대롱구슬이 나오고 서북벽 가까이에는 미송리형 토기가 놓여 있었다.

여름에 조사가 이루어진 제2지점에서는 앞서 제1지점의 반대편인 대평리 마을의 서편에 주로 철기시대의 문화층이 집중되어 있었는데, 여기에서는 아래층과 중간층의 두 개 층에서 아홉 채의 집자리가 나왔다. 아래층에서 나온 다섯 채 가운데 제2호 집자리(5NS×3.5＝0.1m)의 경우, 바닥에는 3센티미터 두께로 진흙을 깔고 불로 구웠는데, 동벽에 붙여 아궁이가 북쪽으로 나 있는 ㄱ자 모양의 구들이 이루어져 있었다. 바닥에서 기둥 구멍은 나오지 않고 주춧돌로 보이는 납작한 돌 한 개가 남아 있었다. 구들 부근을 중심으로 항아리, 단지, 종지 등 크고 작은 여러 개의 그릇 쪼가리들이 흩어져 나왔다.

중간층에서 나온 네 채의 집자리 가운데 1호(5NS×4.5m)에서도 구들의 흔적과 함께 기둥 구멍 대신 주춧돌로 보이는 납작돌이 남아 있었다. 위층에서는 집자리 흔적은 나타나지 않고, 비늘갑옷〔札甲〕 쪼가리와 활촉, 손칼, 도끼, 낫, 톱, 낚시, 송곳 등 다양한 철기류가 수습되었다. 제2지점의 다른 집자리로부터도 크고 작은 그릇들과 함께 약간의 쇠붙이류가 수습되었다.

보고서에서는 제1지점의 연대를 기원전 8-7세기, 제2지점의 아래층은 기원전 2-1세기, 중간층은 기원후 1-2세기로, 위층은 기원후 3-4세기로 보았다.

이해 여름에 조사된 평양 용추동 움무덤[150]은 자지산 서쪽 능선의 비탈면 자락에서 드러난 유적으로서, 움을 파고 각재(10~12×15~20cm)로 짜맞춘 덧널무덤(2.7NS×1.0＝0.5m)이 이루어져 있었다. 덧널과 널의 뚜껑 부분은 이미 없어진 뒤에 조사가 이루어졌는데, 널(1.86NS×0.5＝0.28m)은 덧널의 남쪽에 치우쳐 있었으며 비어 있는 덧널의 북쪽 공간에는 부장칸(0.9~1.0EW×0.3m)이 마련되어 있었다.

부장칸과 널의 사이에 따로 칸막이〔隔壁〕는 만들어지지 않았는데, 여기에서는 흑칠한 나무그릇과 일산日傘의 꼭지가 수습되었다. 널 안에 안치된 주검의 허리 부위에서는 세형동검과 흡사한 형태의 나무단검(29.8cm) 한 자루가 옻칠한 대나무로 만든 칼집(38.4cm)에 들어 있었고, 칼집 가까이에는 탄화된 기장쌀이 깔려 있었다.

1968년

이해는 국립박물관에 의해 전년도에 이어 동래 낙민동樂民洞의 조개무지에 대한 제2차, 제3차의 두 차례 발굴이 이루어지고, 늦봄에는 서산 휴암리休岩里에서 청동기시대에 해당되는 집자리 유적이 나와 이해 가을에도 조사를 계속하였다. 늦가을에는 강진 사당리沙堂里 가마터에 대한 제4차 발굴이 이루어졌으며, 경주박물관에서는 경주 서악리 장산獐山 토우총土偶塚을 조사하였다.

한편, 문화재관리국 조사연구실에서는 경주에서 같은 시기에 용강동龍江洞 고분과 인왕동仁旺洞 건물 터를 발굴하였고, 이어서 구황리九黃里 폐사지와 보문동普門洞 고분을 발굴하였다. 연말에는 경부고속도로 공사 구간에서 방내리 고분을 발굴하는 등 문화재관리국이 발굴의 일선에 직접 나서서 활발한 조사를 진행해 나가기 시작했다.

공주 석장리石壯里 유적에 대해서는 제5차 발굴이 연세대학교 박물관에 의해 계속되는 한편, 서울대학교 박물관에서는 하남 미사리渼沙里 선사유적 발굴을 실시하였고, 인접한 암사동岩寺洞 유적에 대해서는 서울사대 역사과 팀들에 의해 조사가 이루어졌다. 남해안의 사천 송지리松旨里 돌널무덤에 대한 조사가 단국대학교 박물관에 의해서 이루어졌고, 부산대학교 박물관에서는 창원 성산城山 조개무지를 발굴하였다. 창녕에서는 영남대학교 박물관에 의해 계성리桂城里 계남桂南 고분이 발굴되었고, 경북대학교 박물관에서는 대구 달성達城을 발굴하여 도심지에 이루어진 삼국시대 초기 유적의 실상을 밝히는 단서를 마련하였다. 이처럼 한 해 동안에 선사시대와 역사시대에 걸친 다양한 유적들이 국립 기관과 대학 박물관에 의해 활발히 조사되었다.

또한, 지금까지 매장문화재 발굴, 보관, 관리 업무를 맡아 오던 국립박물관과 매장문화재 발굴 업무를 행정적으로 관장하는 업무를 담당하는 문화재관리국이 이해 7월 24일자로 문교부 소속으로부터 문화공보부로 이관되었다. 이해 6월에는 지난해 발기 창립된 한국고고학회에 의해『고고학考古學』이 창간되어, 우리나라 최초의 고고학 관련 전문 학술지가 발간되기에 이르렀다.

지난해에 이어 이해 봄과 가을에는 부산 낙민동 조개무지[151]에 대한 제2차, 제3차 조사가 계속되었다. 제2차 조사 지역은 제1차 조사 지역의 서쪽으로 구릉의 끝자락에 해당되는데, 낮은 저습지로서 경사지게 이루어졌으며, 낮은 지대의 깊이는 2미터 이상이 되었다.

조가비층이 형성된 구舊 지표는 남에서 북으로, 동에서 서로 가면서 낮아졌다. 토층은 표토층 아래로 모두 네 개의 층위(I층–IV층)가 이루어졌는데, 이 가운데 I층은 교란층이고, 조개무지의 중심을 이루는 II층과 III층에서 토기와 골각기가 나오며, 최하층에서는 인공 유물의 출토가 적고 발굴 당시에도 물이 나왔던 저습지였다.

같은 해 가을에 이루어진 제3차 조사에서는 제1차 조사에서 확인된 철 생산 유구 남쪽에 트렌치를 넣어 조사하였다. 여기에서는 철 생산 관련 화덕자리 옆에서 두 개의 또 다른 화덕들이 확인되었다. 이 화덕자리들이 비록 상태가 불량하여 원래의 모습이 확실치 않았지만, 당시로서는 우리나라에서 최초로 발견된 고대 철 생산 관련 유구로서의 중요성을 인정받았다.

서산 휴암리 유적[152]은 국립박물관에 의해 이해 처음 시작한 연차적 발굴의 대상으로서, 이후 1970년까지 모두 네 차례에 걸쳐 조사가 이루어졌다. 유적은 행정구역상으로 해미면海美面 휴암리休岩里와 고북면高北面 용암리龍岩里의 두 개 지점으로 서로 400미터가량 떨어져 있었다. 발굴을 통해 모두 집자리 열한 채와 함께 돌무지무덤, 성격 미상의 돌깐〔敷石〕 시설이 각각 한 곳씩 드러났다. 이해의 조사는 봄과 가을 두 차례에 걸쳐 이루어졌다.

제1차 조사 지역은 휴암리로서, 토지 소유자가 박물관에 신고한 유물을 수습했던 유물 산포지와 함께 집자리 두 채(A호, B호)와 돌깐 시설 한 곳이 조사되었다. 두 채의 집자리는 대략 동서로 약간 긴 비슷한 규모의 모난 모양으로 1.2미터가량의 간격을 두고 이루어졌다. A호 집자리(5.0EW×3.3≒0.4m)의 경우에는 출입구나 화덕 시설 없이 가운데에 30센티미터의 간격으로 파인 기둥구멍 두 개와 그 사이를 타원형으로 파낸, 이른바 송국리형松菊里形 집자리의 모습을 보여 주었다. 두 채의 집자리 둘레에서는 동서 20미터, 남북 16미터의 가운데가 빈 돌깐 시설이 나왔는데, 그 틈새에서 출토된 빗살무늬토기로 보아 집자리에 앞선 시기의 시설물로 추정되었다. A호 집자리 안에서는 빗살무늬토기와 함께 골아가리(口脣刻目)토기와 붉은간토기를 포함한 적지 않은 양의 민무늬토기 쪼가리들이 수습되었다. 석기류로는 돌활촉과 대팻날, 도끼, 갈돌 등 비교적 적은 양만 수습되었고, 집자리 어깨선 밖에서는 백옥제(白玉製)의 고리 두 점이 출토되었다.

제2차 조사는 제1차 조사 때의 지표 조사를 통해 확인된 용암리 유적에서 이루어졌다. 조사된 다섯 채의 집자리는 남쪽의 좁은 골짜기로 면한 구릉 가장자리에 위치해 있었는데, 동서로 각기 세 채(3호, 4호, 5호)와 두 채(1호, 2호)의 집자리가 서로 중첩된 특이한 모습으로 드러났다. 이들은 각기 분명한 시차를 두고 이루어진 것으로 보이는데, 이 집자리들도 모두 송국리형 집자리의 모습을 보여 주었다. 출토 유물의 대부분은 민무늬토기로서, 그 가운데서도 납작바닥의 바리모양토기(鉢形土器)가 대다수를 차지하며 일부 목항아리도 보이고 있다. 석기로는 활촉과 검, 대팻날, 반달칼, 숫돌 등이 수습되었다.

이해 늦가을에는 지난 한 해 걸렀던 국립박물관에 의한 강진 사당리 가마터에서의 제4차 발굴[153]이 있었다. 이번 조사에서는 1966년에 조사하다가 남은 퇴적층과 그 동쪽의 작업장에 대한 조사를 계속하였다. 완만한 비탈면에 냇돌을 쌓아 이룬 작업장의 안팎은 점토와 청자의 바탕흙(胎土)으로 가득 차 있었으며, 그 위는 여러 겹의 상감청자와 초벌구이 파편들로 덮여 있었다. 발굴을 통해 순청자와 함께 상감된 청자 타일을 다량으로 수습하였는데, 이는 청자기와의 출토와 함께 지금까지 유례가 없는 학술적 성과로 학계의 비상한 주목을 끌었다.

한편, 경주박물관에서는 도굴 신고가 들어옴에 따라 경주 서악리 장산(獐山) 토우총土偶塚[154]을 이해 10월에 조사하였다. 무열왕릉의 남쪽으로 뻗어 내린 장산에는 밀집된 고분군이 이루어져 있었는데, 그 남쪽 끝자락에 이 돌방무덤이 있었다. 봉토(D-19＝7m)의 가장자리를 따라 둘려진 둘레돌(D-16m)은 깬돌을 2-3단으로 쌓아 올린 것으로, 이 깬돌에 기대어 무열왕릉에서와 같은 보다 큰 깬돌로 된 둘레돌이 일정한 간격으로 배치되었던 것으로 보인다. 봉토의 중심부에 정남향으로 만들어진 정방형의 돌방(2.8×2.8＝3.4m)은 네 벽을 깬돌로 가지런히 쌓아 올렸는데, 위로 올라가면서 약간 안으로 좁히고 천장에는 넓적한 판돌 하나로 덮었다. 조사 당시에는 벽체 전면에 벽석이 드러나지 않을 만큼 두껍게 회로 발려 있었다.

돌방의 바닥에는 북벽에 붙여 동침한 머리와 어깨 부분을 깎아 낸 돌베개와 발받침을 갖춘 2인용의 주검받침〔屍床〕이 만들어지고, 그 남쪽에 덧대어 보다 작은 별개의 주검받침 두 자리가 추가로 이루어져 있었다. 돌방의 남벽 가운데에는 널문길〔扉道〕(1.45NS×1.2 = 1.47m)이 나 있었고, 그 끝에는 1매의 넓적한 판돌로 된 널문을 달았다. 널문〔羨門〕 밖의 널길〔羨道〕은 널문길보다 높이 15센티미터, 좌우 너비 각각 10센티미터씩 넓어지는데, 널문길을 포함한 널길의 총길이는 4.3미터였다. 널방에서는 도장무늬 또는 민무늬의 합, 사발과 뚜껑 등 모두 열다섯 점 정도가 수습되었고, 널방의 네 귀퉁이에는 토우가 한 점씩 배치되어 있었다.

이에 앞서 문화재관리국에서는 경주 지역을 중심으로 용강동 파괴 고분과 인왕동 건물 터를 동시에 조사하였고,[155] 이어서 구황리 폐사지와 보문동 고분을 발굴하였다.

경주 용강동 파괴 고분은 주민들에 의해 이미 봉토가 상당 부분 제거된 뒤에 그 가운데에 만들어진 돌방(2.38×2.13 = 1.85m)의 일부가 파괴된 상태로 드러났다. 돌방의 한쪽 벽을 연장하여 널길(1.75×0.9m)이 이루어졌는데, 돌방의 벽체 전면에 두께 약 2센티미터로 두껍게 회가 발려 있었다. 돌방 안은 이미 교란되었으나 널길 부근에서 도장무늬토기가, 동남침한 머리맡에서는 연꽃무늬 수막새 두 점이 수습되었다.

계림중학교 부지 둘레에서 배수구 공사 중에 드러난 경주 인왕동 건물 터에 대한 발굴을 통해 축석 유구(18.7×1.1 = 0.9m)와 함께 그 위에 47매의 덮개돌을 씌운 도랑〔暗渠〕 시설이 나왔다. 별다른 유물은 출토되지 않았으나 통일신라기의 유구로 추정되었다.

늦여름에 실시된 경주 구황리 폐사지 발굴[156]을 통해서는 삼국시대에 건조된 것으로 보이는 모전模塼석탑 원래의 기단부를 확인하였다. 이 밖에 인왕仁王 석상 한 개와 모전탑과는 별 관련이 없는 것으로 보이는 석탑의 부재들을 발견하였다.

경주 보문동 고분[157]은 도굴에 의해 봉토의 상당 부분이 유실되고 돌방의 구조가 드러난 상태에서 발굴이 이루어졌다. 구릉의 비탈면을 따라 조성된 봉토(D-15 = 3.6~6m) 아래에 만들어진 정방형 돌방(2.8×2.8 = 2.6m)의 남벽 중앙에 널길(2.0NS×0.9 = 1.5m)이 나 있었다. 널길 입구에는 문고리 흔적이 남아 있는 돌로 된 널문이 설치되어 있었다. 벽체의 전면에 회를 바른 널방의 내부는 심하게 교란되어 있었지만, 장대석으로 만들어진 주검받침이 확인되었으며 천장에는 2매의 판돌을 얹고 그 틈새를 깬돌로 메웠다. 돌방 바닥에서는 판금구板金具, 철검 쪼가리와 쇠못 등이 수습되었다.

이해 연말부터 이듬해 봄까지 발굴된 경주 방내리 고분군[158]은 새로이 만들어지는 경부고속도로의 구간에 포함되어 정리 조사가 불가피했던 유적이었다. 아마 1960년대 이후 산업화 시대를 맞아 우리나라에서 이루어진 많은 구제救濟 발굴 대상 유적 가운데 가장 처음으로 실시된 대규모의 사업으로 손꼽을 수 있을 것이다.

유적지 주변은 단석산斷石山의 북사면 자락 끝에 솟아오른 구릉지로서, 여기에 분포한 수백 기의 고분들은 구릉의 끝자락과 독립된 둔덕 위의 완만한 경사지에 무리지어 있었다. 발굴은 고속도로가 통과하는 구간에 한해서 조사가 이루어졌는데, 발굴 당시 무덤의 상당수가 이미 도굴되어 있었다. 조사 결과 돌무지덧널무덤 19기, 굴식돌방무덤 30기, 구덩식돌덧널무덤 18기, 독널무덤 1기, 삼가마(麻蒸窯) 1기 등 모두 69기가 확인되었다. 이 가운데 26호 덧널무덤에서는 덧널의 나무 부재部材가 확인되었고, 36호, 40호, 42호 등 돌방무덤에서는 주검받침 위에 기와들이 깔려 있었다.

이처럼 여러 시기에 걸친 다양한 묘제의 무덤에서는 굽다리접시나 항아리와 함께 각종 도장무늬 토기로부터 주검받침으로 깔아둔 암수 기와와 연꽃무늬 막새기와에 이르기까지 다양한 유물들이 수습되었다. 시기적으로는 대략 5-7세기에 해당되며, 지리적으로 인접한 금척리金尺里 고분과 함께 건천乾川의 모량부牟梁部와 관련된 유적으로 추정되었다.

대학 박물관의 발굴로서 이해 봄에도 연세대학교에 의한 공주 석장리 유적에 대한 제5차년도 발굴 조사가 이루어졌다. 한강 유역의 선사유적 조사로는 늦여름 서울사대 역사과에 의한 서울 암사동 선사주거지[159]의 발굴이 있었다. 이는 역사과 학생들을 동원한 현장 실습과 같은 발굴로서 현 지표로부터 약 1미터 아래에서 지름 5-6미터의 둥근 집자리가 드러났다. 그 과정에서 활촉과 도끼 등 약간의 석기류와 회색토기, 빗살무늬토기가 나오고, 그보다 0.8미터가량 더 내려간 집자리의 중앙에서 넓적한 판돌을 세워 만든 지름 0.7미터의 화덕자리(爐址)를 노출시켰다. 이 밖에 또 다른 타원형의 집자리(5×3.5m)를 노출시켜 바닥 가운데에서 편마암과 냇돌로 짜 맞춘 화덕자리(0.46×0.5m)를 발견하였다.

이해 여름에는 남해안 지방에서도 두 건의 선사유적에 대한 발굴이 실시되었다. 사천 송지리 돌널무덤[160] 조사는 단국대학교 박물관이 수립한 사천군 일대의 선사 유적에 대한 연차적 계획으로서, 작년의 구평리舊坪里 조개무지에 이어 실시된 두번째 조사였다. 이해 여름 조사는 경작지에 이루어진 13기의 돌상자〔石箱式〕무덤에 대한 발굴이었다. 이곳 송지리에는 집집마다 판돌 석재와 토기 조각리들이 흩어져 있음이 주목되어 조사가 이루어지게 되었다. 일대는 사천만泗川灣으로 이어지는 간척지로서, 여기에서 일제강점기 말기에 토취 작업이 이루어져 현 지표 아래 30-40센티미터만 파 들어가면 유구와 유물들이 출토되는 곳이었다. 발굴을 통해 드러난 13기의 돌널 가운데 절반(1-4호, 6호, 7호, 13호)만 온전하고 나머지는 전파 혹은 반파되어 있었는데, 가장 큰 1호 무덤(3.5×0.7m) 등의 길이는 모두 3미터 안팎이었다.

돌널 안에서는 장신구를 비롯하여 토기와 함께 무구와 마구류도 나왔다. 장신구로는 귀걸이와 대롱옥〔管玉〕목걸이 등이 돌널의 안팎에서 수습되었고, 토기로는 주로 가야계 또는 다소 이형적異形的 요소가 보이는 적색이나 회색 계열의 단지류가 출토되었다. 무구로는 철제의 장검과 단검, 활촉이 나오고, 말발걸이〔鐙子〕와 같은 마구류도 수습되었다.

부산대학교 박물관에 의해 조사된 창원 성산 조개무지[161]는 바닷가에서 약 1.5킬로미터 떨어진 곳으로 해발 50미터 되는 얕은 구릉의 서남쪽 비탈면에 있는데, 그 사이는 저습지를 이루고 있었다. 조가비 퇴적층의 북쪽에서는 표토층(25-115cm)부터 혼패토층混貝土層(7-50cm), 순 조가비층(130-170cm), 혼패점토층混貝粘土層(6-24cm)이 차례로 이루어졌으나, 남쪽에서는 층위의 형성이 훨씬 빈약하였다. 출토 유물로는 귀얄무늬〔擦過文〕 등이 나타나 있는 이른바 김해식 토기가 대부분이지만, 검은간토기〔黑陶〕와, 드물게나마 석기도 함께 나왔다. 골각기로는 사슴뿔로 만든 손칼자루와 뼈활촉 등도 출토되었다.

지난해에 실시된 문화재관리국의 조사에 이어 이해 여름에는 영남대학교 박물관에 의해 창녕 계성리桂城里 계남桂南 1호 무덤[162]에 대한 발굴이 이루어졌다. 발굴은 이듬해에도 계속되어 4호 무덤에 대한 발굴을 마칠 수가 있었다. 그러나 이렇듯 대규모의 구조와 많은 부장품의 출토에도 불구하고 이에 대한 발굴 보고서는 이십여 년이 지나서야 나오게 되었다.

이해에 조사가 이루어진 1호 무덤은 거대한 봉토(D-47 ＝ 5.5m)를 갖춘 원분

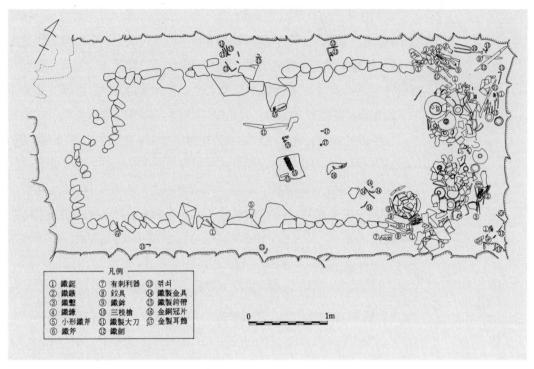

凡例
① 鐵鋌	⑦ 有刺利器	⑬ 꺾쇠
② 鐵鏃	⑧ 鉸具	⑭ 鐵製金具
③ 鐵釜	⑨ 鐵鉾	⑮ 鐵製銙帶
④ 鐵鎌	⑩ 三枝槍	⑯ 金銅冠片
⑤ 小形鐵斧	⑪ 鐵製大刀	⑰ 金製耳飾
⑥ 鐵斧	⑫ 鐵劍	

0 ────── 1m

그림 78. 창녕 계성리 계남 1호 무덤 으뜸덧널 출토 유물 배치도.

圓墳이었으나, 함몰과 도굴로 인하여 분구의 상당 부분이 유실된 것으로 보아 원래는 지금보다 더 컸을 것으로 생각되었다. 봉토 아래에 이루어진 무덤칸 시설은 원래의 지표를 고른 뒤 그 위에 냇돌을 여러 겹으로 쌓아 올려 장대한 돌덧널(내변內邊: 10.8NE~SW×2.6 = 2.3m, 외변外邊: 11.4×4.1m)을 만들고, 중간에 냇돌을 한 줄로 쌓아 칸막이(隔壁)를 이루었다. 이 칸막이를 경계로 하여 동북과 서남에 각각 으뜸덧널(6×2.6 = 2.3m)과 딸린덧널(4×2.4 = 1.9m)을 日자 모양으로 배치한 무덤칸이 조성되었다.

이 무덤의 구조가 비록 도굴에 취약한 구덩식돌덧널무덤이긴 했으나, 분구의 함몰에 따라 무덤칸이 흙과 돌로 채워져 부장 유물들은 의외로 원상을 유지한 채 잘 남아 있었다. 원래의 지표면 위에 만들어진 으뜸 칸의 바닥에는 네 벽면과 30센티미터 정도의 여백을 두고 납작한 돌을 깔아 널받침(棺臺)을 마련하였는데, 동침東枕한 머리 쪽에서 금동관과 귀걸이가 나오고 허리 쪽에서는 은제 허리띠(銙帶)와 긴칼이 수습되었다. 머리맡에는 따로 부장칸이 마련되어 주로 작은 토기류와 함께 많고 다양한 무구류와 이기류가 나왔으나, 허리 아래쪽으로는 유

물이 부장되지 않았다.그림78

한편, 딸린칸에서는 으뜸 칸에서와는 달리 많은 양의 대형 토기들이 대다수를 차지하였고, 이 밖에 말발걸이와 말띠드리개(杏葉), 띠고리 등 마구류와 철제의 도끼와 낫 등 이기류도 수습되었다.

대구 달성[163]은 지금 시내 한복판에 위치하여 시민공원으로 활용되고 있는 곳으로, 축조 상태를 확인하기 위해 경북대학교 박물관이 일부 성벽의 단면을 정리 조사하였다. 조사를 통하여 성벽은 암반 위에 세 개 층으로 구분되는 약 5미터의 퇴적층으로 이루어진 토성으로 확인되었고, 각 층에서는 숯과 나무 쪼가리, 짐승 뼈, 토기편 들이 출토되었다.

맨 위층인 제1상층上層은 토성의 기초면으로서 소토질燒土質의 얇은 층인데, 굽다리접시와 단지받침(坩臺) 등 삼국기의 토기와 함께 김해식의 찍은무늬(印文) 토기도 드물게 보였다. 제2중층中層은 제1상층으로부터 1.5-2미터 아래에 형성된 부토층腐土層으로서, 삼국기의 토기는 보이지 않고 주로 와질瓦質의 김해식 토기가 나왔다. 그 아래의 제3하층下層은 성 밖으로 경사를 이룬 암반 바로 위층으로, 여기에서는 김해식 찍은무늬의 항아리가 대량의 담수산淡水産 조가비와 함께 나왔다. 하층에서는 이 밖에도 뼈살촉과 검은 독(甕器)이 나오고 십여 개의 기둥 흔적도 나타났다.

이상 남한에서 이루어진 활발한 발굴 사업과는 달리 북한에서는 1960년대 하반기에 이르면서 갑작스런 침체기를 맞게 된 것으로 보인다. 이해의 유일한 발굴로서는 지난 1966년에 시작한 평양 상원祥原 검은모루(黑隅里) 유적에 대한 제3차 조사로서, 이러한 공백기는 1970년까지 계속되어 어떤 특별한 사회적 변화와 관련된 것이 아닌가 하는 의구심을 자아내게 하는 이상 현상이었다.

1969년

이해에도 국립박물관과 문화재관리국 등 국가기관에 의한 발굴이 활발히 이루어져 전년도에 이은 몇몇 계속 사업과 함께 새로이 신규 사업이 시작되기도 했다.

국립박물관이 봄에 실시한 서산 휴암리休岩里 유적에 대한 발굴은 전년도의 봄과 가을에 이루어진 제1차, 제2차에 이은 제3차 발굴이었고, 이 발굴을 마치고 같은 서산의 대산면大山面에서 백제 널무덤을 조사하였다. 여름에는 국립박물관과 서울대학교 고고학연구실이 합동으로 부산 동삼동東三洞의 조개무지 발굴을 시작하였는데, 유적의 규모와 중요성에 따라 향후 3차년에 걸쳐 발굴이 이루어졌다.

이어서 경주 충효동忠孝洞에서는 고려 민묘民墓를 발굴하여 매우 드문 성과를 거두기도 했다. 늦가을에는 강진 사당리沙堂里 청자가마에 대한 제5차 발굴을 통해 전년도에 이어 청자 제작과 관련된 작업장의 실태 조사를 끝으로 1964년 가을부터 시작된 연차적 발굴 작업을 마치게 되었다. 연말에는 고성固城 동외동東外洞 조개무지에 대한 제1차 조사를 실시하였고, 이듬해 조사로써 마무리 짓는 등 국립박물관의 활발한 발굴 활동이 계속되었다.

한편, 문화재관리국에서는 지난해 초겨울부터 시작한 경주 방내리芳內里 고분군에 대한 구제 발굴을 겨우내 계속하여 이해 이른 봄이 되어서야 마칠 수가 있었다. 한 달쯤 뒤에는 이화여자대학교 박물관의 지원을 받아 안동 조탑동造塔洞 고분 발굴을 실시하였고, 이어서 경주 황룡사皇龍寺 터에서는 시굴적 성격의 약식 발굴을 계속하였다.

늦여름에는 불국사佛國寺 일원에 대한 발굴이 실시되었다. 발굴은 불국사 정비 복원을 전제로 한 조사로서, 문화재관리국이 국립박물관의 인력 지원을 받아 직접 시행한 발굴이었다. 가을에는 경주 이견대利見臺 터와 망덕사望德寺 터에 대한 발굴이 연이어 실시되었으며, 이에 앞서 강릉 초당동草堂洞 고분 발굴이 이루어졌다.

문화재관리국에 조사연구실 '팀'이 있었다고는 하지만, 현장에 투입할 수 있는 인원이라야 불과 두세 명뿐인 학예직 구성으로는 밀려드는 발굴 작업을 감당하기에는 매우 벅찰 수밖에 없었다. 따라서 지금까지 문화재관리국의 문화재과 소속으로 있던 조사연구실 팀을 확대 개편하여 11월 초에는 문화재연구실이 과 단위 규모의 새로운 정규 조직으로 발족하면서 국립박물관 고고과의 김정기金正基 과장이 초대 연구실장으로 부임해 왔다.[164]

봄에는 연세대학교 박물관에 의한 공주 석장리石壯里 유적 제6차 조사가 계속되었다. 봄과 가을에는 영남대학교 박물관에서 경산 북사리北四里 고분을 두 차례에 걸쳐 발굴하였고, 곧이어 전년도에 조사한 창녕 계성리桂城里 고분에 대한 제2차 발굴을 실시하였다.

가을에는 전쟁 중이던 1951-1952년에 한 미군 장교에 의해 발견되었던 가평 마장리馬場里 집자리 유적의 현지 조사가 오랜만에 서울대학교 고고인류학과에 의해 이루어져, 유적의 몇몇 흔적들을 확인할 수 있었다.

이에 앞서 고려대학교 박물관에서는 서울 가락동可樂洞 1호와 2호 무덤 발굴을 실시하여, 한성 백제 지역 유적에 대한 첫 발굴에 착수하였다. 단국대학교 박물관에서는 1967년부터 실시한 사천 지역 선사 유적의 연차적 조사 사업 계획에 따라 제3차년도 조사로 소곡리所谷里 유적 조사를 실시하였다. 가을에 공주사대 박물관에서는 공주 웅진동熊津洞 서혈사西穴寺 터의 연차적 발굴 계획을 수립하여 이해 그 첫번째 조사에 착수하였다.

부산에서도 동아대학교 박물관에 의해 동래 복천동福泉洞 고분 발굴에 착수하여 이 지역에서 활발히 이루어진 삼국시대 고분문화에 대한 연구의 실마리를 풀어갈 수가 있었다. 비슷한 시기에 경주에서는 경희대학교 박물관과 신라오악조사단에 의해 각각 경주 인왕동仁旺洞 고분과 송화방松花房 추정 유적 발굴이 이루어지는 등 이해에는 남한 각지에서 지금까지의 어느 해보다 활발한 조사 활동이 펼쳐졌다.

국립박물관에 의해 실시된 서산 휴암리 유적[165]의 제3차 발굴에서는 행정구역상 고북면高北面 용암리龍岩里에서 확인된 6호, 7호, 8호, 9호 등 네 채의 집자리에 대한 조사로서, 앞서 제2차 조사 지역에서 바로 동쪽으로 인접된 곳이었다. 발굴 결과 6호(4.5NS×3.6＝0.3~0.6m)와 8호(3.4EW×2.9＝0.2~0.9m) 집자리는 제대로 남아 있었지만, 7호와 9호는 반파된 상태에서 조사가 이루어졌다. 이들 집자리도 지금까지의 다른 것들과 마찬가지 바닥면 가운데에 두 개의 기둥 구멍이 뚫리고, 그 사이를 타원형으로 파낸 송국리형의 모습을 갖추고 있었다. 집자리 안팎에서 갈돌, 활촉, 도끼 등 석기류와 민무늬토기 쪼가리 들이 나왔고, 집자리 주변의 탐색 트렌치에서는 빗살무늬토기편도 간간이 출토되었다.

휴암리 유적 조사에 이어 이루어진 서산 대산면 백제 토광묘[166] 발굴은 대산면 명지리明智里 마을 계곡의 낮은 언덕 비탈면에 분포한 15기의 움무덤 가운데 일부에 대한 조사로서, 봉토가 가장 뚜렷이 남아 있는 3기를 선별하여 실시하였다. A호의 봉토(8NS×7＝0.4m)는 타원형으로 그 아래에서 움무덤(2.7NS×0.6＝0.06~0.1m)이 드러났으나, 나무널 같은 흔적은 전혀 나타나지 않았다. 남벽 중간에 거의 붙어서 고리자루긴칼이, 동벽 가까이에서는 도끼와 쇠스랑 등 철기류만 한 점씩 출토되었다. B호도 남북으로 긴 타원형의 봉토(10×8m = 0.4m)를 갖추었는데, 움무덤의 어깨선을 찾지 못한 채 유물층에 이르러 무덤의 윤곽은 알 수가 없었다. 유물의 배치 상태는 A호와 비슷하여 중간에 고리자루긴칼이 놓이고, 그 동쪽에 쇠도끼가, 서쪽에는 큰 항아리와 함께 쇠못과 쇠낫이 나왔다.

C호는 다른 2기와는 상당한 거리를 두고 떨어져 있었는데, 봉토는 외관상 약간 볼록하게 보일 정도였다. 유물로는 지표 아래 20센티미터 정도 내려간 곳에서 큰 항아리 한 점이 나왔다. 이곳 움무덤으로부터 출토된 유물은 다른 곳과 마찬가지 토기와 철기류만 수습되었다.

여름에는 부산 동삼동 조개무지[167] 발굴이 시작되었다. 원래 이 유적도 1930년대 초부터 일본인 학자들의 주의를 끌었고,[168] 1960년대 전반前半에는 미국인 샘플L. L. Sample 부부의 조사[169]를 거치면서 일찍부터 우리 학계에 알려지게 되었다. 올해에는 국립박물관이 우리 선사시대 유적에 대한 체계적이고 종합적인 조사를 위한 학술 조사를 기획하여 1971년까지 모두 세 차례에 걸쳐 연차적인 조사를 실시하게 된 것이었다. 발굴 조사 결과 유적의 중요성에 따라 일대가 사적(266호)으로 지정되는 등 국내외 학계에 널리 알려지게 되었으나, 여러 가지 박물관 내외 사정으로 보고서 간행이 미뤄져 오다 삼십여 년이 지나서야 보고서 작업에 착수하게 되었다.

이해의 제1차 발굴 조사[170]는 국립박물관과 서울대학교 고고인류학과가 공동 조사단을 구성하여 한여름에 조사를 시작하여 조개무지의 중심 부분에 모두 아홉 개의 발굴 구덩을 넣었다. 조사 구간의 층위는 크게 다섯 개로 구분되었는데, 이 가운데 세 개의 문화층을 확인하였다. 출토 유물 가운데 주류를 이루는 토기는 대부분 빗살무늬 계열의 것들로 매우 다양한 무늬가 보이고 있으며, 여기에서는 붉은 칠[朱漆]토기나 겹아가리토기와 함께 원시민무늬[無文樣]토기도 상당량이 출토되었다. 석기류로는 도끼와 갈판, 공이, 숫돌, 결합식 낚싯바늘, 그물추와 흑요석으로 만든 활촉과 톱 등이 나왔다. 골각기로는 결합식과 T자형의 낚싯바늘, 뾰족연모[刺突具]와 바늘이 출토되었고, 팔찌 등 조가비 제품도 적지 않게 수습되었다.

가을에는 경주 충효동 민묘民墓[171]를 조사하였다. 금산재金山齋 부근에 분포하고 있는 민묘들 가운데 10기를 조사했는데, 이 중에는 고려시대의 돌덧널무덤 2기, 움무덤 5기와 함께 통일신라기의 돌덧널무덤 3기가 포함되어 있었다.

이들 무덤들은 모두 경사면을 따라 긴축을 이루었는데, 다리 부분은 모두 선도산仙桃山을 향한 서남향으로 안치되어 있었다. 원래 고려 민묘 조사를 목표로 한 이 조사에서 그 아래에서 서로 겹친 상태로 드러난 신라 무덤 3기의 발견은 매우 우연한 결과였다. 대부분의 고려 민묘가 그렇듯이, 여기에서도 모두가 이미 도굴되어 부장품은 남겨진 것이 거의 없었고, 신라 무덤에서만 굽다리접시와 합盒 각 한 점과 기와류가 출토되었다.

곧이어 강진 사당리 가마터[172]에 대한 제5차, 마지막 연차 조사를 실시하였다. 지난해에 이어 가마의 작업장 발굴을 통해서 건물 터 A의 동쪽으로 새로이 조성된 낮은 축대 위에 이루어진 건물 터 B를 조사하였다. 건물 터 B의 남쪽으로는 작업토가 보토補土 밑으로 계속되고 있었으며, 작업토 아래에서는 동북과 동서의 각 두 열로 나란히 기와 유구가 드러났으나 그 성격은 알 수가 없었다.

연말에는 고성固城 동외동 조개무지[173]유적에서의 첫 해 조사에 착수하였는데, 이듬해까지 조사가 이어진 이 유적은 해발 약 40미터의 야산에 위치해 있었다. 제1차 조사 때에 확인된 층위는 모두 여섯 개 층이었지만, 표토층과 맨 아래의 생토층을 빼면 실제 문화층은 그 중간의 네 개 층으로, 여기에서는 원삼국기에 해당되는 유물들이 수습되었다.

표토층 바로 아래의 제1층(30-40cm)은 흑갈색의 점질토층으로 약간의 토기편과 도자기편이 숯 등과 섞여 나온 교란층이었다. 그 아래의 제2층은 흑갈색의 부식토층으로 남벽에 20센티미터 정도의 조가비층이 제3층과의 사이에 형성되어 있었다. 이 조가비층에서는 약간의 골각기나 숯과 함께 경질토기와 적갈색 연질토기가 출토되었다. 제3층은 모래와 점토가 섞인 검은 부식토층으로, 여기에서는 굽다리접시를 포함한 도질과 와질토기, 적갈색 연질토기 등이 다양하게 출토되었다. 제4층은 맨 아래의 생토층에 연결된 층위로 숯과 검은 재가 깔리고 약간의 토기편도 수습되었다.

문화재관리국에서는 경부고속도로 건설에 따라 지난해 말부터 시작한 경주 방내리 고분군[174]에 대한 구제 발굴을 이해 봄까지 계속하였다. 조사된 69기의 신라 무덤 가운데에는 돌무지덧널무덤, 굴식돌방무덤, 구덩식돌덧널무덤과 독널무덤 등 여러 세기에 걸쳐 이루어진 신라 무덤의 총체적 유형들이 집합되어 있는 양상이었다. 이렇듯 다양한 구조에 비해 고분의 규모나 출토된 부장품은 매우 빈약한 편으로, 경주에서 멀지 않은 입지적 여건에도 불구하고 외곽 고분으로서의 범위를 크게 벗어나지 못한 한계성을 보여 주었다.

곧이어 한 달 만에 안동 조탑동 고분[175]의 발굴에 들어가 용별골에서 1기를, 시내미골에서 2기를 조사하였다. 이곳 조탑동 고분은 1963년에 이화여자대학교 박물관에 의해 조사된 바 있었고,[176] 이후에도 몇 차례에 걸쳐 발굴이 이루어졌다.

용별골 고분은 봉토(D-12 = 4m)의 서쪽 귀퉁이에 도굴 구멍이 나 있었는데, 봉토 아래에 두 개의 돌방이 T자 모양으로 배치되어 있었다. 이 가운데 A호 돌방(4.6EW×0.8 = 1.9m)은 위쪽이 오므라들었고, 천장에는 7매의 뚜껑돌이 덮여 있었다. B호 돌방(4.5NS×2.3 = 2.1m)은 A호 돌방의 남벽에 붙여 만들었는데, 벽체가 위로 올라가면서 중간에서 점차 오므라들어 활천장을 이루었다. 출토 유물로는 금동관이나 귀걸이와 같은 장신구를 비롯하여 그릇받침과 굽다리접시 등이 각각 수십 점씩 대량으로 수습되었고, 안장, 말띠드리개〔杏葉〕, 말띠꾸미개〔雲珠〕, 말발걸이〔鐙子〕와 같은 마구류 등 지방 고분으로서는 매우 화려한 유물들이 부장되어 있었다.

곧이어 이루어진 경주 황룡사 터[177]에 대한 발굴은 문화재관리국이 뚜렷한 목적 없이 실시한 간이 발굴 성격의 조사였다. 사역의 규모를 일부라도 밝혀 학술 자료로 삼고자 이화여자대학교 박물관과 합동으로 강당 터와 중문 터, 회랑 터의 일부가 조사되었다. 발굴을 통해 지표 아래 10-20센티미터에서 드러난 강당 터는 주열柱列로 보아 주간柱間 5-6미터에 정면과 측면 10×4칸임을 확인하였다.

강당 터에는 주로 서편에 치우쳐서 민무늬의 모난 전돌이 깔렸는데, 화재로 인하여 변색된 채 파손되었으나 원상은 그대로 남아 있었다. 여기에서 드러난 특이한 구조는 남쪽 정면에서부터 3-4주열 사이에 서쪽으로 한 칸 치우쳐 이루어진 모난 지대석으로서, 그 앞면에 해당되는 제3주열은 동서 양 끝에만 주춧돌이 남아 있어 앞이 트인 넓은 공간이 이루어졌던 것임을 알 수 있었다.

이 발굴은 결국 한 해의 발굴로서 중단할 수밖에 없었는데, 이와 같은 대규모의 절터 조사를 위해서는 치밀한 계획과 국가적인 뒷받침이 없이는 불가능하다는 판단에서였다.[178]

늦여름에 시작한 경주 불국사 발굴[179]은 "민족문화유산의 정수精髓이자 신라 호국 불교 정신이 깃든 도량道場을 복원한다"는 목표 아래 그 복원 설계에 필요한 자료를 얻기 위한 조사였다. 따라서 유구 파손을 최소화하기 위해 발굴은 필요한 부분에 국한하는 원칙 아래 조사가 진행되어 순수 학술 조사와는 다소 거리가 있을 수밖에 없었다. 이에 따라 발굴은 대웅전의 동쪽 회랑과 서쪽 회랑의 북반부, 무설전無說殿 및 그 주변, 극락전極樂殿의 북쪽 회랑지와 서쪽 회랑 북반부, 비로전毘盧殿과 관음전觀音殿의 주변으로 한정하였다. 다만 구품연지九品蓮池 발굴은 자재 운반과 작업 진행의 불편을 고려하여 본 공사 착수 뒤에 적당한 시기를 잡아 실시하기로 하였다.

두 달 남짓의 발굴을 통한 복원 작업에 필요한 최소한의 조사에서 암막새와 수막새 등 천이백여 점에 이르는 많은 기와들을 포함한 와전류와 도기류·토기류 천여 점, 자기류 사백여 점과 상당량의 금속기 등 많은 용기류가 출토되었다. 이 발굴이 문화재관리국에 의해 수행되었다고는 하지만, 지금까지와는 달리 조사연구실 팀이 아닌 관리국 내의 전문위원들과 국립박물관 등 외부 전문가들의 참여로 이루어진 발굴이었다. 이 발굴 성과를 바탕으로 하여 이듬해 초부터 시작하여 1973년 6월까지 만 삼 년 반의 공정을 거쳐 복원의 대역사를 마칠 수가 있었다.

11월에 들어서는 경주 이견대利見臺와 망덕사望德寺 터에 대한 발굴이 연이어 이루어졌다. 경주 이견대 터[180] 발굴은 문화재관리국에서 계획한 복원 공사에 앞서 지금 남아 있는 지하 유구의 상태를 파악하기 위한 조사였다. 이곳은 1967년에 신라오악학술조사단에 의해 시굴이 이루어진 곳으로, 이번 조사에서는 지난 조사 구역으로부터 그 서쪽으로 확장해 나갔다. 발굴 결과 유구는 대략 백여 평에 걸쳐 그 윤곽이 드러났지만, 주춧돌은 하나도 남아 있지 않았고 일부 적심석만 드러났다. 그러나 서쪽으로 갈수록 교란의 피해가 심한 것으로 보아 몇 차례에 걸쳐 중수重修가 이루어졌던 것으로 생각되었다.

곧이어 시작된 경주 망덕사 터 제1차 발굴[181]에서는 동탑과 서탑 터와 회랑 위치의 탐색 작업에 주력하면서 이듬해까지 두 차례에 걸쳐 조사가 이루어졌지만, 보고서가 발간되지 않아 그 결과가 알려지지 않고 있다.

이해 여름에는 강릉 초당동 고분[182]에 대한 조사가 이루어졌다. 제1호 고분으로 이름 붙여진 이 무덤은 공회당 신축을 위한 터 닦기 작업 중에 발견된 돌덧널무덤으로서, 동쪽 마구리벽이 파손된 상태에서 긴급 조사가 이루어졌다. 지금 남아 있는 돌덧널(4.5EW×1.4 = 1.5m)의 세 벽은 위로 올라가면서 차츰 오므라든 모양인데, 서쪽 마구리가 동쪽에 비해 좁아 전체적으로 긴 사다리꼴의 평면 형태를 이루고 있음을 알 수 있었다. 동쪽 벽이 훼손된 상태여서 앞트기식인지 구덩식인지 확실치 않았으나, 마구리의 너비로 보아서는 동침東枕이었을 것으로 추정되었다.

바닥에는 주먹만 한 자갈을 깔았고, 천장부에는 여러 매의 화강암 장대석으로 뚜껑돌을 씌웠던 것으로 보이지만, 지금은 한 개만 덮여 있었다. 출토 유물로는 덧널의 서쪽에 치우쳐 독, 항아리, 단지와 굽다리접시 등 다양한 토기류와 말발걸이鐙子, 재갈, 말띠드리개, 종방울 등 마구류가 수습되었는데, 양식상 통일기 이전의 신라계 유물로 생각되었다.

이에 앞서 봄에는 연세대학교 박물관의 공주 석장리 유적 제6차 조사[183]가 계속되었다. 이때 채취한 숯을 원자력연구소에서 C-14 측정 결과 36098±3000의 결과를 얻었다.[184]

같은 해에 영남대학교 박물관에 의한 경산 북사리 고분[185] 발굴이 봄과 가을 두 차례에 걸쳐 이루어졌다. 고분군은 산성이 있는 도천산到天山(+260m)의 능선 끝자락에 이루어져 있었는데, 원래는 많은 봉토분들이 분포되어 있었으나 주변이 택지로 개발되면서 발굴 당시에는 3기만 남게 되었던 것이다. 그러나 이 3기마저 자인중고등학교 교사 신축으로 조사가 불가피하게 되어 발굴이 이루어지게 되었다.

제1차는 1호 무덤에 대한 조사였는데, 공사 인부들에 의해 유구가 이미 파괴되고 유물들도 교란되어 간략한 수습 조사만 이루어졌다. 봉토 아래에는 청석靑石 암반을 파내고 만든 돌구덩무덤石壙墓(3.9NW~SE×1.8 = 1.2m)이 이루어지고, 그 위에 청석제의 뚜껑돌이 덮였던 것으로 짐작되었다. 비록 교란된 상태이긴 했지만, 금제 귀걸이, 은제 허리띠 등 장신구와 함께 말띠꾸미개雲珠와 같은 마구류도 나오고, 철제 창과 활촉, 특히 고리자루긴칼이 넉 점이나 출토되었다. 토기류로는 굽다리접시와 적갈색의 연질토기 등이 십여 점 수습되었다.

제2차 조사 때에는 2호와 3호 무덤을 조사하였다. 2호 무덤은 봉토가 남아 있지 않았고, 무덤의 구조는 1호와 마찬가지 암반을 파낸 돌구덩무덤(4.0EW×1.0 = 1.0m)으로 그 위에 돌뚜껑을 덮었던 것으로 보이지만, 교란되어 원래의 모습은 알 수가 없었다. 무덤 안에는 동침한 인골이 비교적 잘 남아 있었는데, 머리 쪽에서는 금제 귀걸이가, 왼쪽 정강이 부근에서 긴 칼이 출토되었고, 토기는 머리맡과 발치 쪽에 부장되어 있었다.

3호 무덤은 봉토(D-6.5 = 1m) 아래에 으뜸덧널과 딸린덧널을 日자 모양으로 길게 배치하고, 위에는 청석 판돌을 이어 덮었는데, 으뜸덧널의 네 귀퉁이에서 꺾쇠가 나온 것으로 보아 나무덧널의 구조였던 것으로 생각되었다. 으뜸덧널에서 동침한 인골이 나오고 머리 쪽에서는 금제 귀걸이가 출토되었으며, 토기류는 동쪽 머리맡의 부장칸에 모여 있었는데, 여기에는 창과 말재갈도 한데 섞여 있었다.

영남대학교 박물관에 의해 지난해 여름에 이루어진 1호 무덤에 이어 이해 가을에는 창녕 계성리桂城里 계남 4호 무덤[186]이 발굴되었다. 1호 무덤의 북쪽으로 약 50미터 떨어진 곳의 구릉 능선 돌출부에 이루어진 봉토(D-21 = 3.5m)는 조사 당시 경작으로 윗부분이 평탄하게 깎여 있었다.

봉토 아래에는 원 지표를 깎아 낸 뒤 여기에 긴 네모난 구덩을 파고 그 안에 냇돌을 쌓아 으뜸덧널(6.1NS×2.4 = 2.1m)을 만들고, 그 북쪽에 가로로 긴 딸린덧널(3.3EW×2 = 1.8m)을 설치하여 전체적으로 T자형의 배치를 보여 주었다. 양 덧널의 둘레에는 네다섯 겹으로 냇돌을 두껍게 채워 보강하고 으뜸과 딸린덧널의 경계에는 두께 0.5미터가량을 냇돌로 쌓아 칸막이를 이루었다. 양 덧널 위에는 뚜껑돌이 없었던 것으로 보아, 나무뚜껑을 덮었던 것으로 생각되었다.

으뜸덧널 바닥의 남쪽에 치우쳐 귀걸이와 목걸이 등 장신구가 나와 남침南枕임을 알 수 있었고, 머리맡 남쪽의 부장칸에서는 각종 토기류와 금속제의 유물들이 수습되었다. 딸린 덧널에서는 동서로 구간을 나누어 토기들을 부장하였고, 그 중간에서는 마구와 농공구 등 이기류가 수습되었다. 토기류의 형식상 1호 무덤보다 약간 앞서는 것으로 보였다.

가을, 서울대학교 고고인류학과의 김원용 교수는 학생들을 인솔해 하루 동안 가평 마장리 유적[187]을 현지 답사하였다. 이곳은 한국전쟁 중이던 1951-1952년에 미군 장교 맥코드MacCord 소령이 작전 중 상당량의 토기와 숯이 집중 퇴적된 집자리와 상당량의 토기를 발견하여 귀국 후 이것들에 대한 결과를 미국의 학술지에 게재[188]한 바 있었다. 그가 가지고 귀국했던 자료들은 워싱턴 스미소니언 Smithsonian의 국립자연사박물관에 기증되었고,[189] 이때 검출한 목탄 시료를 연구소에 보내 1750±250 B.P.라는 C-14 측정의 결과를 얻을 수가 있었다.[190]

학생들과 함께 현장을 답사하고 탐색 구덩을 통해 조사한 결과, 논으로 경작되고 있는 300-400제곱미터 지역에 넓게 문화층이 이루어져 있음을 확인할 수가 있었다. 이번에 이루어진 시굴의 결과와 맥코드에 의해 수습된 토기 등을 통해 이곳 마장리 문화가 토착 민무늬토기인들이 이룬 후기 민무늬토기문화(마장리 I기)에서 본격적인 농경인들이 이룬 김해식 토기 문화(마장리 II기)로의 과도기적 문화로 보았다.

이와 같이 마장리 유적은 민무늬토기와 김해식 토기, 석기와 철기의 공존으로 기원전 2세기에서 서력기원 초에 걸친 한반도 중서부 민무늬토기 문화의 양상을 보여 준다고 할 수 있었다. 따라서 이는 1980년대에 들어 연차적으로 조사되어, 이른바 중도식中島式 토기로 명명된 후기민무늬토기 문화와 같은 성격의 유적임을 재확인할 수가 있었다.[191]

이에 앞서 고려대학교 박물관의 서울 가락동 1호, 2호 고분[192]에 대한 발굴은 문화재관리국에서 수립한 한성백제 초기 유적 조사 계획의 하나로 이루어진 사업이었다. 가락동과 그 주변에는 풍납토성風納土城을 비롯하여 석촌동石村洞 고분 등 백제 초기에 이루어진 많은 유적들이 분포되어, 일찍이 일제강점기 때부터 일대에 대한 조사가 이루어졌었다.[193]

이번에 조사된 고분의 입지는 구릉지에 위치한 공주나 부여의 다른 백제 고분과는 달리 평지에 이루어져 있었다. 1호 무덤의 봉토는 방대형(14 = 1.9m)으로 검은 갈색의 부식 점토로 이루어진 표토의 바로 밑에 냇돌과 깬돌을 간 이음돌무덤[葺石墳]이었다. 이음돌 아래에서는 석회가 섞인 흑갈색 점토층과 밝은 황갈색의 점토층이 나왔는데, 물이 계속 스며 나와 조사가 어려웠지만, 널무덤(1.23×0.48m)의 바닥으로 보이는 곳에서 꺾쇠와 쇠못, 손칼, 창, 띠고리 등이 나왔다.

2호 무덤도 방대형 봉토(15×12 = 2.2m)의 표토 밑에 1호 무덤과 같이 이음돌이 깔리고, 그 밑으로 더러 석회가 섞인 점토층이 이루어졌는데, 여기에 모두 네 개의 널이 매장되어 있었다. 봉토의 북쪽으로 치우쳐 표토로부터 1미터 아래에서 뚜껑을 갖춘 외독널(D-27×45cm)이 3기의 널무덤과 함께 나왔다. 독널의 동서 양쪽에서 검은간토기 각 한 점씩이 나왔는데, 이 가운데 동쪽의 것은 거의 완형을 유지한 채 출토되었다. 이와 함께 회색경질토기 넉 점과 띠고리, 손칼이 나오고 그 동쪽에서 2구의 또 다른 무덤이 나왔으나, 여기에서는 손칼과 꺾쇠 등 빈약한 부장품만 나오고 널의 흔적은 찾을 수가 없었다.그림79

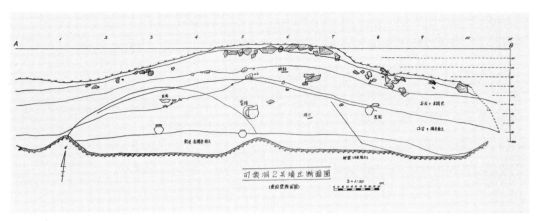

그림 79. 서울 가락동 2호 무덤 단면도.

　여름에는 단국대학교 박물관에서 실시하는 사천泗川 지구의 선사 유적에 대한 연차적인 발굴의 제3차년도 마지막 사업으로서 사천 소곡리 돌널무덤[194]에 대한 조사를 실시하였다. 신월新月 마을의 경작지에 이루어진 돌널무덤 가운데 12기를 발굴하였는데, 이 중 7기는 이미 파괴되어 하부 구조의 일부만 남고, 나머지 5기는 원형이 제대로 남아 있었다.

　이들의 지하 구조는 판돌로 짜 맞춘 장방형의 돌널 위에 넓적한 판돌 1-3매로 덮은 다음, 그 위에 삼 층으로 판돌을 눕혀 쌓은 다음, 다시 그 위에 넓은 판돌 1매를 얹어 마치 남방식 고인돌의 하부 구조와 같은 모습을 보여 주었다. 돌널의 크기(2.4×0.9 = 0.6~0.8m)는 대개 비슷한데, 돌널을 중심으로 높이 0.5미터가량의 판돌들을 지름 4-6미터 되게 마치 병풍처럼 둥글게 두른 것도 있었다. 돌널 안에서는 간돌연모, 적색 토기와 함께 붉은간토기도 수습되었다.

　이해 가을에는 공주사대 박물관이 처음으로 발굴에 참여하여 공주 서혈사지 西穴寺址[195]에 대한 2차년 계획의 첫 해 조사를 실시하였다. 서혈사지는 웅진동 망월산望月山(+260m)의 동쪽 기슭에 있는 백제시대의 절터로서, 원래 산의 경사면을 이용하여 절터를 마련하였기 때문에 지형에 따라 3단으로 조성되었던 것으로 보였다.

　이번의 제1차 조사는 민가 안에 건물지의 기단석과 지대석이 드러나 있는 상단上段의 일부에서만 이루어졌는데, 조사 결과 정남향으로 조성한 것으로 보이는 건물지(9.5EW×5.8m) 한 채만 확인하였을 뿐 서혈사의 전체적인 가람 배치 양식을 파악하기에는 미흡하였다. 제1차 조사를 통해 발견된 유구와 와당 등 유물은 대부분 신라통일기의 것으로서, 창건 시기로 볼 수 있는 백제기의 자료는 한 점도 확인되지 않았다. 따라서 가람의 규모와 성격을 제대로 밝히기 위해서는 상단에 대한 전면적인 조사, 나아가서는 중단과 하단에 이르기까지의 전모를 밝힐 수 있는 조사를 기약하는 선에서 마무리 지을 수밖에 없었다.

부산 복천동 고분은 낙동강 유역에 분포하는 수많은 삼국시대의 고분군 가운데에서 규모의 장대함이나 부장 유물의 물량에서 볼 때 단연 빼어난 수장급 지배 세력들의 집단 묘역이라고 할 수 있는 곳이었다. 최근까지 모두 여덟 차례 이상에 걸쳐 모두 백칠십여 기가 발굴되어,[196] 아마 한 지역에서 이루어진 국내 최대의 발굴 성과를 이룬 곳이라고 할 수 있는 이 복천동 고분군에 대한 그 첫 발굴이 이루어지게 되었다.

동아대학교 박물관에 의한 부산 복천동 1호 고분[197] 발굴은 이 고분군 최초의 공식적인 학술 조사로서, 이후 여러 차례에 걸쳐 실시된 대규모 조사 사업에 하나의 지표를 제시했던 시범적 발굴이었다고 할 수 있었다. 고분군은 동래 한복판의 북쪽 대포산大砲山에서 서남쪽으로 뻗은, 그리 높지 않은 구릉 위 표고 63-45미터 사이의 완만한 비탈면에 분포되어 있었고, 1호 무덤은 구릉의 꼭대기에서 서남쪽으로 70미터가량 떨어진 곳에 위치해 있었다. 봉토는 확인되지 않았고, 원 지표에서 수직으로 구덩을 판 뒤 여기에 깬돌을 쌓아 긴 돌덧널(8.3NE~SW×1.3~1.4 = 1.3m)을 만들고, 그 위에 8매의 넓적한 뚜껑돌을 얹었다. 뚜껑돌 윗면까지의 구덩 깊이가 1.4미터인 것으로 보아 덧널이 깊숙이 묻힌 지하식임을 알 수 있었다.

굵은 자갈과 진흙을 깐 바닥 위에는 양 마구리벽 쪽에 토기류를 묻고, 금속기류는 양 긴벽을 따라 부장하였다. 서남쪽의 마구리벽 가까이에서 신라 양식으로 보이는 금동관과 함께 귀걸이와 목걸이가 나와 시신이 서남침으로 안치되었음을 알 수 있었다. 시신의 왼편 허리쪽에 긴칼이 놓이고, 그 서편에서는 마구류가, 동남쪽 긴벽을 따라 부장된 무기류 아래에서는 10매 단위의 덩이쇠[鐵鋌] 100매가 수습되었다.

경희대학교 박물관이 실시한 경주 인왕동 19호, 20호 고분[198] 발굴은 경주지구 고적 정화사업에 따라 두 고분의 조사가 거의 동시에 이루어졌다. 19호 무덤은 발굴 당시에는 이미 도굴이 이루어져 봉토는 밋밋하게 남아 있었고, 지표로부터 1.8미터가량 아래에서 A호 무덤의 바닥이 나타났다. 처음 노출된 A호를 중심으로 모두 13기에 이르는 크고 작은 돌무지(A~L, Z)들이, 무질서하지만 마치 한 묘역을 이루는 형상으로 모여 있었다. 모두가 지하에 덧널이 이루어지고 그 위를 돌무지로 덮은 것들이지만, 구조가 불확실한 것(A, I)을 빼면 으뜸덧널과 딸린덧널이 직렬로 이어져 日자 모양으로 배치된 무덤(E, F, G, H, K)과 으뜸덧널만 이루어진 것(C, D, J, L), 딸린덧널로 쓰인 것(B, Z)으로 구분되었다.

日자 모양의 것들은 으뜸과 딸린덧널 사이에 칸막이벽(隔壁)이 이루어졌고, 으뜸덧널만 이루어진 것들은 마구리벽 한쪽 또는 양쪽에 부장칸이 마련되었으며, 딸린덧널로 만들어진 것들은 덧널 전면에 걸쳐 유물이 부장되어 있었다. 장신구로는 대개 단출한 귀걸이만 나오지만, 대부분 무구와 마구류가 부장되어 있는 것으로 보아 무인武人 집단을 위한 공동 묘역의 가능성을 보여 주었다.

19호로부터 동쪽으로 15미터가량 떨어진 20호 무덤은 여러널식 무덤인 19호와는 달리 외널식 무덤이었다. 둥근 봉토(18×16 = 5.2m)에는 도굴 구덩이 있었고, 그 아래에 이루어진 돌무지(9EW×7.9 = 1.9m) 표면에는 흑갈색 점토를 50센티미터 두께로 씌웠다. 지표로부터 1.8미터 아래에서 윗면이 드러난 나무덧널(5EW×1.8m)의 둘레는 점토와 냇돌로 채웠으며, 그 아래에는 외널식의 매장 시설이 이루어져 있었다. 동침東枕한 피장자의 유해 부위에서는 금제 귀걸이, 유리 목걸이, 은팔찌, 은제 허리띠 등 장신구가 수습되었고, 머리맡의 부장칸에는 철기류와 각종 토기들이 부장되어 있었다. 맞은편 발치 쪽에도 마구와 토기가 놓여 있어 외널무덤의 덧널 양 마구리 쪽에서 동시에 부장 의식儀式을 치렀던 것으로 생각되었다.

늦가을에는 한국일보사가 주관하는 삼산학술조사단三山學術調査團의 가을 조사가 경주 송화방松花房 추정지에서 이루어졌다. 조사는 충효동 금산재金山齋의 경작지와 골짜기에서 이루어졌는데, 건물 터와 함께 많은 신라 와당들도 출토되었다. 이어서 경주 낭산狼山 능지탑陵只塔에 대한 삼산학술조사단의 사업이 계속되어 이 탑의 복원을 위한 주변 정리 조사와 실측 작업이 이루어졌다.[199]

지난해에 이어 이해에도 북한에서는 뚜렷한 발굴 사업이 이루어지지 않았지만, 사회과학원 고고학연구소에서는 『고고민속론문집』(1969~1984)이란 학술잡지를 새로이 창간하였다. 이는 과학원 고고학 및 민속학 연구소에서 격월간으로 발간한 『문화유산』(1957-1962)에 이어 사회과학원 고고학 및 민속학 연

구소가 계간지로 발간한 『고고민속』(1963-1967)의 후속 학술 논문집으로서, 1986년부터 발간된 『조선고고연구』 사이의 공백을 메꿔 주었다.

1970년

이해에 들어서는 국립박물관과 문화재관리국 등 국가기관에 의한 발굴은 여전히 활발히 이루어진 데 비해, 일반 대학 박물관에 의한 조사 사업은 잠시 주춤한 상태를 보였다.

국립박물관과 서울대학교가 공동으로 실시한 부산 동삼동東三洞 조개무지에 대한 제2차년도 발굴이 이루어지고, 곧이어 국립박물관이 1967년부터 실시한 부산 낙민동樂民洞 조개무지의 제4차 조사가 계속되었다. 봄과 여름에는 부천의 시도矢島 조개무지 발굴을 그해 조사로 마칠 수 있었고, 연말에는 고성固城 동외동東外洞 조개무지의 제2차년도 발굴을 실시하였다. 이처럼 국립박물관의 이해 조사 사업은 모두가 조개무지에 대한 발굴로서, 1960년대 초부터 후반에 걸쳐 실시된 고인돌에 대한 연차적 조사에 이어 이루어진 선사시대 연구를 위한 또 다른 일련의 계획 사업이라고 할 수 있었다.

문화재관리국에서는 작년도에 이어 실시한 경주 망덕사望德寺 터 조사를 마치고, 경주 안계리安溪里 고분군에 대한 구제 발굴에 들어갔다. 늦여름에는 강릉 하시동下詩洞 고분을, 가을에는 여주 보통리甫通里 고분을 조사하였고, 곧이어 불국사佛國寺 복원 공사를 위한 발굴 조사의 일환으로서 구품연지九品蓮池 조사를 실시하였다.

이른 봄에는 연세대학교 박물관이 제7차 공주 석장리石壯里 유적 조사를 계속하였고, 곧이어 공주교대에서는 공주의 일명사지逸名寺址에 대한 조사에 들어갔다. 동아대학교 박물관에서는 부산의 칠산동漆山洞 고분의 조사와 함께 다시 이해 가을 두 차례에 걸쳐 복천동福泉洞 고분 발굴을 실시하였다. 연말에는 동국대학교 박물관에 의해 울주 천전리川前里에서 신라의 서석書石 유적이 발견되었다.

이해 늦봄의 부산 동삼동 조개무지에 대한 제2차 조사[200]는 조가비층이 끝나는 북쪽 부분의 2층 흑색토층에 해당되는 제2문화층에 대한 조사였다. 사진 24 이번 조사에서는 화덕자리 세 곳과 돌덧널무덤(1.3NS×0.7 = 0.3m) 1기가 드러나고, 토기, 석기, 골각기 등의 유물과 동물 유체遺體가 수습되었다. 출토된 토기에는 지난해와 마찬가지로 갖가지 다양한 무늬가 나타나 있었고, 원시민무늬〔無文樣〕토기와 붉게 칠한 토기 등도 나왔다. 석기로는 도끼와 갈판, 갈돌, 공이, 숫돌, 활촉, 돌날과 함께 흑요석도 출토되었으며, 이 밖에 적은 양이지만, 사슴 뼈로 만든 뚜르개〔刺突具〕와 조가비 팔찌〔貝釧〕도 나왔다.

부산 낙민동 조개무지에 대한 마지막 제4차년도 조사[201]는 제1차년도 조사 지역의 남동쪽으로 사적지의 범위를 지정하기 위한 조사였다. 그 결과 제3차년도 조사에서 확인된 철 생산 유구를 중심으로 이백이십 평만 지정하고 나머지는 해제시켰다. 이 조사에서는 파괴된 돌덧널에서 약간의 경질, 도질 토기와 철기가 출토되었다.

부천 시도矢島 조개무지[202] 유적에서는 이해 봄과 여름의 두 차례에 걸쳐 조개무지 네 곳과 돌무덤〔石塚〕한 곳을 발굴하였다. 이 유적에 대해서는 일찍이 도리이鳥居龍藏가 그 존재를 암시한 바 있으며,[203] 근년에 이르러 1957년에는 국립박물관이, 그 후에는 서울대학교 고고인류학과 학생들의 시굴을 통해서 학계에 널리 알려지게 되었다.

이해 발굴에서는 섬의 동반부 북쪽에 1지구와 2지구를, 동반부 중간에는 3지구를 설정하여 모두 네 곳의 조개무지를 파들어 갔다. 여기에서 빗살무늬토기를 비롯하여 민무늬토기와 김해식 토기 등 우리나라 신석기시대부터 청동기시대, 초기 철기시대에 이르기까지의 선사시대의 모든 토기류가 출토되었다. 다만 이 토기들 상호간에 뚜렷한 층위를 이루는 단일 유적은 없었지만, 서로 다른 각 유적간의 관계를 비교 검토함으로써 시도矢島 문화의 성격을 부분적으로나마 밝힐 수 있었다. 토기류 외에 석기로는 그물추와 활촉, 도끼, 돌날[石刀], 갈돌, 돌끌[石鑿] 등이 나왔으나, 골각기는 출토되지 않았다. 특히 3지구의 각 층위로부터 검출한 숯을 시료로 한 C-14 측정 결과, 김해식 토기가 나오는 교란층 상부, 민무늬토기가 나오는 교란층 하부, 맨 아래의 빗살무늬가 나오는 순조가비층 하부로부터 각각 1963±63 B.P., 2470±55 B.P., 3040±59 B.P.라는 흥미로운 결과가 나왔다.

이해 가을에는 강진 사당리 가마터에서 제6차 발굴 조사[204]가 계속되었다. 연말에는 고성固城 동외동 조개무지[205]에 대한 제2차 조사가 이루어졌는떼, 토층은 제1차 조사 때와 별다른 차이를 보이지 않았으며, 출토 유물의 대부분은 토기류들로서, 하층에서는 적갈색의 연질토기가, 상층에서는 주로 회색 경질토기가 많이 나왔다. 이러한 현상은 두 종류 토기 간의 선후 관계를 나타내 주는 자료로서 이 조개무지의 성격을 잘 보여 주었다. 하층으로부터의 연질토기에는 항아리나 독, 깊은 바리와 같은 대형 토기가 있었고, 이 밖에 굽다리접시와 바리, 시루, 화로모양[爐形]토기 등이 다양하게 나왔다. 이와 함께 상층으로부터의 경질토기로는 독이나 깊은바리, 굽다리접시 등이 출토되었다.

늦봄 문화재관리국에 의해 조사된 경주 안계리 고분군[206]은 대단위 산업 단지인 포항제철의 공업용수 저수 댐의 수몰 예정 지역에 분포되어 있어 이에 대한 구제 발굴이 불가피한 유적이었다. 이곳 수몰 예정 구역 안에는 모두 이백사십여 기의 크고 작은 고분들이 있었으나, 대부분 일찍부터 자연적 또는 인위적인 훼손을 심하게 입어 이 가운데 조사 가능한 34기에 대해서만 조사를 실시하였다. 봉토가 남아 있는 것 가운데 큰 편에 속하는 것의 밑지름은 15-20미터로서, 드물게는 둘레돌[護石]이 돌아가는 것도 있었다. 대형의 봉토 아래에 이루어진 무덤의 구조는 대개 돌무지덧널무덤이었는데, 이들은 대부분 외덧널식[單槨式]이었으나 으뜸덧널과 딸린덧널이 T자형 또는 II자형으로 배치된 양덧널식[兩槨式]도 있었다. 또한 으뜸덧널 가운데에는 안덧널[內槨]과 바깥덧널[外槨]을 깃춘 겹덧널식[二重槨式]도 있었고, 으뜸덧널 안에 따로 부장칸을 설치한 것 등 매우 다양한 구조를 보여 주었다.

이 밖에 기본적으로 그 구조가 돌무지덧널무덤과 같았지만, 돌무지의 규모가 축소된 반돌무지[半積石]덧널무덤으로 분류될 만한 것도 몇 기가 있었고, 나머지

규모가 작은 것들은 대부분 돌덧널무덤[石槨墳]에 속하는 것들이었다. 덧널의 긴축은 대부분 동서로 이루어졌지만, 일부 작은 무덤 가운데에는 남북으로 된 것들도 있었는데, 동서의 경우 두향頭向은 대개 동침東枕임을 알 수 있었다.

고분군 가운데 가장 큰 봉토를 갖춘 4호 무덤(D-20 = 4m)의 경우, 봉토 안에 남쪽과 북쪽에 긴축을 동서로 둔 2기의 덧널을 가지런히 II자형으로 배치한 양덧널식 무덤이었다. 남곽은 겹덧널식으로 안덧널(3.4×1.1 = 0.45m) 둘레에 석단을 쌓아 올리고, 가장자리를 따라 또 다른 바깥덧널(5.5×3.5m)이 이루어졌다. 안덧널의 동쪽 머리맡에는 토기들이 부장되어 있었고, 안덧널 둘레의 바깥에 채워진 석단 위의 여기저기에서는 토기와 함께 비늘갑옷[札甲]쪼가리, 도끼, 창, 솥 등 철제 유물들이 흩어져 나왔다.

이에 비해 남곽으로부터 1미터가량의 간격을 두고 만들어진 북곽은 외덧널식이었다. 덧널(3.3×1.0 = 1.8m)은 남곽의 안덧널과 비슷한 크기로서, 동벽 쪽에 항아리와 굽다리접시 등 크고 작은 토기들을 뒤섞어 부장하였다. 덧널의 한 복판에서는 한 쌍의 귀걸이 아래로 유리구슬, 금구슬[金球]과 곱은옥, 대롱옥 등으로 이어진 화려한 목걸이와 완형의 유리잔 한 점이 나오고, 남서쪽 구석에는 크고 작은 토기들을 배열해 두었다.

앞서 1968-1969년에 걸쳐 이루어진 경주 방내리芳內里 고분과 함께 1960년대 이후 우리나라가 새로운 산업화 시대로 진입함에 따라 겪어야 했던 피할 수 없는 구제 발굴로서, 이후 해마다 그 빈도가 높아져 우리 고고학사에 새로운 전기를 마련해 나갔다고 해야 할 것이다.

늦여름에는 강릉 하시동 고분군[207] 가운데 도굴된 2기에 대한 정리 조사가 이루어졌다. 원래 있었던 풍호楓湖라는 석호潟湖와 동해 사이에 있었던 모래 언덕에 백여 기가 분포된 고분군으로, 최근까지도 도굴이 빈번하게 행해져 주변에는 많은 토기 쪼가리들이 흩어져 있었다.

조사된 2기의 무덤은 비슷한 크기(2.7~3.5×0.49~0.66 = 0.7m)와 구조의 구덩식돌덧널무덤으로서, 덧널의 평면은 동서를 긴축으로 한 장방형을 이루며, 서쪽 마구리벽 쪽에 치우쳐서 판돌을 세워 으뜸덧널과 딸린덧널을 각기 동서로 구분하고 있었다. 덧널의 네 벽은 모두 냇돌을 수직으로 쌓아 올리고, 천장에는 길쭉한 판돌 여러 장을 덮고 그 틈새를 점토로 메웠는데, 바닥에는 냇돌을 드문드문 깔아 주검받침[屍床]을 만들었다. 덧널 안에서는 목항아리와 굽다리접시,

가락바퀴 등이 출토되었다.

이어서 가을에는 여주 보통리 고분[208]이 조사되었는데, 마을 뒷산에서 뻗어 내린 가지 능선 위에 이루어진 대형의 둥근 봉토(D-12 = 5.5m)로 덮인 무덤이었다. 굴식돌방무덤(2.7×2.44m)으로 평면이 거의 정방형에 가까웠는데, 남벽의 중간에 널길(3.8×0.8m)이 만들어져 있었다. 돌방 안에는 북벽에 붙여서 높이 0.55미터 내외의 비교적 높은 주검받침을 설치하였다. 천장은 흔히 고구려 무덤에서 보이는 3단으로 이루어진 약식略式의 모줄임천장(抹角藻井)인데, 그 위에 넓적한 판돌 한 장을 얹었다. 출토된 유물로는 사람의 머리뼈, 이빨과 함께 금동제 귀걸이, 철제의 손칼과 원형구圓形具가 나오고 못과 꺾쇠가 수습되어, 시신이 나무널에 안치되었음을 알 수 있었다.

문화재관리국에 의한 경주 불국사 구품연지九品蓮池[209]의 발굴은 불국사 복원 공사를 위한 지난해의 전면적인 절터 발굴에 이어 올해에 추가로 조사가 이루어졌다. 조사 결과, 연지는 청운교青雲橋·백운교白雲橋 남쪽에 위치한 인공으로 조성한 타원형의 연못(39.5EW×25.5NS = -2~3m)임이 밝혀졌다. 또한 시대가 내려오면서 연못의 비중과 규모가 점차 감소, 축소되어 조선조 말기에 이르러서는 황폐되기에 이르고, 일제강점기의 보수 공사 때에는 완전히 폐기 매몰된 것으로 짐작되었다. 그러나 이곳 불국사가 관광철을 맞아 많은 관광객들이 몰리는 데다 농번기여서 작업 인부를 구하기도 어렵고, 곧이어 동절기의 기온 급강하에 예산상의 문제까지 겹치면서 유구를 중도에 되묻을 수밖에 없는 지경에 이르고 말았다.

이에 앞서 봄에는 공주 석장리 유적 제7차 조사[210]가 연세대학교 박물관에 의해 이루어졌다. 곧이어 공주교대가 공주 금학동金鶴洞 일명사지逸名寺址[211]에 대한 발굴을 실시하였다. 공주교대의 대운동장 공사 중에 발견된 절터(11EW×6m)에서는 네모난 통일신라시대의 주춧돌과 석탑 부재, 우물 뚜껑, 작은 돌탑과 기와 등이 출토되었다. 여기에서 수습된 것으로 전해지며, 고려시대의 것으로 추정되는 석조여래좌상과 석불 광배가 현재 국립공주박물관에 소장되어 있다.

동아대학교 박물관에 의해 정리 조사된 부산 칠산동 1호 무덤[212]은 복천동 고분군으로부터 남쪽으로 500미터가량 떨어진 법륜사法輪寺의 경내에서 발견되었다. 주종鑄鐘 공사 중에 드러난 이 무덤은 깬돌과 자연석으로 네 벽을 수직으로 쌓아 올린 구덩식돌덧널무덤(4NS×0.75 = 0.7m)으로서, 뚜껑돌은 따로 확인

그림 80. 울주 천전리 유적 서석書石 부분.

되지 않았다. 벽면에 점토를 발랐고, 바닥에는 별다른 시설 없이 점토를 5센티미터 두께로 다진 뒤 그 위에 유물을 부장하였던 것으로 보인다. 여기에서는 꺾쇠 등이 수습되어 나무널을 사용했음을 알 수 있었고, 유물의 출토 상황으로 보아 남침南枕으로 펴묻은 무덤임을 알 수 있었다. 승려 등 작업인들에 의해 무질서하게 수습된 유물로는 스무 개체분에 이르는 크고 작은 신라계의 토기류와 창, 도끼, 덩이쇠(鐵鋌) 등의 철기류가 있었다.

이해 가을에도 두 차례에 걸쳐 동아대학교 박물관에 의해 부산 복천동 고분[213]이 조사되었다. 일대의 고분들은 대부분 봉토가 이미 깎여 나가고, 조사 당시 아무런 흔적도 남아 있지 않은 평분平墳들로서 주위는 피난민들이 판잣집을 짓고 살았던 실향민촌을 이루고 있었다.

따라서, 판잣집을 수리하거나 확장할 때면 고분이 발견 신고되어 그때마다 1-2기씩 정리 발굴되어 나갔다. 지난해 1호 무덤 발굴 이후 이렇듯 간헐적인 발굴로 이해에는 5기(2-6호)가, 1971년에는 4기(7-10호)가 조사되어, 그 개략적 보고가 한꺼번에 이루어졌다. 1호 무덤을 중심으로 북동쪽(2-7호)과 남서쪽(8-10호)으로 길게 이어져 있었는데, 9기 중 돌덧널무덤은 4기(2호, 5호, 6호, 8호)로서 그 크기는 4.2~6.4×0.45~1.30 = 1.0~1.6m였고, 나머지는 널무덤이거나 토석혼축묘土石混築墓였는데 훼손이 심한 상태였다.

이해 연말에는 동국대학교 박물관에 의해 울주 천전리 서석書石[214]이 발견되었다. 이는 고신라기에 속하는 암각 유적(9.5×2.7cm)으로서, 위쪽에는 동심원, 마름모, 소용돌이무늬 등 기하학 무늬와 배와 동물 그림이 새겨지고, 아래에는 명문銘文이 새겨져 있었다.그림80

명문으로는 '乙巳'(525년, 법흥왕 12년)로 시작되는 800여 자에 이르는 글자가, 그림으로는 말, 새, 배, 용과 인물 등이 가늘게 새겨져 있었다. 명문의 내용으로 보아 5세기에서 신라 말에 이르기까지 여기에서는 고유의 신앙 의식이 행해지고 여러 화랑花郎의 이름이 나타난 것은 당시 많은 화랑들이 이곳을 찾아 수행修行의 도량道場으로 삼았음을 보여 주었다

북한에서는 1968년 이후 계속된 침체기가 계속되어 이해에 이루어진 발굴은 1966년부터 시작된 상원 검은모루 유적에 대한 마무리가 유일한 조사 사업이었던 것으로 보인다. 조사 결과 파 들어간 네 개의 구획 가운데 상태가 비교적 좋은 제3구획에서 다섯 개 층이 확인되었는데, 이 가운데 I·II·III층에서는 동물 화석들이 발견되었고, 석기로 보이는 유물들은 IV층으로부터 출토되었으며 맨 위의 V층은 종유석층이었다.

출토된 동물 화석들 가운데에는 일부 한랭성도 포함되어 있었지만, 대부분 아열대성 또는 열대성들로서 당시 이 지역의 상태 환경의 실상을 짐작할 수 있었다. 석기는 대부분 규질석회암이나 석영으로 만든 주먹도끼 등으로서 그 제작 수법으로 보아 이 유적이 중기 갱신세의 이른 시기인 구석기시대 전기 초경에 이루어진 것으로 추정되고 있다.

1960년대는 일제강점기와 한국전쟁기의 사회문화적 혼란기를 거쳐 우리나라 고고학계의 성장에 원동력이 되는 많은 여건들이 단기간에 이룩된 시기였다. 서울대학교에 새로 고고인류학과가 개설됨으로써 지금까지 역사학 등 관계 학문의 전공인들에 의해 이끌어 오던 이 분야 조사 연구에 직접적으로 고고학 전공인들이 참여하게 되는 계기가 이루어지게 되었다.

또한 이전까지 대부분의 고고학적 활동이 주로 국립박물관 조사단에 의해 이끌어져 오다가, 이 시기에 들어 몇몇 대학 박물관이 발굴에 참여하게 되었다. 중반에 이르러서는 문화재관리국이 직접 조사 사업에 참여하면서 당분간 국립박물관과 함께 국립 기관에 의한 고고학 발굴을 주도하게 된 것이다.

발굴 대상의 시대적 성격도 다양해져 1950년대까지는 주로 경주 지역의 신라 고분을 비롯한 역사시대의 유적 발굴에 치중했으나, 1960년대에 이르러서는 선사시대의 범위까지 확대되면서 국립박물관의 주도 아래 전국 고인돌 유적과 같은 대단위의 연차적 발굴 조사를 수행하게 되었다.

발굴의 동기와 행태도 지금까지는 주로 발굴자나 발굴 기관이 원하는 시대와 성격의 유적을 자의적으로 선별하여 실시하는 학술 목적 위주의 발굴이라고 할 수 있었다. 그러나 사일구와 오일륙 등 사회적 격변과 함께 차츰 산업화시대에 접어들면서 발굴의 규모와 성격이 달라질 수밖에 없었다. 고속도로나 각종 산업 시설의 조성에 따라 과거 자의적自意的으로 선호하는 발굴 대상의 선정과는 달리 타의적他意的이거나 경우에 따라서는 기간이나 예산 등에 의무가 수반되는 구제救濟 발굴의 기운이 싹트기 시작했다.

이렇듯 발굴 빈도와 규모의 급격한 증가는, 한편으로는 자칫 졸속의 결과를 조장하는 부정적 요인이 되기도 했다. 그러나 시간이 흐르면서 차츰 조성된 한국 고고학의 저변 확대는 이후 국학國學의 한 분야로서 일찍이 정착될 수 있는 탄탄한 기틀을 마련할 수 있게 되었다고 할 수 있다.

여기에 1970년대에 들며 불기 시작한 '새마을운동'이란 새로운 사회적 변혁이 급속도로 전국에 퍼지면서, 이후 지상 또는 지하에 매장된 문화재들이 흔적도 없이 사라져 간 수많은 사례는 근현대사에 교차되는 우리 역사의 명암明暗이라고 할 수 있을 것이다.

한편, 북한에서는 지난 1950년대에 비해 발굴 건수는 다소 줄어든 데 비해 개별 건수의 규모가 커지고 연차적 계속 사업이 더욱 확대되었다. 더욱이 발굴의 범위도 더욱 늘어나 고조선의 고토인 요령 지방까지 넓혀 조선·중국 공동 고고학 발굴이란 명분을 내걸고 활발한 고고학적 활동을 펼쳐 나갔다. 그러나 발굴 유적의 시대적 범위는 보다 제한되어 역사시대의 유적 발굴 대신 선사시대와 원사시대 유적에 보다 치중한 발굴을 펼쳐 나갔다.

다만 1960년대의 하반기에 이르러서는 발굴 활동이 극도로 축소되어 마지막 단계에는 발굴이 거의 중단 사태까지 이르게 되었고, 이후 1970년도에 들어서도 별다른 회복의 기미를 보이지 못한 채 내내 빈사지경에서 겨우 명맥만 유지하는 상황이 계속되었다.

제7장 정착기定着期
1971-1980

산업 발전에 따른 문화재 정책의 활성화와 국책 발굴 체제의 정착

1970년대에 이르면서 지금까지의 소소한 단위 유적에 대한 국지적局地的 발굴 체제에서 벗어나 대단위 국가적 발굴의 터전이 이룩되기 시작했다. 극히 우연히 이루어진 고고학적 일대 사건이랄 수 있는 무령왕릉武寧王陵 발굴은 그 졸속적인 마무리에도 불구하고 국가적 발굴의 입지를 다져 주는 하나의 계기를 마련해 주었다고 할 수 있었다.

성급하게 끝내 버린 발굴에 대한 학계와 국민들의 싸늘한 시선에 대한 뉘우침일 수도 있겠지만, 당시로서는 더 이상일 수 없는 관련 학계의 중진들을 총동원한 필진을 구성하여 치밀한 보고서 작업을 수행하였다. 그러한 반성은 사십여 년이 지난 지금까지 후진들에게까지 이어져 내려와 공주박물관의 젊은 연구진에 의해 그에 대한 분석적 연구와 검토가 꾸준히 이어져 가고 있다.

한 해 반 남짓 뒤인 1973년 이른 봄, 문화재관리국 산하에 경주미추왕릉지구발굴조사단이 구성되면서 시작된 천마총天馬塚 발굴은 무령왕릉 발굴에서 겪었던 시행착오에 대한 반성이랄 수 있을 만큼 철저한 사전 계획과 함께 수행된 역사적 과업이라고 할 수 있었다. 곧이어 착수된 황남대총皇南大塚, 안압지雁鴨池, 황룡사지皇龍寺址, 월성해자月城垓字 발굴 등은 여기에 투입되는 방대한 예산이나 조사 기간, 소요 인력면에서 당시의 여건으로서는 국가 기관이 수행할 수밖에 없는 대규모 사업이었다.

그만큼 조직적인 계획과 통제 아래 경주미추왕릉지구발굴조사단은 경주고적발굴조사단으로 개편되었지만(1975. 10. 31), 1970년대 거의 전 기간 동안을 경주에 상주하다시피 하면서 연중 발굴을 수행해 나갔었다. 1970년대 말에 이르러 경주지구의 고적 발굴 사업이 일단락되고 새로 익산 미륵사지彌勒寺址 발굴 조사단이 구성되면서(1980. 7. 7) 고도古都에서의 발굴 사업이 새로운 국면을 맞게 되었다.

이렇듯 문화재관리국이 국책 발굴의 전면에 나서면서 상대적으로 국립박물관의 발굴 참여도는 과거에 비해 차츰 그 비중이 줄어들어, 몇몇 소규모 단위 유적의 연차적인 발굴에 치중하게 되었다. 더구나 국립박물관의 체제가 국립중앙박물관으로 바뀌면서 업무와 기능이 전문화, 다변화되었고, 당연히 발굴 기능은 상대적으로 축소될 수밖에 없었던 것이다.

따라서 1970년대에 들어 이전까지의 다양한 성격의 발굴을 지양하고 단위 유적에 대한 집중적 학술 발굴을 위해 연차적 계획이 수립되면서, 전반기에는 서울 암사동岩寺洞 유적, 후반기에는 부여 송국리松菊里 유적 등 자체 예산 발굴이 가능한 유적들이 발굴 대상지로 선정되었다. 이렇듯 차츰 줄어든 국립박물관의 빈자리는 대학 박물관의 활발한 참여로 얼마간 보완되면서 발굴 기관의 다변화로 이어지게 되었다.

한편, 1960년대 중반까지만 해도 활발히 진행되었던 북한의 고고학적 활동이 1960년대 말에 이르면서 급격히 쇠퇴하면서 1970년대에 들어서도 별다른 회복의 기미를 보이지 못하고 겨우 그 명맥만 유지한 채 이어 왔다. 1980년대에 이르면서 두어 해에 걸쳐 잠시 그 기운이 되살아나는 듯했으나 또다시 침체기에 들어서며 그 후로는 거의 빈사지경에 이르렀다.

정착기에 들어서 북한에서 이루어진 발굴 유적은 일부 고구려 벽화를 빼고는 대부분 선사시대의 유적에 편중되었다고 할 수 있었다. 일찍이 1954년에 처음 시작되었던 은율 운성리 유적 발굴이 4반세기 동안 모두 일곱 차례에 걸쳐 드문드문 계속되다가 1978년에 이르러 마무리되었다. 그동안 움무덤을 비롯하여 귀틀무덤, 독무덤, 벽돌무덤 등 다양한 묘제와 토성이 확인되어 한반도에서 기원 전후에 이루어진 금속문화의 추이 과정을 보여 준 유적이었다.

이 기간의 종반에 조사가 이루어진 평양 남경 유적에서는 신석기시대와 청동기시대의 집자리외 초기 철기시대의 무덤 및 역사시대의 문화층이 나왔는데, 특히 오곡의 낟알들과 대형의 독들이 나와 본격적인 농경이 이루어졌음을 알 수 있었다.

1971년

이해에는 국립박물관에 의해 이른 봄에 공주 탄천면 남산리南山里와 송학리松鶴里의 독무덤과 움무덤 등 선사시대 무덤과 백제의 돌방무덤 들이 조사되었다. 대부분의 유적들이 도굴되었으나, 수직으로 세운 외독널(直立單甕墓)이나 돌뚜껑을 갖춘 움무덤(石蓋土壙墓) 등 드문 자료가 확인되기도 하였다.

이어서 부산 동삼동東三洞 조개무지에 대한 마지막 연차 조사인 제3차 조사에서는 앞서 제1차, 제2차에서 확인된 구역과의 층위 관계를 연계시키는 데 주력하였다. 이 밖에 유적 전반에 걸쳐 출토된 많은 자연유물과 인공유물 들을 통해 한반도 동남 해안에서의 신석기문화를 조명해 볼 수 있는 자료들이 확보되었다. 곧이어 청양 왕진리汪津里 일대의 금강변 구릉지대에 분포한 백제시대 기와 가마터(瓦窯址) 6기를 조사하였는데, 가마 안에서는 백제 토기 쪼가리들도 수습되어 당시에 토기와 기와가 같은 가마 안에서 구워졌음을 보여 주었다.

늦가을에는 서울 암사동 집자리 유적에 대한 이후 네 차례에 걸친 연차적 발굴의 제1차년도 발굴이 시작되었다. 일제강점기인 을축년乙丑年 대홍수 때 발견된 이래 우리나라 신석기시대의 대표적 유적으로, 1967년에도 한국대학박물관협회의 주관으로 연합 발굴이 이루어졌다. 이 밖에도 이를 전후하여 몇 차례의 소소한 발굴이 있었으나, 이해부터 국립박물관에 의한 연차적 계획 아래 본격적인 발굴이 시작되었다.

봄에는 춘천 일원의 소양昭陽 댐에서, 여름에는 팔당八堂 댐 등 수몰 지구에서 문화재관리국의 주관으로 국립박물관과 몇몇 대학 박물관의 참여로 구제 발굴이 이루어졌다. 이로써 국가기관과 대학 박물관이 연합 팀을 구성하여 대규모의 국책 사업 수행을 위한 구제 발굴을 마무리할 수가 있었다. 한편, 광주廣州 창곡리倉谷里에서는 우연히 발견된 조선시대의 회곽묘에 대한 조사를 실시하여 백자명기明器 등 부장된 유물을 수습하였다.

초여름에 이루어진 공주 무령왕릉 발굴은 우리 고고학사에서 일찍이 그 유례가 드물었던 엄청난 대발견이었다. 문화재관리국에 의한 일대의 송산리宋山里 고분군의 배수구 공사 중에 우연히 드러난 이 세기적 발견은 가히 동아시아의 투탕카멘Tutankhamen이랄 만큼 역사적인 사건이었다. 또한 그것이 갖는 고고학적 성과 외에도, 너무 성급한 조사에 따라 놓칠 수밖에 없었던 발굴에서 지켜져야 할 여러 가지 윤리적, 학문적 덕목도 함께 일깨워 준 계기가 되었다고 할 수 있었다. 연말에는 화순 대곡리大谷里에서 발견 신고된 청동기 일괄 유물에 대한 사후 정리 조사를 통해 출토 유구에 대한 구조적 성격의 일단을 살필 수 있게 되었다.

이해 봄에는 서울대학교에서 서울 석촌동石村洞 원삼국시대의 집자리 유구를 조사하여, 우리나라에서 이루어진 최초의 지상 가옥 유구의 실체를 밝히게 되었다. 이에 앞서 연세대학교 박물관에서는 한 달 남짓에 걸쳐 공주 석장리石壯里의 구석기시대 유적에 대한 제8차년도 조사를 실시하였다. 여름에는 이화여자대학교 박물관에 의한 영주 순흥면 읍내리邑內里에서의 어숙술간묘於宿述干墓 발굴이 이루어져, 여기에 나타난 벽화를 통해 신라 영역 내에서 발견된 고구려계의 벽화무덤이라는 데 매우 중요한 의미가 있었다.

공주사대 박물관에 의해 발굴된 공주 서혈사지西穴寺址 발굴은 1969년에 이어 이루어진 제2차년도 조사로서, 백제시대에서 통일신라에 걸쳐 이루어진 절터 유적에 대한 실체를 밝힐 수가 있었다. 연말에 부산대학교 박물관이 조사한 부산 오륜대五倫臺 고분은 몇 해 전에 수몰되었다가 가뭄에 의해 드러난 삼국시대의 무덤들에 대한 정리 조사였다. 연말에는 지난해 연말에 발견된 울주 천전리 서석書石 유적으로부터 가까운 대곡리大谷里 반구대盤龜臺에서 또 다른 선사시대의 암각화를 발견하였으나, 이에 대한 조사는 이듬해로 미룰 수밖에 없었다.

이해에도 적지 않은 유적에 대한 발굴이 이루어졌으나, 공주 무령왕릉 발굴의 여운에 가려져 별다른 빛을 발하지 못한 채 조용히 묻히고 말았던 한 해였다.

공주 남산리南山里 유적[1]은 이웃한 송학리 유적과 함께 이른 봄 국립박물관에 의해 조사되었다. 조사 지역은 동서로 뻗은 해발 40-50미터의 나지막한 야산 지대로서, 무덤들은 A, B, C의 3군群으로 나누어지는데, A군과 B군은 능선 위에, C군은 비탈면에 이루어져 있었다. 이른 봄에 실시된 이해의 조사에서는 선사시대의 독무덤 3기와 돌널무덤 2기, 움무덤 24기, 백제시대의 독무덤 2기와 움무덤 등을 조사하였다. 이 가운데 선사시대 움무덤 3기로부터 간돌검 각 한 점씩이 출토되었고, 이 밖에 약간의 민무늬토기와 붉은간토기 쪼가리 들이 수습되었다.

선사시대의 독무덤은 송국리식松菊里式 토기를 사용하였기 때문에 같은 시기에 만들어진 것으로 보이는 이들 움무덤들도 독무덤과 같은 기원전 5세기경에 이루어진 유적들로 생각되었다. 이들 선사시대에 속하는 유형의 무덤들은 여기에 인접한 송국리인들에 의하여 만들어진 무덤 유적일 가능성이 큰 것으로 예견되기도 하였다.

한편, 인접한 송학리松鶴里 유적에서는 청동기시대의 유물 포함층과 독널무덤, 돌널무덤 각 1기 및 백제시대의 굴식돌방무덤 2기가 조사되었다. 백제 무덤 가운데 1호는 남북으로 긴 장방형의 돌방(2.43×1.44 = 1.26m)으로서 남벽에 널길(0.73×0.89 = 0.88m)이 이어졌는데, 천장은 긴벽의 윗단에서 일단 안쪽으로 꺾인 뒤 그 위에 넓적한 천장돌을 얹어 단면 육각형의 꺾임천장平斜天井을 이루었다. 2호 무덤은 북동에서 남서로 긴 장방형(3.84×1.20 = 1.08m)인데, 안쪽 마구리벽은 넓적한 판돌 한 장을 세우고 양 긴벽은 깬돌을 4단으로 쌓아 올렸다. 널길(1.10×0.85 = 0.84m)은 남동 긴벽과 일직선으로 이어져 ㄱ자 모양의 평면을 이루었는데, 천장은 위쪽으로 올라가며 점차 가볍게 좁아지면서 납작천장平天井을 이루었다.

곧이어 국립박물관과 서울대학교 박물관이 합동으로 실시한 부산 동삼동 조개무지[2]에 대한 마지막 제3차 조사에서는 제1차와 제2차 조사 구역을 서북에서 동남으로 관통하는 H자형 트렌치를 설정하여 퇴적층의 층위를 최종적으로 확인하는 작업이 이루어졌다. 이해의 발굴에서는 시기를 달리하는 세 개의 문화층이 확인되었고, 각 층에서는 세부적인 편년이 가능한 다양한 토기와 석기, 골각기, 조가비제품 등의 인공 제품뿐만 아니라 동물 유체 등의 자연 유물도 다량으로 출토되었다. 특히 이해의 조사에서는 이 유적의 주류를 이루는 빗살무늬토기층의 아래 최하층에서 그보다 앞서는 둥근 밑동圓底의 원시민무늬토기와 돋을무늬 토기층이 존재한다는 사실을 확인할 수가 있었다.

국립박물관에서 조사한 청양 왕진리 가마터[3]는 금강변에 이루어진 백제시대 유적으로 일대의 언덕에 분포한 6기를 선별하여 발굴하였다. 원래 이곳에는 수십 기의 가마가 있었으나 그동안 강 흐름의 변경에 따라 대부분의 가마가 유실되었고, 남아 있던 몇 기 가운데 앞으로 유실의 위험이 크다고 생각되는 곳을 발굴하게 되었다. 6기 가운데 5기는 오름가마登窯, 1기는 평가마平窯로서 모두 점토질의 언덕에 굴을 파서 가마방을 만들었는데, 가마 바닥은 여러 차례에 걸쳐 보수가 이루어졌던 것으로 보였다. 두 종류의 가마 바닥 모두가 계단식 혹은 층단식을 이루며 백제 토기도 보이는 것으로 보아 기와와 토기를 함께 구웠던 것으로 생각되었다.

국립박물관에 의해 조사가 시작된 또 다른 중요한 유적으로는 이해 초겨울에 조사된 서울 암사동 집자리 유적[4]이 있다. 연차적 발굴계획으로 이루어진 이해 제1차년도 발굴에서는 모두 여덟 채의 움집터를 조사하였다. 집자리의 평면 형태는 대개 둥글거나 모줄인 방형(抹角方形)으로서, 두 채 또는 세 채의 집자리가 서로 겹친 상태로 드러났다. 집자리의 규모는 방형이 대략 한 변 5-6미터였고, 원형은 지름 4미터 안팎으로 방형이 약간 컸지만, 두 유형의 시기적 선후 관계는 뚜렷하지 않았다.

두 유형 모두의 바닥 가운데에 화덕자리(爐址)가 설치되었는데, 원형 집자리에는 원형 화덕이, 방형에서는 방형 화덕이 만들어진 흥미로운 공통점을 보여 주었다. 또한 방형 집자리에는 네 귀퉁이마다 기둥 구멍이 한 개씩 있었지만, 원형 집자리에는 기둥구멍이 없었다. 출토 유물 가운데 토기는 대부분 빗살무늬 계열의 것들로, 밑동이 뾰족하거나 둥글지만 일부 납작바닥도 보였다. 바탕흙은 점토에 운모(雲母)가 많이 섞여 있었는데 일부 활석(滑石)이나 석면(石綿)이 섞인 것들도 있었다.

무늬는 그릇 전면에 걸쳐 같은 계열로 나타낸 동일문계(同一文系)와 부분별로 다른 무늬를 넣은 구분문계(區分文系)로 나뉘는데, 구분문계의 경우 아가리에는 일부 점렬(点列)무늬도 보이지만 빗금무늬(短斜線文)가 많았고 몸통에는 대부분 생선뼈(魚骨)무늬가 나타나 있었다. 석기로는 자갈돌의 일부를 떼어 낸 긁개, 찍개, 도끼 등 뗀석기가 대부분이며, 갈판과 갈돌도 수습되었다.

이해 봄에 이루어진 소양 댐 수몰 지구[5]에 대한 발굴은 다목적 댐 건설에 앞서 이루어진 구제 발굴로서, 문화재연구실 주관으로 국립박물관과 서울대학교의 합동 조사 팀으로 구성된 발굴이었다. 수몰 지구 내에는 소양강 연안의 춘성(春城), 양구, 인제 등 세 개 군(郡)이 포함되어 있었으나, 조사 대상은 대부분 춘성군 관내에 국한되어 고인돌 6기와 생활 유구 두 곳에 대한 발굴을 실시하였다.

생활 유구 가운데 내평2리(內坪二里)의 돌깐집터(敷石住居址)(10×5m)는 바닥에 크고 작은 냇돌을 깔았는데, 여기에서는 화덕자리와 함께 빗살무늬토기가 출토되어 지금까지 조사된 유사한 돌깐 유구가 집자리였음을 짐작케 해 주었다. 이 유구의 바로 옆에서 화덕자리가 반쯤 절단된 채 빗살무늬토기인의 움집 한 채가 드러났다.

문화재연구실에 의해 조사가 이루어진 광주(廣州) 창곡리 회곽무덤[6]으로부터는 나무널(木棺) 부재와 유골이 수습되었고, 덧널의 위쪽 구덩벽에서는 네모난 감실

龕室이 나왔다. 감실 안에는 뚜껑을 갖춘 백자 단지와 남녀 인물로 이루어진 소형 명기明器 등 일괄 유물이 부장되어 있었다. 지금까지 고고학적 발굴의 범주에서 거의 소외되어 오다시피 한 조선시대의 회곽묘에 대해 신중한 학술적 접근을 시도했다는 데 의미가 있다고 할 수 있었다.

초여름에 이루어진 공주 무령왕릉[7] 발굴은 한국 고고학사에서 모든 국민들로부터 가장 많은 관심을 불러일으켰던 고고학적 성과의 하나였지만, 이는 극히 우연한 발견에서부터 비롯되었다. 송산리 고분군 가운데 당시에 제한적으로 개방되어 오던 5호 무덤(돌방무덤)과 6호 무덤(벽돌무덤)에 장마철이면 무덤 속으로 물이 스며들어, 이에 대비한 방수 작업을 위한 배수구 공사 중에 무령왕릉 벽돌 구조의 일부가 드러났던 것이다.

지금 남아 있는 봉토가 원래의 모습과는 다소 차이가 있었겠지만, 남아 있는 상태나 널방의 크기로 볼 때 지름은 대략 20미터, 널방 바닥에서 봉토까지의 높이는 7.7미터가량이었을 것으로 짐작되었다. 그러나 원래의 봉토가 상당 부분 유실되어 주변의 자연 구릉과 별다른 높이나 굴곡의 차이를 보이지 않았기 때문에, 대부분 도굴을 당한 주변의 무덤들과는 달리 결과적으로 그때까지 처녀분으로 남을 수 있었던 것으로 생각되었다.사진 25a

암반을 깎아 내고 그 위에 민무늬 벽돌을 가지런히 깔아 널방(4.2NS×2.7＝3.1m)의 바닥을 만든 뒤, 남쪽으로 너비 1미터가량만 남기고 나머지 바닥면 전체를 한 단 높게 쌓아 널받침(棺臺)을 만들었다. 여기에 무늬벽돌을 가로와 세로 쌓기로 번갈아 쌓아 올려 동서 양 벽이 천장부에 이르러 차츰 좁아지면서 활천장(弓形天井)을 이루었다. 벽면에는 북벽에 한 개, 동서 양 벽에 각 두 개씩의 등자리(燈龕)가 만들어지고, 여기에 타다 남은 심지가 담긴 백자 등잔이 하나씩 놓여 있었다.

널방의 남벽 중앙에 널길(羨道)(2.9×1.04＝1.5m)을 설치하고, 바닥과 벽면, 천장을 널방과 같은 방식으로 쌓았는데, 널길의 바닥은 널방의 널받침 바닥과 같은 높이였다. 널길 밖으로는 풍화된 암반을 뚫어 길이 9미터가 넘는 무덤길(墓道)을 만들어 그 밑으로는 긴 도랑을 파고 여기에 벽돌을 깔아 배수구를 만들었다. 널길 바닥 위에는 입구에서부터 청자 단지와 청동 수저, 왕과 왕비의 묘지석墓誌石과 오수전五銖錢 꾸러미, 진묘수鎭墓獸 등이 차례로 배열되어 있었다.사진 25b 안쪽 널방의 동쪽과 서쪽에 안치되었던 왕과 왕비의 널들이 고스란히 무너져 내

사진 25a·b. 공주 무령왕릉 널길 막음돌 개봉작업(왼쪽) 및 널길 입구.

려앉은 상태로 남아 있었다. 널빤지의 틈새에서는 베개[頭枕], 발받침[足座]과 함께 갖가지 장신구, 용기류 등 다량의 부장품들이 수습되었다.그림81

이렇듯 화려한 구조와 찬란한 부장 유물에도 불구하고 유구의 최초 발견에서부터 무덤 내부 발굴을 마칠 때까지 소요된 기간은 닷새. 그것도 실제 무덤 내부에서의 촬영, 실측, 유물 수습에 소요된 시간은 만 하루에도 못 미치는 불과 '1박 2일'의 철야 작업이었다. 제대로 된 발굴을 진행했더라면 몇 달은 족히 걸릴 수도 있는 작업 내용이었지만, 결과적으로 한국 고고학사에 오래도록 남을 씻을 수 없는 잘못을 범하고 말았던 것이다.[8] 이후 백제무령왕릉 종합조사단이 구성되어 이해 여름에서 가을까지 모두 세 차례에 걸쳐 왕릉의 봉토와 내부, 외부 구조에 대한 추가 조사를 실시하였다.

연말에는 문화재연구실에 의해 화순 대곡리 청동기 출토 유적[9]에 대한 정리조사가 실시되었다. 유물은 당초 마을 주민에 의한 배수로 작업을 하던 중 발견되어 엿장수에게 넘겼던 것을, 그 엿장수가 전라남도청에 신고함으로써 알려지게 되었다. 주민들의 인식 부족으로 대부분이 파괴된 뒤였지만, 정리 조사를 통해 출토 유구의 일부나마 밝힐 수가 있었다. 표고 56미터의 평탄한 구릉의 자연 암반에 구덩(3.3EW×1.8 = 0.6m)을 파내고 여기에 나무널(1.8×0.5 = 0.4m)을 안치한 것으로 보이는데, 바닥의 동쪽에서 두꺼운 널 쪼가리(86×40 = 10cm)가 수습되어 널빤지와 같은 주검받침[屍床] 또는 나무널의 존재를 확인해 주었다. 이 나무널과 구덩 사이의 공간에는 막돌을 2-3단 정도 쌓아 돌덧널

의 모습을 보여 주고 있었으며, 그 위에 넓적한 판돌로 된 뚜껑돌[蓋石]이 없었던 것으로 보였다.그림82

최초에 유물을 발견한 주민의 증언을 통해 동남쪽 모서리의 널빤지 위에는 잔무늬거울[精文鏡]그림83 두 점이 놓이고, 널빤지의 서북쪽과 서남쪽 끝에서 동검 석 점이, 그보다 서쪽에서 가지방울[八頭鈴], 쌍방울[雙頭鈴] 각 두 점과 새기개[銅鉇], 도끼가 차례로 출토되었음을 알 수 있었다. 널빤지 시료에 의한 C-14 측정 결과는 2560±120 B.P.(610 B.C.)로 나왔으나, 잔무늬거울과 같은 유물의 공반 共伴 관계로 보아 기원전 4-3세기로 보는 견해도 있었다.[10]

이해 봄에는 서울대학교 김원용金元龍 교수에 의해 서울 석촌동 가옥 유구[11]가 조사되었다. 이 유구는 한강변에서 외국인에 의해 처음 발견될 당시에 나무껍질이 붙은 채 남아 있어 서까래 또는 울타리로 쓰였던 원삼국시대 가옥의 부재로 생각되었는데, 얼마 후 잠실지구 개발 계획에 따라 매몰될 위기에 처한 것을 구제 발굴하게 되었다.

연세대학교 손보기孫寶基 교수에 의해 주도되어 온 공주 석장리 구석기 유적[12]에 대한 오랜 연차적 발굴이 올해로서 제8차년도를 맞게 되었다. 이해에도 제6차년도 이래 계속되어 온 제1지구에 대한 발굴을 실시하였다.

여름에 이루어진 이화여자대학교 박물관에 의한 영주 읍내리 어숙술간묘於宿述干墓[13] 발굴에서는 신라의 영역 내에서 발견된 고구려계의 벽화고분이라는 데에 그 의미가 있었다. 읍내리의 서쪽 비봉산飛鳳山(+400m)의 서남쪽으로 뻗은 능선 끝자락에 분포한 고분군 가운데 하나로서 일제강점기부터 도굴되어 오던 것을 이번에 정식으로 발굴 조사하게 된 것이었다.

둥근 봉토(D-14m)의 자락에 깬돌을 4단 정도 쌓아 둘레돌을 돌리고, 그 안에 네모난 굴식돌방을 만들었다. 널방(3.1EW×2.5 = 2.7m)은 장대석을 위로 올라가며 안으로 오므라들게 쌓아 맨 위에는 2매

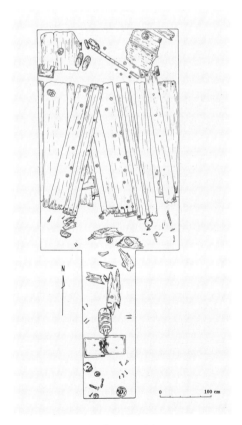

그림 81. 공주 무령왕릉 출토 유물 배치도.

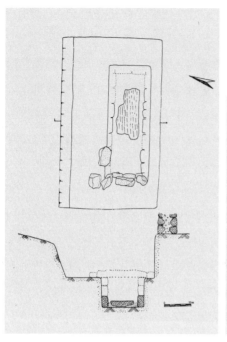

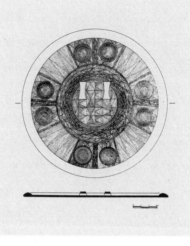

그림 82.
화순 대곡리 청동
유물 출토 유적의
평면도(위)와 단면도.

그림 83.
화순 대곡리 유적 출토
잔무늬거울의 평면(위)과
단면.

의 큰 판돌을 남북으로 얹었고, 널방의 남벽 서편에 치우쳐 길이 2.6미터의 널길을 만들어 평면 ㄴ자 모양의 돌방을 이루었다. 널방 안에는 동벽 쪽으로 치우쳐 큰 판돌로 이루어진 2매의 널받침(2.3EW×2.1 = 0.9m)을 설치하였으며, 널방 입구에는 청동제 문고리를 달았던 돌문[石扉](81~94×129 = 10cm)이 달리고 널길 입구는 막음돌로 막았다. 널방과 널길의 모든 벽면과 천장에는 회를 바르고 채색그림과 약간의 명문이 나타나 있으나 대부분 탈락이 심했고, 널길 천장에 그려진 연꽃 그림과 널문의 바깥 면에 그려진 두 여인이 그려진 인물도가 희미하게 남아 있었다. 돌문의 안쪽에 '乙卯年於宿知述干'이라는 명문이 새겨져 있었는데, 글자에는 아직 주칠朱漆이 남아 있었다.

가을에 공주사대 박물관에 의해 실시된 공주 서혈사지西穴寺址[14] 제2차 발굴조사는 1969년도에 실시한 제1차 조사에서 확인하지 못한 백제시대 유구의 탐색에 그 목적이 있었다. 그러나 이해에 조사된 금당 터에서도 기단(10EW×8m)의 흔적만 남아 있었고, 탑자리에도 기단(6×6 = 1m)의 적심석만 남아 있었는데, 조사 결과 신라통일기의 것으로 밝혀졌다. 다만 기단 토층으로부터의 출토유물 가운데에는 백제 양식의 것들이 포함되어 있어, 백제시대에 작은 규모로 초축初築되었다가 통일기에 이르러 본격적인 가람 배치가 이루어진 것으로 생각되었다. 이곳에서 발견되어 현재 공주박물관에 전시되어 있는 3구의 석불들은 통일신라 때에 조성된 것으로 추정되고 있다.

연말에 조사된 부산 오륜대五倫臺 고분군[15]은 부산대학교 박물관에 의해 발굴이 이루어졌다. 고분군은 일제강점기 말에 만들어진 오륜대 수원지의 북쪽에 분포하는데, 1967년도의 수원지 확장 공사에 따라 마을과 함께 고분군도 물에 잠기게 되었던 것이다.

그러던 차에 이해의 겨울 가뭄으로 수원지의 물이 마르고 무덤의 구조가 드러남에 따라 발굴을 실시하여, 구덩식 돌덧널무덤 28기와 독널무덤, 고인돌 각 1기를 조사하였다. 돌덧널(1.7~4.4EW×0.5~1.0m)은 대부분 긴축이 동서로 이루어져 있었으나 1기(9호)만 남북으로 향해 있었다. 네 벽은 대부분 깬돌을 쌓은 것들인데(25기), 판돌을 세워 만든 것(3기)도 있었고, 일부는 뚜껑돌이 덮인 것(1호, 9호)도 있었다. 꺾쇠가 나온 것(3호)으로 보아 나무덧널이나 나무널의 존재 가능성을 보여 주었다.

부장품은 토기류와 철기류가 대부분인데, 한쪽 마구리벽 쪽에만 놓인 것들이 많지만 양 마구리 쪽에 부장된 것들도 있었다. 신라계 토기가 주류를 이루는 출토 유물의 성격으로 보아 대개 5세기대를 전후한 시기의 고분군으로 생각되었다. 회청색 연질의 쟁반형 뚜껑을 갖춘 외독널[有蓋式單甕](D-20.4＝46cm)은 표면에 삿무늬[繩蓆文]가 나타난 긴 달걀 모양의 적갈색 연질토기로서, 돌덧널무덤(28호)의 딸린무덤[陪葬墓]으로 짐작되었다.

고인돌은 비교적 작은 덮개돌[上石](1.7NS×1.4＝0.2~0.3m)을 갖추었는데, 동쪽에만 크고 작은 두 개의 받침돌[支石]이 고여 있었고, 서쪽은 맨땅 위에 얹힌 채 땅 밑에서는 아무런 유구나 유물이 나오지 않았다.

연말에는 동국대학교 박물관에 의해 지난해에 발견된 울주 천전리 서석書石 유적으로부터 1킬로미터 정도 하류인 대곡리에서 울주 반구대盤龜臺 암각화[16]를 발견하였으나 본격적인 조사는 이듬해로 미루었다.

북한에서는 1960년대 말의 침체기에서 크게 벗어나지 못한 채 이해에도 1964년부터 뜸뜸이 계속된 황해도 송림松林 석탄리石灘里 제3차 조사에 이어 연탄燕灘 오덕리五德里 일대의 유적과 평남 강서江西 수산리水山里 벽화무덤의 조사에 국한되었다.

봄에 이루어진 송림 석탄리 유적[17] 제3차 조사에서는 이미 두 차례에 걸쳐 이루어진 자료를 기준으로 집자리의 배치 상태를 확인하는 한편, 아홉 채(30~38호)의 집자리를 발굴하였다. 어깨선을 따라 파 들어간 결과, 불에 탄 집자리 네 채와 타지 않은 다섯 채를 확인했는데, 불에 타지 않은 집자리의 움 바닥에서는 지름 20센티미터가 넘는 큰 기둥 구멍들이 1-3줄로 정연하게 드러났다. 출토 유물로는 도끼, 반달칼, 단검, 활촉, 그물추, 갈돌 등 석기류와 다양한 팽이그릇을 비롯한 많은 분량의 토기 쪼가리가 수습되었다.

연탄 오덕리 고인돌 유적[18] 일대에는 200여 기에 이르는 많은 고인돌이 분포하였는데, 이 가운데 가을 한 달 동안에 평촌, 석장골, 송신동 등 세 개 지역을 중심으로 고인돌 21기와 집자리 한 채를 조사하였다. 여기에 분포한 대부분의 유적들은 북방식(탁자식, 오덕형) 고인돌에 속하는 것들이었지만사진 26, 그림 84, 더러는 남방식(개석식, 침촌형)도 보이며, 이 밖에 선돌(H-3m) 한 개와 세 곳의 돌돌림〔環石〕 유적도 확인되었다.

같은 북방식 가운데에도 여러 유형의 고인돌이 분포하는데, 이들을 돌무지로

사진 26.
연탄 송신동 10호 고인돌.

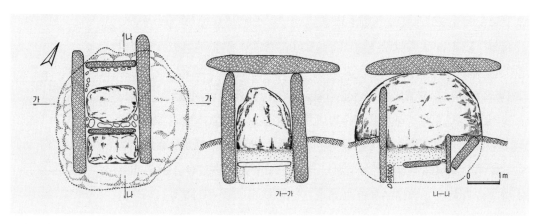

그림 84. 연탄 송신동 10호 고인돌의 평면도(왼쪽)와 단면도들.

이루어진 묘역墓域의 유무, 한 돌무지 안에 이루어진 무덤방의 수, 굄돌과 덮개돌의 다듬은〔治石〕 상태, 무덤방 바닥의 깐돌과 문짝의 유무 등에 따라 모두 네 가지 유형으로 분류하였다. 고인돌로부터는 도끼, 단검, 활촉, 바퀴날도끼, 갈판, 돌돈 등 석기류와 팽이토기 쪼가리 등 다양한 유물들과 함께 드물게는 사람 뼈와 조가비도 수습되었다.

돌돌림 유적은 송신동의 고인돌떼 중심에서 세 곳이 확인되었는데, 1지점의 것은 1미터 안팎의 큼직한 바위덩이를 네모지게(12.2EW×8.5m) 두르고, 그 안에 사람 머리 크기의 냇돌을 깔아 일정한 구역을 만들었으며, 다른 두 곳의 것들도 크기만 다를 뿐 구조는 비슷하였다. 송신동 3지점 1호 고인돌 부근에서 조사된 집자리(8.0NS×4.3 = 0.45m)에서는 두 개의 화덕자리가 남북으로 가지런히 나왔고, 기둥구멍은 네 모서리에서 확인되었다. 집자리로부터는 도끼, 단검, 갈판, 돌돈 등 석기류와 팽이토기 쪼가리가 수습되었다. 이곳 오덕리 고인돌에서의 집중적인 조사를 계기로 진즉 조사된 심촌리 고인돌[19]과 함께 비교 검토가 이루어짐으로써 처음으로 북한의 서북지방 고인돌의 실태가 석광준에 의해 개략적인 분류 정리가 가능해지게 되었다.[20]

강서 수산리水山里 고분벽화[21]는 강서군과 용강군, 온천군 등 세 개 군이 서로 접하고 있는 곳으로서, 둘레에는 강서 세 무덤〔三墓〕과 약수리 벽화무덤이 있고, 여기에서 남쪽으로 10킬로미터 정도 가면 유명한 쌍영총雙楹塚과 용강대총龍岡大塚이 있다. 고정산 남쪽 기슭에 이루어진 이 외방무덤의 널방은 한 변이 3.2미터되는 정방형으로 남벽의 중간에 널길(4.5NS×1.0~1.6 = 1.8~2.4m)이 나 있었다. 입구에서 널방으로 들어가며 3단으로 좁아지는데, 중간에 두 개의 돌문이 있고, 입구는 작은 돌로 막았다. 천장은 3단의 평행고임 위의 네 모서리에 삼각 고임으로 얹은 모줄임천장을 이루고 있었다.

널방에는 북벽을 중심으로 전면에 걸쳐 주인공 부부와 남녀 시종侍從, 행렬도行列圖 등 많은 인물화를 중심으로 한 실내 생활 모습을 그렸고, 널방의 모서리에는 기둥과 두공科栱을, 천장의 고임부에는 들보와 도리를 그려 목조 가옥의 모습을 나타냈다. 벽마다 추상화된 구름무늬가 장식되어 있었으며, 널길 좌우의 동서 양 벽에 칼과 창을 든 수문장이 그려져 있었다.

1972년

이해는 국립박물관이 국립중앙박물관으로 직제가 개편되고 곧이어 덕수궁에서 경복궁의 신관新館(지금의 국립민속박물관)으로 이전 개관하는 등 바쁜 상황 속에서 일체의 독자적인 발굴 사업은 일시 중단하는 수밖에 없었다. 이에 반해 문화재관리국 소속으로 1969년에 새로 발족한 문화재연구실에서는 지난해의 무령왕릉武寧王陵과 소양昭陽 댐 수몰 지구에 대한 조사에 이어 이해에는 팔당八堂 댐 수몰 지구의 구제 발굴을 위한 연합 발굴의 주관 기관으로서 발굴 사업의 전면에 나서게 되었다. 이 밖에 경주 흥륜사興輪寺 터와 거창 둔마리屯馬里 고려 고분 발굴 등에 직접 참여하면서 차츰 조사의 영역을 넓혀 나갔다.

한편, 서울대학교 박물관에서도 연차적 발굴 사업 계획을 세워 그 대상지로 여주 흔암리欣岩里 유적을 선정하여 제1차 발굴에 착수하였고, 연세대학교 박물관은 공주 석장리石壯里 유적에 대한 제9차 발굴에 들어갔다.

상대적으로 다소 침체된 듯한 전국의 발굴 상황에 비해 이해 부산과 경상남도 일원에서는 활발한 발굴이 이루어졌다. 연초에는 동아대학교 박물관에 의한 고성固城 오방리梧房里 고분 발굴이 이루어지고, 곧이어 함양 상백리上栢里 고분에 대한 발굴이 계속되었다. 연말에는 부산대학교 박물관에 의해 부산의 화명동華明洞 고분과 금곡동金谷洞 율리栗里 조개무지 발굴이 연이어 이루어졌다.

이해 봄에는 동국대학교 박물관에 의해 지난해 연말에 발견되었던 울주 반구대盤龜臺 암각화에 대한 본격적인 조사를 실시하였다. 여기 암벽각화에는 8개체분의 사람을 비롯하여 고래, 물고기, 사슴, 호랑이, 멧돼지, 곰, 토끼, 여우 등 동물 120여 점, 고래잡이하는 어부들과 사냥하는 모습 등 5점, 이 밖에 상태가 불확실한 동물 30여 점 등 모두 160여 점의 바위그림이 암벽 전면에 걸쳐 매우 사실적으로 새겨져 있었다.

문화재관리국에서 주관했던 팔당 댐 수몰 지구 유적[22] 조사는 국립중앙박물관과 문화재연구실을 포함하여 서울대학교 등 서울 소재 일곱 개 대학 조사단이 참여한 연합 발굴이었다. 조사 구역은 남한강과 북한강 유역에 해당되는 경기도 관내의 양평군과 양주군 일원으로서, 유적지의 성격에 따라 구석기시대, 신석기시대, 고인돌이 주축을 이루는 청동기시대와 초기철기시대의 주철지鑄鐵址 등 주로 선사시대의 유적을 다음과 같이 각 조사 기관별로 분담 실시하였다.

- 국립중앙박물관: 양평군 상자포리上紫浦里(1) 고인돌 유적
- 이화여자대학교: 양평군 상자포리(2) 고인돌 유적
- 단국대학교: 양평군 상자포리(3) 고인돌 유적
- 연세대학교: 양평군 양근리楊根里, 앙덕리仰德里 민무늬·고인돌 유적
- 서울대학교: 양평군 대심리大心里 초기철기시대 주철鑄鐵 유적
- 문화재관리국: 양평군 양수리兩水里 고인돌 유적
- 경희대학교: 양평군 문호리汶湖里 고인돌, 돌무지무덤, 민무늬토기 집자리 유적
- 고려대학교: 양주군 금남리琴南里 고인돌 유적
- 숭전대학교: 양주군 진중리鎭中里 고인돌 유적

문화재관리국에서는 이해 겨울, 거창 둔마리 벽화고분[23]에 대한 조사를 실시하였다. 무덤 일대는 원래 석장石葬골로 불리던 곳으로, 금귀봉金貴峰(+827m)에서 흘러내린 능선 위(+450m)에 이루어진 무덤 둘레에는 석인과 석물들이 흩어져 있었다. 이곳 좁은 평지 위에는 네모나게 지대석을 두르고, 그 위에 각 변 2-3매의 장대석으로 된 둘레돌(3.9NS×3.5 = 0.56m)을 설치하였다. 그 안에는 판축版築으로 봉토를 쌓았으나, 조사 당시에는 대부분 유실되어 둘레돌의 위단에도 미치지 못한 상태였다.

봉토 아래에 이루어진 돌방은 이미 일부가 훼손되어 있었지만, 조사 결과 중간에 뚫린창〔透窓〕(35×41cm)을 갖춘 칸막이벽〔隔壁〕을 공유共有한 두방무덤〔雙室墓〕이었다. 곱게 다듬은 넓적한 판돌로 짜 맞춘 두 돌방(2.45NS×0.9 = 0.9m)

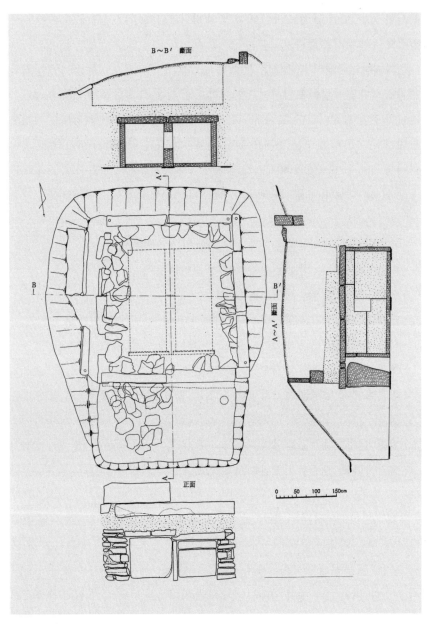

B~B′ 斷面

A′

B

B′

A~A′ 斷面

正面

A′

0 50 100 150cm

그림 85. 거창 둔마리 벽화무덤 돌방의 평면도(가운데)와 단면도들.

은 거의 같은 크기인데, 유골의 출토 상태로 보아 북침北枕이었던 것으로 짐작되었다.그림 85

　동서 두 방의 벽체 전면에는 회칠을 한 뒤, 그 위에 채색으로 그린 주악상奏樂像을 비롯한 천녀상天女像, 무용도舞踊圖 등 인물화가 프레스코fresco 화법으로 그려져 있었다. 박락剝落이 심해서 육안으로 알아볼 수 없는 그림이 많았으나, 적외선 투과 촬영[24]에 의해 많은 부분이 확인될 수 있었다. 벽화 보존을 위해 돌방 안의 세균 배양 검사를 위한 시료 검출 작업을 마치고, 벽화 모사와 정밀 촬영 후 정기적인 방부제 투입을 위한 파이프를 설치하고 돌방을 밀봉시켰다.

서울대학교에서는 대학박물관과 고고인류학과가 합동으로 여주 흔암리 집자리[25]에 대한 연차적 발굴 계획을 세워 올해 제1차년도 발굴을 시작하였다. 이 유적에 대한 발굴은 그 뒤 1978년까지 일곱 차례에 걸쳐 이루어져 모두 16기의 움집 터를 확인하였다. 유적은 남한강의 서안西岸 마을 뒷산(+123m)의 남북으로 뻗은 능선 좌우 비탈면에 이루어져 있었다.

이해에는 세 채의 움집터를 조사하였으나, 모두 비탈면 아래쪽은 깎여 나가고 동북쪽의 긴벽만 남아 단면이 L자형으로 나타났는데, 1호 움집(8.2NW ~ SE × 4.2 = 0.8m)만 그 규모를 파악할 수가 있었다. 1호 움집의 경우 서남쪽 전면 중앙에 출입구 시설로 보이는 장방형의 공간(4.2 × 3.7m)이 돌출되어 있었다. 세 채 모두의 집자리 바닥에서 기둥구멍이나 화덕자리는 확인되지 않았다. 출토된 토기는 구멍토기나 겹아가리에 빗금무늬短斜線文 등이 나타난 일반 민무늬토기가 대부분이지만, 일부 늦은 시기의 빗살무늬토기와 팽이토기〔角形土器〕, 붉은간토기, 동북지방의 굽다리접시형토기 등 복잡한 양상을 보여 주었다. 석기류로는 반달칼, 돌활촉, 자갈석기〔礫石器〕와 함께 피홈〔血溝〕이 나 있는 돌검이 나와, 앞서 이른 시기의 토기류와 함께 이 유적의 편년에 중요한 기준을 제공해 주었다.

봄에는 연세대학교 박물관에 의해 공주 석장리 유적[26]에 대한 제9차 발굴이 이루어지고, 이에 앞서 연초에는 동아대학교 박물관에 의해 고성固城 오방리 고분[27]이 발굴되었다. 이 고분은 자란만紫蘭灣 쪽을 향한 해안의 좁은 곡부谷部에 이루어진 유적으로 주변의 평지에는 8기의 고인돌이 남아 있었고, 구릉에는 고분군이 분포되어 있었다.

발굴은 이 지역 일대에 대한 경지 정리 작업이 이루어질 때 구릉 아래 자락의 평지에서 무덤 1기가 드러나, 이에 대한 약식 조사가 행해졌다. 삼국기에 만들어진 무덤이지만, 판돌을 여러 장 조립하여 만든 돌널무덤(1.7 × 0.4 = 0.4m)으로서 외형상 청동기시대의 그것과 흡사하였다. 바닥에도 판돌을 깔았으나 뚜껑돌은 보이지 않았다. 돌널의 남쪽 구석에서 굽다리를 떼어낸 접시를 뚜껑으로 덮은 입큰목항아리(廣口長頸壺) 한 점이 출토되었다.

동아대학교 박물관에서는 얼마 후 함양 상백리 고분[28]을 발굴하였다. 남강南江 지류인 남계천南溪川의 하안단구에 분포한 고분군으로, 경지 정리에 따른 구제 발굴에 따라 구릉과 평지에 이루어진 유적의 구조와 성격이 확인되었다. 경작으로 봉분의 대부분이 훼손되어 냇돌을 쌓아 올린 구덩식돌덧널(3~4×1＝1.2m)로 이루어진 8기의 지하 매장 유구만 조사되었다. 토기를 비롯한 많은 부장품이 출토되었는데, 특히 발걸이(鐙子)를 비롯한 마구류와 철제의 비늘갑옷(札甲)과 판갑옷(短甲) 등 갑옷류는 보존 상태도 거의 완전할 뿐 아니라 정식 발굴품으로는 매우 드문 귀중품들이었다.그림 86

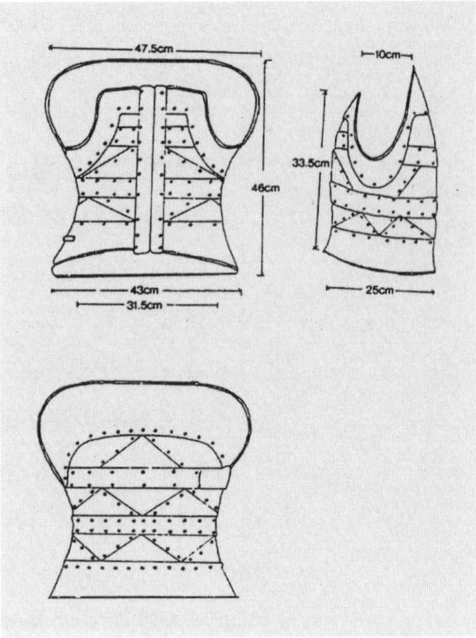

그림 86. 함양 상백리 무덤 출토 판갑옷의 앞면(위 왼쪽), 옆면(위 오른쪽), 뒷면(아래) 실측도.

이해 연말에는 부산대학교 박물관에 의해 부산의 화명동 고분과 금곡동 율리 조개무지에 대한 발굴이 연이어 이루어졌다. 부산 화명동 고분[29]은 낙동강을 사이에 두고 김해평야와 마주하고 있는 금정봉金井峰에서 서쪽으로 뻗은 능선부 자락에 많은 고분들이 분포하고 있었으나, 신도시 개발에 따라 이 가운데 7기만 조사되고 나머지는 모두 없어지고 말았다.

7기의 고분은 모두 장방형의 구덩식돌덧널무덤으로, 크기는 소형(2×1m 미만)과 중형(3×1m 이하)으로 구분되었는데, 벽체는 한쪽 마구리벽을 판돌과 깬돌을 섞어 쌓은 1호 무덤을 빼고는 모두 깬돌만으로 쌓아 올렸다. 돌덧널의 긴 축은 대부분 동서 방향이었고 6호 무덤만 남북 방향이었는데, 소형의 무덤에서는 돌덧널 위에 뚜껑돌을 덮었다. 토기와 철기 등 많은 유물들이 수습되었지만, 특히 3호 무덤에서 나온 청동제의 화살통(盛矢具) 장식은 이 고분이 도굴되기 전에는 원래 화려한 유물들이 부장되어 있었던 것임을 보여 주는 자료로 생각되었다.

곧이어 조사된 부산 율리 조개무지 유적[30]은 신석기시대의 바위그늘(岩蔭) 유적(+40m)으로, 유적의 뒤에는 높이 6미터가량의 암벽이 이루어져 북풍을 막아 주는 바람막이 역할을 해 주고 있었다. 앞쪽으로는 멀리 1킬로미터 정도 떨어진 낙동강 하류가 내려다보이는데, 유적 바로 앞으로는 조그만 개울이 흐르고 있었다. 금곡동金谷洞의 바위그늘 아래에는 조개무지가 이루어져 있으며, 주변에서 세 개의 화덕자리와 무덤으로 보이는 네 개의 돌무지 유구가 확인되었는데, 석기와 토기는 바위그늘 안과 밖의 모든 층위에서 출토되었다. 출토 유물로는 이천여 점에 이르는 빗살무늬토기가 대다수를 차지하며, 이 밖에 적은 양의 붉은 간토기와 토제품, 석기류가 수습되었다. 토기 가운데에는 신석기시대 만기晚期에 해당되는 겹아가리 토기가 대부분인데, 이들은 시기가 내려오면서 민무늬화하는 경향을 보인다. 일부 겹아가리를 댄 부분에 빗금무늬가 나타나는 것 등 반도 서북지방 팽이토기의 특징과 비슷한 모습을 보여 주고 있다. 여기에서 나온 돌도끼, 바퀴날도끼, 활촉, 돌끌 등 민무늬토기문화의 특징적 간석기의 출현을 통해, 조가비에 의한 C-14 측정치인 3580±75 B.P.와 함께 빗살무늬토기 문화에서 민무늬토기 문화로 넘어가는 과도기적인 문화 양상을 살필 수 있었다.

이해에도 북한에서는 전년도에 이어 별다른 고고학적 발굴 활동이 이루어지지 못하고, 새로이 평안남도 덕천德川 승리산勝利山 유적에 대한 제1차년도 조사를 시작하였고, 평안북도 용천龍川 용연리龍淵里에서는 신석기시대 말기의 유적을 조사하였다.

덕천 승리산 유적[31]은 대동강 상류에 위치한 구석기시대와 청동기시대 유적이 함께 나온 유적으로, 고고학연구소에 의해 이해와 이듬해의 두 해 동안에 조사가 이루어졌다. 이 유적은 석회암으로 이루어진 동굴 유적인데, 여러 점의 사람 뼈를 비롯하여 2천여 점에 이르는 동물 화석과 고고학적 유물들을 수습하였다.

승리산 동남쪽의 경사면에 이루어진 이 동굴의 어귀(7 = 7.5m)는 지표에서 약 7미터 높이에 있었으며, 무지개(穹窿狀) 천장의 모습을 갖추고 있었다. 길이 60여미터에 이르는 동굴 안에는 5-10미터 높이로 퇴적층이 이루어져 있었는데, 모두 여섯 개의 층위를 보이고 있었다. 이 유적에서 나온 동물 화석은 포유류가 29종으로 주류를 이루고 있었으며, 그 밖에 조류와 어류 화석도 상당량이 검출되었다. 동물 화석과 함께 아래층에서 덕천인으로 명명된 구인舊人, Homo Neanderthalensis의 어금니와 빗장뼈〔鎖骨〕가 출토되었고, 위층에서는 현생 인종인 신인新人, Homo sapiens sapiens의 아래턱뼈〔下顎骨〕가 나와 우리나라에서 처음으로 구인과 신인의 화석이 함께 나온 구석기 유적이 되었다.

이곳 승리산 동물상은 십만 년 전인 중기 갱신세更新世, Pleistocene 말에서 후기 갱신세 초에 해당되는 시기로서, 고고학적으로는 구석기시대 중기의 구인들이 살았던 시기이고, 그 위층은 신인 단계, 즉 사만 내지 삼만 년 전에 해당되는 것으로 짐작되었다.[32] 동굴의 바로 앞에서 나온 청동기시대 문화층에서는 무덤과 집자리 유적이 확인되었는데, 20센티미터 크기의 석회암질 돌덩이를 장방형으로 두른 무덤(1.6EW×0.5m)에서는 대략 동침東枕한 인골과 함께 그 주변에서 조가비와 옥구슬이 출토되었다. 무덤 아래에서 드러난 집자리(2.5 = 0.1~0.15m)는 가장자리를 잔돌로 둘렀는데, 집자리의 서쪽 부분에서는 바닥을 우묵하게 파내고 만든 화덕자리(D-50cm)가 나왔다, 집자리는 훼손이 심하여 출토 유물은 매우 빈약하였지만, 활촉, 반달칼, 구슬, 달도끼와 함께 표주박 모양의 미송리형 토기 쪼가리가 나오고, 사람 뼈도 여러 개체분이 수습되었다.

용천 용연리 유적[33]의 신석기문화 존재에 대해서는 가까운 신암리新岩里 유적과 함께 십여 년 전에 이미 예견되었다가,[34] 이해 가을에 고고학연구소에 의해 발굴이 이루어졌다. 유적은 야산 줄기의 나지막한 능선마루에 이루어졌는데, 세 구역을 설정하여 파 들어간 조사를 통해 이 가운데 제1구와 제2구에서 비슷한 규모로 보이는 세 채의 집자리가 확인되었다. 대부분 훼손이 심하여 윤곽이 확실치 않았으나, 넓이 20제곱미터 안팎에 깊이 10-20센티미터 정도의 장방형 움집들로 짐작되었다.

제1호와 2호는 규모와 함께 구조도 비슷하여 바닥은 흙을 다진 뒤에 불을 놓아 굳히고 기둥구멍도 5-11개가 확인되었으나, 3호는 무른 맨바닥 그대로였고 기둥구멍도 없었다. 화덕자리는 별다른 시설 없이 바닥을 5-10센티미터 정도 파고 불을 피웠던 흔적만 남아 있었다. 출토 유물로는 반달칼, 도끼, 자귀, 망치, 활촉과 가락바퀴 등 석기류와 함께 무늬토기와 민무늬토기가 함께 나왔다. 무늬토기는 번개무늬와 덧무늬가 결합된 목항아리와 같은 신석기 계열의 토기였고, 민무늬토기로는 납작밑의 항아리와 굽접시 등이 나오는 것으로 보아, 이 유적이 신석기시대 말기에서 청동기시대 초기에 해당되는 과도기의 유적으로 짐작되었다.

1973년

이해에는 국립중앙박물관이 서울 암사동岩寺洞 선사유적 발굴을 재작년에 이어 제2차로 실시하였고, 새로이 부산 조도朝島 조개무지를 발굴하였다. 또한 1963년부터 고려청자의 고향이랄 수 있는 강진 일대의 가마터에 대한 본격적인 발굴을 계속해, 1970년에 이어 만 삼 년 만에 사당리沙堂里의 가마터 제7차 발굴을 다시 계속하였다.

광복 이후 1960년대까지 국립박물관이 우리 고고학 발굴사에서 차지했던 비중은 1970년대에 들어서면서 박물관 신축 이전 작업과 직제 개정 등 불가피한 여건에 따라 현저하게 줄어들게 되었고, 그 빈도와 경향이 대신 문화재관리국 쪽으로 쏠리게 되었다. 이는 매장문화재 발굴 정책을 다루는 행정력과 문화재연구실 조직의 확충이 가져다 주는 당연한 추세의 변화로 받아들여질 수밖에 없는 현상이었다.

이해 봄에는 1970년대 들어서 정부의 시책에 따라 수립된 경주관광종합개발계획의 일환으로 문화재관리국 소속의 경주사적관리사무소가 설립되고 경주미추왕릉지구발굴조사단이 구성되면서, 그 첫 사업으로 황남동皇南洞 155호 고분〔天馬塚〕 발굴이 시작되었다. 당초에는 미추왕릉지구에서 가장 큰 고분인 황남동 98호 고분〔皇南大塚〕을 발굴한 후 내부를 복원하여 공개하는 방안이 마련되었다.

그러나 98호분의 규모가 너무 거대할 뿐 아니라 지금까지 이만한 곳을 발굴한 전례가 없었기 때문에, 그에 앞서 동서로 마주 대하고 있는 155호 무덤을 먼저 발굴한 후 그 결과를 바탕으로 98호 무덤 발굴에 착수하기로 방침을 세웠다. 따라서 굴착된 토양의 적재지積載地가 될 두 고분 사이의 공터에 대한 지하 유구조사를 거쳐 155호 무덤에 대한 본 조사에 착수하게 되었다. 봉토 제거 작업을 마친 뒤 돌무지에 대한 조사가 계속되었고, 한편으로는 유휴 인력을 활용하기 위해 일부 조사원과 작업 인부를 98호 무덤 북분北墳에 투입하여 봉토 제거 작업을 시작하였고, 얼마 뒤에는 남분南墳 조사에도 착수하였다.

155호와 98호 무덤에 대한 발굴과 함께 미추왕릉지구정화사업 구역에 포함된 황남동 일원과 인왕동, 교동 등 외곽의 고분들에 대한 정리 발굴을 위해 경향京鄕의 몇몇 대학(고려대학교, 서울대학교, 단국대학교, 이화여자대학교, 부산대학교, 경북대학교, 영남대학교)과 경주박물관, 부여박물관이 구역을 분담하여 여기에 참여하였다.

한편, 문화재연구실에서는 연초부터 경북대학교 박물관과 함께 두 차례에 걸쳐 대구 태평로太平路 고인돌을 발굴한 뒤, 늦가을에 들어 경북대학교에서는 따로 안동 도곡리道谷里 고인돌을 조사하였고, 문화재연구실에서는 안동 마리馬里 새터 고분을 조사하였다. 여주 흔암리欣岩里 유적에서는 서울대학교 조사단에 의한 제2차 조사에서 두 채의 집자리가 서로 겹친 상태로 발굴되었다. 진해 웅천熊川에서는 동아대학교 박물관에 의해 동굴유적이 조사되었는데 굴조개와 같은 자연 유물과 함께 팽이형토기 파편도 수습되었다.

영남대학교 박물관에서도 북제주 빌레못 동굴 조사에서 제주도에서는 처음으로 구석기 유적의 존재 가능성을 보여 주는 성과를 올렸다. 또한 연세대학교 박물관에서도 제천 점말 용굴龍窟 조사를 통해 퇴적층으로부터 여러 짐승들의 화석을 수습하여, 뚜렷한 인공 유물이 수습되진 않았지만 우리나라 동굴고고학의 새로운 지평을 열어준 계기를 마련했던 한 해였다고 할 수 있었다.

이해 6월에는 남한에서 최초로 발행된 한국 고고학에 관한 개설서 단행본이라고 할 수 있는 김원용 교수의『한국고고학개설韓國考古學槪說』초판[35]이 출간되었다.

국립중앙박물관이 1971년부터 시작한 서울 암사동 집자리에 대한 연차 사업을 지난해에는 경복궁으로의 박물관 이전 작업에 따라 중단할 수밖에 없었고, 이해 연말에 제2차 발굴[36]을 실시하였다. 이해의 조사 대상지는 제1차년도의 조사 구역으로부터 60미터가량 북쪽으로 떨어진 곳으로, 이번에는 집자리 한 채에 대한 발굴과 둘레의 트렌치 작업을 실시하였다. 현 지표의 3미터 아래에서 바닥이 나온 둥근 집자리(D-4.5m)의 가운데에는 깨진 갈판을 갓돌로 재사용한 네모난 화덕자리(50~63×60~75cm)가 나왔는데, 화덕의 둘레까지 불을 먹어 단단하고 붉게 변해 있었다.

집자리 안에서는 많은 양의 빗살무늬토기와 함께 갈판과 갈돌 등이 나오고, 집자리의 북서쪽 일부가 교란된 채 여기에서 백제 토기가 수습되었다. 집자리 둘레에 설정한 A, B, C 세 개의 트렌치 발굴을 통해서 크게 여섯 개 층으로 나누어짐을 알 수 있었지만, 맨 위와 아래의 표토층과 생토층을 빼면 위로부터 대개 삼국시대층, 신석기시대 후기층, 신석기시대 전기층 등 세 개의 문화층으로 구분되었다.

부산 조도朝島 조개무지[37]는 동삼동 유적의 맞은편인 아치섬에 이루어진 유적으로, 여기에 국립해양대학교가 신축됨에 따라 이해 여름 구제 발굴이 실시되었다. 유적은 너비 약 180미터 되는 넓은 대지에 형성되었는데, 층위는 크게 세 개 층으로 나뉘어 있었다. 유물은 맨 아래의 제3층으로부터 덧띠(粘土帶)토기가, 제2층에서는 두드림무늬(打捺文)토기가, 제1층의 표토 가까이에서는 물레를 사용한 민무늬의 적갈색 연질토기와 회청색 경질토기가 차례로 출토되었다. 이 밖에 돌검과 활촉, 끌, 숫돌 등 석기류와 함께 몇몇 골각기와 철기류 등 인공 유물이 동물 뼈와 새 뼈, 물고기 뼈 등 자연 유물과 섞여 나오고, 제1층으로부터는 눕혀 펴묻은 사람 뼈도 수습되었다.

집자리로 추정할 만한 유구는 따로 나오지 않았으나, 야외용 화덕자리로 생각되는 시설물 두 군데가 확인되었다. 제3층에서 검출된 숯을 시료로 한 C-14 측정 결과 2200±70 B.P.의 연대가 나와 이 유적의 시기를 대략 기원전 2세기에서 기원후 2세기로 추정하였다.

가을에는 강진 사당리 가마터[38]에 대한 제7차 발굴을 통해 지금까지 실시된 퇴적층과 작업장 조사를 바탕으로 가마터 발견에 주력하였으며, 다행히 새로운 가마바닥(窯床)을 확인하여 조사를 진행할 수가 있었다. 이 가마도 오름가마(登窯)였는데, 산자락의 자연 경사를 바로 이용하지 않고 비스듬히 허리를 질러 가마를 묻었다.

가마는 생땅을 30-60센티미터 정도 파내고 가마바닥을 만들었으며, 천장은 흙을 빚어 둥근 활천장을 이루었다. 가마는 두세 차례에 걸쳐 보수와 개수改修가 이루어짐에 따라 너비가 줄어들고 바닥이 높아져서, 가마 내부가 처음보다 많이 좁아져 있었다.

1970년대에 들어 정부에 의해 수립된 경주관광종합개발계획의 일환으로 이해부터 문화재관리국에 의해 주도될 미추왕릉지구정화사업계획에 따라 그 첫 번째 발굴 사업의 대상으로 경주 황남동 155호 무덤[39]이 선정되었다. 이른 봄, 발굴에 앞서 우선 그 방대한 봉토를 제거 후 적재장으로 활용할 98호 무덤과의 사이에 이루어진 논바닥 아래의 발굴에 들어갔으나, 별다른 유구는 나오지 않고 원래 늪지였음을 확인할 수 있었다.

155호 무덤에 대한 봉토(D-47 = 12.7m) 제거 작업을 시작으로 본 발굴에 들어가 평면 형태가 거의 네모난 돌무지(23.6EW×21.2 = 6m)사진 27가 드러나고, 부식된 목질흔木質痕이 나타나면서 드디어 나무덧널(6.6EW×4.2 = 2.1m)

사진 27. 경주 천마총의 노출된 돌무지.
사진 28. 경주 천마총 출토 천마도.

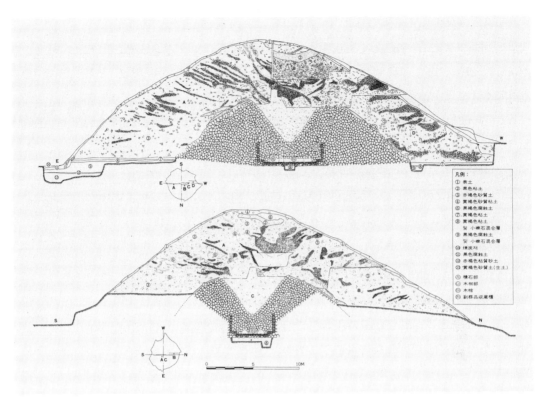

凡例
① 表土
② 黑色粘土
③ 赤褐色砂質土
④ 黃褐色砂質粘土
⑤ 黑褐色腐蝕土
⑥ 黃褐色粘土
⑦ 黃褐色腐蝕土
　　및 小礫石混合層
⑧ 黑褐色腐蝕土
　　및 小礫石混合層
⑨ 撰度材
⑩ 黑色腐蝕土
⑪ 赤褐色粘質砂土
⑫ 黃褐色砂質土(生土)
Ⓐ 積石部
Ⓑ 木槨部
Ⓒ 木棺
Ⓓ 副葬品收藏櫃

그림 87. 경주 천마총 봉분 토층 단면도.

의 존재가 드러났다. 금·은제의 팔찌와 금제 반지, 허리띠 등 장신구가 나무널 (2.15EW×0.8m) 안에서 나오기 시작하고, 머리 쪽에서 금관이 출토되었다. 머리맡에서 부장품 수장궤(1.8NS×1.0 = 0.8m)의 존재가 확인되었고, 궤의 경화처리를 거쳐 천마도天馬圖가 그려진 말다래사진 28 등 많은 부장품을 수습하고 수장궤를 깨끗이 정리 수거하기까지 팔십오 일이라는 오랜 시간이 소요되었다.

　나무덧널 내부에 대한 조사를 마친 뒤 그 아래와 둘레돌(D-47 = 1.2m)의 구조 파악을 위한 전면 조사를 통해, 나무널과 덧널을 포함한 모든 매장시설은 구덩을 따로 파지 않고 원래의 지표 위에 안치되었음을 확인할 수 있었다.그림 87 주요 유물의 출토 상태를 보면, 널 안에서는 出자형의 솟은 장식 금관을 비롯한 여러 관모류와 목걸이, 팔찌, 반지, 허리띠, 긴칼, 신발 등 갖가지 장신구가 나왔다. 부장품 수장궤로부터는 천마도와 함께 기마인물과 서조瑞鳥가 그려진 자작나무판과 각종 용기류, 마구류, 이기류 등이 나오고, 이 밖에 봉토와 돌무지 틈새에서도 적지 않은 유물들이 수습되었다.

돌무지의 자락에서부터 봉토 자락의 바깥둘레돌[外護石]에 이르기까지 트렌치 작업을 마지막으로 약 여덟 달이 소요된 발굴에 동원된 인부의 연인원은 3,451명이었다. 발굴을 마친 뒤에 봉토의 남쪽 절반을 절개 복원하여 관광 학술 자료로 일반인들에게 공개되고 있다.

155호 무덤 발굴이 한참 진행되고 있을 때인 이해 여름에 한 달의 시차[時差]를 두고 시작된 그 맞은편의 경주 황남동 98호 무덤의 북분[北墳][40]과 남분[南墳][41]에 대한 발굴은 각각 이듬해(1974년) 연말과 그 이듬해(1975년) 가을까지 계속되었다. 이 무덤은 현존하는 고신라 최대의 쌍무덤[瓢形墳](120NS×80 = 22~23m)으로, 미추왕릉지구 발굴 계획에 따라 당초 발굴 뒤 내부를 복원 공개하는 계획이 수립되었다.[42]

이해의 북분 조사에서는 연말까지 봉토 제거 작업만을 계속해 나가는 과정에서, 정상부 가까이에서 출토된 금동제 마구류 등 일괄 유물을 비롯하여 각종 도기류·토기류와 후세에 암장된 것으로 보이는 사람 뼈와 뼈단지[骨壺] 등이 수습되었다. 한편, 남분에 대한 조사는 북분과 함께 두어 달 동안 봉토 작업을 계속하였으나, 이해 가을에는 남분 발굴 작업을 중단하고 북분의 봉토 조사만을 계속해 나갔다.

미추왕릉지구정화사업계획에 따라 155호와 98호 무덤의 발굴이 진행되면서, 한편으로는 이제 막 그 외곽 고분에 대한 발굴이 시작되었는데, 그 첫번째 대상이 초여름에 이루어진 전[傳] 미추왕릉의 바로 북쪽 가까이에 있는 황남동 제110호 무덤[43]이었다. 영남대학교 박물관에 의해 발굴된 이 무덤은 발굴 당시 심하게 훼손된 채 지금의 봉토(15EW×9 = 1.55m)는 타원형으로 남아 있었다. 발굴 결과 무덤은 구덩을 파내고, 여기에 으뜸덧널(5EW×3.1 = 1.9m)과 정방형의 딸린덧널(3.1×3.1 = 1.4m)을 동서로 가지런히 배치한 주·부곽식[主·副槨式]의 돌무지덧널무덤임을 알 수 있었다.

으뜸덧널 안에 이루어진 널 안 동편 머리 부분에서 출토된 관장식[冠飾]과 귀걸이, 목걸이, 허리띠 등 장신구와 긴칼 등의 출토 상태로 보아 동침임을 알 수 있었고, 머리맡의 부장칸에서는 많은 양의 토기류와 철제 낫 등 농공구와 각종 무구류, 마구류가 출토되었다. 딸린덧널 안에서도 토기류와 농공구, 마구류 등이 수습되었다.

황남동 일대의 대형 고분을 중심으로 공원화하는 대릉원[大陵苑] 예정 구역의 동편에 남북으로 연결되는 신설 도로인 계림로鷄林路를 조성하기 위한 약 200미터의 구간을 국립경주박물관이 두 차례에 걸쳐 발굴하였다. 이 계림로 고분군[44] 일대에는 조사 당시에는 지표에 아무런 흔적도 남아 있지 않았지만, 발굴 결과 모두 50여 기에 이르는 많은 무덤들이 확인되었다. 무덤의 구조는 대부분 소형의 돌무지덧널무덤으로서, 여기에는 외널식〔單槨式〕과 여러널식〔多槨式〕이 있었으며 일부 독무덤도 조사되었는데, 큰독을 옆으로 누이고 그 안에 시신을 안치한 뒤 작은 항아리로 씌운 것이었다.

제1차 발굴에서 조사된 무덤 가운데 14호 무덤의 경우, 작은 규모의 덧널 (3.5×1.2m)임에도 많은 귀중한 유물들이 수습되어 학계의 주목을 받았었다. 특히 피장자의 허리 쪽에서 출토된 금제의 감옥장식보검嵌玉裝飾寶劍과 말안장에 달렸던 것으로 보이는 금제의 귀면鬼面 장식은 서역西域에 기원을 둔 유물로서, 일찍이 이 지역과의 사이에 이루어진 활발한 교류의 흔적들로 여겨졌다. 돌무지 모양의 둘레돌에 둘러싸인 이음식 독널(H-1.3m)인 25호의 작은 독 안에서는 수레모양토기〔車形土器〕와 함께 명기明器로 보이는 소형 토기 십여 점이 출토되었다.

제2차 발굴은 대형의 쌍무덤인 90호 무덤의 둘레에 있는 소형의 돌무지덧널 무덤들을 대상으로 이루어졌다. 이들의 대부분은 여러널식으로서, 이 가운데에는 한 둘레돌 안에 모두 6기(48-53호)의 덧널들이 질서 정연하게 배치된 것도 있었는데, 구조에 비해 부장 유물은 매우 빈약한 편이었다. 30호 무덤에서 출토된 큰항아리의 어깨와 목 부분에는 거북, 개구리, 네발짐승, 뱀, 악인樂人과 한 쌍의 남녀 등 많은 토우土偶가 붙어 있어, 당시 신라인들의 민속이나 신앙, 풍속을 짐작할 수 있게 하는 귀중한 자료를 제공해 주었다.

거의 비슷한 기간에 고려대학교 박물관에 의해 조사된 미추왕릉지구 제9구역의 황남동 A호 파괴 고분[45]은 미추왕릉으로부터 남쪽으로 100미터 남짓 떨어진 곳에 있었다. 조사 당시 봉토의 유실이 극심하여, 주변은 대부분 깎여 나간 채 주민들의 보도步道로 변하여 돌무지의 잔존 부분이 20-85센티미터 정도의 높이로만 남아 있었다.

보고자의 추정으로는 한 봉토(D-15~17＝6~7m) 안에 모두 5기의 돌무지 덧널무덤이 이루어진 것으로 보았지만, 무슨 여건에서였던지 동쪽의 3기에 대한 조사만 이루어지고 서쪽 2기에서는 둘레돌만 확인되었다. 3기의 덧널은 모두 긴축을 대략 동서 간에 두고 동침東枕으로 펴묻힌 채 각기 따로 둘레돌을 갖추고 있었다.

5기의 덧널들은 한가운데의 제3덧널이 맨 먼저 만들어지고, 북쪽 옆구리에 따로 만들어진 딸린덧널과 긴칼의 출토 사실로 보아 이 무덤의 주인공으로 생각되었고, 제1덧널은 가락바퀴 등 여성용 유물의 출토로 보아 부인, 나머지는 자식 등 모두 한 가족의 무덤으로 추정되었다. 이 무덤의 연대에 대해서 보고자는 구조적으로나 출토 유물의 유사성을 들어, 이 지역의 초기 고분으로 보는 인접한 황남동 109호 무덤(1934)과 비슷한 시기의 것으로 짐작하였다.

이해 가을 경북대학교 박물관에 의해 조사된 경주 미추왕릉지구 제1, 2, 3구역 고분군[46]은 고분 공원 조성을 위한 정지 작업 과정에서 봉분을 잃은 소규모의 무덤들이 마치 공동묘지처럼 밀집된 상태로 드러난 유구들이었다.

제1구역 고분군에서는 모두 12기가 조사되었는데, 현 대릉원大陵苑 동북쪽에 있는 황남동 90호 무덤으로부터 40미터가량 남쪽에 이루어져 있었다. 지금까지 이 지역에서 조사된 무덤들은 대부분의 돌무지덧널무덤과 드문 돌방무덤이었으나, 이 제1구역의 경우는 토석벽土石壁으로 된 덧널무덤이거나 독널무덤 등 이질적인 무덤들이 한 무리를 이루고 있었다. 이와 같은 소규모의 무덤들이 고총高塚들 사이에 공존하고 있음은, 먼저 만들어진 소형 무덤들을 파괴하면서 새로운 고총들이 들어섰던 것으로 추정되었다.

이 밖에 제1구역에서 고분 공원 담장을 끼고 남쪽으로 이어진 제2구역에서는 2기가 확인되었고, 제3구역에서는 정확한 수효를 파악할 수 없을 정도로 심하게 파괴되어 있었다. 함께 조사된 황오동 381번지 고분에서는 2기가 확인되었으나, 이미 오래전에 훼손된 폐고분들로서 정리 조사를 통해 부분적인 구조 확인과 교란된 상태에서의 유물들을 수습하였다.

부산대학교 박물관이 조사한 미추왕릉지구 제5구역 고분군[47]은 앞서 고려대학교 박물관이 발굴한 제9구역의 바로 서쪽으로 인접해 있었다. 이곳은 고분 공원의 남쪽 담장 구간에 해당되는 구역으로, 고총 지역과 황남동 일대 민가의 경계에 위치하여 무덤들은 민가의 마당이나 건물 밑에 들어가 있었다. 여기에서도 돌무지덧널무덤 2기, 돌무지널무덤 6기, 구덩식돌방무덤 8기, 독널무덤 5기 등 다양한 무덤으로부터 사백여 점의 토기류와 오십여 점에 이르는 철기들이 출토되어, 비교적 이른 시기의 신라 고분 연구에 중요한 자료를 제공해 주었다.

영남대학교 박물관에서는 제1차로 이해의 중반에 조사한 황남동 110호 무덤에 이어 겨울에는 제2차로 미추왕릉 앞쪽(前地域) 고분군[48]에 대한 조사를 실시하였다. 제2차 발굴은 미추왕릉 남쪽의 고분공원 담장 안쪽에 대한 조사로서 모두 A지구, B지구, C지구, D지구로 구분하여 작업을 진행해 나갔다.

이 가운데 미추왕릉과 숭혜전崇惠殿 사이의 B지구에서는 조선시대의 건물 터만 나와, 나머지 3지구에 대한 조사를 계속하였다. 조사 결과 A지구(4지구)에서는 아래로부터 돌덧널무덤 2기와 여러널식에 속하는 돌무지덧널무덤 1기, 그리고 남고루南古壘 성터가 차례로 확인됨으로써 조사자는 이를 각 무덤 형식의 시기적 서열로 추정하였다. 특히 돌덧널무덤은 뒤늦게까지 만들어져 이후 앞트기식이나 굴식의 돌방무덤으로 이행해 가는 것으로 추정하였다. 또한 이들 초기 양식의 돌무지덧널무덤도 구조와 양식적 변화를 거쳐 천마총天馬塚이나 금령총金鈴塚, 금관총金冠塚, 서봉총瑞鳳塚 등 큰 규모의 외덧널식(單槨式) 고총高塚으로 발전해 간 것으로 생각되었다.

C지구(6지구)에서는 9기의 돌무지덧널무덤과 돌덧널무덤, 독널무덤 각 2기가 조사되었고, D지구(6지구)에서 돌무지덧널무덤 4기가 확인되었다. C지구의 1호, 2호, 3호에서 보이는 쌍무덤의 경우도 점차 대형화되면서 황남대총과 같은 초대형으로 변화해 간 것으로 추정하였다. 다양한 장신구와 함께 각종 토기류와 철기류 등 많은 유물들이 수습되었는데, 특히 C지구 3호 무덤으로부터의 신구형토기神龜形土器와 4호에서 출토된 인면감장人面嵌裝 유리구슬 등은 그 중에서도 희귀한 형태의 부장품들이었다.

부산대학교 박물관에서 발굴한 미추왕릉지구 제7구역[49]에서는 이해 연말부터 이듬해 연초까지 약 40일간에 걸쳐 돌무지덧널 4기, 구덩식돌덧널 1기, 독널 2기와 제사 유구 1기 등 모두 8기에 대한 조사가 이루어졌다. 이들 고분은 대개 중소형들로서, 대부분 경주 일원에서 드물지 않게 접할 수 있는 구조를 보이고 있었다. 고분의 크기에 비해 부장 유물들은 매우 다양했으나 귀고리 외에는 별다른 장신구가 나오지 않았다.

단국대학교 박물관에 의해 조사된 인왕동仁旺洞 156-1·2호 무덤[50] 가운데, 1호 무덤은 남아 있는 봉토(D-10＝3m) 아래의 돌무지 틈새에서 신라시대에서 고려시대에 걸친 기와, 토기, 청자 파편 들이 교란된 상태로 출토되었다. 특히 기와편 가운데에는 '仁'자와 '皇'자 등 양각된 명문이 나타나 있었고, 토기 가운데에는 굽다리접시와 목항아리 파편도 섞여 나왔다. 유물층의 남벽에는 도굴 구덩이의 흔적이 남아 있었는데, 주변에서 유리구슬이나 곱은옥 등 장신구류와 긴칼과 창 등 철제 무구류가 수습되었다.

2호 무덤은 1호 무덤을 조사하던 중 그 북쪽에서 돌무지의 일부가 드러나 발굴이 이루어졌다. 주변에 경작이 이루어져 봉토의 흔적은 남아 있지 않았으며, 발굴 결과 유물층은 지표 아래 3.5미터에서 나왔다. 귀걸이의 출토 상태로 보아 동침東枕으로 생각되었고, 그 아래쪽에서 목걸이와 은제 허리띠, 팔찌 등 장신구류가 수습되었다. 이 밖에 청동 합盒 등 금속기와 토기류, 철제 무기, 마구류와 함께 3점의 가락바퀴도 나왔다.

같은 시기 이화여자대학교 박물관에 의해 실시된 인왕동 149호 무덤[51]은 이곳에서 잘 알려진 도굴꾼이 도굴 미수로 끝낸 폐고분[52]에 대한 정리 조사의 성격을 지닌 발굴이었다. 봉토는 거의 남아 있지 않았고, 윗부분이 교란된 비교적 큰 규모의 돌무지(8×8m)가 드러났다.

딸린덧널은 없이 돌무지의 규모에 비해 비교적 작은 덧널(3.95EW×1.44m)만 나왔는데, 다른 곳에서와 마찬가지 바닥에는 잔자갈이 깔려 있었다. 귀걸이와 목걸이 등 장신구의 출토 상태로 보아 동침으로 짐작되었고, 그 아래에서 은제의 허리띠와 긴칼 등이 나오고, 머리맡에는 부장칸(1.8EW×1.6m)이 이루어져 있었다. 부장칸에는 가운데에 쇠솥을 두고 그 둘레에 크고 작은 토기류와 긴칼이 놓여 있었다. 발치 아래에서도 수십 점의 철제 이기류와 토기 들이 수습되었다.

거의 같은 시기에 서울대학교 박물관이 실시한 경주 교동校洞 무덤[53] 발굴은 처음부터 도굴된 고분임을 알고서 시작한 발굴이어서, 유구와 도굴 구덩이의 확인과 잔여 유물의 수습에 중점을 두고 이루어진 발굴이었다. 봉토는 이미 교란되었지만, 발굴 결과 드러난 둘레돌(D-15.6m)의 윤곽을 통해 비교적 큰 봉토의 무덤임을 알 수 있었다. 도굴 후 매몰하여 교란된 상태로 드러난 돌무지(2.6EW×1.6=1.1m)는 서벽과 북벽의 일부만 남아 있었는데, 돌무지 가운데에 수직으로 뚫린 4미터 너비의 도굴 구덩이 등으로 철저히 교란되어 있었다.

도굴에 의해 유물은 대부분 반출되었고, 구덩이를 정리하는 과정에서 마구로 보이는 금동제 띠고리 파편과 토기 조각이 몇 점만 수습되었다. 여기에서 도굴된 것으로 전해진 금관은 지금까지 신라 고분에서 출토된 몇몇 전통 양식의 금관과는 다른 형식의 것이었다. 만든 솜씨가 다소 서툴고 빈약한 느낌이지만, 전체적으로 단순 소박한 고졸古拙한 모습으로 크기도 작아 성인용은 아닌 듯 싶었다.

이해 연초에는 문화재연구실에 의해 대구 태평로(칠성동) 고인돌[54]에 대한 두 차례의 조사가 이루어졌다. 대구 중심부를 남북으로 관통하는 신천변新川邊의 자연 제방에 분포하던 고인돌 가운데 가장 하류 쪽에 있던 유적으로 원래 7기가 마치 북두칠성처럼 분포하고 있었다. 덮개돌의 크기는 가장 작은 1호(1.2×1.2＝0.7m)에서부터 가장 큰 7호(2.0×1.3＝0.8)에 이르기까지 다양하였는데, 발굴 결과 뚜렷한 지하 유구가 나오지 않은 무묘식無墓式 고인돌로 짐작되었다.

이해 늦가을에는 안동수몰지구 발굴계획에 따라 문화재연구실이 안동 마리馬里 새터 고분[55]에 대한 조사를 실시하였다. 무덤들이 분포한 지역은 낙동강으로 이어지는 구릉의 끝자락에 해당되는 곳으로 고분은 구릉의 중심부인 봉우리(+100M)에서 세 갈래(가, 나, 다)로 뻗어 내린 능선 위와 비탈면에 이루어져 있었다.

발굴을 통해 모두 23기가 확인되었는데, 무덤의 긴축은 대부분 능선의 등고선 방향으로 이루어져 있었다. 이들 돌덧널은 깬돌의 가지런한 쪽을 벽면으로 하여 1단 또는 2단, 3단으로 겹쳐 쌓고, 마구리벽은 1매의 넓적한 돌로 막아 장방형(1.3~4.0×0.5~1.2m)을 이루었는데, 주류를 이루는 것들은 대개 세장방형(2.0~4.0×0.5~0.7m)의 것들이었다. 바닥은 맨바닥 그대로인 것도 있으나 대부분 납작한 자갈을 깔았는데, 그 중에는 마구리쪽의 일부를 맨바닥의 부장칸으로 하거나 마구리 한쪽 모서리를 옆으로 확장하여 ㄱ자 모양의 딸린덧널을 이룬 것도 있었다. 부장 유물로는 크고 작은 신라 토기들과 금동제의 귀걸이, 철제의 손칼과 활촉, 가락바퀴 등이 출토되었다.

비슷한 시기에 같은 안동 댐 수몰 지구에서 경북대학교 박물관에 의해 안동 도곡리 고인돌[56] 조사가 이루어졌다. 절골 안에 분포한 4기 가운데 조사된 3기는 모두 지상에 노출된 덩이돌로 된 받침돌을 갖춘, 이른바 바둑판식의 남방식들로 별다른 하부 구조는 확인되지 않았다. 고인돌 둘레에서는 붉은 민무늬토기 쪼가리들만 수습되었다.

앞서 이해 봄에는 전년도에 이어 여주 흔암리 집자리 제2차 조사[57]가 서울대학교 박물관과 고고인류학과에 의해 합동으로 이루어져, 4호와 5호 등 두 채에 대한 발굴을 실시하였다. 4호 집자리(7.6NE~SW×3.7m)는 한강에 면한 구릉의 비탈면(+123m)에 이루어졌으나, 전체 길이는 확인하지 못한 채 다음 발굴로 미루었다. 바닥은 두께 1-2센티미터의 단단한 회층灰層으로 덮여 있었는데, 집 자리 가운데에는 저장용으로 생각되는 타원형(1.7×1.4＝0.3m)의 구덩이 이루 어지고, 뒷벽 쪽에 한 개의 기둥구멍이 나 있었다. 바닥면에서 붉은간토기와 민무늬토기 쪼가리 한 점씩이 나왔다.

5호 집자리(4.7NS×3.9m)는 둘레에 기둥 구멍이 열 지어 있었고, 가운데에 는 같은 크기의 화덕자리 두 개가 있었는데, 바닥면에서는 비교적 많은 토기와 석기가 수습되었다. 토기로는 붉은간토기와 민무늬토기가 나왔는데, 이 중에는 겹아가리에 빗금무늬가 그어진 가락식 토기도 있었고, 이 밖에 반달칼, 도끼, 활 촉, 갈판 등 다양한 석기류가 수습되었다.

늦가을 동아대학교 박물관에 의해 조사가 이루어진 진해 웅천 동굴 유적[58]은 이곳 규사硅砂 광산의 자연동굴 안에 이루어진 작은 규모의 유적(11×4＝0.5m) 으로, 출토 유물도 약간의 토기, 석기와 조가비뿐이었지만 인공 유물을 수습했 다는 데 그 의미가 있었다. 출토 유물은 팽이토기[角形土器] 일곱 개체분, 돌날[石 刃] 등 뗀석기 2점과 숟갈 모양으로 가공한 조가비 등 극히 적은 양만 출토된 것 으로 보아 민무늬토기인들이 짧은 기간 생활했던 유적으로 생각되었다.

이에 앞서 한여름에는 제주 빌레못 동굴 유적[59]이 영남대학교 박물관에 의해 조사되었다. 이 유적은 화산 폭발에 의해 형성된 용암 동굴 속에 이루어진 곳으 로, 조사에 앞서 현지 산악인들에 의해 동물 화석과 석기 등 인공 유물이 발견되 었다. 발굴 결과 세 개 층이 확인되었는데, 이 가운데 인공 유물이 출토된 문화층 은 제2층과 제3층으로, 제2층에서는 동물 화석과 현무암제玄武岩製의 석기들이, 맨 아래의 제3층에서는 석기만 수습되었다. 출토된 석기로는 긁개, 칼, 찌르개, 송곳, 부리모양 석기, 홈날, 톱니날 등 격지류와 함께 찍개, 도끼 등 큰 석기들과 돌핵[石核] 등 백여 점이 출토되었다.

석기의 재료로는 이 지역의 특성상 현무암이 주된 재료인데, 드물게는 입자가 고운 재질의 것도 보인다. 제작 기법은 대부분 직접 타격에 의한 것들이며 간접 타격이나 가압법加壓法에 의한 제작 기법의 흔적은 보이지 않았다. 동물 화석과 석기의 형태로 보아 중기 구석기시대에 속하는 유적으로 생각되었다.

이해 초겨울에는 제천 점말 용굴龍窟[60]에서도 구석기시대에 속하는 것으로 보 이는 유적 한 곳이 조사되었다. 유적은 점말 마을로부터 100미터가량 높은 벼랑

(+430m)에 이루어진 석회암 동굴로서 이곳 퇴적층의 일부에서 제4기의 동물화석이 발견되어, 이후 연세대학교 박물관에 의해 1980년까지 모두 일곱 차례에 걸쳐 연차적 발굴이 이루어졌다.

퇴적층은 좁고 긴 틈굴(12EW×1 = 2m)에 4미터 두께로 이루어졌는데, 모두 일곱 개 층이 확인되었고, 이 가운데 Ⅳ~Ⅵ층에서 동물화석, 뼈연모, 뼈에 새긴 조각품과 석기들이 출토되었다. 여기에서는 화덕자리와 숯도 나와 실생활의 흔적으로 추정되었고 다양한 짐승뼈 화석도 나왔는데, 이 가운데에는 하이에나, 말, 원숭이, 들소, 동굴곰, 털코뿔이 등 오늘날 멸종된 것들도 다수 포함되어 있었다.

이해에는 이처럼 구석기시대에 속하는 유적을 포함하여 몇몇 동굴 유적이 발견되어 동굴고고학에 새로운 의미가 부각되는 계기를 마련해 준 한 해였다고 할 수 있었다.

이해에도 북한에서는 별다른 조사가 이루어지지 않았고, 지난해에 시작했던 덕천 승리산勝利山 유적[61]에 대한 조사를 제2차 조사로 끝내는 한편, 1964년에 착수했던 송림 석탄리石灘里 유적에서의 발굴을 이해 가을에 이루어진 제4차 조사로써 마무리 짓게 되었다. 덕천 승리산 유적은 홍적세 중기부터 청동기시대에 이르기까지, 비록 간헐적이긴 하지만 오랫동안 생활이 이루어져 온 곳으로 한반도의 고인류 생활사 연구를 위해 매우 중요한 위치를 점하고 있다.

이해 가을에 이루어진 송림 석탄리 유적[62]에 대한 마지막 조사는 1지구와 2지구를 설정하여 각 두 채씩을 파 들어간 모두 네 채(39-42호)에 대한 발굴이었다. 집자리의 넓이는 20제곱미터 안팎으로 움의 깊이는 30-60센티미터였고, 화덕자리는 두 채(39, 40호)에서만 확인되었다. 기둥자리에는 크고 작은 구멍을 파거나 구멍 대신 주춧돌을 놓기도 하였다. 출토된 유물은 도끼, 반달칼, 끌, 활촉, 그물추, 갈돌 등 석기류와 팽이토기 등 다양한 토기 쪼가리들이 수습되었다.

이상 네 차례에 걸쳐 이루어진 석탄리 유적 발굴에서는 모두 집자리 32채, 돌널무덤 2기를 조사하였고, 이 가운데 신석기시대 집자리 한 채도 확인하였다. 보고서에서는 팽이토기가 주류를 이루던 이들 집자리에 대해서 그 짜임새와 축조 방식에 따라 크게 세 가지 유형으로 분류하고, 각 유형이 갖춘 구조적 특징과 출토 유물을 기준으로 집 짜임새의 변천 과정과 편년적 선후 관계를 제시하였다.

즉, 첫째 유형이 가장 이른 시기의 것이고, 셋째 유형이 가장 늦은 시기로 치고, 편년의 기준이랄 수 있는 미송리형美松里形 토기를 기원전 8-7세기로 봤을 때, 석탄리 유적은 대체로 기원전 2000년기 말에서 1000년기 전반 중엽에 순차적으로 형성된 것으로 짐작하였다.

1974년

이해에는 국립중앙박물관에서 실시하고 있는 연차 사업으로 서울 암사동岩寺洞 선사시대 유적과 강진 사당리沙堂里 가마터 유적에 대한 발굴이 계속되었다. 이밖에 새로이 울산 신암리新岩里 유적 조사와 경주박물관 신축 부지인 인왕동仁旺洞 건물 터 조사, 공주박물관에 의한 부여 송국리松菊里 돌널무덤에 대한 일괄 유물의 수습 정리 조사가 이루어졌다.

경주에서는 문화재관리국 산하 경주미추왕릉지구발굴조사단에 의해 지난해에 이어 황남대총皇南大塚 남분과 북분 작업이 계속되었고, 경주사적관리사무소에서는 경북대학교 박물관과 공동으로 경주 미추왕릉지구 내 황남동 폐고분에 대한 발굴을 실시하였다. 경북대학교 박물관에서는 이와는 별도로 대구 평리동坪里洞에서 청동기 일괄 유물을 수습 조사하였다.

문화재연구실에서는 이해 이른 봄에 전남대학교 박물관과 함께 창원 성산城山 조개무지를 발굴하는 과정에서 중요한 제철製鐵 유구를 확인하였다. 이어서 가을에는 안동 수몰 지구에 대한 구제 발굴을 실시하여, 기사리棄仕里 고분과 나소리羅所里 고분, 도곡리道谷里와 절강리浙江里 절터 등 거의 동시에 네 개 유적을 조사하였다.

서울대학교 박물관에서는 고고인류학과와 함께 전년도에 이어 여주 흔암리欣岩里 집자리 유적에서 제3차년도 발굴을 실시하였다. 한강의 북안北岸 구릉 비탈에 이루어진 취락 터 조사를 통해 장방형의 움집터 두 채에서 가락식可樂式 계통의 화분형토기와 엎어진 상태로 나온 소형 토기 한 점을 수습하였다. 서울대학교 박물관에서는 이 밖에 서울 석촌동石村洞 3호와 4호 고분에 대한 조사를 통해 초기 백제 무덤에 대한 성격을 밝힐 수 있었고, 연말에는 숭전대학교 박물관 등과 함께 인접한 잠실지구 유적 조사에도 참여하였다.

한편, 연세대학교 박물관에서는 봄과 가을에 각기 공주 석장리石壯里 유적 제10차 발굴과 제천 점말 용굴龍窟 유적 제2차 조사를 실시하면서 중부 내륙 지방에서 이루어진 구석기 문화에 대한 연차적 조사 연구에 새로운 기운이 싹트게 되었다.

이해 중반쯤에는 동아대학교 박물관에서 고성固城 동외동東外洞 조개무지에 대한 조사를 실시하였고, 연말에도 같은 고성의 송천리松川里 선사유적을 발굴하였다. 또한 지금까지 주로 동아대학교 박물관에 의해 발굴이 이루어져 온 부산 복천동福泉洞 고분에 부산대학교 박물관이 조사에 참여하였다.

지금까지 주로 선사시대 유적과 고분 발굴에 편중되어 오던 발굴 경향에서 벗어나 이해에는 절터 발굴이 활기를 띠기 시작한 한 해였다고 할 수 있었다. 단국대학교 박물관에 의해서 양양 둔전리屯田里 진전사陳田寺 터, 동국대학교 박물관에 의해 보령 성주사聖住寺 터 발굴이 이루어지고, 원광대학교 마한·백제문화연구소에 의해 백제시대 최대의 절터랄 수 있는 익산 미륵사彌勒寺 터에 대한 연차적인 계획 발굴이 시작되기에 이르렀다.

이해 4월에는 서울대학교 고고인류학과 김원용 교수에 의해『한국고고학연보韓國考古學年報』창간호[63]가 발간됨으로써 이후 한동안 매년 이루어진 고고학적 성과를 돌이켜 볼 수 있는 중요한 자료들이 한데 집약되었다.

1970년대 전반前半에 걸쳐 국립중앙박물관에서 실시한 서울 암사동 집자리 유적에 대한 연차 조사의 제3차 조사[64]를 통해 모두 다섯 채의 움집자리와 함께 대형의 빗살무늬토기와 많은 석기류를 수습하였다. 유적은 한강을 북쪽으로 면한 완만한 경사지에 이루어졌는데, 맨 위층에서는 백제 토기가 나오고, 그 아래로는 빗살무늬토기 포함층과 움집자리층이 차례로 드러났다.

다섯 채의 움집자리가 비교적 좁은 공간에 밀집된 상태로 모여 있는 것으로 보아 취락의 형태를 이룬 것 같은데, 집자리(5.5 = 1m)의 형태는 원형이거나 모줄임(抹角) 방형이었다. 집자리의 가운데에는 모두 화덕자리가 있었으며, 다섯 채 가운데 세 채에서는 화재의 흔적과 함께 불탄 기둥들이 바닥에 깔려 있었다. 출토된 토기는 평행집선문平行集線文이 나타난 생선뼈무늬 계열의 대형 토기와 파상점렬문波狀点列文의 소형 토기로 양분될 수 있었고, 석기로는 도끼, 활촉, 그물추, 갈판과 갈돌 등이 대부분 집자리 안에서 나왔다.

국립중앙박물관에서 실시한 또 다른 연차 발굴로서 강진 사당리 가마터에 대한 제8차년도 조사[65]에서는 지금까지 조사한 퇴적층과 작업장(工房) 조사와 더불어 지난해에 처음 확인된 가마바닥(窯床)을 재조사하였다. 이 조사를 통해 애기

봉통封筒이라고 할 수 있는 가마 밖에 위치한 특이한 구조의 아궁이를 발견하였으며, 이것이 여러 차례에 걸쳐 개조 보수된 사실도 확인할 수 있었다.

이해 여름에 새로 조사가 시작된 울산 신암리 선사유적[66]은 일제강점기 때부터 알려진 신석기시대의 유적이다. 그 후 수시로 조사가 이루어져 오다가 이해에 국립중앙박물관에 의해 정식으로 두 곳에 대한 발굴이 실시되었다. 유적의 주변은 표고 100미터 이내의 야산 지대로서, 바닷가로부터 200미터가량 떨어져 있는 제1지구는 마을의 중심에 이루어진 곳으로 주로 덧무늬토기가 출토되고 있으며, 빗살무늬토기가 출토되는 제2지구는 보다 낮은 충적지에 이루어져 있었다.

제1지구는 모래 섞인 진흙층(1층, 2층)과 순 진흙층(3층, 4층)으로 구분되지만, 유물은 주로 3층 바닥과 4층에서 출토되었는데, 덧무늬토기가 가장 많고 덧무늬와 새김무늬가 복합된 종류도 적지 않았다. 여기에서 출토된 석기류는 주로 화산암 계통의 것들로 도끼, 톱니날, 숫돌, 갈돌과 공이 등이 출토되었고 그물추와 같은 토제품도 나왔다.

제2지구는 제1지구로부터 동쪽으로 50미터가량 떨어져 있었는데, 현 지표의 80-100센티미터 아래에서 나타난 사질의 생토층 위로 모두 네 개의 모래 퇴적층이 이루어지고, 이 가운데 유물 포함층은 제4층으로서, 여러 겹으로 유물들이 출토되었다. 여기에서는 두도식頭島式 굵은빗금무늬〔太線文〕의 새김무늬가 주류를 이루며, 바닥은 뾰족 바닥과 둥근 바닥이 대부분이었는데, 귀걸이와 토우 등의 토제품도 보이고, 석기로는 도끼와 숫돌이 나왔다. 제1지구는 신석기시대의 이른 시기, 제2지구는 그 중기中期쯤으로 짐작되었다.

경주 인왕동 박물관 신축 부지 내 건물 터[67]는 반월성半月城의 동남쪽에 인접한 전답 대지 2만여 평에 이르는 신축 대상지에 대한 봄과 여름 두 차례의 발굴에서 확인되었다. 발굴 전 불도저에 의한 무분별한 작업으로 상층부는 상당 부분 깎여 나갔지만 바닥의 유구는 비교적 잘 남아 있었는데, 주춧돌과 여기에 병행하는 석 줄의 석렬도 크게 교란되지 않은 상태로 드러났다.

사진 29a·b.
부여 송국리 돌널무덤(위)과 출토 유물.

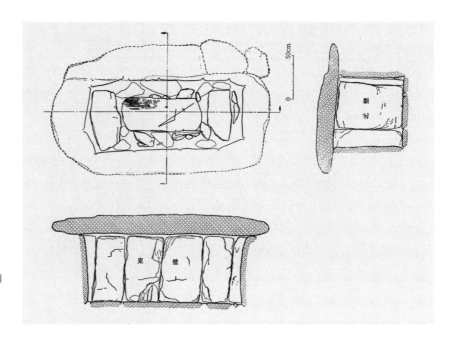

그림 88.
부여 송국리 돌널무덤의
평면도(위 왼쪽)와
동벽(아래) 및 북벽
(위 오른쪽) 단면도.

그러나 후대에 이루어진 잦은 개축 등으로 건물지의 전반적인 규모와 성격은 밝히기가 어려웠으나, 출토된 와당 등 유물의 성격으로 보아 신라시대의 유구임을 확인할 수가 있었다. 출토된 와당의 대부분은 보상화문寶相華文으로, 이 밖에 연화문蓮花文 와당과 여러 종류의 당초문唐草文 암막새도 수습되었다. 건물지의 북서편에서 화강암을 곱게 다듬어 만든 물받이〔石槽〕와 작은 돌우물〔石井〕도 나왔는데, 그 안에는 많은 막새기와와 평기와, 전돌이 묻혀 있었다.

제2차 발굴은 1200여 평의 주차장 구역에서 이루어졌는데, 동쪽 끝에 타원형의 물받이를 갖춘 긴 석렬 유구(70m)와 양면에 냇돌로 된 석축을 쌓고 그 사이를 흙으로 채운 성격 미상의 유구를 노출시켜, 여기에서 '儀鳳四年'(679년) 등 명문 기와 몇 점을 수습하였다. 이와 같은 건물 터의 노출에도 불구하고 별다른 보존 대책 없이 공사가 강행되어 이듬해 7월 경주박물관은 신축 개관되었다.

이해 봄에 공주박물관에 의해 조사된 부여 송국리 돌널무덤[68]은 주민의 제보로 공주사대 백제문화연구소와 공동으로 긴급 발굴이 이루어졌다. 표토의 유실이 심해 봉토의 존재는 알 수 없었지만, 표토 바로 밑에서 돌널의 긴 타원형 덮개돌(2.6×1.2 = 0.2m)이 나오고, 그 밑에 넓적한 여러 매의 판돌로 짜맞춘 돌널(2.05NS×1.0 = 0.8~0.9m)이 이루어져 있었다. 돌널 안은 흙과 사람머리 크기의 돌로 채워져 있었는데, 유물은 바닥면에서 수습되었다.

여기에서 출토된 유물로는 요령식遼寧式 동검
(33.4cm)과 청동제 끌 각 한 점을 비롯하여 일단
자루식(一段柄式)의 돌검(34.1cm) 한 점, 슴베식
(有莖式) 돌활촉 열한 점과 함께 천하석제天河石製
의 곱은옥 두 점, 벽옥제碧玉製의 대롱옥 열일곱
점이 수습되었다. 특히 요령식 동검의 출토는 당
시까지만 해도 본래의 매장 유구로부터 나온 남
한 최초의 실례로서, 그 학술적 의미가 매우 큰
것이었다.사진 29 a·b, 그림 88

한편, 지난해의 천마총天馬塚 발굴 중에 시작된
경주 황남동 98호 무덤 북분[69]에 대한 봉토 제거
작업이 이해에도 계속되어 여름에는 돌무지가
드러나기 시작하였고, 얼마 뒤에는 돌무지 윗면
에서 목재 가구架構의 흔적이 확인되었다. 뒤이
어 돌무지 위의 함몰부 제거 작업이 시작되었고,
10월 중반에는 유물층에 도달하였다. 10월 말경

사진 30. 경주 황남대총 북분 덧널 내부.

에는 금관 등 나무널 안의 장신구 수습이 이루어지는 한편, 부장품 수장궤의 작
업을 계속하여 연말에 이르러 북분에서의 작업은 일단락되었다.사진 30

구조 조사를 통해 남분의 봉토 북쪽에 붙여 돌무지를 이룬 북분은 남분의 봉
토와 둘레돌의 일부를 헐어내고, 여기에 이어 붙여 따로 같은 크기의 둘레돌
(D-80m)을 돌리고 봉토를 씌웠음을 알 수 있었다. 북분의 덧널은 원 지표 위에
으뜸덧널(6.8EW×4.6＝4.0m)만을 설치한 뒤 목재 가구를 세우고 돌무지를 쌓
은 외덧널식 무덤이었다. 덧널 바닥에는 자갈을 깔고 가운데에는 안팎으로 널을
설치하였는데, 바깥 널(3.3EW×0.8＝0.8m) 안을 칸막이로 막아 동쪽 0.8미터
가량을 부장품 수장궤로 구획하고, 서쪽에는 안널(2.2EW×0.7m)을 안치하였
다. 여기에서도 덧널의 둘레에 통나무 기둥을 박아 목재 가구를 설치하고, 돌무
지(16EW×12.8＝5.7m)를 쌓았음을 알 수 있었다.

안널에서는 드림장식(垂下飾)을 갖춘 금관과 가슴걸이(頸胸飾), 금제 팔찌와 반
지, 허리띠 등 화려한 장신구가 나왔으나 칼은 없었고, 더구나 수장궤의 은제 허
리띠에 새겨진 '夫人帶' 명문으로 보아 북분은 여성의 무덤으로 생각되었다. 수

장궤에는 바닥에 철솥과 청동 세발솥〔鐎斗〕, 각종 토기류를 놓고, 그 위에 은제 용기, 칠기, 유리그릇, 흑갈유 자기磁器와 같은 귀중품들을 얹었으며, 맨 위에서는 여러 장신구와 긴칼, 관장식〔冠飾〕, 신발 등 금속제 유물들이 수습되었다. 이 밖에 바깥널의 둘레를 비롯하여 여기저기에서 많은 유물이 나와, 매장 당시에 이루어진 화려한 장엄莊嚴 의식의 모습을 보여 주었다.

남분에서의 발굴은 북분의 작업이 돌무지에 도달하면서 작업 공간이 축소되고 발굴 인력에 여유가 생기면서, 이해 8월 초에 다시 시작되어 9월 중순까지 계속되었다. 그러나 북분에서의 작업량이 늘어나면서 남분에서의 작업은 다시 중단되고, 연말에 이르기까지 북분의 발굴에만 전념하게 되었다.

한편, 고분 공원 조성을 위해 황남동 90호 무덤을 공원에 포함시키면서 그 서쪽에 이루어진 미추왕릉지구 옛 도로면 내 폐고분[70]들이 드러나 이해 봄에 경주 사적관리사무소와 경북대학교 박물관이 발굴을 실시하였다. 여기에 신설될 배수구(38m)의 짧은 구간에 돌무지무덤〔積石墓〕, 돌덧널무덤, 독널무덤 등 사십여 기의 무덤들이 서로 뒤섞여 나왔는데, 무덤의 깊이나 벽체의 축조 상태로 보아 거의 같은 시기에 만들어진 것들로 짐작되었다.

이들 각기 다른 형식의 무덤들은 대부분 성인이 눕기에는 충분치 않은 작은 크기의 것들이었는데, 그 형식에 따라 출토 유물의 성격이 다름을 알 수 있었다. 즉, 돌무지무덤으로부터는 갖가지 토기류 외에 장신구, 마구류, 무기류, 농기구, 철제 이기 등이 다양하게 나오는 데 비해 돌덧널무덤에서는 토기류가 대부분이고, 독널무덤에서는 붉은 토기만 수습되었다. 이들 고분은 황남동 일원의 대형 고총高塚들이 출현하기 이전에 이 지역에 먼저 이루어진 무덤들로, 신라 고분 가운데 이른 시기의 것들로 추정되었다.

이른 봄부터는 문화재연구실에 의해 국립중앙박물관, 전남대학교와 부산대학교 박물관의 지원을 받아 창원 성산城山 마을 조개무지[71]에 대한 두 차례의 발굴이 이루어짐으로써 공단 기지 건설로 깎여 나갈 구릉 유적이 보존될 수 있었다. 성산 마을의 해발 49미터에 이루어진 조개무지 퇴적층은 A(서남구역), B(북구역), C(동구역)의 세 개 지구로 나누어 조사가 이루어졌다.

A지구(50EW×20m)에서는 밑에서부터 각종 민무늬토기와 함께 홈자귀〔有溝石斧〕, 도끼, 활촉, 돌검 등 석기류가, 그 위에서는 야철지가, 바로 위 조가비층에서는 김해식 토기와 오수전五銖錢이 나왔다. 또 그 위에서는 신라 토기와 함께 철

기류가 나와 이 유적이 청동기시대부터 철기시대를 거쳐 삼국시대에 이르기까지 오랫동안 이어진 유적임을 알 수 있었다. 이 유적 위에는 삼국시대의 것으로 짐작되는 판축版築 토성과 석축 벽이 이루어져 있었다.

B지구(40×20m)는 주변의 조개무지 가운데 가장 두꺼운 퇴적을 이루었는데, A지구처럼 뚜렷한 층위를 이루지는 않았으나, 민무늬토기, 굽다리접시, 시루와 함께 가락바퀴, 그물추 등 토제품, 활촉, 칼자루, 바늘 등 뼈제품, 활촉이나 칼과 같은 철제 무기류가 나왔다.

C지구(15×10m)는 가장 낮은 곳에 있는 유적으로 조가비의 퇴적 범위도 가장 좁았다. 조가비층의 두께는 30-70센티미터로서 모두 다섯 개 층으로 구분되는데, 여기에서도 아래층의 민무늬토기와 붉은간토기에서부터 위층의 경질토기와 적갈색 연질토기에 이르기까지 많은 토기류가 나왔고, 그 밖에 골각기와 석기 등도 다양하게 출토되었다.

이와 같은 다양한 출토 유물을 통해 한반도의 철기문화 연구와 삼한시대의 변한弁韓, 나아가서는 가야伽倻 문화의 연구를 위해서도 매우 중요한 자료를 제공했던 유적으로, 발굴 뒤 곧 사적(240호)으로 지정되고 여기에 전시관이 설치되어 보호되고 있다.

이해 가을에는 지난해에 이어 안동 수몰 지구 유적[72] 발굴을 통해 나소리와 기사리 고분을 조사하고, 도곡리 돗질과 절강리에서는 일명사지逸名寺址를 조사하였다. 그러나 고분들은 이미 훼손이 심하여 별다른 유구나 유물은 나오지 않았다. 절터 조사에서 건물 터는 훼손이 심해 전모를 파악할 수가 없었고 몇몇 석물과 기와 쪼가리만 나왔는데, 원절강元浙江 절터로부터는 높이 10센티미터 내외의 금동불상 3구와 소형 석탑 2기, 청자와 분청사기 파편 등이 수습되었다.

이에 앞서 봄에는 서울대학교 박물관에 의해 여주 흔암리 유적[73]에 대한 제3차년도 발굴이 이루어졌다. 지난해의 조사에서는 4호 집자리의 전체 규모를 확인하지 못한 채 다음으로 미루었기 때문에, 이해의 조사에서 그 규모(7.6NE~SW×4.5=0.85m)를 확인할 수 있었다. 바닥의 많은 움구멍(竪穴孔)과 회백색의 진흙 바닥으로 보아 일반 집자리라기보다는 마을의 공동 창고와 같은 저장고의 성격을 지닌 특수한 공간이었던 것으로 생각되었다. 여기에서는 구멍토기(孔列土器) 등 민무늬토기와 붉은간토기, 그물추 등 토기류와 활촉, 가락바퀴, 돌칼, 숫돌, 끌, 도끼 등의 석기류가 출토되었다.

이해의 발굴 대상인 6호와 7호 집자리에서는 두 채 모두 바닥은 진흙으로 다져 있었으나 화덕자리는 보이지 않았다. 6호 집자리(7.8NS×2.0＝0.35m)에는 서벽 쪽에 다섯 개의 비스듬한 기둥구멍(7~15＝7~12cm)이 있었고, 7호(9.6NS×2.8m)에서도 기둥구멍(9~15＝7~15cm) 네 개가 확인되었다. 6호 집자리에서는 구멍토기 등 민무늬토기와 도끼, 끌, 활촉, 숫돌, 갈돌, 절구 등 석기류가 나왔고, 7호에서는 민무늬토기와 함께 그물추와 가락바퀴 등 토제품과 도끼, 끌, 숫돌, 갈판, 갈돌 등이 출토되었다.

서울대학교 박물관에서는 이해 가을에 서울 석촌동 돌무지무덤〔石塚〕 3호와 4호 2기를 발굴하였다. 원래 석촌동 일대에는 가까운 방이동芳荑洞, 가락동可樂洞으로 이어지는 넓은 지역에 많은 고분들이 분포되어 있었다. 이들 석촌동 고분군에 대해서는 일찍이 일인 학자들에 의해 백제 고분임이 확인된 바 있으며, 이때 수많은 돌무지무덤과 봉토무덤〔土塚〕 들이 확인되었다.[74] 그러나 이해 잠실蠶室 지구 개발 사업의 일환으로 유적 조사단에 의해 조사가 이루어질 당시에 형태를 갖추고 남아 있던 무덤은 3호와 4호, 5호 무덤뿐이었다.

서울 석촌동 3호 무덤[75]은 조사 당시만 해도 무허가 민가들이 고분의 둘레뿐 아니라 바로 위까지도 점거해 있었고, 서쪽 공간만 돌무지가 훼손된 채 빈터로 남아 있었다. 따라서 발굴도 서쪽 빈터에서만 이루어져 간략한 성과만을 얻을 수 있었다. 우선 남아 있는 상태로 보아 무덤은 장방형 또는 방형의 단축段築으로 된 고구려계의 계단식 돌무지무덤임을 알 수 있었다. 또한 현 상태로 보아 3단의 구조로서 각 단의 높이는 0.7-0.8미터, 단의 너비는 4-4.2미터, 현 높이는 4.24미터로서, 제1기단의 너비는 30미터 내외로 짐작되었다.

고분의 축조 과정을 살펴보면, 먼저 원 지면을 고른 뒤 40-50센티미터 두께로 흙을 깔고, 그 위에 다듬은 장대석을 계단식으로 올린 뒤 차례로 그 안에 깬돌을 채워 넣는 방식이었다. 매장 주체는 확인되지 않았지만, 고구려의 예로 보아 굴식돌방무덤〔橫穴式石室〕일 가능성이 큰데, 그럴 경우 돌방은 이미 파괴되었던 것으로 추정되었다. 돌무지로부터 동진東晉 청자와 백제 토기, 옥돌을 갈았던 숫돌, 금제 달개〔瓔珞〕가 나왔다.

이와 같은 발굴 결과를 통해 3호 무덤(49.6EW×43.7＝4.0m)은 동서로 약간 긴 장방형으로서 평면의 크기로 봐서는 통구의 장군총將軍塚(각변≒31m)보다 훨씬 큰 규모로서, 보고자는 3세기 중엽 이전의 고구려계 유민流民인 백제 건국

집단의 무덤으로 보았다.

석촌동 4호 무덤[76]은 앞서 3호 무덤의 남쪽 80미터 지점에 있으며, 두 무덤이 동시에 발굴되었다. 한 변의 길이가 30미터가량의 방형 무덤으로 3단으로 쌓아 올린 피라미드 모양인데, 그 후 1983년에도 5호 무덤과 함께 정비, 복원을 위한 발굴이 이루어졌다. 축조 방식은 한 변 30미터 정도의 네모난 구획 안에 잔자갈을 깔고, 그 범위 안의 맨 아래에 네모난 기단(24 = 0.6m)을 만들었다. 위로 올라가면서 안으로 기단을 들여 쌓아 제2단(17.2 = 1.2m), 그 위에 제3단(13.2 = 2.2m)을 만들었는데, 기단 속은 돌로 차 있지 않고 고운 흙을 판축版築하여 채웠다. 맨 윗단인 3단의 한 가운데에 굴식돌방무덤(4.8NS×4.6)이 만들어졌고, 그 남벽 중간에 바깥으로 약간 벌어지는 널길(羨道)(2.3NS×1.6~2.1m)이 나 있는데, 널방의 바닥은 별다른 시설 없이 판축된 흙바닥 그대로였다. 돌무지의 둘레와 위에서는 동전 무늬가 찍힌 막새기와 등 많은 기왓장들이 나왔다.

봄에는 1964년 이래 연세대학교 박물관에 의해 연차적으로 이어지던 공주 석장리 유적[77] 제10차년 발굴을 끝으로 이 유적에 대한 조사를 실질적으로 마무리 지었다. 지금까지의 발굴 결과 맨 아래층부터 스물일곱 개의 자연지질층이 확인되었는데, 이 가운데 중석기문화층까지 모두 열두 개의 문화층이 이루어졌고, 표토층에서는 민무늬토기와 돌활촉 등이 수습되었다. 이와 같은 유물의 출토 상태로 보아 이 유적은 전기 구석기시대부터 중석기시대에 이르는 여러 시기에 걸쳐 사람이 살았고, 그 뒤 청동기시대에도 생활이 이루어졌음을 알 수 있었다.

암반층인 석비레층의 바로 위에 이루어진 외날찍개 문화층인 제1문화층은 제2빙하기인 오십오만 내지 사십오만 년 전 사이에 이루어진 층이고, 제2문화층은 제3빙하기인 삼십오만 내지 삼십이만 년 전 사이에 해당되는 것으로 추정하였다. 또한 제3·4문화층은 이십일만 년 전의 제3빙하기 뒤, 제5문화층은 십팔만 년 전의 빙하기, 제6문화층은 제3간빙기인 십이만 년 전쯤으로 가늠되었다. 중기 구석기의 성격을 지닌 자갈돌 찍개 문화층인 제7문화층은 칠만 내지 육만 년 전으로 미루어졌는데, 여기에서는 아슐리앙Acheulean 전통의 주먹도끼, 돌려떼기 수법의 몸돌과 격지가 나왔다. 제8문화층과 제9문화층은 제4빙하기인 육만 내지 오만 년 전, 그 후 제10문화층과 제11문화층은 삼만 내지 이만 년 전쯤으로 생각되었다.

이 석장리 유적에 대한 십여 차례에 걸친 연차적 발굴을 통해 한반도에서 구

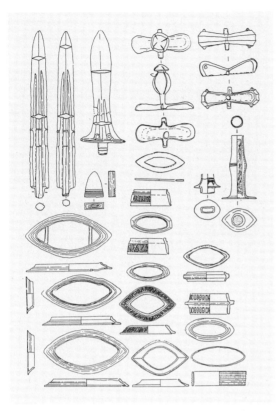

그림 89. 대구 평리동 유적 출토 청동기 유물.

석기문화의 존재를 확신시켜 주었고, 이후 나타난 여러 구석기 유적 조사를 위한 지표가 되었다.

가을에는 연세대학교 박물관에 의한 제천 점말 용굴龍窟 제2차년도 발굴[78]이 이루어져, 앞서 이해를 마지막으로 마무리되는 공주 석장리 유적의 뒤를 잇는 유적으로서, 우리나라 구석기문화 조사 연구의 새로운 장을 열어 간다는 목표 아래 조사를 계속해 나갔다.

이에 앞서 여름에는 경북대학교 박물관에 의해 대구 평리동 청동기 유적[79]에 대한 정리 조사가 이루어졌다. 이곳의 아파트 기초 공사 중에 인부들에 의하여 여러 종류의 청동과 철제 유물이 발견되었는데, 주변에서 별다른 유구의 흔적이 없었다는 것으로 보아 널무덤〔木棺墓〕일 가능성이 큰 것으로 짐작되었다. 출토된 유물로는 세형동검과 동검집, 꺾창과 꺾창집, 검자루와 끝장식〔劍把頭飾〕 등 무구류를 포함하여 철제 말재갈과 재갈멈치, 마면馬面, 종방울 등 마구류와 함께 뚜껑 모양 원판, 거울〔漢鏡, 倣製鏡〕 등 광복 이후 당시까지로서는 매우 드물게 다양한 금속제품들을 수습하였다. 이들은 한반도의 전통적인 후기 청동기문화에 대륙으로부터의 새로운 청동기, 철기문화가 이 지역으로 들어오는 과정을 보여 주는 자료로 생각되었다.그림 89

이해 초여름에는 동아대학교 박물관에 의한 고성固城 동외동 조개무지[80] 발굴이 이루어졌다. 해발 약 40미터의 야산에 이루어진 유적으로, 1969-1970년 두 차례에 걸쳐 국립박물관에 의해 조사되었는데, 이해에는 조개무지 둘레에 천도교 예배당 신축을 위해 부지 작업을 하던 중 여기에서 조가비와 함께 청동기와 토기 쪼가리들이 무더기로 나와 긴급 발굴하게 되었다.

발굴 조사를 통해 야철지治鐵址와 함께 널무덤, 돌널무덤, 독무덤 등 여러 유구를 확인하였다. 여기에서는 탄화미, 청동제의 창, 검자루끝장식, 거울 쪼가리와 함께 각종 철기, 골각기, 경질과 연질의 민무늬토기류가 출토되어, 이 지역의 초기 철기시대에 해당되는 귀중한 자료를 제공해 주었다.

이해 연말에는 다시 동아대학교 박물관에 의해 고성固城 송천리 솔섬 돌널유적[81]이 발굴되었고, 이듬해 초여름에는 제2차 조사가 실시되었다. 이들 돌널 유구는 섬의 정상부(+27.4m) 가까운 동남쪽 비탈면에 수십 기가 대부분 크게 파손된 상태로 노출되어 있었다.

이 가운데 비교적 상태가 좋은 10기를 선별하여 조사했는데, 모두 이 섬의 기반암을 이룬 점판암으로 짜 맞춘 상자 모양(箱形)들로서, 바닥돌이나 뚜껑돌을 갖추지 않은 것도 있었다. 네모난 돌널(1.3~1.9×0.3~0.7＝0.2~0.4m)의 긴 축은 대부분 주위 지형의 등고선에 따라 남북향이 기본인데, 9호 무덤에서 나온 철검의 출토 상태로 보아서는 북침北枕일 것으로 추정되었다. 출토 유물로는 아가리가 벌어진 납작바닥의 민무늬토기, 와질의 주머니단지와 함께 표면에 목질의 칼집 흔적이 남아 있는 긴 철검(42cm)이 나오고, 둘레에서 홈자귀도 몇 점이 수습되었다.

이해 가을에는 택지 조성 작업 중에 부산 복천동 학소대鶴巢臺 고분[82]이 드러나 부산대학교 박물관에 의해 긴급 발굴이 이루어져, 으뜸과 딸린덧널 관계로 보이는 나무덧널무덤 2기(1-2, 1-3호)와 돌덧널무덤 2기(1-1, 2-1호)가 조사되었다. 이들 유구는 길쭉하게 뻗은 복천동 고분군의 북쪽 구릉과 남쪽 구릉 경계부에서 완만하게 이어지는 동남쪽 비탈면(+40~44m)에 이루어져 있었다.

1-2호, 1-3호 무덤은 각기 동서로 이어져 있었고, 으뜸덧널인 1-3호 무덤(3.2~3.7EW×1.4＝1.0~1.2m)의 바닥에는 거의 전면에 깬돌을 깔았는데, 여기에서 출토된 열넉 점의 꺾쇠 위치가 주검받침돌(屍床石)의 범위와 일치함을 알 수 있었다. 한편, 딸린덧널인 1-2호는 위쪽이 대부분 유실되어 구조나 규모의 파악이 거의 불가능한 상태였다. 으뜸덧널로부터는 덧널의 서쪽으로 치우친 곳에서 귀걸이 한 쌍이 나와 서침임을 알 수 있었고, 그 아래 피장자의 좌우에는 각각 고리자루긴칼과 팔가리개(臂甲), 철검과 투구가 부장되어 있었는데, 투구 동편에서는 치아 한 개가 발견되었다. 이 밖에 철기 유물들은 주로 북벽의 서반부에서, 비늘갑옷(札甲)은 동벽쪽에서 나왔고, 토기류는 피장자의 머리쪽과 발치의 양쪽에서 무더기로 수습되었다.

2기의 돌덧널무덤 가운데 1-1호는 1-3호와는 긴축을 나란히 한 채 바로 남쪽에 붙어 있었다. 돌덧널(3.8EW×1.4＝0.3~1.2m)의 벽체는 상당 부분 파손되어 있었으며, 바닥은 남벽과 동서 양 마구리벽 쪽을 맨바닥으로 두고 북벽 쪽에 치우쳐 주검받침이 이루어졌는데, 토기류는 ㄷ자 모양으로 이루어진 맨바닥 위에 놓여 있었다. 주검받침 위에서 손칼과 꺾쇠 한 점씩이 나왔는데 손칼의 방향으로 보아 피장자는 서침이었던 것으로 짐작되었다.

같은 돌덧널무덤인 2-1호는 1-1호로부터 약 10m 서쪽에 같은 긴축 방향으로 이루어진 덧널(3.0×0.7m)로서, 윗부분이 1-2단 정도 없어졌으나 긴벽이 안쪽으로 기운 채 거의 완전한 상태로 남아 있었다. 토기류는 동서 양 마구리벽 쪽에 약 서른 점을 묻었는데 특히 서편(보고서에서는 동편) 마구리벽 쪽에는 스물넉 점의 토기들을 2-3단으로 포개어 쌓았다. 철기류로는 북벽 쪽 서반부에서 낫과 도끼, 살포, 바늘, 손칼이 출토되었다.

한편, 둔전리에 있는 양양 진전사 터[83]는 설악산 동쪽 기슭에 있는 절터로서, 이해부터 1979년까지 모두 여섯 차례에 걸쳐 단국대학교 박물관에 의해 연차적 발굴이 이루어졌다. 이 절터는 통일신라 때에 창건된 절로서 정확한 조성 연대는 알 수 없지만, 대략 8세기 말경으로 추정되고 있다. 절의 원래 이름은 알 수 없는데 '陳田'이란 명문이 나타나 있는 기왓장이 나와 '진전사陳田寺'란 이름이 붙여졌다.

이해의 조사에서는 석탑의 서쪽과 북쪽에 트렌치를 넣어 남향의 단탑單塔 가람임을 알 수 있었고, 이 밖에 연꽃무늬 수막새, 당초무늬 암막새와 '天慶三年…' 명銘 평기와와 물고기무늬의 기와 쪼가리들이 나왔다.

늦여름에는 원광대학교 마한·백제문화연구소에 의해 익산 미륵사지 동탑東塔 터[84]에 대한 제1차 발굴이 시작되었다. 미륵사지는 백제사 연구에서 매우 중요한 유적으로서, 일찍이 일본인 학자들에 의해 몇 차례 조사가 이루어진 바 있었다.[85] 이해 조사된 동탑 터에는 주변의 경작지보다 높은 콩밭이 이루어져 있었고, 여기에 네 개의 주춧돌이 노출되어 네모난 탑 터의 윤곽을 파악할 수 있었는데, 이를 통해 동탑도 현존하는 서탑과 같은 규모와 양식을 갖춘 대칭된 쌍탑이었음을 짐작할 수 있었다.

이해의 발굴을 계기로 동탑 복원에 대한 몇몇 의견이 제시되었고, 그 후 1980년부터 문화재연구소에 의해 본격적인 발굴 조사가 이루어졌다. 이후 동탑 터에 대한 조사는 정식 발굴만도 1991년까지 네 차례에 걸쳐 이루어졌으나, 모두 부분적인 조사였기 때문에 탑터 전체의 성격을 밝히는 데는 한계가 있었다. 다만 이 조사를 통해 지금까지 칠층으로 여겨지던 동탑이 여기에서 출토된 탑재들을 근거로 구층탑이라는 고증이 나오기도 했다.[86]

늦가을에는 동국대학교 박물관에 의해 보령 성주사聖住寺 터[87] 발굴 5개년계획이 세워지고, 지난 1968년에 이루어진 절터의 실측 조사에 이어 이해는 우선 소조불들이 출토되는 삼천불전三千佛殿 터 주변을 발굴하게 되었다. 발굴 결과 삼천불전은 정면과 측면이 9×4칸으로 가운데에 본존불의 대좌가 있었고, 심한 도굴과 훼손에도 불구하고 원래 그 좌우로 소조 삼천불이 봉안되어 있었음을 알 수 있었다. 불두와 불신 등 많은 불상 파편들이 백제시대의 연꽃무늬 막새를 비롯하여 통일신라, 고려, 조선 등 여러 시대의 다양한 기와류와 토기, 동탑銅塔의 상륜부 등과 함께 출토되었다.

북한에서는 연차 사업으로 추진해 오던 덕천 승리산勝利山 유적과 송림 석탄리石灘里 유적 조사를 지난해에 마무리하고, 새로이 황해도 신계新溪 정봉리丁峰里

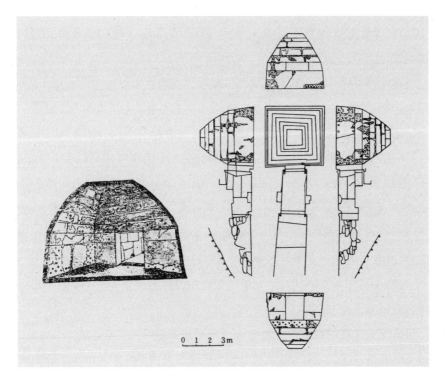

그림 90.
평양 동명왕릉의
투시도(왼쪽)와
평면(오른쪽 가운데) 및
단면도들.

에서 청동기 일괄 유물이 나온 소규모 돌덧널무덤을 조사하였다. 이와 함께 동명왕東明王 무덤과 진파리眞坡里 제1호, 제4호 무덤을 재조사하였다.

신계 정봉리 유적[88]은 예성강 지류가 관통하는 분지의 구릉에서 과수원 물구덩을 파다가 지표로부터 1.3미터 아래에서 뚜껑돌이 발견되어 중앙역사박물관과 사리원역사박물관이 함께 현장을 정리하였다. 유적은 구덩(3.3NS×1.8 = 2.1m)을 파고 바닥에 진흙을 깐 뒤, 여기에 납작한 냇돌과 판돌을 3-4단으로 쌓아 만든 돌덧널(2.6NS×0.7 = 0.4m)무덤이었다. 돌덧널을 만든 뒤 길쭉한 뚜껑돌을 덮고 그 위에는 다시 흙과 냇돌을 채워 넣었다.

돌덧널 벽면에 벚나무껍질이 붙어 있는 것으로 보아 나무널을 안치한 것으로 짐작되는데, 여기에서 좁은 세형단검(27cm) 한 자루를 비롯하여 좁은 놋창, 도끼 등 청동 유물과 함께 점판암제의 삼각형 활촉이 출토되었다. 보고자는 청동 도끼의 생김새를 비교적 고식으로 보고 그 연대를 기원전 4세기경으로 추정하였다.

역포구역力浦區域 무진리戊辰里 왕릉동王陵洞(옛 중화군 진파리)에 위치한 평양 동명왕릉[89] 그림 90은 이전부터 동명성왕의 능으로 전해져 오던 곳으로, 유적의 특수성에 따라 특별히 김일성종합대학이 직접 나서서 조사하였다. 이해의 봄과 가을의 백여 일간에 걸쳐 조사가 진행되었고, 뒤이어 발굴된 자료를 정리하는 사업이 계속되었는데, 동명왕릉 외에도 부근에 분포한 다른 고구려 무덤 이십여 기와 함께 연못 한 군데와 3만제곱미터에 이르는 건물 터도 발굴하였다.

동명왕릉은 2단으로 된 모난 돌기단(22×22 = 1.5m) 위에 네모뿔모양으로 봉토(H-6.5m)를 쌓아 올린 돌기단 흙무덤인데, 기단석의 사방 둘레에 약 5미터 너비로 자갈을 깔아 묘역을 조성했다. 이와 같은 무덤 양식은 고구려 무덤의 초기 양식인 돌무지무덤과 중기 이후의 봉토 돌방무덤의 두 가지 요소가 결합된 것으로 보아, 두 양식의 무덤이 이행해 가는 과정에서 나타난 과도기적 봉토의 외형으로 추정되었다. 봉토 안에는 석회암과 화강암을 가공하여 만든 정방형 가까운 널방(421EW×418 = 388cm)이 만들어지고, 바로 남쪽으로 장방형의 앞방(300NS×169 = 187cm)과 널길이 차례로 이어졌는데, 각 방 사이에는 돌문이 달려 있었다.

널방의 각 벽체는 널다란 판돌 2매를 안쪽으로 약간 경사지게 올리고 천장은 5단으로 오므려 쌓은 뒤, 꼭대기에는 큰 판돌로 덮었다. 바닥에는 큰 화강암 판돌 2매를 깔았는데, 무덤 안으로의 침수를 방지하기 위해 바닥돌 밑에는 1미터 깊이까지 삼화토三華土(三物灰, 석회:모래:백토＝1:1:1)층과 숯층을 다섯 층으로 엇바꾸며 번갈아 다졌다. 앞방에는 널방보다 약간 낮게 판돌로 된 바닥을 깔고 그 위에 2-3단으로 벽체를 올렸는데, 동서 양 벽에는 따로 작은 감실龕室(60~70×30~35＝20~25cm)이 이루어져 있었다. 널길은 입구 쪽의 훼손이 심하였으나 바닥돌의 깔린 상태로 보아 그 길이는 235센티미터 정도였을 것으로 짐작되었다.

동명왕릉에는 종래 벽화가 없었던 것으로 알려져 왔으나, 이번 발굴을 통해 벽화의 존재를 확인할 수 있었다. 벽화는 널방의 동쪽 벽면과 천장에 비교적 잘 남아 있었는데, 여기에 지름 12센티미터 정도 되는 연꽃무늬를 가로, 세로 일정한 간격(4.2cm)으로 대략 사백이십 개를 반복하여 그려 넣었던 것임이 확인되었다. 부장품의 대부분은 이미 도굴되고 말았지만, 몇몇 금제 또는 금동제의 드림장식과 꽃무늬 장식판이나 동곳 등 장신구류와 금은판을 씌우거나 청동으로 만든 널못들이 수습되었다. 왕릉의 앞뒤에는 약간 떨어진 곳에 딸린무덤[陪塚]이 있었고, 둘레에서는 능사陵寺로 여겨지는 절터[定陵寺]와 연못(진주못)이 나왔다. 이와 같은 구조와 벽화의 성격으로 보아 북한에서는 이 무덤이 원위치가 아니고, 서기 5세기 초반에 고구려가 평양으로 천도할 때 이곳으로 옮겨온 것으로 믿고 있다.

이 밖에 종전에 진파리 고분군으로 불리던 19기의 무덤이 왕릉의 앞뒤로 분포하고 있었는데, 이들을 크게 (1) 쌍실무덤(제16호)과 외칸무덤으로 나누고, 이 가운데 외칸무덤은 다시 (2) 널길이 한쪽에 있는 것(제10호, 제14-19호)과 (3) 가운데 있는 것(제4-8, 제11-13호)으로 구분하였다. 이 밖에 따로 (4) 널길이 가운데 있고 판석재로 지은 외칸무덤(제2-3호)과 (5) 벽화가 있는 무덤(제1, 제9호)[90] 등 모두 다섯 개 유형으로 분류하였다.

1975년

이해는 국립중앙박물관과 문화재관리국 등 문화재와 관련된 기관과 산하 조직들의 직제 개편 또는 확대가 빈번했던 한 해였다. 우선 국립중앙박물관 경주분관이 동부동의 구관舊館으로부터 인왕동의 반월성 옆으로 신축 이전하였고(7. 2), 곧이어 국립박물관 지방 3관을 분관 체제에서 지방 박물관 체제로 개편하였

다.(8. 20)[91]

한편 문화재관리국 소속 기관으로 발족한 문화재연구실이 문화재연구소로 확대 개편되었고(4. 17), 문화재관리국 소속으로 개설되었던(1973. 3. 22) 미추왕릉지구발굴조사단을 문화재연구소 소속 경주고적발굴조사단으로 편입시켰다.(10. 31)[92]

국립중앙박물관에 의해 1971년부터 실시된 서울 암사동岩寺洞 선사유적에 대한 연차적 조사는 올해가 제4차년도 조사이자 그 마지막 해의 발굴이 되었다. 1960년대 초의 한국 지석묘 발굴을 시작으로 그동안 계속되어 온 선사유적에 대한 연차적 발굴 계획에 따라 암사동 유적 조사의 마무리와 함께 올해에는 부여 송국리松菊里 유적 발굴을 새로 시작하였다.

결국 이해 국립중앙박물관에 의한 발굴은 이 두 건에 대한 조사가 전부로서, 국립박물관의 발굴 기능은 차츰 제한되면서 국가기관에 의한 발굴은 문화재연구소가 그 범위를 넓혀가게 되었다. 다만 지방 박물관의 발굴로서는 부여박물관에 의한 논산 득윤리得尹里 고분 발굴이 이루어졌을 뿐이었다.

문화재연구소가 주축을 이루는 미추왕릉지구발굴조사단에 의한 경주 황남동 98호 무덤의 남분에 대한 조사에서는 지난해부터의 조사를 거쳐 5월 중순께 돌무지가 드러나고 으뜸과 딸린덧널 조사를 거쳐 10월 초순에는 본 발굴을 모두 마칠 수 있었다. 황남동 98호 무덤에 대한 마무리 단계에 접어들어 이해 들어서는 발굴 대상을 미추왕릉지구로부터 안압지雁鴨池로 옮기면서 뒤늦게 조사단의 이름도 경주고적발굴조사단으로 바뀌었다.

봄에는 경주 덕동德洞의 다목적 댐 조성에 따라 수몰되는 고선사高仙寺 터에 대한 구제 발굴이 경주사적관리사무소에 의해 실시되었고, 문화재연구소에서는 진주 남강南江 댐 축조에 따른 진양 대평리大坪里 선사유적 발굴에 참가하였다. 이어서 문화재연구소에서는 경북대학교 박물관과 함께 대구 복현동伏賢洞 고분 발굴을 봄과 가을 두 차례에 걸쳐 계속하였다. 여름에는 전남대학교 박물관과 함께 장성長城 댐 수몰 지구에 포함된 덕재리德在里와 쌍웅리雙熊里 고인돌을 비롯하여 화순, 나주, 담양 관내의 영산강榮山江 댐 수몰 지구 유적에 대한 발굴을 실시하였다.

문화재연구소 발굴 팀(미술공예실)에서는 이 밖에도 신도시 개발에 따른 잠실지구 유적 발굴 계획에 따라 서울의 여러 대학 박물관과 함께 연합 발굴에도 참여하는 등 같은 연구소 소속의 경주고적발굴조사단과는 별도로 전국 각지에서 활발한 발굴 작업을 계속해 나갔다. 잠실지구 발굴에는 문화재연구소 외에도 서울대학교, 이화여자대학교, 고려대학교, 단국대학교, 숭전대학교 박물관 조사단이 이해 8월과 9월 사이의 거의 같은 기간에 송파구의 가락동과 방이동에서 발굴 작업을 실시하였다.

한편, 경북대학교 박물관에서는 이해 연초에 대구 평리동坪里洞 고인돌을, 여름에는 경주 황오동皇吾洞 37호 무덤을, 영남대학교 박물관에서는 대구 구암동鳩岩洞 56호 무덤을 조사하였다. 초여름 동아대학교 박물관에서는 지난해에 이어 고성固城 송천리松川里 솔섬 돌널무덤에 대한 제2차 조사를, 부산 한성여대 박물관에서는 부산 괴정동槐亭洞 독널무덤 조사를 실시하였고, 초봄에는 충남대학교 박물관에 의해 김제 벽골제碧骨堤 조사가 이루어졌다. 이 밖에도 여러 대학 박물관에 의해 전년도에 이어 연차적인 조사 사업이 계속되었다.

또한, 서울대학교에 의한 여주 흔암리欣岩里 유적 제4차 발굴과 연세대학교의 제천 점말 용굴龍窟에 대한 제3차 조사 등 선사유적 조사가 실시되었다. 이 밖에 단국대학교에 의한 양양 진전사陳田寺 터와 원광대학교에 의한 익산 미륵사彌勒寺 터에 대한 제2차 조사가 이루어져 유적의 시대별, 유형별 성격이 안배되어 가는 추세를 보여 주었다.

이해 봄 국립중앙박물관에 의해 이루어진 서울 암사동 유적 제4차 조사[93]는 1971년에 시작된 연차적 조사의 마지막 해 발굴이었으나, 그 발굴 성과가 가장 컸던 한 해였다고 할 수 있다. 따라서 발굴이 완료된 지 근 이십 년 만에 나온 보고서였지만, 맨 먼저 그 결과를 세상에 내보이게 되었다.

거의 두 달에 걸친 발굴 결과 모두 여섯 개의 문화층이 확인되었는데, 밑에서부터 신석기시대의 전기와 후기, 삼국시대 등 세 개 문화층이 확실한 층서層序의 서열을 이루며 나타남을 알 수 있었다. 이 가운데 맨 아래의 제3문화층으로부터 검출된 숯 쪼가리로부터의 C-14 측정 결과 절대연대의 하한이 대략 3000 B.C.로 나와 이곳이 신석기시대의 비교적 이른 시기에 이루어진 유적임을 짐작할 수 있었다.

밝은 갈색의 모래흙으로 이루어진 제3문화층으로부터는 순수 빗살무늬토기가 나오고, 여기에서 신석기시대 집자리 열한 채와 돌무지 유구가 확인되었는데, 집자리의 일부는 독립된 상태로(1호, 7호, 9호, 10호), 일부는 중복된 상태로

사진 31. 서울 암사동 집자리 4차 조사 당시의 모습.

(2호, 4호, 6호, 8호 및 3호, 5호, 11호) 드러났다.사진 31, 그림 91

집자리는 평면이 둥글거나(D-5~6m) 모 죽인 방형(4×6m)의 움집터로서, 구덩 안에서는 깬돌이나 냇돌을 둘러 만든 둥글거나 모난 화덕자리(0.5~0.7m)가 한 개씩 나왔다. 기둥구멍은 집자리 한 채에 보통 4-10개가 움벽을 따라, 또는 네 모서리에 한 개씩 나 있었으나, 더러는 기둥구멍이 보이지 않은 집자리도 있었다. 출토 유물 가운데 토기는 뾰족 바닥에 빗금과 생선뼈무늬가 찍힌 빗살무늬토기가 가장 일반적인데, 이 밖에 다소 늦은 시기로 보이는 점열點列로 찍은 물결무늬나 무지개무늬(重弧文)도 나타나고 있었다. 석기는 뗀석기와 간석기로 나누어지지만 뗀석기가 압도적이고 날 부분만 간 반마제半磨製 석기도 많은데, 종류로는 도끼, 격지와 갈판, 갈돌이 나왔다. 이 밖에 삼국시대 이른 시기에 속하는 독널무덤 2기와 저장 구덩, 건물 터도 조사되었다.

앞서 암사동 유적에 대한 연차적 발굴을 끝내면서 새로이 시작한 부여 송국리 취락 유적은 지난해 요령식 동검 등 일괄 유물이 출토된 돌널무덤의 발견과 함께 주목을 받아 온 유적이다. 이곳 취락 터에 대한 조사는 일대 수십만 평의 넓은 지역이 농지 개발 사업 지구로 책정됨에 따라 국립중앙박물관과 부여박물관이 합동으로 조사를 실시하게 되었다.

이해 가을의 제1차 발굴94에서는 청동기시대 집자리 13채와 4기의 독무덤 등

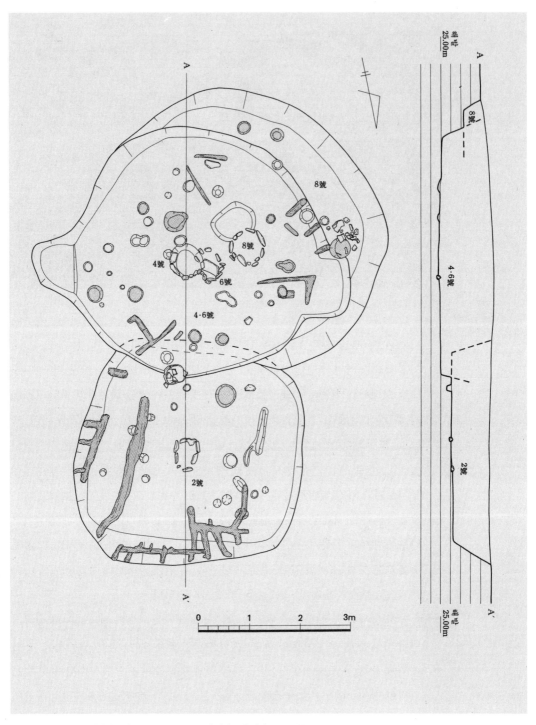

그림 91. 서울 암사동 집자리 유적(2호, 4호, 6호, 8호)의 평면도와 단면도(오른쪽).

선사시대 유적과 함께 백제시대에서 조선조에 이르는 가마터와 무덤 등을 조사하였다. 집자리는 평면이 둥근 것과 네모난 것으로 구분되는데, 둥근 집자리의 가운데에는 타원형의 구덩(1.0~1.4×0.4~0.5＝0.1~0.2m)이 이루어지고, 구덩 양쪽에는 기둥구멍 두 개가 패인 이른바 송국리형 집자리로 불리는 독특한 구조들이었다. 이들 집자리 안에서는 당시까지 보고된 예가 없었던 새로운 형태의 민무늬토기(송국리식 토기)가 붉은간토기(紅陶), 삼각형 돌칼, 홈자귀(有溝石斧)와 함께 나왔다. 특히 55-8호의 집자리로부터는 부채꼴 청동도끼의 거푸집이 나와 요령식 동검이 출토된 돌널무덤과 함께 이곳의 집자리가 같은 시대에 속하는 것들임을 암시해 주었다.

부여박물관에 의한 논산 득윤리 고려 고분[95] 발굴은 이 지역에서 이루어진 드문 예로서, 원래 이곳 구릉에는 여러 기의 무덤이 이루어졌던 것으로 보이지만, 대부분 훼손되고 3기에 대해서만 조사가 이루어졌다. 둥근 봉토 아래에 판돌이나 깬돌을 쌓아 올려 만든 돌방무덤(2.1~2.5NS×0.6~0.7＝0.6m)이 만들어지고, 위에는 자연석 4매로 된 덮개돌을 씌웠으나 바닥은 맨바닥 그대로였다. 1호 무덤에서는 동벽면에 만들어진 좁은 옆방(側室)(45×26cm)에서 청자 병 두 점이 발견되었고, 이 밖에 청자 잔과 은제 비녀 등이 수습되고, 2호 무덤에서도 같은 종류의 유물이 출토되었는데, 두 무덤 모두 비녀의 출토 위치로 보아 북침北枕이었을 것으로 짐작되었다.

경주에서는 미추왕릉지구발굴조사단에 의한 황남동 98호 남분南墳[96]의 조사가 끝나면서 미추왕릉지구정화사업의 일환으로 추진되었던, 거의 삼 년에 걸쳐 계속된 이 일대의 고분군에 대한 발굴 작업이 일단 마무리되었다. 1973년 여름 처음으로 북분의 봉토에 삽질을 시작한 이래 천마총天馬塚과 북분 발굴이 거의 동시에 이루어지면서 남분에 대한 조사는 마지막으로 미루어져 그동안 드문드문 봉토 작업만 계속되다가, 이해 봄에 돌무지가 드러나면서 본격적인 발굴이 시작된 것이다. 이어서 돌무지와 무너진 흙더미를 들어낸 뒤 으뜸덧널과 딸린덧널의 유물층에 도달하였고, 유물 수습을 마친 뒤 구조 조사를 끝으로 발굴조사를 완료하였다.그림 92

이 남북으로 이루어진 쌍무덤에서는 남분이 먼저 만들어지고, 남분의 봉토 일부를 제거한 뒤 북분의 무덤과 돌무지를 조성하였던 것으로 짐작되었다. 남분의 봉토(D-80＝22.2m) 바깥 가장자리에 둘레돌(D-80＝1.5m)을 쌓고, 그 안에

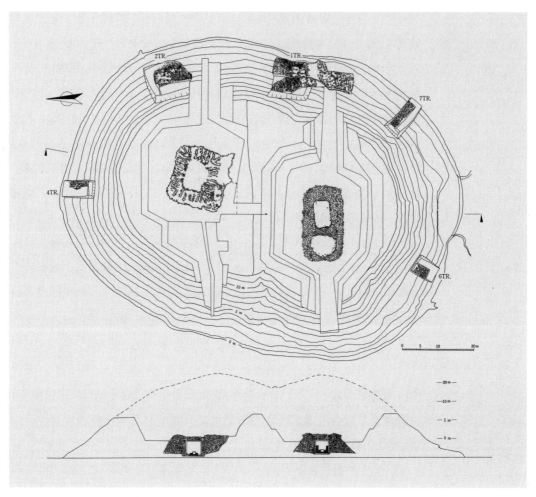

그림 92. 경주 황남대총의 평면도(위)와 단면도.

으뜸덧널(6.5EW×4.1＝3.5m)과 딸린덧널(5.2NS×3.8＝1.3m)을 동서 방향의 T자형으로 배치하고, 그 위에 돌무지(27.2EW×19.7＝4.1m)를 쌓아 올렸다. 으뜸덧널 안에는 따로 안덧널(4.7×2.3＝1.8m)을 짜 맞추고, 그 안에 다시 내외 이중으로 바깥널(3.6EW×1.0＝0.8m)과 안널(2.2EW×0.7m)을 설치하여 여기에 갖가지 장신구를 착장시킨, 육십 세 정도 되는 남성의 시신을 안치하고 부장품을 묻었던 것으로 보인다.

안널의 동편 머리맡에는 부장품 수장부(0.8×0.8m)가 마련되어, 여기에는 바닥에서부터 차례로 쇠솥과 토기류, 청동제의 용기류가 놓이고, 그 위에는 금제 관식 등 장신구와 금은으로 장식한 고리자루칼 십여 점이 수장부의 동쪽에 얹혀 있었다. 이 밖에 금은제, 금동제의 작은 그릇들과 함께 각종 칠기류와 봉수형병鳳首形瓶 등 유리그릇들이 차곡차곡 쌓여 있었다.

이 밖에도 덧널 안팎의 여기저기에서 갖가지 장신구와 용기류가 수습되었는데, 특히 바깥널과 안덧널 사이의 남쪽 석단에서는 15세가량의 여성 유골이 수습되었다.

한편, 으뜸덧널로부터 3.4미터가량 서쪽에 이루어진 딸린덧널(5.2NS×3.8＝1.3m) 안에서는 네 개의 기둥을 세워 천장을 받쳤음을 알 수 있었다. 그 안에는 우선 바닥 전면에 큰 항아리들을 배열하고, 그 위에 작은 토기와 마구, 철기들이 가득 얹혀 있었다. 특히 안장, 발걸이〔鐙子〕, 재갈과 각종 장식을 갖춘 일곱 세트의 마구가 수습되었는데, 이 가운데에는 비단벌레〔玉蟲〕 날개로 화려하게 장식한 것도 한 세트가 나왔다. 이처럼 98호 무덤은 남성과 여성이 안치된 남분과 북분이 차례로 축조되었는데, 이 두 무덤은 같은 봉토 안에 이루어졌으면서도 그 구조뿐만 아니라 금관金冠의 유무 등 출토 유물의 성격에서도 적지 않은 차이를 보여 주었다.

경주 안압지雁鴨池[97] 발굴은 경주관광종합개발계획에 따라 미추왕릉지구정화사업을 위한 황남대총皇南大塚(황남동 98호분) 발굴이 한창 진행되는 동안에 시작되어 이듬해 말까지 발굴이 계속되었다. 발굴은 연못과 주변의 건물 터에 대해서 이루어졌는데, 연못으로의 입수入水나 출수出水와 관련된 시설물과 담장 시설 등 당대의 건축과 조경에 관련된 많은 자료들이 발굴 조사되었다.

발굴 결과 연못(200EW×180m)은 방형에 가까운 모양으로 확인되었는데, 주변의 스물여섯 채에 이르는 건물 터는 대부분 연못 서쪽에 있었고, 동쪽과 북쪽은 굽이치는 곡선의 호안湖岸을 이루었다. 연못 안에는 크고 작은 섬을 만들어 흙을 쌓고 둘레에는 돌을 둘러쌓아 가산假山을 만들었다. 연못 안팎으로부터의 발굴 과정에서 수습된 3만여 점에 이르는 유물의 대부분은 실제 사용된 신라 왕실의 실생활용품들로서, 지금까지 발굴된 고분 출토품들과는 달리 당시 궁중 생활의 모습을 재현해 볼 수 있는 매우 귀중한 자료들이었다.

이른 봄 경주사적관리사무소에 의해 실시된 고선사지高仙寺址[98] 발굴도 경주관광종합개발계획의 일환으로 이루어질 덕동德洞 다목적 댐 건설 사업에 따라 수몰될 절터에 대한 구제 발굴이었다. 발굴 결과 가람 배치는 삼국시대의 통식인 1탑1금당식으로서, 금당(17.3EW×15m)은 동쪽, 석탑은 서쪽에 위치하여 회랑에 둘러싸인 배치인데, 금당원金堂院(20EW×22m)과 탑원塔院(20EW×24m)이 별도로 지어진 특이한 모습을 보여 주었다.

탑원 서쪽에는 비각 터가 있고 금당 뒤에는 강당이 이루어진 가람 배치로서, 발굴을 통해 통일신라기의 금동제 양면입상불兩面立像佛, 소조불상塑造佛像 등과 와전 등 천오백 점에 이르는 유물이 출토되었다. 발굴이 끝난 뒤 수몰될 위기에 처했던 거대한 삼층석탑(H-9m)과 일부 유구는 경주박물관으로 옮겨져 현 위치에 복원되었다.

비슷한 시기에 문화재연구소에 의해 조사가 시작된 진양 대평리 선사유적[99]은 낙동강 하류에서 합쳐지는 남강변南江邊 주변의 평야 지대에 이루어진 청동기시대 유적으로, 옥방玉房, 어은漁隱, 상촌上村 마을에 이르기까지 넓게 분포되어 있었다. 이후 1980년까지 네 차례에 걸쳐 움집자리 네 채를 비롯하여 고인돌과 돌널무덤에 대한 조사가 이루어졌다.

제1차년도 조사인 이해의 늦봄과 가을에 이루어진 조사에서는 옥방 마을에서 고인돌 9기와 돌널의 위치가 확인되었고, 민무늬토기와 붉은간토기 등 많은 유물들이 수습되었다. 고인돌은 대부분 도굴되었으나 하부 구조는 확인할 수 있었는데, 특히 옥방 2호 고인돌은 덮개돌 아래에 이루어진 덧널(2.1NW~SE×0.6＝0.5m)뿐 아니라 부장 유물도 거의 완전한 상태로 출토되었다. 덧널의 바닥에는 판돌을 깔고 네 벽체는 냇돌로 쌓았는데, 위에는 뚜껑돌 3-4매를 덮어 씌웠다. 덧널 둘레에는 깐돌(4.1×3.7m) 시설이 이루어지고, 뚜껑돌〔蓋石〕위에는 덮개돌〔上石〕을 얹었다. 발굴 과정에서는 고인돌 둘레에서 민무늬토기와 홈자귀가 나오고, 돌덧널 안에서는 붉은간토기, 대롱옥과 함께 돌검, 활촉, 반달칼 등 석기류가 수습되었다.

문화재연구소와 경북대학교 박물관이 공동으로 대구 복현동 고분[100]을 이해 봄과 가을 두 차례에 걸쳐 발굴하였다. 고분군은 대구의 신천信川과 금호강琴湖江의 범람에 의해 남북으로 형성된 구릉지대의 중간에 이루어져 있던 곳으로, 일대에 아파트 단지가 조성되면서 긴급 발굴이 실시되었다.

조사된 백여 기에 이르는 고분군의 대부분은 돌덧널무덤으로 I구區와 II구로 나뉘어 조사가 이루어졌는데, 봉토는 이미 심하게 훼손되어 있었으나 2-3기의 덧널들이 근접해 있는 것들이 많은 것으로 보아 여러널식무덤이었던 것으로 짐작되었다. 구덩식으로 보이는 이들 무덤의 대부분은 아래에 두꺼운 판돌을 세우고 그 위에 얇은 판돌이나 깬돌을 눕혀 쌓은 것들이 많은데, 아래에서부터 눕혀 쌓은 것들도 있었다. 돌덧널의 대부분은 외덧널식이지만, 더러는 머리맡이나 발치 쪽에 판돌을 세워 딸린덧널이 한 덧널 안에 이루어지기도 했는데, 발치 쪽의 것들이 더 많았다. 출토 유물은 대체로 빈약하여 금동제의 귀걸이 몇 쌍과 약간의 철기류가 출토되었을 뿐 규모가 큰 무덤의 경우도 이십여 점의 토기가 부장될 정도여서, 이 일대에서는 비교적 하위 집단의 공동 묘역으로 짐작되었다.

문화재연구소에서 이해 늦여름 장성 덕재리와 쌍웅리 유적[101]에서 동시에 실시한 조사는 영산강榮山江 다목적 댐 건설에 따른 구제 발굴로서, 장성長城 댐의 수몰 지구에 포함된 고인돌 유적에 대한 발굴이었다. 장성 덕재리 고인돌 유적에서는 두 군데에서 14기가 조사되었는데, 받침돌을 갖춘 지석식支石式은 2기뿐으로, 여기에서는 무덤방이 확인되지 않았다. 무덤방을 갖춘 9기 가운데 판석형은 7기였고, 나머지는 할석형과 위석형이었다. 이들 9기 가운데 덮개돌을 갖춘 것은 5기뿐이었고, 나머지는 그 주변에서 무덤방이 나왔다. 무덤방 둘레의 일정 구역에 돌을 깔아 묘역을 만들거나 무덤방 밑에 자갈과 모래를 다져 배수 시설을 한 것도 있었다. 유물은 출토되지 않았다.

장성 쌍웅리 고인돌 일대에는 모두 12기가 분포되어 있었는데, 대부분 받침돌을 갖춘 것들로서 이 가운데 수몰 지역에 포함된 3기가 조사되었다. 3기는 한 곳에 열 지어 가까이 모여 있었는데, 2기에는 받침돌이 있었고, 여기에 각각 판돌과 깬돌로 이루어진 무덤방이 있었으며, 한 기에서는 돌무지 시설만 확인되었다. 여기에서도 토기 쪼가리 몇 점만 수습되었을 뿐 별다른 유물은 출토되지 않았다.

영산강 다목적 댐 건설 계획에 따라 앞서 장성 댐의 수몰 지구에 대한 조사와 거의 동시에 전남대학교 박물관에 의해 화순, 담양, 나주 일원[102]에서도 수몰 지구에 대한 유적 조사가 주로 고인돌을 중심으로 이루어졌다.

화순 대초리 고인돌 유적에서는 골짜기의 평지에 이루어진 대초大草 마을과 조치鳥峙 마을에서 각각 3기와 7기의 고인돌에 대한 발굴을 실시하였다. 대초 마을에서 가장 큰 5호 고인돌의 덮개돌(4.0×2.0＝0.65m)은 5개의 받침돌 위에 얹혀 있었는데, 이곳의 것들이 조치 마을의 덮개돌(1.0~2.0＝0.3~0.5m)들에 비해 훨씬 컸다. 나머지는 대부분 받침돌이 없었고, 무덤방도 일부 할석형을 빼고는 성격이 불확실한 것들이 많았다. 출토 유물도 빈약하여 미완성 석제품만 두어 점이 수습되었다.

　담양 산성리山城里 유적에서는 5기의 고인돌이 발굴되었는데, 대부분 길이 1미터 미만의 작은 돌덧널이어서 이차장二次葬의 매장 시설로 추정되었으며, 일부 둘레에 돌무지 시설이 이루어진 것도 있었다.

　나주 다도면茶道面 유적에서는 대초리大草里 남대南大 마을과 마산리馬山里 쟁기머리, 판촌리板村里에서 모두 30기에 이르는 고인돌을 발굴하였는데, 상당수가 파괴된 상태에서 조사가 이루어졌다. 받침돌이 있는 것과 없는 것들이 섞여 있었으며, 매장 시설의 벽체도 깬돌이나 판돌을 쌓아 올렸는데, 더러는 둘레에 둥글게 돌무지를 깔아 묘역墓域을 이룬 것도 있었다. 출토 유물은 민무늬토기 쪼가리를 비롯하여 돌활촉, 돌도끼, 숫돌 등 빈약한 편이었다.

　이해 여름에는 1972년부터 본격화되기 시작한 서울 잠실蠶室 지구 유적 일대의 개발 계획에 따라 지난해(1974년) 연말부터 시작된 토취장에 대한 제1차 발굴에 이어 제2차 발굴[103]이 실시되었다.

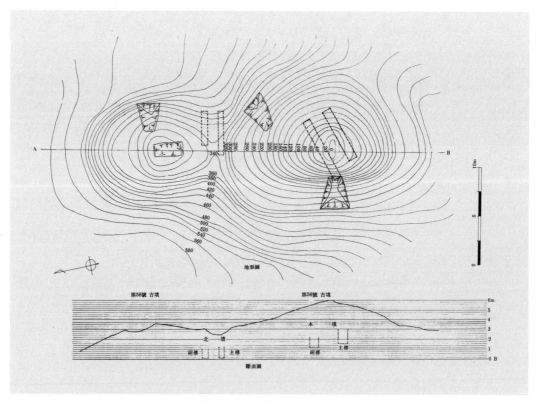

그림 93. 대구 칠곡 구암동 56호 무덤 봉분의 평면도(위)와 단면도.

제2차 발굴의 대상 지역은 방이동芳荑洞과 가락동可樂洞 일대로 지정하고, 여기에 문화재관리국 조사단(Ⅵ지구·Ⅶ지구: 방이동 1호 무덤)을 비롯하여 서울대학교(Ⅰ지구: 가락동 3호 무덤, 1호 집자리)와 단국대학교(Ⅱ지구·Ⅴ지구: 가락동 6호 무덤), 숭전대학교(Ⅲ지구: 가락동 2호, 3호, 4호 집자리), 고려대학교(Ⅳ지구: 가락동 5호 집자리), 이화여자대학교(Ⅴ지구: 가락동 4호, 5호 무덤) 등 여섯 개 조사단이 구역을 분담하여 조사에 참가하였다.

일대는 5만여 평에 이르는 야산 지대로서, 여기에 모두 156개의 트렌치를 넣어 돌방무덤 5기, 선사시대의 집자리 다섯 채 등을 조사하였다. 돌방무덤들이 비록 파괴는 되었지만, 양식이 다양하고 사람 뼈 등과 함께 상당량의 유물도 출토되어 백제 고분 연구에 나름대로 중요한 자료를 제공해 주었다. 집자리 발굴을 통해서는 구멍토기(孔列土器) 같은 청동기시대 이른 시기의 유물들이 수습됨으로써 이 일대에서는 일찍이 주거 지역으로 시작되었다가 삼국시대에 이르러 고구려계의 백제 묘역이 형성되었던 것으로 짐작되었다.

발굴을 완료한 후 구조가 완전한 5기의 백제 돌방무덤에 대해서는 학술적, 역사적 중요성을 감안하여 현지에 보존토록 조치하였다. 이와 같은 보존 대책은 전년도에 이루어진 석촌동石村洞의 돌무지무덤과 함께 그 뒤 빈발하는 구제 발굴 후의 대책을 강구하는 데 하나의 본보기가 되었다.

여름에는 경북대학교 박물관에 의해 경주 황오동 37호 무덤[104]에 대한 제2차 조사로서 남분 조사가 이루어졌다. 제1차 조사(1967. 7. 19~7. 28)[105] 당시 남분 쪽에는 민가가 들어서 있어 북분에 대한 조사만 이루어졌는데, 이때 동침東枕한 시신부에서 장신구가 나오고, 머리맡의 부장칸에서는 토기와 청동 용기류가 수습되었다. 남분의 나무덧널(3.5EW×1.5m) 안에서는 토기류와 쇠솥 등 많은 부장품들이 수습되었다.

이해 가을에서 겨울에 걸쳐 영남대학교 박물관에 의해 조사된 대구 칠곡 구암동 고분[106]은 일제강점기 때부터 그 존재가 알려져 온 곳이지만,[107] 이후 도굴 등으로 훼손을 당해 오다가 이번 발굴에 의해 그 특이한 구조가 학계에 알려지게 되었다. 발굴의 주 대상이었던 56호 무덤은 일대의 고분과 함께 구조상 다른 곳에서는 그 유례가 드문 돌무지돌덧널무덤(積石石槨墳)으로서, 돌무지로 이루어진 봉분에 얇게 흙이 덮인 것이었다.

외형상으로는 으뜸무덤(D-18 = 4.5m)의 북쪽에 딸린무덤(D-10m)이 덧대어진 쌍무덤(瓢形墳)으로, 두 무덤 모두 돌무지 아래의 지상에 깬돌로 쌓은 길쭉한 네모꼴의 구덩식돌덧널이 이루어져 있었다. 으뜸무덤에서는 피장자를 안치한 으뜸덧널(5.6NE~SW×1.0 = 1.5m)과 부장품만을 수장한 딸린덧널(6.4×0.7 = 1.2m)이 가지런히 배치된 주부곽식主副槨式이었는데, 양 덧널 위는 여러 매의 넓적한 판돌을 덮었다.

북쪽의 딸린무덤에도 으뜸무덤에서와 거의 같은 방향으로 으뜸덧널(4.6×0.5m)과 딸린덧널(3.5m)을 만들었는데, 여기에도 뚜껑돌이 덮여 있었다.그림93 도굴에 따른 훼손이 심했지만, 으뜸덧널 안에서는 주로 금붙이로 된 장신구가, 딸린덧널에서는 크고 작은 토기류와 마구, 무기 등 철기류가 수습되었다.

이해 여름 한철 한성여대 박물관에서는 두 차례에 걸쳐 부산 괴정동 고분108 발굴을 실시하였다. 학교 부지 조성 공사를 위한 발굴 조사를 통해 구덩식돌덧널무덤 29기, 독무덤 10기를 조사하였는데, 모두 긴축을 동서로 둔 채 등고선을 따라 대개 2-3미터의 간격으로 가지런히 배치되어 있었다. 돌덧널무덤은 그 크기에 따라 대(3×0.7m), 중(2~3×0.6m), 소(2×0.4m)로 구분되었는데, 이 가운데 2기(30호, 31호)의 무덤에서는 타원형의 둘레돌이 확인되었다. 독무덤은 작은 돌덧널 안에 이음식 독널을 넣고 그 위에 뚜껑돌을 씌운 돌덧널독무덤(石槨甕棺墓)인데, 긴축은 돌덧널무덤에서와 마찬가지로 동서를 향하고 있었다. 출토 유물로는 귀걸이와 목걸이 등 장신구는 극히 드물고, 대부분 굽다리접시와 같은 신라계의 소형 토기나 농공구가 주류를 이루는 철기가 다량으로 나와, 복천동福泉洞 고분군과는 대조되는 하위 계층들의 집단 묘역으로 짐작되었다.

김제 벽골제碧骨堤109는 우리나라에서 가장 오래되고 큰 저수지 가운데 한 곳으로서, 김제군청의 의뢰를 받아 충남대학교 박물관에 의해 이해 봄과 가을 두 차례에 걸쳐 발굴할 계획이었으나 제1차 발굴만 실시하게 되었다. 이 발굴은 당초 벽골제 제방에 파묻혀 있는 수문의 복원 공사에 필요한 자료를 확보하기 위한 부분적인 발굴로서, 남북 수문 터 두 곳(A지구, B지구)과 여기에 인접한 제방의 일부를 조사하였다. 발굴 조사를 통해 제방의 높이는 4.3미터, 위아래의 너비는 각 7.5미터, 17.5미터인데, 전체의 길이가 3킬로미터에 이르며, 여기에 소요된 전체의 토량은 161,253세제곱미터로서, 고대의 축제築堤 공사로는 엄청난 대규모의 토목 공사가 이루어졌던 것임을 알 수 있었다. 이와 같은 총면적

37km²(≒1,120만여 평)에 이르는 대규모의 수리 시설을 위해서는 무엇보다 정밀도가 높은 고도로 발달된 측량술과 함께 대형 석재의 운반 등 높은 수준의 축조 기술을 필요로 했을 것으로 믿어졌다.

발굴에서는 삼국시대의 석물과 함께 토기나 기와 쪼가리 외에도 고려청자, 홈자귀 같은 석기류도 수습되었으나, 이들은 후대의 보축補築 과정에서 흘러든 유물일 뿐 시축始築 연대와는 관련지을 수 없는 것들로 판단되었다. 다만 제방의 밑바닥에서 두께 1-2센티미터의 식물탄화층이 나와, 여기에서 검출된 시료에 대한 세 차례에 걸친 C-14 연대 측정을 통해 1600±100, 1576±100, 1620±110 B.P.라는 연대를 얻을 수 있었다. 이 측정연대는 『삼국사기』에 기록된 벽골제의 시축 시기(330 A.D.)와도 맞아 떨어짐으로써 고고학적 자료에 의한 연대 검토가 어려웠던 이 유적의 성격을 상당 부분 보완해 주었다. 이 시기는 우리나라 삼국시대 고분문화古墳文化의 개시 시기와도 거의 일치함으로써 우리 역사고고학에서도 방사성 탄소연대 측정의 보다 광범위한 활용의 가능성을 보여 주었다고 할 수 있었다.

서울대학교 박물관과 고고인류학과에 의해 실시된 여주 흔암리 유적에 대한 제4차년도[110] 조사에서는 지난해 조사 지점의 동편에서 모두 네 채(8호, 9호, 10호, 11호)의 집자리를 조사하였다. 모두 세 구역의 트렌치를 설정하여 파 들어간 결과, 제II구區에서 8호, 9호, 10호가, 제III구에서는 11호 집자리가 나왔다.

이 가운데에서 8호 집자리(7.5×3.0＝0.2m)만 긴축이 동서로 이루어지고, 나머지 9호(7.0×3.6＝0.2m), 10호(4.5×2.6m), 11호(5.0×2.5＝0.24m) 등 세 채는 긴축을 남북으로 자리를 잡았는데, 바닥은 진흙 다짐을 한 상태였다. 이 가운데 8호 집자리에서만 서남쪽에 치우쳐 진흙 다짐한 움푹한 화덕자리가 나왔고, 집자리 중앙(3개)과 벽선(4개)을 따라 기둥구멍이 나 있었다. 9호와 10호는 겹쳐서 나왔는데, 9호가 먼저 지어진 것으로 짐작되었다. 8호, 9호, 11호로부터는 민무늬토기를 비롯하여 도끼, 활촉, 반달칼, 숫돌, 갈돌 등 각종 석기류와 그물추, 가락바퀴 등이 수습되었으나, 10호로부터는 약간의 토기 쪼가리만 나왔다.

초여름, 고성固城 송천리 솔섬[111]에서는 지난해 연말의 동아대학교 박물관에 의한 제1차 발굴에 이어 제2차 마무리 조사가 이루어져 남해안 지방의 돌널무덤 연구에 귀중한 자료가 되었다. 이어서 단국대학교 박물관에 의한 양양 진전사지 제2차 발굴[112]에서는 절터 서쪽 산 중턱에 있는 부도浮屠 쪽을 발굴하였다. 가을에는 연세대학교 박물관의 제천 점말 용굴龍窟[113] 제3차 발굴이 계속되었고, 원광대학교 마한·백제문화연구소에서도 익산 미륵사지 동탑 터[114]에 대한 제2차 발굴을 실시하였다.

북한에서는 1954년에 처음 시작한 은율 운성리雲城里 유적에 대한 조사를 그 후 1962년(2차), 1963년(3차, 4차)과 1966년(5차)에 걸쳐 드문드문 계속해 오다가, 이해 가을에 제6차 조사를 실시하였다. 또한 1959년에 이어 함경남도 신포新浦 강상리江上里 신석기 유적에 대한 제2차 조사를 오랜만에 다시 시작하여 이듬해(1976년)에도 계속하였다.

은율 운성리 유적에 대한 제6차 조사[115]에서는 나무곽무덤(제1호)과 귀틀무덤(제2호) 각 1기씩이 해주역사박물관에 의해 발굴되었다. 제1호 무덤은 봉토(7.2NS×5.7m)의 보존 상태가 좋은 무덤으로서, 봉토 꼭대기에서 70센티미터 정도 내려가서 무덤 구덩(2.9~3.3NS×1.6=2.3m)의 방수를 위한 두께 25–35 센티미터의 진흙층을 확인하였다. 무덤 바닥의 남벽선과 북벽선은 둥글게 휘었는데, 동북쪽 귀퉁이 쪽에서 노끈무늬〔繩文〕가 나타난 항아리와 화분형 굽단지, 그 남쪽에서 쇠뇌〔弩機〕, 쇠뇌촉과 함께 고리자루 긴칼과 손칼이 나왔다. 제2호 무덤은 봉토(5.9NS×4.2m)로부터 1미터 정도 내려간 곳에서 벽선이 둥글게 휘었으며, 위쪽이 넓고(≒3.6NS×2.8m) 아래쪽이 좁아진(≒3.2NS×2.5m) 깊이 1.7미터의 구덩(≒3.2~3.3NS×2.4~2.5=1.7m)이 나왔는데, 그 안에 귀틀이 이루어진 것으로 보였다. 부장품으로는 귀틀 북쪽에 치우쳐서 독, 단지 그릇과 철제 단지가, 동쪽 벽 가까이에서는 철제 삽날이 수습되었다.

1959년에 이어 오랜만에 새로이 조사가 시작된 신포시 강상리 유적[116](이때의 지명은 북청군 속후면 강상리)은 이후 몇 차례에 걸쳐 조사가 이루어지고, 여러 시기의 유물이 수습되었다. 이해와 이듬해(1976년)에 이루어진 발굴을 통해 나타난 지층 관계와 유물 갖춤새로 보아 이 유적은 신석기시대의 어느 한 시기의 것으로 짐작되었다.

문화층은 지표 아래 30센티미터 밑에서 검은 모래층과 황색 모래층이 차례로 나왔는데, 여기에서는 두 채의 집자리와 일곱 개의 화덕자리가 확인되었다. 문화층은 사구砂丘에 이루어졌는데, 당시의 집자리는 토질 등 주변의 여건으로 보아 항상주거杬上住居〔高床家屋〕였을 것으로 짐작되었다. 수습된 유물로는 삼백여 개체분에 이르는 많은 토기 쪼가리가 나왔는데, 복원된 것만도 열석 점이 되었다. 이들 토기류로는 배뚜리, 단지, 대접, 보시기 등 다양한 그릇들이 나오고 목과 손잡이를 갖춘 것도 있었는데, 바닥으로는 납작밑과 둥근밑이 있었다. 그릇들에 나타난 무늬로는 점선무늬와 그은무늬, 삿자리무늬 등으로 이루어진 유문토기와 원시민무늬토기, 채색토기 등이 출토되어 몇몇 유물을 통해 동북지방 신석기문화의 특성을 살필 수가 있었다. 이 밖에 도끼와 활촉, 흑요석과 같은 뗀석기류와 납작한 토제의 가락바퀴도 나왔다.

1976년

이해에도 각지에서 꾸준히 발굴이 이루어졌는데, 이 가운데에는 연차 사업으로서의 계속 발굴이 큰 비중을 차지했던 한 해였다. 우선 진양 대평리大坪里와 부여 송국리松菊里 등 선사유적과 경주 안압지雁鴨池 발굴이 그 제2차년도에 들어서고, 서울 잠실蠶室 지구와 양양 진전사陳田寺 터 유적 발굴이 제3차년도에 접어들었다. 이 밖에 제천 점말 용굴龍窟이 제4차년도에, 여주 흔암리欣岩里 유적은 제5차년도에 이르렀다. 한편으로는 김해 예안리禮安里 고분 유적과 경주 황룡사지皇龍寺址, 신안 해저 유물 인양 조사, 청원 두루봉 구석기 유적 발굴은 이해부터 새로 시작되는 연차 사업이었다.

또 이해에는 1967년에 창간된 이후 근근이 명맥을 유지해 오던 학술지『한국고고韓國考古』가 3호를 마지막으로 종간되었고, 대신 같은 학회 이름으로 나오게 된『한국고고학보韓國考古學報』[117]가 그 뒤를 잇게 되었다. 또한 이해에는 처음으로 한국고고학연구회가 주최하는 전국적인 규모의 제1회 한국고고학대회가 숭전대학교에서 열렸는데(11. 6), 연구 발표와 발굴 보고의 두 분야로 나뉘어 모두 열 명의 발표가 있었다. 이후 매년 11월의 첫째 주말에 개최되는 한국고고학전국대회는 한국 고고학 관련의 대표적인 행사로서 지금까지 계속되어 오고 있다.

늦봄, 국립중앙박물관에 의해 조사가 이루어진 김해 예안리 고분[118]은 유적 일대의 밭을 논으로 전환하기 위한 개토改土 작업 중에 드러난 옛사람 뼈와 토기 쪼가리, 돌덧널무덤 들이 단서가 되어, 작업을 중단시키고 발굴을 시작하였다. 발굴을 통해 돌덧널무덤 외에도 나무덧널무덤, 독널무덤 등 모두 32기의 무덤을 조사함으로써 이 유적이 밀집된 대규모의 무덤 떼였음을 확인하게 되었다.

발굴을 통해 현 지표로부터 대개 10-50센티미터 아래에서 나온 돌덧널무덤들은 대부분 장방형이었지만, 긴축의 방향은 일정치 않았고 드물게는 정방형의 무덤도 있었다. 한편 독널무덤은 이음식[合口式]과 뚜껑식[合蓋式]이 섞여 있었는데 긴축의 방향은 일정치 않았다. 나무덧널무덤의 경우, 머리 쪽에는 장신구류가, 허리에는 칼, 발치에서는 토기와 철제의 농기구가 놓이고, 드물게는 말방울과 같은 마구류도 나왔다. 거의 모든 무덤에서 적어도 1구 이상의 시신이 안치되어 있었는데, 어떤 돌덧널 안에서는 8호 무덤에서와 같이 7구분의 유골이 수습되기도 하였다.

그러나 국립중앙박물관 조사단은 다른 사정을 이유로 작업을 더 이상 계속하지 못하고, 불과 보름 만에 부산대학교 박물관에 발굴 현장을 넘기고 철수하고 말았다. 부산대학교 박물관에서는 이해 여름부터 시작하여 1980년 연초까지 모두 네 차례에 걸쳐 나무덧널무덤 59기, 돌덧널무덤 93기, 돌방무덤 13기, 독널무덤 17기 등 매장 유구 182기를 조사하였다.[119]

이해 여름부터 약 넉 달 동안의 제1차 발굴에서 독널무덤 12기(A-L호)와 함께 조사된 76기(1-76호)는 네 차례에 걸쳐 이루어진 조사 분량의 거의 절반을 차지할 정도의 많은 양이어서, 이것만으로도 예안리 고분군의 성격을 밝히는 데 모자람이 없다고 할 수 있었다.

이들 각 무덤 양식 간의 중복 관계와 반출 유물을 검토해 볼 때 대개 나무덧널무덤[木槨墓]·돌널계돌덧널무덤[石棺系石槨墓](I期＝A.D.300～400)→구덩식돌덧널무덤[竪穴式石槨墓](II期＝400～550)→앞트기식돌방무덤[橫口式石室墓](III期＝550～650)과 같은 전개 과정을 살필 수 있었다. 이를 통해 조사자들은 이러한 분기分期를 우리나라 남부지방 삼국시대 고분의 편년에도 그대로 적용시킬 수 있을 것으로 보았다.

유적 주변에 널리 퍼져 있는 조가비 때문에 각 유구마다 예외 없이 인골들이 잘 보존되어 있었는데, 이해에 발굴된 모두 125구분에 대한 한일 관계 학자들의 공동 연구에 따라 지금까지 한국 고고학에서 거의 미지의 상태로 남아 있던 옛 사람 뼈 연구에 매우 귀중한 자료를 제공해 주었다.[120]

초여름 국립중앙박물관에 의해 조사된 아산 남성리南城里 유적[121]은 낮은 구릉(30-40m)에 이루어진 돌널무덤으로 과수원 우물을 파다가 발견되었다.

부식암반을 파내고 바닥을 판돌로 깐 뒤 깬돌을 1-3단으로 쌓아 만든 돌널 (2.4EW×0.5~0.7＝1.0m) 위에는 돌무지가 이루어졌던 것으로 짐작되었다. 돌널 안에서는 동침東枕임을 보여 주는 대롱옥 백여 점, 동검 아홉 점, 칼자루〔劍把〕모양 동기 석 점, 거친무늬거울 두 점과 함께 방패 모양 동기, 부채 모양 도끼〔扇形銅斧〕, 끌과 천하석제天河石製 장식옥 각 한 점씩이 수습되었다. 이 밖에 검은 간토기 한 점분, 덧띠토기 석 점분과 약간의 칠기 쪼가리도 검출되었다. 이 유적은 구조상 돌무지돌널무덤〔積石石棺墓〕의 유형으로 이 지역에서 조사된 대전 괴정동槐亭洞[122]이나 예산 동서리東西里[123] 유적 등과 비슷한 구조와 성격을 보여 주었다.

봄에 이루어진 부여 송국리 선사 취락지에 대한 조사는 지난해에 이어 그 제2차년도 조사[124]가 되었다. 이해에는 지난해에 확인된 유적 가운데 훼손이 심한 것들을 선별하였으며, 이 밖에 농지 정리가 끝난 곳에 남아 있는 유구를 발굴 대상으로 하였다. 43지구에서 나온 곧추세운〔直立〕민무늬계의 독널 1기와 각기 다른 지구에서 확인된 백제시대의 널무덤(48지구, 71지구), 항아리무덤(68지구), 가마터(70지구)와 고려시대의 돌덧널무덤(45지구) 각 1기씩을 조사하였다. 이밖에 59지구에서는 미상의 둥근 구덩 유구를, 50지구에서는 좁은 구역에서 겹친 상태로 나온 고려시대와 조선시대의 널무덤과 돌덧널무덤 56기를 조사하여 상당수의 청동 제품과 도자기 들을 수습하였다.

이해 봄에는 문화재연구소의 경주고적발굴조사단에 의해 토사 채취 중에 드러난 경주 금척리金尺里 고분에 대한 긴급 발굴[125]을 실시하여 고총高塚들 사이에서 4기의 작은 고분과 우물 한 곳을 확인하였다. 조사 결과 토기들이 출토된 곳은 이미 교란이 심하게 이루어졌는데, 여기에서는 주로 굽다리접시와 함께 목항아리 등이 수습되었다.

문화재연구소가 지난해에 이어 실시한 진양 대평리 선사유적[126]에서의 제2차 발굴에서는 한 지역에 공존한 고인돌과 돌널무덤의 조사를 통해 남부지방의 선사 묘제墓制 연구에 중요한 자료를 제공해 주었다. 이번 조사에서는 제1차 조사에서 누락된 옥방玉房 마을 고인돌 5기와 인접한 어은漁隱 마을 고인돌 6기를 조사하였다. 이 밖에 나루 건너 상촌上村 마을에서도 이십여 기를 확인해 이 지역에서만 모두 삼십여 기의 고인돌이 분포함을 알 수 있었다.

여기에서는 고인돌 외에 돌널무덤도 확인되었는데, 이들의 구조는 각 벽체를

사진 32. 경주 황룡사지 발굴 전경.

1-2매의 판돌을 짜 맞춘 것들로 고인돌을 중심으로 하여 그 둘레에 배치되어 있었다. 돌널무덤들은 출토 유물을 통해 모두 남침南枕으로 확인되었고, 돌검 등 석기류와 토기류가 다량으로 수습되었는데, 특히 반달돌칼의 제작 과정을 보여주는 자료들이 다수 출토되어 당시 석기 제작에 관한 실험고고학적 연구에도 많은 도움을 주었다.

경주고적발굴조사단에 의해 실시된 경주 안압지雁鴨池[127] 제2차년도 조사가 봄부터 연말까지 계속되어 마무리되었다. 안압지 둘레에서는 모두 26채의 건물 터가 확인되었는데, 이 가운데 다섯 채는 서쪽 호안湖岸에서 못 안으로 돌출되도록 석축을 쌓고 그 위에 건물을 세웠다.

연못 안과 둘레의 건물 터에서 수습된 3만여 점에 이르는 유물들은 연회宴會 중에 빠트리거나 침략군 등에 의해, 또는 동궁東宮이 폐허화되면서 쓸려 들어간 유물들로 짐작되었다. 출토 유물로는 많고 다양한 와전류瓦塼類를 비롯하여 도기·토기, 목기·칠기, 금속기 등의 용기류, 철제의 농공구와 무기, 마구류, 금동제의 불상 등 불구류, 각종 목제품과 나무배가 나왔다. 특히 목간木簡과 묵서명墨

書銘이 있는 토기, 초의 심지를 자르는 가위나 주사위, 정교한 기법으로 만든 판불板佛 등을 통해 통일신라 생활문화의 정수精髓를 살필 수 있었다. 이들 출토 유물들은 지금까지 우리가 주로 발굴을 통해 수습하였던 부장副葬이나 장엄莊嚴을 위한 고분의 출토품과는 달리, 궁중 내의 실생활에 쓰이던 생활용품이라는 데에 그 특별한 의미가 담겨진 유물들이라고 해야 할 것이다.

경주고적발굴조사단에서는 안압지의 마무리 조사에 접어들면서 동시에 새로이 경주 황룡사지皇龍寺址[128]에 대한 연차 조사 계획을 수립하였다. 창건 이후 칠백여 년 동안 이어져 오다 몽골 병란 이후 오랫동안 황폐화되어 온 이 호국 사찰을 정비, 정화하기 위해 정부에서는 경주종합개발계획에 포함시켜 절터 전면에 걸쳐 연중 발굴을 실시하기로 하였다.

당초에는 3개년계획으로 착수하였으나, 발굴 과정에서 예상 밖의 다양한 유구가 드러남에 따라 두 차례의 계획 수정과 팔 년간의 발굴 과정을 거쳐 1983년에 조사를 마치게 되었다. 당시까지 경주 미추왕릉 지구와 안압지의 발굴 조사가 마무리 단계에 접어들면서, 이를 담당하고 있던 경주고적발굴조사단을 황룡사지 발굴 체제로 보강 개편하였다.

제1차년도 조사는 사찰의 주 건물인 강당 터부터 시작하여 이 밖에 금당, 목탑, 서회랑 터 일부와 서금당 터를 조사하였다. 원래는 중문과 남문 터도 계획에 포함되어 있었으나, 사유지의 매입이 지연되고 민가 철거 등으로 당초 계획에 차질이 생겼었다. 출토된 유물로는 금당 터로부터의 금동여래입상과 강당 서편 건물 터의 바닥에서 나온 옆면에 용무늬가 새겨진 보상화 무늬 전돌 등 이천여 점이 수습되었다.사진32

이해에는 안압지와 황룡사 터 등 대규모의 국책 발굴이 이루어지는 와중에 봄에는 새로이 신안 도덕도道德島 앞바다에서 조업 중이던 어선의 그물에 송대宋代와 원대元代의 중국 도자기가 걸려 나와, 가을에는 정식으로 신안 해저유물海底遺物 인양 조사[129]가 이루어지게 되었다. 시계視界 제로 상태의 깊은 수심水深(-20~25m)과 빠른 조류潮流(2.5노트)의 악조건 속에서 1984년까지 모두 열한 차례에 걸쳐 조사가 이루어졌다.

이해 가을에 이루어진 두 차례의 조사(1차: 10. 26-11. 2, 2차: 11. 9-12. 1)는 모두 유물의 잔존 여부를 확인하기 위한 예비 조사 작업이었는데, 제1차 조사에서는 청자 52점 등 112점을 인양하였다. 제2차 조사에서는 청자 1,200점 등

1,800여 점의 유물을 인양함으로써 상당량의 유물이 매장되어 있음을 확인하였고, 침몰 매장된 선체도 발견할 수가 있었다. 본격적인 발굴 조사는 이듬해의 제3차 조사부터 조사단을 구성하여 실시하기로 했다.

이해 봄에는 서울대학교 박물관이 문화재연구소의 지원을 받아 서울 사당동舍堂洞 가마터[130]를 발굴하였다. 가마터는 사당초등학교를 짓기 위한 절토 과정에서 대부분 훼손된 채로 조사가 이루어졌는데, 남아 있는 상태로 보아 언덕배기의 비탈을 이용한 반지하식 오름가마(登窯)로 짐작되었으며, 불에 탄 흙과 재의 상태로 보아 가마의 범위는 대략 4.5EW×0.7미터 정도로 아궁이는 가마의 동편, 즉 비탈면의 아래쪽에 이루어졌음을 알 수 있었다. 발굴을 통해 수습된 유물 가운데 완형은 넉 점뿐이고 수천 점에 이르는 그릇 쪼가리들은 도장무늬나 새김무늬, 두드림무늬가 나타나 있는 편편하거나 둥근 바닥의 항아리들과 굽달린 목병, 사발 등으로 매우 다양하게 나왔다.

보고자는 토기 양상으로 보아 목항아리가 차츰 없어지고 사발이나 뼈단지 등의 생산이 늘어나는 8세기 무렵 통일기의 가마터로 보았다. 곧이어 서울대학교 박물관에서는 여주 흔암리 집자리 유적에 대한 제5차 발굴[131]을 실시하였다. 1972년 이후 매년 실시해 온 연차 사업으로, 이해는 지난해에 이어 제12호 집자리의 서반부와 14호 집자리를 발굴하였다.

12호 집자리(9.7NE~SW×3.5~3.7＝0.3~0.7m)는 지난해에 넣은 시굴 트렌치에서 확인되었으나, 가운데에 민묘民墓가 자리 잡고 있어서 이해에는 서반부만 조사할 수밖에 없었다. 이 집자리는 이곳 취락지의 집자리 가운데 가장 높은 곳에 위치한 곳으로서, 편편한 바닥에는 드문드문 점토가 깔리고, 여기에 39개의 기둥구멍과 3개의 화덕자리, 7개의 저장구덩 등이 확인되었다. 출토 유물로는 구멍토기를 비롯한 다양한 종류의 민무늬토기와 돌검, 돌칼, 도끼, 활촉, 가락바퀴. 숫돌 등 많은 완성된 석기류와 함께 미완성품들도 출토되었다. 특히 집자리 서반부의 바닥면과 토기 내부에 채워진 흙을 흐르는 물에 체로 거르는 부양분석flotation을 통해 탄화된 쌀과 보리, 조, 수수 등 곡물류를 채집하였다. 여기에서 검출된 숯에 의한 C-14 측정을 통해 2180±100B.P.의 연대를 얻었다.

이해 여름 한철, 서울대학교 박물관과 고려대학교, 숭전대학교, 전남대학교 등에서는 서울 잠실 지구 유적 발굴 조사[132]를 통해 석촌동石村洞 5호 무덤을 비롯하여 방이동芳荑洞 4호, 5호, 6호 무덤 등을 발굴하였다.

석촌동 5호 무덤(17 = 3m)은 길쭉한 타원형의 이음돌〔葺石〕봉토무덤인데, 1974년에 조사된 4호 무덤의 남쪽 250미터에 위치한 것으로 남쪽의 파괴 무덤과 함께 조사가 이루어졌다. 그러나 부분적인 조사에 머물렀고, 1983년의 정비·복원을 위한 발굴을 통해 봉토 위를 덮은 이음돌을 확인하였으나 이때도 역시 매장 부위는 파악하지 못했다.

한편, 방이동 4호 무덤은 원형의 봉토(D-13m) 아래 2.3미터에 거칠게 다듬은 깬돌을 쌓아 널길(1.5×1 = 1m)이 딸린 굴식돌방을 만들었으나 파괴가 심하여 전모는 알 수가 없고, 한 개의 덮개돌을 얹은 무지개〔穹窿狀〕천장으로 짐작되었다. 바닥에는 판돌과 자갈을 깔았고, 그 아래에는 배수구가 이루어져 있었다. 방이동 5호 무덤도 둥근 봉토무덤(D-9m)으로 봉토 아래 0.85미터에서 바닥이 나타난 동침東枕으로 짐작되는 돌덧널무덤(2.0×1.4m)이 이루어져 있었다. 방이동 6호 무덤은 깬돌로 쌓은 굴식돌방무덤(2.9NS×2.3 = 1.7m)인데, 북벽에서 밖으로 이어지는 중간벽을 쌓아 돌방을 으뜸방과 딸린덧널로 나누는 특이한 구조를 보여 주었다. 이들 방이동의 세 무덤에서 사람 뼈와 함께 굽다리접시와 같은 토기류가 수습되었다.

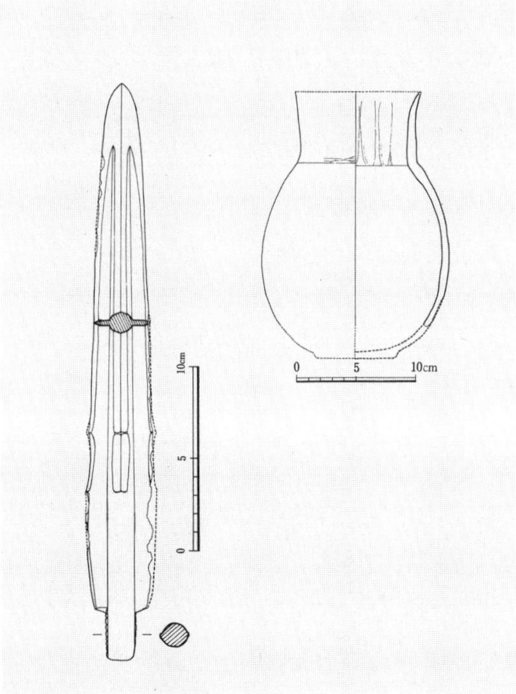

그림 94. 김해 내동리 1호 고인돌 출토 유물.

가을에는 연세대학교 박물관에서 제천 점말 용굴龍窟[133]의 제4차 발굴을 실시하는 한편, 이에 앞서 여름에는 충북대학교 박물관과 합동으로 새로이 청원 두루봉 구석기 유적에 대한 발굴을 시작하였다.

청원 두루봉 유적[134]은 석회암 채취에 따른 파괴로 유적이 드러나고 여러 종류의 동물 뼈가 발견되면서, 이해부터 1978년까지 연세대학교에 의해, 이후 1983년까지는 충북대학교에 의해 모두 십여 차례에 걸쳐 발굴이 이루어졌다. 두루봉은 원래 둥그스름한 낮은 산으로 여러 개의 굴들이 거미줄처럼 이어져 있었는데, 석회암 채굴 과정에서 동쪽과 북쪽, 서쪽은 깎여 나가고 남쪽 부분만 남아 있었다. 여기에서는 제2굴, 제9굴, 새굴,

처녀굴, 홍수굴 등을 발굴하여 갖가지 짐승 뼈나 식물 화석 등 자연 유물과 석기, 뼈 연모를 수습하였는데, 홍수굴에서는 사람 뼈도 나왔다.

이해에는 제2굴(~1983년, 충북대학교)과 제9굴(~1978년, 연세대학교)을 조사하였는데, 이 가운데 제2굴의 퇴적층은 약 4미터 두께로서 서른여섯 개의 층위가 확인되었다. 제2굴에서는 긁개, 자르개 등의 연모와 특히 사슴뼈 등 많은 짐승 뼈 화석이 나왔다. 제7층으로부터는 꽃가루가 검출되었는데, 분석 결과 홍적세 중기의 따뜻한 조건에서 이루어진 것임을 확인하였으며, 여기에서는 석기류와 뼈 연모도 여러 점이 나왔다.

제9굴은 위아래의 두 층으로 나누어졌는데, 위층은 홍적세 후기의 붉은흙층, 아래층은 홍적세 중기의 늦은 시기에 해당되는 노란흙층으로 구분되었다. 아래 층에서는 지금은 멸종된 큰꽃사슴의 변종 화석과 함께 간단히 손질한 석기와 뼈 연모가 여러 점 나왔고, 위층에서는 원숭이나 사자와 같은 따뜻한 기후에서 사는 많은 짐승 화석들이 나왔다.

이에 앞서 연초에 부산대학교 박물관에 의해 조사가 이루어진 김해 내동內洞 고인돌[135]은 회현리會峴里 조개무지로부터 서북쪽으로 약 1.7킬로미터 떨어진 산자락 아래의 평탄한 곳에 위치해 있었다. 이곳에 마을이 들어서기 전에는 많은 고인돌이 있었다고 하나, 지금은 3기만이 민가 안에 남아 있었다.

조사된 1호 고인돌은 발굴 당시 이미 덮개돌이 없어지고 훼손되어 정확한 구조는 알 수 없었지만, 무덤구덩(3.5×1.2＝0.9m) 안에 깬돌로 쌓아 올린 돌덧널이 만들어진 것임을 알 수 있었다. 바닥에 깬돌을 깐 이 돌덧널 위에는 보다 큰 깬돌로 덮은 돌무지가 이루어지고, 가운데에는 덮개돌이 얹혔던 세 개의 넓적한 받침돌이 남아 있었다. 돌무지 안에서 지금까지 고인돌로부터는 매우 드물게 나타나는 한국식 동검 1점과 함께 민무늬토기, 붉은간토기, 검은목항아리 등 일괄 유물이 수습되었다.그림94

이해 여름 방학 기간 동안에는 대구-마산을 잇는 구마邱馬고속도로 건설 공사에 따라 창녕 계성리桂城里 고분군에 대한 발굴[136]이 부산 한성여대와 동아대학교 박물관에 의해 한 달 동안의 짧은 기간에 약식으로 이루어졌다. 북쪽 구릉부터 순차적으로 A지구(한성여대-정징원鄭澄元), B지구(동아대-김동호金東鎬), C지구(동아대-심봉근沈奉謹)로 구분하여 발굴 조사가 이루어지고, 보고서도 분담 작성되었다.

이때 C지구는 유적이 전면 발굴되었으나 A지구와 B지구는 도로에 포함되는 일부 구간만 발굴되었고, 구릉의 정상부와 하단부의 대부분은 그대로 남겨 둔 상태에서 발굴을 마쳤다.[137] 모두 49기에 대한 발굴을 통해 드러난 이들 고분들의 구조는 대략 냇돌을 쌓아 만든 굴식돌방무덤과 구덩식돌덧널무덤들이었는데, 돌덧널무덤 가운데에는 한 봉토 안에 이루어진 여러널식도 있었다. 이 밖에 항아리 두 개를 이어 만든 이음식독널무덤 등 여러 유형의 무덤들이 공존하고 있음을 확인할 수 있었다. 출토 유물로는 금제와 은제의 각종 장신구류와 철제의 무기류, 농공구 등과 함께 다양한 토기류가 수습되었다. 이렇듯 화려한 부장유물들과 지름 20여 미터의 대규모 봉토 등으로 보아, 이 지역이 삼한시대부터 가야를 거쳐 통일기에 이르는 정치, 문화의 중심지로서 막중한 위치에 있었던 곳으로 짐작되었다.

늦가을에는 원광대학교 마한·백제문화연구소에 의해서 익산 왕궁리王宮里 성터에 대한 부분적인 시굴[138]이 이루어지고, 본격적인 발굴[139]은 1989년부터 시작되었다. 발굴 결과 유구들은 (1) 백제 말기, (2) 통일신라 초기(성벽), (3) 통일신라 초기-말기(사찰) 등 크게 3기期로 구분되었는데, 발굴 결과와 실제 유적의 존재 시기가 부합되는 고고학적 성과를 얻게 되었다. 즉, 초창기 유적은 백제 왕실이나 관부官府에 속한 유적임을 알 수 있었고, 가장 늦은 시기의 유적은 사찰과 관련된 유적으로 확인되었다. 따라서 마한이나 후백제 견훤甄萱과 관련된다는 논거는 뚜렷한 근거가 없는 속설임이 밝혀지게 되었다. 이에 앞서 한여름에는 단국대학교 박물관에 의해 양양 진전사지陳田寺址에 대한 제3차 발굴[140]이 이루어졌다.

한편, 북한에서는 지난해에 이어 함경남도 신포新浦 강상리江上里의 신석기유적 조사를 계속하여 마무리 지었고, 새로이 평안남도 대안大安 덕흥리德興里와 평성平城 지경동地境洞에서 고구려 무덤을 조사하였다. 신포 강상리 유적[141]에 대해서는 이해에도 조사가 이루어진 것으로 보이지만, 실제 보고문에서는 지난해의 발굴을 통해 수습된 토기 위주의 출토 유물만을 중심으로 기술되어 있다.

이해 연말부터 이듬해의 연초에 걸쳐 한 달 남짓 동안에 조사된 대안 덕흥리 벽화무덤[142]은 이곳 무학산 남쪽 기슭에 자리 잡은 유적으로, 일대에는 강서 세무덤, 약수리, 수산리 벽화무덤 등 많은 고구려 지배 계급들의 돌칸흙무덤[封土

그림 95. 대안 덕흥리 벽화무덤 투시도(서쪽).

石室墳)이 분포되어 있었다. 훼손이 심한 봉토 안에는 남향한 널길(154NS×102
＝143cm)과 앞방(297EW×202＝285cm), 통로(118NS×90＝137cm), 널방
(328×328＝290cm)이 남북으로 차례로 이어진 두방무덤(二室墳)으로 앞방과
널방의 천장은 각 2단과 5단의 평행고임식 무지개 천장을 이루었다. 널방 바닥
에는 두 개의 널을 안치할 수 있을 만한 회칠한 널받침(2.5×2.0＝0.2m)이 놓
여 있었다.

벽체의 표면에는 널길 입구에서부터 널방에 이르기까지 무덤칸 거의 전면에
걸쳐 풍부한 내용의 벽화와 600여 자에 이르는 귀중한 내용의 묵서墨書 묘지명
이 나타나 있었다. 명문에는 칠십칠 세에 훙거薨去한 무덤 주인공 진鎭의 내력과
무덤의 이장 연월일인 '永樂十八年(408)⋯十二月⋯二十五日'이 분명히 적혀 있
었다.

벽화의 내용은 주로 인물풍속도로서, 널길에는 여러 인물들과 무장한 문지기
가, 앞방에는 피장자의 생전 모습과 천상세계天上世界가 펼쳐지고, 북벽의 가운
데인 통로 위턱에 바로 열네 줄로 내려쓴 묘지명이 보였다. 통로의 동서 양벽에
는 거가행진도車駕行進圖가 그려지고, 널방에는 활쏘기와 말타기, 피장자의 나들
이 등 생활 모습과 수레나 연꽃 그림, 여인들의 모습이 나타나 있었으며, 천장에
는 해, 달, 별 등 천체의 모습과 견우, 직녀의 모습도 보였다.그림 95

평안남도 평성 지경동 무덤[143] (옛 대동군 용악면 원리)에서는 이해 봄에 과수원을 정리하는 과정에서 몇몇 금속제품을 발견하였고, 일대를 조사한 결과 동서로 약 이십 미터 떨어진 곳에 조성된 2기의 고구려 무덤임을 확인하였다. 중앙역사박물관에서는 이해 여름과 이듬해의 두 차례에 걸쳐 각 1기씩을 따로 조사하였는데, 둘 다 널길이 달린 외방무덤들로 널길의 양쪽에 감실이 달려 있었다.

이해에 조사된 서쪽의 제1호 무덤의 널방은 네 벽의 길이가 3.2-3.7m, 서벽의 일부가 무너진 현재 높이는 0.9-2.1m, 동서 감실의 크기는 각각 0.6×0.5 = 0.4m, 0.65×0.7 = 0.7m였다. 널길 입구에 판돌을 세워 막은 3매의 막음돌 가운데 2매만 남아 있었고, 널방 입구에는 철제의 손잡이가 달린 돌문 두 짝이 남아 있었다. 1호 무덤에서는 서쪽 감실 쪽에서 시루와 솥 각 한 점이, 동쪽 감실 쪽에서는 단지류와 금동 장식품이 나왔고, 특히 말발걸이와 재갈 등 많은 마구류가 출토되었다.

1977년

이해에는 근년에 이르러 발굴 활동이 차츰 침체해 오던 국립중앙박물관의 활약 범위가 한층 축소되어, 부여 송국리松菊里 선사 취락지와 강진 사당리沙堂里의 가마터 발굴만 이루어졌다. 지방에서는 경주박물관에서 실시한 경주 조양동朝陽洞 집자리와 동방동東方洞의 가마터 발굴이 있었고, 부여박물관에 의한 논산 원봉리圓峰里 고인돌 발굴을 통해 간신히 발굴의 명맥을 이어나갔다. 이에 반해 1970년대에 들어서 본격적인 발굴 활동에 나선 문화재관리국 소속의 문화재연구소는 점진적인 기구 확장과 더불어 고고학적 활동 범위를 넓혀 가면서 대규모의 국책 발굴 사업에 주도적으로 참여하였다.

이해에는 지난해에 이어 경주 황룡사지皇龍寺址 제2차년도 발굴을 연중 계속하면서, 아울러 흥륜사興輪寺 터를 발굴하였다. 연말께에는 진양 대평리大坪里 선사유적에서 제3차년도 작업을 계속하는 한편, 지난해에 이어 신안 해저 유물에 대한 제3차 조사를 수행하는 등 국립 조사 연구 기관으로서 크고 작은 발굴을 계속해 나갔다.

서울대학교 박물관에서는 여주 흔암리欣岩里 집자리에 대한 제6차 발굴을 실시했고, 연세대학교 박물관에서는 청원 두루봉에 대한 제2차 발굴과 제천 점말 용굴龍窟 제5차 발굴 등 주로 구석기 유적에 대한 연차적 발굴을 계속했다. 숭전대학교 박물관 등 화양華陽 지구 유적 발굴 조사단에서는 이 지역의 토지 구획 정리 사업에 따라 서울 구의동九宜洞 일원에 대한 발굴 조사를 실시했다. 한편, 단국대학교 박물관에서는 양양 진전사지陳田寺址에 대한 제4차 발굴을 계속했고, 청주대학교 박물관에서는 충주 미륵리彌勒里 절터 발굴을 실시했다.

연말에는 대청大淸 댐 수몰 지구에 대한 구제 발굴로서 문화재관리국에서 청원 김생사金生寺 터를 발굴하였고, 충북대학교 박물관에서는 옥천 안터와 청원 아득이에서 고인돌과 선돌 유적을 발굴하였다. 충남대학교 박물관에서도 대청 댐 수몰 지구 유적 발굴 조사의 일환으로 대전 사성동沙城洞 고인돌에 대한 조사를 실시하였다. 전남대학교 박물관에서는 광주 송암동松岩洞 집자리 유적과 나주 보산리寶山里 고인돌, 고흥 내발리內鉢里의 발포진성鉢浦鎭城을 차례로 발굴하여, 지방 대학 박물관으로서의 한계를 극복해 가며 선사시대와 역사시대 유적을 망라한 비교적 폭넓은 발굴을 이뤄 나갔다.

한편, 영남지방에서도 활발한 발굴이 이루어져, 경북대학교 박물관에서는 구미 황상동黃桑洞과 칠곡 약목若木, 고령 지산동池山洞 등지에서 조사를 계속하였는데, 계명대학교 박물관에서도 고령 지산동 고분과 인접한 고령 연조리延詔里 왕정王井 등 주로 가야 유적을 중심으로 조사를 계속해 나갔다. 한편, 영남대학교 박물관에서는 경주 인왕동仁旺洞 고분을 발굴하였으며, 부산대학교 박물관에서는 여름에 김해 예안리禮安里 고분에 대한 제2차 발굴을 실시하였고, 연말에는 동아대학교 박물관에 의해 사천 예수리禮樹里 고분이 조사되었다.

국립중앙박물관에 의한 부여 송국리 선사 취락지[144]에서의 가을 발굴은 이해가 제3차년도 조사로서, 제1차년도 지표 조사 때에 취락지로 추정되었던 17지구, 53지구, 54지구를 대상으로 하였다. 그러나 이때 주어진 기간과 한정된 예산에 따라 세 개 지구에서 각 1기씩의 집자리에 대해서만 조사를 실시하고, 유적이 무리를 이루는 곳에 대해서는 제4차년도인 이듬해에 조사를 계속하기로 하였다.

조사 결과 17지구에서는 부식된 화강암반을 파낸 둥근 집자리(17-1호:D-3.4 ＝0.3~0.6m)가 나왔는데, 바닥에는 1센티미터 정도의 두께로 진흙을 깔아 다지고, 가운데에는 타원형의 구덩(0.9NNE~SSW×0.45＝0.2m)이 나 있었다. 구덩의 양쪽에 두 개와 집자리 바깥에 네 개의 기둥구멍이 있었을 뿐 출입구나 화덕자리, 저장구덩 등 부대 시설은 전혀 나타나지 않았다. 출토된 유물은 매우 빈약한데, 민무늬토기와 붉은간토기 쪼가리와 함께 반달칼과 끌, 숫돌 등 석기류가 수습되었다.

53지구에서 드러난 집자리(53-1호: 3.9EW×2.6≒0.1m)는 평면이 불규칙한 방형으로 바닥에는 화재로 인해 붉게 탄 흙과 숯이 깔려 있었을 뿐 아무런 유구도 보이지 않았다. 출토 유물도 매우 빈약하여 완형의 민무늬토기 한 점과 대형의 바닥 쪼가리만 수습되었다.

54지구 집자리(54-1호: 5.8NW~SE×4＝0.15~0.2m)는 북서쪽의 일부가 잘려 나간 장방형으로, 울퉁불퉁 패인 바닥의 일부를 진흙으로 다졌을 뿐 기둥구멍이나 화덕 등 별다른 시설물의 흔적은 보이지 않았다. 출토 유물로는 민무늬토기, 붉은간토기와 함께 검 쪼가리, 활촉, 반달칼 등 석기류가 나왔으며, 바닥으로부터 자포니카Japonica종으로 보이는 400그램이나 되는 많은 분량의 탄화미炭化米를 수습하였다.

연말에는 강진 사당리 가마터의 제9차 마지막 정리 발굴[145]이 이루어졌다. 지금까지의 발굴 과정에서 12-14세기에 이르는 최성기에 해당되는 고려청자 가마 발굴을 통해 다른 곳에서는 유례가 없는 청자기와 벽돌 등 여러 종류의 청자 유물과 함께 당시 가마의 구조에 관한 많은 자료를 얻을 수 있었다.

발굴에 의해 이들 가마들은 여러 차례에 걸쳐 개보수가 이루어지면서 상당 기간 동안 사용되었던 것임을 알 수 있었는데, 가마는 골짜기의 비탈면을 이용하여 비탈진 바닥에 모래를 깔고 밑동에 두세 개의 창살 구멍을 뚫은 칸막이 가마였음을 알 수 있었다. 최초에 이루어진 가마는 지면을 파내고 만들었으나, 이후 개보수를 하면서 차츰 바닥이 높아져 나중에는 가마 바닥이 오히려 지면보다 높아졌던 것으로 짐작되었다. 벽체도 원래의 벽면에 흙을 덧발라 가마의 너비도 점차 좁아진 것임을 확인할 수 있었다.

이해 11월에 경주 조양동 유적[146]에서는 가옥을 철거하고 집터를 고르던 중 주민들에 의해 토기류 등 유물이 발견 신고되면서 조사의 계기가 이루어졌다. 경주박물관에 의한 현지 조사 결과 석재는 나오지 않고 구덩의 흔적만 나와, 이 유적들이 나무널이거나 덧널무덤일 것으로 추정만 하고 본 조사는 뒤로 미루게 되었다. 그 후 본 조사는 1979년 봄부터 1983년까지 다섯 차례에 걸쳐 실시되어 모두 78기의 무덤과 두 채의 집자리를 발굴함으로써, 이 지역에서의 청동기시대 말에서 삼국시대 초에 이르는 이른바 원삼국시대의 실체를 밝힐 수 있는 여러 고고학적 성과를 거둘 수 있게 되었다.

이에 앞서 택지 조성 중 발견된 경주 동방동 가마터[147]가 경주박물관에 의해 조사되었는데, 이를 통해 모두 9기의 기와 가마터를 확인하였다. 이 가운데 발굴된 1기는 구릉의 비탈면을 이용한 오름가마(10.5×1.7m)로서 아궁이의 천장부와 벽체의 일부가 남아 있었고, 가마와 아궁이 사이에는 높은 벽이 이루어져 있었다. 출토된 기와는 고려와 조선시대의 것들로 가마 바닥에서 수습된 '乾隆'명銘 암막새를 통해 이 가마가 조선시대 후기까지 사용되었음을 알 수 있었다.

이해 가을 국립부여박물관에서는 논산 원봉리 고인돌[148]을 조사하였다. 주민들에 의해 깨트려진 민가 앞마당에서 드러난 고인돌의 타원형 덮개돌(2.0NE~SW×1.7＝0.7m) 아래에서 작은 돌널(0.8NE~SW×0.4＝0.3m)이 나오고 그 둘레에는 깬돌을 2-3단으로 불규칙하게 쌓아 올린 돌무지(1.1×0.9≒0.3m)가 이루어져 있었다. 돌널은 두께 15센티미터 정도의 비교적 두꺼운 판돌로 짜 맞추었는데, 북서쪽의 긴벽만 두 장으로 세우고 나머지는 모두 한 장씩으로 이루어져 있었다. 돌널 바닥의 한 가운데에서는 자루가 남서쪽을 향한 이단자루식(二段柄式)의 간돌검 한 점과 돌활촉 석 점이 출토되었다.

한편, 문화재연구소 경주고적발굴조사단에서는 지난해에 이어 봄부터 연말까지 황룡사지皇龍寺址에 대한 제2차년도 발굴[149]이 연중 내내 계속하였다. 본 조사에 앞서 연초부터는 주변의 민가 철거 작업을 실시하였고, 본 조사에서는 동금당 터와 중문 터, 목탑 전방前方의 동서 건물 터와 함께 강당 서편 건물 터, 서회랑 터 및 남회랑 터 일부와 절터 북쪽의 돌담장 터를 조사하였다.

조사 결과, 회랑 안에서 전혀 예상치 못했던 네 곳의 건물 터가 확인되는 등 규모가 예상보다 훨씬 확대되어, 한 해로 계획했던 회랑 안의 발굴을 이삼 년 동안더 계속하지 않을 수 없게 되었다. 따라서 당초 4만 평으로 예상했던 발굴 범위가 6만여 평으로 조정되는 등 당초 계획했던 3개년으로는 발굴 완료가 거의 불가능하게 될 것으로 예측되었다.

그러나 이 년 동안에 걸친 발굴 결과만으로도 황룡사는 동양 최대 규모의 절터일 뿐 아니라 지금까지 그 유례를 찾을 수 없는 특이한 가람 배치를 보여, 지도위원회의 권고에 따라 조사의 예산과 기간에 구애받지 않고 우선 발굴 기간을이 년 더 연장하기로 한 것이다. 출토 유물의 대부분은 와전류였으나, 토기를 비롯한 용기류와 불상, 용두龍頭와 같은 금속제품 등 다양한 유물들이 수습되었다.

이해 초여름에는 1972년에 이어 흥륜사興輪寺 터가 문화재연구소에 의해 발굴되었지만, 금당 터 주변에 대한 발굴이 이루어진 것밖에는 별다른 발굴 보고는 접할 수가 없었다.[150]

또한, 문화재관리국에 의해 지난해의 제1차, 제2차의 두 차례에 걸친 예비 조사에 이어 신안 해저 유물[151]에 대한 첫 본조사인 제3차 인양 조사 작업이 초여름에 이루어졌다. 예비 조사 결과에 따라 선체가 매장되었던 해저면에 철제의 구획틀(6×4m) 네 개를 설치한 후 조사를 실시하여 도자기와 나무 쪼가리 등 5천 점 가까운 유물을 인양하였다. 해저면에 노출된 선체의 윤곽과 크기(23~27.3×6.7m)를 확인할 수 있었으며, 학술적으로 중요한 많은 자료를 수습할 수 있었다. 인양된 유물 중에는 남송南宋 초기에서 중기에 걸치는 최상급의 용천龍泉가마 제품이 포함되어 있을 뿐 아니라, 세계적으로 유례가 드문 묵서나 음각명陰刻銘이 나타나 있는 자기류가 있었고, 석 점의 고려자기도 함께 인양되었다.

이번 제3차 조사부터 본격적으로 조사단(단장: 윤무병尹武炳)을 구성하여 35일의 조사 기간 동안에 조사원 385명, 해군지원단의 잠수사 58명이 조사에 참여했으며, 해군 함정 세 척과 각종 해저 조사 장비 등 해군의 적극적 지원에 따라 조사가 효율적으로 이루어질 수 있었다.

조사가 끝난 이해 여름에는 이틀(8. 22-23) 동안 세 차례에 걸친 조사 결과를 중심으로 국내 학술 세미나를 개최하였다. 국립중앙박물관 주최로 열린 이 모임에서는 발굴 성과를 비롯하여 발굴 유물의 성격, 당시의 무역 관계, 해양고고학 등 제반 문제에 관한 발표와 광범위한 토론이 이루어졌다. 이어서 가을(10. 18-23)에는 이에 대한 국제 세미나가 영국, 일본, 미국, 자유중국(대만) 등 국내외의 관계 전문학자들이 참석한 가운데 무역회관에서 열렸다.[152]

늦가을에는 문화재연구소에 의해 이루어진 진양 대평리 선사유적 제3차 발굴[153]을 통해 집자리와 고인돌이 확인되었다. 옥방玉房 마을에서 조사된 움집자리는 둥글거나 네모난 평면 형태의 것들인데, 1호 집자리의 경우 모래흙 위에 세워진 장방형(18.6×4.6 = 0.3m)의 움집으로 바닥은 단단히 다져져 있었다. 벽면을 따라 일정한 간격(1.8m)으로 기둥구멍이 나 있었고, 가운데에서는 타원형의 화덕자리(1.1×0.6m)가 확인되었다. 2호 집자리는 둥글고(5.0NS×4.6m), 3호와 4호는 말각방형인데, 가운데에서 화덕자리가 나왔다. 집자리 안에서는 붉은간토기, 가지무늬토기, 덧띠토기, 구멍무늬토기 등 민무늬토기 계열의 토기와 함께 도끼, 홈자귀, 검, 활촉, 반달칼, 세모칼, 보습, 숫돌 등 많은 종류의 간석기들이 가락바퀴와 그물추 등과 함께 출토되었다.

고인돌은 옥방과 어은漁隱 마을 일대에서 7기가 조사되었는데, 매장 주체인 돌널 둘레에 돌이 깔린 것과 깔리지 않은 것으로 구분되었다. 옥방 2호 고인돌은 둥근 덮개돌(D-4m) 아래에 판돌로 된 깐돌 시설이 이루어지고, 그 가운데에서 냇돌로 짜 맞춘 돌널(2.1SE~NW×0.6 = 0.5m)이 나왔는데, 그 위는 한 장의 판돌로 된 뚜껑돌이 덮여 있었다. 여기에는 붉은간토기 한 점, 간돌검 두 점, 대롱옥 다섯 점이 부장되어 있었다.

고인돌의 둘레에서는 돌널무덤 9기가 확인되었는데, 어은 2호 고인돌 옆 1호(동편)돌널(1.6EW×0.4 = 0.4m)의 경우, 긴벽은 2매, 짧은 벽은 1매의 판돌로 짜 맞추었고, 여러 매의 판돌로 된 뚜껑돌로 돌널을 덮었다.

이에 앞서 봄에는 서울대학교 박물관에서 여주 흔암리 유적[154]에 대한 제6차 조사를 실시하였다. 이번 조사에서는 동서로 이어지는 약 100미터의 트렌치 발굴을 통해 이미 조사가 이루어진 집자리 외에 새로 두 채(13호, 14호)를 발견하였다. 지난해에 확인된 12호 집자리에 대해서는 서반부만 발굴한 채 남겨 두었던 민묘를 제거한 뒤, 나머지 동반부를 계속 파들어가 이해에 발굴을 완료하였다.

13호 집자리(7NS×2.8 = 0.2~0.6m)는 바닥에 기둥구멍이나 화덕 같은 별다른 시설은 없었고, 집자리를 반으로 나눈 칸막이벽이 남아 있었는데, 바닥에 부분적으로 진흙이 깔려 있었다. 바닥에서는 형체를 복원할 수 없는 민무늬토기 쪼가리와 그물추를 비롯하여 도끼, 활촉, 가락바퀴 등 석제품들이 수습되었다.

14호 집자리(10NS×4.2 = 0.3m)는 바닥에 진흙이 깔리고 집자리 중앙과 벽체를 따라 모두 스물여덟 개의 기둥구멍이 확인되었는데, 여기에도 칸막이벽 시설이 이루어져 있었다. 동벽 쪽은 파손되었으나 서벽 쪽에는 바닥보다 20센티미터 정도 높게 1미터 너비의 흙 선반이 이루어지고, 여기에 약간의 유물들이 놓여 있었다. 바닥에서는 민무늬토기와 붉은간토기 쪼가리, 그물추가 수습되었고, 도끼, 활촉, 반달칼, 갈돌, 갈판, 창 등 뗀석기와 간석기 등이 섞여 나왔다.

발굴 범위 내에서 채집한 인공人工, 비인공 유물을 모두 체로 거르는 한편, 곡물이나 씨앗, 뼈를 검출하기 위해 각 지점의 포함층 흙을 채집하여 부양浮揚 분석을 통해 자료를 채집하였다. 한편, 연대 측정을 위한 목탄 시료試料는 각 집자리의 안팎에서 검출하였는데, 이 가운데 일부는 한국원자력연구소에, 다른 일부는 일본의 이화학연구소理化學研究所에 측정을 의뢰하였다.

이곳 흔암리 집자리로부터의 시료에 의한 측정 연대치는 모두 열두 개인데, 그 중 가장 이른 연대는 12호 집자리로부터의 3210±70 B.P.이고, 가장 늦은 연대는 13호의 2110±60 B.P.였다. 각 측정치로부터 집자리 간의 시기 폭이 인정되었지만, 그 중심 연대는 대략 기원전 8-6세기경으로 추정되었다.

지난해에 이어 이해 봄에도 연세대학교와 충북대학교 박물관이 합동으로 청원 두루봉 유적[155]에 대한 제2차년도 발굴을 실시하였는데, 이해의 조사에서 제2굴과 제9굴을 충북대학교와 연세대학교가 담당하였다. 그러나 두 대학 모두 조사를 매듭짓지 못하고 이듬해의 제3차 발굴을 계획하게 되었다. 가을에는 연세대학교 박물관에서 제천 점말 용굴龍窟[156]에 대한 제5차 조사를 계속하였다.

이에 앞서 숭전대학교 박물관 등 화양華陽 지구 유적 발굴 조사단에 의해 서울 구의동 유적[157]이 조사되었다. 이곳은 한강 북쪽의 나지막한 구릉에 위치한 유적으로서, 둥근 축석부와 그 내부에 기둥 구멍과 불탄 자리가 있는 집자리 유적으로 보이는 지름 7.6미터 되는 구덩이 이루어져 있었다. 여기에는 배수 시설과 온돌 시설이 남아 있었고, 온돌의 남쪽에서는 아궁이와 함께 쇠솥과 쇠항아리가 나왔는데, 온돌 바닥에 깔려 있는 탄 흙 등으로 보아 실제 생활이 이루어진 유적임을 알 수 있었다.

축석부는 아래에 깬돌을 7-8단으로 쌓고, 그 위에는 6-8단의 냇돌을 안으로 기울여 높이 1-1.9미터 정도로 쌓아 올려 바닥 지름 14.8미터, 위쪽 지름은 13.2미터의 둘레돌과 같은 모습을 보이며, 둘레에는 모두 세 군데에 네모난 돌출부가 이루어진 특이한 모습이었다. 여기에서는 많은 토기류와 철제 유물 들이 수습되었는데, 토기는 대부분 황갈색을 띠는 찰흙으로 빚어진 것들로서 모두 360여 점에 이르는데, 독과 동이류 등 고구려계의 토기가 상당 부분을 차지하고 있었다. 철기류로는 천삼백여 점에 이르는 많은 활촉과 함께 오십여 점의 다양한 철제 유물들이 나왔는데, 무기류와 농구가 많은 것으로 보아 이 유적이 인접한 아차산성峨嵯山城과 연결된 군사 요충지임을 짐작케 해 주었다.

이 유적의 성격에 대해서는 처음에는 고분으로 추정되기도 했으나, 구조와 출토 유물을 통해 보루나 요새 등 군사 주둔 시설과 관련된 유적으로 확인되었다.

축조 시기는 출토 유물을 통해 고구려가 한강 이남을 점령하기 이전부터 신라가 한강 유역을 차지했던 5세기 중엽에서 6세기 중엽경으로 짐작되었다. 발굴 후 십여 년에 걸친 주변의 택지 개발 사업에 따라 유적은 그 후 흔적도 없이 사라졌다.

여름에는 단국대학교 박물관의 양양 진전사 터[158]에 대한 제4차 조사가 계속되었고, 비슷한 시기에 청주대학교 박물관에 의한 충주 미륵리 절터[159] 조사가 이루어졌다. 이곳 미륵리 절터는 고려 초기의 석굴石窟 사원 터로서, 조사는 이 해에 시작되어 다음 1977년과 1982년의 3차년에 걸쳐 계속되었다.

석굴은 거대한 돌을 쌓아 올린 뒤 그 위를 목조의 가구架構로 덮은 특이한 구조임을 알 수 있었는데, 석굴에는 본존인 대형의 석불입상(H-10.6m)을 모시고 석굴 벽면에는 여래좌상과 삼불좌상이 새겨져 있었다. 이 밖에 사역 안에는 삼층석탑과 석등이 남아 있었고, 발굴 조사를 통해서 '彌勒堂', '彌勒堂革', '院主' 등의 명문銘文 기와가 출토되었다.

연말에는 문화재연구소가 대청大淸 댐 수몰 지구 유적에 대한 구제 발굴의 일환으로 덕유리德留里에 있는 청원 김생사金生寺 터[160]를 발굴하였다. 발굴을 통해 ㄷ자형으로 지어진 평지 가람으로 확인되었는데, 동쪽에 주 건물이 한 단 높게 이루어지고, 남북으로 배치된 좌우의 대칭 건물은 부속 건물로 짐작되었다. 출토 유물로는 명문 기와와 망새, 연꽃무늬 숫막새, 토기와 자기 쪼가리, 가락바퀴가 나오고, 금동불상 1구도 발견되었다. 명문 기와에는 '金生寺 太平興國'과 '金生寺 講堂草'와 같은 명문이 나와 이 절이 신라의 명필 김생金生과 관련되고, 적어도 고려 성종 2년(983년) 이전에 지어진 사찰임을 알 수 있었다. 비슷한 시기에 대청 댐 수몰 지구에서 충북대학교 박물관에 의해 옥천 안터와 청원 아득이에서 고인돌과 선돌 유적이 조사[161]되었다.

초겨울, 옥천 석탄리石灘里 안터 유적에서는 3기의 고인돌 가운데 1기(1호)가 조사되었는데, 이 고인돌은 넓적한 덮개돌(3.2NS×2.1 = 0.35m)이 얹힌 탁자식으로, 굄돌로 짜 맞추어진 돌방(1.45NS×0.75m)에서는 갈돌, 돌자귀, 그물추, 숫돌 등이, 밖에서는 빗살무늬토기 등이 출토되었다. 빗살무늬토기를 근거로 조사자는 이 고인돌을 신석기시대의 것으로 해석하였는데, 고인돌로부터 2미터가량 떨어진 곳에 높이 2미터의 선돌 1기가 세워져 있었다. 곧이어 조사된 청원 가호리佳湖里 아득이 유적은 금강변 충적대지 위에 이루어진 신석기시대에서 청동기시대에 걸친 유적이다. 조사된 유구로는 빗살무늬토기가 출토된 돌무지무덤 1기, 민무늬토기, 돌도끼가 나온 고인돌 1기와 돌널무덤 2기, 이 밖에 선돌 1기가 확인되었다.

돌무지무덤(1.4NNW~SSE×0.45m)은 바닥에 일곱 개의 큰 냇돌을 깔고 위에 7층으로 쌓은 판돌을 덮은 것으로, 조사자는 이를 칠성판이나 칠성 신앙과 관련시켜 해석하였다. 고인돌은 덮개돌(3.0×2.5≒0.5m)이 둘로 쪼개져 있었는데, 표면에는 240여 개에 이르는 많은 알구멍(性穴)이 패여 있었고 남아 있는 구조로 보아 북방식으로 생각되었다.

돌방(2.1×1.1m)의 남쪽 마구리돌 옆에서 간돌검과 돌화촉이 수습되었고, 돌방의 안팎에서는 쇠뿔잡이, 가락바퀴, 돌끌과 함께 많은 민무늬토기 파편들이 수습되었다. 2기의 돌널무덤은 각기 판돌(1호)과 깬돌(2호)로 이루어졌는데, 2호 무덤에서 간돌검 한 점이 출토되었다.

같은 대청 댐 수몰 지구 발굴 계획에 따라 충남대학교 박물관에서 조사한 대덕 사성리沙城里 고인돌[162]은 산기슭의 경작지에 이루어진 유적으로, 자연석의 덮개돌(2.6EW×2.4≒0.45m)로 덮인 남방식 고인돌이었다. 덮개돌 위에는 조선조 송씨宋氏 문중의 비석이 세워져 있었는데, 덮개돌 표면에는 지름 5센티미터 안팎의 알구멍 네 개가 나 있었다. 덮개돌 아래에는 머리 크기의 돌들로 돌무지(2.0EW×1.5m)가 만들어지고, 그 안에 네 벽을 두 겹으로 쌓은 좁은 돌덧널(1.2EW×0.4≒0.3m)이 이루어져 있었다. 출토 유물은 없었다.

전남대학교 박물관에서는 이해 여름 광주光州 송암동 집자리를 시작으로 나주 보산리寶山里 고인돌과 고흥 발포진성鉢浦鎭城을 차례로 조사해 나갔다.

광주 송암동 집자리[163]는 표고 20~30m의 야산의 구릉상에 이루어진 청동기시대의 유적으로, 풍화암반을 파들어간 타원형(D-4.3≒0.2m)의 움집 모습을 갖추었다. 집자리의 한가운데에는 긴 타원형의 구덩이와 그 양 끝에 한 개씩의 기둥구멍이 나 있는 전형적인 송국리형 집자리였다. 집자리의 남쪽에는 돌출된 얕은 구덩이 있어 출입구로 짐작되었다. 집자리의 바닥에서는 민무늬토기 쪼가리와 돌화촉을 포함하여 많은 미완성석기들이 출토되었고, 가운데의 타원형 구덩이에서는 갈판이 수습되었다. 당시로서는 전라남도 지방에서 최초로 확인된 청동기시대 집자리라는 데 그 의미가 있었다.

나주 보산리 고인돌[164]은 용치龍峙 마을의 평지에 이루어진 남방식 고인돌로,

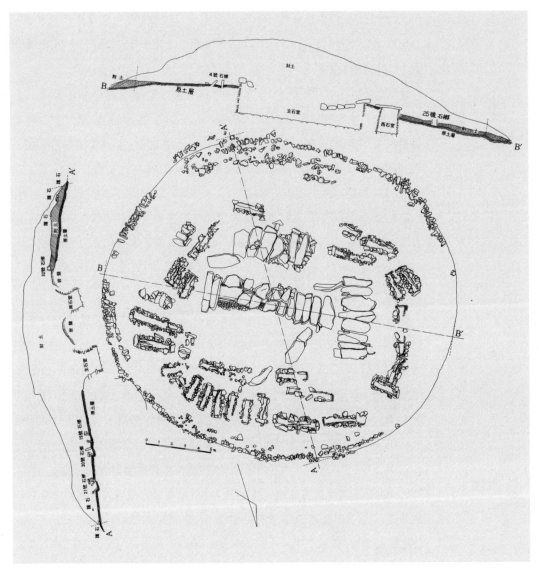

그림 96. 고령 지산동 44호 무덤 평면도(가운데)와 단면도들.

광주-목포간 우회로 개설 공사에 따라 조사가 실시되었다. 직육면체에 가까운 큰 덮개돌(4.0NS×2.5 = 1.0m) 아래에는 여섯 개의 굄돌이 남아 있었지만, 원래는 열 개 이상이었던 것으로 추정되었다. 굄돌 안에서는 불확실한 윤곽의 무덤칸(2.2NS×0.7m)이 드러나고, 그 북쪽 벽체를 깬돌로 정교하게 쌓고, 바닥에는 잔자갈을 깐 작은 돌덧널(1EW×0.4m)이 만들어져 있었다. 여기에서 겹아가리 계통의 민무늬토기 쪼가리들이 수습되었다.

이해 연말에 전남대학교 박물관에서는 고흥 발포진성[165]을 조사하였다. 발굴을 통해 임진왜란 당시 전라좌수영 산하의 수군 기지로서 이충무공과도 관련된 동헌, 객사, 성벽과 문터, 망루 등의 유구를 발굴하여 조선시대의 축성 연구에도 크게 기여하였다.

한편, 영남지방에서도 몇몇 대학 박물관에 의해 활발한 발굴 사업이 이루어져 나갔다. 경북대학교 박물관에서는 이해 연말 구미 황상동黃桑洞 고분과 칠곡 약목若木 고분을 동시에 발굴[166]하였다고 하지만, 보고서가 간행되지 않아 그 상황은 알 수가 없다.

경북대학교 박물관에서는 이 두 고분의 조사에 앞서 고령 지산동池山洞 44호 무덤[167]에 대한 조사를 시작하였고, 뒤이어 계명대학교 박물관에서는 지산동 45호 무덤[168]을 발굴하였다. 지산동 고분에 대한 첫 발굴은 일제강점기인 1918년에 1호-3호 무덤 등 7기가 조사되었고, 이후 별다른 조사가 이루어지지 않다가, 지난해(1976년)에 봉분의 형태가 비교적 뚜렷한 72기에 대해 일련번호를 붙이고, 이해 겨울 훼손이 심한 44호와 45호를 발굴하게 되었다.

44호 무덤은 타원형의 봉분(27EW×25 = 3.6m) 자락을 따라 둘레돌을 돌리고, 가운데에 긴 으뜸돌덧널(9.4×1.8m)을 만들었다. 그 서쪽에 T자 모양으로 직교直交하는 딸린덧널을 배치하고, 남쪽에도 또 다른 딸린덧널을 으뜸덧널과 나란히 배치하였다.

이 3기의 대형 돌덧널 둘레에는 작은 돌덧널 32기가 둥그렇게 배치되었는데, 이들은 이 무덤 주인공을 위한 순장자들의 무덤들로 추측되었다. 대형의 돌덧널들은 모두 깬돌을 촘촘히 쌓아올렸지만, 순장용의 작은 덧널들은 판돌만으로 세워 만들거나 판돌과 깬돌을 섞어 쌓은 것들이었다.그림 96 부장 유물의 상당량은 이미 도굴되었으나, 적지 않은 장신구나 마구, 무구류와 함께 많은 양의 토기류가 수습되었다.

45호 무덤은 44호에 비해 약간 작은 규모이긴 하지만, 기본적인 구조는 서로 비슷하였다. 거의 둥근 형태의 봉분(23.5NS×22 = 2.9m) 가장자리를 따라 이루어진 둘레돌 안에 나란히 배치된 으뜸덧널(7.2NE~SW×1.6 ≒ 1.8m)과 1기의 딸린덧널(4.7NE~SW×1.5 ≒ 1.7m) 둘레에 모두 11기의 작은 순장용 돌덧널이 이루어져 있었다. 이들 순장용 덧널도 벽체가 판돌과 깬돌로 이루어진 것들이 거의 반반이었다. 여기에서도 도굴이 심하게 이루어졌으나, 금동제의 초화형草花形 관식冠飾을 비롯한 각종 장신구, 마구, 무구류와 함께 많은 토기류가 수습되었다.

계명대학교 박물관에서는 지산동 45호 무덤 발굴의 시작에 이어 가까운 고령 초등학교 교정 서편에 위치한 고령 연조동 왕정王井[169]을 조사하였다. 발굴 결과 대가야시대까지 소급됨을 밝힐 수 있었지만, 훼손이 너무 심하여 지금은 교정 서편 원위치에서의 1917년 조사 결과[170]를 토대로 복원되어 있다.

이에 앞서 영남대학교 박물관에서는 경주 인왕동 147호 무덤[171] 일대가 주차장으로 사용되면서 지하 유구에 대한 훼손의 우려에 따라 미리 조사를 실시하였다. 일대의 교란이 심하여 분구는 남아 있지 않았지만, 냇돌을 안쪽으로 기울여 쌓아 올린 둘레돌(D-19 = 0.4m)이 돌아가고, 안에는 으뜸덧널(5.7EW×3.9 = 2.4m)과 서쪽의 딸린덧널(3.4EW×3.9 = 2.4m)이 한 줄로 나란히 이어져 있었다. 같은 깊이의 지하에 이루어진 양 덧널의 바닥에는 잔돌을 깔았으나 나무널 흔적은 확인되지 않았는데, 돌무지 시설은 무덤 둘레에서만 확인되었다. 부장 유물로는 금제 귀걸이와 유리 목걸이 등 다양한 장신구를 비롯하여 청동제의 자루솥鐎斗과 세발솥鼎, 그 밖에 무구, 마구와 함께 많은 토기류가 수습되었다.

147호 무덤의 둘레와 그 아래에서는 이 밖에 여러 유형의 무덤 26기가, 비록 교란된 상태이지만, 일정한 층위를 이루며 나타나는 것으로 확인되었다. 대개 세 개의 층위를 이루며 다양한 무덤들이 나왔는데 맨 아래에서는 가장 고식古式인 나무덧널무덤, 돌덧널무덤과 독무덤이, 그 위 중간층에서는 돌덧널독무덤과 소형의 돌무지덧널무덤이 이루어져 있었다. 맨 위에서는 147호와 같은 중형의 돌무지덧널무덤이 나와, 이와 같은 세 개 층위로 이루어진 각 유형의 무덤 구조는 신라 고분의 변천이나 발달 과정과 대략 그 궤를 함께하고 있음을 알 수 있었다.

부산대학교 박물관에서는 이해 여름 김해 예안리 고분[172]에 대한 제2차 조사를 실시하였다. 이번에는 17호, 18호 무덤[173]과 78호-94호, 164호 무덤과 M호 독무덤 등 모두 19기를 조사하였는데, 이 가운데에는 나무덧널무덤(8기)과 돌덧널무덤(7기)이 많았고, 돌방무덤이 2기, 독무덤과 돌무지 유구가 각 1기씩 조사되었다. 이 가운데 일부는 조사 여건상 해를 넘기며 조사가 이루어진 것도 있었고, 한 고분인데 으뜸덧널과 딸린덧널에 따로 번호가 주어진 것도 있었다.

연말에는 동아대학교 박물관에 의해 사천 예수리 고분[174]이 발굴되었다. 사천만泗川灣 쪽으로 뻗어 내린 야산의 끝자락에 이루어진 고분군으로 농지 개간 작업에 따라 유구가 드러나면서 긴급 조사가 실시되어 구덩식돌덧널무덤 6기와 1기의 독무덤이 조사되었다.

돌덧널무덤은 크기가 다양(1.5~3.2×0.6~0.8m)했는데, 벽체 아래는 판돌을 세워 쌓고 위에는 깬돌을 눕혀 쌓아 올렸다. 출토 유물로는 피장자의 머리맡으로 짐작되는 곳에서 금동제의 귀고리와 함께 대롱옥과 곱은옥이 나오고 그 둘레에서는 토기류가 수습되었다. 독무덤(0.8×0.3m)은 이음식〔合口式〕인데, 5호 돌덧널무덤의 밑에 깔린 상태로 나왔다.

이해에 북한에서는 평안남도 평성平城의 지경동地境洞 고구려 무덤에 대한 제2차 조사를 계속하였고, 봄부터 가을까지 평양 대현동大峴洞 동굴 유적과 화천동貨泉洞 동굴을 거의 같은 시기에 조사하였다.

지난해의 제1차 조사에 이어 올해에 실시된 평성 지경동 제2호 돌방무덤[175]도 기본적인 구조는 지난해의 제1호와 비슷하였는데, 널방 네 벽의 길이는 2.4-3.0미터로 다소 작은 편이었고, 동서 감실의 크기는 대략 0.45×0.75 = 0.7m 정도였다. 1호 무덤에 비해 훼손의 정도가 심해서 봉토는 진즉 없어지고 돌방 구조의 대부분이 파괴된 채 그대로 드러나 있었다. 널방 안으로 무너져 내린 막돌들에서는 회를 발랐던 흔적이 뚜렷했는데, 바닥에서는 금붙이와 널못, 널 부스러기만 나왔고, 동서 양 감실에서는 마구류와 함께 단지들이 수습되었다.

이상 두 무덤에서 널방으로부터는 일부 장신구류의 부스러기와 널못이나 활촉, 손칼 등 소소한 유물 몇 점만 수습되었고 대부분은 널길과 여기에 딸린 양 감실 쪽에서 나왔다. 부장품 가운데에서도 특히 다양하고 많은 분량의 마구류 일괄유물은 고구려 무덤으로부터는 처음 얻어진 결과로서, 고구려 고분문화의 연구를 위해 매우 큰 수확이었다.

채석 작업을 하던 중 이해 봄에 발견되어 가을까지 조사된 평양 대현동 동굴 유적[176](9.0EW×0.55 = 1.4m)은 작업으로 인해 동굴 입구의 상당 부분이 파괴된 곳으로, 원래의 길이는 15-16미터가량이었던 것으로 추정되었다. 입구가 무진천戊辰川이 흐르는 동쪽으로 나 있는 동굴 안쪽에는 진흙과 모래가 1.4미터 두께로 퇴적이 이루어지고, 여기에서 모두 세 개의 층위가 확인되었다.

이 가운데 중간층인 제2층(+50cm)으로부터 화석 인골이 발견되었는데, 20

센티미터의 범위 안에서 수습된 인골은 칠팔 세 정도로 추정된 어린이의 머리 뼈로 확인되었다. 이 화석 인골을 네안데르탈인에서 현생 인류 사이에 해당되는 것으로 추정했는데, 보고자는 이를 '역포 사람'으로 명명하였다.

이 밖에도 여기에서는 털코뿔소, 물소, 들소, 동굴사자, 하이에나 등 절멸종을 포함하여 모두 스물두 종의 다양한 포유동물의 화석을 수습했는데, 보고자는 이들이 상원祥原 검은모루와 승리산勝利山 유적의 중간 단계인 중기 갱신세更新世의 이른 시기에 해당되는 것으로 보았다.

대현동 동굴 유적과 같은 시기에 조사가 이루어진 평양 화천동 유적[177]은 대동강의 지류인 남강南江으로 흘러드는 화천천貨泉川 하류의 표고 30미터가량의 나지막한 석회암 언덕에 이루어진 동굴이었다. 여기에서도 마찬가지 석회암을 채석하는 과정에서 여섯 곳(제1~6호)의 선굴(垂直洞窟)이 발견되어, 이 가운데 가장 규모가 크고 퇴적 상태가 좋은 2호 동굴(17×4~5=22m)에 대한 조사가 이루어졌다.

동굴에서는 자갈과 진흙이 뒤섞인 모두 다섯 개 층으로 이루어진 두께 21.5미터의 퇴적층이 확인되었는데, 표토층인 제V층을 제외한 모든 층에서 크고 작은 동물 화석들이 출토되었다. 여기에서 확인된 동물 화석은 모두 22종이었는데, 이 가운데 절멸종은 두 종뿐으로 검은모루나 앞서 대현동 유적보다는 늦지만 승리산 유적보다는 이른 중기 갱신세의 비교적 늦은 시기에 이루어진 유적으로 짐작되었다. 제2동굴에서는 10센티미터 두께로 숯층이 쌓인 화덕자리(50×60cm)가 나왔는데, 여기에서 타다 남은 사슴 뼈가 나와 고인古人들의 생활이 이루어졌음을 알 수 있었다.

1978년

이해에는 전국의 국립박물관 가운데 중앙박물관에 의한 연차적 사업인 부여 송국리松菊里 선사 취락지의 제4차 발굴이 유일한 조사 사업이었다. 이에 반해 문화재연구소 산하 경주고적발굴조사단에서는 경주 황룡사지皇龍寺址에 대한 제3차년도 발굴과 흥륜사興輪寺 터 제2차년도 발굴과 함께 경주 금장리金丈里 신라기와 가마터를 조사하였다. 문화재관리국에서도 신안 해저 유물 출토지에 대한 제4차 조사를 계속하였고, 반월지구半月地區 유적 발굴 조사단 일원으로 일리一里 · 원시리元時里 고분 발굴에도 참여하였다.

반월지구 유적 발굴은 경기도 관내의 화성군과 시흥군 일원에 걸쳐 조성되는 공업 기지 개발에 앞서 실시하는 개발 예정 지역 내에 분포하는 유적에 대한 구제 발굴이었다. 경기도의 위촉에 따라 이루어지는 이 발굴에는 문화재관리국 외에도 서울대학교를 비롯한 서울 소재 다섯 개 대학 팀이 거의 동시에 참여하여 실시하는 구제성救濟性 발굴이었다.

반월지구 조사에 참여했던 건국대학교 박물관에서는 곧이어 가평 이곡리梨谷里 유적 조사를 통해 이 지역에서의 초기 철기문화 연구에 중요한 자료를 제공해 주었다. 이에 앞서 봄에는 서울대학교 박물관에 의한 여주 흔암리欣岩里 집자리에서의 마지막 제7차 발굴을 마침으로써 한강 유역의 청동기문화 연구에 대한 새로운 방향을 제시해 주었다. 양양 진전사陳田寺 터에서는 단국대학교 박물관에 의한 제5차 발굴이 계속되었고, 강릉 하시동下詩洞 고분에서는 강원대학교와 고려대학교 박물관에 의한 발굴이 이루어졌다.

지난해에 이어 청원 두루봉에서는 연세대학교 박물관에 의해 여름과 가을의 두 차례(제3, 4차)에 걸쳐 발굴이 이루어져 이해를 마지막으로 연세대학교에 의한 발굴을 마무리하고, 이듬해부터는 충북대학교 박물관이 그 조사를 이어받기로 하였다. 이에 앞서 단국대학교 박물관에서는 연초에 발견된 단양의 신라적성비新羅赤城碑와 출토지 일대에 대한 조사를 실시하여, 건물 터와 기와, 토기, 철기류 등 당시의 유물들을 수습하였다. 연말에는 청주대학교 박물관에서 충주 미륵리彌勒里 절터에 대한 제2차년도 발굴을 실시하였다.

지난해에 이어 계속된 대청大淸 댐 수몰 지구에 대한 구제 발굴에서는 충북대학교 박물관에 의해 청원 샘골 유적이 조사되었고, 충남대학교 박물관에서는 옥천 피실 유적과 대전 주산동注山洞 고분군을 발굴하였다. 전라남도 지방에서는 이해 봄 광주 충효동忠孝洞 고인돌이 발굴되었고, 곧이어 나주 대안리大安里 고분에 대한 조사가 전남대학교 박물관에 의해 이루어졌다.

한편, 영남지방에서는 경북대학교 박물관에서 영천 용산리龍山里 고인돌을 발굴하였고, 계명대학교 박물관에서는 지난해에 이어 고령 지산동池山洞 고분 발굴을 계속해 나갔다. 부산대학교 박물관에서는 지난 두 해 동안 계속해 온 김해 예안리禮安里 고분의 제3차년도 발굴을 계속하기에 앞서 새로이 김해 수가리水佳里 조개무지에 대한 연차적 발굴을 시작하였다. 여름에는 통영 상노대도上老大島 조개무지 조사를 연세대학교와 동아대학교 박물관이 각기 따로 진행해 나가, 남해안에서 이루어진 신석기시대의 전 기간에 걸쳐 나타난 문화적 변천과정을 살필 수 있었다.

이해 연말에는 국립광주박물관이 새로 개관하였다. 광복 이전부터 지금까지 경주, 부여, 공주 등 지방 국립박물관 3관館 체제를 오랫동안 계속해 오다가 오랜만에 그 첫 지방 박물관이 광주光州에서 문을 열게 된 것이다. 이는 그동안 오래 축적되어 온 호남지방의 고고미술 관계 자료에도 불구하고, 이를 수장, 전시할 만한 시설이 없었던 데다 특히 최근에 이루어지고 있는 신안 해저 유물에 대한 인양 조사 성과가 그 건립을 촉진하게 된 요인이 되었다고 할 수 있었다. 이와 같은 새 국립박물관의 개관은 호남고고학에 대한 관심과 학술적 성과가 한 단계 도약하는 계기를 마련해 주었다.

국립중앙박물관의 부여 송국리 선사취락지[178]에 대한 제4차년도 발굴은 앞서 제3차 조사 때에 발굴하였던 54지구를 대상으로 하여 이해 봄에 계속되었다. 이곳에서는 지난해에 조사한 54-1호 집자리에서 많은 분량의 탄화미가 수습되었고, 집자리 외곽에서 또 다른 집터의 윤곽이 나타나 그 둘레를 집중적으로 조사하게 되었던 것이다.

54-1호의 북쪽 약 3.5미터에서 드러난 54-2호(7.1NE~SW×4≒0.3m)의 바닥은 약 5센티미터의 두께로 진흙을 평탄하게 깔았는데, 기둥구멍의 흔적은 나타나지 않았다. 집자리 북서벽 가까이에 크고 작은 구덩이 각 세 개와 두 개가 나 있었는데, 이 가운데 작은 구덩 속에는 주술적인 목적으로 보이는 붉은간토기 한 점이 묻혀 있었다. 출토 유물로는 이 밖에 기형을 복원할 수 있는 여덟 점을 비롯하여 상당한 분량의 민무늬토기와 함께 다섯 점분의 붉은간토기와 바닥 파편들이 수습되었다. 석기류로는 삼각형 돌칼과 가락바퀴, 숫돌, 돌검, 활촉, 도끼 등이 나왔다.

이해의 제4차년도 조사를 끝으로 송국리 선사유적에 대한 제1차 4개년(1975-1978) 조사가 마무리를 보게 되었는데, 그동안 일대의 80만 제곱미터의 넓은 지역에서 지구별로 조사가 이루어져 모두 19기의 집자리가 발굴되는 성과를 거두었다. 집자리의 평면 형태는 원형, 타원형, 장방형이었는데, 이 가운데 원형과 타원형의 집자리에서는 중심부에 타원형의 얕은 구덩을 판 후 그 양쪽 끝에 더 깊게 두 개의 기둥구멍을 판 독특한 구조로서, 이후 이러한 유형의 집자리를 송국리형 집자리로 부르게 되었다.

이와 같은 집자리의 형태는 서산 휴암리休岩里와 광주光州 송암동松岩洞 등지에서도 나와 반도 서남부 지방에 분포하는 특수한 형식의 집자리로 보았다. 그러나 최근에는 강원도와 영남 일부를 포함한 남한 전역에서뿐 아니라 제주도에서는 원삼국시대에 이르기까지 계속되어 나타나고 있음이 확인되었다. 나아가 일본의 규슈九州 지방까지 퍼져 나가 야요이문화彌生文化의 성립에도 중요한 역할을 했던 것으로 짐작되었다.[179] 출토된 민무늬토기도 납작 바닥의 좁은 굽을 가졌으며, 달걀 모양의 부푼 몸통과 밖으로 벌어진 짧은 아가리가 특징인데, 송국리식 토기 가운데에는 바닥에 구멍을 뚫어 독널(甕棺)로 사용한 것들도 있었다.

송국리 유적에서는 이 밖에도 다양한 석기류와 함께 돌널무덤에서 나온 요령식 동검과 집자리로부터의 도끼 거푸집(鎔范) 등을 종합적으로 검토할 때, 대략 기원전 6-4세기로 보이는데, 이는 C-14 측정 결과(2665±60B.P., 2565±90B.P.)와도 대체로 부합되는 연대였다.

문화재연구소 산하 경주고적발굴조사단에 의해 실시된 경주 황룡사皇龍寺 터[180] 제3차년도 발굴 조사는 지난해에 이어 목탑 터에 대한 제2차 조사를 실시할 계획으로 연초 일찍부터 작업을 시작하여 연말까지 계속되었다. 토층 조사가 진행되던 중 목탑의 심초석心礎石 아래에서 진단구鎭壇具로 생각되는 청동제의 팔찌와 그릇 들이 나옴에 따라, 이에 대한 정밀 조사를 위해 심초석을 들어 올린 후 다시 원위치에 안치하고 조사를 계속하였다.

목탑 터와 금당 터에 대한 조사를 마친 뒤 남문 터와 담장 터를 확인하고, 강당 터와 회랑 터의 조사를 통해 금동여래좌상과 대형의 망새(H-182cm)를 수습하였고, 심초석 주변에서는 백자 단지 등 진단 유물 다량이 수습되었다.

경주고적발굴조사단에 의해 실시된 경주 흥륜사興輪寺 터의 제2차 발굴[181]을 통해 이 절이 목조의 쌍탑을 갖춘 대규모의 사찰이었을 뿐 아니라 쌍탑의 기초가 팔각형으로 되어 있는 신라시대의 유일한 건축물임을 확인할 수 있었다. 이 목탑은 금당 터로부터 남쪽으로 약 30미터 떨어져 있는 지름 11미터의 팔각 기단基壇을 갖춘 것이었다. 기단의 둘레는 1미터 크기의 자연석을 2단으로 쌓아 둘레돌을 돌렸는데, 그 안에는 황룡사皇龍寺 목탑 터에서와 같이 머리 크기의 냇돌을 적심석積心石으로 다져 기초를 튼튼히 하는 수법이었음이 확인되었다. 1976년에 우연히 발견된 '靈廟之寺'명銘 기와 때문에 그동안 이 절터의 이름에 대한 논쟁이 있어 왔다.

경주고적발굴조사단에 의한 발굴로서 금장리 신라 기와 가마터[182] 조사가 있었다. 서기 8-10세기 전반前半에 걸쳐 사용되었던 가마로서, 신라의 왕궁과 사원을 건축하는 데 필요한 기와를 공급해 주던 가마로 짐작되었다. 발굴을 통해 가마의 바닥과 잿더미(灰丘部)가 일부 확인되었는데, 일대에서 많은 종류의 기와 쪼가리와 벼루 등이 출토되었고, 특히 암수막새와 도깨비기와를 찍어 내는 거푸집이 나와 귀중한 자료를 제공해 주었다.

문화재관리국에 의한 신안 해저 유물 인양 유적[183]에 대한 제4차 조사에서는 제3차 조사 때와 같은 규격의 철제 구획틀을 선체면에 설치하여 침몰선 (28.4×8m)의 유구 및 화물의 선적 위치를 확인하였다. 이에 따라 선체 안팎의 유물들을 체계적으로 인양해 낼 수가 있었고, 유물의 다양성과 주변의 상황을 확인할 수가 있었다.

한편, 사이드 스캔 소나Side Scan Sona[184]에 촬영된 선체의 모양과 조사단이 작성한 도면상의 선체 형태가 거의 일치하여, 조사단이 작성한 도면의 정확도를 입증할 수가 있었다. 또한 계기에 의한 해양환경조사(조류潮流, 심도深度, 탁도濁度, 지형地形, 서식동물棲息動物 등)를 병행함으로써 침몰선의 주변에 대한 과학적인 정확한 데이터를 얻을 수 있었다. 인양된 유물은 청자 2,800점 등 5천여 점이었으며, 조사원은 연인원 549명, 해군지원단의 잠수사 연 60명이 61일간 조사에 참여하였고, 각종 해저 조사 장비와 해군 함정이 동원되었다.

9월 초부터 한 달 정도 계속된 경기도 화성군과 시흥군 일원의 서해안에 펼쳐진 반월지구半月地區 유적[185] 발굴 조사는 문화재관리국과 서울의 다섯 개 대학 팀이 참여한 종합조사단이 분담하여 실시토록 하였다.

문화재관리국에서는 화성 반월면半月面 일리一里의 반월 고분 1호, 2호와 원시리元時里의 고려, 조선조의 민묘[186]를 조사하는 한편, 고가古家와 민가 등 반월 지역 내의 건축 조사[187]를 실시하였다. 이 밖에 서울대학교[188]를 비롯하여 경희대학교,[189] 숭전대학교,[190] 단국대학교,[191] 건국대학교[192] 등 모두 여섯 개 팀이 참가하였다. 이렇듯 광범위한 발굴을 통해서 신석기시대에서 원삼국시대로 이어지는 조개무지 유적에서부터 고인돌 유적과 돌무지구덩무덤, 삼국시대의 토성에 이르기까지 다양한 유적을 조사하였다.

건국대학교 박물관에서는 반월지구 유적 발굴에 이어 초겨울에는 가평 이곡리 유적[193]에 대한 조사를 실시하였다. 유적은 북한강의 지류인 가평천변에 있는데, 한국전쟁 중 미군에 의해 발견된 마장리馬場里 유적[194]으로부터 상류 쪽으로 약 1.5킬로미터 떨어진 곳이었다.

여기에서 수습된 유물은 신석기시대부터 초기철기시대에 해당되는 것들이지만 유물의 층위 관계가 분명치 않았는데, 조사자는 지표로부터 80센티미터를 기준으로 그 위와 아래로 나누어 각각 철기시대 2기층(원삼국시대)과 철기시대 1기층(청동기시대 2기)으로 구분하였다. 이 가운데 2기층은 두 개 층(1층, 2층)을, 1기층은 네 개 층(3층, 4층, 5층, 6층)을 이루고 있었는데, 2기층에서 둥근 집자리(D-5 = 0.7m) 한 채가 나왔다.

집자리의 바닥은 10센티미터 두께로 점토가 다져지고, 벽면을 따라 나 있는 열네 개의 둥근 기둥구멍과 함께 바닥 동남쪽에서는 네모난 화덕자리(64×50cm)가 확인되었다. 출토된 토기류로는 빗살무늬토기 쪼가리와 함께 아가리가 벌어지거나 오므라든 경질의 민무늬토기와 뚜껑, 회청색 경질토기와 시루, 쇠뿔잡이, 송풍관 등이 수습되었다. 석기류로는 반달칼, 도끼, 활촉, 끌, 그물추와 숫돌 등이 나오고, 이 밖에 철제의 활촉과 칼 등도 출토되었다. 유적의 입지와 성격상 앞서 가평 마장리 유적이나 1980년대에 들어 국립중앙박물관에 의해 조사가 이루어진 춘천 중도中島 유적[195]과도 유사성을 보여 주는 곳으로 볼 수 있었다.

이해 봄에는 서울대학교 박물관에 의해 1972년부터 수행해 오던 여주 흔암리 집자리 유적에 대한 연차적 발굴을 제7차년도 조사[196]로써 마무리 짓게 되었는데, 이해에는 15호와 16호 집자리를 조사하였다.

15호 집자리는 긴축이 남북으로 이루어진 장방형으로, 남쪽은 파괴되고 북벽(2.6m)과 동벽, 서벽의 일부만 남았는데, 벽체의 높이는 35-60센티미터였다. 바닥에는 진흙을 얇게 깔았으며, 가운데에 화덕자리로 짐작되는 검게 탄 부분만 보일 뿐 기둥구멍 등 별다른 부대 시설의 흔적은 나타나지 않았다. 출토 유물로는 새김무늬와 구멍무늬토기의 아가리 파편들이나 붉은간토기, 그물추와 함께 반달칼, 갈돌, 도끼와 활촉 등 석기류가 수습되었다.

16호 집자리는 남북으로 긴축이 이루어져 있었지만, 남벽(3.4 = 0.6m)만 남고 나머지 벽체는 파괴가 심해 알아볼 수가 없었다. 현 지표로부터 1-1.5미터의 깊은 곳에 이루어진 바닥면에는 진흙을 10센티미터 두께로 깔았는데, 화재로 인하여 검고 딱딱하게 굳어 있었다. 벽면과 중앙에서는 십여 개의 기둥구멍(D-

8~20＝5~10cm)이 대략 세 열로 이루어져 있었으며, 귀퉁이 쪽에서 숫돌과 그을린 돌 쪼가리가 나와 석기 제작의 흔적임을 보여 주었다.

이해의 조사를 마지막으로 모두 일곱 차례에 걸쳐 16기의 집자리를 확인함으로써 남한강변에 이루어진 청동기시대의 한 취락 유적에 대한 성격을 최초로 밝히는, 학사적으로 매우 중요한 학술적 성과를 거두게 되었다. 이를 개략적으로 종합해 보면, 흔암리 취락 터의 집자리는 야산의 경사면에 지어졌기 때문에 대부분 단면을 L자형으로 파들어 갔는데, 평면은 모두 장방형으로 긴축은 대개 등고선과 일치하였다. 집자리의 넓이는 11.6제곱미터(10호), 42제곱미터(14호)로 다양했으며, 움의 깊이는 15-120센티미터로 한 집자리에서도 벽체의 깊이가 대부분 달랐다.

집자리의 바닥에는 화덕자리와 저장구덩이, 출입구 시설이 이루어지고, 일부에서는 선반과 칸막이 시설 등도 확인되었다. 화덕자리는 대개 움의 중앙에서 비켜나 한쪽으로 치우쳐 있었는데, 별다른 시설은 없이 타원형으로 구덩을 파서 만든 간단한 것들이었다. 출토된 토기는 한반도의 청동기시대 문화를 대표하는 민무늬토기들로서, 구멍무늬, 골아가리〔口脣刻目〕 토기와 붉은간토기가 대부분이지만, 다소 변형된 겹아가리〔二重口緣〕에 빗금무늬〔短斜線文〕와 구멍무늬가 들어간 이른바 흔암리식의 토기도 나타나고 있었다. 석기류로는 다양한 형식의 간돌검, 반달칼, 활촉과 도끼, 홈자귀, 보습, 갈돌, 갈판 등이 나왔다. 흔암리에서 출토된 많은 유물 가운데에서도 가장 특징적인 것은 다양한 탄화곡물炭化穀物들로서, 면밀한 부양분석浮揚分析 과정을 거쳐 검출된 탄화미를 비롯한 보리, 조, 수수 등을 통해 당시 농경 생활의 모습을 살필 수가 있었다.

단국대학교 박물관에 의해 연차적으로 실시해 온 양양 진전사 터 발굴[197]은 이해 여름에 제5차년도 발굴을 계속하였다.

강릉 하시동 고분군[198]은 해안에 가까운 모래 둔덕에 이루어진 신라 고분들로서, 일대에는 백여 기로 추산되는 무덤들이 분포하였는데, 일제강점기부터 최근까지 꾸준히 도굴과 조사[199]가 이루어져 온 곳이었다. 강원대학교 박물관 등에 의해 이루어진 이해 가을의 조사에서는 긴축이 동서로 이루어진 세장방형의 구덩식돌덧널무덤(2.7~3.3×0.5~0.66＝0.7m)이 확인되었는데, 네 벽은 모두 냇돌을 수직으로 쌓아 올리고 천장에는 여러 매의 뚜껑돌을 덮어둔 것이었다. 바닥에는 자갈을 드문드문 깔았는데, 서쪽의 마구리벽 쪽에 치우쳐 판돌 2매를 세워 부장칸을 마련하고, 여기에 목항아리를 비롯하여 굽다리접시, 가락바퀴 등을 함께 묻었다.

이들 고분 외에 부근의 모래사장에서 긴축을 해안선의 방향과 나란히 한 6기의 석축 유구를 발견하였는데, 연질의 삿자리무늬 또는 경질의 토기 들은 유구의 바깥에서 출토되었고, 토기도 앞서 돌덧널무덤의 것들보다 한 단계 이른 시기의 것들로 추정되었다. 따라서 조사자는 이들 유구들은 신라가 이 지역에서 영향력을 행사하기 이전에 이루어진 전통적인 배경 아래에서 조성된 토착 문화의 흔적들로 짐작하였다.

청원 두루봉 동굴 유적에 대한 제3차년도 발굴은 이해 여름과 가을, 연세대학교에 의한 제9굴[200] 조사와 충북대학교 박물관에 의한 제2굴[201] 조사로 마무리되었다. 제9굴은 위아래 두 개의 문화층으로 나뉘어졌는데, 중기 홍적세의 늦은 시기에 해당되는 아래층(II층)에서 출토된 동물화석 가운데에는 사멸종이 50퍼센트나 되고 간단한 떼기와 잔손질이 가해진 뗀석기들도 출토되었다. 위층(I층)은 후기 홍적세에 해당되는데, 여기에서 수습된 31종의 동물 화석 가운데 사멸종은 10종(32.3%)으로 사자나 원숭이와 같은 짐승이 나타나는 것으로 보아 추운 기후에서 따뜻한 기후로 넘어가는 과도기적 시기로 짐작되었다. 제2굴에서는 불을 피웠던 화덕자리와 함께 긁개, 자르개 등 석기류와 지금은 멸종된 쌍코뿔이와 큰원숭이 등 그때까지 우리나라의 구석기 유적 중 가장 많은 종류의 짐승뼈가 발견되었다. 이들은 중기 홍적세의 따뜻했던 기후에서 살았던 더운 짐승La faune chaude들로, 제7층으로부터는 꽃가루 분석을 통해 진달래도 확인하였다.

이해 연초에는 단양 신라적성비新羅赤城碑[202]가 단국대학교 학술조사단에 의해 발견되어 현지 조사가 이루어졌다. 석비 주변에 대한 장방형(12EW×9m)의 발굴 구역 안에서 옛 건물 터(7.5EW×7m)와 함께 비석, 기와, 토기 등의 쪼가리와 금속제 유물들이 출토되었다. 적성비는 옛 건물 터의 바로 서편에 따로 이루어진 3미터 너비의 툇간 안에 안치되었음을 알 수 있었다.

이 비석은 머릿돌이나 받침돌 없이 깨져나간 비신(위107～아래53×높이93＝두께22～5cm)으로서 윗부분이 파손되었는데, 전체적으로 위가 넓고 두꺼우며 아래로 내려가면서 좁고 얇아졌다. 좌우 옆면과 양쪽 표면은 거의 완전하게 남아 22줄에 각 줄의 글자 20-21자씩, 모두 430자 정도이었을 것으로 추정되었지만, 지금 남아 있는 글자는 모두 284자로서 대부분 판독이 가능하였다. 비문

의 내용으로 보아 신라에서 새로 확보한 지방의 백
성들을 회유하기 위한 것으로, 진흥왕대에 공훈을
세운 인물들이 등장하는 점에서 이 비는 비슷한 시
기에 건립된 진흥왕 순수비보다 다소 이른 시기에
세워진 것으로 생각되었다.

이해 연말에는 충주 미륵리 절터[203]의 제2차 발
굴이 청주대학교 박물관에 의해 이루어졌다. 봄과
여름에는 대청大淸 댐 수몰 지구에 대한 구제 발굴
을 위해 지난해에 이어 충청도 관내의 몇몇 대학에
서 발굴을 계속하였다. 우선 충북대학교 박물관에
서는 청원 샘골 구석기 유적을 발굴하였고, 충남대
학교 박물관에서는 대전 주산동注山洞 고분군을 조
사하였다.

청원 샘골[204] 유적 발굴은 금강의 상류인 문덕리
文德里 마을 얕은 둔덕의 후기 구석기 유적에서 이

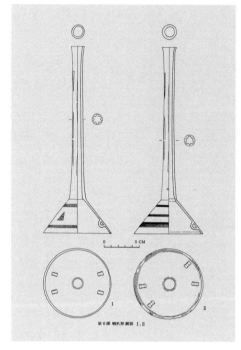

그림 97. 예산 동서리 유적 출토 나팔 모양 청동기.

루어졌는데, 모두 다섯 개 층으로 구분되었으며 뗀
석기 유물은 그 가운데 모래진흙층인 III층과 IV층에서 출토되었다. 뗀석기는 몸
돌〔石核〕석기와 격지〔剝片〕석기가 대략 반반으로서 석질은 대부분 석영암질이었
지만, 석영은 이 부근에서는 나지 않은 석질들로 석기를 제작하기 위해 특별히
외지에서 가져온 것들로 생각되었다.

석기의 제작에는 오리냐시앙Aurignacien의 잔손질 기법과 간접떼기 수법이 많
이 쓰였는데, 작은 긁개와 밀개가 전체의 4분의 3을 차지하고 있었다. 뗀석기의
대부분은 약간의 쓰인 흔적만 남아 있었고 출토된 문화층도 얇게 이루어진 것으
로 보아, 이곳의 구석기인들이 잠시만 살다가 이주해 간 것으로 짐작되었다.

대전 주산동 고분군[205]은 고갯길을 사이에 두고 양 구릉의 50×25m 범위 안
에 모두 12기의 무덤이 분포되어 있었는데, 이 가운데 조사된 1호 무덤은 도굴
로 인해 뚜껑돌이 없어진 구덩식돌덧널무덤(2.8EW×0.8~1.2m)이었다. 바닥
에는 얇은 돌 쪼가리를 한 겹으로 깔아 주검받침〔屍床〕으로 하고, 동쪽 마구리벽
을 통해 출입이 이루어진 것으로 짐작되었다.

1호 무덤에서 서쪽으로 7미터가량 떨어져 있는 2호 무덤은 이곳에서는 유일

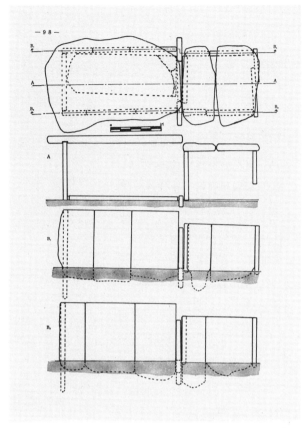

그림 98. 나주 대안리 5호 무덤의 평면도(위)와 단면도들.

한 앞트기식돌방무덤(2.7NS×1.7m)으로 가장 상태가 좋은 편인데, 도굴로 인해 2매의 뚜껑돌이 돌방 안으로 내려앉아 있었다. 돌방의 남쪽 벽을 둘로 나누어 그 동쪽 부분을 출입구로 삼고, 매장이 끝난 뒤에 밖에서 입구를 돌로 막았던 것으로 짐작되었다. 돌방 바닥은 왼쪽을 조금 높여 주검받침으로 하였으나 여기에 별다른 유물은 없었고, 그 아래 바닥에서 토기 여덟 점과 가락바퀴가 수습되었다.

이해 봄, 부여박물관에 의해 현지 조사가 이루어진 예산 동서리東西里 유적206은 봉수산鳳首山(+484m)에서 남쪽으로 완만히 뻗어 내린 산등성이(+140~160m)의 석비레층에 이루어진 돌널무덤이었다. 이 유적은 사방砂防 공사에 필요한 석재 채취 작업 중 주민들에 의해 우연히 발견되어 당국에 신고가 이루어지고, 부여박물관에서는 세 차례에 걸쳐 사후 수습 조사를 실시하였다.

조사 당시 유구의 대부분은 이미 파손된 상태이어서 남아 있는 무덤구덩(1.8EW×0.9m)의 상태와 발견 당시 현장에서 작업했던 주민들의 증언을 통해서 유구의 원래 모습을 일부나마 추정해 볼 수 있었다. 구덩 둘레에는 깬돌로 쌓은 둥근 돌무지(D-2.0 = 0.6m)가 이루어져 있었으며, 이것들을 들어내고 밑으로 파내려 가자 그 밑에서 넓적한 판돌들이 세워진 상태로 박혀져 있었다는 것으로 보아 출토 유구는 돌널의 구조였을 것으로 추정되었다.

유물들이 대부분 주민들에 의해 수거되어 출토 상태가 분명치 않지만, 수습 조사 때에 대롱옥이나 잔구슬 등 장신구로 생각되는 유물들이 대부분 구덩의 서쪽에서 나온 것으로 보아 피장자는 서침西枕이었을 것으로 생각되었다. 주민들에 의해 수습된 유물로는 동검 아홉 점을 비롯하여 대쪽모양 동기 석 점, 나팔모양 동기 두 점그림97과 거울 다섯 개체분, 뚜껑 모양 동기 한 점 등이었다. 이 밖에 대롱옥 백여 점과 잔구슬 이십여 점, 삼각형의 돌활촉 일곱 점과 함께 검은 목항아리와 덧띠토기 각 한 점씩이 수습되었다.

이 유적의 조사에 따라 그때까지 이 지역에서 확인된 대전 괴정동槐亭洞(1967년)이나 아산 남성리南城里(1976년) 유적 등을 통해 피상적으로 암시되어 온 중국 동북지방 청동기문화와의 상관관계를 다시 한번 인식하게 해 준 중요한 계기가 되었다. 이들 출토 유구는 대부분 돌무지로 덮인 돌널무덤이었을 것으로 추정되었다.

이해 봄, 전남대학교 박물관에 의해 조사된 광주光州 충효동 고인돌207은 광주와 이웃 담양의 경계를 이루는 창계천滄溪川 유역의 퇴적 평지에 하천과 나란히 동서로 이루어진 유적으로, 광주 댐 조성에 따라 수몰 지구에 포함된 7기 가운데 6기가 조사되었다. 덮개돌은 10-40톤의 무게에 방형이나 타원형으로 비교적 다양한 크기와 모양인데, 긴축의 방위는 일정치 않으나 그 아래에 이루어진 무덤칸의 방향과는 대체로 일치하고 있었다. 무덤칸은 냇돌이나 깬돌로 조잡하게 이루어진 돌덧널형[割石形](0.5×0.5~1.7×1.0m)으로 둘레를 받침돌로 고이고 그 위에 덮개돌을 얹었는데, 받침돌 사이를 돌로 채운 둘림돌형[圍石形]도 보였다. 7호 고인돌에서는 하나의 덮개돌 아래에 두 개의 무덤칸이 가지런히 만들어져 이들이 친연 관계였음을 보여 주었다. 출토 유물로는 돌활촉 한 점과 숫돌, 민무늬토기와 붉은간토기 쪼가리가 수습되었다.

전남대학교 박물관에서는 곧이어 나주 대안리 5호 무덤208을 조사하였다. 이 무덤이 위치한 반남면潘南面 일대에는 이곳 대안리 외에도 신촌리新村里, 덕산리德山里 등지에 삼십여 기의 무덤이 분포하여 일제강점기 때부터 몇 차례 발굴이 이루어져,209 신촌리 9호 무덤에서처럼 많은 독무덤과 화려한 부장 유물이 수습되기도 하였다.

대안리 5호 무덤은 여기에 이루어진 12기의 무덤 가운데 하나로서, 이곳 자미산紫薇山 서쪽 구릉에서 농수로 공사 중에 무덤 구조가 드러나 조사가 실시되었다. 이 무덤은 1917년 당시 다니이谷井濟一에 의해 확인된 바 있는데,210 이번 조사를 통해 일대에 이루어진 대부분의 독무덤과는 달리 바로 이웃한 나주 홍덕리興德里 무덤211에 이어 두번째로 조사된 굴식돌방무덤[橫穴式石室墳]임이 밝혀졌다.

돌방의 윗면에는 누수 방지를 위해 회색 점토를 30센티미터 두께로 씌운 뒤 그 위에 둥글게 봉토(D-14m)를 덮었다. 그 아래에 이루어진 돌방은 1-3매의 넓적한 판돌로 수직의 벽체를 세워 평면 장방형의 널방(2.2NS×1.1 = 1.0m)을 만들고, 널길(1.4×1.0 = 0.9m)은 남쪽으로 나 있었다. 널방의 바닥에는 크고 작은 판돌을 깔고 천장에는 두께 약 15센티미터의 넓적한 판돌 한 장으로 덮었다. 널길의 동서 양 벽에는 각 2매의 크고 작은 판돌을 세웠으며, 그 위에 장방형 판돌을 얹었으나 바닥에는 모래 섞인 흙만 깔았다.그림98

여기에서 출토되었다는 목항아리와 연질의 바리모양 토기 각 1점을 비롯하여 널못과 널고리, 뼈 쪼가리 등은 조사 전에 이미 수거된 것들로서 원위치를 알 수가 없는 것들이었다. 이 밖에 은장도 자루와 금실, 널못 등이 조사단에 의해 수습되었으나, 이것들도 교란된 상태에서 출토된 것들이었다.

이와 같은 소수의 돌방무덤과 대다수의 독무덤 사이에 이루어진 여러 차이점에 대해서는 묘제상으로 미루어 볼 때 백제 중앙으로부터의 파견 관리와 현지 토착 세력 등의 차이로 볼 수도 있겠지만, 이는 보다 면밀한 검토를 요하는 미묘한 문제라고 할 것이다.

이해 여름 경북대학교 박물관에 의해 조사된 영천 용산리 고인돌[212]은 금호강琴湖江의 지류인 자양천紫陽川 가에 10기가 분포했는데, 발굴된 7기 가운데 6기는 반경 20미터 안에 모여 있었고, 1기(7호)만 여기에서 75미터가량 떨어져 있었다. 7기 가운데 4호만 받침돌을 갖추었고, 4기(1호, 2호, 5호, 7호)에는 덮개돌 아래에 돌무지 묘역이 이루어져 있었다. 덮개돌(1.2×0.8 = 0.5~2.1×1.6 = 1.7m) 아래에서는 1호에서만 작은 돌널(40EW×15~20 = 10~15cm)이 확인되었고, 나머지는 덮개돌을 받치는 부분만 돌덧널 모양으로 약간 높였을 뿐 허술한 하부 구조를 보여 이 지역 고인돌의 공통된 구조적 특징을 보여 주었다.

뒤이어 계명대학교 박물관에서는 고령 지산동 32-35호 무덤[213]의 발굴을 실시하였다. 이곳 지산동 고분군은 대가야국의 중심지인 고령 지역에 이루어진 대형 봉토분의 밀집 지역으로 손꼽히는 곳으로서, 고령읍 서편의 주산성主山城으로부터 남쪽으로 뻗어 내린 주능선과 동남쪽 비탈면에 대규모로 분포되어 있었다. 지산동 고분에 대해서는 일제강점기에도 활발한 조사가 이루어지는 한편 도굴도 이어져 왔지만, 최근까지 학술 발굴이 꾸준히 계속되면서 그 중요성이 인식되어 온 곳이다. 지산동 32-35호 무덤은 이곳에서는 대개 중형 무덤에 속하는

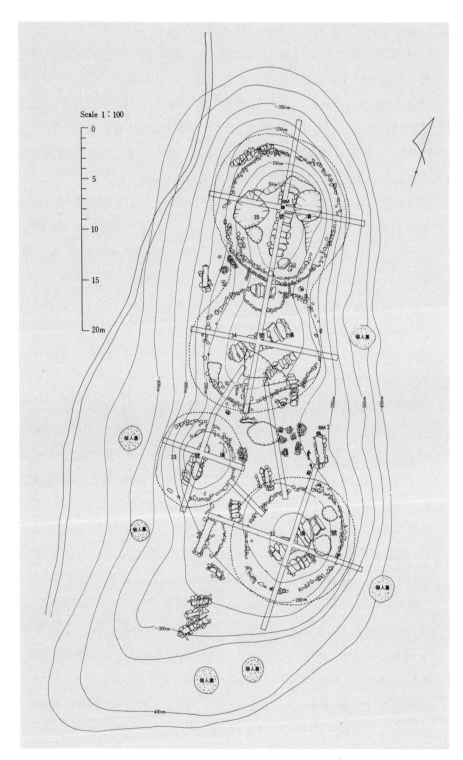

그림 99.
고령 지산동
32~35호 무덤
지형 및 발굴
구획도.

것들로 발굴을 통해 다량의 유물들을 수습할 수 있었다.

32호 무덤은 원뿔 모양 봉토(D-12.6~13.1m)를 갖추었으며, 자락에는 둘림돌(D-11.2m)이 돌아가고, 봉토의 꼭대기로부터 1.5미터 아래에서 판돌 10매로 덮은 으뜸덧널의 덮개돌이 나왔다. 그 아래에 깬돌로 쌓아 올린 으뜸덧널(5.6NE~SW×0.9~1＝1.2m)과 순장殉葬 무덤인 딸린덧널(2.5×0.4＝0.6m)을 나란히 배치하였다. 으뜸덧널 안에는 주인공의 시신을 동북침으로 안치하고 발치 쪽에는 유물을 부장하였는데, 그 둘레에서 순장 인골이 확인되었다. 부장 유물로는 목항아리와 그릇받침〔器臺〕 등 토기류와 갑옷과 투구, 발걸이〔鐙子〕 등 무구나 마구류와 함께 특이한 모양의 금동관金銅冠 한 점이 거의 완전한 모습으로 수습되었다. 33호, 34호, 35호 등 나머지 3기도 32호 무덤처럼 모두 봉토 둘레에 둘림돌이 돌아가고, 가운데에는 덧널이 이루어졌다. 33호(4.5NS×0.9＝1.3~1.4m)와 35호(6.5NS×1＝1.5m)는 외덧널무덤이었고, 34호 무덤은 32호와 마찬가지로 으뜸덧널(6.3NE~SW×1.1＝1.5m)과 나란히 딸린덧널(3.1×0.5＝0.6m)이 배치되어 있었다.

32-35호 무덤 가운데에는 으뜸덧널과 딸린덧널 외에도 일부 크고 작은 무덤떼 다수가 딸려 나왔다. 32호(9기), 34호(4기), 35호(2기)에서 딸려 나온 군집 무덤의 구조는 벽체가 깬돌(10기)이나 판돌(12기)로 이루어진 것들이 거의 반반에 이르는데, 크기는 32호에 딸린 SW-1(3.6NS×0.7＝0.9m)과 같은 대형에서부터 35호에 딸린 NW-2(0.9EW×0.3＝0.4m)처럼 소형에 이르기까지 다양했고, 방위도 일정치 않았다. 그림99

보고서에는 고분 발굴에 관한 내용뿐 아니라 발굴된 각 분야 전문가들의 연구 보고, 이를테면 이빨 분석에 의한 피장자의 연령 감정(이용오李容五), 동물 유체 遺體에 관한 고찰(양홍준楊洪準), 출토된 금속 유물의 보존·복원 처리(이오희李午熹) 등 과학적 분석까지 그 폭을 넓혔다. 이 보고서는 호화 장정과 함께 당시까지 대학 박물관이 펴낸 발굴 보고서로서는 유례가 드물 만큼 그 체제를 한 단계 끌어올린 역작이라고 할 수 있었다.

이해 여름, 부산대학교 박물관에서는 새로이 김해 수가리 조개무지[214]에 대한 발굴 조사에 착수하였다. 이 유적은 부산대학교 박물관이 1970년대 초부터 연차 사업으로 실시하고 있는 남해안 선사유적에 대한 지표 조사를 통해 확인된 곳이었다. 그러다가 부마고속도로의 신설로 유적의 훼손이 불가피해짐에 따라

2차년 계획으로 발굴을 시작하게 되었다.

전체적으로 구획한 제1-5구區의 조개무지 가운데 올해의 제1차 조사에서는 제1, 2, 4, 5구의 네 개 구간에 대한 조사를 마쳤으나, 제3구에서는 민가가 철거되지 않아 제2차 조사로 미루게 되었다. 제1차 조사 구간인 모두 네 개의 구간 가운데 제1, 2, 4구는 신석기시대, 제5구는 철기시대에 해당하는 조개무지인데, 이들은 그 동안 빈번히 이루어진 개간과 경작으로 인해 거의 소멸되었거나 극히 일부만 남아 있는 상태였다. 따라서, 이해의 조사에서는 별다른 성과가 없었고, 이듬해(1979년)에 조사된 신석기시대에 해당되는 제3구가 일부 파괴되었지만, 다섯 개 구간 중 범위가 가장 넓고 층위의 퇴적 상태도 비교적 좋아 정밀 조사에 심혈을 기울이게 되었다.

연말에는 지난해에 이어서 부산대학교 박물관에 의한 김해 예안리 고분군[215] 제3차 발굴이 있었다. 이해에는 74호, 77호, 87호와 95호~125호, 165호 무덤, N호 독무덤과 166호 돌무지 유구 등 모두 35기의 무덤과 돌무지 유구 1기를 조사하였다. 이 중 대다수는 나무덧널무덤(21기)과 돌덧널무덤(11기)이었고, 독무덤(1기)과 돌무지 유구(1기)도 확인되었는데, 2기는 훼손이 심해서 구조를 알 수가 없었다. 이 가운데 104호와 118호는 동서로 긴 日자 모양으로 이루어진 나무덧널무덤인데, 으뜸덧널과 딸린덧널 관계로 보았다.

이해 여름에는 통영 상노대도上老大島 유적에 대한 조사가 연세대학교와 동아대학교의 두 박물관에 의해 동시에 이루어졌다. 농원農園의 확장 공사에 따라 이루어진 발굴에서는 모두 네 개 지구로 나누어 두 대학이 두 개 지구씩 맡아 발굴을 실시하였다.

연세대학교가 담당한 상리上里 조개무지[216]는 바닷가로부터 5-10미터 떨어져 있는 유적으로 모두 열 개 층으로 이루어져 있었는데, 맨 아래의 제10층은 중석기시대층으로 추정되었고, 바로 위의 제9-2층이 신석기시대층으로 나타났다. 신석기 초기층으로 추정되는 제9-6층에서는 아래층인 제9층으로부터 납작 바닥의 덧무늬토기와 원시민무늬토기가 나오지만, 위로 올라가면서 차츰 무늬가 많아지고 둥근 바닥도 나오고 있었다. 석기나 뼈 연모의 경우도 제9층에서는 밀개나 긁개, 찌르개, 밀개 등 후기 구석기의 전통이 아직 남아 있는 연모들과 함께 다양한 동물 뼈와 물고기 뼈가 나왔지만, 조개류는 제8층의 위로부터 나오기 시작하여 이곳에서의 바다 자원 활용의 모습을 보여 주었다.

제5층부터는 신석기 전기층이 시작되는데, 토기는 촘촘히 찍은무늬가 다양하게 나오고, 드물게나마 돋을무늬(隆起文)토기도 함께 출토되고 있다. 돌활촉 외에는 작은 뗀석기의 비율이 줄어드는 대신 도끼나 자귀와 같은 큰 뗀석기와 낚시, 송곳 등 뼈 연모의 비율이 상대적으로 늘어나고 있었다. 신석기시대 후기층으로 보이는 제4-2층에서는 겹아가리토기가 나오는데 이는 남해안의 거의 모든 신석기 말기 유적에서 수습되는 것들로 한데가마(露天窯)에서 그을리는 방법으로 구워 검은 색을 띠고 있다. 석기로는 도끼와 홈자귀, 대패날 등 간석기와 함께 흑요석 활촉이 나오는데, 이는 제4층에서 나오는 조몬(繩文)토기와 함께 당시 일본 문화와의 활발한 교류상을 보여 주는 자료로 보여진다.

동아대학교 박물관이 조사한 산등 유적[217]에서는 조개무지와 무덤이 나왔는데, 모두 여섯개 층이 확인되었고, 이 가운데 제4층이 순조가비층이었다. 맨 아래의 제6~5층에서는 찍은 무늬와 덧무늬토기가 드물게나마 나오고, 맨 위의 제2~1층에서는 퇴화된 겹아가리토기가 나와 신석기 후기의 문화층임을 알 수 있었다. 석기로는 긁개, 밀개 등 뗀석기와 도끼, 끌과 함께 많은 격지들이 나왔다. 특히 이곳 산등에서는 왼팔에 세 개의 팔찌를 낀 인골이 나왔는데, 분석 결과 13-15세의 여자로 짐작되었다. 이상과 같은 발굴 결과를 통해 상노대도 지역의 토기 발달 순서는 제9-6층의 덧무늬와 원시 민무늬토기→제5층의 찍은 무늬토기→제4~2층의 겹아가리 토기의 순으로 나타남을 알 수 있었다.

이해 북한에서는 평안남도 남포南浦 우산리牛山里의 벽화고분 3기를 조사하는 한편, 초겨울에는 황해 은율 운성리雲城里 유적에 대한 마지막 7차 조사를 수행했던 것이 그 전부였다.

남포 우산리 벽화고분[218]들은 마을 뒷산의 중턱과 비탈면에 띄엄띄엄 이루어진 반지하식의 외방무덤들로, 널길은 모두 남향으로 열려 있었다. 3기 가운데 제1호(2.6NS×2.2＝2.8m)와 2호(2.3×2.3＝2.6m)는 평면이 방형이고 3호(2.4NS×1.5m)는 장방형인데, 천장은 모두 모줄임(抹角藻井)천장을 이루지만 3호 무덤은 천장부가 무너진 상태였다.그림 100

3기 모두 벽면에 사신도와 건물도가 그려지고 천장에는 북두칠성 등 별자리 그림(星辰圖)이 보이는데, 벽체의 탈락이 심해 정확한 모습은 알 수가 없었다. 이미 오래전에 도굴을 당해 남아 있는 유물은 2호 무덤에서 수습된 널못 이십여 점

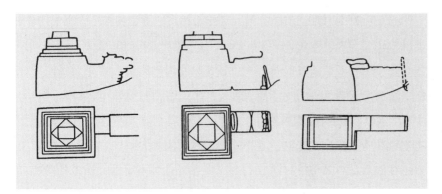

그림 100.
남포 우산리
1~3호(왼쪽부터)
벽화무덤의 단면도와
평면도.

과 칠기 쪼가리, 3호 무덤에서 나온 작은 단지 하나뿐이었다.

해주역사박물관에 의해 실시된 은율 운성리 유적[219]에 대한 제7차 조사에서는 지난 1975년의 제6차 조사에서 이루어진 나무곽무덤(1호)과 귀틀무덤(2호) 각 1기에 대한 발굴에 이어 이해에는 나머지 귀틀무덤(3호) 1기에 대한 조사가 실시되었다. 운성리 고분에 대해서는 일제강점기인 1916년에 처음 그 존재가 알려진[220] 이래 광복 이후에도 1954년의 제1차 조사를 시작으로, 이후 간헐적이긴 하지만 꾸준히 조사가 계속되어 이해에 그 마지막인 제7차 조사로서 끝을 맺게 되었다.

올 늦가을에 조사된 제3호 무덤은 그리 크지 않은 봉토(6.3NS×4.5m)를 갖춘 귀틀무덤으로, 봉토의 0.9미터가량 아래에서 방수를 위해 30-45센티미터 두께로 진흙과 석회를 섞어 다진 층이 나왔다. 그 밑의 석비례층을 파고 만들어진 모난 무덤 구덩(2.9NS×1.4＝2.9m) 안에 채워진 흙에는 나무 썩은 흔적이 잘 남아 있었다. 무덤 안에서는 화분형 단지 등 토기류 넉 점과 쇠낫, 쇠칼과 함께 부식되어 형체를 알아볼 수 없는 쇠붙이가 여러 점 출토되었다.

지금까지 이곳 운성리 가말뫼 마을의 야산에 분포한 백 수십 기의 무덤 가운데 전후 일곱 차례의 발굴을 통해 움무덤 1기, 귀틀무덤 5기, 독무덤 6기. 기와널무덤 2기 등 모두 23기가 조사되었다. 이들 무덤의 연대는 청동기와 철기 등 금속 유물의 성격으로 보아 대체로 평양 낙랑 구역의 고분들과 비슷한 대략 기원 전후쯤으로 짐작되었다. 일곱 차례 발굴 중 제1-4차 발굴은 사회과학원 고고학연구소에서, 그 뒤 제5-7차 발굴은 해주역사박물관에 의해 이루어졌다.

1979년

이해에는 중앙과 몇몇 지방의 국립박물관에서 소규모의 발굴을 계속하면서 그런대로 학술 발굴의 명맥을 유지해 나갔다. 우선 이해 봄과 가을에 두 차례에 걸쳐 국립중앙박물관에서는 서울대학교를 비롯한 몇몇 대학 박물관과 연천 전곡리全谷里의 구석기 유적에 대한 연합 발굴에 참여함으로써 공식적으로는 구석기 유적에 대한 첫 발굴이 된 셈이었다.

이해 가을, 부여박물관과 공주박물관에서는 부여 두곡리豆谷里 일원에서 이미 도굴된 다양한 종류의 고분을 정리 조사함으로써 백제 후기에 이루어진 묘제의 연구에 유익한 자료를 얻을 수 있었다. 또한 경주박물관에서는 두 해 전(1977년)에 현지 실사를 통해 확인된 바 있는 경주 조양동朝陽洞 유적에 대한 본 발굴 조사에 착수하였다. 이 조사는 이후 모두 다섯 차례(1979-1983년)에 걸쳐 이루어짐으로써 그 당시까지 실체가 불확실했던 청동기시대와 삼국시대 사이에 존재하는 새로운 시대를 설정할 수 있는 계기가 마련되었다.

한편, 문화재연구소 경주고적발굴조사단에서는 황룡사皇龍寺 터에 대한 제4차년도 발굴을 계속한 결과, 회랑의 외곽에서도 많은 변화가 예상되어 발굴 기간을 삼 년 더 연장하는 8개년 계획을 수립하게 되었다. 황룡사 발굴이 진행되는 동안 이와는 별도로 조사단의 일부는 감은사感恩寺 발굴을 실시하였고, 또 한편으로는 월성月城의 동문 터와 분황사芬皇寺의 문터 발굴을 병행하였다. 문화재관리국에서는 신안 해저 유물 인양 유적에 대한 제5차 조사를 계속하여 수중 실측을 통한 선체의 윤곽 확인과 수중 티브이 촬영으로 확인한 유물들을 인양하는 방법으로 조사가 계속되었다.

한편, 숭전대학교 박물관에서는 수원 서둔동西屯洞에서 청동기시대에서 원삼국시대에 이르는 집자리 유적에 대한 연차적 발굴을 시작하여, 이후 세 차례(1980년, 1981년, 1984년)에 걸친 발굴을 통해 중부지방에서 처음으로 온돌 구조를 확인하는 등의 성과를 올렸다. 단국대학교 박물관에 의한 양양 진전사陳田寺 터 발굴은 올해가 마지막 제6차 조사로서, 그 마무리 정리가 이루어져 절터 전반에 걸친 상황을 파악할 만한 자료를 제공해 주었다.

충청남도 지방에서는 논산 표정리表井里와 공주 웅진동熊津洞에서 각기 충남대학교, 공주사대 박물관에 의한 백제 고분 발굴이 거의 같은 시기에 착수되었다. 충남대학교 박물관에서는 이와 함께 연차 사업으로 계속할 부여 정림사지定林寺

址에 대한 제1차 발굴을 가을에서 연말에 이르기까지 실시하였다.

충청북도 지방에서는 주로 구석기 유적을 중심으로 한 조사가 이루어져, 연세대학교 박물관에 의한 제천 점말 용굴龍窟에 대한 제6차 조사가 계속되었고, 곧이어 충북대학교 박물관에서는 청원 두루봉에서 여름부터 늦가을까지 모두 세 차례(제6~8차)에 걸쳐 연속적으로 발굴을 펼쳐 나갔다.

한편, 남원에서는 초촌리草村里 고분과 함께 만복사萬福寺 터에 대한 제1차 발굴이 전주시립박물관과 전북대학교 박물관에 의해 이루어져, 이 지역 역사고고학적 배경의 일단이 밝혀지는 계기가 되었다. 또한, 부산에서는 연초에 동아대학교 박물관에 의한 동래읍성東萊邑城 발굴이 있었고, 한국문화재연구원에서는 금정산성金井山城을 조사함으로써 비슷한 시기에 인접한 지역에서 읍성과 산성 발굴이 실시되었다. 김해에서도 그동안 부

사진 33. 경주 조양동 1-4호 무덤.

산대학교 박물관에 의해 연차적으로 계속되어 온 수가리水佳里 조개무지에 대한 제2차 발굴과 예안리禮安里 고분에 대한 제4차 발굴을 끝으로 모두 마무리 짓게 되었다.

이해 연말에는 제주대학교 박물관에 의한 북제주 곽지郭支 조개무지가 발굴되어 제주도에서의 선사문화를 새로이 조명할 수 있는 조사의 기회가 이루어졌다.

연천 전곡리 선사유적[221]은 지난해(1978년)에 한 미군美軍에 의해 처음 발견된 후 이해부터 연차적 계획으로 조사가 시작되어 1993년까지 모두 아홉 차례에 걸쳐 계속되었다. 이해의 제1차년도 조사는 봄과 가을 두 차례에 걸쳐 서울대학교와 영남대학교, 경희대학교, 건국대학교, 그리고 국립중앙박물관의 다섯 개 팀이 조사를 담당하였다.

이번 조사에서 다섯 개 조사팀은 제2지구에서 남북으로 10미터의 간격을 두고 동서 방향으로 발굴해 나가기로 하였는데, 발굴 기간이 짧아 지표 채집된 구

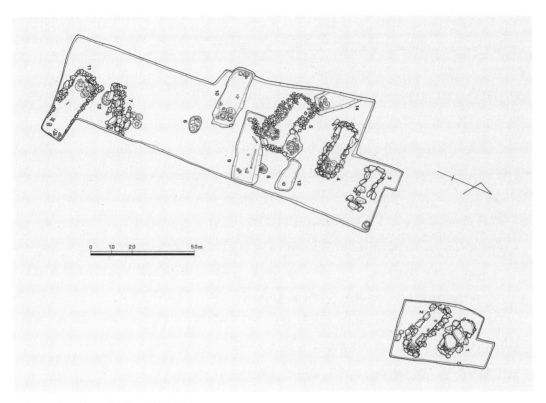

그림 101. 경주 조양동 유적 1차 조사 유구 배치도.

석기의 충위 확인을 위해 각 팀이 우선적으로 발굴해야 할 피트를 분담하였다. 그러나 시간과 인력의 제한뿐 아니라 피트 내의 누수漏水 등에 따라 발굴이 미진한 상태에서 가을에 있을 제2차 조사로 미룬 채 발굴을 마쳤다.

가을의 제2차 조사에서는 일부 조사위원들의 인사 이동에 따라 조사단 구성에 변화가 있었다. 이번 조사에서는 제1차 조사에서 암반층에 도달하지 못한 피트 발굴을 계속하는 한편, 지형의 충위 단면을 확인하기 위해 열아홉 개의 트렌치를 발굴하였다. 이 밖에 앞으로의 지속적인 작업을 계속하기 위해 제1-4지구의 범위와 충위 및 출토 유물을 파악하기 위한 기초 조사를 실시하였다. 이해의 제1차, 제2차 발굴을 통해서는 주먹도끼보다는 긁개 등의 소형 석기류가 차지하는 비중이 훨씬 큰 것으로 나타났다.

부여 두곡리豆谷里 고분222은 산간 오지奧地의 고갯마루 남사면에 밀집 분포한 백제 무덤들로서, 부여박물관과 공주박물관에 의해 모두 10기가 발굴되었다. 이곳의 무덤은 종류도 다양하고 100여 기가 인적이 드문 곳에 자리 잡고 있어,

일찍부터 도굴이 이루어져 왔던 곳이었다.

일대에는 판돌로 이루어진 굴식, 또는 구덩식의 돌방무덤과 널무덤이 한데 섞여 분포하고 있었는데, 봉토는 이미 훼손되어 거의 남아 있지 않았다. 따라서 표토 아래에서 부식된 암반층이 드러나면서 무덤구덩이나 널길의 흔적을 통해 비교적 다양한 구조를 추정할 수는 있었지만 봉토의 실체 등 원래의 상태는 확인할 수가 없었다. 바로 가까운 곳에 대흥산성大興山城이 있어 부여 일원의 다른 곳에서와 같이 이 고분군도 산성과는 밀접한 관련이 있었던 것으로 짐작되었다. 출토 유물로는 거의 모든 무덤으로부터 관못(棺釘)이 나왔고, 삼족토기三足土器와 회색 경질 또는 연질의 토기 쪼가리들이 수습되었다.

이해 봄과 여름 두 차례에 걸쳐 경주박물관에 의해 발굴된 경주 조양동 유적은 당초 두 해 전 겨울에 현지에서 가옥 철거 후 집터를 고르는 정지整地 작업 중에 토기류가 출토되어 주민들에 의해 신고된 유적이었다.

봄에 이루어진 제1차 조사[223]에서는 5-6세기대의 나무덧널무덤 5기, 돌무지덧널무덤 1기, 돌덧널무덤 6기와 독무덤 2기 등 모두 14기의 무덤을 확인 조사하였고, 180여 점의 유물을 수습하였다. 유구의 중복 관계로 보아 독무덤과 나무덧널무덤이 보다 오래된 것들이고, 돌덧널무덤과 돌무지덧널무덤이 상대적으로 늦은 것임을 알 수 있었다.사진 33, 그림 101

여름에 실시된 제2차 조사[224]는 언덕의 낭떠러지에서 민무늬토기 독의 일부가 노출된 것을 우연히 발견하여 조사가 이루어졌다. 제1차 발굴 지역으로부터 남쪽으로 400미터가량 떨어진 이곳을 조사하여 움무덤 1기, 널무덤 6기와 독무덤 1기를 발굴하였다. 제2차 발굴을 통해 초기 철기시대에서 삼한시대(1세기 B.C.-3세기 A.D.), 즉, 신라 초기에 만들어진 것들로 보이는 토기 36점, 철기 63점, 청동기 4점, 수정구슬 7점 등 모두 110여 점의 유물을 수습하였다. 특히 토기들은 물레를 사용하지 않은, 민무늬토기와 신라 토기의 과도기적 양식을 보이는 와질 토기계의 것들로 신라의 국가 기원 문제, 즉 원삼국시대의 설정 등에 대한 실마리를 제공해 줄 수 있는 중요한 자료를 제공해 줄 것으로 기대되었다.[225]

조양동 유적은 이후 제3-5차(1980-1983년)에 걸쳐 발굴이 계속되어 모두 78기의 다양한 무덤과 함께 두 채의 집자리를 조사하였다. 무덤은 움무덤이 주류를 이루는데, 발굴 결과 이들은 그 구조적 성격에 따라 널무덤과 덧널무덤으로 구분됨을 알 수가 있었다.

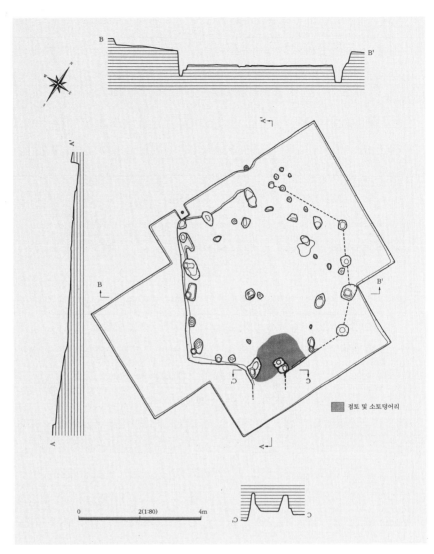

그림 102. 수원 서둔동 유적 원삼국시대 1호 집자리의 평면도(가운데)와 단면도들.

문화재연구소 경주고적발굴조사단에서는 연차적 사업으로 실시하고 있는 경주 황룡사皇龍寺 터에 대한 제4차년도 발굴[226]을 연중 계속하였다. 발굴 중반에 이르러 회랑 터의 안팎에서 예상 밖으로 새로운 유구들이 확인되면서, 이들에 대한 정밀 조사의 필요성에 따라 기간을 한정하지 않고 삼 년을 더 연장하여 발굴하기로 하였다. 따라서 당초의 발굴 계획으로부터 제2차의 수정 계획이 마련되어 1983년에 완료하는 8개년계획이 다시 수립되었다.

이해의 회랑 내곽 조사를 통해서는 황룡사 1차 가람 중 중문, 남·동·서 회랑,

승방 터와 함께 2차 가람 중 강당, 동서 금당, 종루와 경루, 남 회랑, 중문, 강당 동서 건물 터 등 가람 배치상에서 이루어진 여러 차례의 변화가 확인되었다. 출토 유물로는 와전류 2800여 점을 비롯하여 3400여 점의 다양한 유물들이 수습되었다.

황룡사 터 발굴이 진행되는 동안 정비와 정화를 위한 감은사感恩寺 터에 대한 사전 발굴 조사[227]가 필요하여, 황룡사 발굴과는 관계없이 경주고적발굴조사단의 발굴 요원 일부가 파견되어 제2-1차(4. 23~8. 6)와 제2-2차(10. 15~1980. 3. 12) 등 두 차례의 조사가 진행되었다. 또한 이해 10월에 이루어진 가까운 월성月城의 추정 동문 터와 분황사 정문의 신축 부지에 대한 발굴 등으로 황룡사 터 발굴 일정에 다소의 지연을 가져올 수밖에 없었다.

이 감은사 터에 대해서는 일찍이 1959년에 국립박물관에 의해 발굴 조사(제1차)[228]가 실시되어 가람 배치 등 대체적인 윤곽은 밝혀졌으나, 당시 유적지 내에 남아 있던 민가 때문에 부분적인 건물 터 확인에 그칠 수밖에 없었다. 그 후 1970년대 후반에 이르러 삼국통일의 위업을 달성한 문무대왕과 관련된 대왕암大王岩이나 이견대利見臺와 함께 이곳 감은사 터를 하나의 권역으로 묶어 호국 교육 도장으로 활용하기 위한 대대적인 정비 계획이 수립되었다.

제2-1차 조사에서는 금당 터와 강당 터 등 가람 배치를 재확인하면서 이를 중심으로 한 일부 유구의 탐색 조사에 주력하기 위해 우선 탐색 트렌치 두 개(1호, 2호)를 남북으로 길게 설정하였다. 제2-2차 조사는 이듬해 봄까지 계속하여 가람 중심 유구의 노출과 회랑 외곽 석축에 대한 조사가 이루어졌다. 우선 서회랑 터와 강당 서편 건물 터가 만나는 지점에 높이 쌓인 퇴적층을 강당 터의 표토층과 같은 높이로 깎아 내는 작업을 실시하고, 곧 제2-3차(1980. 3. 17~7. 15) 조사를 계속하였다.

문화재관리국의 신안 해저 유물 인양 유적[229]에 대한 이해의 제5차 조사에서는 잠수사에 의한 수중 실측을 통해 선체의 윤곽을 확인함과 동시에 수중 티브이 촬영으로 발견된 유물을 인양하는 작업이 진행되었다. 이 과정에서 선체의 격벽 내부에는 자단목紫檀木과 동전이 가득 실려 있음을 알 수 있었으며, 선체의 부분적인 가상 복원도 작성도 어느 정도 가능하게 되었다. 이해에는 청자 76점 등 230여 점과 자단목 200여 본本이 인양되었다.

숭전대학교 박물관에서는 이해부터 수원 서둔동 집자리[230]에 대한 연차적 발굴을 시작하여, 이후 1984년까지 모두 네 차례에 걸쳐 청동기시대 집자리 세 채와 원삼국시대 집자리 여섯 채 등 모두 아홉 채를 조사하였다. 여기산麗姒山 정상부 가까운 나지막한 구릉(+101m) 위에 민무늬토기만을 출토하는 청동기시대의 집터, 후기(중도식)민무늬토기와 타날문토기를 반출伴出하는 원삼국시대에 속하는 수십 채의 집자리가 층위를 이루거나 별개 지점에 따로 분포되어 있었다.

이해의 제1차 조사에서는 구릉 정상부의 능선을 따라 평탄한 대지에 시굴 트렌치를 설정하여 파내려 가 표토 아래 35센티미터에서 첫번째 집자리(원삼국 1호, 6.2NW~SE×5.3 = 0.3m)가 드러났는데, 기둥구멍의 윤곽으로 보아 평면 육각형에 가까운 형태임을 알 수 있었다.그림102

민무늬토기 출토 집자리는 청동기시대 중기 이후로 보이는 장방형의 움집인데, 구멍무늬토기나 가락식 토기와 함께 돌활촉과 숫돌 등이 나왔다. 원삼국기에 속하는 집자리는 반지하식인데, 검은간토기와 아가리가 벌어진 후기민무늬토기, 회청색의 중도식 토기가 도끼나 칼, 톱 등 철기류와 함께 수습되었다. 중도식 토기가 출토되는 제4호 집자리에서는 흙벽돌을 쌓아 고래를 만든 난방시설이 나와 중부지방에서는 이때부터 움집 안에 온돌 시설이 이루어졌음을 알 수 있었다. 무엇보다도 이곳 소규모의 취락에서는 청동기시대에서 원삼국시대로 이행해 가는 과정의 주거 흔적을 살필 수 있었던 점에서, 이 지역에서의 드문 고고학적 성과였다고 할 수 있었다.

1974년부터 단국대학교 박물관에 의해 연차적으로 계속되어 온 양양 진전사陳田寺 터[231]에 대한 발굴이 이해 여름 제6차년도 조사로써 그 마무리를 짓게 되었다. 한국 선종禪宗의 종조宗祖인 도의국사道義國師가 그 도량을 이곳에 연 이래 임진란까지 모두 네 차례의 중창을 거듭하며 일연一然 등 많은 고승들이 선맥을 이어온 역사적 고찰임을 밝힐 수 있게 되었다. 이 밖에 여기에 조성된 삼층석탑과 도의국사 부도 등과 함께 다양한 와당을 통한 우리의 고대 문양사 연구뿐 아니라 와당의 편년과 관련된 여러 자료를 얻을 수가 있었다.

이해 초여름 공주사대 백제문화연구소에 의해 실시된 공주 웅진동熊津洞 고분[232]에 대한 긴급 발굴은 조폐공사 부지 조성을 위해 국립공주박물관과 공동으로 이루어졌다. 이곳은 송산리宋山里 고분군으로부터 서쪽으로 약 1킬로미터 떨어진 나지막한 구릉지대(+48m)로서 고분군은 구릉의 남향한 비탈면에 조성되어 있었다.

조사를 통해 백제시대의 돌방무덤 14기를 비롯하여 돌덧널무덤 4기, 독무덤 3기와 함께 통일신라 돌덧널무덤 1기, 고려시대와 조선시대의 널무덤 각 2기와 5기를 확인하였다. 백제 고분 가운데 돌방무덤은 대부분 무지개 천장을 갖추고 깬돌로 쌓아 올린 네모난 널방(1.8~2.8×1.8~2.6＝0.4~1.5m)들인데, 모두 동벽 쪽으로 배수 시설을 갖춘 널길이 나 있었다.

독무덤은 돌덧널 안에 3개의 독을 곧추세운(直立) 것(1호)과 외독을 눕힌 것(9호), 작은 독 두 개를 맞대놓은 이음식(10호) 등 각각이었다. 통일기의 돌덧널무덤(2.4×1.1＝0.6m)은 벽체가 4단 정도만 남아 있었는데, 부장 유물로는 금동제 귀걸이와 은팔찌, 수정 장신구, 토기류 등이 수습되었다.

비슷한 시기에 충남대학교 박물관에 의해 논산 표정리表井里 고분233 발굴이 시작되었다. 이곳 표정리 뒷산에는 수천 기에 이르는 많은 백제 고분군이 분포하는데, 일찍부터 도굴이 행해져 현재는 거의 대부분이 훼손되어 있던 것을 이번 발굴을 통해 모두 13기가 조사되었다.

무덤들은 대개 30~40센티미터 크기의 자연석을 쌓아 만든 장방형의 작은 돌방무덤들인데, 긴축은 대부분 무덤이 자리한 구릉의 방향에 맞추어 이루어졌다. 입구에 해당되는 마구리벽은 다른 세 벽에 비해서 많은 돌을 쌓았으나, 안쪽 면이 고르지 않은 것으로 보아 앞트기식(橫口式) 돌방무덤의 구조로 생각되었다. 돌방을 덮은 뚜껑돌로는 구들장 모양의 넓적한 판돌 4-5매를 얹었고, 돌방의 바닥에는 가장자리를 빼고 중간 부위에 10-20센티미터 크기의 잔돌을 한 겹으로 깔고 다져 높이 10센티미터 정도의 널받침처럼 만들었다. 부장 유물은 백제 고분치고는 후장厚葬인 편으로 보이지만 대부분 도굴시의 교란으로 제자리를 알 수가 없었다. 출토 유물로는 굽다리접시, 굽다리단지, 병모양토기, 세발토기, 그릇받침 등 다른 지역의 백제 무덤에 비해 종류도 다양하고 수량도 많은 편으로 신라, 가야 토기 등과 비교하여 조사자는 그 시기를 대략 5세기 후반에서 6세기 초경으로 비정하였다. 성근 널받침과 널못이나 널고리 등으로 보아 나무널을 사용한 눕혀펴묻기였을 것으로 짐작되었다.

가을에는 충남대학교 박물관에서 부여 정림사定林寺 터234의 연차적 발굴에 들어갔다. 이 절터에 대한 학술 조사는 일제강점기 말인 1942년 일본인 학자 후지사와藤澤一夫에 의해 이루어졌는데,235 이때의 조사는 가람 전체 면적의 삼분의 일에 불과하였다. 발굴을 통해 사역寺域의 중심부에 배치된 건물들은 남쪽에서부터 중문, 석탑, 금당과 강당의 순서로 일직선상에 이루어진 단탑식 가람 배치로, 그 둘레에 회랑이 돌아가고 있음이 확인되었다. 이때의 발굴 범위는 중문 터와 금당 터에 대해서는 전면 발굴이 이루어졌지만, 강당 터에서는 주로 적심석의 탐색에 그쳤다.

이번 조사에서는 창건 가람의 규모와 그 후의 변천을 밝히기 위해 사역 전체를 발굴하기로 하고, 이해는 중문 터에서부터 시작하여 연말까지 금당 터의 뒷면까지 조사를 마쳤다. 발굴 결과 석탑의 기초는 단단히 다져진 판축 토층을 이루고 있었는데, 이는 남과 북으로 배치된 중문(13.1EW×7.1m)이나 금당(20.6EW×15.6m)의 경내 부지를 조성하기 위한 성토층과 같은 시기의 것으로 판단되었다. 즉, 중문, 석탑, 금당이 동일한 시기에 건립된 사실이 확인된 것이다.

충청북도에서는 점말 용굴龍窟과 함께 두루봉 동굴에 대한 세 차례에 걸친 발굴이 집중적으로 이루어졌다. 모두 몇 해 전부터 연차적으로 계속되어 온 이들 발굴을 통해서 석회암 지대인 이곳 내륙 지방이 동굴 형성에 유리한 지질적인 상황에 따라 다른 지방에 비해 구석기 인류들이 활발한 생활을 영위할 수 있었던 곳임을 보여 주었다. 연세대학교 박물관에 의해 실시된 제천 점말 용굴[236]의 제6차 발굴은 지난해(1978년)의 조사를 거르고 이듬해의 마지막 발굴을 앞두고 이루어진 마무리 단계의 조사가 되었다.

한편, 충북대학교 박물관에 의해 초여름부터 초겨울까지 모두 세 차례에 걸쳐 이루어진 청원 두루봉 동굴[237]에서의 발굴은 모두 제15굴에서만 계속되었다. 제15굴은 지난해에 조사했던 제2굴의 바로 위로 두루봉의 봉우리 가까운 남쪽 언덕에 서 있는 바위와 판돌을 세워 벽체를 만들고 경사진 면을 이용하여 문돌까지 만들었다. 좁은 생활면(9.6m²)의 가운데에서는 화덕자리가 나왔고, 바로 옆에서는 석영으로 만든 긁개나 찌르개가 한꺼번에 나와 불을 이용한 조리 행위가 활발히 이루어졌음을 보여 주었다. 좁은 면적으로 보아 다른 동굴들이 살림터인데 비해 이곳은 남쪽의 앞산에서 내려오는 짐승들을 살펴보는 움막 같은 곳으로 보이며, 사냥을 통해서 잡은 짐승들의 조리도 이곳에서 이루어졌던 것으로 짐작되었다.

봄에는 전주시립박물관에서 남원 초촌리 고분[238]을 발굴하였다. 남원읍에서 동쪽으로 약 5킬로미터 떨어진 자라말 마을의 구릉지대에는 세 개 구역으로 나뉘어 모두 이백여 기에 이르는 많은 고분이 대부분 훼손된 상태로 분포되어 있었다. 고분의 대부분은 널길이 딸린 굴식돌방무덤이었지만, 일부 앞트기식도 보이고 1기의 독널무덤도 확인되었는데 본 조사에 앞서 지난해에는 예비 조사를 실시하였다. 대부분 파괴된 상태였지만, 두 차례의 조사를 통해서 이들 돌방무덤을 중심으로 돌방의 평면 형태, 널길의 위치, 벽체의 축조방식 등에 따라 대략 네 가지 유형으로 분류할 수가 있었다.

조사된 고분 가운데 유일한 처녀분은 M60호 무덤이었다. 조사 당시 봉토는 남아 있지 않았지만, 약간 비탈진 지표 아래 0.5~0.8m에서 5매의 뚜껑돌 윗면이 드러났으며, 그 아래에 이루어진 장방형 돌방(274SW~NE×126 = 96cm)의 바닥에는 납작한 냇돌이 깔려 있었다. 널은 돌방의 북서 벽에 붙여 안치되었고, 두향은 북동침北東枕으로 짐작되는데, 널의 위아래에는 토기류가 놓이고 널과 남동벽 사이에서 활촉, 도끼, 손칼, 낫 등의 철제 유물이 수습되었다. 전체적으로 부장품이 빈약한 편이며 장신구도 출토되지 않았다. 독널무덤(156EW×63 = 45cm)은 구덩을 파고 그 안에 두 개의 독을 맞댄 이음식合口式인데, 아가리가 서로 맞지 않아 서쪽 독의 일부를 깨어내고 짜 맞추었다. 독널의 동쪽 바깥에서 동제의 가는고리 두 개와 잔구슬 38점이 출토되었다.

가을 들어 전북대학교 박물관에 의해 시작된 남원 만복사萬福寺 터[239] 발굴은 절터의 큰 규모에 따라 1985년까지 모두 일곱 차례에 걸쳐 연차 사업으로 계속되었다. 당초 절터에 대한 정화 사업의 자료를 보완하기 위해 착수한 발굴로서, 잔존 상태가 양호한 유구를 가능한 한 손상시키지 않으면서 가람의 배치 양식을 구명한다는 전제 아래서 진행된 조사 사업이었다. 조사 착수 당시 절터에는 고려시대에 조성된 것으로 보이는 오층석탑, 불상대좌, 당간지주, 석불입상 등 보물급의 국가지정문화재를 비롯하여 석인상石人像과 주춧돌 등 많은 석조 유물들이 남아 있었다.

이해의 제1차년도 조사에서는 금당 터를 중심으로 발굴을 계속하되, 유구의 파괴를 최소화하는 범위 내에서 정밀한 토층 조사를 계속해 나갔다. 한편으로는, 지상에 노출된 유구의 기록과 함께 주춧돌이나 적심석의 하부 조사와 같은 세부적인 조사에 치중하였다.

한편, 연초부터 동아대학교 박물관에서는 부산 동래읍성東萊邑城[240]을 발굴하였고, 봄에는 한국문화재연구원에 의한 금정산성金井山城[241] 발굴이 이루어졌다.

봄에는 지난해에 이어 부산대학교 박물관에 의해 김해 수가리 조개무지[242]에 대한 제2차 발굴이 있었다. 신설되는 부마釜馬고속도로 예정 부지 내에 포함된 일대에 대한 구제 발굴을 위해 구획된 모두 다섯 개 구區 가운데 지난해에는 제1구, 제2구, 제4구, 제5구에 대한 조사를 마치고 당시에 아직 철거되지 않은 민가 때문에 올해로 미루어 둔 제3구를 조사하였다. 제3구는 조사 당시 부분적으로 파괴되어 있었지만, 다섯 개 구의 조개더미 가운데 가장 범위가 넓고 퇴적 상태도 양호하여 이곳에 대한 조사에 심혈을 기울이게 되었으나, 그 규모에 비해 출토 자료는 다소 빈약한 편이었다. 다만 이 구간은 양호한 여섯 개의 자연 퇴적층으로 이루어져 있어, 한반도 남부지방의 빗살무늬토기 편년에 대단히 유익한 정보를 제공해 주었다.

여섯 개의 퇴적층 가운데 제1층, 제3층, 제5층은 조가비층이었고, 제2층, 제4층, 제6층은 부식토층으로 두 층이 교대로 이루어져 있었는데, 유물의 출토 양상에 따라 다시 세 개의 문화층으로 구분되었다. 즉 위에서부터 제3문화층(제1층, 제2층), 제2문화층(제3층, 제4층), 제1문화층(제5층, 제6층)으로 구분되는데, 각 문화층별로 출토되는 토기의 문양과 형태뿐 아니라 반출伴出 유물이나 자연 유물에서 특징적인 양상을 보여 주었다.

특히 이곳 수가리 조개무지 발굴에서는 이 지역의 신석기시대에 이루어진 해수면의 상승과 관련된 자료를 통해서 당시의 기온이나 수온의 상승 변화를 파악할 수 있었다는 것도 이 발굴에서 얻은 커다란 수확이었다. 세 개 문화층에서 검출된 자료에 의한 C-14 측정을 통해 4380±100B.P.~3040±80B.P.의 한계값을 얻을 수 있었다. 보고서에는 제3구에 대한 발굴 보고와 함께 일인 학자들에 의한 골각기와 패제품 및 동물 유존체에 대한 보고가 권말에 실려 있다.

연말에는 지난 1976년부터 부산대학교 박물관에 의해 연차 사업으로 계속되어 온 김해 예안리 고분[243]에 대한 제4차년도 마지막 발굴이 시작되었다. 이듬해 연초까지 계속된 발굴에서는 모두 42기(126~163, 165호 및 O, P, Q호 독무덤)의 무덤을 조사했는데, 이 가운데 덧널무덤이 26기였고, 돌덧널무덤은 13기, 독무덤이 3기였다.

이상 네 차례에 걸친 연차적 발굴을 통해서 이곳 예안리 유적에는 신석기시대부터 청동기시대, 가야시대에 이르기까지 세 시대의 유구들이 이루어졌지만, 마

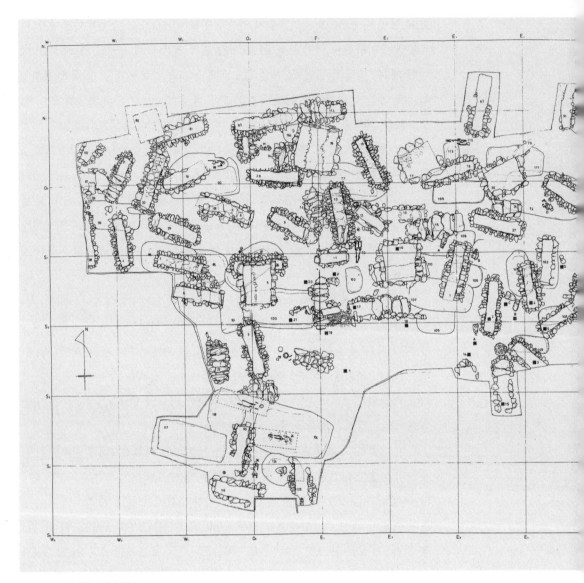

그림 103. 김해 예안리 유적 무덤 분포도.

지막 가야시대의 유구들이 워낙 조밀하게 차지하면서 그 이전의 유적들은 파괴되고 대부분 그 흔적만 남은 상태였다. 따라서 이 유적의 중심을 이루는 가야시대의 무덤들은 덧널무덤 59기, 돌덧널무덤 93기, 돌방무덤 12기와 독무덤 17기등 모두 181기였다.그림 103 여기에서 출토된 유물로는 토기류가 1100여 점, 철기류 660여 점, 장신구로는 구슬류 180점, 귀걸이 41짝이 나오고, 이 밖에 뼈 활촉 60여 점 등 모두 2천여 점에 이르는 부장 유물과 함께 170여 구에 이르는 사람

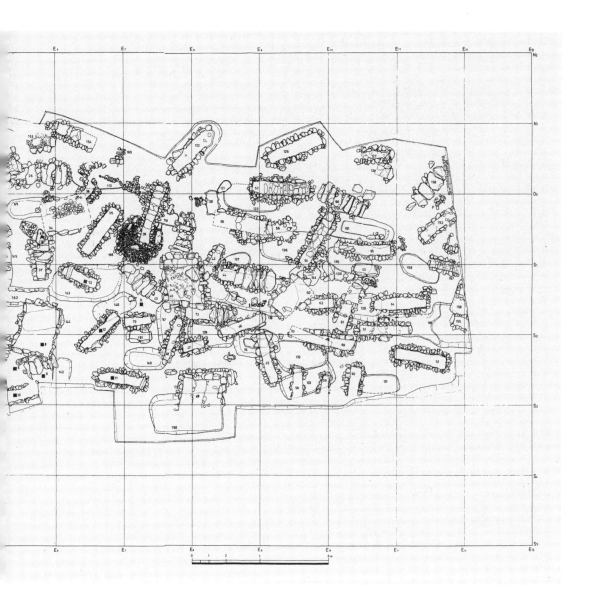

뼈가 검출되었다.

여기에 이루어진 무덤은 연대적으로 대개 4-6세기대에 걸친 것들로 가야 묘제의 거의 모든 양식이 중복 조성되어, 이들이 (나무)덧널→돌덧널→돌방무덤으로의 변천 과정뿐 아니라 아울러 유물의 변화 양상까지도 잘 보여 주었다. 더구나 우리의 지질적 여건에서는 그 유례를 찾기 어려운 양호한 상태의 동물 유체와 사람 뼈가 다량으로 검출되어 고고학뿐 아니라 형질인류학적 측면에서도 학사적으로 매우 중요한 유적으로 손꼽히고 있다.

마지막으로 이해 연말, 제주대학교 박물관에 의해 발굴된 제주 곽지郭支 조개무지244는 제주시에서 대정읍大靜邑을 거쳐 서귀포로 이어지는 해안 일주도로의 남쪽 해발 30-40미터의 나지막한 해안가 들판에 넓게 이루어진 유적(1EW×0.5km)이다. 1973년에 처음 발견되어 이해와 1984년, 1985년에 각기 다른 지점에서 조사가 이루어져, 청동기시대부터 철기시대에 이르는 조개무지임을 확인하였다. 조사는 일곱 개 지점에서 이루어졌는데, 이 가운데 제Ⅱ지구와 제Ⅲ지구가 비교적 잔존 상태가 양호한 곳으로 모두 네 개의 문화층이 확인되었다.

이해에 조사된 제Ⅱ지구에서는 두 지점을 발굴하여 청동기시대 말부터 철기시대에 이르는 많은 유물들을 수습하였다. 최하층인 제4층(30cm)은 조가비가 거의 없는 황갈색토층으로, 골아가리〔口脣刻目〕토기와 구멍〔孔列〕토기가 나왔다. 제3층(50-60cm)은 흑갈색부식토층으로, 여기에서는 제4층에서 출토된 토기류 외에도 덧띠토기와 검은색, 또는 갈색의 간토기가 출토되었다. 제2층(40-50cm)은 조가비와 부식토가 섞인 층〔混貝土層〕으로, 벌어진 아가리를 갖춘 후기 민무늬토기나 김해식 토기와 함께 쇠손칼과 골각기류가 수습되었다. 맨 위의 표토층(제1층: 20-30cm)은 경작 등으로 교란되었으나, 그 아래의 제2층에서와 같은 후기 민무늬토기, 김해식 토기류와 함께 일부 동물 뼈와 조가비까지 출토되었다.

이해 북한에서는 새로이 고고학연구소에 의해 평양의 남경南京 유적에 대한 3개년계획의 연차 발굴이 시작되었고, 가을에는 같은 평양 관내의 만달리萬達里 동굴 유적 조사가 이해에 이루어진 유적 조사의 전부였다. 이처럼 1960년대 말 이래 계속된 고고학 발굴의 소강상태는 1970년대 내내 이어져 한 해에 두세 건의 발굴에 머무르게 되었고, 어떤 해에는 한 건, 그것도 전년도에 이은 형식적인 계속 사업으로 구색 맞추기가 고작이었다. 때를 같이하여 1963년에 창간된 『고고민속』이 1967년에 폐간되었지만, 다른 잡지들은 중단 없이 발간이 계속된 것을 보면 고고학 활동이 완전 중단된 것이 아님을 알 수 있었다.245

이해 봄에 대동강 제방공사 구역 안에서 발견되어 조사가 이루어진 평양 호남리湖南里 남경 유적246은 마을의 앞벌, 대동강의 오른쪽 기슭 약 5만제곱미터

(1,000EW×50m)의 넓은 범위에 이루어져 있었다. 유적은 홍수에 의해 패여 나간 단면이 드러나고 여기에서 유물 포함층이 확인되었다.

이해부터 삼 년 동안(1979-1981년)에 걸쳐 이루어진 발굴에서는 신석기시대(5)-청동기시대(22)의 집자리 27채와 함께 청동기시대(4)-철기시대(9)의 무덤 13기가 조사되었다. 동서로 길게 이루어진 도로와 제방 사이에서 확인된 이들 유적은 약 450미터의 간격을 두고 제1지점(서)과 제2지점(동)으로 서로 떨어져 밀집된 분포를 보이고 있었다.

이 가운데 청동기시대의 집자리는 그 층위에 따라 제1기期(6호, 7호, 9호, 30호, 33호, 34호, 36호)와 제2기(3호, 4호, 5호, 10호, 11호, 16호, 18호, 19호, 35호), 제3기(1호, 2호, 8호, 13호, 14호, 15호) 등 세 시기로 구분되었다. 우선 이해의 조사에서 제1지점으로부터는 청동기시대 집자리 아홉 채(1~9호)와 철기시대 무덤 6기(1~6호)가 조사되었고, 제2지점에서는 신석기와 청동기시대 집자리 각 두 채(12호, 17호)와 다섯 채(11호, 13~16호), 그리고 청동기시대 무덤 1기(1호)를 조사하였다.

이해 가을에 조사된 평양 만달리 유적[247]은 대동강 지류인 남강의 좌안에 이루어진 유적인데, 입구가 동남향으로 나 있는 석회암 동굴(13~14×7~8m)로서, 무지개 천장을 이루고 있었다. 이해에는 동굴 입구로부터 안으로 약 6미터 들어가서 10제곱미터의 범위를 잡아 발굴을 진행하였다. 이때 이미 사람의 화석과 석기류, 뼈 도구 들이 나왔고, 여러 시기에 걸친 퇴적층이 이루어졌음을 짐작할 수 있었다. 이 조사는 이듬해에 계속되어 이 유적의 중요성이 부각되는 다양한 유물을 수습하였다.

이와 같이 저조한 야외 발굴 활동에도 불구하고, 이해에는 북한의 청동기시대 연구에서 핵심적 논쟁의 중심을 차지했던 고인돌문화에 대한 새로운 정리 성과가 나왔다. 오랫동안 고인돌을 중점적으로 조사 연구해 온 석광준石光濬에 의해 그 결과가 새로운 관점에서 정리 발표된 것이다.[248]

한반도에서 고인돌의 분포가 가장 밀집된 지역 가운데 하나인 황해도 연탄군과 황주군 일대의 고인돌을 집중 조사하여 이들을 그 짜임새와 유물의 특징에 따라 분류를 시도하였다. 우선 그 외형의 특징에 따라 크게 침촌형(심촌형) 고인돌과 오덕형 고인돌로 양분하여, 일제강점기 이후 당시까지 써 오던 남방식, 영남식, 바둑판형, 변형 고인돌, 또는 북방식, 전형 고인돌 등 기존의 분류 방식에서 벗어나 새로운 개념의 분류를 시도하였다.

그는 침촌형의 고인돌을 '무덤 구역 시설'과 '돌널 짜임새의 특징'에 따라 다섯 개 유형으로 나누고, 오덕형에 대해서는 '무덤칸 짜임새의 특징'에 따라 세 개 유형으로 구분하는 등 고인돌 분류 방식에 새로운 의미를 부여하였다. 여기에서 그는 고인돌의 발생과 편년에 대해서도 그 존속 기간을 기존의 연대관보다 크게 앞서는 기원전 2000년기 중엽(침촌형 1유형)-기원전 7, 6세기(오덕형 3유형)로 보고, 침촌형이 오덕형보다 5-6세기 정도 앞서는 것으로 보는 등 기존의 학설에서 크게 벗어나는 새로운 이론을 제시하였다.

1980년

이해에는 국립중앙박물관이 1975년부터 1978년까지 모두 4차년에 걸쳐 연차 사업으로 계속해 온 부여 송국리松菊里 선사 취락지에 대한 발굴을 일단락 지은 후, 새로운 선사유적으로 춘천 중도中島 유적을 선정하여 연차적 조사에 착수하였다. 또한 국립중앙박물관에서 1960년대 중반 이후 십수 년 동안 꾸준히 계속해 온 강진 지역의 청자 가마유적 조사의 무대를 대구면 사당리沙堂里로부터 용운리龍雲里로 옮겨 간 첫 해 조사이기도 했다.

경주박물관에서도 활발한 발굴 활동을 계속하여 경주 미탄사味呑寺 터에서의 삼층석탑 기단부에 대한 조사와 함께 멀리 마산 신촌리新村里의 가야 고분군을 조사하였고, 지난해 봄부터 연차 사업으로 실시해 온 경주 조양동朝陽洞 고분 발굴도 계속하였다. 부여박물관과 공주박물관에서는 백마강변의 매봉산 일대에 산재된 백여 기에 이르는 부여 정암리亭岩里 폐고분에 대한 정리 차원에서 합동으로 조사를 실시하였다. 국립광주박물관에서는 1978년 연말의 개관 이후 그 첫 발굴 사업으로 무등산無等山 원효사元曉寺 터에 대한 발굴을 실시하여 고려시대의 청동제 불두 등을 수습하는 학술적인 성과를 거두었다.

한편, 문화재연구소에서는 경주고적발굴조사단에 의한 경주 지역의 불교 유적에 대한 연차 사업으로 황룡사皇龍寺 터와 감은사感恩寺 터에 대한 발굴을 계속하였다. 이 밖에 진양 대평리大坪里 선사유적 조사를 계속하는 한편, 익산 미륵사彌勒寺 터에 대한 새로운 연차적 조사 사업에 착수하였다. 더불어 한림대학교와 합동으로 양주 대모산성大母山城에 대한 연차적 발굴을 새로이 시작하였고, 이어서 연말 가까이에는 부여 부소산扶蘇山 서복사西腹寺 터 발굴을 실시하였다.

이 밖에 문화재관리국에 의한 신안 해저 유물 출토지의 제6차 조사가 계속되어 지난해에 이어 선체 점검과 함께 유물 인양 작업이 계속되었고, 이어서 김포 덕포진德浦鎭 포대砲臺 터에서의 제1차 수습 조사가 이루어졌다. 경주사적관리사무소에서는 남산 용장리의 천룡사天龍寺 기와 가마터를 발굴하여 이곳이 천룡사 조성에 필요한 기와를 공급했던 곳이었음을 확인하였다.

연말께에는 여러 대학 박물관의 연합 팀에 의한 연천 전곡리全谷里에서의 제3차 발굴이 계속되었고, 하남 미사리漢沙里에서도 선사유적에 대한 네 개 대학의 연합 발굴이 이루어져, 이 유적이 신석기시대뿐 아니라 이후 청동기, 초기철기 시대까지 이어지는 유적임이 확인되었다.

숭전대학교 박물관에서는 수원 서둔동西屯洞 집자리에서 제2차년도 발굴을 실시하여 전년도에 조사한 원삼국 1호 집자리의 남쪽에서 2호를 확인하였다. 그러나 시간 관계상 이듬해인 제3차년도로 조사를 미루고, 먼저 1호의 북쪽에서 드러난 3호의 윤곽이 노출된 지점에서 시굴갱을 확장해 나갔다.

이해 여름의 비슷한 시기에는 청원 두루봉과 제천 점말 용굴龍窟에서 각기 충북대학교와 연세대학교 박물관에 의해 구석기 동굴에서의 연차적 발굴이 이루어졌는데, 특히 점말 용굴 유적은 1973년부터 지금까지 계속되어, 이번이 그 제7차로 마지막 발굴이 되었다. 또한 두루봉 동굴에 대한 발굴은 여름에서 가을에 걸쳐 제8차와 제9차가 연이어 이루어짐으로써 이 지역에서 활발히 이루어졌던 구석기시대 동굴 생활의 모습을 자세히 살필 수가 있었다.

충남대학교 박물관에서는 지난해에 이어 봄부터 부여 정림사定林寺 터에 대한 제2차 발굴을 실시하여 전후 120일에 걸쳐 전 지역에 대한 조사를 마침으로써, 전형적인 단탑식의 가람 배치를 파악하고, 도용陶俑과 다양한 와당瓦當 등 많은 유물을 수습하였다. 충남대학교에서는 연말 가까이에 서산 해미읍성海美邑城 안에 있는 동헌과 객사 등 건물 터에 대한 정비와 복원을 목적으로 발굴도 시작하여 그 뒤 십여 차례의 발굴을 계속하였다.

가을에 들어 공주사대 박물관에서는 공주 공산성公山城의 만하루挽河樓 터와 동문 터, 임류각臨流閣 터를 발굴하여 공산성 복원을 위한 자료를 수집하기 위한 작업에 들어갔다. 전북대학교 박물관에서는 지난해에 이어 남원 만복사萬福寺 터에 대한 제2차 조사를 통해 목탑과 중문, 북금당北金堂 등 건물 터의 일부를 확인하였고, 원광대학교 마한·백제문화연구소에서는 익산 보덕성報德城을 발굴하

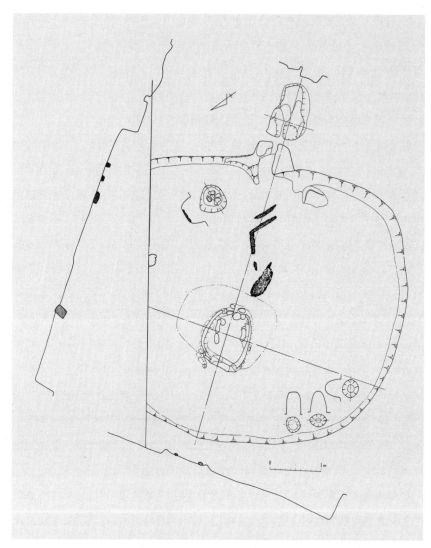

그림 104. 춘천 중도 유적 1차 집자리—1호의 평면도(가운데)와 단면도들.

여 문 터 등 일부 건물 터를 확인하였다. 경북대학교 박물관에서는 의성 장림동
長林洞에서 60여 기에 이르는 파괴된 돌무지덧널무덤을 정리 발굴하였고, 안동
대학교 박물관에서는 안동 서삼동西三洞에서 네 벽과 천장에 채색벽화가 그려진
고려시대의 무덤을 조사하였다.

　부산대학교 박물관에서는 지방 대학으로서는 비교적 활발한 발굴 활동을 펼
쳐, 이해만도 함양 백천리白川里를 비롯하여 부산의 사직동社稷洞과 복천동福泉洞
등지에서 크고 작은 가야 고분군을 발굴하였다. 특히 복천동 고분군에 대해서는

이해부터 십여 년에 걸쳐 부산시립박물관과 함께 백여 기에 이르는 대규모 발굴을 통해 우리나라에서는 처음으로 유적 현장에 '복천동 고분박물관'을 세울 만큼 대단한 고고학적 성과를 거두었다. 동아대학교 박물관에서도 김해 부원동府院洞 조개더미를 발굴하여 철기시대부터 삼국 초기에 이르는 무덤과 집자리를 아울러 발굴함으로써, 이 유적이 학사적으로 유명한 가까운 회현리會峴里 조개무지와 유사한 성격의 유적이라는 데서 학계의 관심을 모았었다.

춘천 중도中島는 원래 북한강과 소양강의 합류 지점에 이루어진 작은 섬이었는데, 바로 하류 쪽에 의암 댐 조성으로 섬의 상당 부분이 침수되면서 섬 둘레의 포락浦落에 따라 유구가 드러나게 되었다. 드러난 유구가 국립중앙박물관의 지표조사에 의해 확인되었고, 1980년부터 1984년까지 모두 5차에 걸쳐 연차적인 조사가 이루어졌다. 첫해 여름에 조사된 1호 집자리(5.4EW×5 = 0.45m)[249]는 모죽인 네모난 움집으로서 비교적 깊은 편에 속하는 집자리였는데, 바닥 가까이에서 나온 많은 양의 숯으로 보아, 화재가 발생했던 것으로 짐작되었다. 바닥의 가운데에서 북쪽으로 치우쳐 타원형의 화덕자리(0.95×1.2m)가 나왔는데, 화덕은 바닥에 얕은 움을 파고 크고 작은 냇돌을 간 뒤 그 위를 진흙으로 덮고 띠를 둘러 보강한 것이었다. 움집의 벽체를 따라 네 개의 기둥구멍이 확인되었고, 동벽 쪽에서는 굴뚝 시설로 추정되는 진흙 구조물이 발견되었다.그림 104 출토 유물로는 뒤에 중도식中島式 토기로 이름이 붙은 아가리가 벌어진 토기와 함께, 보시기, 시루 등의 후기 민무늬토기와 때린무늬(打捺文)토기, 도끼날모양의 활촉 등 철제 유물이 나왔다. 화덕자리 옆에 놓인 때린무늬 단지 안에는 30그램 정도의 조(粟)가 들어 있었다.

이해 여름에는 국립중앙박물관에 의해 강진 용운리 청자가마[250]에 대한 연차적 발굴로서 제1차 조사가 시작되었다. 원래 강진 지방의 청자 가마에 대한 조사가 국립박물관에 의해서 착수된 것은 1964년으로서, 이때부터 1977년(제9차)까지 꾸준히 조사가 이루어진 곳은 주로 사당리沙堂里 일대가 그 중심이 되었다.

이후 별다른 진척이 없다가 이해부터 시행된 농업용수 개발 사업에 따라 용운리 일대의 청자 가마 5기(6~10호)와 토기가마 1기(1호)가 수몰 지역 안에 들어가게 되면서, 이 가운데 토기가마 1기와 청자 가마 2기(9호, 10호)에 대한 발굴에 착수하게 되었다.

조사자가 '토기 1호' 가마로 이름 붙인 가마는 청자 9호 가마 북서쪽의 토기 쪼가리가 다량으로 발견된 곳으로, 여기에 3개소(A, B, C)의 트렌치를 넣어 조사를 진행하였다. 발굴 결과 대부분 교란된 부식토층으로부터 청자, 토기 쪼가리와 함께 냇돌, 갑발, 가마벽, 잡석들이 숯과 함께 나오는 것으로 보아, 가마가 있었을 것으로 짐작은 되었지만 뚜렷한 유구의 흔적은 발견되지 않았다.

청자 9호 가마에서는 6개소(A-F)의 트렌치 작업을 통해 A트렌치의 부식토층으로부터 청자, 도짐이, 가마 벽 등과 함께 토기 쪼가리가 나와, 가까운 토기 1호 가마와 관련된 퇴적으로 생각되었다. 부식토층 아래에서는 잡석과 자연석으로 두른 구덩(D-1.2m)이 나왔는데, 그 안에는 갑발, 청자, 초벌 쪼가리가 포함된 숯층이 이루어져 있었다. 가마 여부를 확인하기 위해 A와 나란히 B트렌치를 설정해 들어갔으나 뚜렷한 근거를 찾을 수 없었다. 청자 10호 가마에서는 2개소(가, 나)의 트렌치를 남북 간 6미터의 간격을 두고 설정하였으나, 이 가운데 '가' 트렌지만을 시굴하였다. 표토층 아래에서 갑발과 자기 쪼가리가 나오고, 그 아래로는 가마벽 쪼가리와 붉게 탄 흙이 나온 뒤 맨 아래에서 남북 방향으로 조성된 가마의 좌우 양 벽이 나와 가마임을 확신할 수 있었다.

국립경주박물관에서는 이른 봄에 경주 미탄사味呑寺 터251를 발굴하였다. 이 절터에 대한 창건 연대 등은 알 수가 없었지만,『삼국유사』에 나타나 있는 '黃龍寺' 남쪽이라는 기록에 따라 지금의 황룡사皇龍寺 터 남쪽 200미터에 있는 삼층석탑 주위가 미탄사 터로 추정되고 있다. 이해의 발굴을 통해 석제 불두, 석탑 상륜부, 보상화문 전돌의 거푸집, 소형의 금동불 입상과 함께 많은 기와, 토기, 석재 들이 수습되었으나, 전반적으로 교란이 심하여 정확한 사역이나 가람의 실체는 파악하지 못했다. 주변에 흩어져 있던 파손된 탑재들을 모아 삼층석탑을 복원하였는데, 대략 9세기 중엽경의 것으로 짐작되었다.

곧이어 경주박물관에서는 창원 신촌리 고분군252 발굴에 들어갔다. 연초에 일대의 구릉지대에서 정지整地 작업 중에 파괴된 돌널무덤 1기가 드러나고, 여기에서 요령식 동검, 붉은간토기, 돌검과 돌활촉 등이 발견됨으로써 조사가 이루어지게 되었다.

모두 일곱 개 지구(I-Ⅶ)로 나누어 이루어진 발굴을 통해, 집자리 세 채를 비롯하여 판돌널무덤 20기, 깬돌널무덤 2기, 돌덧널무덤 5기, 널무덤 2기, 돌방무덤 2기가 조사되었다. 집자리는 제I지구에서 조사된 세 채(10호, 12호, 17호)가 모두 긴 장방형으로 긴축이 구릉의 경사와 직각으로 등고선을 따라 이루어졌는데, 기둥구멍은 보이지 않았다. 유구와 출토 유물의 상태로 보아 10호, 17호는 민무늬토기시대 전기, 12호는 그 후기에 속하는 것으로 짐작되었다.

판돌널무덤은 네 벽과 바닥에 여러 장의 판돌을 세우거나 깔고, 돌널과 움벽 사이에는 막돌을 채워 보강하였다. 이 밖에 벽체를 판돌 대신 깬돌로 쌓은 돌널무덤이나 돌덧널무덤과 별다른 돌 구조가 나오지 않은 널무덤과 삼국시대의 돌방무덤 등이 나왔다. 출토 유물을 보면, 돌널무덤과 돌덧널무덤에서의 민무늬토기, 붉은간토기, 간돌검과 돌활촉, 돌도끼 등 민무늬토기시대의 유물들로서 두 유형의 무덤에서 별다른 차이가 없는데, 보고자는 돌덧널무덤을 고인돌의 하부 구조로 추정하였다.

가을에 시작된 경주 조양동 고분군[253]에 대한 제3차 발굴은 지난해 여름 제2차 조사 지역의 동쪽 동해남부선 철로를 건너 위치한 곳으로, 이해에는 널무덤과 독무덤 등 이십여 기와 민무늬토기시대의 집자리 한 채를 발굴하였다. 발굴을 통해 전한대前漢代의 일광경日光鏡을 비롯하여 각종 철기류와 조합식 손잡이가 달린 목항아리와 함께 많은 구슬들을 수습하였다. 특히 와질토기로 분류되는 특이한 토기류를 통해 이 지역에서 선사문화와 신라문화를 잇는 과도기 문화, 즉 원사문화의 실체를 밝힐 수 있는 귀중한 자료를 얻을 수가 있었다. 아울러 신라의 국가 형성 연대를 실질적으로 A.D. 1세기까지 올려볼 수 있는 결정적 자료를 얻을 수 있는 발굴로 평가되었다.

이해 여름, 부여박물관에 의해 실시된 부여 정암리 고분[254] 발굴은 일대에 분포된 많은 고분군 가운데 100여 기에 이르는 폐고분 중 15기에 대한 정리 발굴이었다. 발굴을 통해서 여러 형태의 돌방 구조가 나왔는데, 단면이 육각을 이루는 꺾임천장[平斜天井] 형식은 판돌 또는 깬돌과 섞어 짜맞춘 굴식돌방무덤에서 확인되었다.

이 밖에 빗천장[斜天井] 형식의 앞트기식 돌방무덤도 있는데, 이들은 세 벽을 판돌이나 깬돌로 쌓고 나머지 한쪽 벽은 시신을 들인 뒤 밖에서 벽체를 막는 구조였다. 천장이 둥근 터널 형식의 돌방무덤은 공주 지역의 벽돌무덤에서 유래된 것으로 보이지만, 쌓는 데 많은 기술과 노력이 필요하여 널리 유행하지는 못했던 것으로 생각된다. 무덤방 가운데에는 바닥에 도랑을 파서 무덤 밖으로 연결하고 편편한 뚜껑돌을 덮어 배수구 시설을 갖춘 곳도 있는데, 이는 피장자의 신분에 따른 무덤의 구조에 따라 달라지는 것으로 보였다. 출토 유물로는 거의 모든 무덤으로부터 널못이 나왔고, 이 밖에 널고리와 뚜껑접시, 금동제 귀걸이 등이 수습되었다.

늦봄에는 재작년(1978년) 말에 개관했던 국립광주박물관에 의한 첫 발굴로서 광주 무등산 원효사元曉寺 터²⁵⁵ 복원 공사장에서 조사가 이루어졌다. 발굴을 통해 통일신라기에서 고려, 조선 초기로 생각되는 소조塑造의 금박 입힌 불두 48점과 철불 2점 등 모두 300여 점에 이르는 유물들이 수습되었다. 절 주변에는 통일기의 석등 부재로 보이는 받침돌, 지붕돌과 함께 고려조의 삼층석탑과 조선시대 부도 등이 남아 있었다.

문화재연구소 경주고적발굴조사단에서는 연초부터 황룡사皇龍寺 터²⁵⁶ 제5차년도 발굴을 계속하고, 아울러 지난해에 이어 월성月城에 대한 부분 발굴과 감은사 터 전면 발굴을 병행하였다. 황룡사 터에서는 지난해에 이어 강당 동·서 건물 터의 확인 및 토층 조사와 동·서·남 회랑 터의 토층 조사가 이루어지고, 금당 터 앞에서는 석등 터가 확인되었다. 또한 강당의 북쪽과 북서쪽에서는 크고 작은 건물 터 열여섯 곳을 확인하였는데, 지금까지 조사된 회랑 안에서 노출된 모든 유구의 파괴를 막기 위한 별도의 정비 계획이 추진되었다. 이와 함께 토층 조사를 끝낸 발굴 구덩에 대한 원상 복구도 아울러 마쳤다. 이해에는 금동여래입상 등 4,100여 점의 유물을 수습하였다.

1959년의 제1차 발굴에 이어 지난해(1979년)부터 다시 시작된 감은사感恩寺 터²⁵⁷에 대한 제2차 발굴은 연중 모두 세 차례에 걸쳐 이루어졌다. 따라서 이해 봄까지 계속된 2-2차 조사에서는 가람 중심 유구의 노출과 외곽 석축유구에 대한 조사가, 2-3차에서는 유구 축조 상태를 파악하기 위한 토층 조사 등 정밀 조사와 유구 실측 작업이 실시되었다.

이와 같은 모두 세 차례에 걸친 제2차 발굴을 통해 일부 미확인된 부분도 있었으나, 전체적인 가람 배치와 범위는 거의 파악할 수가 있었다. 따라서 제2차 조사에서 일부 확인되지 않은 부분은 그 후 절터에 대한 정비 공사 기간 중인 1982년 가을의 마무리 발굴을 통해 석등 터, 동남 회랑 및 서 회랑 터, 중문 터 앞 석축 등을 마저 조사하였다.

이해 봄의 문화재연구소에 의한 진양 대평리 선사유적²⁵⁸ 발굴은 이해가 그 마지막인 제4차년도 조사로서, 지난 1977년도의 제3차년도 조사 이후 거의 삼 년 만에 이루어진 조사였다. 제3차년도 조사 때에 확인된 1호(가칭) 집자리를 중심으로 확장 조사를 해 나간 결과, 지표로부터 0.9-1.1미터에서 원형 또는 모줄인 방형의 집자리 세 채가 나왔다.

이 밖에 민무늬토기가 가득 차 있었고, 주변이 열에 의해 단단히 굳어 있는 한데가마(露天窯)로 보이는 유구와 함께 고인돌과 돌덧널무덤, 돌널무덤 들이 조사되었다. 고인돌은 당초 지표면에 드러나지 않은 채 조사 과정에서 도굴에 의해 심하게 교란된 상태로 발견되었는데, 여기에서 북쪽으로 4미터가량 떨어진 곳과 동쪽에서 각각 돌덧널무덤 1기와 돌널무덤 2기가 확인되었다. 그때까지의 조사를 통해 고인돌의 둘레에 돌널이 이루어진 예는 이곳이 처음으로서, 복합 유구의 선후 관계를 밝힐 수 있는 중요한 자료였다. 그러나 무덤 안에 부장된 유물의 대부분이 도굴을 당해 보다 정확한 선후 관계를 밝히는 데는 한계가 있었다. 경주에서는 황룡사지 발굴이 막바지에 이를 즈음, 새로이 문화재연구소에 의해 익산 미륵사彌勒寺 터259에 대한 연차적인 발굴이 시작되었다. 미륵사 터는 황룡사에 버금갈 만한 백제시대 최대의 사찰로서, 1974-1975년에 동탑 터를 중심으로 조사가 이루어진 바 있었다

이해부터 시작된 본격적인 조사는 익산 문화권을 중심으로 한 중서부 고도문화권古都文化圈 개발 계획의 일환으로 이 지역에서의 고대 가람의 실태를 파악하고, 유적의 보존 및 정비를 위한 자료를 수집하는 데 그 목적이 있었다. 따라서 장기적인 연차 계획의 수립과 함께 제1차 5개년계획으로 우선 동쪽과 서쪽의 석탑과 당간지주 주변의 발굴 계획부터 착수하게 되었다. 초여름부터 연말까지 계속된 이해의 제1차년도 조사에서는 동탑 터 북편의 동금당東金堂 터부터 시작하여 동탑 터 앞의 동문 터, 북회랑 터와 남쪽의 석축 등을 확인하였다. 주요 출토 유물로는 동탑 터 동편에서 출토된 화강석제의 노반과 동회랑 터와 북회랑 터 이음 부위의 암거暗渠에서 수습된 '官' 명銘의 중국 백자를 비롯하여 많은 와당들이 나왔다.

가을에는 문화재연구소와 한림대학교 박물관이 양주 대모산성大母山城260에 대한 연차적 발굴을 시작하였다. 이 산성은 5-6세기 동안에 삼국이 각축하던 요충지로서 동북쪽이 높고 남서쪽이 낮은 경사지에 이루어졌는데, 북문 터와 남문 터가 남아 있었고, 성안에서는 건물 터와 우물터가 나왔다. 성의 북쪽으로 낮아진 대지에 토루 터가 남아 있었고, 여기에서 많은 저장 구덩이가 확인되었다. 성벽은 바깥쪽 면이 장방형이 되도록 깬돌을 쌓아 올렸고, 보축補築된 성벽은 계

단식으로 조성되었는데, 성문 가운데에서 북문과 남동문 터가 조사되었다. 건물 터는 정상부의 평탄한 암반에서 네 채가 확인되었다. 제1차 발굴에서는 성의 잔존 상태가 좋은 북문 터와 주변 성벽 안팎의 밑바닥에 대한 정밀 조사와 남아 있는 성벽의 실측 조사를 실시하였다. 출토 유물로는 말 모양의 토우와 삼국기의 토기들이 나오고, 활촉과 낫, 도끼, 투겁창, 말재갈, 솥, 보습 등 다양한 철기류와 함께 청동제의 거울, 말, 도장과 개원통보開元通寶 등이 수습되었다. 여기에서 출토된 많은 기와 가운데에는 '德部', '德部舍', '官', '草', '富部', '大浮雲寺', '城' 등의 명문銘文이 남아 있었다. 출토 유물을 통해 이 성이 삼국기에 초축初築되었다가 이후 통일기와 고려시대에 이르러 몇 차례 보수가 이루어졌던 것임을 알 수 있었다.

이해 가을 문화재연구소에서는 부여 서복사西腹寺 터[261]를 발굴하였다. 조사를 통해 이 절의 가람 배치가 중문, 탑, 금당, 회랑이 남북 자오선상에 이루어졌음을 확인하였는데, 금당(5×4칸)은 위아래 두 층으로 기단을 쌓고·사면에 각각 계단을 설치하였음을 알 수 있었다.

정방형(8×8m)의 목탑(3×3칸) 터 중심부에서는 기둥구멍이 뚫린 심초석이 발견되었다. 회랑 터는 동서로 나뉘는데, 동회랑은 기단을 잡석으로 채웠고, 서회랑은 기와를 차곡차곡 쌓아 만들었다. 중문(3×1칸)은 당초부터 경사면에 세웠던 것으로 추정되었다. 출토된 망새〔鴟尾〕와 소조塑造 불두, 금동판, 금동제의 띠꾸미개〔銙板〕와 등뚜껑〔燈蓋〕, 벽화 쪼가리 등 중요 유물로 보아, 이곳이 백제 왕실의 원찰願刹 성격이 강한 중요한 사원이었던 것으로 짐작되었다.

문화재관리국 조사단에 의해 초여름부터 시작한 신안 해저 유물 인양 유적[262]에 대한 제6차 조사에서는 뱃머리 부분에 대한 조사 결과, 지금까지 확인되지 않았던 칸막이벽 두 개가 더 발견되어 배의 규모를 좀 더 자세히 파악하게 되었다. 또한 선체 보완재인 늑골이 발견되어 단면 조사 결과 중국식 선박임을 재확인할 수 있었다. 선체 안에 흩어져 있던 모든 유물을 인양하였는데, 청자 1,112점과 자단목紫檀木, 선체 쪼가리 일부 등을 수습하였다. 이해의 두 달 동안 조사에 동원된 조사원은 671명, 해군잠수사 55명, 해군함정 두 척, 행정선과 바지선 각 한 척, 트럭 두 대, 이 밖에 공기부양기Air Lift와 수중 티브이, 수중 카메라, 잠수 장비 각 1식 등의 장비들이었다.

김포 덕포진德浦鎭 포대砲臺 터[263]가 있는 돈대墩臺의 위치는 한성으로 통하는 바닷길의 전략 요충지로서, 병인丙寅, 신미辛未 등 두 차례의 양요 때에는 상대국의 함대와 싸웠던 격전지였다. 문화재관리국에 의한 조사에서는 포탄 일곱 개와 상평통보常平通寶가 나왔고, 건물 터(3×2칸)에서는 주춧돌과 화덕자리가 나왔는데, 여기에 석벽이 둘려 있었다. 또한 돈대 터에서는 고종 연간에 만들어진 대포와 포탄이 발굴되어 전략적으로 매우 중요한 곳이었음을 보여 주었다.

경주사적관리사무소에서 가을에 실시한 경주 천룡사天龍寺 기와 가마터264 발굴은 남산의 서쪽 기슭에 4미터 간격을 두고 이루어진 두 곳에 대해 동시에 이루어졌다. 약 30도 경사의 산 비탈면을 남북으로 길게 파 들어간 두 가마 중 1호 가마는 소성실燒成室 전체가 대부분 유실되었고, 2호 가마(12.3×1.7m)는 천장의 일부 함몰된 부위와 굴뚝을 빼고는 거의 원 모습을 유지하고 있었다.

2호 가마는 비교적 큰 규모의 가마로서 바닥에는 암키와를 서너 겹으로 깔아 생기와를 쌓아 올리기 위해 적당한 간격으로 받침 시설을 만들고, 가마 끝 쪽에는 수키와를 넉 줄로 배열하여 길게 깐 원래의 모습을 갖추고 있었다. 가마 앞쪽에는 불 땐 재층이 기와 쪼가리들과 뒤섞여 있었는데, 여기에서 통일기에서부터 고려, 조선 초기에 이르는 300여 점의 기와들이 나와 이 가마가 이곳 천룡사에 기와를 공급하기 위해 특별히 조성된 사찰 전용專用의 가마였을 것으로 짐작되었다.

가을에 이루어진 연천 전곡리 선사유적265 발굴은 네 개 대학 박물관(건국대학교, 경희대학교, 서울대학교, 영남대학교)이 연합으로 참가한 제3차 조사였다. 지난해에는 두 차례에 걸쳐 모두 다섯 개 팀이 참여했지만, 이 가운데 국립중앙박물관 팀이 자체 사정266에 따라 빠지고, 나머지 네 개 대학 팀에 의해 조사가 계속되었다. 대신 문화재연구소가 발굴 업무를 직접 담당하기로 하고, 아울러 발굴단의 시설과 장비를 확충해 나가기로 하였다.

발굴에 앞서 지표 조사 결과에 따라 제2지구 및 제3지구의 남쪽 일대를 보존지구로 정하고 발굴 중인 제2지구 일부와 제1지구를 학술 조사 지구로 정해 각 팀별로 피트를 분담하여 조사를 계속해 나갔다. 발굴 완료 후 발굴단과 관련 분야 전문가들의 회의에서 보다 정확한 층위의 성격을 밝히기 위해 토양 분석을 반복하고 꽃가루〔花粉〕 분석의 재시도 문제가 논의됐다. 또한 일본 도쿄대학의 지구물리학교실에서 실시한, 이곳에서 채취한 현무암에 대한 K-Ar(포타시움 아르곤) 계측에 의한 연대 측정 결과 '27만년 상한上限'이라는 보고267가 나왔다.

연말에는 하남 미사리 선사유적[268]에 대한 발굴이 서울대학교를 비롯하여 숭전대학교, 한양대학교, 고려대학교 등 서울 소재 네 개 대학 박물관의 연합 팀에 의해 이루어졌다. 미사리 유적이 처음 발견된 것은 1960년으로서, 이때 빗살무늬토기 유적으로 학계에 소개[269]되면서 처음 알려지게 되었다. 그러다가 이해에 유적의 성격을 밝히기 위한 정식 발굴 조사가 처음으로 실시되었고, 조사 결과 그때까지 신석기시대의 유적지로만 알려져 왔던 이 유적에 청동기시대와 원삼국시대의 유적도 공존하고 있음을 확인할 수가 있었다.

현 지표에서 생토면까지 유물 포함층의 두께는 2.3미터로서, 모두 일곱 개의 층위를 이루고 있었다. 표토를 포함한 위의 세 개 층은 경작 등에 의한 교란층이었지만 원삼국기의 토기들이 수습되었고, 그 아래 제4층에서는 민무늬토기와 함께 도끼와 끌 등 석기류가 포함된 집자리(3.2×3.4m) 한 채가 나왔다. 그 아래 제5층은 유물이 포함되지 않은 비非문화층이었고, 제6층 및 제7층에서는 아가리와 몸통에 서로 다른 무늬를 나타낸 뾰족 바닥의 빗살무늬토기가 주류를 이루었다.

그러나 이해의 조사가 미사섬 동북단의 매우 좁은 범위에 국한된 소규모의 발굴이어서, 미사리 유적의 성격과 유구 및 문화층의 분포 범위를 정확히 파악하는 데는 한계가 있었다. 따라서 이곳 미사리 유적에 대한 본격적인 조사는 그 뒤 경기 지역 한강 종합 개발 사업의 일환으로 세 차례(1987-1992년)에 걸쳐 숭실대학교를 비롯한 연합 발굴단에 의해 이루어졌다.[270]

이에 앞서 숭전대학교 박물관에서는 수원 서둔동 집자리[271] 제2차 조사를 실시하였으나, 이해에는 원삼국시대 집자리 2호와 3호를 확인하였고, 시굴 구덩을 따라 확장해 나가는 선에서 제3차년도 조사로 미룰 수밖에 없었다.

이해 여름부터 가을 사이에는 그동안 중원中原 지방에서 연차적으로 이루어져 온 구석기시대 유적들이 집중적으로 조사되었다. 우선 제천 점말 용굴龍窟에서는 연세대학교 박물관에 의한 제7차 마지막 조사가 이루어지고, 충북대학교 박물관에서는 청원 두루봉의 새굴, 처녀굴 조사를 여름(8차)과 가을(9차) 두 차례에 걸쳐 실시하였다.

제천 점말 용굴[272]에서는 1973년 첫 발굴을 시작한 이래 모두 일곱 차례에 걸친 조사를 거쳐 이 해에 마무리를 보게 되었다. 동굴 유적(12NS×1 = 2m)은 좁고 긴 틈굴로서, 동굴 안은 4미터 두께의 퇴적층을 이루는데, 모두 7개 층으로 구분되었다. 7개 층 가운데 유물 포함층은 Ⅳ층·Ⅴ층·Ⅵ층으로, 동굴 안에서 형성된 낙반석과 동굴 밖에서 날려 들어간 흙들이 쌓여 이루어진 층이었다. 여기에서는 홍적세Pleistocene에 살았던 짐승들의 화석과 뼈 연모, 석기류와 함께 화덕자리와 숯이 나와 취사와 난방을 위해 굴 안에서 불을 지폈던 것임을 보여 주었다. 아래쪽의 흰 모래층에서는 18종의 짐승 화석이 나왔는데, 이 중에는 말이나 하이에나와 같이 지금은 멸종된 것들도 포함되어 있었고, 위층에서 나온 서른일곱 종 가운데에도 말이나 하이에나 외에 원숭이, 들소, 동굴곰 외에 털코뿔이와 같은 화석이 포함되어 있었다.

그런데 이곳으로부터 석기다운 석기가 나오지 않을 뿐 아니라 뼈 연모나 조각품으로 주장하는 유물들도 인공 유물로 보기에는 미흡하다는 일부 국내외 학자들의 지적[273]이 나오면서 유적의 신빙성에 대한 문제가 제기되었다. 따라서 이와 같은 유적이나 유물 들의 진상이나 정확한 성격에 대해서는 앞으로 연구가 보다 심층적으로 이루어지면서 차츰 풀어 나가야 할 문제로 생각되었다.

청원 두루봉 유적[274]에서의 새굴과 처녀굴에 대한 여름과 가을 두 차례 발굴에서도 다양한 짐승 화석을 수습할 수 있었다. 새굴은 높고 가파른 절벽에 이루어진 동굴로서 옛코끼리의 상아가 발견되었고, 굴의 구석 쪽에서는 사슴의 머리뼈도 나왔다. 이 밖에 세 개 층위로부터 채취한 시료에서 많은 꽃가루와 나비의 날개비늘이 검출되었는데, 앞서 짐승들의 화석과 함께 당시의 따뜻하고 건조했던 기후를 나타내 주는 자료들이었다. 처녀굴로부터는 거의 완전한 개체의 곰 뼈와 쌍코뿔이, 꽃사슴 등의 화석이 나왔는데, 이것들이 정연하게 의도적으로 배치된 것으로 보아 당시에 이곳에서 어떤 의식儀式이 치러졌던 것으로 짐작되었다.

충남대학교 박물관에 의해 지난해 가을부터 시작된 부여 정림사定林寺 터[275] 발굴에서는 연말까지의 중문 터와 금당 터의 조사에 이어 올해의 조사에서는 강당 터를 비롯하여 약 1만 제곱미터(3,000평)에 이르는 사역 전체에 대한 조사를 마칠 수가 있었다. 강당 터에는 적심석積心石들이 비교적 정연하게 남아 있어 그 평면 구조(7×3칸)를 쉽사리 파악할 수 있었다.

그러나 이 구조는 지금 남아 있는 고려 석불좌상이 안치되었던 재건 당시의 것으로서, 이들 적심 아래에서 백제기의 것으로 보이는 기초석들이 나왔는데, 대략 재건 시의 것들과 비슷한 배치로 짐작되었다. 한편, 강당 터의 서편에서 사역의 서북 귀퉁이에 이르는 구역은 현 지표면이 유적면 밑으로 내려가 아무런 유구도 나타나지 않아 조사를 생략하였다.

지난해부터 해를 넘기는 조사를 통해 망새 등 많은 와전류나 토기류와 함께 고대의 조각공예 연구에 귀중한 자료인 소조불과 토제의 인형 등이 출토되었다. 충남대학교 박물관에서는 이 밖에 연말에는 서산 해미읍성海美邑城 발굴276을 시작하여 이듬해 봄까지 계속하였는데, 발굴 결과 지금의 동헌 서쪽에서 객사客舍 터가 나왔다. 또한 지금의 아문衙門 서쪽 30미터에서 옛 아문 터가 확인되었고, 관아 외곽의 돌담장 터가 드러났다.

한편, 가을에는 공주사대 박물관에서도 백제권 개발 계획의 일환으로 공주 공산성公山城277 발굴을 실시하여 군창軍倉과 임류각臨流閣, 동문, 연지와 조선 후기에 건립된 만하루挽河樓 등 옛 건물 터를 발굴하였다. 이 과정에서 백제시대의 외성을 찾아냄으로써 공산성이 종래 정설이었던 포곡식包谷式이 아닌 테뫼식임을 밝힐 수 있게 되었다.

군창 터에 대해서는 몇몇 기록을 통해 그 위치만 추정되어 왔는데, 이번 발굴에서 나온 33개의 주춧돌과 함께 구조상으로도 저장 창고로서의 기능에 유사함을 알 수 있었다. 임류각 터로 추정된 곳에서는 발굴 결과 정방형의 건물 터(6NW~SE×5칸, 10.4×10.4m)가 확인되었고, '流' 명銘이 있는 기와 쪼가리가 수습됨으로써 이곳이 동성왕 때(500년)에 궁의 동쪽에 세워진 누각으로 기록되어 있는 건물 터임을 확신할 수가 있었다. 여기에서는 기와와 토기, 자기 등이 다양하게 출토되었는데, 이 가운데 백제시대의 유물인 단판팔엽單瓣八葉 연화문 와당을 비롯하여 세발 토기 등이 대략 5세기 말에서 6세기 전반에 해당되어 임류각의 조성 연대와 거의 일치함을 알 수 있었다.

한편, 동문 터에서는 원위치에서 나온 두 개의 문돌과 함께 조선시대의 유구(6.45×2.46m)가 드러났는데, 이 발굴 조사를 토대로 하여 1988년에는 동문을 복원하였다. 이 밖에 외성 위에 터를 잡은 만아루挽阿樓(16×7m)는 공주 시가지가 한 눈에 들어오는 연회 장소로 추정되었는데, 백제의 연꽃무늬 기와와 세발 토기(三足土器) 각 3점이 나오고, 고려와 조선조의 기와도 다량으로 출토되었다. 또한 연지는 곰나루 터가 있는 강줄기와 접한 곳으로, 지표 아래 1-1.2미터에서 자연석으로 쌓아 올린 둑이 나오고, 물을 빼내던 출수관 두 개가 발견되었다. 이들 유구에 대해서는 조사가 완전히 끝난 후 백제권 개발 계획에 따라 복원되었다.

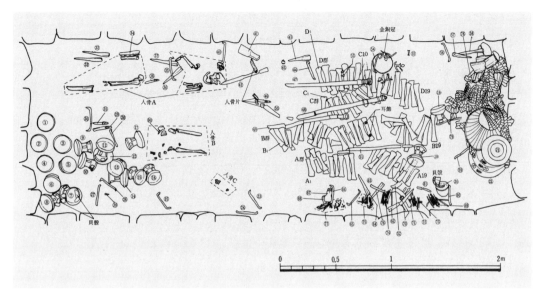

그림 105. 부산 복천동 11호 무덤 출토 유물 배치도.

이해 여름부터는 지난해에 이어 전북대학교 박물관에 의한 남원 만복사萬福寺 터[278] 제2차 발굴이 계속되었다. 지난해의 제1차년도에 조사된 유구가 금당 터로 판단됨에 따라, 추정 탑 터와 그 주변에 이루어졌을 유구를 파악하기 위해 800여 평을 발굴해 나갔다. 이해의 조사에서는 목탑, 중문, 북금당 터와 함께 남회랑과 강당의 일부로 추정되는 건물 터가 확인되었다. 또한 남회랑 터의 탐색 과정에서 당간지주幢竿支柱와 석인상石人像의 하부가 노출되었지만 이에 대한 조사는 절터에 대한 막바지 정화 작업 때에 실시키로 하고 일단 보류하였다.

연말에 원광대학교 마한·백제문화연구소에서 조사한 익산 보덕성報德城 터[279]는 금마면 오금산五金山에 있는 삼국시대의 산성인데, 토석 혼축混築으로 이루어져 있었다. 오금산성五金山城 또는 익산토성益山土城으로도 불리는 이 산성의 조성 시기는 출토 유물로 보아 6세기 말에서 7세기 초의 삼국시대 말경으로 짐작되었다. 산성은 둘레 690미터가량의 포곡식으로, 남문 터와 수구水口 터, 건물 터가 남아 있었는데, 남문 터의 기초 부분은 네모난 돌을 쌓아 올리고, 그 속은 잡석으로 채운 뒤 모래와 점토를 번갈아 메워 판축식版築式의 적심을 이루었다. 남문 터 (4.8×4.2m)의 바닥에는 돌을 깐 흔적이 보이고, 출입구 위에는 문루가 설치되었던 것으로 여겨지는데, 성터 두께는 5.5미터가량이었다. 발굴 때에 성안에서는 벼루와 세발토기, 단지받침, 도장 찍힌 기와 쪼가리 등이 출토되었다. 이 조사에 이어 제2차 조사는 한참 뒤인 1984년 여름에 계속되었다.

여름에는 경북대학교 박물관에 의해 의성 장림동 고분[280]이 발굴되었다. 남북으로 흘러 안동에서 낙동강과 합류하는 미천眉川 상류의 구릉(+150m) 동서 사면에 이루어진 백여 기의 고분군 가운데 66기가 조사되었다. 이들의 대부분은 도굴된 것들로서 봉토가 온전히 남아 있는 것은Ⅲ-7호(D-4 = 1.5m) 단 1기로 비교적 소형이었다.

유구의 배치 상태로 보아 하나의 묘역에 여러덧널식 무덤이 한데 이루어진 것들로, 무덤의 대부분은 구덩식돌덧널인데 크게 두 가지 유형으로 나누어졌다. 하나는 돌덧널의 네 벽체에서 아래쪽에는 작은 판돌을, 위쪽에는 편편한 깬돌을 쌓아 올린 것들로, 대개 소형의 돌덧널(1.5~3×0.5~1m)들이 여기에 속하는 것들이었다. 다른 하나는 네 벽면 전체를 조잡하고 네모난 깬돌로 쌓아 올린 것들로, 비교적 대형의 것(≒3.3×1.2 = 1.3m)들이 이 방식을 취하고 있었다. 부장품으로는 금동제나 청동제의 귀걸이와 손칼, 낫, 활촉 등 철기류가 나왔는데, 토기류는 대부분 5-6세기에 속하는 양식으로 보였다. 다만 부장품의 품격으로 보아 같은 지역의 탑리塔里 고분 등으로부터의 그것들에 비해서는 아래 계층에 속하는 집단들의 무덤들로 생각되었다.

연말께에는 안동대학교 박물관에 의해 안동 서삼동 고려 벽화고분[281]이 조사되었다. 무덤의 봉분은 예의 고려 고분에서와 마찬가지의 네모난 지대석(4.1NS×2.9m)을 두르고, 그 위에 봉토(H-0.5~0.6m)를 올린 네모난 무덤〔方形墳〕이었다. 봉토 아래에 이루어진 돌방(2.3NS×0.96 = 0.9m)의 네 벽과 천장은 모두 각 한 장의 편편한 화강암으로 이루어졌는데, 벽면에 회칠을 하고 여기에 그림을 그렸다. 네 벽면에는 방위에 따라 사신도四神圖를 그렸고, 천장에는 입십팔수二十八宿를 나타내는 170여 개의 별이 초록색의 바탕에 붉은 점으로 그려진 별자리그림〔星辰圖〕 등이 그려져 있었다.

무덤 둘레에서는 의식 행위를 위한 것으로 보이는 제사 유구 두 곳이 나왔는데, 한 곳은 봉토의 남쪽 지표 아래에서, 다른 하나는 북쪽 돌담장의 윗부분 돌틈에서 나타났다. 봉토 아래에서는 불에 태운 개 뼈를 묻은 구덩이가 나왔고 돌담장 틈새에는 토기 한 개를 끼워 넣어 두었다. 돌방 안의 유물은 대부분 도굴당한 상태였으나, 해동통보海東通寶 등 고려 화폐와 황송통보皇宋通寶 등 송대宋代의 화폐와 함께 동전 열여섯 점, 널못, 널고리, 꺾쇠, 쇠손칼, 석조각 등 일부 부장품만 널방 안에서 수습되었다. 돌방 안에 그려진 사신이나 별자리그림과 함께 모난 봉분의 모양 등을 통해 고구려 무덤의 전통을 엿볼 수 있었다.

한편, 부산대학교 박물관에서는 그동안 비교적 뜸했던 고분 조사에 박차를 가해 올해 들어 서부 경남과 부산 지방에서의 활발한 발굴이 이루어지게 되었다. 이해 봄에는 한 요업窯業 회사의 공장 부지 조성에 따라 함양 백천리 고분군[282]에 대한 긴급 조사를 실시하였다. 함양군 관내에 분포한 많은 고분들 가운데 가장 중심에 위치한 고분군으로서 함양 분지의 낮은 구릉 위에 입지하고 있었는데, 이 가운데 대형 봉토무덤(D-20~30 = 2~3m) 5기와 소형(D-10 = 2~3m) 21기가 조사되었다. 무덤들은 대부분 냇돌을 쌓아 만든 구덩식 돌덧널무덤들인데, 봉토무덤의 경우 대형 덧널과 한두 개의 중소형의 덧널을 나란히 배치한 여러덧널식무덤이었고, 소형 무덤들은 외덧널식이었다.

조사된 여러 고분들 가운데 우선 보고가 이루어진 1호 무덤은 봉토(D-13 = 2m) 아래에 대형의 길쭉한 돌덧널(7.35NS×1.2 = 1.75m) 한 개와 소형 두 개가 나란히 만들어졌다. 대형 돌덧널 바닥에서는 열 개의 기둥구멍이 확인되었고, 대형 꺾쇠가 나온 것으로 보아 나무덧널과 같은 시설물이 이루어진 것으로 보였다. 출토 유물을 보면 돌덧널 양 끝에는 주로 토기류를 부장하였고, 북침北枕으로 보이는 머리맡에는 화살통장식(胡籙金具)과 마구류가 놓여 있었으며, 이 밖에 금귀고리와 두 자루의 고리자루긴칼(環頭大刀) 등 갖가지 다양한 부장품들이 나왔다.

이에 앞서 이른 봄, 부산대학교 박물관에서는 부산 사직동社稷洞 고분[283]을 발굴하였다. 아파트의 건립 부지 안에 있던 이 폐고분은 오래전부터 노출되어 온 돌덧널무덤으로서 풍화암반을 파고 구덩이를 판 뒤 돌덧널(1.95NS×0.7 = 0.7m)을 만들고, 그 위에 4매의 뚜껑돌을 씌운 것이었다. 돌덧널의 동서 양 긴벽은 비교적 큰 깬돌을 2-3단으로 쌓고, 양 마구리벽은 큰 판돌을 각 한 장씩 세워 짜 맞추었다. 진즉부터 노출되어 왔기 때문에 유물은 단 한 점도 나오지 않았지만, 현지의 고로古老들이 여기에서 청동제 합盒이나 숟가락이 나왔다는 것으로 보아서는 고려시대의 분묘였을 것으로 짐작되었다.

부산대학교 박물관에서는 이해 가을 들어 부산 복천동 고분군[284]에 대한 새로운 연차적 발굴 조사에 착수하였다. 원래 이 고분군에 대한 발굴은 1969-1973년 사이에 동아대학교 박물관에 의해 십여 기의 고분이 처음으로 조사되었다가,

이듬해인 1974년에는 부산대학교 박물관이 이를 이어받아 3기의 고분을 수습 조사하게 되었다.

그러나 이때까지의 발굴이 대부분 주택이나 택지 조성 공사에 따른 산발적이거나 구제성의 긴급 발굴이어서 이러한 대규모 유적의 성격을 밝히는 데는 한계가 있었다. 따라서 이 유적에 대한 학술적인 중요성이 인식됨에 따라 본격적인 발굴 계획이 수립되면서 우선 초가을의 열흘 동안에 예비 조사가 이루어졌다. 곧이어 착수되어 이듬해 초봄까지 거의 넉 달 동안 계속된 정식 발굴 조사를 통해서 널무덤 6기, 구덩식돌방무덤 12기, 두 형식이 결합된 무덤 4기, 널무덤끼리 결합된 5기 등 모두 27기가 확인되었다.

널무덤의 경우, 소형은 널 또는 덧널을 사용했던 것 같으며, 대형은 널과 덧널을 함께 설치했던 것으로 보였다. 한편, 구덩식돌방무덤의 경우, 소형은 통상 가야식과 같고 대형은 복천동 1호 무덤과 같은 형태로, 이곳에서는 가장 늦은 시기에 속하는 것들이었다. 유물은 파괴되지 않은 널무덤과 돌방무덤에서 엄청난 양이 출토되었다. 토기류로는 굽구멍(透窓)이 없는 굽다리접시를 비롯하여 다양한 그릇받침과 입큰단지 등 지역적 특색이 강한 토기가 주류를 이루었다. 철기류로는 갑옷과 투구, 고리자루긴칼 등 각종 무구류와 말투구 등 마구류를 비롯하여 많은 덩이쇠가 무더기로 출토되었다.

이 밖에 수화형樹花形의 솟은장식이 달린 금동관이나 일곱가지방울(七頭鈴) 등의 위세품威勢品도 나와 이 고분들의 격을 말해주고 있었다. 특히 이곳에서 묘제나 부장 유물 외에 주목되는 것은 순장의 흔적들이었다. 완전한 돌방무덤이었던 11호와 22호에서는 주인공 외에 적어도 세 명 정도의 다른 사람 뼈가 나왔고, 그외에 딸린방인 널무덤에서도 이빨이나 뼈가 수습되었다.그림 105

이해 봄부터 여름에는 동아대학교 박물관에 의해 김해 부원동 조개무지[285]에 대한 발굴이 이루어졌다. 유명한 이웃 봉황동鳳凰洞(＝會峴里) 조개무지 유적에서 동쪽으로 1킬로미터 정도 떨어진 야산의 동서 양 비탈면에 이루어진 원삼국시대의 유적으로, 서쪽(A지구)과 동쪽(B지구)의 조개무지 지역과 동쪽의 민무늬토기 산포 지역(C지구) 등 세 개 지구로 구분되었다.

A지구에서는 생토층 위로 모두 다섯 개 층(V~I)이 차례로 이루어져 있었는데, 이 가운데 맨 위의 경작층(I층)과 맨 아래 부식토층(V층)의 사이에 형성된 세 개 층(II~IV)만 조가비층을 이루고 있었다. 각 층위에서 나온 유물의 특징은

약간 달랐지만, 종류는 대체로 같은 것들로서 토기, 철기, 골각기, 석기와 쌀, 보리, 밀, 조 등 탄화된 곡물들이 출토되었다. 맨 아래의 부식토층에서는 세 채의 집자리가 나오고 그 아래에서는 2기의 무덤이 나왔는데, 집자리는 각각 둥글거나 네모난 움집터와 반움집터, 그리고 주춧돌을 갖춘 길게 네모난 누각집자리(高床家屋)들이었다. 2기의 무덤 가운데 돌널무덤은 맨 아래 조가비층인 Ⅳ층에서, 널무덤은 그 아래 생토층에서 나왔다.

B지구의 퇴적층은 조가비층 위에 경작과 민묘 조성이 이루어지면서 대부분 교란되고, 바닥층의 일부만 남아 있었다. 이곳도 A지구에서와 같이 다섯 개 층으로 구분되었으나, 중간층인 Ⅲ층이 여기에서는 모래층으로 이루어져 있었다. 이곳에서는 특별한 생활 유구가 발견되지 않았으며, 유물로는 토기와 골각기, 석기, 탄화미 등이 출토되었다. 토기로는 회청색계와 민무늬토기의 특징을 갖춘 연질계의 토기가 나오고 석기로는 간돌칼 등이 수습되었는데, A지구보다 다소 이른 시기인 1-2세기의 농경민 집단으로 보고 문헌상의 가락국 형성기에 해당되는 것으로 짐작하였다.

C지구는 B지구에 인접한 경작지로서, 지표 아래 1.5미터에서 모두 화덕자리를 갖춘 둥근 움집터 세 채가 나오고, 그 위 퇴적층에서는 토기, 철기, 골각기, 석기, 탄화곡물이 출토되었다. 토기로는 회청색과 적갈색 계통의 연질토기가 주류를 이루는데, 그 종류와 특징에서 B지구의 그것과 같은 것으로 보아 같은 주민들에 의해 형성된 유구들로 생각되었다.

이 밖에 주조 쇠도끼와 함께 칼자루, 점뼈, 활촉 등 골각기와 홈자귀, 도끼, 갈돌 등 다양한 석기류가 출토되었고, 탄화곡물로는 자포니카Japonica종 쌀과 팥 껍질이나 머루씨앗 등이 나왔다. 유적의 성격으로 보아 가락국 성립 초기부터 중흥기에 이르는 시기로 보이며, 특히 A지구는 김해식 토기에서 신라·가야 토기로의 과도기적 유적으로서, 학계에서는 이 과도기적 시기를 이른바 부원동기로도 부르고 있다.

이해 북한에서는 전년도에 이어 평양 남경南京 유적과 만달리萬達里 동굴 유적에 대한 제2차 조사를 계속하는 한편, 상원祥原 용곡龍谷 동굴과 황해도 신평新坪 선암리仙岩里 돌널무덤을 조사하였다. 이 밖에 발해 정효공주貞孝公主 무덤에 대한 연차 발굴을 새로 시작하는 등 1970년대 말에 이르기까지 오랫동안 계속되

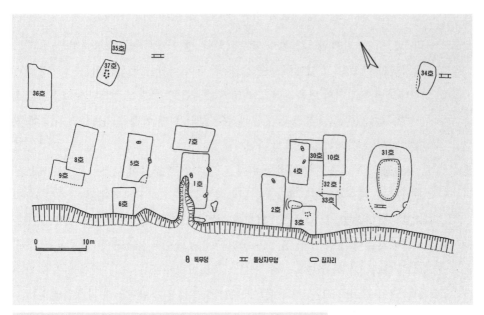

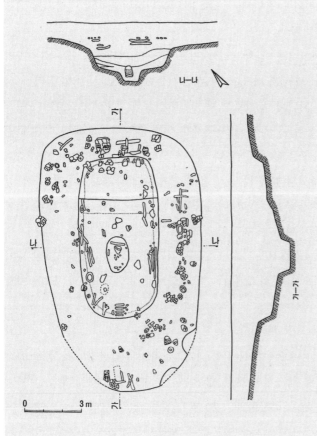

그림 106.
평양 남경 유적 1지구 유구 배치도.

그림 107.
평양 남경 유적 31호 집자리의
평면도(가운데)와 단면도들.

었던 침체기로부터 벗어나 모처럼 활발한 발굴 활동이 전개되었다.

지난해에 시작된 평양 호남리湖南里 남경 유적[286]에 대한 발굴은 이해가 제2차 년도에 해당되는 조사로서 이 발굴은 이듬해까지 계속되어 평양 지역의 신석기 에서 청동기 문화 연구에 새로운 기운을 불러일으켜 준 매우 중요한 유적이라고 할 수 있었다.

이해에는 신석기시대 집자리 1채(31호), 청동기시대의 집자리 4채(10호, 18 호, 19호, 30호)와 무덤 2기(2호, 3호), 철기시대 무덤 3기(7~9호)를 조사하 였다.그림 106 신석기시대 집자리 중 가장 특징적인 제31호는 타원형의 반움집 (13.5NS×8.4 = 0.2~0.5m)인데 가운데에 다시 움집(8.4×4.2 = 1.2~1.4m)을 파서 또 하나의 움집이 들어앉은 특이한 구조로서, 지금까지 알려진 신석기 집 자리 가운데 가장 큰 규모였다.그림 107

움벽의 네 모서리에는 지름 30-40센티미터 되는 기둥자리와 지붕 시설로 보 이는 숯이 나오고, 복판에서는 불 피우던 자리가 남아 있었다. 윗단에서는 동반 부에 치우쳐 작은 그물추 이천여 점과 함께 갈돌, 갈판, 도끼 등 석기류가 크고 작은 토기류와 함께 수습되었다. 아랫단에서는 육백여 점의 그물추를 비롯하여 도끼, 끌, 대패날, 칼, 갈돌 등 석기류가 크고 작은 질그릇과 함께 출토되었고, 서 북쪽의 굵은 기둥 가까이에서는 한 되 정도의 탄화된 조와 도토리 알이 수습되 었다.

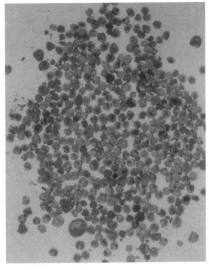

사진 34.
평양 남경 유적에서
출토된 탄화된
벼(왼쪽)와 조.

이해에 조사된 청동기시대의 집자리 네 채는 모두 바닥에 진흙을 깔고 다진 것들이지만 10호와 30호만 구조를 짐작할 수 있었고, 나머지는 훼손이 심하여 상태 파악이 어려웠다. 한편, 청동기시대의 돌상자무덤 2기와 철기시대의 독무덤 3기는 모두 제1지점에 집자리와 함께 이루어져 있었다.

특히 이듬해(1981년)에 제1지점에서 조사된 네 채의 청동기시대 집자리(33-36호) 가운데 36호 집자리로부터는 벼를 비롯한 오곡(콩, 조, 기장, 수수)의 낟알들이 집자리의 한가운데 지름 1미터의 범위에서 흙 속에 뒤섞여 나왔다.사진34 이 집자리에 대한 C-14 연대 측정 결과 999±72 B.C.라는 절대연대치를 얻음으로써 이 지역에서의 벼를 비롯한 농경문화 연대의 일단을 살필 수가 있었다.

지난해에 이어 이해 봄부터 여름까지 이루어진, 평양 만달리 동굴유적[287]에 대한 제2차 조사에서는 동굴 안을 밑바닥까지 완전히 드러내기 위한 전면 발굴을 진행해 나갔다. 이 과정에서 동굴 안의 퇴적 상태를 파악하기 위해 동굴의 남벽에 붙여 긴 둑(6~7×0.5m)을 남겼다. 여기에서는 위에서부터 신석기시대 (0.2~0.3m), 후기 구석기시대(1.6~2.0m), 후기 갱신세更新世(Upper Pleisto-cene: 0.4m)에 이르기까지 세 개의 퇴적층이 차례로 형성되어 있었다. 맨 위의 신석기층에서는 돌활촉, 뼈송곳, 토기 쪼가리와 함께 사람 뼈가 나왔고, 그 아래의 구석기층에서도 20-30세 정도로 추정되는 남자 뼈가 나와 '만달사람'으로 명명하였다. 조사자들은 이를 인류 진화상 신인新人(Homo sapiens sapiens, 슬기슬기 사람) 단계에 속하는 것으로 보고, 현대 한국인의 직접 조상으로 추정하였다. 중간층에서는 이 밖에 흑요석, 몸돌[石核] 등 석기류와 골각기가 열세 종에 이르는 동물 화석과 함께 수습되었고 맨 아래층에서는 산토끼 등 스물네 종의 각종 동물 화석이 출토되었다.

상원 용곡 동굴유적[288]은 평양 동남쪽 45킬로미터의 문포천文浦川 가에 우뚝 솟은 호장산 벼랑 중턱(1호)과, 여기에서 동쪽으로 2킬로미터 정도 떨어진 핵골의 골짜기(2호)에 위치해 있는 석회암동굴 유적이었다. 두 동굴에 대한 조사는 이해 봄에 예비 조사를 거쳐 본 조사에 들어가 이듬해 여름까지 계속되었다.

제1호 동굴에서는 강바닥으로부터 20미터 높이에 동남향으로 이루어진 입구 (5~6＝3m)로부터 40미터 구간까지 조사하여, 13층으로 이루어진 두께 21미터에 이르는 깊은 퇴적층을 확인하였다. 13층 가운데 문화층은 제8층 이상의 5개 층으로, 여기에서 구석기와 신석기 유물을 포함하여 인류 화석과 많은 양의 동물 화석을 수습하였고, 각 층으로부터 여러 화덕자리도 드러났다. 보고자는 제8~11층을 중기에서 후기 갱신세로 보았는데, 제8층, 제9층에서 검출된 석순 石筍에 의한 열형광(T/L) 연대 측정을 통해 40만~50만년±10%의 결과가 나왔다.

제2호 동굴은 산봉우리의 벼랑 밑에 남향으로 뚫린 쌍굴로서, 주변에는 많은 고인돌이 무리를 이루고 있었다. 동굴 안에는 3.9미터의 두께로 모두 10개의 퇴적층이 이루어져 있었는데, 이 가운데 문화층으로 확인된 곳은 8~10층의 세 개 층뿐이었다. 제1문화층으로부터는 갖가지 제작 기법으로 만들어진 뗀석기들이, 제2문화층에서는 다양한 석기류, 뼈도구, 사람과 동물 뼈, 백여 점에 이르는 토기류와 함께 화덕자리도 확인되었다.

신평 선암리 돌널무덤[289]은 대동강의 지류인 남강변에서의 공사 중에 비파형단검이 발견되었다는 통보에 따라 이해 봄에 사리원역사박물관에서 조사하였다. 각기 1킬로미터 정도 동떨어진 위치에서 돌널무덤 2기(138~140NS×50~60 = 50~60cm)가 확인되었으나, 파손이 심하여 대략 비슷한 돌널의 크기로만 짐작할 수 있었다. 바닥과 뚜껑으로는 넓적한 판돌을 깔고 덮거나(1호), 크고 작은 돌을 반듯하게 깔았다(2호). 출토된 유물로는 제1호 무덤에서 날 부분에 돌기가 없는 변형된 비파형동검 한 점과 함께 돌활촉 다섯 점, 돌구슬 두 점이 나오고, 제2호로부터는 돌활촉 넉 점이 출토되었다. 활촉으로는 뿌리나래가 달린 것과 미늘식(逆刺式)이 섞여 나왔다.

발해 정효공주 무덤[290]은 길림성 화룡현和龍縣의 용두산龍頭山 고분군에 위치한 유적으로, 이해와 이듬해에 걸쳐 발굴이 이루어진 발해 제3대 문왕文王의 넷째 공주인 정효공주貞孝公主(757-792년)의 벽화무덤이었다. 널방(3.1NS×2.1 = 1.4~1.66m)에서 남쪽으로 경사져 올라가는 널문과 널길, 무덤문과 무덤길이 차례로 이루어지고 널방 가운데에는 벽돌을 쌓아 널받침(2.4NS×1.45 = 0.4m)을 만들었는데, 여기에서 남녀의 뼈가 수습되었다.

널방의 네 벽은 벽돌로 쌓고 그 위에 벽돌과 장대석을 역逆계단식으로 쌓아 너비를 좁혀나가며 모줄임천장을 만들고, 위에는 판석으로 덮었다. 이와 같이 벽돌과 돌을 섞어 쌓아 올리는 것은 당나라 양식과 고구려식 구조가 결합된 발해의 독특한 묘제였던 것으로 생각된다. 또한 널방 위의 봉토에는 방형에 가까운 무너진 탑의 기초(5.65NS×5.5m)가 남아 있었는데, 이러한 무덤 위의 탑도 발해만의 특징으로 짐작되었다.

이 무덤은 일찍이 도굴되었지만, 도용陶俑과 금동 장식품, 구리못과 쇠못, 칠기와 명문銘文벽돌 등이 수습되었으며, 벽화와 당시 발해 문왕 시대의 여러 정황들이 기록된 묘비도 확인되었다. 널방과 널길의 벽면에 그려진 12인의 인물은 다양한 발해인의 모습을 보여 주는 귀중한 자료였다.그림 108

그림 108. 발해 정효공주 무덤 벽화 모사도.

지난 1970년대는 이전까지 고고학적 활동의 중추적 역할을 담당해 왔던 국립박물관의 발굴 활동이 소강상태에 접어들었고, 대신 이제 막 발족한 문화재연구소가 문화재관리국의 소속 기관으로서 국가적 행정력을 배경으로 하여 대규모 국책國責 발굴의 전면에 나서게 되었다.

1971년의 무령왕릉 발굴은 당초 계획된 학술 조사 사업이라기보다는 극히 우연한 동기에 의해 졸속으로 이루어진 긴급 발굴이긴 했지만, 한국 고고학사에서 획을 그어 주는 계기를 마련한 중요한 발굴이었다고 할 수 있다. 뒤이어 이루어진 고도 경주를 중심으로 계속된 몇몇 신라 유적에 대한 대규모의 발굴은 그 규모나 성과로 보아 우리의 고고학사에서 크나큰 전기를 이룩한 사업이라고 할 수 있을 것이다.

한편 국립박물관의 경우, 1980년대 중반의 중앙박물관 이전 등 발굴 외적인 사업의 확대로 발굴 사업이 소강상태로 접어들 수밖에 없었다. 대신 1970년대 말에 새로이 개관한 국립광주박물관을 시작으로 이 기간 동안에 진주(1984년)와 청주(1987년), 전주(1990년)에서 대략 삼사 년 터울로 새로운 지방 국립박물관들이 신축 개관291되었다. 따라서 이들 지방 박물관들이 팀을 구성하여 그 지방의 크고 작은 구제 발굴에 참여함으로써 나름대로 국립박물관으로서 고고학 발굴의 명맥을 이어갈 수 있었다고 할 수 있었다.

한편, 1990년에는 문화재연구소도 지금까지의 서울 연구소 중심의 체제로부터 벗어나 경주사적관리사무소를 경주문화재연구소로 개편하는 한편, 부여와 창원에 새로 지방 문화재연구소를 신설하고, 목포해양유물보존처리소를 증원 개편하는 등 대폭적인 변화가 있었다.[292]

국립박물관과 문화재연구소를 중심으로 형성된 적극적인 문화재 발굴의 기운은 각급 대학 박물관까지 파급되어, 그동안의 제한된 몇몇 주요 대학 박물관의 범위로부터 벗어나 전국적으로 넓게 퍼져 나가게 되었다. 더구나 전국 각지에서 광범위하게 벌어진 각종 산업 시설의 조성 사업에 따라 필연적으로 이루어진 구제 발굴은 각급 대학 박물관의 발굴 참여를 더욱 촉진하게 되었다.

이와 같은 대학 박물관의 활발한 발굴 참여에 따라 고고학에 대한 관심이 고조되면서 결과적으로 몇몇 지방 대학에서도 고고학과 관련된 학과 개설로 이어지게 되었다. 1961년에 국내에서 처음으로 서울대학교에 고고인류학과가 개설된 이래 오랫동안 별다른 변화를 보이지 않다가 1972년에는 영남대학교에 문화인류학과가 개설되기에 이르렀다.

1980년대에 들어서는 경북대학교에 고고인류학과(1980년), 한양대학교에 문화인류학과(1982년)가 개설되었고, 뒤이어 동국대학교 경주캠퍼스(1983년)와 동아대학교(1887년)에 고고미술사학과가 신입생을 모집하였다. 이듬해인 1988년에는 한 해 동안에 고려대학교에 고고미술사학과, 충북대학교, 전북대학교, 목포대학교에 고고인류학과가 설립되었고, 이어서 원광대학교에 고고미술사학과(1989년), 부산대학교(1989년)와 충남대학교(1991년)에 고고학과가 개설되었다.

이렇듯 대학 박물관의 조직을 바탕으로 전공학과가 개설됨으로써 고고학 활동이 보다 활성화될 수 있었다. 그러나 전공학과가 따로 개설되지 않은 대학에서도 대학 박물관과 사학과史學科 등 관계 학과에서 고고학 전공 교수나 전공 대학원생들이 학술 발굴을 주도하면서 꾸준히 발굴 활동을 펼쳐 나갔다.

국립중앙박물관에서는 1960년대 이래 연차사업으로 수행해 온 선사유적 조사 계획의 일환으로 1970년대의 암사동, 송국리 발굴에 이어 1980년에 들어서는 모두 다섯 차례에 걸쳐 춘천 중도中島에서의 연차 발굴을 시작하였다. 이어서 한동안 중단했던 송국리 유적 조사를 다시 삼 년 동안 실시하였고, 이후 창원 다호리茶戶里 유적 발굴 조사로 계속해 나갔다. 이와 함께 강진 대구면 일대의 고려 청자 가마를 중심으로 발굴을 계속해 나가는 한편, 경주를 비롯한 지방의 국립 박물관에서도 해당 지역에서의 학술 발굴을 대부분 소규모의 연차 사업으로 꾸려 나갔다.

문화재관리국에서도 연차 사업으로 신안 해저 유물 조사를 계속하였고, 문화재연구소에서는 경주고적발굴조사단에 의한 황룡사 터의 마무리 단계 조사와 함께 경주 일원의 개별 유적조사를 병행하였다. 이 밖에 새로이 익산 미륵사지 발굴 조사에 착수하는 한편, 문화재연구소에서는 고도古都를 중심으로 한 전국 각지에서 중·단기의 발굴 작업을 계속해 나갔다.

북한에서는 지난 1960년대 종반에 이르면서 그 이전에 비해 발굴 활동이 극도의 소강상태로 빠져들었고, 이런 상황은 1970년대에 들어서도 더 이상 활성화의 기미를 보이지 못했다. 그나마 이 기간 중에 이루어진 성과를 보면 덕천 승리산 유적을 비롯하여 평양 관내의 만달리와 대현동, 용곡리 등 동굴 유적 발굴을 통한 구석기 문화에 대한 심층적 접근 등을 들 수 있다.

또한 일찍부터 꾸준히 조사 연구되어 온 서북지방의 고인돌 유적이 이 기간의 마자막 단계(1979년)에 석광준에 의해 정리된 것도 북한 고고학이 이룬 성과 중의 하나로 내세울 수 있을 것이다. 곧이어 이 기간의 마지막 단계에 세 차례에 걸친 평양 남경 유적의 연차적 발굴에서 거둔 결과도 광복 이후 북한 고고학사에서 단일 유적으로부터 거둔 가장 뚜렷한 자취 가운데 하나로서 남을 괄목할 만한 업적이었다.

역사고고학에서는 1954년 첫 발굴이 이루어진 이래 오랜 공백기를 거쳐 1960년에 이르러 드문드문 조사가 이루어져 온 은율 운성리 유적에 대한 조사가 이 기간의 마지막 단계(1978년)에 제7차년도 조사로서 마무리되었다. 이 밖에 수산리, 동명왕릉, 진파리, 덕흥리, 우산리 유적과 함께 발해 정효공주 묘 등 벽화고분에 대한 조사가 활발히 이루어짐으로써 고구려 고분 연구에도 새로운 장을 열었다고 할 수 있을 것이다.

이 단계를 지나 1980년대에 들어서는 첫 한 해(1981년)의 평양 용곡 동굴과 남경 유적, 발해 정효공주묘에 대한 마무리 조사를 마지막으로 더 이상 뚜렷한 고고학적 성과를 거두지 못한 채 한 해에 단 몇 건의 발굴로써 겨우 그 명백만 유지해 나간 것으로 보인다.

따라서 1960년대 중반까지만 해도 사회적 이념을 배경으로 적극적인 국가의 지원 아래 성장을 거듭해 왔던 북한의 고고학이 더 이상 성장을 멈춘 채 침체 상태에 빠진 것은 한국 고고학사에서 지울 수 없는 지극히 불행한 사태임은 더 말할 나위가 없는 것이다.

결어에 대신하여
최근의 고고학적 경향과 제언

1980년대에 이르러서는 국가기관인 국립박물관과 문화재연구소에 의해 시작된 크고 작은 규모의 발굴 작업이 계속 사업으로 이루어졌는데, 이들은 주로 시한時限에 구애받지 않는 학술 조사의 성격이 보다 강하다고 할 수 있었다. 이에 반해 공립·사립·대학 박물관이나 부설 연구소 등이 단독 혹은 연합으로 참여하는 발굴은 대부분 학술적인 목적보다는 오히려 구제성救濟性 발굴의 성격이 강한 편이었다. 전국 각지에 불어 닥친 산업화의 영향으로 어쩔 수 없이 이루어질 수밖에 없는 구제성 발굴이었지만, 이들 가운데 일부 조사 기관들은 엄격한 규제나 검증의 절차도 거치지 않은 채 발굴에 참여함으로써, 자연 발굴의 질적 저하가 우려되는 사태가 자주 벌어지곤 했었다.

1980년대에 조사된 주요 고고학 관계 발굴 유적을 보면, 우선 국립중앙박물관[1]에서 연차 사업으로 실시한 춘천 중도中島·신매리新梅里(1980-1984년)[2]와 부여 송국리(1985-1987년, 5-7차)[3]에 대한 발굴이 계속되었다. 곧이어 창원 다호리에서의 조사(1988-1992년, 1997-1998년)[4]가 실시되는 한편, 천안 청당동淸堂洞 유적(1990-1994년)[5] 조사가 차례로 이루어졌다.

1990년대 중반 이후에는 두 차례에 걸친 여주 연양리淵陽里 유적(1995-1997년)[6]과 세 차례에 이르는 원주 법천리法泉里(1999-2001년)[7]에서의 조사가 실시되었다. 이와 함께 1997년부터는 지금까지의 국내 유적 일변도의 발굴 조사로부터 벗어나 몽골(1997-2001년)[8] 등 다른 아시아 지역으로 그 범위를 넓혀 나갔다.

이 밖에 미술사 관계 발굴 유적으로는 강진 용운리龍雲里 유적(1980-1982년)[9]을 비롯하여 해마다 전국 각지에 분포하는 가마터 유적에 대한 발굴을 아직까지 계속해 오고 있다. 또한 이 기간 동안에는 국립중앙박물관이 경복궁(현 국립민속박물관)으로부터 옛 중앙청 건물로 이전 개관하였고(1986. 8), 여기에서 겨우 십 년을 채운 뒤 중앙청 건물이 헐리면서 다시 경복궁의 현 국립고궁박물관으로 이전하게 되었다(1996. 12).

앞서 1978년 연말에 개관한 국립광주박물관에 이어 각 지방에 속속 국립박물관들이 신축 또는 이전 개관하게 되었다. 진주(1984. 11)와 청주(1987. 10), 전주(1990. 10), 부여(1993년 8월 이전 개관), 대구(1994. 12), 김해(1998. 7), 제주(2001. 6), 춘천(2002. 10), 공주(2004년 5월 이전 개관)에서 일 년 내지 삼 년 터울로 새로 문을 열었고, 2005년 10월에는 용산에서 새 국립중앙박물관이 역사적인 개관을 맞게 되었다.[10]

한편, 문화재연구소에서는 경주를 비롯한 고도古都의 유적에 대한 연차적 발굴을 중심으로 조사를 계속해 나가는 한편, 이 기관의 성격상 전국 각지에서 다양한 유적 발굴을 계속해 나갔다.

1973년에 발족된 경주 미추왕릉지구 발굴조사단이 1975년에는 경주고적발굴조사단으로 개편되면서, 경주 황룡사 터 발굴(1976-1983년)[11]을 연차적으로 실시하였고, 이어서 경주 월성해자月城垓子(1985-1999년)[12]에 대한 발굴을 계속하였다. 또한 지금까지 간헐적으로 실시해 오던 익산 미륵사彌勒寺 터(1980-1995년)[13] 발굴에 한층 박차를 가하는 한편, 왕궁리王宮里 유적(1989-)[14]에 대한 발굴을 계속하였다.

지금까지 본소本所 중심의 조사 활동의 범위를 벗어나 1990년에는 고도를 중심으로 한 지방의 문화재연구소가 경주와 부여, 창원, 목포에 신설됨으로써 지방에서의 문화재 관리와 매장문화재 발굴에 한층 박차를 가하게 되었다.[15] 이 밖에 전국 각지에서 이루어지는 신도시 개발과 댐 조성을 비롯한 공단이나 고속도로 등 각종 산업 시설의 조성에 따른 대규모 구제 발굴 등은 기존의 국립·공립·사립·대학 박물관이나 연구 기관만으로는 더 이상 감당할 수 없는 지경에 이를 수밖에 없었다.

이에 따라 수도권과 영남·호남 지방에서 영남문화재연구원(1994. 8)과 한국문화재보호재단(1995. 3), 경기문화재연구원(1999. 4), 호남문화재연구원

(1999. 10)이 차례로 설립되면서 크고 작은 발굴에 대한 참여가 이루어졌다. 2000년대에 들어서는 이들 외에도 재단법인 성격의 각급 연구원研究院들이 각 지역에서 속속 설립되면서, 2005년 7월 말 모두 27개 조직이 발굴 전문 기관으로 등록되기에 이르렀다.[16] 약 육 년 뒤인 2011년 11월 말 당시 (사)한국문화재조사연구기관협회(한문협)의 회원 기관은 모두 57개로 늘어났으며,[17] 최근 문화재청에 등록된 매장문화재 조사 기관은 모두 160개로 급격한 증가를 보여 왔다.[18]

이처럼 빠른 증가에 더욱 속도를 부추긴 것이 사대강四大江 유역 종합 개발 사업(2008-2013년)이었다. 이와 같은 거대한 사업에 착수하기 위해서는 강 유역과 주변에 대한 문화재 조사 계획이 반드시 수반되어야 할 것이고, 따라서 당시의 조사 기관만으로는 예상되는 엄청난 문화재 조사를 감당하기가 역부족할 것이라는 당시 문화재 당국의 판단이었던 것이다. 이에 따라 재단법인 성격의 발굴 기관에 대한 무제한적인 인가는 사립 연구원의 남발로 이어졌고, 이는 고고학계의 총체적 부실을 가져오는 빌미를 제공하기에 이르렀다. 기존의 고고학 인구에 매년 배출되는 전공자의 수는 한정되어 있는데, 갑작스럽게 불어난 수요 인원을 감당하기에는 턱없이 부족한 학계의 구조적 능력 때문이었다.

여기에 매년 이루어지는 매장문화재의 발굴 건수는 기하급수적으로 늘어나면서[19] 인력 구조의 한계를 드러냈다. 결과적으로 전국적으로 이루어지는 발굴 조사의 졸속과 함께 특히 사대강 사업의 조속한 완료를 위해 강행되는 발굴 과정의 졸속 진행이 부실 발굴로 이어지면서 일부 학계의 반발을 사기에 이르렀다. 이러한 광범위한 사업 구역에 대한 전국적인 발굴에도 불구하고, 특정 지역을 빼고는 여기에서 얻어진 고고학적 성과는 매우 빈약한 상황을 면치 못하였다. 사업의 조기 달성을 위해 발굴 범위를 극도로 제한했던데 따른 예기된 결과이기도 했었다.

이렇듯 불합리한 조사기관의 구조적 정비를 위해서라도 당국에서는 지금부터라도 이에 대한 대책을 세워 발굴 조사의 수준을 높이고, 아울러 수많은 조사 기관이 공멸해 가는 데 대한 근본적인 대책을 하루 빨리 수립해야 할 것으로 믿는다. 이를 위해 오래전부터 논의가 이루어져 온 구제성救濟性 발굴의 국영 또는 공영화로의 체재 개편이나 지방자치단체로의 부분적인 관리 전환 등 충분한 연구와 검토를 거처 보다 효율적인 매장문화재 발굴 정책의 모색에 심혈을 기울여

야 할 것이다.

　2000년대에 들어 각급 사립 연구원研究院들의 무분별한 구제성 발굴 참여로 국립·공립·사립·대학 박물관 등 발굴 기능을 갖춘 각급 연구 기관들은 사실상 설 자리를 잃고 말았다. 이들 연구 기관들은 본연의 임무상 연구와 교육을 위해서라도 최소한의 필요한 학술 발굴을 수행해 나가야 함에도 불구하고, 최근 대부분의 순수 학술 발굴은 실종 상태나 다름없는 상황이 계속되고 있다.

　따라서 관계 기관에서는 이들 각급 연구기관에 대한 학술 발굴의 기운을 진작시킬 수 있는 방안을 마련하여 우리 학계의 수준을 끌어올릴 수 있는 길을 모색해 나가야 할 것이다.

주註

서설: 한국 고고학의 전야前夜와 태동胎動

1. 金東旭,「東國李相國集解題」『국역동국이상국집』, 民族文化推進會, 1980. 고려 高宗代의 文臣 李
   奎報의 53권 13책으로 간행된 詩文集(1241년 初刊). 卷23에 실린「南行月日記」의 전반부에 그가
   益山 金馬 일원을 巡行하면서 보았던 고인돌에 관한 다음과 같은 글이 나타나 있다. "…明日 將向
   金馬郡 求所謂支石者觀之 支石者 俗傳古聖人所支 果有奇迹之異常者…."

2. 李陸(1438-1498),「靑坡劇談」『靑坡李先生文集』(1512년 初刊) 2권 '明驗'篇. "星隕爲石 雷震而
   得石如刀如斧 其彫琢之功固非偶然而成…."

3. 許穆(1595-1682),『眉叟記言』. 조선 肅宗 때 右議政을 지낸 작가의 文集. 王命에 의해 羅州 眉泉
   書院에서 初刊(1689년). 현재 册版 869매가 宜寧의 陽川許氏 문중에 전해지고 있다. '得石刀說'
   을 언급한 것으로 보아 돌칼로 보인다.

4. 李瀷(1681-1763),『星湖僿說』. 이익은 조선조의 實學者로서, 그의 문집『星湖僿說』은 그가 평생
   수시로 적은 글을 모아 편집한 책으로, 3,007개 항목의 방대한 내용을 天地, 萬物, 人事, 經史, 詩文
   의 5部門으로 나누어 30권 30책으로 集成하였다.

5. 역사시대에 이르러 습득된 선사시대의 돌이나 금속으로 만들어진 도끼를, 그 특이한 형태에 따라
   벼락이 떨어지며 생겨난 벼락도끼들로 보았다. 이 가운데 돌도끼는 난치병의 藥劑나 符籍으로 쓰
   였는데, 우리나라뿐 아니라 중국 등 외국에서도 모두 이를 신비로운 존재로 여겼던 것으로 보인
   다. 北宋 때 학자 沈括(1031-1095)의『夢溪筆談』에서 이르기를 "'일반적으로 雷斧는 주로 구리와
   철로 만들어지고, 雷楔은 돌로 만들어졌는데, 雷斧와 비슷하나 구멍이 없다'고 하였습니다. …朱
   子도 이르기를 '雷斧와 같은 것도 역시 氣가 모여 이뤄진 것인데 다만 이미 형체를 갖추고 있으니
   쉽사리 흩어질 수가 없는 것이라'고 하였습니다. 이상을 살피건대, 雷斧와 雷楔 등은 그 유래가 오
   랜 것입니다"라고 하였다. "筆談云 凡雷斧多以銅鐵爲之 楔乃石耳 似斧而無孔 …朱子曰 如雷斧之
   類 亦是氣聚而成者 但已有渣(查)滓 便散不得 由是觀之 雷斧雷楔等物 其來久矣",『世宗實錄』卷第
   92, 28章 앞쪽, 世宗 23年 5月 18日(癸丑). 이 雷斧에 대해서는 이선복 교수의 여러 연구가 있다.
   李鮮馥,「雷斧考」『韓國考古學報』44, 2001 外.

6. 李圭景(1788-?),『五洲衍文長箋散稿』. 60권 60책의 百科事典類의 大作.

7. 崔淑卿,「考古學 成立 以前의 遺蹟 遺物觀」『三佛金元龍敎授停年退任紀念論叢 I—考古學篇』,
   1987.

8. 金正喜,「眞興二碑攷」, 金翊煥 편,『阮堂先生全集』, 1934.

9. 국립중앙박물관,「김정희와 금석학」『秋史 김정희—學藝 일치의 경지』, 2006.

제1장 여명기黎明期(1880-1900)

1. 金正喜,「新羅眞興王陵考」,金翊煥 편,『阮堂先生全集』, 1934.

2. 池內宏,「廣開土王碑」『通溝』卷上, 日滿文化協會, 1938.

3. W. R. Carles, *Life in Korea*, London: MacMilan and Co., 1888.

4. W. Gowland, "Notes on the dolmens and other antiquities of Korea," *The Journal of the Anthropological Institute of Great Britain and Ireland*, 24, London: John Murray, 1895.

5. I. Bishop, *Korea and her neighbours*, London: John Murray, 1898.

6. E. Bourdaret, "Notes sur les dolmens de la Corée," *Bulletin de la Société d'Anthropologie de Lyon*, Lyon, 1902.

제2장 맹아기萌芽期(1901-1915)

1. 한영우,『다시 찾는 우리역사』, 경세원, 2000.

2. 關野貞,『朝鮮の建築と藝術』, 岩波書店, 1941. 번역본으로는 姜奉辰 譯,『韓國의 建築과 藝術』, 산업도서출판공사, 1990.

3. 高麗末 忠穆王 4年(1348)에 開豊郡의 敬天寺址에 세워진 하얀 大理石材의 塔으로서, 그 아름다운 모습 때문에 舊韓末 日本으로 반출되었다가 되돌려 받은 稀代의 걸작품이다. 반입 후 景福宮의 勤政殿 回廊에 방치되었던 것을 부분 보수하여 1960년에 경복궁 庭園에 세웠다. 무른 石質 때문에 風化가 심하여 國立文化財硏究所에 의한 전면적인 修復作業을 거쳐 2005년 龍山 새 國立中央博物館의 개관 때 옮겨져 전시되고 있다. 國寶 86호.

4. 柴田常惠,「朝鮮金海ノ貝塚」『人類學雜誌』24-273, 1908.

5. 金海 會峴里(現 鳳凰洞) 조개무지는 鳳凰臺로 불리는 나지막한 丘陵에 이루어져 있다. 조개무지는 길이 120미터, 남쪽 너비 30미터에 높이 6미터의 동서로 긴 표주박 모양(瓢形)의 구릉 동쪽 斜面에 해당되는 곳이다. 조개무지의 조가비(貝殼)는 주로 굴이나 白蛤이었고, 일부 甲殼類도 보이고 있다. 조개무지에서 출토된 유물은 赤褐色과 灰靑色의 硬質土器類 외에 骨角器, 石器와 함께 鐵器도 나왔고, 이 밖에 紡錘車, 琉璃玉, 炭化米, 貨泉, 獸骨 등 다양한 유물이 출토되었다. 史蹟 2호.

6. 今西龍,「朝鮮ニテ發見セル貝塚ニ就テ」『人類學雜誌』23-259, 1907.
   今西龍,「金海貝塚ノ所在土木峴ニ就イテ」『人類學雜誌』23-260, 1907.

7. 濱田耕作·梅原末治,「金海貝塚發掘調查報告」『大正9年度古蹟調查報告』1, 朝鮮總督府, 1923.

8. 未發表, 榧本杜人,「金海貝塚の再檢討」『朝鮮の考古學』, 1980.

9. 濱田耕作·梅原末治,「金海貝塚發掘調查報告」『大正9年度古蹟調查報告』1, 朝鮮總督府, 1923.

10. 濱田耕作·梅原末治,「金海貝塚發掘調查報告」『大正9年度古蹟調查報告』1, 朝鮮總督府, 1923.
    藤田亮策·梅原末治·小泉顯夫,「慶尙南北道·忠淸南道古蹟調查報告」『大正11年度古蹟調查報告』1, 朝鮮總督府, 1924.
    榧本杜人,「金海貝塚 其の新發掘」『考古學』6-2, 1935.
    榧本杜人,「金海會峴里貝塚の一銅製品に就て」『考古學』7-6, 1936.

榧本杜人,「金海會峴里貝塚發見の甕棺に就て」『考古學』9-1, 1938.

榧本杜人,「金海貝塚の再檢討」『考古學雜誌』40-3, 1954.

榧本杜人,「金海貝塚の甕棺と箱式石棺—金海貝塚の再檢討(承前)—」『考古學雜誌』43-1, 1957.

榧本杜人,「朝鮮先史墳墓の變化過程とその編年—金海貝塚再檢討(承前)—」『考古學雜誌』43-2, 1957.

11. 부산대학교 박물관,『全國文化遺蹟發掘調査年表—增補版Ⅱ—』, 國立文化財研究所, 2001. (문화재관리국 허가자료)

12. 池內宏,『通溝』卷上, 日滿文化協會, 1938.

鳥居龍藏,「鴨綠江上流に於けるの高句麗遺跡」『南滿洲調査報告』, 1910. 鳥居龍藏(1870-1950)은 考古學者이자 人類學者, 民俗學者로서 젊은 시절 地質調査次 遼寧地方에 갔다가 우연히 마주친 析木城의 고인돌〔支石墓, 石棚〕이 계기가 되어 그 뒤로는 주로 海外調査에 힘을 쏟게 되었다. 그는 臺灣, 中國의 서남부를 거쳐 滿洲와 몽골을 조사하였고, 韓國 강제 병합 후인 1911년부터는 조선에서의 조사 활동을 시작하였다. 朝鮮總督府에서는 그에게 體質人類學, 民俗學, 考古學에 관한 자료 조사를 의뢰하였는데, 1919년에는 조선을 떠나 시베리아, 만주를 거쳐 南美로 가서 잉카 문명의 현지 조사에도 관심을 기울였다. 그 후 北京으로 가 燕京大學 招聘教授를 지내다가 終戰과 함께 귀국하여 생을 마쳤다.

13. 關野貞 外,『朝鮮古蹟圖譜』1, 朝鮮總督府, 1915. 毌丘儉(?-255)은 魏의 武將으로서 동천왕 때에 두 차례에 걸쳐 高句麗를 침공함으로써 한때 國基를 위태롭게 하였다. 이 紀功碑는 일시적인 毌丘儉의 戰勝을 기념하기 위해 세운 것이다.

14. 今西龍,「新羅舊都慶州附近の古墳」『歷史地理』11-1, 1906.

關野貞 外,『朝鮮古蹟圖譜』3, 朝鮮總督府, 1916.

梅原末治,「慶州金鈴塚·飾履塚發掘調査報告—本文—」『大正13年度古蹟調査報告』1, 朝鮮總督府, 1932.

15. 今西龍,「新羅舊都慶州附近の古墳」『歷史地理』11-1, 1906.

關野貞,『朝鮮古蹟圖譜』3, 朝鮮總督府, 1916.

16. 今西龍,「新羅舊都慶州附近の古墳」『歷史地理』11-1, 1906.

關野貞 外,『朝鮮古蹟圖譜』5, 朝鮮總督府, 1917.

17. Édouard Chavannes(1865-1918). 프랑스의 中國學者. 콜레주 드 프랑스Collège de France의 教授로서 司馬遷『史記』의 번역이 매우 높이 평가된다. 中國古代史, 西域史, 佛教史에 관한 많은 저서와 번역서를 남겼으며, 中國學 雜誌인『通報T'oung-Pao』의 編輯主任으로 활약하였다. 1903년에 프랑스 學士院 會員이 되었고 1916년에는 英國 王立아시아學會 名譽會員이 되었다. 그의 문하에서 펠리오Paul Pelliot와 마스페로Henri Maspero, 칼그렌Bernhard Karlgren 등 많은 東洋學의 大家들이 배출되었다. 서길수,『한말 유럽학자의 고구려 연구—모리스 쿠랑/에두아르 샤반』, 여유당, 2007.

18. É. Chavannes, "Les monuments de l'ancien royaume Coréen de Kao-Keou-li," *T'oung-Pao*, 1908.

19. É. Chavannes, *Mission archéologique dans la Chine septentrionale*, 1909.

20. 今西龍,「朝鮮ニテ發見セル貝塚ニ就テ」『人類學雜誌』23-259, 1907.

    今西龍,「金海貝塚ノ所在土木峴ニ就イテ」『人類學雜誌』23-260, 1907.

21. 柴田常惠,「朝鮮金海ノ貝塚」『人類學雜誌』24-273, 1908.

22. 濱田耕作·梅原末治,「金海貝塚發掘調查報告」『大正9年度古蹟調查報告』1, 朝鮮總督府, 1923.

23. 京義線 黑橋驛에서 동쪽으로 5.5킬로미터 정도 떨어진 平野의 높은 대지 위에서 출토되었다. 이
    때 細形銅劍과 (狹鋒)銅鉾 각 한 점을 비롯하여 笠形銅器(柄頭形異形銅器) 석 점, 劍把形銅器(紐
    狀銅器) 한 점, 乙字形銅器(管形銅器) 두 점과 함께 五銖錢도 두 점이 수습되었다. 이 가운데 五
    銖錢은 네모난 가운데 구멍 위에 가로 그은 무늬〔穿上橫文〕가 나타난 것으로서 前漢 神爵 2년(60
    B.C.)에 만들어진 것이지만, 일부 後漢代로 내려 보는 견해도 있다.

    關野貞 外,『朝鮮古蹟圖譜』1, 朝鮮總督府, 1915.

    關野貞 外,『朝鮮古蹟圖譜』3, 朝鮮總督府, 1916.

    高橋健自,「銅鉾銅劍考(7)」『考古學雜誌』13-2, 1922.

    藤田亮策·梅原末治·小泉顯夫,「南朝鮮に於ける漢代の遺跡」『大正11年度古蹟調查報告』2, 朝
    鮮總督府, 1925.

    藤田亮策·梅原末治,『朝鮮古文化綜鑑』1, 養德社, 1947.

    池健吉,「南海岸地方 漢代貨幣」『昌山金正基博士華甲記念論叢』, 論叢刊行委員會, 1990.

    尹武炳,『韓國靑銅器文化研究』, 藝耕産業社, 1991.

24. 關野貞,「百濟の遺蹟」『考古學雜誌』6-3, 1915.

25. 野守健 外,『大正6年度古蹟調查報告』, 朝鮮總督府, 1920.

    梅原末治,「扶餘陵山里東古墳の調查」『昭和12年度古蹟調查報告』, 朝鮮古蹟研究會, 1938.

26. 關野貞 外,『朝鮮古蹟圖譜』3, 朝鮮總督府, 1916. 南塚에 대해서는 앞서 1906년 9월 今西龍에 의
    해 봉토부 조사만 이루어진 것으로 보인다.

27. 谷井濟一,「韓國慶州西岳の一古墳」『考古界』8-12, 日本考古學會, 1910.

    關野貞 外,『朝鮮古蹟圖譜』3, 朝鮮總督府, 1916.

28. 關野貞 外,「樂浪郡時代の遺蹟—本文」『古蹟調查特別報告』4, 朝鮮總督府, 1927.

29. 梅原末治·藤田亮策,「樂浪の文化」『朝鮮古文化綜鑑』2, 養德社, 1948.

30. 關野貞 外,「樂浪郡時代の遺蹟—本文」『古蹟調查特別報告』4, 朝鮮總督府, 1927.

    關野貞 外,『朝鮮古蹟圖譜』1, 朝鮮總督府, 1915.

31. 국립중앙박물관·한국박물관협회,『한국박물관 100년사 1909-2009』, 국립중앙박물관, 2009.

    지건길,「고고역사박물관으로서 한국 국립박물관의 역사」, *ICMAH-Archaeology and History
    Museums: Tangible and Intangible Heritage*, Seoul: ICOM, 2004.

32. 關野貞 外,「樂浪郡時代の遺蹟—本文」『古蹟調查特別報告』4, 朝鮮總督府, 1927.

    關野貞 外,『朝鮮古蹟圖譜』1, 朝鮮總督府, 1915.

33. 關野貞 外,『朝鮮古蹟圖譜』3, 朝鮮總督府, 1916.

34. 關野貞 外,『朝鮮古蹟圖譜』3, 朝鮮總督府, 1916.

    今西龍,「高靈郡—古墳」『大正6年度古蹟調查報告』, 朝鮮總督府, 1920.

    梅原末治·濱田耕作,「慶尙北道高靈郡古墳」『大正7年度古蹟調查報告』1, 朝鮮總督府, 1922.

尹容鎭·金鍾徹,『大伽倻古墳發掘調査報告書』, 高靈郡, 1979.

金鍾徹,『高靈池山洞古墳群』, 啓明大學校博物館, 1981. 池山洞 古墳群에 분포된 고분들은 외형상 모두 圓形封土墳으로서 大形墳들은 주로 稜線上에 이루어져 있었다. 고분군의 內部構造는 돌널무덤〔石棺墓〕, 돌덧널무덤〔石槨墓〕, 돌방무덤〔石室墓〕으로 구분되는데, 단독으로 이루어진 돌덧널무덤은 봉토 자락에 모두 둘레돌〔護石〕을 갖추고 있었다. 돌방무덤에서는 한 봉토 안에 여러덧널〔多槨〕이 함께 묻혀 있었는데, 이들은 家族墓가 아닌 殉葬墓로 이해되고 있다.

35. 關野貞(1868-1935)은 일본의 東洋建築史學者로서 1895년 東京帝大 建築學部를 졸업했다. 1901년부터 母校의 助敎授로 재직하다 1902년 大韓帝國으로 건너와 寶物, 名勝, 史蹟, 天然物에 관련된 囑託으로 있으면서 韓國의 古建築과 考古學, 美術史 관련 조사 사업에 두루 간여하였다. 또한 日本 外務省의 東方文化硏究員으로 활약하면서 中國으로 건너가 1918년에는 唐代의 佛敎 遺蹟인 天龍山石窟 등을 발견, 조사하며 東洋建築과 美術에 대해서도 일가견을 보여 주었다. 朝鮮, 日本, 中國의 建築과 藝術에 관한 저서와 함께『樂浪郡時代の遺蹟』『韓國建築調査報告』『朝鮮美術史』등 많은 著書와 報告書를 남겼다. 특히 谷井濟一, 栗山俊一과 함께 그가 대표 집필자로 참여했던『朝鮮古蹟圖譜』는 1915-1935년에 걸쳐 이십 년 동안에 15책으로 만든 大作으로서 프랑스 學士院으로부터 著作賞을 받기도 했다. 이 책은 樂浪時代부터 朝鮮王朝에 이르기까지의 여러 遺蹟과 遺物을 時代와 類型에 따라 圖版 위주로 모아 朝鮮總督府에서 펴낸 것이다.

36. 關野貞 外, 「朝鮮古蹟調査略報告」『大正3年度古蹟調査報告』, 朝鮮總督府, 1914.

37. 關野貞, 「朝鮮文化ノ遺蹟—其二」『大正3年度古蹟調査報告』, 朝鮮總督府, 1914. 이 무덤에 대한 상세한 내용은 關野貞,『朝鮮の建築と藝術』, 岩波書店, 1941. 번역본으로는 姜奉辰 譯,『韓國의 建築과 藝術』, 산업도서출판공사, 1990 참조.

38. 關野貞 外,『朝鮮古蹟圖譜』2, 朝鮮總督府, 1915. 大同江 西北岸의 작은 구릉 지대에 이루어진 高句麗 古墳으로, 주변에는 15-16기가 무리를 이루고 있다. 이 무덤은 方形의 二層 基壇 위에 만들어진 圓形封土墳으로 널방〔玄室〕이 남쪽으로 면해 있었다. '漢王墓'로도 불리는 이 무덤은 封土 지름 54미터, 높이 10.8미터로, 平壤 부근에 이루어진 고구려 고분 중 가장 큰 무덤으로 '皇帝墓'라는 명칭도 그 크기에서 유래한 俗稱으로 생각된다. 平面 方形의 널방 네 벽은 板石으로 이루어져 있었는데, 여기에는 희미하게나마 四神圖로 보이는 벽화의 흔적이 옅게 남아 있었다. 천장은 2段의 逆階段形으로 올렸는데, 네 귀퉁이에 삼각형 받침돌을 걸쳐 모줄임〔抹角藻井〕식으로 처리하였다. 널길로 연결된 외방무덤으로서 널방 안에는 좌우로 널받침〔屍床〕이 놓여 있었다.

39. 평남 安州郡(현 文德郡) 新里에 있는 고려시대의 城. 973년(광종 24)부터 이듬해에 걸쳐 만들어진 성으로, 성의 남과 북에 將臺가 있고, 남문 서쪽에 水門이, 성안에는 두 개의 큰 못과 여러 개의 우물이 있었다고 전하며 성의 둘레로는 垓子가 돌아가고 있다. 尹武炳, 「高麗北界地理考」『歷史學報』4, 1954.

40. 밑변의 길이 30미터 남짓의 대략 方臺形의 고분으로, 높이는 5.4미터이고 방형을 이루는 頂上部 한 변의 길이는 12미터 내외이다. 너른 평원에 홀로 우뚝 솟은 이 고분의 남쪽 봉토를 파 들어가자 博築墳의 파괴된 무지개 모양〔穹窿狀〕 천장부가 드러났다. 1911년과 1912년의 두 해에 걸쳐 널길 중간에 이루어진 양 날개방〔翼室〕과 널길 안쪽에서 천장이 무너진 널방을 발굴하였다. 副葬 유물은 대부분 도굴되었으나, 무덤을 쌓아 올린 전돌 가운데 나타난 銘文을 통해 이 무덤의 주인

공이 帶方太守 張撫夷이고, 紀年銘으로 보아 이 무덤이 太康 9年(288)에 만들어졌음을 알 수 있
게 되었다.

谷井濟一,「黃海道鳳山郡ニ於ケル漢種族ノ遺蹟」『大正3年度朝鮮古蹟調査報告』, 朝鮮總督府,
1914.

關野貞,「朝鮮文化ノ遺蹟—其三」『大正3年度朝鮮古蹟調査報告』, 朝鮮總督府, 1914.

41. 關野貞 外,「大正元年度朝鮮古蹟調査略報告」『大正3年度朝鮮古蹟調査報告』, 朝鮮總督府, 1914.
關野貞 外,『朝鮮古蹟圖譜』2, 朝鮮總督府, 1915.

42. 沙里院 역에서 동남쪽으로 4킬로미터 떨어진 鳳山郡 서종면과 문정면에 걸쳐 있는 土城으로, 주
변에서는 光和, 泰始 등 紀年銘이 새겨진 後漢代의 벽돌들과 함께 많은 전축분이 확인되었다. 이
성터에서 1킬로미터 정도 떨어진 곳에 帶方太守 張撫夷墓가 있는 것으로 보아 唐土城에 당시 帶
方郡의 治所가 있었던 것으로 추정되고 있다.

43. 회양淮陽은 麟蹄와 楊口의 북쪽으로 접해 있는 북한의 행정구역이다.

44. 大藏殿(보물 145호, 1670년 修築) 안에는 三尊木佛坐像 및 木刻後佛撐畵(보물 989호)가 있으
며, 그 좌우로 輪藏臺(보물 684호) 2座가 우리나라에서는 유일하게 실물로 보존되어 있었다.

45. 關野貞,「滿洲輯安縣及び平壤附近に於ける高句麗時代の遺蹟(一)」『考古學雜誌』5-3, 1914.
關野貞 外,『朝鮮古蹟圖譜』1, 朝鮮總督府, 1915.
池內宏,『通溝』卷上, 日滿文化協會, 1938.

46. 關野貞,「滿洲輯安縣及び平壤附近に於ける高句麗時代の遺蹟(二)」『考古學雜誌』5-4, 1914.
關野貞 外,『朝鮮古蹟圖譜』2, 朝鮮總督府, 1915.

47. 關野貞 外,『朝鮮古蹟圖譜』2, 朝鮮總督府, 1915.
金元龍,「壁畵」『韓國美術全集』4, 同和出版公社, 1974.

48. 藤田亮策·梅原末治·小泉顯夫,「南朝鮮に於ける漢代の遺跡」『大正11年度古蹟調査報告』2, 朝
鮮總督府, 1925.
梅原末治·藤田亮策,『朝鮮古文化綜鑑』1, 養德社, 1947.

49. 關野貞 外,「樂浪郡時代の遺蹟—本文」『古蹟調査特別報告』4, 朝鮮總督府, 1927. 碑의 내용은
秥蟬縣의 首長이 山神에게 백성들의 安寧과 豊年을 기원하는 것으로, 그 뒤로 '漢四郡在韓半島
說'을 주장하는 일본인들의 주장에 부합하는 증거물로서 자주 거론되는 자료로 활용되었다. 이
에 대해서는 일제가 植民政策을 정당화하기 위해 원래 다른 곳에 있던 것을 이곳으로 옮겨와 역
사를 造作하였다고 주장하는 이들도 있었다.

50. 關野貞 外,『朝鮮古蹟圖譜』1, 朝鮮總督府, 1915.
關野貞 外,「樂浪郡時代の遺蹟—本文」『古蹟調査特別報告』4, 朝鮮總督府, 1927.

51. 關野貞 外,『朝鮮古蹟圖譜』3, 朝鮮總督府, 1916.

52. 關野貞 外,『朝鮮古蹟圖譜』3-7, 朝鮮總督府, 1916-1920.

53. 梅原末治·濱田耕作,「金海貝塚發掘調査報告」『大正9年度古蹟調査報告』1, 朝鮮總督府, 1923.

54. 關野貞·谷井濟一·栗山俊一,「朝鮮古蹟調査略報告」『大正3年度古蹟調査報告』, 朝鮮總督府,
1914. 이『古蹟調査報告』는 1914년부터 거의 매년 1-2책씩 출간되어 1938년(昭和 13)까지 계
속되었다.

55. 榧本杜人,「金海貝塚의 再檢討」『考古學雜誌』40-3, 1954.

56. 關野貞 外,『朝鮮古蹟圖譜』3, 朝鮮總督府, 1916.

   谷井濟一 外,『大正6年度古蹟調査報告』, 朝鮮總督府, 1920.

57. 關野貞 外,『朝鮮古蹟圖譜』3, 朝鮮總督府, 1916. 東川里 瓦塚에 대해서는 1928년에 小泉顯夫에
   의해 西岳里 古墳 등과 함께 再調査가 이루어졌다.

   小泉顯夫,「新羅統一時代の古墳と王陵」『朝鮮古代遺跡の遍歷』, 六興出版, 1986.

58. 關野貞 外,『朝鮮古蹟圖譜』3, 朝鮮總督府, 1916.

59. 『朝鮮古蹟圖譜』는 조선총독부의 후원으로 일본인 학자 關野貞을 비롯하여 谷井濟一, 栗山俊
   一 등에 의해 1915년부터 1935년까지 작업이 이루어져 모두 15권이 발간되었다. 樂浪·帶方郡
   時代부터 朝鮮時代 陶磁器에 이르기까지 한반도의 유적과 유물을 시대별, 유형별로 편집한 圖
   版 위주의 저작물이라고 할 수 있다. 각 책별 내용은 다음과 같다. 제1책—樂浪·帶方郡, 高句麗.
   제2책—高句麗 城址, 古墳. 제3책—馬韓, 百濟, 任那, 沃沮, 濊, 古新羅. 제4책—新羅統一時代(佛
   敎遺蹟). 제5책—新羅統一時代(王陵, 佛敎美術). 제6책—高麗(城址, 宮址, 寺址, 佛敎美術). 제
   7책—高麗(陵墓, 佛敎美術). 제8책—高麗(陶磁器). 제9책—高麗(墳墓發見工藝品). 제10책—朝
   鮮(宮廷建築). 제11책—朝鮮(城郭, 建築). 제12책—朝鮮(佛事建築 1). 제13책—朝鮮(佛事建築
   2—塔·墓·碑·橋). 제14책—朝鮮(繪畵). 제15책—朝鮮(陶磁器). 컬러 圖版까지 곁들인, 당시로
   서는 대단한 豪華裝幀으로 일반인들을 위한 內需用이라기보다는 오히려 對外弘報用의 의미가
   컸던 著作物이었던 것으로 생각된다. 프랑스 翰林院賞까지 받았다.

60. 지건길,「고고역사박물관으로서 한국 국립박물관의 역사」, *ICMAH-Archaeology and History
   Museums: Tangible and Intangible Heritage*, Seoul: ICOM, 2004. 總督府博物館이 주도한 당시의
   발굴 조사는 순수한 의미의 학술 조사라기보다는 박물관에 진열할 유물의 확보와 함께 식민사
   관에 입각하여 조선의 역사를 재구성하는 데 一助하였다는 점을 부정할 수가 없다.

제3장 일제강점기日帝强占期 1(1916-1930)

1. 藤田亮策·梅原末治 外,『昭和8年度古蹟調査槪報—樂浪古墳』, 朝鮮古蹟硏究會, 1934.

2. 關野貞 外,『大正5年度古蹟調査報告』, 朝鮮總督府, 1917.

3. 정인성,「關野貞의 낙랑유적조사·연구 재검토—일제강점기 '古蹟調査'의 기억 1—」『호남고고학
   보』24, 2006.

4. 해당 연도의 조사 기간이 이듬해 3월까지 계속되는 것은 당시 會計年度의 時限에 따른 것으로 보
   인다.

5. 關野貞 外,『大正5年度古蹟調査報告』, 朝鮮總督府, 1917.

6. 今西龍,「京畿道·黃海道平山郡遺蹟遺物調査報告書」『大正5年度古蹟調査報告』, 朝鮮總督府,
   1917.

7. 今西龍,「京畿道·黃海道平山郡遺蹟遺物調査報告書」『大正5年度古蹟調査報告』, 朝鮮總督府,
   1917. 1호 무덤의 널받침과 돌베개, 2호 무덤의 천장 구조 등 두 돌방무덤의 구조와 평면이 전반

적으로 신라, 백제, 고구려 무덤의 구조가 고루 갖춰져 당시 三國이 각축하던 立地的 여건의 상황을 보여 주고 있다. 이 가운데 1호 무덤은 1927년에 발굴한 인접한 梅龍里 2호분과 한 고분으로서 조사 당시 混線이 있었던 것으로 보인다.

野守健 外,「百濟時代古墳樣式の變遷」『昭和2年度古蹟調査報告』2, 朝鮮總督府, 1935.

최영희·김정기·송기호,『여주매룡리용강골 고분발굴보고서』II, 한림대학교 박물관, 1988.

8. 黑板勝美,「黃海道·平安南北道史蹟調査報告書」『大正5年度古蹟調査報告』, 朝鮮總督府, 1917.

9. 鳥居龍藏,「平安南道·黃海道古蹟調査報告書」『大正5年度古蹟調査報告』, 朝鮮總督府, 1917.

三上次男,「支石墓集成表の作成」『滿鮮原始墳墓の研究』, 吉川弘文館, 1977.

10. 關野貞,「平安南道大同郡·順川郡·龍岡郡古蹟調査報告書」『大正5年度古蹟調査報告』, 朝鮮總督府, 1917.

關野貞 外,「樂浪郡時代の遺蹟 本文·圖版上冊」『古蹟調査特別報告』4, 朝鮮總督府, 1927·1925.

石巖里 고분군은 평양시의 대동강 南岸 樂浪土城 바로 남쪽에 이루어진 무덤들로서, 서력기원 전후인 前漢 末에서 後漢 初(1세기 B.C.-1세기 A.D.)에 해당되는 무덤 300여 기가 분포되어 있다. 1916년의 본격적인 발굴에 이어 1924년의 王雲墓(52호), 1925년의 王旰墓(205호), 1942년의 王根墓(219호) 등 일정강점기에만도 20여 기가 발굴되어 한반도에서 이루어진 漢代의 호화로운 埋葬文化를 살필 수가 있었다.

11. 樂浪古墳은 구조에 따라 나무덧널무덤〔木槨墳〕, 귀틀무덤〔木室墳〕, 벽돌무덤〔塼築墳〕 등으로 나뉘는데, 나무덧널무덤은 지하에 무덤구덩〔墓壙〕을 파고 나무덧널을 설치한 후 여기에 나무널〔木棺〕을 안치하는 무덤이다. 처음에는 1기의 나무덧널만을 묻는 홑무덤〔單葬〕이 많았으나 뒤에는 2기의 무덤구덩을 따로 파서 묻는 異穴合葬 형식으로 변하게 된다. 기원전 1세기 후반경부터는 무덤 구덩 안에 귀틀을 짜 만들고, 여기에 나무덧널과 나무널을 묻는 同穴合葬 형식의 귀틀무덤이 나타난다. 나무덧널무덤에서 귀틀무덤으로 移行해 가면서 靑銅容器, 葬玉, 紀年銘漆器, 각종 화려한 장신구 등 漢代의 유물들이 차츰 증가하게 된다. 서기 2세기 이후에는 벽돌무덤이 성행하는데, 앞서 귀틀무덤이 주로 平壤을 중심으로 한 제한된 지역에서만 축조되는 데 반해 벽돌무덤은 분포 범위가 넓어져 황해도와 평안남도 일대까지 그 범위가 확대되는 변화를 보여 주고 있다.

오영찬,「귀틀묘의 성립과 지배 세력 간의 동화」『낙랑군 연구』, 사계절, 2006.

遺蹟調査研究室,「樂浪古墳」『韓國考古學事典(上)』, 國立文化財研究所, 2001.

12. 關野貞 外,「平壤附近に於ける樂浪時代の墳墓 1」『古蹟調査特別報告』1, 朝鮮總督府, 1919.

13. 關野貞,「平安南道大同郡·順川郡·龍岡郡古蹟調査報告書」『大正5年度古蹟調査報告』, 朝鮮總督府, 1917.

關野貞 外,「樂浪郡時代の遺蹟—本文·圖版下冊」『古蹟調査特別報告』4, 朝鮮總督府, 1925·1927.

14. 關野貞,「平安南道大同郡·順川郡·龍岡郡古蹟調査報告書」『大正5年度古蹟調査報告』, 朝鮮總督府, 1917.

金元龍,「壁畵」『韓國美術全集』4, 同和出版公社, 1974.

김기웅,「개마총鎧馬塚」『한국민족문화대백과사전』1, 한국정신문화연구원, 1988.

15. 關野貞,「平安南道大同郡·順川郡·龍岡郡古蹟調査報告書」『大正5年度古蹟調査報告』, 朝鮮總督府, 1917.

16. 谷井濟一,「晩達面古墳調査報告書」『大正5年度古蹟調査報告』, 朝鮮總督府, 1917.

17. 今西龍 外,『大正6年度古蹟調査報告』, 朝鮮總督府, 1920.

18. 李榮勳·金吉植 外,『鳳山 養洞里 塼室墓—日帝强占期資料調査報告』2, 國立中央博物館, 2001.

19. 關野貞,「平安北道及滿洲高句麗古蹟調査略報告」『大正6年度古蹟調査報告』, 朝鮮總督府, 1920.
    정찬영,「기원 4세기까지의 고구려묘제에 관한 연구」『고고민속논문집』5, 고고학연구소, 1973.

20. 谷井濟一,「京畿道·忠淸南道·全羅南北道十郡古蹟調査略報告」『大正6年度古蹟調査報告』, 朝鮮總督府, 1920.

21. 關野貞 外,『朝鮮古蹟圖譜』3, 朝鮮總督府, 1916.

22. 有光敎一,「扶餘陵山里傳百濟王陵·益山雙陵」『橿原考古學研究所論集』4, 1979.
    梅原末治,『朝鮮古代の墓制』, 1947.

23. 徐聲勳·成洛俊,『羅州潘南古墳群—綜合調査報告書』, 國立光州博物館, 1988.

24. 谷井濟一,「京畿道·忠淸南道·全羅南北道十郡古蹟調査略報告」『大正6年度古蹟調査報告』, 朝鮮總督府, 1920.
    穴澤和光·馬目順一,「羅州潘南面古墳群」『古代學研究』70, 古代學研究會, 1973.

25. 今西龍,「慶尙北道·慶尙南道調査報告」『大正6年度古蹟調査報告』, 朝鮮總督府, 1920.

26. 今西龍,「慶尙北道·慶尙南道調査報告」『大正6年度古蹟調査報告』, 朝鮮總督府, 1920.

27. 今西龍,「慶尙北道·慶尙南道調査報告」『大正6年度古蹟調査報告』, 朝鮮總督府, 1920.
    鄭澄元·金東鎬·沈奉謹,『昌寧桂城古墳群』, 慶尙南道, 1977.
    釜山大學校博物館,『昌寧桂城古墳群』, 1995.

28. 今西龍,「慶尙北道·慶尙南道調査報告」『大正6年度古蹟調査報告』, 朝鮮總督府, 1920.

29. 濱田耕作·梅原末治,「金海貝塚發掘調査報告」『大正9年度古蹟調査報告』1, 朝鮮總督府, 1923.
    榧本杜人,「金海貝塚の再檢討」『考古學雜誌』40-3, 日本考古學會, 1954.

30. 黑板勝美,「學會講演會記事」『歷史地理』32-5, 日本歷史地理學會, 1918.

31. 關野貞 外,「樂浪郡時代の遺蹟—本文」『古蹟調査特別報告』4, 朝鮮總督府, 1927.

32. 原田淑人,「慶尙北道慶州郡內東面普門里古墳及慶山郡淸道郡金泉郡尙州郡並 慶尙南道 梁山郡 東萊郡諸遺蹟 調査報告書」『大正7年度古蹟調査報告』2, 朝鮮總督府, 1922.
    國立慶州文化財研究所,『新羅古墳基礎學術調査研究 Ⅲ』, 文獻·考古資料, 2007.

33. 造永洞 고분군은 林堂洞 고분군과 인접된 유적으로, 일대에서 이루어진 택지 개발에 따라 1987-1990년과 1995-1997년에 걸쳐 대규모의 구제 발굴이 이루어졌다. 발굴을 통해 원삼국 초기에서 삼국시대 후기에 이르는 다양한 유형의 무덤들과 집자리 등 생활 유적들이 확인되어 이 지방의 고대사 연구에 중요한 자료를 제공해 주었다.
    嶺南大學校博物館,『慶山林堂地域古墳群』I·Ⅱ·Ⅲ, 1991·1994·1997.
    韓國文化財保護協會,『慶山林堂遺蹟』Ⅳ~Ⅵ, 1998.

34. 總督府博物館의 한국인 직원으로서 주로 濱田耕作, 梅原末治와 함께 발굴과 조사 현장을 동행

하며 金冠塚 등의 조사에도 적극적으로 참여했던 것으로 보인다.

35. 梅原末治·濱田耕作,「慶尙北道·慶尙南道古蹟調査報告書」『大正7年度古蹟調査報告』1, 朝鮮總督府, 1922.

36. 今西龍,「慶尙北道·慶尙南道調査報告」『大正6年度古蹟調査報告』, 朝鮮總督府, 1920.

37. 梅原末治·濱田耕作,「慶尙北道·慶尙南道古蹟調査報告書」『大正7年度古蹟調査報告』1, 朝鮮總督府, 1922.

38. 長谷部言人,「星州古墳人骨調査」『大正7年度古蹟調査報告』1, 朝鮮總督府, 1922. 고분 출토 인골의 형질인류학적 분석을 시도한 최초의 예로서 星山洞 6호 무덤 출토의 인골과 함께 이루어졌다.

39. 梅原末治·濱田耕作,「慶尙北道高靈郡古墳」『大正7年度古蹟調査報告』1, 朝鮮總督府, 1922. 池山洞 古墳에 대한 조사는 1910년 이후 1915년, 1917년에도 있었지만, 본격적인 발굴은 이해가 처음이라고 할 수 있다. 이후 1939년, 최근에는 1970년대 후반에 慶北大學校와 啓明大學校에 의해 발굴이 이루어져 慶州 이외의 남부지방에서는 가장 조사가 빈번히 이루어졌던 고분 유적 가운데 하나라고 할 수 있다.
尹容鎭 外,『大伽倻古墳發掘調査報告書』, 高靈郡, 1979.
金鍾徹,『高靈池山洞古墳群』, 啓明大學校博物館, 1981.

40. 今西龍,「昌寧郡ノ下, 舊昌寧郡」『大正6年度古蹟調査報告』, 朝鮮總督府, 1920.

41. 梅原末治,「南鮮に於ける古墳墓調査の經過」『朝鮮古代の墓制』, 東京: 圖書刊行會, 1972.

42. 梅原末治·濱田耕作,「慶尙南道昌寧郡古墳」『大正7年度古蹟調査報告』1, 朝鮮總督府, 1922.

43. 尹容鎭·金鍾徹,『大伽倻古墳發掘調査報告書』, 高靈郡, 1979.
金鍾徹,『高靈池山洞古墳群』, 啓明大學校博物館, 1981.
金世基,「星州星山洞古墳 發掘調査槪報」『嶺南考古學』3, 嶺南考古學會, 1987.
沈奉謹 外,『昌寧校洞古墳群』, 東亞大學校博物館, 1992.

44. 穴澤和光·馬目順一,「羅州潘南面古墳群」『古代學硏究』70, 1973.
徐聲勳·成洛俊,『羅州潘南古墳群—綜合調査報告書』, 國立光州博物館, 1988.

45. 池內宏,「咸鏡南道咸興郡に於ける高麗時代の古城址—附 定平郡の長城」『大正8年度古蹟調査報告』1, 朝鮮總督府, 1922. 大正7年度報告書(大正 11年 3月 31日 發行)까지 가타카나로 記述되어 오다가 大正8年度報告書(大正 11年 11月 20日 發行)부터는 히라카나로 그 표기 체제가 바뀌었다.

46. 梅原末治·濱田耕作,「金海貝塚發掘調査報告」『大正9年度古蹟調査報告』1, 朝鮮總督府, 1923. 金海 會峴里 조개무지는 1907년 8월 今西龍에 의해 첫 발굴이 이루어진 이래 같은 해 10월(柴田常惠), 1914년(鳥居龍藏), 1915년(黑板勝美, 未發表), 1917년(鳥居龍藏)에 이르기까지 여러 차례에 걸쳐 많은 학자들이 발굴에 참여했으나 1920년에 가장 본격적인 발굴이 이루어졌다. 이후에도 1922년(藤田亮策·梅原末治·小泉顯夫)에 이어 1934년(榧本杜人)에 발굴이 계속되었는데, 이때는 동쪽 정상부 부근에서 고인돌과 돌널무덤, 독널무덤 같은 매장 유구와 집자리가 조개무지보다 아래 층에서 드러났다. 會峴里 유적은 동서로 긴 표주박 모양의 언덕에 이루어진 조개무지로서, 발굴은 동쪽과 서쪽의 양 정상부를 중심으로 이루어졌는데, 1920년 이전에는 주로 서

쪽 정상부를, 그 후에는 동쪽 정상부를 중심으로 조사가 이루어졌다. 鳳凰臺 유적으로도 불리는 이 유적에 대해서는 1992년과 1993년에도 부산대학교 박물관에 의해 시굴 조사가 이루어지는 등 지금까지 십여 차례 이상 크고 작은 발굴이 이루어졌다. 이는 한국 고고학 백년사에서 단일 유적으로는 가장 여러 차례에 걸쳐 발굴된 유적 가운데 하나로서, 그만큼 고고학적으로서뿐 아니라 地政學的으로도 일본 학자들에게는 괄목할 만한 유적이었기 때문일 것이다.

47. 金元龍, 「金海貝塚年代에 關한 再檢討」『歷史學報』9, 歷史學會, 1957.

　　金元龍, 「原三國文化(金海文化)」『韓國考古學槪說』, 一志社, 1973.

48. 松本彦七郎, 「金海貝塚出土獸骨調査報告」『大正9年度古蹟調査報告』1, 朝鮮總督府, 1923.

49. 馬場是一郎·小川敬吉, 「梁山夫婦塚と其遺物—圖版·本文」『古蹟調査特別報告』5, 朝鮮總督府, 1927·1929.

　　圖版은 부분 컬러에 타블로이드판의 豪華裝幀으로서, 本文과 圖版 모두 京城府 蓬萊町의 朝鮮印刷株式會社에서 인쇄되었다.

50. 沈奉謹, 『梁山金鳥塚·夫婦塚』, 東亞大學校博物館, 1991. 무덤의 구조와 함께 殉葬 방식도 먼저 主人과 함께 한 명을, 追加葬으로 婦人과 함께 두 명을 순장했던 사실도 밝힐 수가 있었다.

51. 최근에는 梁山遺物展示館에서 육십여 점의 출토 유물과 관계 자료를 중심으로 「백 년 만의 귀환—양산 부부총 특별기획전」(2013. 10. 15-2014. 1. 12)이 열렸다. 『뉴시스』, 2013. 9. 4.

52. 關野貞 外, 「樂浪郡時代の遺蹟—圖版·本文」『古蹟調査特別報告』4, 朝鮮總督府, 1925·1927.

53. 濱田耕作·梅原末治, 「慶州金冠塚と其遺寶—本文上冊, 圖版上·下冊」『古蹟調査特別報告』3, 朝鮮總督府, 1924·1927.

54. 이와 같은 示威는 1971년에 이루어진 武寧王陵이 발굴된 公州에서도 일어났다. 여기에서는 유물 정리를 위해 서울로 옮기려는 유물의 移送을 막으려는, 보다 원천적인 주민들의 반대 운동이 있었다. 결과적으로 보다 안전한 보관과 전시를 위한 박물관 신축의 계기가 마련된 셈이었다.

55. 未刊된 本文 下冊에는 金冠과 冠帽 등 裝身具類와 武器, 甲胄, 馬具 등 중요 유물의 내용이 실려야 했지만, 보고서가 나오지 않아 다음의 책자를 통해 그 내용을 참조할 수밖에 없다. 濱田靑陵(濱田耕作와 同人異名), 『慶州の金冠塚』, 慶州古蹟保存會, 1932.

56. 小泉顯夫, 『朝鮮古代遺跡の遍歷—發掘調査三十年の回想』, (株)六興出版, 1986.

57. 藤田亮策 外, 「北部朝鮮出土の銅劍銅鉾と其の遺蹟」『大正11年度古蹟調査報告』2, 朝鮮總督府, 1922.

　　關野貞 外, 「樂浪郡時代の遺蹟—本文」『古蹟調査特別報告』4, 朝鮮總督府, 1927.

58. 小泉顯夫 外, 「慶尙南北道·忠淸南道古蹟調査報告」『大正11年度古蹟調査報告』1, 朝鮮總督府, 1924.

59. 報告書 未刊이지만 다음을 통해 槪略을 알 수 있다. 金元龍, 「鐵器時代」『한국사』1, 국사편찬위원회, 1973.

60. 尹武炳 外, 「梁山多芳里貝塚 發掘調査報告」『淸堂洞—國立博物館古蹟調査報告』第25冊, 國立中央博物館, 1993.

61. 藤田亮策·梅原末治·小泉顯夫, 「南朝鮮に於ける漢代の遺蹟」『大正11年度古蹟調査報告』2, 朝鮮總督府, 1925.

梅原末治・藤田亮策,『朝鮮古文化綜鑑』1, 養德社, 1946.

金廷鶴,「入室里遺跡」『韓國の考古學』, 河出書房新社, 1972.

尹武炳,『韓國靑銅器文化硏究』, 藝耕產業社, 1991.

62. 藤田亮策・梅原末治・小泉顯夫,「南朝鮮に於ける漢代遺蹟」『大正11年度古蹟調査報告』2, 朝鮮總督府, 1925.

63. 池內宏,「眞興王の戊子巡境碑と新羅の東北境」『昭和4年度古蹟調査特別報告』6, 朝鮮總督府, 1929

64. 小泉顯夫・野守健,「慶尙北道達城郡達西面古墳調査報告」『大正12年度古蹟調査報告』1, 朝鮮總督府, 1923.

65. 藤田亮策・梅原末治・小泉顯夫,「南朝鮮に於ける漢代遺蹟」『大正11年度古蹟調査報告』2, 朝鮮總督府, 1924・1925.

66. 〈SBS 역사스페셜: 역사전쟁, 금지된 장난, 일제 낙랑군 유물조작〉, 2011년 11월 2일 방영.

67. 關野貞 外,「樂浪郡時代の遺蹟—圖版・本文」『古蹟調査特別報告』4, 朝鮮總督府, 1925・1927.

梅原末治・藤田亮策,『朝鮮古文化綜鑑』2, 養德社, 1948.

68. 小場恒吉,「慶州南山の佛蹟」『朝鮮寶物古蹟圖錄』2, 朝鮮總督府, 1940. 1900년대에 들어 關野貞, 今西龍 등의 초기 경주 답사 때만 해도 별다른 관심을 받지 못하다가 1909년 關野貞의 再次 방문과 鳥居龍藏의 참여로 남산의 유적들이 주목을 받기 시작했다. 1920년대에 들어 남산에 대한 조사 계획이 수립되었고, 1924년부터 조선총독부에 의해 본격적으로 조사가 시작되었다. 1926년부터 1929년까지 남산의 측량 계획에 따라 1/10,000 지형도가 작성되었고, 1940년에 종합 보고서가 간행되었다.

國立文化財硏究所,『慶州南山의 佛敎遺蹟』Ⅱ, 1997.

69. 國立中央博物館,『慶州 路東里 4號墳—日帝强占期資料調査報告』1, 2000.

70. 梅原末治,「慶州金鈴塚・飾履塚發掘調査報告—圖版・本文」『大正13年度古蹟調査報告』1, 朝鮮總督府, 1931・1932.

71. 이는 마치 1973년의 경주 天馬塚 발굴이 1971년에 겪었던 공주 武寧王陵의 졸속 발굴에 대한 반성 차원에서 더욱 신중하게 이루어진 경우와 매우 흡사한 상황이었다.

72. 天馬塚에서는 밑으로 파 들어가지 않고 원래의 지표면과 거의 같은 높이(-0.4m)에 덧널을 설치하였다. 金正基・金東賢 外,「古墳의 構造」『天馬塚』, 文化公報部 文化財管理局, 1974.

73. 이와 같은 걸쇠나 빗장으로 생각되는 丸頭鐵棒과 鐶形鐵具는 天馬塚에서도 출토되어, 여기에서는 덧널 내부로의 출입 시설에 쓰인 빗장 부재로 추정되었다. 金正基・金東賢,「古墳의 構造」, 金正基・池健吉,「遺物의 出土狀態」『天馬塚』, 文化公報部 文化財管理局, 1974. 金鈴塚에서는 이 밖에도 天馬塚에서 확인된 副葬品收藏櫃 등의 구조물과 함께 특히 출토 유물에서도 많은 유사점이 나타나『天馬塚』의 발굴과 보고서 작성 때에는 이 '金鈴塚・飾履塚' 보고서를 항상 옆에 지니며 많은 사항들을 참고하였다.

74. 小泉顯夫,「金鈴塚と飾履塚の發掘」『朝鮮古代遺蹟の遍歷—發掘調査 三十年の回想—』, (株)六興出版, 1986.

75. 藤田亮策・梅原末治,『朝鮮古文化綜鑑』3, 1959.

『樂浪漢墓』1, 樂浪漢墓刊行會, 1974.

76. 小田省吾, 「平南龍岡郡石泉山のドルメンに就て」『朝鮮』114, 1924.

藤田亮策·梅原末治, 「北部朝鮮の支石墓」『朝鮮古文化綜鑑』1, 養德社, 1957.

三上次男, 「朝鮮半島における支石墓」『滿鮮原始墳墓の研究』, 吉川弘文館, 1977.

77. 原田淑人·田澤金吾, 『樂浪: 五官椽王旴墳墓』, 東京大學文學部, 1930. 이와 같은 대학에 의한 발굴은 일제강점기의 전 기간을 통해 朝鮮總督府나 朝鮮古蹟硏究會 이외의 외부 연구 기관에 의해 실시된 거의 유일한 발굴 사례라고 할 수 있었다.

오영찬, 『낙랑군 연구』, 사계절, 2006.

78. 藤島亥治郎, 『朝鮮建築史論』5, 1930. 藤島(1899-2002)는 제이차세계대전 이후 일본의 가장 저명한 古建築學者로서 關野貞의 뒤를 이어 그의 반평생을 한반도의 古建築 조사와 연구에 礎石을 다진 학자라고 할 수 있었다. 樂浪, 高句麗, 百濟에서부터 新羅에 이르기까지 陵墓와 寺刹, 王都에 걸쳐, 특히 新羅王京 復原에 관한 넓고 깊은 연구 성과를 이루었다.

藤島亥治郎 著, 이광노 역, 『韓의 건축문화―나의 연구 60년』, 곰시, 2011.

79. 國立中央博物館, 『岩寺洞―國立博物館 古蹟調査報告 第26冊』, 1994.

80. 金元龍, 『風納里包含層調査報告』, 서울大學校考古人類學科, 1967.

81. 小泉顯夫, 「慶州瑞鳳塚の發掘」『史學雜誌』38-1, 1927.

小泉顯夫, 「瑞鳳塚の發掘」『朝鮮古代遺跡の遍歷』, (株)六興出版, 1986.

穴澤和光·馬目順一, 「慶州瑞鳳塚の調査」『石心鄭永和敎授停年退任紀念 天馬考古學論叢』, 2007.

82. 그 후 1929년 9월에 英國人 데이비드P. David의 기부금으로 南墳에 대한 발굴이 朝鮮古蹟保存會에 의해 이루어졌다. 『東亞日報』1929년 9월 3일자 3면. 주 100 참조.

83. 이영훈, 「경주박물관의 지나간 이야기」『다시 보는 경주와 박물관』, 국립경주박물관, 1993.

84. 野守健 外, 「公州宋山里古墳調査報告」『昭和2年度古蹟調査報告』2, 朝鮮總督府, 1935.

85. 野守健 外, 「公州宋山里古墳調査報告」『昭和2年度古蹟調査報告』2, 朝鮮總督府, 1935.

86. 梅原末治·藤田亮策, 「渭原龍淵洞出土一括遺物(其1·2·3)」『朝鮮古文化綜鑑』1, 養德社, 1947.

87. 野守健 外, 「鷄龍山麓陶窯址調査報告」『昭和2年度古蹟調査報告』1, 朝鮮總督府, 1929.

강경숙, 「분청사기 가마터」『한국 도자기 가마터 연구』, 시공아트, 2005.

88. 野守健 外, 「鷄龍山麓陶窯址調査報告」『昭和2年度古蹟調査報告』1, 朝鮮總督府, 1929.

89. 榧本杜人, 「大邱大鳳町支石墓群について」『考古學雜誌』38-4, 1952.

三上次男, 「大邱の支石墓群と古代南部朝鮮社會」『滿鮮原始墳墓研究』, 吉川弘文館, 1977(2版).

大鳳洞 고인돌에 대해서는 이후 1936년, 1938년, 1940년에 藤田亮策 등에 의해서, 또한 광복 이후에는 1990년, 1997년, 1998년에 慶北大學校와 嶺南大學校에 의해서 발굴이 계속되었다.

90. 有光敎一, 『朝鮮磨製石劍の研究』, 京都大學文學部 考古學叢書 2, 1959.

三上次男, 『滿鮮原始墳墓の研究』, 東京: 吉川弘文館, 1977(2版).

藤田亮策·梅原末治, 『朝鮮古文化綜鑑』1, 1947.

小泉顯夫 등에 의해 조사된 이 유적에 대해서도 보고서가 아직 나오지 않았고, 다른 문헌을 통해서 그 개략적인 상황을 파악할 수밖에 없다. 이 雲垈里 유적뿐만 아니라 雙床塚과 路西里 138호

무덤(1922년), 瑞鳳塚(1926년), 東川里 瓦塚, 小金剛, 西岳里(1928년) 등 경주의 많은 고분, 渭原 龍淵洞 初期鐵器 유적(1927년), 大邱 大鳳洞(1927년)과 昌原 外洞 고인돌(1929년), 公州 宋山里 6호 무덤(1933년) 등 그의 손을 거쳐 간 수많은 중요한 유적들이 정식 보고서가 나오지 못한 채 그대로 묻히고 말았다. 오직 그가 晩年에 펴낸 『朝鮮古代遺蹟の遍歷』(1986)이란 조그만 책자에 그가 참여했던 몇몇 유적에 대한 斷片的인 經緯를 적고 있다.

91. 李健茂, 『特別展─韓國의 靑銅器文化』, 國立中央博物館·光州博物館, 1992.
   李榮文, 『韓國支石墓社會硏究』, 學硏文化社, 2002.
92. 野守健·榧本龜次郎, 「晩達山麓高句麗古墳の調査」 『昭和12年度古蹟調査報告』, 朝鮮古蹟硏究會, 1938.
93. 小泉顯夫, 「新羅統一時代の古墳と王陵」 『朝鮮古代遺蹟の遍歷─發掘調査三十年の回想』, 東京: 六興出版, 1986.
94. 藤島亥治郎, 朝鮮建築史論 1-5, 『建築雜誌』 44-532～536, 日本建築學會, 1930.
95. 藤田亮策·梅原末治, 「濟州島 山地港出土 一括遺物」 『朝鮮古文化綜鑑』 1, 朝鮮總督府, 1947.
96. 梅原末治·濱田耕作, 「金海貝塚發掘調査報告」 『大正9年度古蹟調査報告』 1, 朝鮮總督府, 1923.
97. 小泉顯夫, 「支石墓の調査」 『朝鮮古代遺跡の遍歷─發掘調査三十年の回想』, 東京: 六興出版, 1986.
   朴敬源, 「昌原郡鎭東面城門里 支石墓調査略報告」 『歷史學報』 10, 歷史學會, 1958.
98. 有光敎一, 「平安北道江界郡漁雷面發見の一箱式石棺と其副葬品」 『考古學雜誌』 31-3, 日本考古學會, 1941.
99. 藤田亮策, 「雄基松坪洞石器時代遺蹟の發掘」 『靑丘學叢』 2, 1930.
   榧本杜人, 「北朝鮮の土器·石器」 『朝鮮の考古學』, 同朋舍, 1980.
100. 梅原末治, 『考古學六十年』, 平凡社, 1973.
   小泉顯夫, 『朝鮮古代遺蹟の遍歷─發掘調査三十年の回想』, 東京: 六興出版, 1986.
   穴澤和光·馬目順一, 「慶州瑞鳳塚の調査」 『石心鄭永和敎授停年退任紀念 天馬考古學論叢』, 2007.
101. 藤田亮策, 「東萊の甕棺出土」 『靑丘學叢』 2, 1930.
   國立中央博物館考古部, 『東萊樂民洞貝塚』, 國立中央博物館, 1998. 1930년의 유적 발견 이후 국립박물관에 의해 1967-1970년 사이에 네 차례에 걸쳐 재조사가 이루어졌다.
102. 野守健 外, 「平安南道大同郡大同江面梧野里古墳調査報告」 『昭和5年度古蹟調査報告』 1, 朝鮮總督府, 1935.
103. 藤田亮策, 「朝鮮古蹟硏究會の創立とその事業」 『靑丘學叢』 6, 1931.
   오영찬, 『낙랑군 연구』, 사계절, 2006.
104. 小泉顯夫·澤俊一 外, 『樂浪彩篋塚』, 朝鮮古蹟硏究會, 1934.
   有光敎一·藤井和夫, 『朝鮮古蹟硏究會遺稿』 I, 유네스코 동아시아문화연구센터·財團法人 東洋文庫, 2000.

제4장 일제강점기 日帝强占期 2 (1931-1944)

1. 有光敎一·藤井和夫,『朝鮮古蹟硏究會遺稿』I, 유네스코 동아시아문화연구센터·財團法人 東洋文庫, 2000.

2. 김대식,『유리원판에 비친 한국의 문화유산—식민지 조선의 고적조사』, 성균관대학교 박물관, 2012.

3. 藤田亮策, 朝鮮古蹟調査,『朝鮮學論考』, 1963.
   오영찬,『낙랑군 연구』, 사계절, 2006.

4. 野守健 外,「平安南道大同郡大同江面梧野里古墳調査報告」『昭和5年度古蹟調査報告』1, 朝鮮總督府, 1935.

5. 小泉顯夫·澤俊一 外,『樂浪彩篋塚—南井里·石巖里三古墳發掘調査報告』, 朝鮮古蹟硏究會, 1934.

6. 有光敎一,「慶州皇南里第82號墳·83號墳調査報告」『昭和6年度古蹟調査報告』1, 朝鮮總督府, 1935.

7. 小泉顯夫·澤俊一 外,『樂浪彩篋塚—南井里·石巖里三古墳發掘調査報告』, 朝鮮古蹟硏究會, 1934.

8. 有光敎一,「慶州皇南里第82號墳·83號墳調査報告」『昭和6年度古蹟發掘報告』1, 朝鮮總督府, 1935.

9. 藤島亥治郎,「慶州を中心とせる新羅一般型及び變形三層石塔論 1·2」『建築雜誌』577·579, 1933.

10. 有光敎一,「慶州忠孝里石室古墳調査報告」『昭和7年度古蹟調査報告』2, 朝鮮總督府, 1937.

11. 有光敎一·藤井和夫,「慶州皇吾里第16號墳發掘調査報告」『朝鮮古蹟硏究會遺稿』I, 유네스코 동아시아문화연구센터·財團法人 東洋文庫, 2000. 皇吾里 16호와 다음 해(1933년)에 조사된 路西里 215호 무덤에 대해서는 조사자인 有光敎一의 개인적인 사정과 이후 닥친 전쟁의 혼란 등으로 보고서 발간이 어려워지게 되었다. 따라서 이 보고서는 보고자의 오랜 집념과 그 후원자들의 열성적 지원으로 발굴 후 육십칠 년 만에 빛을 보게 된 것이다.

12. 榧本龜次郎·野守健,「永和9年銘塼出土古墳調査報告」『昭和7年度古蹟調査報告』1, 朝鮮總督府, 1933.

13. 小場恒吉·榧本龜次郎,『樂浪王光墓—貞柏里·南井里二古墳發掘調査報告』, 朝鮮古蹟硏究會, 1935.

14. 今村豊,「樂浪王光墓發見人骨に就いて」『樂浪王光墓』, 朝鮮古蹟硏究會, 1935.

15. 榧本龜次郎,「南井里第119號墳」『樂浪王光墓』, 朝鮮古蹟硏究會, 1935.

16. 榧本杜人(榧本龜次郎와 同人異名)「平安南道大同郡龍岳面上里遺蹟調査報告」『朝鮮總督府博物館報』6, 1934,『朝鮮の考古學』, 同朋舍, 1980.
    梅原末治·藤田亮策,「大同龍岳面上里出土一括遺物(其一·二)」『朝鮮古文化綜鑑』1, 養德社, 1947.

17. 日本學術振興會는 樂浪 연구를 위해 매년 1萬5千圓을 朝鮮古蹟研究會에 원조하기로 결의하고 研究員과 助手를 구성하여 이해 6월부터 사업을 시작하였다. 연구원으로는 藤田亮策을 책임연구원으로, 原田淑人, 梅原末治, 小場恒吉 등 네 명이고, 助手(補助員)로는 總督府 촉탁으로 있던 澤俊一, 榧本龜次郎 두 명 등 모두 여섯 명으로 구성되었다. 藤田亮策,「昭和8年度の樂浪調查事業」『昭和8年度古蹟調查槪報—樂浪古墳』, 朝鮮古蹟研究會, 1934.

18. 小場恒吉·梅原末治 外, 『昭和8年度古蹟調查槪報—樂浪古墳』, 朝鮮古蹟研究會, 1934.

19. 直良信夫,「朝鮮潼關鎭發掘舊石器時代의遺物」『第1次 滿蒙學術調査研究團報告』6-3, 1940.

20. 有光敎一·藤井和夫,「慶州路西里215番地古墳發掘調査報告」『朝鮮古蹟研究會遺稿』I, 유네스코 동아시아문화연구센터·財團法人 東洋文庫, 2000.

21. 당시 總督府博物館에는 1920년대에 野守健이 작성한『慶州邑南古墳群』의 分布圖가 보관되어 있었는데, 여기에는 동서 1킬로미터, 남북 1.5킬로미터의 범위에 분포하는 이백 기에 가까운 무덤에 番號가 표기되어 있다.

22. 有光敎一·藤井和夫,「慶州路西里215番地古墳發掘調査報告」『朝鮮古蹟研究會遺稿』I, 2000.

23. 有光敎一,「皇吾里 第54號墳 甲乙 二塚」『昭和8年度古蹟調查槪報』, 朝鮮總督府, 1934.

24. 有光敎一·藤井和夫,「慶州皇吾里第16號墳發掘調査報告」『朝鮮古蹟研究會遺稿』I, 2000, p.5.

25. 尹武炳,「武寧王陵 및 宋山里 6號墳의 塼築構造에 대한 考察」『百濟研究』5, 忠南大學校 百濟研究所, 1974.

26. 小泉顯夫,「百濟의舊都扶餘와公州」『朝鮮古代遺蹟의遍歷』, 東京: 六興出版, 1986.
    有光敎一,「公州宋山里古墳群의 發掘調査」『朝鮮古蹟研究會遺稿』II, 유네스코 동아시아문화연구센터·財團法人 東洋文庫, 2002. 여기에서 有光敎一은 宋山里 古墳群에 대한 조사 개황을 설명하면서 특히 6호분의 발견 경위와 조사 내용을 비교적 상세하게 적고 있다. 정식 報告書가 간행되지 않은 상황에서 여기에 인용된 梅原考古資料나 유적과 유물의 略圖, 寫眞 등은 지금도 전공자들에게는 매우 요긴한 자료가 되고 있다.

27. 有光敎一·藤井和夫,「公州宋山里第29號墳發掘調査報告」『朝鮮古蹟研究會遺稿』II, 유네스코 동아시아문화연구센터·財團法人 東洋文庫, 2002. 이 古墳도 앞서 1932년과 1933년에 朝鮮古蹟研究會에 의해 조사된 慶州 皇吾里 16號墳, 路西里 215號墳과 함께 미처 보고되지 못했던 것을 당시 조사 담당자였던 有光敎一이 뒤늦게나마 당시의 資料들을 어렵게 모아 藤井和夫의 도움으로 근 칠십 년 만에 이 報告書가 빛을 보게 된 것이다. 緣由야 어떻든 이젠 幽明을 달리한 故人의 熱情 어린 執念에 敬意를 표하지 않을 수 없다.

28. 有光敎一,「朝鮮釜山瀛仙町의一貝塚에就いて」『人類學雜誌』51-2, 1936.
    有光敎一,「釜山瀛仙町貝塚」『朝鮮櫛目文土器의研究』, 1961.

29. 榧本杜人,「南鮮小鹿島發見의多鈕細文鏡·其他」『考古學』6-3, 1935.
    梅原末治·藤田亮策,「全羅南道小鹿島出土一括遺物」『朝鮮古文化綜鑑』1, 養德社, 1947.

30. 齋藤忠,「慶州皇南里第109號墳發掘調査報告」『昭和9年度古蹟調查報告』1, 朝鮮總督府, 1937.

31. 崔秉鉉,「前期: 積石木槨墳 硏究」『新羅古墳硏究』, 一志社, 1992.

32. 申敬澈, 古式鐙子考, 『釜山史學』9, 1985.

33. 齋藤忠,「慶州皇吾里第14號墳發掘調査報告」『昭和9年度古蹟調查報告』1, 朝鮮總督府, 1937.

34. 藤田亮策·梅原末治,「金海貝塚甕棺及箱式棺」『朝鮮古文化綜鑑』1, 養德社, 1947.

　　榧本杜人,「金海貝塚の再檢討」『考古學雜誌』40-3, 日本考古學會, 1954.

　　榧本杜人,「金海貝塚の甕棺と箱式石棺—金海貝塚の再檢討(承前)」『考古學雜誌』43-1, 日本考古學會, 1957.

35. 池健吉,「東北아시아 支石墓의 型式學的 考察」『韓國考古學報』12, 1982.

36. 大曲美太郎,「慶南多大浦貝塚發見」『ドルメン』3-6, 1934.

　　有光敎一,『朝鮮櫛目文土器の研究』, 京都大學文學部 考古學叢書 3, 1962.

　　이 유적에 대해서는 1966년 釜山大學校博物館에 의해 발굴되어 그 성격이 구체적으로 밝혀지게 되었다.

　　金龍基,「多大浦貝塚 發掘調查報告」『釜山史學』2, 1971.

37. 有光敎一,「昭和9年度にかける樂浪調查事業」『昭和9年度古蹟調查槪報—樂浪古墳』, 朝鮮古蹟研究會, 1935.

38. 原田淑人 外,「昭和9年及同10年度土城址調查」『昭和10年度古蹟調查槪報—樂浪遺蹟』, 朝鮮古蹟研究會, 1936.

39. 關野貞 外,「樂浪郡時代の遺蹟—本文」『古蹟調查特別報告』4, 朝鮮總督府, 1927.

40. 原田淑人·田澤金吾,『樂浪: 五官掾王肟の墳墓』, 東京大學文學部, 1930.

41. 關野貞 外,「平壤附近にかける樂浪時代の墳墓」『古蹟調查特別報告』1, 朝鮮總督府, 1919.

42. 關野貞 外,「朝鮮古蹟調查略報告」『大正3年度古蹟調查報告』, 朝鮮總督府, 1914.

43. 池內宏,『通溝』卷上·下, 日滿文化協會, 1938·1940.

44. 黑板勝美,「日本歷史地理學會 講演會記事」『歷史地理』32-5, 1918.

45. 池內宏,『通溝—滿洲國通化省輯安縣高句麗遺蹟』卷上, 日滿文化協會, 1938.

　　池內宏·梅原末治,『通溝—滿洲國通化省輯安縣高句麗壁畫墳』卷下, 日滿文化協會, 1940.

　　『通溝』는 池內宏에 의해 주도된 當代의 力作이라 할 수 있는 上·下 兩卷의 豪華裝幀 타블로이드 판이다. 上卷에서는 통구 지방의 중요한 고구려 遺蹟과 古墳의 전반적인 狀況을 서술하였고, 下卷에는 새로 발견된 고구려 壁畫古墳이 소개되고 있다. 卷末에는 漢·英 兩語(漢譯: 錢稻孫, 英譯: 原田治郎) 抄錄을 실어 일찍부터 이루어진 그네들의 國際化에 대한 열망을 살필 수가 있었다.

46. 菅政友,「高麗好太王碑銘考」『史學雜誌』22, 1891.

　　李進熙,『廣開土王碑의 探究—李基東 譯』, 一潮閣, 1982.

47. 關野貞,「滿洲輯安縣及び平壤附近かける高句麗時代の遺蹟(1)」『考古學雜誌』5-3, 日本考古學會, 1914.

　　池內宏·梅原末治,「三室塚」『通溝』卷下—滿洲國通化省輯安縣高句麗壁畫墳, 日滿文化協會, 1940.

48. 金元龍,『壁畫—韓國美術全集』4, 同和出版公社, 1974.

49. 田中俊明,「高句麗の金石文—研究の狀況と課題—」『朝鮮史研究會論文集』18, 1981.

50. 정인성·김은주,「丸都城 및 國內城의 位置에 대하여」『錦江考古』5, 忠淸文化財研究院, 2008.

51. 石田茂作,「扶餘軍守里廢寺址發掘調查(槪要)」『昭和11年度古蹟調查報告』, 朝鮮古蹟研究會,

1937.

52. 齋藤忠,「慶尙南道蔚山郡西生面出土の‘櫛目文樣’土器片」『考古學雜誌』25-6, 日本考古學會,
1935.

53. 齋藤忠,「慶州邑忠孝里盜掘古墳の調査」『昭和11年度古蹟調査報告』, 朝鮮古蹟研究會, 1937.

54. 池內宏,「新發見の壁畫古墳と其の調査」『通溝』卷上, 日滿文化協會, 1938.

55. 八幡一郎 外,『世界考古學事典』上, 平凡社, 1979.

56. 石田茂作,「扶餘軍守里廢寺址發掘調査(槪要)」『昭和11年度古蹟調査報告』, 朝鮮古蹟研究會,
1937.

57. 齋藤忠,「慶州邑皇吾里古墳の調査」『昭和11年度古蹟調査報告』, 朝鮮古蹟研究會, 1937.

58. 齋藤忠,「慶州皇南里第109號墳·皇吾里第14號墳調査報告」『昭和9年度古蹟調査報告』1, 朝鮮
總督府, 1937

59. 榧本杜人,「大邱大鳳町支石墓群について」『考古學雜誌』38-4, 日本考古學會, 1952.

60. 池健吉,「東北아시아 支石墓의 型式學的 考察」『韓國考古學報』12, 韓國考古學硏究會, 1982.

61. 藤田亮策,「大邱大鳳町支石墓調査」『昭和11年度古蹟調査報告』, 朝鮮古蹟研究會, 1937.

62. 1990년에 실시된 경북대학교 박물관의 재발굴 결과에 의하면 3호와 4호 돌널의 남쪽에서 새로
운 5호 돌널이 나타나 결과적으로 1호 고인돌에서는 5기의 돌널이 제4호 돌널을 중심으로 卍자
모양으로 배치되어 있었다. 경북대학교 박물관,『대구대봉동고인돌—재발굴조사보고』, 1991.

63. 榧本杜人,「大邱大鳳町支石墓群について」『考古學雜誌』38-4, 日本考古學會, 1952.

64. 藤田亮策,「大邱大鳳町支石墓調査」『昭和11年度古蹟調査報告』, 朝鮮古蹟研究會, 1937.

65. 池內宏,『通溝—滿洲國通化省輯安縣高句麗遺蹟』卷上, 日滿文化協會, 1938.
池內宏·梅原末治,『通溝—滿洲國通化省輯安縣高句麗壁畫古墳』卷下, 日滿文化協會, 1940.
이해의 通溝 유적에 대한 조사 결과는 지난해와 연계되어 전년도(1935년)의 조사 내용에 포함
시켰다.

66. 梅原末治,「調査計劃と其の實施の經過」『昭和11年度古蹟調査報告』, 朝鮮古蹟研究會, 1937.

67. 關野貞,「平安南道大同郡·順川郡·龍岡郡古蹟調査報告書」『大正5年度古蹟調査報告』, 朝鮮總
督府, 1917.

68. 小場恒吉 外,「高句麗古墳の調査」『昭和11年度古蹟調査報告』, 朝鮮古蹟研究會, 1937.

69. 谷井濟一,「京畿道·忠淸南道·全羅南北道十郡古蹟調査略報告」『大正6年度古蹟調査報告』, 朝
鮮總督府, 1920.
梅原末治 外,「扶餘陵山里東古墳群調査」『昭和12年度古蹟調査報告』, 朝鮮古蹟研究會, 1938.

70. 梅原末治·藤田亮策,「內里古墳群と第一號墳壁畫」『朝鮮古文化綜鑑』4, 養德社, 1966.
金元龍,『壁畫—韓國美術全集』4, 同和出版公社, 1974.

71. 關野貞,「百濟の遺蹟」『考古學雜誌』6-3, 日本考古學會, 1915.
關野貞 外,「百濟時代」『朝鮮古蹟圖譜』3, 朝鮮總督府, 1916.

72. 谷井濟一,「京畿道·忠淸南道·全羅南北道十郡古蹟調査略報告」『大正6年度古蹟調査報告』, 朝
鮮總督府, 1920.

73. 梅原末治,「扶餘陵山里東古墳群の調査」『昭和12年度古蹟調査報告』, 朝鮮古蹟研究會, 1938.

74. 關野貞,「百濟の遺蹟」『考古學雜誌』6-3, 日本考古學會, 1915.

75. 有光教一,「扶餘窺岩面に於ける文樣塼出土遺蹟と其の遺物」『昭和11年度古蹟調査報告』, 朝鮮古蹟研究會, 1937.

76. 田窪眞吾·梅原末治 外,「樂浪梧野里第25號墳の調査」『昭和12年度古蹟調査報告』, 朝鮮古蹟研究會, 1938.

77. 小泉顯夫,「泥佛出土地元五里廢寺址の調査」『昭和12年度古蹟調査報告』, 朝鮮古蹟研究會, 1938.
   文明大,「元五里寺址塑造佛의 研究」『考古美術』150, 韓國美術史學會, 1981.

78. 原田淑人 外,「樂浪土城址の調査(槪報)」『昭和12年度古蹟調査報告』, 朝鮮古蹟研究會, 1938.

79. 原田淑人·駒井和愛,「昭和9年及同10年度土城址の調査」『昭和10年度古蹟調査槪報』, 朝鮮古蹟研究會, 1936.

80. 齋藤忠,「慶州に於ける新羅一統時代遺構址調査」『昭和12年度古蹟調査報告』, 朝鮮古蹟研究會, 1938.

81. 小場恒吉,「慶州東南山石佛調査(槪要)」『昭和12年度古蹟調査報告』, 朝鮮古蹟研究會, 1938.

82. 小場恒吉,『慶州南山の佛蹟』, 朝鮮寶物古蹟圖錄 第二, 朝鮮總督府, 1940.

83. 小泉顯夫,「平壤萬壽臺及其附近の建築物址」『昭和12年度古蹟調査報告』, 朝鮮古蹟研究會, 1938.

84. 小場恒吉,「高句麗古墳の調査」『昭和12年度古蹟調査報告』, 朝鮮古蹟研究會, 1938.

85. 小場恒吉,「高句麗古墳の調査」『昭和11年度古蹟調査報告』, 朝鮮古蹟研究會, 1937.

86. 김일성종합대학 고고학 및 민속학강좌,「고구려무덤」『대성산의 고구려유적』, 김일성종합대학 출판사, 1973.

87. 小泉顯夫,「平壤萬壽臺及其附近の建築物址」『昭和12年度古蹟調査報告』, 朝鮮古蹟研究會, 1938.

88. 谷井濟一,「晩達面古墳調査報告書」『大正5年度古蹟調査報告』, 朝鮮總督府, 1917.

89. 野守健·榧本龜次郎,「晩達山麓高句麗古墳の調査」『昭和12年度古蹟調査報告』, 朝鮮古蹟研究會, 1938.

90. 野守健·榧本龜次郎,「晩達山麓高句麗古墳の調査」『昭和12年度古蹟調査報告』, 朝鮮古蹟研究會, 1938.

91. 米田美代治,「朝鮮佛敎建築論」『朝鮮建築史論(其三)』, 1930.
   米田美代治,「慶州千軍里寺址及び三層石塔調査報告」『昭和13年度古蹟調査報告』, 朝鮮古蹟研究會, 1940.

92. 石田茂作·齋藤忠,「扶餘に於ける百濟寺址の調査(槪報)」『昭和13年度古蹟調査報告』, 朝鮮古蹟研究會, 1940.

93. 小泉顯夫,「平壤淸岩里廢寺址調査(槪報)」『昭和13年度古蹟調査報告』, 朝鮮古蹟研究會, 1940.

94. 齋藤忠,「大邱府附近に於ける古墳の調査」『昭和13年度古蹟調査報告』, 朝鮮古蹟研究會, 1940.

95. 藤田亮策,「大邱大鳳町支石墓調査(第二回)」『昭和13年度古蹟調査報告』, 朝鮮古蹟研究會, 1940.

96. 樋本杜人, 「大邱大鳳町支石墓について」『考古學雜誌』38-4, 日本考古學會, 1952.

97. 池健吉, 「支石墓社會의 復原에 관한 一考察」『梨花史學研究』13 · 14合輯, 1983.

98. 池內宏 · 梅原末治, 『通溝』下, 日滿文化協會, 1940.

八幡一郎 外, 『世界考古學事典』上, 平凡社, 1979.

99. 有光教一, 「羅州潘南面古墳の發掘調査」『昭和13年度古蹟調査報告』, 朝鮮古蹟研究會, 1940.

徐聲勳 · 成洛俊, 『羅州潘南古墳群—綜合調査報告書』, 國立光州博物館, 1988.

100. 谷井濟一, 「京畿 · 忠南 · 全北 · 全南十郡古蹟調査略報告」『大正6年度古蹟調査報告』, 朝鮮總督府, 1920.

101. 有光教一, 「羅州潘南面古墳の發掘調査」『昭和13年度古蹟調査報告』, 朝鮮古蹟研究會, 1940.

102. 關野貞 外, 『朝鮮古蹟圖譜』3 (解說篇), 朝鮮總督府, 1916.

103. 梅原末治 · 濱田耕作, 「慶尙北道高靈郡古墳」『大正7年度古蹟調査報告』1, 朝鮮總督府, 1922.

104. 有光教一, 「高靈主山第39號墳發掘調査概報」『朝鮮古蹟研究會遺稿』II, 유네스코 동아시아문화연구센터 · 財團法人 東洋文庫, 2002. '高靈 主山 第39號墳'이라는 명칭은 발굴 조사 당시에 붙여진 고유 번호로서 현재의 池山洞 47호에 해당되는 무덤이다. 지금의 池山洞 39호분은 主山 39호분으로부터 남동쪽으로 230미터 아래에 있는 小圓墳이다.

日帝强占期에 이루어진 수많은 發掘 가운데 그 결과가 報告書 등으로 公表되지 않은 것들이 부지기수이지만, 그나마 마지막까지 國立博物館에 남아 總督府博物館의 발굴 관계 업무를 일부라도 인계해 준 이가 有光教一이었다. 더구나 그가 한국에 머무르며 개인 사정, 혹은 주변의 여건에 따라 직간접적으로 간여했던 발굴 중 보고서가 나오지 않은 유적에 대해 晚年의 高齡에도 불구하고 희미한 기억을 되살려 가며 집필했던 원고를 『朝鮮古蹟研究會遺稿』 I · II · III 등 3권의 보고서에 실었다.

105. 齋藤忠, 「昭和14年に於ける朝鮮古蹟調査の槪要」『考古學雜誌』30-1, 1940.

106. 국립중앙박물관 · 한국박물관협회, 『한국박물관 100년사 1909-2009』, 2009.

국립부여박물관, 『부여박물관의 발자취』, 2009.

107. 小場恒吉 外, 『慶州南山の佛蹟』, 朝鮮寶物古蹟圖錄 第二, 朝鮮總督府, 1940.

108. 국립중앙박물관 · 한국박물관협회, 『한국박물관 100년사 1909-2009』, 2009.

109. 樋本杜人, 「咸北先史遺跡の調査 1 · 2—靑丘考古記 1 · 2」『朝鮮學報』46 · 47, 1968.

110. 樋本杜人, 「大邱大鳳町支石墓群について」『考古學雜誌』38-4, 日本考古學會, 1952.

111. 전주농, 「전 동명왕릉 부근 벽화무덤」『고고학자료집』3, 1963.

梅原末治 · 藤田亮策, 『朝鮮古文化綜鑑』4, 養德社, 1966.

112. '咸通'은 唐 懿宗(860~873) 때의 年號로서 '庚寅'年은 懿宗(咸通) 11年(870)에 해당된다.

113. 梅原末治 · 藤田亮策, 『朝鮮古文化綜鑑』3, 養德社, 1959.

『樂浪漢墓』2, 樂浪漢墓刊行委員會, 1975.

114. 尹武炳, 『定林寺址』, 忠南大學校博物館, 1981.

尹武炳, 『扶餘定林寺址蓮池遺蹟發掘報告書』, 忠南大學校博物館, 1987

115. 朝鮮總督府, 『朝鮮寶物古蹟調査資料』, 大海堂印刷(株), 1942.

116. 有光教一 · 藤井和夫, 『朝鮮古蹟研究會遺稿』III, 유네스코 동아시아문화연구센터, 2003.

117. 關野貞 外,「樂浪郡時代の遺蹟—本文」『古蹟調査特別報告』4, 1927.

118. 田窪眞吾 · 梅原末治,「樂浪梧野里第25號墳の調査」『昭和12年度古蹟調査報告』, 朝鮮古蹟研究
會, 1938.

119. 駒井和愛,『樂浪郡治址』, 東京大學文學部, 1964.

조선유적유물도감 편찬위원회,「락랑토성」『조선유적유물도감』2, 1989.

오영찬,「군현의 치소와 토성」『낙랑군 연구』, 사계절, 2006.

제5장 격동기激動期(1945-1960)

1. 김재원(1909-1990)은 유럽 유학을 마친 뒤 귀국하여 광복 후 이십오 년간 국립박물관장으로 재
직하며 우리나라 국립박물관과 초기 한국 고고학의 기틀을 다졌다.『壺杅塚과 銀鈴塚』(1948년)
을 시작으로『韓國支石墓研究』(1967년)에 이르기까지 국립박물관의 고고학 사업과 戰後 우리
문화재의 해외 전시를 통해 유럽과 미국에 한국 문화를 알리는 데 커다란 기여를 하였다. 金載元,
『博物館과 한평생—초대박물관장 자서전』, 探求堂, 2000(再版).

2. 도유호(1905-1982)는 北京과 유럽에서 고고학과 민속학을 전공한 뒤 철학박사를 취득하고 귀
국하여 함흥을 중심으로 활동하다가 광복 후 잠시 월남하였으나 다시 월북하여 김일성대학 교
수와 과학원 고고학 및 민속학 연구소장으로 재직하였다. 광복 후 이십여 년간 웅기 송평동 유적
(1947년)을 시작으로 안악 3호 무덤(1949년), 용강 궁산리 유적(1950년), 봉산 지탑리(1957년)
와 미송리 유적(1963년)에 이르기까지 북한의 고고학 활동을 주도하면서 그동안의 성과를 한데
묶어『조선원시고고학』(1960년)을 출간하였다.

李光麟,「北韓의 考古學—특히 都宥浩의 硏究를 中心으로」『東亞研究』20, 西江大學校 東亞研究
所, 1990.

이선복,「북한 고고학사 시론」『東方學志』74, 1992.

3. 金載元,『景福宮夜話』, 探求堂, 1991.

4. 국립중앙박물관,『국립중앙박물관 60년: 1945~2005』, 2006.

5. 金載元,『壺杅塚과 銀鈴塚』, 國立博物館 古蹟調査報告 第1冊, 乙酉文化社, 1948.

6. 金載元,『博物館과 한평생—초대박물관장 자서전』, 探求堂, 2000(再版).

7. 有光教一 · 藤井和夫,『朝鮮古蹟研究會遺稿』I · II · III, 유네스코 동아시아문화연구센터,
2000 · 2002 · 2003.

I: 慶州 皇吾里 第16號墳, 慶州 路西里 215番地古墳(1932-1933).

II: 公州 宋山里 第29號墳, 高靈 主山 第39號墳(1933, 1939).

III: 平壤 石巖里 第218號墳, 平壤 貞柏里 第24號墳(1943).

8. 金載元,『景福宮夜話』, 探求堂, 1991.

9. 李弘稙,「高麗壁畫古墳發掘記」『韓國古文化論攷』, 1954.

10. 김원용,「유적 조사의 회상」『나의 인생 나의 학문』, 학고재, 1996.

11. 梅原末治 · 藤田亮策,『朝鮮古文化綜鑑』1~4, 養德社, 1947-1966.

12. 金元龍,「書評—藤田亮策·梅原末治 共編 朝鮮古文化綜鑑 第1·2卷」『歷史學報』2, 1952.

13. 과학원 고고학 및 민속학연구소,「안악 제1호 및 제2호분 발굴보고」『유적발굴보고』4, 1958.

14. 황욱,「안악 제3호분 발굴보고」『유적발굴보고』3, 과학원 고고학 및 민속학연구소, 1958.

   金元龍,『韓國美術全集 4—壁畵』, 同和出版公社, 1974.

15. 金元龍,『韓國壁畵古墳』(韓國文化藝術大系 1), 一志社, 1980.

16. 도유호·정백운,「나진초도원시유적 발굴보고서」『유적발굴보고』1, 과학원 고고학 및 민속학
   연구소, 1956.

   조선유적유물도감 편찬위원회,「초도유적」『조선유적유물도감(1)—원시편』, 1988.

17. 국립중앙박물관,「국립중앙박물관 60년 : 1945~2005」, 2006.

18. 도유호·황기덕,「궁산 원시유적 발굴보고」『유적발굴보고』2, 과학원 고고학 및 민속학연구소,
   1957.

   조선유적유물도감 편찬위원회,「궁산유적」『조선유적유물도감(1)—원시편』, 1988.

19. 국립중앙박물관,『국립중앙박물관 60년 : 1945~2005』, 2006.

20. Howard A. MacCord, "The Able Site Kapyong, Korea," Asian Perspectives Ⅱ, 1958.

21. 金元龍,「加平 馬場里 冶鐵住居址」『歷史學報』50·51合輯, 歷史學會, 1971.

22. 韓永熙,「馬里住居址出土遺物—資料紹介」『中島』進展報告 Ⅲ, 國立中央博物館, 1982.

23. 金元龍,「慶州九政里 出土 金石併用期遺物에 對하여」『歷史學報』1, 歷史學會, 1952. 이『歷史學
   報』創刊號는 이해 3月에 發起創立된 歷史學會(會長 洪以燮)에 의해 美國公報院(USIS)의 援助
   를 받아 9月에 發刊된 순수 學術雜誌로서, 이후 考古學 관계 報告나 論文도 게재되어 草創期의
   우리 考古學 硏究에 크게 기여하였다.

24. 金元龍,「慶州金尺里古墳發掘調查略報」『美術資料』1, 國立博物館, 1960.

25. 國立慶州文化財硏究所,『新羅古墳基礎學術調查硏究 Ⅲ』—文獻·考古資料, 2007.

26. 金載元·金元龍,『慶州路西里雙床塚·馬塚·138號墳調查報告』, 國立博物館 古蹟調查報告 第2
   冊, 1955.

27. 과학원 고고학 및 민속학 연구소,「평안남도 순천군 룡봉리 묘동성총 조사보고」『고고학자료집』
   1, 1958.

28. 과학원 고고학 및 민속학 연구소,「황해남도 은률군 운성리 토광묘 발굴보고」『고고학자료집』
   1, 1958.

29. 黑板勝美,「黃海道·平安南北道 史蹟調查報告書」『大正5年度古蹟調查報告書』, 朝鮮總督府,
   1917.

30. 과학원 고고학 및 민속학 연구소,「평안남도 은산군 남옥리고분 발굴보고」『고고학자료집』2,
   1959.

31. 과학원 고고학 및 민속학 연구소,「황해북도 황주군 순천리 상동유적 조사정리 보고」『고고학자
   료집』2, 1959. 갈모(車轄 =갈매)는 수레의 굴대와 바퀴 사이에 끼우는 쇠로, 토시같이 만든 것
   이다. 굴대가 쏠리는 것을 막는다. 한창균,『북한 고고학 미술사 용어집』, 백산자료원, 1996.

32. 과학원 고고학 및 민속학 연구소,「평양역전 2실분 발굴보고」『고고학자료집』1, 1958.

33. 榧本龜次郎·野守健,「永和九年在銘塼出土古墳調查報告」『昭和7年度古蹟調查報告』1, 1933.

34. 과학원 고고학 및 민속학 연구소,「황해북도 은파군 대청리 1호분 발굴보고」『고고학자료집』1, 1958.

35. 도유호,「회령오동 원시유적 발굴보고」『유적발굴보고』7, 과학원 고고학 및 민속학 연구소, 1960.

   조선유적유물도감 편찬위원회,「오동유적」『조선유적유물도록(1)—원시편』, 1988.

36. 還都 후 그동안 임시로 기거하던 南山 박물관에서 이해 6월 23일 德壽宮 石造殿으로 이전, 개관하였다. 국립중앙박물관,『국립중앙박물관 60년: 1945~2005』, 2006.

37. 秦弘燮,「慶州皇吾里古墳 發掘調査略報告」『美術資料』2, 國立博物館, 1960.

38. 과학원 고고학 및 민속학연구소,「금탄리 원시유적 발굴보고」『유적발굴보고』10, 사회과학원 출판사, 1964. 지금까지 북한의 고고학을 주도해 온 고고학 및 민속학 연구소가 속해 있었던 과학원이 1964년부터는 사회과학원으로 명칭을 바꾸었다.

   조선유적유물도감 편찬위원회,「금탄리유적」『조선유적유물도감(1)—원시편』, 1988.

39. 김용간,「강계시 공귀리 원시유적 발굴보고」『유적발굴보고』6, 과학원 고고학 및 민속학 연구소, 1959.

   조선유적유물도감 편찬위원회,「공귀리유적」『조선유적유물도감(1)—원시편』, 1988.

40. 池健吉,「墓制 Ⅱ(石棺墓)」『韓國史論』13—韓國의 考古學 Ⅱ, 國史編纂委員會, 1983.

41. 과학원 고고학 및 민속학연구소,「황해북도 황주군 천주리 한밭골 토광묘 조사보고」『고고학자료집』2, 1959.

42. 과학원 고고학 및 민속학 연구소,「평양시 락랑리 85호분 발굴보고」『고고학자료집』1, 1958.

43. 도유호,「회령 오동 원시유적 발굴보고」『유적발굴보고』7, 과학원 고고학 및 민속학 연구소, 1960.

   조선유적유물도감 편찬위원회,「오동유적」『조선유적유물도감(1)—원시편』, 1988.

44. 정백운,「강남 원암리 원시유적 발굴보고」『문화유산』1958-1, 과학원출판사, 1958.

45. 과학원 고고학 및 민속학 연구소,「평안남도 룡강군 대안리 제1호묘 발굴보고」『고고학자료집』2, 1958.

46. 국립중앙박물관,『국립중앙박물관 60년: 1945~2005』, 2006. 미국에서의 해외 전시(1957. 12. 14-1959. 6. 7)는 워싱턴을 시작으로 하와이 호놀룰루까지 모두 여덟 개 도시에서 일 년 반 동안에 걸쳐 이루어졌다.

47. 朴敬源,「昌原郡鎭東面城門里 支石墓調査略報告」『歷史學報』10, 歷史學會, 1958.

48. 과학원 고고학 및 민속학 연구소,「평안남도 대동군 화성리 쌍곽분 정리보고」『고고학자료집』1, 1958.

49. 고고학연구실,「청진 농포리 원시유적 발굴」『문화유산』57-4, 과학원 고고학 및 민속학 연구소, 1957.

   조선유적유물도감 편찬위원회,「농포리유적」『조선유적유물도감(1)—원시편』, 1988.

50. 사리원역사박물관,「황해북도 은파군 갈현리 하석동 토광묘 유적 조사보고」『고고학자료집』2, 1959.

51. 전주농,「공민왕(恭愍王) 현릉(玄陵)」『고고학자료집』3, 1963.

52. 사리원역사박물관, 「황해북도 사리원시 상매리 석상묘 조사보고」, 『고고학자료집』 2, 1959.

　　조선유적유물도감 편찬위원회, 「상매리돌상자무덤」, 『조선유적유물도감(1)—원시편』, 1988.

53. 도유호·정백운, 「라진초도 원시유적 발굴보고서」, 『유적발굴보고』 1, 과학원. 초기에는 과학원
　　(고고학 및 민속학 연구소) 이름으로 발간하다가 1964년에는 사회과학원으로 개칭하였다. 또
　　한 1960년대 말에는 고고학 및 민속학 연구소에서 고고학 연구소가 따로 독립하였다. 따라서 그
　　후로는 사회과학원 고고학 연구소 이름으로 발간이 계속되었다. 1985년 『제14집』까지 발간 확
　　인.

54. 金元龍, 『鬱陵島』, 國立博物館 古蹟調査報告 第4冊, 1963.

55. 김원용, 「유적 조사의 회상」, 『나의 인생 나의 학문』, 학고재, 1996.

56. 韓炳三, 『矢島貝塚』, 國立博物館 古蹟調査報告 第8冊, 1970.

57. 鳥居龍藏, 「平安南道有史以前遺蹟」, 『大正5年度古蹟調査報告』, 朝鮮總督府, 1917. 이 보고서에
　　서는 '矢島'를 '箭島'로 적고 있다. 이는 주민들이 이 섬을 '살섬'으로 부르는데, 일제강점기에 일
　　인들이 행정구역 명칭을 일본식으로 바꿀 때 같은 '화살'의 의미로 받아들이며 쓴 결과 빚어진
　　혼돈으로 여겨진다.

58. 金元龍, 「67年度 回顧와 展望」, 『歷史學報』 39, 歷史學會, 1968.

59. 金元龍, 「京畿楊平郡楊東面丹石里 新羅時代 古墳報告」, 『歷史學報』 10, 歷史學會, 1958.

60. 도유호·황기덕, 「지탑리 원시유적 발굴보고」, 『유적발굴보고』 8, 과학원 고고학 및 민속학 연구
　　소, 1961.

　　조선유적유물도감 편찬위원회, 「지탑리유적」, 『조선유적유물도감(1)—원시편』, 1988.

61. 과학원 고고학 및 민속학연구소, 「안악 제1호 및 제2호분 발굴보고」, 『유적발굴보고』 4, 1958.

62. 과학원 고고학 및 민속학연구소, 「황해북도 황주군 선봉리 1호묘 발굴정리보고」, 『고고학자료
　　집』 2, 1959.

63. 채희국, 「태성리 고분군 발굴보고」, 『유적발굴보고』 5, 과학원 고고학 및 민속학연구소, 1959.

　　조선유적유물도감 편찬위원회, 「태성리유적」, 『조선유적유물도감(1)—원시편』, 1988.

64. 조선유적유물도감 편찬위원회, 「태성리유적」, 『조선유적유물도감(1)—원시편』, 1988.

65. 정찬영, 「초기 고구려 문화의 몇 가지 측면」, 『고고민속』 65-4, 1965.

　　정찬영, 『압록강, 독로강 류역 고구려 유적발굴보고—유적발굴보고 13』, 1983.

66. 국립중앙박물관, 『국립중앙박물관 60년: 1945~2005』, 국립중앙박물관, 2006.

67. 考古美術 뉴-스, 「金海郡 大東面 禮安里貝塚調査」, 『考古美術』 1, 韓國美術史學會, 1960.

　　釜山大學校博物館, 『金海禮安里古墳群 I—本文』, 1985.

68. 金元龍, 「原三國文化(金海文化)」, 『韓國考古學槪說』, 一志社, 1973.

69. 황기덕, 「1958년 춘하기 어지돈지구 관개공사구역 유적정리 간략보고」, 『문화유산』 59-1, 1959.

　　서국태, 「신흥동 팽이그릇 집자리」, 『고고민속』 64-3, 사회과학원 고고학 및 민속학연구소,
　　1964.

　　조선유적유물도감 편찬위원회, 「신흥동유적」, 『조선유적유물도감(1)—원시편』, 1988.

70. 정찬영, 「자강도 시중군 심귀리 원시유적 발굴보고」, 『문화유산』 61-2, 1961.

　　정찬영, 「압록강, 독로강 류역 고구려 유적발굴보고」, 『유적발굴보고』 13, 1983.

조선유적유물도감 편찬위원회, 「심귀리유적」『조선유적유물도감』, 1988.

71. 황기덕, 「1958년도 춘하기 어지돈 관개공사구역 유적정리 간략보고(II)」『문화유산』 59-2, 1959.

72. 신의주역사박물관, 「정주군 석산리 당터산 원시유적조사 간략보고」『문화유산』 59-5, 1959.

73. 황기덕·리원근, 「황주군 심촌리 청동기시대 유적발굴보고」『고고민속』 66-3, 1966.
    황기덕, 「황해북도 황주군 심촌리 긴동 고인돌」『고고학자료집』 3, 1963.
    조선유적유물도감 편찬위원회, 「침촌리 일대 고인돌」『조선유적유물도감(1)—원시편』, 1988.

74. 조선유적유물도감 편찬위원회, 「침촌리유적」『조선유적유물도감(1)—원시편』, 1988.

75. 석광준, 「오덕리 고인돌 발굴보고」『고고학자료집』 4, 1974.

76. 전주농, 「강서군 태성 저수지 내부 유적의 정리」『문화유산』 61-3, 1961.

77. 전주농, 「평안남도 용강군 석천산(石泉山) 동록의 고인돌」『고고학자료집』 3, 1963.
    조선유적유물도감 편찬위원회, 「석천산 고인돌」『조선유적유물도감(1)—원시편』, 1988.

78. 전주농, 「강서군 태성 저수지 내부 지대의 고구려 무덤」『고고학자료집』 3, 1963.

79. 金元龍, 「高句麗의 壁畵古墳」『韓國壁畵古墳』, 一志社, 1980.

80. 리순진, 「부조예군무덤 발굴보고」『고고학자료집』 4, 1974.

81. 尹武炳, 「韓國靑銅遺物의 연구」『韓國靑銅器文化研究』, 1991.

82. 채희국, 「대성산 일대의 유적에 관한 연구」『유적발굴보고』 9, 1964.

83. 전제헌, 「대성산 못(池) 발굴 중간보고」『고고민속』 64-3, 1964.

84. 朱貴, 「遼寧朝陽十二臺營子 靑銅短劍墓」『考古學報』 60-1, 北京: 1960.
    조선유적유물도감 편찬위원회, 「십이대영자돌곽무덤」『조선유적유물도감(2)—고조선·부여·진국편』, 1989.

85. 金元龍, 「十二臺營子의 靑銅短劍墓—韓國靑銅器文化의 起源問題」『歷史學報』 16, 1961.

86. 沈陽故宮博物館·沈陽市文物管理辦公室, 「沈陽鄭家窪子的兩座靑銅時代墓葬」『考古學報』 75-1, 北京: 1975.

87. 金載元, 「史前時代」『韓國史—古代篇』, 震檀學會, 乙酉文化社, 1959. 주요 목차는 다음과 같다. 1 序說. 2 史前時代의 遺蹟과 遺物. 3 石器時代人의 生活. 4 金屬文化의 流入. 5 結語.

88. 朴敬源, 「昌原郡熊川面子馬山古墳群略報告」『美術資料』 1, 國立博物館, 1960.

89. 金廷鶴, 「熊川貝塚研究」『亞細亞研究』 10-4, 高麗大學校 亞細亞硏究所, 1967.

90. 金哲埈, 「濟州島支石墓調査報告」『서울大論文集』 9, 1959.

91. 池健吉, 「東北아시아 支石墓의 型式學的 考察」『韓國考古學報』 12, 韓國考古學硏究會, 1982.

92. 金載元·尹武炳, 『感恩寺』, 國立博物館 特別調査報告 第2冊, 1961.
    國立慶州文化財研究所, 『感恩寺發掘調査報告書』, 1997.

93. 國立慶州文化財研究所, 『感恩寺發掘調査報告書』, 1997.

94. 김용간, 「미송리 동굴유적 발굴보고」『고고학자료집』 3, 과학원 고고학 및 민속학 연구소, 1963.
    김신규, 「미송리 동굴유적의 동물유골에 대하여」『고고학자료집』 3, 과학원 고고학 및 민속학 연구소, 1963.

95. 김기웅, 「평안남도 개천군 묵방리 고인돌 발굴 중간보고」『고고학자료집』 3, 1963.

96. (筆者 未詳),「吉林西團山子石棺墓發掘記」『考古』60-4, 1960.

97. 황기덕,「황해남도 용연군 석교리 원시유적 발굴보고」『고고학자료집』3, 1963.

　　조선유적유물도감 편찬위원회,「석교리유적」『조선유적유물도감(1)—원시편』, 1988.

98. 池健吉,「東北아시아 支石墓의 型式學的 考察」『韓國考古學報』12, 韓國考古學研究會, 1982.

99. 리순진,「재령군 부덕리 수역동의 토광무덤」『고고학자료집』3, 1963.

100. 전주농,「황해남도 안악군 복사리 벽화무덤」『고고학자료집』3, 1963.

101. 전주농,「복사리 망암동 토광무덤과 독무덤」『고고학자료집』3, 1963.

102. 고고학연구실,「미림 쉴바위 원시유적 정리보고」『문화유산』60-3, 1960.

103. 전주농,「불일사지(佛日寺址)」『고고학자료집』3, 1963.

104. 김종혁,「만경대 토광무덤 발굴보고」『고고학자료집』3, 1963.

105. 리병선,「황해남도 고려자기 가마터 발굴보고」『고고학자료집』3, 1963.

106. 황기덕,「두만강 유역과 동해안 일대의 유적조사」『문화유산』57-6, 과학원출판사, 1957.

　　변사성·안영준,「강상리 유적의 질그릇 갖춤새에 대하여」『조선고고연구』86-2, 사회과학출판사, 1986.

107. 정찬영,「자성군 조아리, 서해리, 법동리, 송암리 고구려 고분 발굴보고」『고고학자료집』3, 1963.

108. 황기덕,「무산 범의구석 유적 발굴보고」『고고민속논문집』6, 사회과학출판사, 1975.

　　조선유적유물도감 편찬위원회,「범의구석유적」『조선유적유물도감(1)—원시편』, 1988.

109. 崔淳雨,「重刊辭」『考古美術—第1號~第100號合輯, 上卷』, 韓國美術史學會, 1979. 한 번도 거르지 않고 이어진 100호(1968년 11월호) 發行을 계기로 考古美術同人會를 韓國美術史學會로 改編發足하고 『考古美術』도 油印의 月刊에서 活版印刷의 季刊으로 바뀌게 되었다. 이 雜誌는 처음부터 學術論文集으로서보다는 同人들이 손수 調査하여 소개하는 새로운 資料集으로서의 성격이 강하였으나 차츰 짧은 論文 성격의 原稿도 揭載하기에 이르렀다.

110. 金載元,「創刊辭」『美術資料』1, 國立博物館, 1960.

111. 尹容鎭,「若木古墳調査報告—大甕塚發掘報告」, 慶北大學校博物館叢刊 第1冊, 1962.

112. 金元龍,「靈巖郡內洞里甕棺墓」『鬱陵島』, 國立博物館 古蹟調査報告 第4冊, 1963.

113. 谷井濟一,「京畿道·忠清南道·全羅南北道十郡古蹟調査略報告」『大正6年度古蹟調査報告』, 朝鮮總督府, 1920.

114. 有光敎一,「羅州潘南面古墳の發掘調査」『昭和13年度古蹟調査報告』, 朝鮮古蹟研究會, 1940.

115. 金載元·尹武炳,『義城塔里古墳』, 國立博物館 古蹟調査報告 第3冊, 1962.

116. 북한의 자강도 자성군의 압록강 병목골과 중국 쪽의 對岸을 막아 만든 雲峰湖(넓이 105km², 둘레 359km)의 수력을 이용한 발전소로서, 1958년에 중국 측과 공동 건설하기로 합의하여 그 해 10월에 착공, 1970년에 완공하였다. 댐의 길이 500m에 25개의 수문이 있으며 설비용량 40만kw의 절반이 중국으로 송전되었다.

　　鄭錫弘,「운봉수력발전소」『한국민족문화대백과사전』16, 한국정신문화연구원, 1991.

117. 金元龍 外,『八堂·昭陽댐 水沒地區遺蹟發掘綜合調査報告書』, 文化公報部 文化財管理局, 1974.

118. 도유호, 『조선원시고고학』, 247쪽, 1961. 도유호에 의한 「머리말」은 1960년 9월에 집필되었
다.

119. 김용남, 「서포항 조개무지 발굴보고」 『문화유산』 61-3, 1961.

　　김용간·서국태, 「서포항원시유적발굴보고」 『고고민속론문집』 4, 사회과학출판사, 1972.

　　조선유적유물도감 편찬위원회, 「굴포리 서포항유적」 『조선유적유물도감(1)—원시편』, 1988.

120. 金元龍, 「雄基屈浦里西浦項貝塚의 遺物」 『歷史學報』 32, 歷史學會, 1966.

121. 김기웅, 「평안남도 개천군 묵방리 고인돌 발굴 중간보고」 『고고학자료집』 3, 1963.

　　조선유적유물도감 편찬위원회, 「묵방리 고인돌」 『조선유적유물도감(2)—고조선·부여·진국
편』, 1988.

122. 김용간, 「미송리 동굴유적 발굴보고」 『고고학자료집』 3, 1963.

123. (筆者 未詳), 「吉林西團山子石棺墓發掘記」 『考古』 60-4, 1960.

124. 전수복, 「함경북도 김책군 덕인리《고인돌》정리 간략보고」 『문화유산』 61-3, 1963.

125. 정찬영, 「자성군 조아리, 서해리, 법동리, 송암리 고구려고분 발굴보고」 『고고학자료집』 3,
1963.

126. 정찬영, 「기원 4세기까지의 고구려묘제에 관한 연구」 『고고민속론문집』 5, 사회과학원 고고학
연구소, 1973.

127. 리병선, 「중강군 토성리 원시 및 고대 유적발굴 중간보고」 『문화유산』 61-5, 1961.

　　조선유적유물도감 편찬위원회, 「중강군 토성리유적」 『조선유적유물도감(1)—원시편』, 1988.

128. 김용간, 「강계시 공귀리 원시유적 발굴보고」 『유적발굴보고』 6, 과학원 고고학 및 민속학연구
소, 1959.

129. 정찬영, 「압록강, 독로강 유역 고구려 유적발굴보고」 『유적발굴보고』 13, 사회과학원 고고학연
구소, 1983.

130. 김종혁, 「중강군 장성리 유적 조사보고」 『문화유산』 61-6, 1961.

131. 이선복, 「북한고고학 시론」 『東方學志』 74, 1992.

제6장 성장기成長期(1961-1970)

1. 金載元·尹武炳, 『韓國支石墓硏究』, 國立博物館 古蹟調査報告 第6冊, 1967.

2. 강경숙, 『한국 도자사의 연구』, 시공사, 2000.

　　국립중앙박물관, 「발굴 및 조사연구」 『국립중앙박물관 60년: 1945~2005』, 2006.

3. 金元龍, 「金海土器片을 내는 潭陽 文學里의 一支石墓」 『美術資料』 3, 國立博物館, 1961.

4. 金元龍, 「水石里 先史時代 聚落住居址 調査報告」 『美術資料』 11, 國立博物館, 1966.

5. 金廷鶴, 「廣州 明逸里住居址 發掘報告」 『古文化』 1, 1962.

6. 金廷鶴, 「熊川貝塚研究」 『亞細亞研究』 10-4, 高麗大學校亞細亞問題研究所, 1967.

7. 金元龍, 「原三國文化」 『韓國考古學概說』, 一志社, 1973.

8. 김용남·서국태, 「평양시 서성구역 와산동 팽이그릇 유적조사 보고」 『문화유산』 61-6, 1961.

9. 백련행, 「룡산리 고분 정리보고」 『문화유산』 62-4, 1962.

10. 洪思俊·金正基,『皇吾里4·5號古墳 皇南里破壞古墳 發掘調查報告』, 國立博物館 古蹟調查報告 第5冊, 1964.

11. 金載元·尹武炳,『韓國支石墓研究』, 國立博物館 古蹟調查報告 第6冊, 1967.

12. 金元龍,「金海茂溪里支石墓의 出土品—靑銅器를 伴出하는 新例」『東亞文化』1, 서울大學校 東亞文化研究所, 1963.

13. 金英夏·尹容鎭,「漆谷郡 仁同面 黃桑洞 古墳調查報告」『仁同·不老洞·高靈古衙古墳發掘調查報告』, 慶北大學校博物館叢刊 第2冊, 1966.

14. 도유호,「신천 명사리에서 드러난 고조선 독널에 관하여」『문화유산』62-3, 1962.

15. 리원근·백룡규,「평양시 승호구역 립석리(立石里) 원시유적 발굴 간략보고」『문화유산』62-4, 1962.

16. 리순진,「운성리유적 발굴보고」『고고학자료집』4, 1974.

17. 리원근,「선천군 원봉리 및 정주군 석산리 원시유적 조사보고」『고고민속』64-1, 1964.

18. 신의주역사박물관,「정주군 석산리 당터산 원시유적조사 간략보고」『문화유산』59-5, 1959.

19. 안병찬,「자료—평북도 박천군 녕변군의 유적조사보고」『문화유산』62-5, 1962.
     김정문,「세죽리 유적발굴 중간보고(I)」『고고민속』64-2, 1964.
     김영우,「세죽리 유적발굴 중간보고(II)」『고고민속』64-4, 1964.

20. 조선유적유물도감 편찬위원회,「세죽리유적」『조선유적유물도감(2)—고조선·부여·진국편』, 1989.

21. 「資料—迎日郡杞溪面 支石墓發掘調查」『考古美術』33, 韓國美術史學會, 1963. "杞溪面 일대에 분포하는 南方式支石墓의 發掘調查를 실시하였는데, 完存하는 支石墓 6基를 포함한 14개소에서 磨製石劍 破片, 磨製石斧 및 土器片을 발견하였다"는 기록으로 보아 상당한 발굴 성과가 있었던 듯하다.

22. 金正基,「迎日郡 杞溪面出土 無文土器」『考古美術』33, 韓國美術史學會, 1963.

23. 考古美術뉴-스,「京畿 坡州郡 交河面 및 忠南 牙山郡 靈仁面 支石墓發掘」『美術資料』8, 國立博物館, 1963.

24. 考古美術뉴-스,「江華島支石墓調查」『美術資料』8, 國立博物館, 1963.

25. 崔淑卿,「永宗島 雲南里 支石墓」『金愛麻博士梨花勤續40周年紀念論文集』, 梨花女子大學校出版部, 1966.

26. 이와 같이 청동기시대의 고인돌이 역사시대에 들어서 再使用된 예는 춘천 泉田里 2호와 고창 上甲里 A호 고인돌에서도 확인된 바 있었다. 여기에서는 굽다리접시〔高杯〕, 접시모양〔杯形〕 토기 파편과 단지 등 三國期의 토기류와 철제 가위가 수습되었다. 金載元·尹武炳,『韓國支石墓研究』, 國立博物館 古蹟調查報告 第6冊, 1967.

27. 金元龍,『鬱陵島』, 國立博物館 古蹟調查報告 第4冊, 國立博物館, 1963.
     國立中央博物館,『鬱陵島』, 國立博物館 古蹟調查報告 第38冊, 國立中央博物館, 2008.
     이 보고서(27b)는 1957년과 1963년의 두 차례에 걸쳐 이루어진 조사 결과를 바탕으로 1963년에 발간된 원 보고서(27a)에 누락된 유물을 추가하여 재발간한 것이다. 이는 2007년 12월에 울릉도 발굴 50주년을 기념한 특별전을 준비하는 과정에서 원 보고서에 누락된 상당량의 유물이 있다는 것을 확인하고 그 중요성을 감안하여 재발간을 추진하게 되었다.

28. 考古美術뉴-스,「光州市忠孝洞陶窯址發掘調査」『美術資料』7, 國立博物館, 1963.

　　鄭良謨·金英媛,『光州 忠孝洞窯址—粉青沙器·白磁가마 퇴적층조사』, 국립중앙박물관, 1992.

29. 尹武炳,「天安斗井里의 竪穴住居址」『美術資料』8, 國立博物館, 1963.

30. 金元龍,『新昌里 甕棺墓地』, 서울大學校 考古人類學叢刊 1, 서울大學校出版部, 1964. 新昌洞 遺蹟에 대해서는 國立光州博物館에 의해 1992년부터 최근까지 조사가 드문드문 이루어져 왔다.

31. 金元龍,「韓國考古學에서의 放射性炭素年代」『考古學』2, 韓國考古學會, 1969.

32. 有光敎一,「釜山東三洞貝塚」『朝鮮櫛目文土器의 硏究』, 京都大學文學部 考古學叢書 第3冊, 1962.

33. L. L. Sample, "Tongsamdong: A Contribution to Korean Neolithic Culture History," *Arctic Anthropology* 11-2, 1974. 朝島期–牧島期–釜山期–頭島期–影島期의 5期로 나누었다.

34. 國立中央博物館,『東三洞貝塚 I–IV』, 國立博物館 古蹟調査報告 第34冊, 2002-2005.

35. 金元龍·金正基,「高靈壁畵古墳調査報告」『韓國考古』2, 서울大學校 考古人類學科, 1967.

36. 金廷鶴,「廣州可樂里住居址 發掘報告」『古文化』2, 韓國大學博物館協會, 1963.

　　金廷鶴,「無文土器文化」『韓國의 考古學』, 河出書房新社, 1985.

37. 秦弘燮,『造塔洞古墳發掘調査報告』, 安東地區 古蹟調査報告書 第2篇, 梨花女子大學校博物館, 1975.

38. 金英夏·尹容鎭,「大邱市不老洞 古墳調査報告」,「漆谷郡 仁同面 黃桑洞 古墳調査報告」『仁同·不老洞·高靈古衙古墳發掘調査報告』, 慶北大學校博物館叢刊 第2冊, 1966.

39. 齋藤忠,「大邱府附近에 於한 古墳의 調査」『昭和13年度古蹟調査報告』, 朝鮮古蹟研究會, 1940.

40. 李蘭暎,「江陵市 浦南洞 出土 先史時代 遺物」『歷史學報』24, 1964.

　　李蘭暎,「江陵市浦南洞出土先史時代遺物」追補,『歷史學報』28, 1965.

41. 세죽리 제1, 2차 조사에 대한 결과는 이 책 지난해(1962년)의 경과에서 이미 기술하였음.

42. 운성리 제3, 4차 조사에 대한 결과도 지난해의 제2차 발굴 결과와 함께 보고되어 이미 기술하였음.

43. 전제헌,「대성산 못(池) 발굴 중간보고」『고고민속』64-3, 1964.

44. 조·중 공동 고고학발굴대,『중국 동북지방의 유적발굴보고—1963~1965』, 사회과학원출판사, 1966.

45. 孫寶基,「公州 石壯里 無土器文化」『考古美術』56·57호, 韓國美術史學會, 1965.

　　孫寶基,「層位를 이룬 石壯里 舊石器文化」『歷史學報』35·36合輯, 歷史學會, 1967.

　　孫寶基,「舊石器文化」『한국사 1—고대』, 국사편찬위원회, 1973.

46. 孫寶基,『石壯里 先史遺蹟』, 東亞出版社, 1993.

47. 崔淳雨,「康津沙堂里窯址出土青磁瓦」『美術資料』9, 國立博物館, 1964.

　　考古美術뉴-스,「康津郡大口面沙堂里 青磁窯址發掘調査」『美術資料』9, 國立博物館, 1964.

　　강경숙,『한국 도자기 가마터 연구』, 시공사, 2005.

48. 崔淳雨,「廣州 道馬里 白磁窯址 發掘調査略報」『考古美術』59, 韓國美術史學會, 1965.

49. 朴日薰,『皇南里4·5號古墳, 皇南里破壞古墳 發掘調査報告』, 國立博物館, 1964.

50. 尹武炳·朴日薰,「慶州 西岳里 石室墳 發掘調査」『考古學』1, 韓國考古學會, 1968.

　　金廷鶴,「新羅古墳」『韓國の考古學』, 東京: 河出書房新社, 1972.

51. 尹武炳,『金剛寺』, 國立博物館 古蹟調査報告 第7冊, 1969.

52. 申榮勳,「扶餘 臨江寺址 發掘 參加記」『考古美術』52, 韓國美術史學會, 1964.

53. 金英夏·尹容鎭,「漆谷郡 仁同面 黃桑洞 古墳調査報告」『仁同·不老洞·高靈古衙古墳發掘調査
　　報告』, 慶北大學校博物館叢刊 第2冊, 1966.

54. 金廷鶴,「熊川貝塚研究」『亞細亞研究』10-4, 高麗大學校 亞細亞研究所, 1967.

　　金廷鶴,「三國時代」『韓國の考古學』, 東京: 河出書房新社, 1972.

55. 金龍基·鄭澄元,『農所里 貝塚發掘 調査報告』, 釜山大學校博物館, 1965.

56. 小泉顯夫 外,「梁山貝塚」『大正11年度古蹟調査報告』1, 朝鮮總督府, 1924.

57. 報告書 未刊이며 다음을 통해 槪況을 짐작할 수 있다. 金元龍,「鐵器文化」『한국사』1, 국사편찬
　　위원회, 1973.

58. 金元龍,『風納里包含層調査報告』(서울大學校考古人類學叢刊 第3冊), 서울大學校 考古人類學
　　科, 1967.

59. 任孝宰,「溟州郡 領津里와 加屯地 櫛文土器遺蹟」『考古美術』71, 韓國美術史學會, 1966.

60. 秦弘燮,『中佳丘洞 古墳發掘調査報告』(梨花女子大學校博物館 安東地區古蹟調査報告書 第3篇),
　　1977.

61. 나선화,「박물관 이야기」『문화리더 梨花』, 이화여자대학교박물관, 2010.

62. 考古美術뉴-스,「京畿道 坡州郡 月籠面 玉石里 支石墓發掘」『美術資料』9, 國立博物館, 1964.

63. 考古美術뉴-스,「月城郡 內南面 支石墓 發掘」『考古美術』50, 韓國美術史學會, 1964.

64. 김용간·서국태,「서포항 원시유적 발굴보고」『고고민속론문집』4, 1972.

65. 박선훈·리원근,「석탄리 원시유적발굴 중간보고」『고고민속』65-3, 1965.

　　金廷鶴,「西北地方의 無文土器文化」『韓國の考古學』, 河出書房新社, 1972.

　　리기련,『석탄리유적 발굴보고』—유적발굴보고 12, 과학, 백과사전출판사, 1980.

66. 리순진,「신암리 유적발굴 중간보고」『고고민속』65-3, 1965.

　　김용간·리순진,「1965년도 신암리유적 발굴보고」『고고민속』66-3, 1966.

　　신의주력사박물관,「1966년도 신암리유적 발굴간략보고」『고고민속』67-2, 1967.

　　조선유적유물도감 편찬위원회,「신암리 청동말래유적」『조선유적유물도감(1)—원시편』, 1988.

67. 조·중 공동 고고학 발굴대,『중국 동북지방의 유적발굴보고—1963~1965』, 사회과학원출판사,
　　1966.

68. 朝·中合同考古學發掘隊,『崗上·樓上—1963~1965 中國東北地方遺跡發掘報告』, 六興出版,
　　1986.

　　조선유적유물도감 편찬위원회,「강상무덤」『조선유적유물도감(2)—고조선·부여·진국편』,
　　1989.

69. 조선유적유물도감 편찬위원회,「쌍타자유적」『조선유적유물도감(1)—원시편』, 1988.

70. 金元龍 編,『韓國史前遺蹟遺物地名表』, 서울大學校考古人類學叢刊 第2冊, 1965.

71. 金載元·尹武炳,『韓國支石墓研究』, 國立博物館 古蹟調査報告 第6冊, 1967.

72. 尹武炳, 「坡州 玉石里 住居址」 『韓國靑銅器文化硏究』, 藝耕産業社, 1991.

73. 全榮來, 『高敞 竹林里一帶 支石墓群』, 圓光大學校馬韓百濟硏究所, 1992.

　　국립나주문화재연구소, 『동북아시아지석묘 I—한국지석묘』, 2012.

74. 池健吉, 「支石墓社會의 復原에 관한 考察」 『梨花史學硏究』 13·14合輯, 1983.

75. 全榮來, 『高敞 竹林里一帶 支石墓群』, 圓光大學校馬韓百濟硏究所, 1992.

76. 池健吉, 「東北아시아 支石墓의 型式學的 考察」 『韓國考古學報』 12, 韓國考古學硏究會, 1982.

77. 崔淳雨, 「廣州 道馬里 白磁窯址 發掘調査略報」 『考古美術』 59, 韓國美術史學會, 1965.

78. 考古美術뉴-스, 「康津靑磁窯址發掘」 『美術資料』 10, 國立博物館, 1965.

79. 崔淳雨, 「仁川市景西洞 綠靑磁窯址發掘調査槪要」 『考古美術』 71, 韓國美術史學會, 1966.

　　國立中央博物館, 『仁川 景西洞 綠靑磁窯址』, 1990.

　　강경숙, 『한국도자기 가마터 연구』, 시공아트, 2005.

80. 金元龍, 「望星里 新羅陶窯址發掘 豫報」 『考古美術』 58, 韓國美術史學會, 1965.

81. 金元龍, 「鐵器文化」 『한국사』 1, 국사편찬위원회, 1973.

82. 藤田亮策·梅原末治·小泉顯夫, 「梁山貝塚」 『大正11年度古蹟調査報告』 1, 朝鮮總督府, 1924.

83. 尹武炳 外, 「梁山多芳里貝塚 發掘調査報告」 『淸堂洞』, 國立博物館 古蹟調査報告 第25冊, 1993.

84. 金元龍, 『芬皇寺石佛群』, 古蹟調査報告 第1冊, 文化財管理局, 1967.

85. 孫寶基, 「層位를 이룬 石壯里 舊石器文化」 『歷史學報』 35·36合輯, 1967.

86. 金基雄, 「義城大里古墳 發掘調査報告」 『史學硏究』 20, 1968.

87. 秦弘燮, 「慶州 皇吾里古墳整理調査槪要」 『考古美術』 61, 韓國美術史學會, 1965.

88. 金元龍, 「皇吾里第1號墳」 『慶州皇吾里 第1·33號, 皇南里 第151號古墳發掘調査報告』, 文化公報部, 1969.

89. 秦弘燮, 「皇吾里第33號墳」, 『慶州皇吾里 第1·33號, 皇南里 第151號古墳發掘調査報告』, 文化公報部, 1969.

90. 秦弘燮, 「慶州 皇吾里古墳整理調査槪要」 『考古美術』 61, 韓國美術史學會, 1965.

91. 秦弘燮, 『開目寺塼塔址·傳玉山寺塔址 發掘調査報告』, 梨花女子大學校博物館安東地區遺蹟調査報告書 第4·5篇, 1984.

92. 리기련, 『석탄리유적 발굴보고』—유적발굴보고 12, 과학,백과사전출판사, 1980.

　　조선유적유물도감 편찬위원회, 「석탄리유적」 『조선유적유물도감(1)—원시편』, 1988.

93. 김용간·리순진, 「1965년도 신암리유적 발굴보고」 『고고민속』 66-3, 1966.

94. 조·중 공동 고고학 발굴대, 『중국 동북지방의 유적발굴보고—1963~1965』, 사회과학원출판사, 1966.

95. 沈陽故宮博物館·沈陽市文物管理辦公室, 「沈陽鄭家窪子的兩座靑銅時代墓葬」 『考古學報』 75-1, 1975, 北京.

96. 金元龍, 「沈陽鄭家窪子 靑銅時代墓와 副葬品—濊貊퉁구스의 靑銅前期文化」 『東洋學』 6, 1976.

97. 원산역사박물관, 「각지 고대유적 조사보고—문천군 남창리 움무덤」 『고고학자료집』 6, 1983.

98. 백련행, 「천곡리 돌상자 무덤」 『고고민속』 66-1, 1966.

99. 池健吉, 「靑銅器時代—墓制 II(石棺墓)」 『韓國史論』 13—韓國의 考古學 II, 國史編纂委員會,

1983.

100. 안영준,「북청군 중리 유적」『고고민속』66-2, 1966.

101. 백룡규,「린산군 주암리 원시유적발굴 간략보고」『고고민속』66-2, 1966.

102. 金載元·尹武炳,『韓國支石墓研究』, 國立博物館 古蹟調査報告 第6冊, 1967.

103. 有光敎一,「朝鮮江原道の先史時代遺物」『考古學雜誌』28-11, 日本考古學會, 1938.

104. 池健吉,「東北아시아 支石墓의 型式學的 考察」『韓國考古學報』12, 韓國考古學研究會, 1982.

105. 尹武炳,『金剛寺』, 國立博物館 古蹟調査報告 第7冊, 1969.

106. 崔淳雨,「仁川市景西洞 綠青磁窯址發掘調査概要」『考古美術』71, 韓國美術史學會, 1966.
    國立中央博物館,『仁川景西洞 綠青磁窯址』, 1990.

107. 考古美術뉴-스,「扶安柳川里窯址發掘調査」『美術資料』11, 國立博物館, 1966.

108. 考古美術뉴-스,「康津大口面沙堂里 青磁窯址調査」『考古美術』76, 韓國美術史學會, 1966.

109. 崔淳雨,「康津 沙堂里窯址出土 高麗青磁 塼」『考古美術』89, 韓國美術史學會, 1967.

110. 洪思俊,「百濟彌勒寺址 發掘作業略報」『考古美術』70, 韓國美術史學會, 1966.

111. 朴日薰,「皇南里第151號墳」『慶州皇吾里第1·33號, 皇南里第151號 古墳發掘調査報告』, 文化
    公報部, 1969.

112. 金龍基,『多大浦 貝塚發掘調査報告』,『釜山史學』2, 1971.

113. 有光敎一,『朝鮮櫛目文土器の研究』, 京都大學文學部 考古學叢書 第3冊, 1962.

114. 金元龍,「鐵器文化」『한국사—고대, 한국의 선사문화』1, 국사편찬위원회, 1973.

115. 金良善·林炳泰,「驛三洞住居址 發掘報告」『史學研究』20, 韓國史學會, 1968.
    金廷鶴,「青銅器時代」『韓國の考古學』, 河出書房新社, 1972.

116. 安承周,「公州柿木洞古墳 調査略報」『考古美術』78, 韓國美術史學會, 1967.

117. 任孝宰,「東萊 新岩里 打製石器 一括」『考古美術』78, 韓國美術史學會, 1967.
    任孝宰,「慶南 東萊郡 西生面出土 隆起文土器」『考古學』1, 韓國考古學會, 1968.
    현 행정구역으로는 울산광역시 울주군 서생면 신암리이다.

118. 齋藤忠,「慶尙南道蔚山郡西生面出土の '櫛目文樣' 土器片」『考古學雜誌』25-6, 1935.

119. 國立中央博物館,『新岩里 I·II』, 국립박물관 고적조사보고 제20·21책, 1988·1989.

120. 신의주력사박물관,「1966년도 신암리유적 간략보고」『고고민속』67-2, 1967.

121. 리순진,「운성리유적 발굴보고」『고고학자료집』4, 1974.

122. 방성홍,「은률군 운성리 움무덤 발굴중간보고」『고고민속』67-1, 1967.

123. 사회과학원 고고학연구소,「상원 검은모루유적 발굴중간보고」『고고민속론문집』1, 1969.
    김신규·김교경,「상원 검은모루 구석기시대유적 발굴보고」『고고학자료집』4, 1974.
    조선유적유물도감 편찬위원회,「검은모루유적」『조선유적유물도감(1)—원시편』, 1988.

124. 방성홍,「황해남도 연안군 장곡리 돌상자 무덤 조사보고」『고고민속』67-4, 1974.

125.『韓國考古』3, 韓國考古學研究會, 1976.『韓國考古』는 제3호를 마지막으로 終刊되었으며, 같
    은 해에 같은 研究會의 이름으로『韓國考古學報』가 나오게 되었다.『韓國考古學報』1, 韓國考
    古學研究會, 1976.

126.『考古學』第1輯, 韓國考古學會, 1968. 創刊 이후 不定期的으로 나오다가 1979년 5·6合輯을 마

지막으로 終刊되었다.

127. 金載元·尹武炳,『韓國支石墓研究』,國立博物館 古蹟調査報告 第6冊, 1967.

128. 藤田亮策,「支石墓雜記」『考古學雜誌』38-4, 日本考古學會, 1948.

129. 池健吉,「東北아시아 支石墓의 型式學的 考察」『韓國考古學報』12, 韓國考古學研究會, 1982.

130. 國立中央博物館,『東萊樂民洞貝塚』,國立博物館 古蹟調査報告 第28冊, 1998.

131. 藤田亮策,「東萊の甕棺出土」『青丘學叢』2, 1930.

132. 尹武炳 外,「梁山多芳里貝塚 發掘調査報告」『清堂洞』,國立博物館古蹟調査報告 第25冊, 1993.

133. 小泉顯夫 外,「梁山貝塚」『大正11年度古蹟調査報告』1, 朝鮮總督府, 1924.

134. 李股昌,「大田市 槐亭洞出土一括遺物 調査略報」『考古美術』86, 韓國美術史學會, 1967.
    國立博物館,「大田槐亭洞出土 一括遺物」『青銅遺物圖錄』,國立博物館 學術資料集1, 1968.
    金廷鶴,「韓國青銅器文化の源流と發展」『韓國の考古學』, 東京: 河出書房新社, 1972.

135. 姜仁求,「昌寧桂城里桂南北5號墳」『清溪史學』14 別冊, 韓國精神文化研究院, 1998.

136. 濱田耕作·梅原末治,「慶尙南道昌寧郡古墳」『大正7年度古蹟調査報告』1, 朝鮮總督府, 1921.

137. 國立慶州文化財研究所,『新羅古墳 基礎學術調査研究』Ⅲ—文獻·考古資料, 2007.

138. 金元龍·任孝宰,『南海島嶼考古學』, 서울大學校 東亞文化研究所, 1968.

139. 孫寶基,「層位를 이룬 石壯里 舊石器文化」『歷史學報』35·36, 歷史學會, 1967.
    孫寶基,「舊石器文化」『한국사』1, 국사편찬위원회, 1973.

140. 金元龍,「公州馬岩里洞窟遺蹟豫報」『歷史學報』35·36, 歷史學會, 1967.

141. 國立中央博物館,「調査內容」『岩寺洞』,國立博物館 古蹟調査報告 第26冊, 1994.

142. 黃龍渾,『靈岩內洞里甕棺墓調査報告』, 慶熙大學校博物館叢刊 第2冊, 1974.

143. 谷井濟一,「京畿·忠南·全南北十郡古蹟調査略報告」『大正6年度古蹟調査報告』, 朝鮮總督府, 1920.

144. 金元龍,「靈巖郡內洞里甕棺墓」『鬱陵島』,國立博物館古蹟調査報告 第4冊, 1963.

145. 黃龍渾,「서울 面牧洞遺蹟發見 舊石器의 形態學的 調査」『慶熙史學』2, 1970.

146. 정영호·신숙정 外,「구평리 조개더미 유적의 신석기시대 토기」『博物館紀要』3, 檀國大學校博物館, 1987.
    檀國大學校 中央博物館,『泗川 舊坪里遺蹟—新石器時代 조개더미 發掘報告』, 1993.

147. 秦弘燮,「慶州皇吾里古墳 發掘調査 概要」『考古美術』85, 韓國美術史學會, 1967.

148. 리규태,「배천군 대아리 돌상자무덤」『고고학자료집』6, 1983.

149. 석광준,「북창유적의 돌상자무덤과 고인돌에 대하여」『고고민속론문집』5, 1973.
    정찬영,「북창군 대평리유적 발굴보고」『고고학자료집』4, 1974.

150. 리기련,「룡추동 움무덤」『고고민속』67-4, 1967.

151. 國立中央博物館,『東萊樂民洞貝塚』,國立博物館 古蹟調査報告 第28冊, 1998.

152. 尹武炳·韓永熙 外,『休岩里』(국립박물관 고적조사보고 제22책), 국립중앙박물관, 1990.

153. 考古美術뉴-스,「康津大口面青磁窯址發掘調査」『美術資料』13, 國立博物館, 1969.

154. 崔秉鉉,「後期: 橫穴式石室墳研究」『新羅古墳研究』, 一志社, 1992.
    國立慶州文化財研究所,『新羅古墳基礎學術調査研究』,Ⅲ—文獻: 考古資料, 2007.

155. 考古美術뉴-스,「慶州에서 地下遺構 및 古墳發掘」『考古美術』94, 韓國美術史學會, 1967.

156. 彙報,「慶州市九黃里模塼石塔址發掘調査」『文化財』4, 文化財管理局, 1969.

157. 國立慶州文化財研究所,『新羅古墳 基礎學術調査研究』Ⅲ—文獻·考古資料, 2007. 실제 조사 기간(1968년 11월 15일-12월 5일)이 7월 29일-8월 12일로 잘못 적혀 있다. 저자 발굴 참여.

158. 文化財管理局,『慶州芳內里古墳群(出土遺物·本文)』, 慶州文化財研究所, 1996·1997. 1960년대 전반까지는 국립박물관이 유일한 국립 기관으로 발굴에 적극적으로 참여해 오다가 1960년대 중반부터는 문화재관리국도 조사연구실의 주도하에 발굴 조사에 동참하게 되었다. 그러나 제한된 조사 인원으로 무리하게 많은 발굴을 벌임으로써 이를 마무리하여 보고서 작업을 감당하기 어렵게 되었다. 따라서 대부분의 발굴 결과는 간단한 略報告로 마감되거나 아예 失踪되는 경우도 생길 수밖에 없게 되었다. 芳內里 古墳群에 대한 보고 같은 경우, 그나마 다행히도 경주 문화재연구소의 지원을 받아 발굴 삼십 년 만에 겨우 빛을 보게 되었다. 이러한 사정은 국립박물관도 마찬가지로서, 몇몇 중요 유적에 대한 발굴 보고가 제때 이루어지지 못하고, 몇 년 혹은 몇십 년 뒤에야 後學들에 의해 間歇的으로나마 발굴 보고서가 나오고 있다.

159. 金光洙,「岩寺洞 櫛文土器遺蹟 發掘概要」『考古美術』100, 韓國美術史學會, 1969.

160. 鄭永鎬,「泗川 松旨里 石箱式古墳群 發掘調査概要」『考古美術』98, 韓國美術史學會, 1968.

161. 金龍基·鄭澄元,「城山貝塚發掘調査報告」『釜山史學』2, 1971.

162. 李殷昌 外,『昌寧 桂城里 古墳群 —桂南1·4號墳—』, 學術調査報告 第9冊, 嶺南大學校博物館, 1991.

163. 尹容鎭,「大邱 達城 城壁調査」『考古美術』100, 韓國美術史學會, 1968.

164. 국립문화재연구소,『국립문화재연구소 30년사 1969~1999』, 1999.

165. 尹武炳·韓永熙 外,『休岩里』, 國立博物館 古蹟調査報告 第22冊, 國立中央博物館, 1990.

166. 金永培·韓炳三,「瑞山 大山面 百濟土壙墓 發掘報告」『考古學』2, 韓國考古學會, 1969.

167. 國立中央博物館,『東三洞貝塚 Ⅰ·Ⅱ·Ⅲ·Ⅳ』, 國立博物館 古蹟調査報告 第34冊, 2002~2005.

168. 橫山將三郎,「釜山府絶影島東三洞貝塚調査報告」『史前學雜誌』5-4, 1933.
有光敎一,「釜山東三洞貝塚」『朝鮮櫛目文土器の研究』(京都大學文學部考古學叢書 第3冊), 1962.

169. L .L. Sample, "Tongsamdong: A Contribution to Korean Neolithic Culture History," *Arctic Anthropology* 11-2, 1974.

170. 國立中央博物館,『東三洞貝塚 Ⅰ—第1次發掘調査』, 國立博物館 古蹟調査報告 第34冊, 2005.

171. 考古美術뉴-스,「國立博物館 高麗民墓 發掘調査」『美術資料』14, 國立博物館, 1970.

172. 考古美術뉴-스,「康津郡 大口面 沙堂里 靑磁瓦窯址 發掘調査」『美術資料』14, 國立博物館, 1970.

173. 金鍾徹 外,『固城貝塚』, 國立博物館 古蹟調査報告 第24冊, 國立中央博物館, 1992.

174. 文化財管理局,『慶州芳內里古墳群(出土遺物·本文)』, 慶州文化財研究所, 1996·1997.

175. 考古美術뉴-스,「安東造塔洞古墳發掘調査」『美術資料』13, 1969.

176. 秦弘燮,『造塔洞古墳 發掘調査報告』, 安東地區 古蹟調査報告書 第2篇, 梨花女子大學校博物館, 1975.

177. 秦弘燮,「皇龍寺址 發掘調查豫報」『考古美術』103, 韓國美術史學會, 1969.

178. 文化財管理局 文化財研究所,『皇龍寺—遺蹟發掘調查報告書』I, 1984.

179. 文化公報部 文化財管理局,『佛國寺 復元工事報告書』, 1976.

180. 考古美術뉴-스,「利見臺址發掘調查」『美術資料』14, 國立博物館, 1970.

181. 考古美術뉴-스,「利見臺址發掘調查」('望德寺址發掘調查'),『美術資料』14, 國立博物館, 1970.

182. 金秉模,「江陵 草堂洞 第1號古墳」『文化財』5, 文化財管理局, 1971.

183. 孫寶基,「舊石器文化」『한국사』1, 국사편찬위원회, 1973.

184. 考古美術뉴-스,「公州石壯里遺蹟年代測定」『美術資料』14, 國立博物館, 1970.

185. 李殷昌 外,『慶山 北四里 古墳群』(學術調查報告 第10冊), 嶺南大學校博物館, 1991.

186. 李殷昌 外,『昌寧 桂城里 古墳群—桂南1·4號墳—』(學術調查報告 第9冊), 嶺南大學校博物館, 1991

187. 金元龍,「加平 馬場里 冶鐵住居址」『歷史學報』50·51, 歷史學會, 1971.

188. Howard A. MacCord, "The Able Site Kapyong, Korea," *Asian Perspectives* II, 1958.

189. 韓永熙,「馬場里住居址出土遺物—資料紹介」『中島—進展報告 III』, 國立中央博物館, 1982.

190. 金元龍,「韓國考古學에서의 放射性炭素年代」『考古學』2, 韓國考古學會, 1969.

191. 國立中央博物館,『中島』(進展報告I~V, 國立博物館 古蹟調查報告 第12-16冊), 1980-1984.

192. 尹世英,「可樂洞 百濟古墳 第1號·第2號墳 發掘調查略報」『考古學』3, 韓國考古學會, 1974.

193. 今西龍,「京畿道黃海道 遺蹟遺物調查報告書」『大正5年度古蹟調查報告』, 朝鮮總督府, 1917.
     谷井濟一,「京畿道忠南全北全南十郡調查略報告」『大正6年度古蹟調查報告』, 朝鮮總督府, 1920.
     野守健 外,「百濟時代古墳樣式の變遷」『昭和2年度古蹟調查報告』2, 朝鮮總督府, 1935.

194. 단국대학교 박물관,『소곡리 신월의 청동기시대 무덤』, 1988.

195. 金永培·朴容塡,「公州西穴寺址에 관한 調查研究 (I)」『百濟文化』4, 公州師大 百濟文化研究所, 1970.

196. 홍보식,「釜山 福泉洞古墳群」『韓國考古學專門事典—古墳篇』, 國立文化財研究所, 2009.

197. 東亞大學校博物館,『東萊福泉洞 第1號 古墳發掘調查報告』, 1971.

198. 嚴永植·黃龍渾,『慶州 仁旺洞(19, 20號墳)古墳發掘調查報告書』, 慶熙大學校博物館, 1974.

199. 考古美術뉴-스,「新羅三山學術調查團 第4次調查」『美術資料』14, 國立博物館, 1970.

200. 國立中央博物館,『東三洞貝塚 II—第2次發掘調查』, 國立博物館 古蹟調查報告 第34冊, 2004.

201. 國立中央博物館,『東萊樂民洞貝塚』, 國立博物館 古蹟調查報告 第28冊, 1998.

202. 韓炳三,『矢島貝塚』, 國立博物館 古蹟調查報告 第8冊, 1970.

203. 鳥居龍藏,「平安南道黃海道古蹟調查報告書」『大正5年度古蹟調查報告』, 朝鮮總督府, 1917.

204. 국립중앙박물관,『국립중앙박물관 60년: 1945~2005』, 2006.

205. 金鍾徹 外,『固城貝塚』, 國立博物館 古蹟調查報告 第24冊, 國立中央博物館, 1992.

206. 池健吉·趙由典,『安溪里古墳群 發掘調查報告書』, 文化財研究所, 1981.

207. 金正基·李鐘哲,「溟州下詩洞古墳調查報告」『考古美術』110, 韓國美術史學會, 1971.

208. 姜仁求,「驪州 甫通里의 石室古墳」『韓佑劤博士停年退任記念史學論叢』, 1981.

209. 文化公報部 文化財管理局, 『佛國寺 復元工事報告書』, 1976.

210. 孫寶基, 「舊石器文化」『한국사』 1, 국사편찬위원회, 1974.

211. 朴容塡, 「公州 金鶴洞 逸名寺址의 遺蹟」『公州教育大學論文集』 8, 1971.

212. 金東鎬, 「釜山漆山第1號古墳 發掘調査報告」『文化財』 6, 文化財管理局, 1972.

213. 金東鎬, 「東萊 福泉洞古墳 發掘調査報告」『上老大島』(古蹟調査報告 第8冊), 東亞大學校博物館, 1984.

214. 文明大, 「蔚山의 先史時代 岩壁刻畵」『文化財』 7, 文化財管理局, 1973.

제7장 정착기定着期(1971-1980)

1. 尹武炳, 「公州郡 灘川面 南山里 先史墳墓群」『三佛金元龍教授停年退任紀念論叢 I—考古學篇』, 一志社, 1987.

   鄭聖喜, 「公州 南山里 · 松鶴里 出土遺物」『송국리』 IV(국립박물관 고적조사보고 제23책), 1991.

2. 國立中央博物館, 『東三洞貝塚 III—第3次發掘調査』(國立博物館 古蹟調査報告 第34冊), 2004.

3. 考古美術뉴-스, 「百濟 瓦窯址調査」『美術資料』 15, 國立博物館, 1971.

4. 國立中央博物館, 『岩寺洞 III』(國立博物館 古蹟調査報告 第35冊), 2006.

5. 韓炳三 外, 「昭陽江 水沒地區 遺蹟發掘調査」『八堂 · 昭陽댐水沒地區遺蹟發掘綜合調査報告』, 文化財管理局, 1974.

6. 池健吉, 「廣州倉谷里 李朝墳墓와 副葬品」『考古美術』 113, 韓國美術史學會, 1971.

7. 金元龍 外, 『武寧王陵 發掘調査報告書』, 文化財管理局, 1973.

8. 지건길, 「무령왕릉 발굴경과」『武寧王陵—출토유물 분석보고서(II)』, 국립공주박물관, 2006.

   지건길, 「1500년 잠에서 깨어나다 — 무령왕릉 발굴」『고고학과 박물관 그리고 나』, 2011.

9. 趙由典, 「全南和順 靑銅遺物一括 出土遺蹟」『尹武炳博士 回甲紀念論叢』, 1984.

10. 金元龍, 「和順出土 細文鏡」『文化財』 6, 文化財管理局, 1972.

11. 金元龍, 「石村洞 發見 原三國時代의 家屋殘構」『考古美術』 113 · 114 合號, 1972.

12. 孫寶基, 「舊石器文化」『한국사』 1, 국사편찬위원회, 1973.

13. 梨花女子大學校博物館, 『榮州順興壁畵古墳發掘調査報告』, 1984.

14. 安承周, 「西穴寺址 2次發掘調査報告書」『百濟文化』 5, 公州師範大學 百濟文化研究所, 1971.

15. 金廷鶴 · 鄭澄元, 『五倫臺古墳群發掘報告書』, 釜山大學校附屬博物館, 1973.

16. 文明大, 「蔚山의 先史時代 岩壁刻畵」『文化財』 7, 文化財管理局, 1973.

17. 리기련, 『석탄리유적발굴보고—유적발굴보고 12』, 1980

18. 석광준, 「오덕리 고인돌 발굴보고」『고고학자료집』 4, 1974.

    조선유적유물도감 편찬위원회, 「오덕리고인돌」『조선유적유물도감(1)—원시편』, 1988.

19. 황기덕, 「황해북도 황주군 심촌리 긴동 고인돌」『고고학자료집』 3, 1963.

20. 석광준, 「우리나라 서북지방 고인돌에 관한 연구」『고고민속론문집』 7, 1979.

21. 김종혁, 「수산리 고구려벽화무덤 발굴중간보고」『고고학자료집』 4, 1974.

金元龍,「壁畫」『韓國美術全集』4, 同和出版公社, 1974.

22. 文化財管理局,『八堂·昭陽댐水沒地區遺蹟發掘 綜合調査報告』, 1974.

23. 金元龍·金正基·池健吉,『居昌屯馬里壁畫古墳 및 灰槨墓發掘調査報告』, 文化財管理局, 1974.

24. '적외선 투과촬영'이란 특수 기법이 우리의 고분벽화에서 활용된 것은 이때가 처음인 것으로 보이는데, 이를 위해 일본인 飯山達雄 씨가 현지에 초빙되었다.

25. 金元龍·任孝宰 外,『欣岩里住居址』(서울大學校考古人類學叢刊 第4冊), 1973.

26. 孫寶基,「舊石器文化」『한국사』1, 국사편찬위원회, 1974.

27. 金東鎬,「固城地區古墳發掘調査報告」『考古美術』116, 韓國美術史學會, 1972.

28. 金東鎬,『咸陽上栢里古墳群發掘調査報告』, 東亞大學校博物館, 1972.

29. 金廷鶴·鄭澄元,『釜山華明洞古墳群』(釜山大學校博物館遺蹟調査報告書 第2輯), 1979.

30. 金廷鶴·鄭澄元,『金谷洞栗里貝塚—岩蔭住居遺蹟』(釜山大學校博物館遺蹟調査報告書 第3輯), 1980.

31. 사회과학원 고고학연구소 자연사연구실,『덕천 승리산유적 발굴보고—유적발굴보고11』, 1978.
조선유적유물도감 편찬위원회,「덕천 승리산유적」『조선유적유물도감(1)—원시편』, 1988.

32. 김교경,「덕천 승리산유적의 년대에 대하여」『고고민속론문집』7, 1979.

33. 강중광,「룡연리유적 발굴보고」『고고학자료집』4, 1974.

34. 리병선,「평안북도 룡천군, 염천군 일대의 유적답사보고」『문화유산』62-1, 1962.

35. 金元龍,『韓國考古學槪說』, 一志社, 1973(初版). 원래 高麗大學校民族文化研究所에서 발행한 『韓國文化史大系 I』에 게재된 「韓國文化의 考古學的 研究」(1963)를 『韓國考古學槪論』으로 改題하여 別刷本으로 限定 出版(1966)했던 것을 다시 補完하여 발행한 單行本이다.

36. 國立中央博物館,『岩寺洞 IV』, 國立博物館 古蹟調査報告 第36冊, 2007.

37. 國立中央博物館,『朝島貝塚』, 國立博物館 特別調査報告 第9冊, 1976.

38. 考古美術뉴-스,「康津 青磁窯址 發掘調査」『美術資料』16, 國立中央博物館, 1973.

39. 金正基 外,『天馬塚 發掘調査報告書』, 文化公報部 文化財管理局, 1974.

40. 文化財管理局 文化財研究所,『皇南大塚—北墳發掘調査報告書』, 1985.

41. 文化財管理局 文化財研究所,『皇南大塚—南墳發掘調査報告書』, 1994.

42. 그러나 발굴 결과, 규모가 너무 커 복원 공개가 어렵다는 판단에 따라 발굴 후 되묻어 버리고, 대신 이에 앞서 당초 시험적 발굴 계획에 포함되었던 155호 무덤〔天馬塚〕을 복원 공개하게 되었다.

43. 金宅圭·李殷昌,「皇南洞 第110號古墳」『皇南洞古墳發掘調査概報』, 嶺南大學校博物館, 1975.

44. 韓炳三,「慶州 鷄林路 新羅古墳發掘調査」『博物館新聞』29, 1973.
李准求,「慶州 鷄林路 出土遺物」『博物館新聞』29, 1973.

45. 尹世英,「味鄒王陵地區 第9區域(A號 破壞古墳)發掘調査報告」『慶州地區 古墳發掘調査報告書』第1輯, 文化財管理局 慶州史蹟管理事務所, 1975.

46. 尹容鎭,「味鄒王陵地區 第1, 2, 3區域 古墳群 및 皇吾洞381番地 廢古墳發掘調査報告」『慶州地區 古墳發掘調査報告書』第1輯, 文化財管理局 慶州史蹟管理事務所, 1975.

47. 金廷鶴·鄭澄元,「味鄒王陵地區 第5區域 古墳群發掘調査報告」『慶州地區 古墳發掘調査報告書』

第1輯, 文化財管理局 慶州史蹟管理事務所, 1975.

48. 金宅圭·李殷昌,「皇南洞 味鄒王陵 前地域 古墳群」『皇南洞古墳發掘調查概報』, 嶺南大學校博物館, 1975.

49. 金廷鶴·鄭澄元,「味鄒王陵 第7地區 古墳群 發掘調查報告」『慶州地區 古墳發掘 調查報告書』2, 文化財管理局 慶州史蹟管理事務所, 1980.

50. 國立慶州文化財研究所,『新羅古墳 基礎學術調查研究』Ⅲ―文獻·考古資料, 2007.

51. 秦弘燮·金和英 外,「慶州仁旺洞 第149號古墳發掘調查報告」『慶州地區古墳發掘調查報告書』第1輯, 文化財管理局 慶州史蹟管理事務所, 1975.

52. 崔鍾浩는 慶州를 중심으로 활동했던 當代의 이름난 盜掘꾼으로, 1973년 경주 校洞 金冠 盜掘 사건의 장본인으로 밝혀진 인물이다. 이를 위해 그는 1969년부터 삼 년에 걸쳐 고분 바로 근처 民家에 賃를 든 뒤 그 집 담장 밑으로 몰래 파 들어가 金冠을 비롯한 많은 遺物을 도굴하는 교묘한 手法을 썼음이 밝혀졌다. 이영훈·신광섭,『한국미의 재발견―고분미술』, 솔출판사, 2005.

53. 金元龍·崔夢龍 外,「慶州校洞 廢古墳發掘調查報告」『慶州地區 古墳發掘調查報告書』第1輯, 文化財管理局 慶州史蹟管理事務所, 1975.

54. 金元龍,『韓國考古學年報』1, 서울大學校 考古人類學科, 1974
尹容鎭,「大邱七星洞 支石墓調查」『大邱史學』12·13, 1977.

55. 李浩官,「安東郡馬洞古墳發掘調查」『1973年度 安東水沒地區遺蹟發掘報告』, 文化財管理局, 1974.

56. 尹容鎭,「安東郡道谷洞支石墓發掘調查報告書」『1973年度 安東水沒地區遺蹟發掘報告』, 文化財管理局, 1974.

57. 金元龍·任孝宰 外,『欣岩里住居址: 1972年·1973年度』, 서울大學校 考古人類學叢刊 第4冊, 1973.

58. 金東鎬,「鎭海洞穴住居址 發掘調查報告」『文化財』8, 文化財管理局, 1974.

59. 鄭永和,「韓國의 舊石器」『韓國考古學報』19, 韓國考古學研究會, 1986

60. 孫寶基,「제천점말동굴 발굴중간보고」『韓國史研究』11, 1974.

61. 사회과학원 고고학연구소 자연사연구실,「덕천 승리산유적 발굴보고」『유적발굴보고』11, 1978.

62. 리기련,「석탄리유적 발굴보고」『유적발굴보고』12, 1980.

63. 金元龍 編,『韓國考古學年報 1-1973年度』, 서울大學校 文理科大學 考古人類學科, 1974. 지난 한 해 "우리 考古學界가 正確하게 어떠한 學術의 成果나 業績을 올렸고 또 올리고 있는가를 쉽게 알 수 있고" 또한 "그들 成果를 整理해서 우리 歷史의 흐름 속의 正當한 位置에 揷入"하기 위한 目的으로 이 책을 펴냈다. JDR Ⅲ(록펠러 3世) 財團으로부터 出版費를 援助받아 이룬 當時의 어려운 與件에서 成就한 學史의 業績이라고 할 수 있었다. 國文·英文 合本으로 1986年度版(14輯, 1987)까지 나왔으나, 아쉽게도 編者의 他界로 더 이상 發刊이 繼續되지 못하고 中斷되고 말았다.

64. 國立中央博物館,『岩寺洞』Ⅴ, 國立博物館 古蹟調查報告 第37冊, 2008.

65. 考古美術뉴스,「康津靑磁窯址 發掘調查」『美術資料』17, 國立中央博物館, 1974.

66. 齋藤忠,「慶尙南道蔚山郡西生面出土の '櫛目文樣' 土器片」『考古學雜誌』25-6, 1935.

國立中央博物館,『新岩里』Ⅰ·Ⅱ, 國立博物館 古蹟調查報告 第20·21冊, 1988·1989.

67. 考古美術뉴-스,「新築慶州博物館敷地 新羅時代遺構 第1次調查」『美術資料』17, 國立中央博物館, 1974.

68. 金永培·安承周,「扶餘 松菊里 遼寧式銅劍出土 石棺墓」『百濟文化』7·8, 公州師範大學 百濟文化研究所, 1975.

池健吉,「墓制Ⅱ(石棺墓)」『韓國史論 13—韓國의 考古學Ⅱ』, 國史編纂委員會, 1983.

國立中央博物館·國立光州博物館,『特別展-韓國의 青銅器文化』, 汎友社, 1992.

69. 金正基 外,『皇南大塚—北墳發掘調查報告書』, 文化財管理局 文化財研究所, 1985.

70. 鄭在鑂,「慶州皇南洞 味鄒王陵內 舊道路面內 廢古墳 發掘調查」『韓國考古學年報 2-1974年度』, 1975.

71. 李浩官 外,『馬山外洞城山貝塚發掘調查報告』, 文化財管理局, 1976.

72. 李浩官,『1974年度 安東水沒地區遺蹟發掘報告』, 文化公報部 文化財管理局, 1975.

73. 金元龍,『欣岩里住居址 2-1974年度』, 서울大學校考古人類學叢刊 第5冊, 1975.

74. 今西龍,「京畿道廣州郡利川郡驪州郡楊州郡高陽郡加平郡楊平郡長湍郡開城郡江華郡, 黄海道平山郡遺蹟遺物調查報告書」『大正5年度古蹟調查報告』, 朝鮮總督府, 1917.

75. 金元龍·裵基同,『石村洞3號墳(積石塚)發掘調查報告書』, 서울大學校博物館·石村洞遺蹟發掘調查團, 1983.

76. 서울大學校博物館·考古學科,『石村洞 積石塚 發掘調查報告』, 서울大學校考古人類學叢刊 第6冊, 1975.

77. 孫寶基,「舊石器文化」『한국사 1—고대·한국의 선사문화』, 국사편찬위원회, 1973.

이융조,「한국 구석기문화연구의 어제와 오늘」『우리나라의 구석기문화』, 연세대학교출판부, 2002.

78. 손보기·한창균,「점말 용굴 유적」『博物館紀要』5, 檀國大學校 中央博物館, 1989. 이 유적에 대한 발굴은 1973년부터 1980년까지 모두 7차에 걸쳐 연차적 발굴이 계속되었다.

79. 尹容鎭,「韓國青銅器文化研究: 大邱坪里洞出土一括遺物檢討」『韓國考古學報』10·11合輯, 1981.

尹武炳,「大邱 坪里洞 出土遺物Ⅰ」『韓國青銅器文化研究』, 藝耕産業社, 1991.

80. 金東鎬,「固城 東外洞貝塚 發掘調查報告」『上老大島』, 東亞大學校博物館 古蹟調查報告 第8冊, 1984.

81. 金東鎬,『固城松川里솔섬石棺墓』, 東亞大學校博物館 古蹟調查報告 第3冊, 1977.

82. 禹順姬·金技秀,「東萊 福泉洞 鶴巢臺古墳」, 釜山大學校博物館 研究叢書 第26輯, 2001.

83. 鄭永鎬,「襄陽陳田寺址와 그 發掘調查略報(上·下)」『博物館新聞』52·53, 國立中央博物館, 1975.

鄭永鎬,『陳田寺址 發掘報告』, 檀國大學校 中央博物館 古蹟調查報告 第12冊, 1989.

84. 金三龍 外,「益山彌勒寺址 東塔址및西塔調查報告書」『馬韓·百濟文化』創刊號, 圓光大學校馬韓百濟研究所, 1974

85. 谷井濟一,「京畿道·忠南·全北·全南十郡古蹟調查略報告」『大正6年度古蹟調查報告』, 朝鮮總督府, 1920.

86. 張慶浩,「彌勒寺址 石塔復元에 關한 研究」『考古美術』175·176, 韓國美術史學會, 1987.

87. 文明大,「聖住寺三千佛殿址第一次發掘─聖住寺址 第2次調查─」『佛教美術』2, 東國大學校博物館, 1974.

88. 라명관,「신계군 정봉리 돌곽무덤」『고고학자료집』6, 1983.

89. 김일성종합대학,『동명왕릉과 그 부근의 고구려유적』, 김일성종합대학출판사, 1976.

90. 전주농,「전 동명왕릉 부근 벽화무덤」『고고학자료집』3, 1963. 이때의 벽화무덤 번호가 동명왕릉 조사 때에는 다른 번호로 바뀌었던 것으로 보인다. 진파리 제1호 무덤 → 동명왕릉 부근 제9호 무덤, 진파리 제4호 무덤 → 동명왕릉 부근 제1호 무덤.

91. 국립중앙박물관,『국립중앙박물관 60년: 1945~2005』, 2006.

92. 국립문화재연구소,『국립문화재연구소 30년사: 1969~1999』, 1999.

93. 國立中央博物館,『岩寺洞─國立博物館古蹟調查報告 第26冊(Ⅰ·Ⅱ)』, 1994·1995.

94. 姜仁求 外,『松菊里 Ⅰ─本文·圖版』, 國立博物館 古蹟調查報告 第11冊, 國立中央博物館, 1978·1979.

95. 姜仁求,「扶餘地方의 高麗古墳과 出土遺物」『湖南文化研究』7, 全南大學校, 1975.

96. 金正基 外,『皇南大塚─南墳發掘調查報告書(本文·圖版,圖面)』, 文化財管理局 文化財研究所, 1993·1994.

97. 金正基 外,『雁鴨池 發掘調查報告書』, 文化財管理局 慶州古蹟發掘調查團, 1978.

98. 尹武炳,『高仙寺址 發掘調查報告書』, 文化財管理局 慶州史蹟管理事務所, 1977.

99. 趙由典 外,『晉陽 大坪里 遺蹟 發掘調查 報告書』, 文化財研究所, 1994.

100. 尹容鎭·李浩官,『大邱 伏賢洞 古墳群 Ⅰ』, 慶北大學校博物館·大邱直轄市, 1989.

101. 李浩官·趙由典·安春培,「長城'댐'水沒地區遺蹟發掘調查報告」『榮山江水沒地區遺蹟發掘調查報告書』, 1976.

102. 崔夢龍,「大草·潭陽'댐'水沒地區遺蹟發掘調查報告」『榮山江水沒地區遺蹟發掘調查報告書』, 1976.

103. 金元龍 外,『蠶室地區遺蹟發掘調查報告─1975年度』, 蠶室地區遺蹟發掘調查團, 1975.

104. 金元龍,『韓國考古學年報 3─1975年度』, 서울大學校博物館, 1976.

105. 秦弘燮,「慶州 皇吾里古墳 發掘調查 概要」『考古美術』85, 1967.

106. 金宅圭·李殷昌,『鳩岩洞古墳發掘調查報告─古蹟調查報告 第2冊』, 嶺南大學校博物館, 1978.

107. 朝鮮總督府,「慶尙北道 漆谷郡」『朝鮮寶物古蹟調查資料』, 1942.

108. 鄭澄元,「釜山 槐亭洞 古墳 發掘調查 概要」『年報』6, 釜山直轄市立博物館, 1984.

109. 尹武炳,「金堤 碧骨堤 發掘報告」『百濟研究』7, 忠南大學校百濟研究所, 1976.

110. 金元龍 外,『欣岩里住居址 3─1975年度』, 서울大學校考古人類學叢刊 第7冊, 서울大博物館·考古學科, 1976.

111. 金東鎬,『固城 松川里 솔섬 石棺墓』(東亞大學校博物館 古蹟調查報告 第3冊), 1977.

112. 鄭永鎬,『陳田寺址 發掘報告』, 檀國大學校 中央博物館 古蹟調查報告 第12冊, 1989.

113. 손보기,『점말 용굴 발굴보고』, 연세대학교박물관, 1980.

114. 馬韓百濟研究所,「彌勒寺址 東塔址 二次發掘 調査報告」『馬韓·百濟文化研究』2, 圓光大學校, 1977.

115. 리규태,「은률군 운성리 나무곽무덤과 귀틀무덤」『고고학자료집』6, 1983.

116. 황기덕,「두만강 유역과 동해안 일대의 유적조사」『문화유산』57-6, 1957.
변사성·안영준,「강상리유적의 질그릇 갖춤새에 대하여」『조선고고연구』86-2, 1986.
조선유적유물도감 편찬위원회,「강상리유적」『조선유적유물도감(1)—원시편』, 1988.

117. 『韓國考古學報』1, 韓國考古學研究會, 1976. 11.

118. 考古美術뉴스,「金海 禮安里의 伽耶古墳群 發掘調査略報」『美術資料』19, 國立中央博物館, 1976.

119. 鄭澄元 外,『金海禮安里古墳群 I·II—本文·圖面』, 釜山大學校博物館遺蹟調査報告 第8·15輯, 1985·1992·1993.

120. 金鑛晶·小片丘彦 外,「金海禮安里古墳群 出土人骨(I)」『金海禮安里古墳群 I—本文』, 釜山大學校博物館, 1985.

121. 韓炳三·李健茂,『南城里石棺墓』, 國立博物館古蹟調査報告 第10冊, 國立中央博物館, 1977.

122. 國立博物館,『靑銅遺物圖錄—8·15後 蒐集』, 國立博物館 學術資料集(1), 1968.

123. 池健吉,「禮山 東西里 石棺墓出土 靑銅一括遺物」『百濟研究』9, 忠南大學校 百濟研究所, 1979.

124. 姜仁求 外,『松菊里 I—本文·圖版』, 國立博物館 古蹟調査報告 第11冊, 國立中央博物館, 1979·1978.

125. 國立文化財研究所,『韓國考古學專門事典—古墳篇』, 2009.

126. 趙由典 外,『晉陽 大坪里 遺蹟 發掘調査報告書』, 文化財研究所, 1994.

127. 金正基 外,『雁鴨池』, 文化財管理局 慶州古蹟調査發掘調査團, 1984.

128. 金正基 外,『皇龍寺 遺蹟發掘調査報告書 I』, 文化財管理局 文化財研究所, 1984.

129. 尹武炳 外,『新安海底遺物 (資料篇 I)』, 文化公報部 文化財管理局, 1981.
尹武炳 外,『新安海底遺物 (綜合篇)』, 文化公報部 文化財管理局, 1988.

130. 金元龍·李鍾宣,「舍堂洞 新羅土器窯址 調査略報」『文化財』11, 文化財管理局, 1977.

131. 任孝宰,『欣岩里住居址4—1976·1977年度』, 서울大學校考古人類學叢刊 第8冊, 서울大博物館·考古學科, 1978.

132. 蠶室地區遺蹟調査團,『蠶室地區遺蹟發掘調査報告—1976年度』, 1976.

133. 손보기,『점말 용굴 발굴보고』, 연세대학교박물관, 1980.

134. 李隆助,『淸原 두루봉洞窟 舊石器遺蹟 發掘調査報告書(I)』, 忠北大博物館調査報告 第4冊, 1983.
이융조,『한국의 구석기문화(II)—청원두루봉 제2굴문화』, 探求堂, 1984.

135. 金廷鶴,「金海內洞支石墓調査槪報(附錄 I)」『釜山堂甘洞古墳群』, 釜山大博物館遺蹟調査報告 第7輯, 1983.

136. 鄭澄元·金東鎬·沈奉謹,『昌寧 桂城古墳群 發掘調査報告』, 慶尙南道, 1977.

137. 나머지 구간에 대해서는 1994년의 고속도로 확장에 따른 제2차 발굴에서 조사가 이루어졌다.

鄭澄元 外,『昌寧桂城古墳群』, 釜山大學校博物館 研究叢書 第18輯, 1995.

138. 鄭明鎬,「益山王宮里城址 發掘調査略報告」『馬韓·百濟文化研究』2, 圓光大學校馬韓百濟研究所, 1977.

139. 扶餘文化財研究所,『王宮里遺蹟發掘中間報告』, 1992.

140. 鄭永鎬 外,『陳田寺址 發掘報告』, 檀國大學校博物館, 1989.

141. 변사성·안영준,「강상리유적의 질그릇 갖춤새에 대하여」『조선고고연구』86-2, 1986.

142. 김용남,「새로 알려진 덕흥리 고구려벽화무덤에 대하여」『력사과학』79-3, 1979.
    사회과학원 력사연구소,『조선전사』3(중세편 고구려), 과학,백과사전출판사, 1979.
    안휘준,『한국고분벽화연구』, (주)사회평론, 2013.

143. 박창수,「평성시 지경동 고구려무덤 발굴보고」『조선고고연구』86-4, 1986.

144. 姜仁求 外,『松菊里 I─本文·圖版』, 國立博物館 古蹟調査報告 第11冊, 國立中央博物館, 1979.

145. 김득풍,「제9차 康津고려청자요지 발굴조사」『박물관신문』78호, 국립중앙박물관, 1978.

146. 韓炳三 外,『慶州 朝陽洞 遺蹟』I, 國立慶州博物館, 2000.

147. 국립경주박물관,『경주 동방동 기와가마터』, 1994.

148. 池健吉,「論山圓峰里 支石墓와 出土遺物」『考古美術』136·137合輯, 韓國美術史學會, 1978.

149. 金正基 外,『皇龍寺 遺蹟發掘調査報告書 I』, 文化財管理局 文化財研究所, 1984.

150. 張忠植,「흥륜사」『한국민족문화대백과사전 25』, 한국정신문화연구원, 1991.

151. 尹武炳 外,『新安海底遺物(綜合篇)』, 文化公報部·文化財管理局, 1988.

152. 考古美術뉴-스,「新安 海底 遺物에 대한 國內 學術세미나」『美術資料』21, 國立中央博物館, 1977.

153. 趙由典,「慶南地方의 先史文化研究─晉陽 大坪里 遺蹟을 中心으로」『考古學』5·6合輯, 韓國考古學會, 1979.

154. 任孝宰,『欣岩里住居址』4, 서울大學校 考古人類學叢刊 第8冊, 1978.

155. 李隆助,『清原두루봉洞窟 舊石器遺蹟發掘報告書(I)』, 忠北大學校博物館 調査報告 第4冊, 1984.
    이융조,『한국구석기문화(II)─청원두루봉 제2굴문화』, 探求堂, 1984.

156. 손보기,『점말 용굴 발굴보고』, 연세대학교박물관, 1980.

157. 華陽地區遺蹟發掘調査團,『華陽地區遺蹟發掘調査報告』, 1977.
    崔鍾澤,「九宜洞─土器類에 대한 考察」『서울大學校博物館學術叢書 2』, 1993.

158. 鄭永鎬,『陳田寺址 發掘報告』, 檀國大學校博物館, 1989.

159. 清州大學校博物館,『彌勒里寺址發掘調査報告書』, 1978.

160. 文化財研究所,「清原 金生寺址」『大清댐 水沒地區 遺蹟發掘報告書』, 충북대학교 박물관, 1979.

161. 李隆助 外,『大清댐 水沒地區遺蹟發掘報告書─忠清北道篇』, 忠北大學校博物館·文化財研究所, 1979.

162. 忠清南道·忠南大學校博物館,「沙城里支石墓 發掘調査」『大清댐 水沒地區遺蹟發掘報告書─忠清南道篇』, 1978.

163. 崔夢龍,「光州 松岩洞 住居址 發掘調査 報告」『韓國考古學報』4, 韓國考古學研究會, 1978.

164. 崔夢龍,「羅州 寶山里 支石墓 發掘調査報告」『韓國文化人類學』9, 韓國文化人類學會, 1977.

165. 崔夢龍,「高興 鉢浦鎭城 發掘調査報告書」『백산학보』29, 白山學會, 1984.

166. 國立文化財研究所,『全國文化遺蹟發掘調査年表—增補版 Ⅱ』, 2001.

167. 尹容鎭,「高靈 池山洞 44號古墳 發掘調査報告」『大伽倻古墳發掘調査報告書』, 高靈郡, 1979.

168. 金鍾徹,「高靈 池山洞 第45號古墳 發掘調査報告」『大伽倻古墳發掘調査報告書』, 高靈郡, 1979.

169. 金鍾徹,「高靈郡 延詔洞 傳御井址發掘調査報告」『高靈池山洞古墳群』, 啓明大學校博物館, 1981.

170. 今西龍,「高靈郡 王宮址附御井」『大正6年度古蹟調査報告』, 朝鮮總督府, 1920.

171. 李殷昌,「慶州仁旺洞古墳發掘調査」『韓國考古學年報 5—1977年度』, 서울大學校博物館, 1978.

172. 鄭澄元 外,『金海禮安里古墳群 Ⅱ—本文·圖版』, 釜山大學校博物館, 1992·1993.

173. 鄭澄元 外,『金海禮安里古墳群 I—本文·圖版』, 釜山大學校博物館, 1985.

174. 金東鎬,『泗川禮樹里古墳發掘調査報告書』(東亞大學校博物館 古蹟調査報告 第4冊), 1978.

175. 박창수,「평성시 지경동 고구려무덤 발굴보고」『조선고고연구』86-4, 1986.

176. 김신규 외,「력포구역 대현동유적 발굴보고」『평양부근 동굴유적 발굴보고—유적발굴보고 14』, 1985.

    조선유적유물도감 편찬위원회,「대현동유적」『조선유적유물도감(1)—원시편』, 1988.

177. 김신규 외,「승호구역 화천동유적에서 드러난 화석포유동물상」『평양부근 동굴유적 발굴보고—유적발굴보고 14』, 1985.

178. 姜仁求 外,『松菊里 I—本文·圖版』, 國立博物館 古蹟調査報告 第11冊, 國立中央博物館, 1978·1979.

179. 한국고고학회,「청동기시대」『한국 고고학 강의』(개정신판), 2010.

180. 金正基 外,『皇龍寺 遺蹟發掘調査報告書 I』, 文化財管理局 文化財研究所, 1984.

181. 문화재관리국 허가자료. 보고서 未刊. 발굴 성과에 대해서는『東亞日報』1982년 1월 17일자 참조.

182. 문화재관리국 허가자료. 보고서 未刊.『두산백과』「경주 금장리 와요지」참조.

183. 尹武炳 外,『新安海底遺物—綜合篇』, 文化公報部 文化財管理局, 1988.

184. 음파를 이용한 수중 촬영 장비로서 수중 물체 상태와 2차원 지형 조사 등 수중 환경 파악을 위한 장비.

185. 金元龍 外,『半月地區遺蹟發掘調査報告』, 半月地區遺蹟發掘調査團, 1978.

186. 尹世英 外,「一里·元時里古墳發掘調査報告」(文化財管理局), 金元龍 外,『半月地區遺蹟發掘調査報告』, 半月地區遺蹟發掘調査團, 1978.

187. 張慶浩 外,「半月地區建築調査研究報告」(文化財管理局), 金元龍 外,『半月地區遺蹟發掘調査報告』, 半月地區遺蹟發掘調査團, 1978.

188. 金元龍,「草芝里(別望)貝塚發掘調査報告」(서울大學校), 金元龍 外,『半月地區遺蹟發掘調査報告』, 半月地區遺蹟發掘調査團, 1978.

189. 黃龍渾,「楊上里·月陂里遺蹟發掘調査報告」(慶熙大學校), 金元龍 外,『半月地區遺蹟發掘調査報告』, 半月地區遺蹟發掘調査團, 1978.

190. 林炳泰, 「四里一帶遺蹟發掘調查報告」(崇田大學校), 金元龍 外, 『半月地區遺蹟發掘調查報告』, 半月地區遺蹟發掘調查團, 1978.

191. 鄭永鎬「木內里山城發掘調查報告」(檀國大學校), 金元龍 外, 『半月地區遺蹟發掘調查報告』, 半月地區遺蹟發掘調查團, 1978.

192. 崔茂藏, 「楊上里 支石墓 發掘調查報告」(建國大學校), 金元龍 外, 『半月地區遺蹟發掘調查報告』, 半月地區遺蹟發掘調查團, 1978.

193. 崔茂藏, 「梨谷里 鐵器時代 住居址 發掘報告書」 『人文科學論叢』 12, 建國大學校人文科學研究所, 1979.

194. 金元龍, 「加平馬場里冶鐵住居址」 『歷史學報』 50·51合輯, 歷史學會, 1971.

195. 池健吉·李健茂 外, 『中島』 I~V, 國立中央博物館, 1980~1984.

196. 崔夢龍, 『驪州欣岩里先史聚落址』, 三和社, 1986.

197. 鄭永鎬, 『陳田寺址 發掘報告』, 檀國大學校博物館, 1989.

198. 任世權, 「溟州郡 下詩洞 海邊遺蹟의 性格―古代 海邊住民 墓制의 한 例」 『韓國史研究』 26, 1979.
    江原道, 『溟州郡 下詩洞古墳群 發掘調查報告書』, 1981.

199. 關野貞 外, 「濊(?)時代」 『朝鮮古蹟圖譜』 3, 朝鮮總督府, 1916.
    金正基·李鐘哲, 「溟州下詩洞古墳調查報告」 『考古美術』 110, 韓國美術史學會, 1971.

200. 손보기, 『두루봉9굴 살림터』, 연세대학교박물관 선사연구실, 1983.

201. 이융조, 『한국의 구석기문화(II)―청원 두루봉 제2굴문화』, 探求堂, 1984.
    朴喜顯, 「구석기시대의 유적과 유물」 『한국사 2―구석기문화와 신석기문화』, 국사편찬위원회, 1997.

202. 鄭永鎬 外, 『史學志 12―丹陽新羅赤城碑 特輯號』, 檀國大學校 史學會, 1978.

203. 淸州大學校博物館, 『彌勒里寺址2次發掘調查報告書』, 1979.

204. 李隆助, 「청원 샘골 구석기 유적」 『大淸댐 水沒地區遺蹟發掘報告書―忠淸北道篇』, 忠北大學校博物館, 1979.

205. 尹武炳, 「注山里 古墳群 發掘調查」 『大淸댐 水沒地區 遺蹟發掘報告書』, 忠南大學校博物館, 1978.

206. 池健吉, 「禮山東西里石棺墓出土 靑銅一括遺物」 『百濟研究』 9, 忠南大學校百濟研究所, 1978.

207. 崔夢龍, 「光州 松岩洞 住居址·忠孝洞 支石墓」, 全南大學校博物館, 1978.

208. 崔夢龍 外, 「羅州潘南面 大安里5號 百濟石室墳 發掘調查報告」 『文化財』 12, 文化財管理局, 1979.

209. 徐聲勳·成洛俊, 『羅州潘南古墳群 綜合調查報告書』, 國立光州博物館, 1988.

210. 谷井濟一, 「京畿·忠南·全北·全南十郡古蹟調查略報告」 『大正6年度古蹟調查報告』, 朝鮮總督府, 1920.

211. 有光敎一, 「羅州潘南面古墳の發掘調查」 『昭和13年度古蹟調查報告』, 朝鮮古蹟研究會, 1940.

212. 尹容鎭, 『永川 龍山洞 支石墓 發掘調查報告書』, 永川郡, 1978.

213. 金鍾徹, 『高靈池山洞古墳群―32~35號墳·周邊石槨墓』, 啓明大學校博物館 遺蹟調查報告 第1

輯, 1981.

214. 鄭澄元 外, 『金海水佳里貝塚 I』, 釜山大學校博物館遺蹟調查報告 第4輯, 1981.

215. 鄭澄元 外, 『金海禮安里古墳群 II—本文·圖版』, 釜山大學校博物館遺蹟調查報告 第15輯, 1992·1993.

216. 손보기, 『상노대도의 선사시대 살림』, 연세대학교박물관 선사연구실, 1984.

217. 金東鎬 外, 『上老大島』, 東亞大學校博物館 古蹟調查報告 第8冊, 1984.

218. 안병찬, 「새로 발굴한 보산리와 우산리 고구려 벽화무덤」『력사과학』78-2, 과학·백과사전출판사, 1978.

219. 리규태, 「은률군 운성리 나무곽무덤과 귀틀무덤」『고고학자료집』6, 사회과학원 고고학연구소, 1983.

220. 黑板勝美, 「黃海道·平南·平北史蹟調查報告」『大正5年度古蹟調查報告』, 朝鮮總督府, 1917.

221. 金元龍 外, 『全谷里 遺蹟發掘調查報告書』, 文化財管理局 文化財研究所, 1983.

222. 徐聲勳, 「豆谷里 百濟廢古墳群」『考古學』5·6合輯, 韓國考古學會, 1979.

223. 韓炳三 外, 『慶州 朝陽洞 遺蹟 I』, 國立慶州博物館, 2000.

224. 韓炳三 外, 『慶州 朝陽洞 遺蹟 II』(圖版·本文), 國立慶州博物館, 2001·2003.

225. 考古美術뉴-스, 『美術資料』25, 國立中央博物館, 1979.

226. 金正基, 『皇龍寺 遺蹟發掘調查報告書 I』, 文化財管理局 文化財研究所, 1984.

227. 趙由典 外, 『感恩寺 發掘調查報告書』, 國立慶州文化財研究所·慶州市, 1997.

228. 金載元·尹武炳, 『感恩寺址 發掘調查報告書』, 國立博物館 特別調查報告 第2冊, 1961.

229. 尹武炳 外, 『新安海底遺物—綜合篇』, 文化公報部 文化財管理局, 1988.

230. 林炳泰, 「水原西屯洞 住居址發掘概報」『韓國考古學年報』9-1981年度, 서울大學校博物館, 1982.

　　　 林炳泰·崔恩珠 外, 『水原 西屯洞 遺蹟』, 숭실대학교 한국기독교박물관, 2010.

231. 鄭永鎬, 『陳田寺址 發掘報告』, 檀國大學校博物館, 1989.

232. 安承周, 「公州熊津洞古墳 發掘調查報告書 I」『百濟文化』14, 公州師範大學 百濟文化研究所, 1981.

233. 尹武炳, 「連山地方 百濟土器의 研究」『百濟研究』10, 忠南大學校 百濟研究所, 1979.

234. 尹武炳, 『定林寺址發掘調查報告書』, 忠南大學校博物館·忠清南道廳, 1981.

235. 藤澤一夫, 「古代寺院の構造に見る韓日の關係」『アジア文化』8-2, 1971.

236. 손보기, 『점말용굴 발굴보고』, 延世大學校博物館, 1980.

237. 이융조, 『한국의 구석기문화(II)』, 探求堂, 1984.

238. 全榮來, 『南原, 草村里古墳群發掘調查報告書』, 全北遺蹟調查報告 第12輯, 1981.

239. 尹德香·郭長根, 『萬福寺 發掘調查報告書』, 全羅北道·全北大學校博物館, 1986.

240. 沈奉謹 外, 『東萊邑城西將臺望月山山頂建物址發掘調查報告書』, 東亞大學校博物館, 1979.

241. 韓國文化財研究院, 『金井山城 傳墩臺址 發掘調查概報』, 釜山直轄市, 1979.

242. 鄭澄元·金子浩昌 外, 『金海水佳里貝塚 I』, 釜山大學校博物館, 1981.

243. 鄭澄元·金子浩昌·金鎭晶·小片丘彦 外, 『金海禮安里古墳群 II—本文·圖版』, 釜山大學校博物

館, 1993·1992. 165호 무덤은 구조가 다소 애매하여 '독무덤의 부장품 내지는 제사와 관련된 덧널 밖 부장시설일 가능성'이 있는 것으로 보았는데, 조사 내용(보고서 I, p.2)에는 3차와 4차에 중복되어 나타나고 있다.

244. 李白圭·李淸圭, 『郭支貝塚』, 濟州大學校博物館遺跡調査報告 第1輯, 1985.

李淸圭, 『濟州島遺跡—先史遺跡地表調査報告』, 濟州大學校博物館遺跡調査報告 第2輯, 1986.

245. 이선복, 「북한 고고학사 시론」 『東方學志』 74, 1992.

246. 김용간·석광준, 『남경유적에 관한 연구』, 과학,백과사전출판사, 1984.

조선유적유물도감 편찬위원회, 「남경유적」 『조선유적유물도감(1)—원시편』, 1988.

247. 김신규 외, 「승호구역 만달리 동굴유적발굴보고」 『평양부근동굴유적발굴보고—유적발굴보고 14』, 1985.

조선유적유물도감 편찬위원회, 「만달리유적」 『조선유적유물도감(1)—원시편』, 1988.

248. 석광준, 「우리나라 서북지방 고인돌에 관한 연구」 『고고민속론문집』 7, 과학,백과사전출판사, 1979. 여기에서 '침촌형'으로 기술한 원 지명인 '침촌리'가 보고서에 따라서는 '심촌리'로 표기되기도 하였다.

249. 李健茂 外, 『中島—進展報告 I』, 國立博物館 古蹟調査報告 第12冊, 國立中央博物館, 1980.

250. 鄭良謨·具一會, 『康津龍雲里靑磁窯址 發掘調査報告書—本文·圖版』, 國立中央博物館, 1996·1997.

251. 姜友邦, 「味呑寺址 三層石塔 基壇部 및 基礎發掘調査 略報」 『博物館新聞』 104, 1980.

252. 崔鍾圭·安在晧, 「新村里 墳墓群, 國立慶州博物館」 『中島—진전보고 IV, 부록2』, 국립중앙박물관, 1983.

253. 韓炳三 外, 『慶州 朝陽洞 遺蹟 II』(本文·圖版), 國立慶州博物館, 2001·2003.

254. 洪斌基·徐聲勳, 「扶餘 亭岩里 古墳群」 『中島—進展報告 II』, 國立博物館 古蹟調査報告 濟13冊, 1981.

255. 國立光州博物館, 『元曉寺 發掘調査 報告書』, 1983.

256. 金正基 外, 『皇龍寺 遺蹟發掘調査報告書 I』, 文化財管理局 文化財研究所, 1984.

257. 趙由典 外, 『感恩寺 發掘調査報告書』, 國立慶州文化財研究所·慶州市, 1997.

258. 趙由典 外, 『晉陽 大坪里 遺蹟 發掘調査 報告書』, 文化財研究所, 1994.

259. 張慶浩 外, 『彌勒寺 遺蹟發掘調査報告書 I』, 文化財管理局 文化財研究所, 1989.

260. 金正基 外, 『楊州大母山城 發掘報告書』, 文化財研究所·翰林大學校博物館, 1990.

261. 文化財研究所, 『扶蘇山城 發掘調査報告書』, 1996.

262. 尹武炳 外, 『新安海底遺物 (綜合篇)』, 文化公報部 文化財管理局, 1988.

263. 金浦郡, 『德浦鎭砲臺 發掘調査報告書』, 1980.

264. 咸鍾赫, 「天龍寺 기와가마는 寺刹專用」 『東亞日報』, 1980. 11. 24.

金元龍, 「調査活動 및 行事」 『韓國考古學年報』 8, 서울大學校博物館, 1981.

265. 金元龍 外, 『全谷里 遺蹟發掘調査報告書』, 文化財管理局 文化財研究所, 1983.

266. 자체 사정이란 지난해(1979년)에 이어 올해까지 계속된 「韓國美術5千年展」의 미국 순회 전시와 곧이어 계속되는 「韓國古代文化展」의 일본 순회 전시 등 계속되는 外國巡廻展示와 올해부

터 새로이 시작되는 "春川中島 遺蹟"에 대한 연차 사업의 시작 등 바쁜 업무 때문이었다. 더구나 당시 국립박물관에서는 아직 '舊石器' 연구 전공자를 확보하지 못한 것도 이 유적 발굴에 계속 참여하는 것이 커다란 부담으로 작용했던 한 요인으로 짐작된다. 국립중앙박물관, 『국립중앙박물관 60년: 1945~2005』, 국립중앙박물관, 2006.

267. 高柳昌弘, 「玄武岩(岩石) 年代測定」『全谷里 遺蹟發掘調査報告書』, 문화재관리국 문화재연구소, 1983. 다만 보고서에서 "이 암석의 연대는 이십칠만 년보다는 오래지 않다라는 상한이 잡혔음에 불과하다."고 명시하고 있지만, 일부 학계에서는 이를 '이십칠만 년 전'으로 明記하는 경우가 종종 있어 오해를 불러일으켜 왔다.

268. 任孝宰, 「渼沙里遺蹟緊急發掘調査」『韓國考古學年報 8-1980年度』, 서울대학교박물관, 1981.

269. 金元龍, 「廣州渼沙里 櫛文土器 遺蹟」『歷史學報』14, 1961,

270. 林炳泰 外, 『渼沙里』1~5, 渼沙里先史遺蹟發掘調査團, 1994.

271. 林炳泰, 「水原西屯洞 住居址發掘槪報」『韓國考古學年報 9-1981年度』, 서울大學校博物館, 1982.
지금의 숭실대학교가 이 발굴이 이루어진 당시에는 명칭이 숭전대학교(1971-1986)였다.
임병태·최은주 外, 『水原 西屯洞 遺蹟』, 숭실대학교 한국기독교박물관, 2010.

272. 손보기 外, 『점말용굴 발굴보고』, 연세대학교 박물관, 1980.

273. J. Desmond Clark, 「Report on a Visit to Palaeolithic Sites in Korea」『文化財』15, 文化財管理局, 1982. 번역문으로는, 裵基同 譯, 「韓國의 舊石器遺蹟 訪問報告」, 『文化財』15, 文化財管理局, 1982.
鄭永和, 『東亞日報』1982년 8월 26일자 6면 기사.

274. 이융조, 『한국의 구석기문화(Ⅱ)』, 探求堂, 1984.
손보기 外, 『우리나라의 구석기문화』(연세대학교박물관 학술총서 1), 연세대학교 출판부, 2002.

275. 尹武炳, 『定林寺址 發掘調査報告書』, 忠南大學校博物館·忠淸南道廳, 1981.

276. 尹武炳 外, 『海美邑城內建物址發掘報告書』, 忠南大學校博物館·瑞山郡廳, 1981.

277. 安承周, 『公山城』, 公州師範大學 百濟文化研究所, 1982.

278. 尹德香·郭長根, 『萬福寺 發掘調査報告書』, 全羅北道·全北大學校博物館, 1986.

279. 全榮來, 『益山五金山城發掘調査報告書』, 圓光大學校馬韓百濟研究所, 1985.

280. 尹容鎭, 『義城長林洞廢古墳群』, 慶北大學校博物館, 1981.

281. 任世權, 『安東西三洞壁畵古墳』, 安東大學博物館叢書 1, 1981.

282. 鄭澄元 外, 『咸陽白川里1號墳』, 釜山大學校博物館遺蹟調査報告 第10輯, 1986.

283. 鄭澄元 外, 「釜山社稷洞古墳調査報告(附錄Ⅱ)」『釜山堂甘洞古墳群』, 釜山大學校博物館, 1983.

284. 鄭澄元, 「釜山福泉洞古墳發掘調査」『韓國考古學年報 8-1980年度』, 서울大學校博物館, 1981.
鄭澄元 外, 『東萊福泉洞古墳群』Ⅰ·Ⅱ(本文, 圖面·圖版), 釜山大學校博物館, 1982·1983, 1990.
이해 발굴된 27기의 고분 가운데 보고서 Ⅰ에는 10·11호 무덤이, Ⅱ에는 21·22호 무덤이 보고되었다.

285. 沈奉謹, 『金海府院洞遺蹟』(東亞大學校博物館 古蹟調査報告 第5册), 1981.

286. 김용간·석광준,『남경유적에 관한 연구』, 과학,백과사전출판사, 1984.

   조선유적유물도감 편찬위원회,「남경유적(청동기시대층)」『조선유적유물도감(1)—원시편』,
   1988.

287. 김신규 외,「승호구역 만달리 동굴유적발굴보고」『평양부근동굴유적발굴보고—유적발굴보고
   14』, 1985.

   조선유적유물도감 편찬위원회,「만달리유적」『조선유적유물도감(1)—원시편』, 1988.

288. 전제헌·윤진 외,『룡곡동굴유적』, 김일성종합대학 출판부, 1986.

289. 정용길,「신평군 선암리 돌상자무덤」『고고학자료집』6, 1983.

290. 延邊朝鮮族自治州博物館,「渤海貞孝公主墓發掘淸理簡報」『社會科學戰線 82-1』, 1982.

291. 국립중앙박물관,「국립중앙박물관 연표」『국립중앙박물관 60년: 1945~2005』, 2006.

292. 국립문화재연구소,『국립문화재연구소 30년사: 1969-1999』, 1999.

결어에 대신하여: 최근의 고고학적 경향과 제언

1. 국립중앙박물관,『국립중앙박물관 60년: 1945~2005』, 2006.

2. 국립중앙박물관,『中島』I~V, 국립박물관 고적조사보고 제12-16책, 1981-1984.

3. 국립중앙박물관,『松菊里』II~IV, 국립박물관 고적조사보고 제18-19, 23책, 1986, 1987, 1991.

4. 李健茂 外,「義昌(昌原) 茶戶里遺蹟 發掘進展報告」(I~IV)『考古學誌』1, 3, 5, 7, 1989~1995.

   國立中央博物館,『昌原 茶戶里 遺蹟』, 國立博物館 古蹟調査報告 第32冊, 2001.

5. 徐五善 外,「天安 淸堂洞 第1~3次 發掘調査報告書」『休岩里』,『松菊里 IV』,『固城貝塚』, 국립박물
   관 고적조사보고 제22~24책, 국립중앙박물관, 1990~1992.

   韓永熙 外,『淸堂洞 I·II』, 國立博物館 古蹟調査報告 第25·27冊, 국립중앙박물관, 1993·1995.

6. 國立中央博物館,『驪州 淵陽里遺蹟』(國立博物館 古蹟調査報告 第29冊), 1998.

7. 國立中央博物館,『法泉里 I』(國立博物館 古蹟調査報告 第31冊), 2000.

8. 국립중앙박물관,『몽골 우글룩칭골 유적: 동북아유적학술조사보고서 I』, 1999.

   국립중앙박물관,『한·몽공동학술조사보고 제2책—몽골 모린 톨고이 흉노무덤』, 2001.

   국립중앙박물관,『몽골 호드긴 톨고이 흉노무덤』, 2003.

9. 鄭良謨·具一會,『康津龍雲里靑磁窯址 發掘調査報告書』本文編·圖版編, 國立中央博物館,
   1996·1997.

10. 국립중앙박물관,「국립중앙박물관 연표」『국립중앙박물관 60년: 1945~2005』, 2006.

11. 文化財管理局 文化財硏究所,『皇龍寺 遺蹟發掘調査報告書 I』本文·圖版編, 1983·1984.

12. 文化財硏究所 慶州古蹟發掘調査團,『月城垓子 發掘調査報告書』本文·圖面·寫眞, 1990.

13. 文化財管理局 文化財硏究所,『彌勒寺 遺蹟發掘調査報告書 I』本文·圖版編, 1987·1989.

   國立扶餘文化財硏究所,『彌勒寺 遺蹟發掘調査報告書 II』本文·圖版編, 1996.

14. 國立扶餘文化財硏究所,『王宮里遺蹟 發掘調査中間報告 I·II』, 1992·1997.

15. 국립문화재연구소,『국립문화재연구소 30년사: 1969-1999』, 1999.

16. 토지박물관,「문화재조사기관 및 인력현황」『문화재 조사요람』, 한국토지공사, 2005.

17. 한국문화재조사연구기관협회,『한문협』, 2011.

18. 문화재청,「매장문화재 조사기관 현황(2015. 8. 현재)」, 문화재청 홈페이지 공지사항, 2015. 8. 20.

19. 광복 이후 이루어진 발굴 건수는 다음과 같다. 1946-1960: 25건, 1961-1970: 153건, 1971-1980: 280건, 1981-1990: 538건, 1991-2000: 2,052건, 2001-2010: 5,432건. 국립문화재연구소 발굴연표, 문화유산연구포털, '국립문화재연구소 홈페이지—자료마당', 2015.

인용된 기본 참고문헌

국내 자료

『古蹟調査報告 大正 3-昭和 13』, 朝鮮總督府, 朝鮮古蹟硏究會, 1914-1940.

『朝鮮古蹟圖譜』 1-15, 朝鮮總督府, 1915-1935.

『古蹟調査特別報告』 1-7, 朝鮮總督府, 1919-1930.

『古蹟調査槪報 昭和 8-10』, 朝鮮古蹟硏究會, 1934-1936.

『朝鮮古文化綜鑑』 1-4, 養德社, 1947-1966.

『國立博物館 古蹟調査報告』 1-12, 國立博物館, 1948-1980.

文化財管理局, 文化財硏究所 發刊圖書 및 發掘報告書, 1965-1980.

『한국 고고학 개정 용어집』, 한국고고미술연구소, 1984.

『全國文化遺蹟發掘調査年表』 增補版 Ⅰ·Ⅱ, 國立文化財硏究所, 1990·2001.

『국립문화재연구소 30년사: 1969-1999』, 국립문화재연구소, 1999.

『국립중앙박물관 60년: 1945-2005』, 국립중앙박물관, 2006.

『韓國考古學事典』 上·下, 國立文化財硏究所, 2001.

『新羅古墳 基礎學術調査硏究』 Ⅰ-Ⅳ, 國立慶州文化財硏究所, 2007.

북한 자료

『문화유물』 1·2, 조선물질문화조사보존위원회, 1949·1950.

『력사과학』, (사회)과학원 력사연구소, 1955-1967, 1976-현재.

『유적발굴보고』 1-14, (사회)과학원 고고학 및 민속학연구소·고고학연구소, 1956-1985.

『문화유산』, 과학원 고고학 및 민속학연구소, 1957-1962.

『고고학자료집』 1-6, 과학원 고고학 및 민속학연구소(1-3), 사회과학원 고고학연구소(4-6)
    1958-1983.

『고고민속』, 사회과학원 고고학 및 민속학연구소, 1963-1967.

『고고민속론문집』 1-9, 사회과학원 고고학연구소, 1969-1984.

『조선고고연구』, 사회과학원 고고학연구소, 1986-1989.

『조선유적유물도감』 1·2, 조선유적유물도감 편찬위원회, 1988·1989.

*기타 북한의 정기간행물과 단행본.

사진 목록 및 출처

1. 집안 통구 광개토왕비. 池內宏,「廣開土王碑」『通溝』卷上, 日滿文化協會, 1938.

2. 김해 회현리 조개무지. 梅原末治·濱田耕作,「金海貝塚發掘調査報告」『大正9年度古蹟調査報告』 1, 朝鮮總督府, 1923.

3. 봉산 양동리 3호 벽돌무덤. 李榮勳·金吉植 外,『鳳山 養洞里 塼室墓—日帝强占期資料調査報告』 2, 國立中央博物館, 2001.

4a·b. 나주 신촌리 9호 무덤과 을관. 谷井濟一,「京畿道·忠淸南道·全羅南北道十郡古蹟調査略報告」『大正6年度古蹟調査報告』, 朝鮮總督府, 1920.

5. 양산 부부총 유물 배치도. 馬場是一郎·小川敬吉,「梁山夫婦塚と其遺物—圖版·本文」『古蹟調査特別報告』5, 朝鮮總督府, 1927·1929.

6. 경주 금령총 출토 당시의 기마인물토기. 梅原末治,「慶州金鈴塚·飾履塚發掘調査報告—圖版·本文」『大正13年度古蹟調査報告』1, 朝鮮總督府, 1931·1932.

7a·b. 경주 식리총 출토 신발과 문양 세부. 梅原末治,「慶州金鈴塚·飾履塚發掘調査報告—圖版·本文」『大正13年度古蹟調査報告』1, 朝鮮總督府, 1931·1932.

8. 경주 서봉총 발굴 장면. 穴澤和光·馬目順一,「慶州瑞鳳塚の調査」『石心鄭永和教授停年退任紀念天馬考古學論叢』, 2007.

9. 평양 석암리 201호 무덤 내부. 小泉顯夫·澤俊一 外,『樂浪彩篋塚—南井里·石巖里三古墳發掘調査報告』, 朝鮮古蹟研究會, 1934.

10. 평양 채협총 출토 채협의 윗면과 측면들. 小泉顯夫·澤俊一 外,『樂浪彩篋塚—南井里·石巖里三古墳發掘調査報告』, 朝鮮古蹟研究會, 1934.

11. 집안 통구 장군총. 池內宏,『通溝—滿洲國通化省輯安縣高句麗遺蹟』卷上, 日滿文化協會, 1938.

12a·b. 경주 호우총 출토 호우와 바닥면. 金載元,『壺杅塚과 銀鈴塚』, 國立博物館 古蹟調査報告 第1冊, 乙酉文化社, 1948.

13. 안악 3호 무덤 벽화. 金元龍,『韓國美術全集 4—壁畵』, 同和出版公社, 1974.

14. 회령 오동 8호 집자리의 기둥구멍. 조선유적유물도감 편찬위원회,「오동유적」『조선유적유물도감(1)—원시편』, 1988.

15. 봉산 지탑리 1호 집자리. 조선유적유물도감 편찬위원회,「지탑리유적」『조선유적유물도감(1)—원시편』, 1988.

16. 황주 심촌리 천진동 고인돌. 조선유적유물도감 편찬위원회,「침촌리 일대 고인돌」『조선유적유물도감(1)—원시편』, 1988.

17. 경주 감은사지 발굴 장면. 國立慶州文化財研究所,『感恩寺發掘調査報告書』, 1997.

18. 웅기 굴포리 서포항 출토 석기류. 조선유적유물도감 편찬위원회,「굴포리 서포항유적」『조선유적유물도감(1)—원시편』, 1988.

19. 개천 묵방리 30호 고인돌. 조선유적유물도감 편찬위원회,「묵방리 고인돌」『조선유적유물도감(2)—고조선·부여·진국 편』, 1988.

20. 울릉도 남서동 11호 무덤 돌방 내부. 金元龍,『鬱陵島』, 國立博物館 古蹟調査報告 第4冊, 國立博物館, 1963.

21. 고창 도산리 고인돌. 국립나주문화재연구소,『동북아시아지석묘 I—한국지석묘』, 2012.

22. 송림 석탄리 유적 출토 별도끼. 조선유적유물도감 편찬위원회,「석탄리유적」『조선유적유물도감(1)—원시편』, 1988.

23. 평양 상원 검은모루 유적. 조선유적유물도감 편찬위원회,「검은모루유적」『조선유적유물도감(1)—원시편』, 1988.

24. 부산 동삼동 조개무지 2차 조사 당시의 모습. 國立中央博物館,『東三洞貝塚 II—第2次發掘調査』, 國立博物館 古蹟調査報告 第34冊, 2004.

25a·b. 공주 무령왕릉 널길 막음돌 개봉작업 및 널길 입구. 金元龍 外,『武寧王陵 發掘調査報告書』, 文化財管理局, 1973.

26. 연탄 송신동 10호 고인돌. 조선유적유물도감 편찬위원회,「오덕리고인돌」『조선유적유물도감(1)—원시편』, 1988.

27. 경주 천마총의 노출된 돌무지. 金正基 外,『天馬塚 發掘調査報告書』, 文化公報部 文化財管理局, 1974.

28. 경주 천마총 출토 천마도. 金正基 外,『天馬塚 發掘調査報告書』, 文化公報部 文化財管理局, 1974.

29a·b. 부여 송국리 돌널무덤과 출토 유물. 國立中央博物館·國立光州博物館,『特別展—韓國의 靑銅器文化』, 汎友社, 1992.

30. 경주 황남대총 북분 덧널 내부. 金正基 外,『皇南大塚—北墳發掘調査報告書』, 文化財管理局 文化財研究所, 1985.

31. 서울 암사동 집자리 4차 조사 당시의 모습. 國立中央博物館,『岩寺洞—國立博物館古蹟調査報告 第26冊(I·II)』, 1994·1995.

32. 경주 황룡사지 발굴 전경. 金正基 外,『皇龍寺 遺蹟發掘調査報告書 I』, 文化財管理局 文化財研究所, 1984.

33. 경주 조양동 1-4호 무덤. 韓炳三 外,『慶州 朝陽洞 遺蹟 I』, 國立慶州博物館, 2000.

34. 평양 남경 유적에서 출토된 탄화된 벼와 조. 조선유적유물도감 편찬위원회,「남경유적(청동기시대층)」『조선유적유물도감(1)—원시편』, 1988.

그림 목록 및 출처

1-2. 집안 통구 광개토왕비 제1, 2면과 제3, 4면의 탁본 부분.

3. 경주 황남동 100호 무덤(검총)의 종단면도와 횡단면도. 關野貞 外, 『朝鮮古蹟圖譜』 3, 朝鮮總督府, 1916.

4. 황주 흑교면 출토 청동기 유물. 尹武炳, 『韓國靑銅器文化硏究』, 藝耕産業社, 1991.

5. 김해 회현리 조개무지 유적 주변 지형 실측 평면도와 단면도. 梅原末治 · 濱田耕作, 「金海貝塚發掘調査報告」 『大正9年度古蹟調査報告』 1, 朝鮮總督府, 1923.

6. 경주 동천동 와총의 종단면도, 횡단면도, 평면도. 關野貞 外, 『朝鮮古蹟圖譜』 3, 朝鮮總督府, 1916.

7. 평양 석암리 9호 무덤의 평면도와 단면도들. 關野貞 外, 「平壤附近に於ける樂浪時代の墳墓 1」 『古蹟調査特別報告』 1, 朝鮮總督府, 1919.

8. 평양 개마총의 단면도와 평면도. 김기웅, 「개마총鎧馬塚」 『한국민족문화대백과사전』 1, 한국정신문화연구원, 1988.

9. 봉산 양동리 3호 벽돌무덤의 평면도와 단면도들. 李榮勳 · 金吉植 外, 『鳳山 養洞里 塼室墓—日帝强占期資料調査報告』 2, 國立中央博物館, 2001.

10. 나주 신촌리 9호 무덤의 출토 유물 배치도, 단면도, 평면도. 徐聲勳 · 成洛俊, 『羅州潘南古墳群—綜合調査報告書』, 國立光州博物館, 1988.

11. 성주 성산동 1호 무덤의 평면도, 횡단면도, 종단면도. 梅原末治 · 濱田耕作, 「慶尙北道 · 慶尙南道古蹟調査報告書」 『大正7年度古蹟調査報告』 1, 朝鮮總督府, 1922.

12. 양산 부부총의 평면도와 단면도들. 馬場是一郎 · 小川敬吉, 「梁山夫婦塚と其遺物—圖版 · 本文」 『古蹟調査特別報告』 5, 朝鮮總督府, 1927 · 1929.

13. 경주 입실리 유적 출토 유물. 金廷鶴, 「入室里遺跡」 『韓國の考古學』, 河出書房新社, 1972.

14. 경주 금령총의 나무덧널 복원도. 梅原末治, 「慶州金鈴塚 · 飾履塚發掘調査報告—圖版 · 本文」 『大正13年度古蹟調査報告』 1, 朝鮮總督府, 1931 · 1932.

15. 경주 천마총의 나무덧널 복원도. 金正基 · 金東賢, 「古墳의 構造」, 金正基 · 池健吉, 「遺物의 出土狀態」 『天馬塚』, 文化公報部 文化財管理局, 1974.

16. 위원 용연동 유적 출토 유물. 梅原末治 · 藤田亮策, 「渭原龍淵洞出土一括遺物(其1 · 2 · 3)」 『朝鮮古文化綜鑑』 1, 養德社, 1947.

17. 평양 오야리 19호 무덤의 평면도와 단면도들. 野守健 外, 「平安南道大同郡大同江面梧野里古墳調査報告」 『昭和5年度古蹟調査報告』 1, 朝鮮總督府, 1935.

18. 평양 석암리 201호 무덤 출토 유물 배치도. 小泉顯夫 · 澤俊一 外, 『樂浪彩篋塚—南井里 · 石巖里三古墳發掘調査報告』, 朝鮮古蹟硏究會, 1934.

19. 평양 채협총 출토 유물 배치도. 小泉顯夫 · 澤俊一 外, 『樂浪彩篋塚—南井里 · 石巖里三古墳發掘調査報告』, 朝鮮古蹟硏究會, 1934.

20. 경주 황오리 16호 무덤 주변 지역 실측 평면도와 단면도들. 有光敎一 · 藤井和夫, 「慶州皇吾里第16號墳發掘調査報告」 『朝鮮古蹟硏究會遺稿』 I, 유네스코 동아시아문화연구센터 · 財團法人 東

洋文庫, 2000.

21. 평양 '永和九年'銘 벽돌무덤의 평면도와 단면도들. 榧本龜次郎·野守健, 「永和9年銘塼出土古墳調查報告」『昭和7年度古蹟調査報告』1, 朝鮮總督府, 1933.

22. 대동 상리 유적 출토 유물. 榧本杜人(榧本龜次郎와 同人異名) 「平安南道大同郡龍岳面上里遺蹟調査報告」『朝鮮總督府博物館報』6, 1934.
    『朝鮮の考古學』, 同朋舍, 1980.

23. 공주 송산리 6호 벽화무덤의 평면도, 동벽 단면도, 북벽 단면도. 小泉顯夫, 「百濟の舊都扶餘と公州」『朝鮮古代遺蹟の遍歷』, 東京: 六興出版, 1986.

24. 경주 황남리 109호 무덤의 평면도와 단면도들. 齋藤忠, 「慶州皇南里第109號墳發掘調査報告」『昭和9年度古蹟調査報告』1, 朝鮮總督府, 1937.

25. 평양 도제리 50호 무덤 봉분 실측 평면도와 단면도. 原田淑人 外, 「昭和9年及同10年度土城址調査」『昭和10年度古蹟調査槪報—樂浪遺蹟』, 朝鮮古蹟硏究會, 1936.

26. 집안 통구 장군총의 평면도와 단면 및 입면도. 池內宏, 『通溝—滿洲國通化省輯安縣高句麗遺蹟』卷上, 日滿文化協會, 1938.

27. 집안 통구 삼실총의 평면도와 단면도들. 池內宏·梅原末治, 「三室塚」『通溝』卷下—滿洲國通化省輯安縣高句麗壁畫墳, 日滿文化協會, 1940.

28. 부여 군수리 절터 주변 지형 실측 평면도. 石田茂作, 「扶餘軍守里廢寺址發掘調査(槪要)」『昭和11年度古蹟調査報告』, 朝鮮古蹟硏究會, 1937.

29. 경주 충효리 도굴 고분의 용무늬 돌기둥 탁본. 齋藤忠, 「慶州邑忠孝里盜掘古墳の調査」『昭和11年度古蹟調査報告』, 朝鮮古蹟硏究會, 1937.

30. 평양 토포리 1호 무덤의 봉분 실측 평면도와 단면도들. 小場恒吉 外, 「高句麗古墳の調査」『昭和11年度古蹟調査報告』, 朝鮮古蹟硏究會, 1937.

31. 평양 토포리 1호 무덤 서실과 동실의 단면도와 평면도. 小場恒吉 外, 「高句麗古墳の調査」『昭和11年度古蹟調査報告』, 朝鮮古蹟硏究會, 1937.

32. 평양 오야리 25호 무덤의 평면도와 단면도. 田窪眞吾·梅原末治 外, 「樂浪梧野里第25號墳の調査」『昭和12年度古蹟調査報告』, 朝鮮古蹟硏究會, 1938.

33. 대동 고산리 7호 무덤 봉분 실측 평면도 및 단면도, 무덤 앞방과 양 옆방의 단면도. 小場恒吉, 「高句麗古墳の調査」『昭和12年度古蹟調査報告』, 朝鮮古蹟硏究會, 1938.

34. 평양 청암리 폐사지 주변 지형 실측 평면도와 단면도. 小泉顯夫, 「平壤淸岩里廢寺址調査(槪報)」『昭和13年度古蹟調査報告』, 朝鮮古蹟硏究會, 1940.

35. 달성 해안면 1호 무덤의 평면도와 단면도들. 齋藤忠, 「大邱府附近に於ける古墳の調査」『昭和13年度古蹟調査報告』, 朝鮮古蹟硏究會, 1940.

36. 대구 대봉정 5구 1호 고인돌의 평면도와 단면도. 藤田亮策, 「大邱大鳳町支石墓調査(第二回)」『昭和13年度古蹟調査報告』, 朝鮮古蹟硏究會, 1940.

37. 나주 반남면 흥덕리 돌방무덤의 평면도와 단면도들. 有光敎一, 「羅州潘南面古墳の發掘調査」『昭和13年度古蹟調査報告』, 朝鮮古蹟硏究會, 1940.

38. 중화 진파리 1호 무덤의 단면도와 평면도. 전주농, 「전 동명왕릉 부근 벽화무덤」『고고학자료

집』3, 1963.

39. 중화 진파리 1호 무덤 남벽 주작도. 전주농,「전 동명왕릉 부근 벽화무덤」『고고학자료집』3, 1963.

40. 경주 은령총과 호우총의 주변 지형 실측 평면도와 단면도들. 金載元,『壺杅塚과 銀鈴塚』, 國立博物館 古蹟調査報告 第1冊, 乙酉文化社, 1948.

41. 안악 3호 무덤(동수묘)의 단면도와 평면도. 황욱,「안악 제3호분 발굴보고」『유적발굴보고』3, 과학원 고고학 및 민속학연구소, 1958.

42. 순천順川 요동성총의 평면도와 단면도. 과학원 고고학 및 민속학 연구소,「평안남도 순천군 룡봉리 료동성총 조사보고」『고고학자료집』1, 1958.

43. 평양 역전 2실 무덤의 평면도. 과학원 고고학 및 민속학 연구소,「평양역전 2실분 발굴보고」『고고학자료집』1, 1958.

44. 강계 공귀리 유적 집자리 배치도. 조선유적유물도감 편찬위원회,「공귀리유적」『조선유적유물도감(1)—원시편』, 1988.

45. 회령 오동 5호 집자리의 평면도와 복원 단면도. 조선유적유물도감 편찬위원회,「오동유적」『조선유적유물도감(1)—원시편』, 1988.

46. 용강 대안리 1호 무덤의 평면도와 단면도들. 과학원 고고학 및 민속학 연구소,「평안남도 룡강군 대안리 제1호묘 발굴보고」『고고학자료집』2, 1958.

47. 봉산 지탑리 1호 집자리의 평면도와 단면도. 조선유적유물도감 편찬위원회,「지탑리유적」『조선유적유물도감(1)—원시편』, 1988.

48. 강서 태성리 1호 집자리의 평면도와 단면도. 조선유적유물도감 편찬위원회,「태성리유적」『조선유적유물도감(1)—원시편』, 1988.

49. 봉산 신흥동 출토 팽이그릇. 조선유적유물도감 편찬위원회,「신흥동유적」『조선유적유물도감(1)—원시편』, 1988.

50. 황주 심촌리 천진동 고인돌의 주변 지형 실측 평면도와 세부 단면도들. 조선유적유물도감 편찬위원회,「침촌리 일대 고인돌」『조선유적유물도감(1)—원시편』, 1988.

51. 황주 심촌리 긴동 고인돌의 주변 지형 실측 평면도와 세부 단면도들. 조선유적유물도감 편찬위원회,「침촌리 일대 고인돌」『조선유적유물도감(1)—원시편』, 1988.

52. 황주 심촌리 극성동 고인돌의 주변 지형 실측 평면도와 세부 단면도들. 조선유적유물도감 편찬위원회,「침촌리 일대 고인돌」『조선유적유물도감(1)—원시편』, 1988.

53. 요령성 조양 십이대영자 유적 출토 청동유물. 조선유적유물도감 편찬위원회,「십이대영자돌곽무덤」『조선유적유물도감(2)—고조선·부여·진국편』, 1989.

54. 경주 감은사 창건 가람 배치도. 金載元·尹武炳,『感恩寺』, 國立博物館 特別調査報告 第2冊, 1961.

55. 영암 내동리 7호 무덤의 평면도와 단면도. 金元龍,「靈巖郡內洞里甕棺墓」『鬱陵島』, 國立博物館 古蹟調査報告 第4冊, 1963.

56. 옹기 굴포리 서포항 출토 석기류. 조선유적유물도감 편찬위원회,「굴포리 서포항유적」『조선유적유물도감(1)—원시편』, 1988.

57. 웅기 굴포리 서포항 유적 집자리 배치도. 조선유적유물도감 편찬위원회, 「굴포리 서포항유적」 『조선유적유물도감(1)─원시편』, 1988.

58. 개천 묵방리 20호 고인돌(지하식)의 평면도와 단면도들. 김기웅, 「평안남도 개천군 묵방리 고인돌 발굴 중간보고」 『고고학자료집』 3, 1963.

59. 개천 묵방리 4호 고인돌(지상식)의 평면도와 단면도들. 김기웅, 「평안남도 개천군 묵방리 고인돌 발굴 중간보고」 『고고학자료집』 3, 1963.

60. 경주 황오리 4호 무덤 덧널바닥 복원도. 洪思俊·金正基, 『皇吾里4·5號古墳 皇南里破壞古墳 發掘調査報告』, 國立博物館 古蹟調査報告 第5冊, 1964.

61. 김해 무계리 유적 출토 유물. 金元龍, 「金海茂溪里支石墓의 出土品─靑銅器를 伴出하는 新例」 『東亞文化』 1, 서울大學校 東亞文化研究所, 1963.

62. 울릉도 천부동 2호 무덤의 평면도와 단면도들. 金元龍, 『鬱陵島』, 國立博物館 古蹟調査報告 第4冊, 國立博物館, 1963.

63. 울릉도 천부동 2호 무덤 출토 토기류. 金元龍, 『鬱陵島』, 國立博物館 古蹟調査報告 第4冊, 國立博物館, 1963.

64. 고령 고아동 벽화무덤 현실 입면도 및 평면도, 남벽 입면도. 金元龍·金正基, 「高靈壁畫古墳調査報告」 『韓國考古』 2, 서울大學校 考古人類學科, 1967.

65. 공주 석장리 유적 지층 단면도. 孫寶基, 「舊石器文化」 『한국사 1─고대』, 국사편찬위원회, 1973.

66. 경주 서악리 돌방무덤의 단면도와 평면도. 金廷鶴, 「新羅古墳」 『韓國の考古學』, 河出書房新社, 1972.

67. 송림 석탄리 유적 3호 집자리 배치도와 출토 유물. 金廷鶴, 「西北地方의 無文土器文化」 『韓國の考古學』, 東京: 河出書房新社, 1972.

68. 요령성 여대 강상 무덤 유적 배치도. 朝·中合同考古學發掘隊, 『崗上·樓上─1963∼1965 中國東北地方遺跡發掘報告』, 六興出版, 1986.

69. 요령성 여대 누상 무덤 유적 주변 지형 실측 평면도. 朝·中合同考古學發掘隊, 『崗上·樓上─1963∼1965 中國東北地方遺跡發掘報告』, 六興出版, 1986.

70. 서흥 천곡리 돌상자무덤의 평면도와 단면도들. 池健吉, 「靑銅器時代─墓制 II(石棺墓)」 『韓國史論』 13─韓國의 考古學 II, 國史編纂委員會, 1983.

71. 춘천 천전리 A호 고인돌의 배치도와 단면도들. 金載元·尹武炳, 『韓國支石墓研究』, 國立博物館 古蹟調査報告 第6冊, 1967.

72. 경주 황남리 151호 무덤 평면도와 단면도들. 朴日薰, 「皇南里第151號墳」 『慶州皇吾里第1·33號, 皇南里第151號 古墳發掘調査報告』, 文化公報部, 1969.

73. 서울 역삼동 집자리 유적 평면도와 단면도. 金廷鶴, 「靑銅器時代」 『韓國の考古學』, 河出書房新社, 1972.

74. 서울 역삼동 집자리 유적 출토 유물. 金廷鶴, 「靑銅器時代」 『韓國の考古學』, 河出書房新社, 1972.

75. 평양 상원 검은모루 유적 출토 주먹도끼. 조선유적유물도감 편찬위원회, 「검은모루유적」 『조선유적유물도감(1)─원시편』, 1988.

76. 대전 괴정동 유적 출토 청동기 유물. 國立博物館,「大田槐亭洞出土 一括遺物」『青銅遺物圖錄』, 國立博物館 學術資料集1, 1968.

77. 북창 대평리 5호 고인돌의 평면도와 단면도들. 정찬영,「북창군 대평리유적 발굴보고」『고고학 자료집』4, 1974.

78. 창녕 계성리 계남 1호 무덤 으뜸덧널 출토 유물 배치도. 李殷昌 外,『昌寧 桂城里 古墳群 —桂南 1·4號墳—』, 學術調查報告 第9冊, 嶺南大學校博物館, 1991.

79. 서울 가락동 2호 무덤 단면도. 尹世英,「可樂洞 百濟古墳 第1號·第2號墳 發掘調查略報」『考古 學』3, 韓國考古學會, 1974.

80. 울주 천전리 유적 서석書石 부분. 文明大,「蔚山의 先史時代 岩壁刻畵」『文化財』7, 文化財管理 局, 1973.

81. 공주 무령왕릉 출토 유물 배치도. 金元龍 外,『武寧王陵 發掘調查報告書』, 文化財管理局, 1973.

82. 화순 대곡리 청동 유물 출토 유적의 평면도와 단면도. 趙由典,「全南和順 青銅遺物一括 出土遺 蹟」『尹武炳博士 回甲紀念論叢』, 1984.

83. 화순 대곡리 유적 출토 잔무늬거울의 평면과 단면. 趙由典,「全南和順 青銅遺物一括 出土遺蹟」 『尹武炳博士 回甲紀念論叢』, 1984.

84. 연탄 송신동 10호 고인돌의 평면도와 단면도들. 조선유적유물도감 편찬위원회,「오덕리고인돌」 『조선유적유물도감(1)—원시편』, 1988.

85. 거창 둔마리 벽화무덤 돌방의 평면도와 단면도들. 金元龍·金正基·池健吉,『居昌屯馬里壁畵古 墳 및 灰槨墓發掘調查報告』, 文化財管理局, 1974.

86. 함양 상백리 무덤 출토 판갑옷의 앞면, 옆면, 뒷면 실측도. 金東鎬,『咸陽上栢里古墳群發掘調查 報告』, 東亞大學校博物館, 1972.

87. 경주 천마총 봉분 토층 단면도. 金正基 外,『天馬塚 發掘調查報告書』, 文化公報部 文化財管理局, 1974.

88. 부여 송국리 돌널무덤의 평면도와 동벽 및 북벽 단면도. 金永培·安承周,「扶餘 松菊里 遼寧式銅 劍出土 石棺墓」『百濟文化』7·8, 公州師範大學 百濟文化研究所, 1975.

89. 대구 평리동 유적 출토 청동기 유물. 尹武炳,「大邱 坪里洞 出土遺物 I」『韓國青銅器文化研究』, 藝耕產業社, 1991.

90. 평양 동명왕릉의 투시도와 평면 및 단면도들. 김일성종합대학,『동명왕릉과 그 부근의 고구려유 적』, 김일성종합대학출판사, 1976.

91. 서울 암사동 집자리 유적(2호, 4호, 6호, 8호)의 평면도와 단면도. 國立中央博物館,『岩寺洞—國 立博物館古蹟調查報告 第26冊(I·II)』, 1994·1995.

92. 경주 황남대총의 평면도와 단면도. 金正基 外,『皇南大塚—南墳發掘調查報告書(本文·圖版,圖 面)』, 文化財管理局 文化財研究所, 1993·1994.

93. 대구 칠곡 구암동 56호 무덤 봉분의 평면도와 단면도. 金宅圭·李殷昌,『鳩岩洞古墳發掘調查報 告—古蹟調查報告 第2冊』, 嶺南大學校博物館, 1978.

94. 김해 내동 1호 고인돌 출토 유물. 金廷鶴,「金海內洞支石墓調查槪報(附錄 I)」『釜山堂甘洞古 墳群』, 釜山大博物館遺蹟調查報告 第7輯, 1983.

95. 대안 덕흥리 벽화무덤 투시도(서쪽). 안휘준, 『한국고분벽화연구』, (주)사회평론, 2013.

96. 고령 지산동 44호 무덤 평면도와 단면도들. 尹容鎭, 「高靈 池山洞 44號古墳 發掘調査報告」, 『大伽倻古墳發掘調査報告書』, 高靈郡, 1979.

97. 예산 동서리 유적 출토 나팔 모양 청동기. 池健吉, 「禮山東西里石棺墓出土 靑銅一括遺物」, 『百濟研究』 9, 忠南大學校百濟研究所, 1978.

98. 나주 대안리 5호 무덤의 평면도와 단면도들. 崔夢龍 外, 「羅州潘南面 大安里5號 百濟石室墳 發掘調査報告」, 『文化財』 12, 文化財管理局, 1979.

99. 고령 지산동 32~35호 무덤 지형 및 발굴 구획도. 金鍾徹, 『高靈池山洞古墳群—32~35號墳·周邊石槨墓』, 啓明大學校博物館 遺蹟調査報告 第1輯, 1981.

100. 남포 우산리 1~3호 벽화무덤의 단면도와 평면도. 안병찬, 「새로 발굴한 보산리와 우산리 고구려 벽화무덤」, 『력사과학』 78-2, 과학·백과사전출판사, 1978.

101. 경주 조양동 유적 1차 조사 유구 배치도. 韓炳三 外, 『慶州 朝陽洞 遺蹟 I』, 國立慶州博物館, 2000.

102. 수원 서둔동 유적 원삼국시대 1호 집자리의 평면도와 단면도들. 林炳泰·崔恩珠 外, 『水原 西屯洞 遺蹟』, 숭실대학교 한국기독교박물관, 2010.

103. 김해 예안리 유적 무덤 분포도. 鄭澄元·金子浩昌·金鎭晶·小片丘彦 外, 『金海禮安里古墳群 II—本文·圖版』, 釜山大學校博物館, 1992·1993.

104. 춘천 중도 유적 1차 집자리—1호의 평면도와 단면도들. 李健茂 外, 『中島—進展報告 I』, 國立博物館 古蹟調査報告 第12冊, 國立中央博物館, 1980.

105. 부산 복천동 11호 무덤 출토 유물 배치도. 鄭澄元 外, 『東萊福泉洞古墳群』 I·II(本文, 圖面·圖版), 釜山大學校博物館, 1982·1983, 1990.

106. 평양 남경 유적 1지구 유구 배치도. 조선유적유물도감 편찬위원회, 「남경유적(청동기시대층)」, 『조선유적유물도감(1)—원시편』, 1988.

107. 평양 남경 유적 31호 집자리의 평면도와 단면도들. 조선유적유물도감 편찬위원회, 「남경유적(청동기시대층)」, 『조선유적유물도감(1)—원시편』, 1988.

108. 발해 정효공주 무덤 벽화 모사도. 延邊朝鮮族自治州博物館, 「渤海貞孝公主墓發掘淸理簡報」, 『社會科學戰線 82-1』, 1982.

A Summary

1. The Dawning of Korean Archaeology (1880–1900)

Japan's Imperial Machinations Revealed through Field Surveys of the Stele of Gwanggaeto the Great and Western Acquisitiveness

In the 19th century, Kim Jeong–hui (1786–1856; pen name Chusa) was a keen documentarian of the numerous ancient burial mounds in Gyeongju, while devoting himself to epigraphical studies as vital sources of historical information. Kim's scholarly interest in the tombs of the Silla period (57 B.C.–A.D. 935) is worthy of note as it provided guidelines for Japanese scholars conducting archaeological research on the tombs in the early 20th century. Ironically, however, the epigraphical approaches of Korean scholars including Kim Jeong–hui, in archaeological study of historical objects during the latter half of the Joseon Dynasty, developed along an abnormal path toward the end of the 19th century when the Japanese led the study.

It all began around 1880, when an ink rubbing of a stone stele that was discovered by a farmer in Jian along the midstream of the Yalu River (Amnokgang) in today's northeastern Chinese province of Jilin, was introduced to epigraphers in Beijing. It was a copy of the inscription on a giant monument which would be found to be the Stele of Gwanggaeto the Great, the 19th ruler of the Goguryeo Kingdom (37 B.C.–A.D. 668). The stele stood 300 meters northeast of Taewangneung (Tomb of the Great King), believed to be the tomb of Gwanggaeto the Great, and some 1.5 kilometers southwest of Janggunchong (Tomb of the General), believed to be the tomb of his son, King Jangsu. The two royal burial sites and the stele were located along a single line stretching from southwest to northeast. The stele, made of a rectangular tuff-breccia block, was 6.4 meters tall and 2.0 meters wide, and weighed 37 tons. The inscription was composed of 1,775 Chinese characters written in 44 lines, engraved in classical seal script on all sides. The inscription revealed that the stele was erected in A.D. 414, two years after the king passed away, by his son to pay homage to the deceased king's achievements and pray for the safety of his tomb.

In 1883, Japan's Imperial Army General Staff Office ordered an infantry officer named Sako Kageaki to make a clandestine visit to the region to gather information about the situation there. He obtained a rubbing of the stele inscription and carried it back to Japan. The Japanese military and academic circles jointly studied the inscription for the next five years. Japan showed an extraordinary interest in the inscription because it was believed to contain descriptions of a historical event that could justify its aggressive designs on Korea.

Several documents dated to the Joseon period, including the Songs of the Flying Dragons (Yongbi eocheonga), an epic eulogy to the royal ancestors of the dynasty written in 1445, contain information about the stele. But its existence was ignored for long, causing longstanding controversies about the meaning of its inscription. The joint study by the Japanese military and scholars raised the possibility that they altered certain parts of the inscription and took advantage of defaced characters to turn potential misinterpretation to the benefit of Japan. The controversies continue today.

Even though the Japanese surveyed and studied the stele in an irregular manner for political rather than academic purposes, the historical and archaeological value of the stele itself cannot be underrated. Few can refute that research on the stele that is still continuing today attended by unending controversy, as well as the stele itself, carries huge importance as a seminal milestone in modern archaeological studies in Korea. This is the reason why the discussion of a 100-year history of Korean archaeology in this book begins with the Stele of Gwanggaeto the Great.

Meanwhile, Korean archaeological materials began to be introduced to the Western world by European diplomats and missionaries toward the end of the 19th century, with dolmens drawing particular attention. With their massive size and imposing appearance, the northern-style dolmens attracted much attention and curiosity, especially because they resembled some megalithic remains in Western Europe.

2. Archaeology during the Germinal Period (1901–1915)

Colonial Policy Exploiting Archaeological Resources through Surface Surveys, Test Pit and Excavation Projects

Toward the end of the Joseon Dynasty (1392–1910), Korea found its fate hanging by a thread as the peninsula turned into an arena of a contest for imperial hegemony among several world powers. Japan, in particular, grabbed the most privileges by threatening to station its troops in Korea. The geopolitical situation within and outside of Korea was in extreme turmoil due to Japan's aggressive moves which led to the Russo-Japanese War, the Protectorate Treaty that deprived Korea of diplomatic sovereignty, and eventually Japan's annexation of Korea. Apart from its political, diplomatic and economic ambitions, Japan also pushed ahead with its scheme to pillage Korea's cultural heritage. It continued to survey historical remains throughout Korea under the pretext of "understanding the current condition of historic sites."

As the 20th century began, Japan grew increasingly aggressive in its moves to place Korea under its control. It started surveys on historic sites and relics exposed aboveground, primarily around the ancient royal capitals such as Pyongyang, Gyeongju, Kaesong and Seoul. In September 1909, a year before its forcible annexation of Korea, Japan set out to survey historic buildings. The surveys were officially undertaken under the name of the "Korean government," but in fact were led by three Japanese scholars—Tadashi Sekino, Seiichi Yatsui and Shunichi Kuriyama.

Beginning in 1910, Japan expanded the scope of its surveys to the fields of history, art and archaeology, producing thousands of photographs and drawings over three to four months in autumn and winter every year. The first outcome was the Illustrated Report on Historic Sites in Korea (Joseon gojeok dobo), which was published in two volumes in March 1915, under the name of the Government-General of Korea. So began a long-term publishing project that ended in 1935 with the 15th volume.

3. Archaeology during the Japanese Colonial Period I (1916–1930)

Rampant Excavation of Ancient Tombs and Surveying of Buddhist Monuments to Acquire Artifacts for the Museum of the Government–General of Korea

Japan exposed its imperial designs more conspicuously during this period. The colonial government accelerated its surveys on aboveground cultural assets while continuing investigations on cultural remains buried under the ground. After opening its own museum in 1915, the government–general launched even more aggressive projects to amass Korean cultural objects through rampant surveys and excavations conducted throughout the country, under the pretext of acquiring artifacts to build the museum's collection.

In 1916, as if to make up for its slow archaeological activities in the previous two years, the colonial government drew up a long–term plan to survey historic sites, along with detailed implementation measures. The five–year plan called for annual projects focusing on different regions representing various historical periods from year to year.

The four commanderies of Han China and Goguryeo were chosen for the first year (1916); the Three Han states, Gaya and Baekje for the second year (1917); Silla for the third year (1918); Yemaek, Okjeo, Balhae and Jurchen for the fourth year (1919); and Goryeo for the fifth year (1920). Surveys for the prehistoric period and the Joseon Dynasty were planned to be conducted along with geographically adjacent historic sites in accordance with this timetable.

The plan included special provisions concerning "activities for surveying and collecting artifacts" in cases requiring emergency measures and those for acquiring objects to be exhibited at the museum of the government–general.

A major turning point came in 1918, when intensive surveys and excavations began on a few important historic sites, following completion of general surface surveys across the country in the previous year. The shift to a narrower, sharper focus appeared largely due to fiscal strain faced by the colonial government.

As it became increasingly difficult to meet the costs of numerous excavations with money from state coffers, the colonial government inaugurated the Joseon Society for Study of Historic Sites in 1931, with a view to funding excavations with donations collected from various sectors of society. The new organization chose the historic sites of Nangnang and Silla as its initial targets of study, and opened re-search institutes in Pyongyang and Gyeongju. In 1933, the society embarked on its research by surveying the tombs of Nangnang.

It is difficult to deny that, in most excavations conducted during this period, priority was placed on acquisition of artifacts rather than pure research. Japan again exposed its relentless intentions by opening more research institutes in Gongju and Buyeo, ancient royal capitals rich in historic sites and relics.

4. Archaeology during the Japanese Colonial Period Ⅱ (1931-1944)
Establishment of the Joseon Society for Study of Historic Sites and Change in the Excavation System

The inauguration of the Joseon Society for Study of Historic Sites in August 1931 signified a transition in the policy of the Japanese colonial government in the survey-ing of historic sites on the Korean peninsula, which had been vigorously conducted since1910. Surveys after the mid-1920s remarkably shrank in scale, obviously due to fiscal difficulties faced by the government-general. The society was founded to break through the tight spot.

At first, excavations and surveys conducted in 1931 and thereafter were sup-ported by large conglomerates such as Mitsubishi. Then, after 1933, donations also came from the Imperial Household Agency and the Japan Society for the Promotion of Science. Under these circumstances, visible results were needed to satisfy donors.

Naturally, priority was placed on ancient tombs in Gyeongju and Pyongyang, dated to the Silla and Nangnang periods. Those tombs were easier to excavate and also yielded relatively abundant artifacts. Thereafter the government-general trans-ferred its budget for excavations and surveys to repair and maintenance of historic buildings.

5. Archaeology during a Period of Turmoil (1945-1960)
Laying the Foundations for Korean Archaeological Activities and Growth amid Post-Liberation Chaos and War

In the early 1940s, few archaeological excavations were conducted on the Korean peninsula in the wake of the Sino-Japanese War and the subsequent outbreak of the Pacific War. Archaeological activities remained virtually grounded until the end of the Second World War.

Following its liberation from Japanese rule in 1945, Korea entered a period of political and social turmoil, which resulted in territorial division into North and South Korea. Under such circumstances, cultural activities in general could not but stagnate. Nonetheless, the National Museum of Korea opened by taking over the collection of the museum of the Japanese government-general, and quickly put the museum's operations back to normal despite the prevailing chaotic situation.

The excavation of Houchong (Tomb of the Bronze Jar) in Gyeongju in 1946 was the first archaeological excavation conducted in liberated Korea. A Japanese researcher who remained in Seoul guided Korean scholars excavating the tomb, helping them lay the groundwork for their future activities. In spite of various difficulties, excavations continued, though in small number, until 1950 when the Korean War broke out.

South Korean archaeologists resumed excavations in 1952, while the war was still going on, and carried out one or two excavation projects each year throughout the 1950s. Behind the consistent endeavors of Korean archaeologists braving the chaotic situation throughout society was Dr. Kim Jae-won, a young art historian of outstanding passion and courage, who served as the first director of the National Museum of Korea. Up until that time, the National Museum had conducted most of the archaeological excavations in the country, while a handful of university museums undertook preliminary surveys like digging test pits.

Meanwhile, archaeology in North Korea during the post-liberation period also suffered the doldrums. But stagnation did not last long, thanks to the formation of socialist conditions based on materialism. North Korea had a prominent archaeologist named To Yu-ho, who made pioneering efforts to lead progress in archaeological research during the tumultuous early years.

The prevailing chaos that followed liberation precluded systematic archaeological activities in the northern half of the peninsula as well. But the excavation of the ancient tombs in Anak and prehistoric remains on Cho Island in Rajin Bay, carried out from spring to autumn in 1949, signified the beginning of significant archaeological activities in North Korea. So did the excavation of ancient remains in Kungsan-ri, Onchon, in spring 1950, shortly before the outbreak of the Korean War. Archaeological research resumed in spring 1953, before the cease-fire, with the excavation of Yodongsongchong (Tomb of Yodong Fortress) in Sunchon (順川).

Beginning in 1954, archaeological excavations continued to take place in numerous places throughout North Korea, including the northeastern region. Up until the early 1960s, North Korea had far more energetic activities in the field of archaeology than South Korea.

North Korea was also active in publishing excavation reports and academic papers alongside its fast-paced excavations. Notable publications from this period include Munhwa yumul ("Cultural Relics," 1949-1950), which contained excavation reports and academic treatises; Ryoksa kwahak ("Science of History," 1955-1989); Yujok palgul pogo ("Excavation Reports," 1956-1985); Munhwa yusan ("Cultural Heritage," 1957-1962); and Kogohak charyojip ("Journal of Archaeological Materials," 1958-1983).

6. Archaeology during Korea's Growth Period (1961-1970)
Creation of a New Climate for Archaeology and Growth of Scholarship as an Outcome of Social Transition

Korean society experienced sweeping transitions in all aspects, from national liberation in 1945 to the establishment of the government of the Republic of Korea in 1948, the Korean War of 1950-1953, and the student revolution of April 19, 1960. Chaos continued throughout the years, which eventually led to the military revolution of May 16, 1961.

The two major historical events—the student uprising and the military coup one year later—had significant repercussions beyond the political realm: they served to awaken long dormant aspirations for social advancement. The military regime took advantage of this recognition to forcefully push forward with its industrialization policy, facing little resistance. It brought about reckless development in various sectors of society, driving them into cultural vandalism, making little effort toward conservation.

In the breakneck surge of industrialization, the pre-groundbreaking surface surveys and rescue excavations conducted during this period were extremely cursory.

Surveys were very limited in scope relative to the scale of development projects.

Amid the dizzying pace of socio-political change, the nation's archaeological circles desperately sought an academic turning point to shed the conventional system of research led by the National Museum of Korea. Accordingly, museums and research institutes affiliated to universities as well as state organizations began to show increasing interest in research activities.

In 1961, Seoul National University opened its Department of Archaeology and Anthropology in the College of Liberal Arts and Sciences, and appointed Kim Won-yong, senior curator at the National Museum of Korea, as an acting professor. Ten students were admitted each year, and were taught by guest lecturers from diverse backgrounds.

In that same year, the Yi Imperial Household Estate Management Bureau, which had been operating since the colonial period, was reorganized into the Cultural Properties Management Bureau under the Ministry of Education. In 1965, the bureau created the Survey and Research Office, which would participate in various excavation projects. The office was transferred to the Ministry of Culture and Information in 1968, and was expanded into the Cultural Properties Research Office in 1969, with Kim Jung-ki, head of the Archaeology Department at the National Museum of Korea, appointed as director. The office later evolved into the National Research Institute of Cultural Heritage.

In the 1960s, archaeological excavations continued to grow in scale and frequency and the academic standards of Korean archaeologists remarkably improved.

Among the notable scholarly surveys undertaken during this period were the annual projects on dolmens throughout Korea, which were carried out by the National Museum of Korea from 1962 to 1967. Archaeological excavations conducted by the National Museum of Korea until that time were mostly on ancient tombs or temple sites in Gyeongju, the old capital of the Silla Kingdom. Dolmens were actually the first prehistoric sites excavated by the National Museum of Korea, providing basic direction for surveys to be conducted on other prehistoric sites thereafter during the 1960s.

With the nearly six-year-long surveys on dolmens completed, targets for survey became further variegated in type and time frame. First of all, field surveys were carried out on prehistoric sites where an array of bronze artifacts had been discovered, such as the site in Goejeong-dong, Daejeon (1967), and Hyuam-ri, in Seosan (1968-1970).

The National Museum of Korea also decided to resume the excavation of the shell middens on Si Island in Bucheon, where test pit sampling had been done over 10 years earlier, in 1957. The museum simultaneously surveyed various prehistoric sites in Dabang-ri, Yangsan (1967); Nangmin-dong (1967, 1968 and 1970) and Dongsam-dong (1969-1971), in Busan; Si Island in Bucheon (1970); and Seong-nae-dong and Dongoe-dong, in Goseong (1969-1970).

Apart from surveys on these prehistoric sites, the National Museum of Korea also exerted considerable efforts to study historic period sites, particularly pottery kiln sites. Starting with the kiln sites in Chunghyo-dong, Gwangju (光州) (1963), excavations continued on an annual basis to investigate various kiln sites across the country, including those in Sadang-ri, Gangjin (1964-1970); Doma-ri, Gwangju (廣州) (1964-1965); Mt. Gyeryong in Gongju (1964); Gyeongseo-dong, Incheon (1965-1966); and Yucheon-ri, Buan(1966).

University museums, which had started to participate in small-scale excavations in the late 1950s, grew increasingly active in the 1960s. The Survey and Research Office of the Cultural Properties Management Bureau also started to participate in excavationsin the mid-1960s, further diversifying excavation activities that had previously been virtually monopolized by the National Museum of Korea.

The Cultural Properties Research Office particularly grew rapidly as a pivotal institution to carry out most large-scale, government-initiated excavation projects in the ensuing years.

Meanwhile, North Korea seemed to concentrate on a limited number of annual excavation projects for archaeologically significant sites in the latter half of the 1960s, while controlling new unit excavations, as the postwar fever for archaeological research subsided after the mid-1950s. At the same time, excavation efforts tended to focus on primitive (prehistoric and protohistoric) sites rather than historic period sites such as those of Goguryeo, in an effort to trace the origin of early civilization on the Korean peninsula.

North Korea's archaeological stagnation was apparently due to its economic slowdown. The situation further deteriorated in the 1970s, when only two or three excavation projects were carried out each year.

However, North Korea sustained the publishing activities which began during the 1950s. Academic journals and excavation reports, including *Munhwa yumul* ("Cultural Relics"), *Ryeoksa kwahak* ("Science of History"), *Yujeok palgul pogo* ("Excavation Reports"), *Munhwa yusan* ("Cultural Heritage') and *Kogohak charyojip* ("Journal of Archaeological Materials") continued to be published. New publications such as *Kogo minsok* ("Archaeology and Folklore," 1963-1967) and *Kogo minsok nonmunjip* ("Collected Works on Archaeology and Folklore," 1969-1988) were launched during the 1960s.

7. Archaeology during the Stabilization Period (1971-1980)
Activation of Cultural Heritage Policies and the State-Initiated Excavation System as an Imperative of Industrial Development

Large-scale state projects characterized archaeological excavations conducted during the 1970s, departing from small-scale regional projects on individual sites. The excavation of the tomb of King Muryeong, which was discovered by accident, was a major archaeological event. Although the sixth-century royal tomb was hurriedly excavated without any preparation, it served to set new standards for systematic excavations in the coming years.

Partly in response to criticism from the academic circles and loud condemnation from the public of the hasty excavation, its report was carefully written by a group of top-tier scholars. Painful reflection is still going on today with young researchers at the Gongju National Museum committing themselves to analysis and research on the controversial excavation erroneously carried out more than 40 years ago.

In the early spring of 1973, about one-and-a-half years after the excavation of King Muryeong's tomb, the Cultural Properties Management Bureau organized an excavation team for the royal burial ground around the tomb of King Michu in Gyeongju.

The excavation of Cheonmachong (Heavenly Horse Tomb) by this team set a milestone in the history of Korean archaeology: the excavation was carefully planned in advance, a result of thorough self-reflection on past mistakes.

A series of excavations followed on Hwangnam Daechong (Great Tomb of

Hwangnam), the royal resort lake Anapji, the ruins of Hwangnyongsa Temple, and the moat of Wolseong (Moon Palace). In terms of funding, time and manpower requirements, these were all massive projects that could only be undertaken by a state institution.

The team was reorganized into the Excavation Team for Historic Sites in Gyeongju (October 31, 1975) and continued to be stationed in Gyeongju through most of the 1970s to excavate numerous sites around the city. The excavations were completed toward the end of the decade, and a new team was set up (July 7, 1980) to excavate the ruins of Mireuksa Temple in Iksan.

While the Cultural Properties Management Bureau worked at the forefront of state-initiated excavation projects, the National Museum of Korea saw its role gradually reduced but focused instead on small-scale unit excavations. As the headquarters of a nationwide museum network, the National Museum of Korea also found its duties and functions more professionalized and diversified. Under these circumstances, it was natural that the museum became less directly involved in large-scale excavations.

Thus by the early 1970s, the National Museum of Korea discontinued various excavations and established annual plans focusing on unit excavations. The Neolithic site in Amsa-dong, Seoul, was chosen as the major site to be excavated during the early half of the decade, and the Bronze Age site in Songguk-ri, Buyeo, for the latter half. The museum's limited budget was a factor in their selection. University museums filled the place of the National Museum of Korea to a certain extent, contributing to diversification of institutions engaged in excavation.

In North Korea, excavation activities that had stagnated toward the end of the 1960s showed no signs of vitality throughout the 1970s. Among the few remarkable excavation projects during this decade were the Paleolithic cave sites on Mt. Sungni in Tokchon, and in Mandal-ri, Taehyon-dong and Yonggok-ri, all within the municipality of Pyongyang.

North Korea's emphasis on Paleolithic civilization was also manifested in the completion of a lengthy survey and research project for dolmens in the northwestern region toward the end of the decade. The project was led by Sok Kwang-jun at its final stage (1979). Soon after this, the three-phase excavation of the Bronze Age site at Namgyong, also in Pyongyang, was completed as well. It is one of the most outstanding unit excavations in the history of North Korean archaeology.

In the field of historical archaeology, the survey of the Nangnang period sites in Unsong-ri, Unyul, which had been sporadically conducted during the 1960s after a lengthy hiatus since its first excavation in 1954, was finished at the seventh and the last phase (1978). In addition, a number of tombs in Susan-ri, Jinpa-ri and Usan-ri, as well as the tombs of King Tongmyong and Princess Chonghyo were rigorously surveyed, opening a new page in the study of Goguryeo mural tombs.

In the 1980s, North Korea made few noteworthy archaeological achievements apart from completing surveys on the Yonggok Cave and the Namgyong site in Pyongyang and the tomb of Princess Chonghyo of Balhae in Jilin Province in northeast China. Archaeology in North Korea appeared to barely manage to survive by conducting a few excavations each year.

From the broad outlook of Korean archaeology, it is truly lamentable that archaeological activities in North Korea have been stalled since the mid-1960s, after achieving fast growth with strong support from the state under the influence of socialist ideology.

Translated by Lee Kyong-hee
Editor-in-chief *Koreana*, former Editor-in-chief *Korea Herald*

찾아보기